ITALIA
이탈리아

정기범 지음

시공사

Contents

- 4 저자의 말
- 5 저스트고 이렇게 보세요

- 8 이탈리아 전도
- 10 이탈리아 여행지 한눈에 보기
- 12 여행 테마별 추천 도시
- 14 이탈리아 추천 여행 일정
- 18 이탈리아에 관한 기초 정보
- 23 이탈리아 여행 언제 가면 좋을까?
- 24 이탈리아의 세계문화유산
- 27 미술·건축물 감상을 위한 이탈리아 미술사
- 30 이탈리아를 이해하기 위해 알아두어야 할 인물
- 32 미술 관람을 위한 키워드 I
- 33 미술 관람을 위한 키워드 II
- 34 이탈리아에서 놓치지 말아야 할 걸작들
- 36 이탈리아 음식 즐기기
- 40 이탈리아 와인
- 42 치즈·살라미
- 43 바·카페 음료
- 44 젤라토
- 45 이탈리아에서 쇼핑하기
- 46 이탈리아의 명품 브랜드
- 48 기념품으로 좋은 아이템

로마와 주변 도시

- 52 로마
- 146 티볼리
- 152 오르비에토
- 158 아시시
- 166 페루자

피렌체와 주변 도시

- 174 피렌체
- 223 피사
- 229 루카
- 237 친퀘 테레
- 244 제노바
- 252 산지미냐노
- 257 시에나
- 265 볼로냐
- 276 라벤나
- 283 모데나

밀라노·베네치아와 주변 도시

- 292 밀라노
- 333 코모
- 338 베로나
- 349 토리노
- 358 베르가모
- 363 비첸차
- 368 베네치아

나폴리와 주변 도시

- 398 나폴리
- 430 폼페이
- 436 소렌토
- 441 카프리섬
- 449 포시타노
- 453 아말피
- 457 라벨로
- 460 파에스툼
- 462 바리
- 468 알베로벨로

똑똑한 이탈리아 여행 노하우

- 474 이탈리아 입국하기
- 475 이탈리아 비행기 여행
- 476 이탈리아 열차 여행
- 479 이탈리아 버스 여행
- 480 이탈리아 자동차 여행
- 481 이탈리아 시내 교통
- 482 이탈리아 숙소 이용
- 483 이탈리아 치안
- 484 이탈리아어 기초 여행 회화

- 488 찾아보기

지도 찾아보기

8 이탈리아 전도	193 우피치 미술관	351 토리노
54 로마 전도	225 피사	359 베르가모
56 테르미니역 주변	231 루카	364 비첸차
58 포로 로마노 주변	239 친퀘 테레	370 베네치아 전도
60 나보나 광장 주변	246 제노바	372 베네치아 중심부
62 트라스테베레 지구	253 산지미냐노	388 베네치아 주변 섬
64 바티칸 시국	259 시에나	400 나폴리 전도
71 로마 메트로 노선도	267 볼로냐	402 나폴리 중심부
105 바티칸 박물관	277 라벤나	405 나폴리 주변
133 콘도티 거리 주변	284 모데나	432 폼페이
148 티볼리	294 밀라노 전도	438 소렌토
154 오르비에토	296 밀라노 중심부	444 카프리섬
160 아시시	303 밀라노 메트로 노선도	451 포시타노
168 페루자	324 밀라노 쇼핑 거리	455 아말피
176 피렌체 전도	335 코모호	465 바리
178 피렌체 중심부	340 베로나	470 알베로벨로

저자의 말

제 생애 열여덟 번째 책이 세상에 모습을 드러냈습니다. 지난 3년에 걸친 이탈리아 취재 여행은 가슴 두근거리는 순간의 연속이었습니다. 밀라노 뒷골목 카페에서 우연히 만난 노신사에게 들은 패션 철학 이야기부터 나폴리 뒷골목의 허름한 피자집에서 맛본 인생 최고의 피자에 이르기까지, 숱한 기억의 조각들이 이 책에 담겨 있습니다. 지난 20여 년간 패션, 라이프스타일, 인테리어, 트래블 매거진에서 일한 경험으로 초보 여행자나 마니아 여행자들이 열광할 만한 스타일리시한 장소를 선별하기 위한 고민은 여타 가이드북과 차별화된 결과물을 이끌어냈습니다. 낯선 곳으로 떠나는 초보 여행자를 위해 기존 여행서에서 다루었던 역사와 유적 그리고 명화에 대한 이야기 등 에센셜한 정보를 놓치지 않았습니다. 이번 개정판에서는 로마, 밀라노, 피렌체, 베네치아와 같은 대도시에 대한 기존의 정보 중에 맛집과 쇼핑, 숙박과 관련하여 로컬들에게 사랑받는 정보를 새롭게 반영했을 뿐 아니라 베르가모, 비첸차, 제노바, 라벤나, 모데나와 같은 이탈리아 역사에서 중요한 역할을 했으며 아름다운 풍광을 자랑하는 소도시를 추가하여 이탈리아 구석구석을 여행하고자 하는 분들에게 도움이 되도록 했습니다.

이 책이 나오기까지 큰 힘이 되어주신 하나님과 사랑하는 아내 숙현 그리고 예쁘고 건강하게 자라주어 고마운 딸 하은이, 아들 하영이와 출간의 기쁨을 나누고 싶습니다. 이탈리아 철도 패스로 도움을 주신 레일 유럽의 신복주 소장님, 따뜻한 격려와 힘을 주시는 베네하우스 안성호 사장님, 이탈리아 남부 지역 일부 사진을 제공하신 (전)우노 민박 염 사장님, 우피치 미술관과 포로 로마노, 바티칸 박물관의 주요 작품 해설과 한인 민박 선정에 도움을 주신 맘마미아 투어 대표 내외분께 감사의 말씀을 전합니다.

글·사진 정기범

파리에서 광고 마케팅 학교를 졸업하고 21년째 살고 있다. 유명 패션·리빙·여행 잡지와 공중파·케이블 방송의 해외 통신원이자 전문 코디네이터로 활동 중이다. 파리지앵들의 문화, 음식, 여행에 포커스를 맞춘 라이프스타일 트렌드 기사를 쓰는 한편《유럽 100배 즐기기》,《저스트고 북유럽》,《시크릿 파리》,《시크릿 도쿄》,《유럽 여행 베스트 코스북》,《파리 핫플 50》 등 18권의 책을 저술했다. 〈꽃보다 할배〉, 〈내 친구의 집은 어디인가〉, 〈가이드〉, 〈잉여들의 히치하이킹〉, 〈7일간의 섬머〉, 〈쇼핑왕 루이〉, 〈국경없는 포장마차〉 등 인기 여행 프로그램과 드라마의 현지 코디네이터 역시 그의 또 다른 직업이다. 파리에서 승무원 출신의 아내와 호스텔(www.rothem82.com)과 레스토랑(www.ma-shi-ta.com)을 운영하고 있다.

이메일 france82@gmail.com | 페이스북 www.facebook.com/gibeom.joung

저스트고 이렇게 보세요

이 책에 실린 모든 정보는 2023년 1월까지 수집된 정보를 기준으로 했으며, 이후 변동될 가능성이 있습니다. 특히 교통편의 운행 일정과 요금, 관광 명소와 상업 시설의 영업시간 및 입장료, 현지 물가 등은 수시로 변동될 수 있으므로 여행 계획을 세우기 위한 가이드로 활용하시고, 직접 이용할 교통편은 여행 전 홈페이지를 통해 검색하거나 현지에서 다시 확인하는 것이 좋습니다. 변경된 내용은 편집부로 연락 주시기 바랍니다.
편집부 justgo@sigongsa.com

- 지명과 관광 명소, 상점 등의 표기는 국립국어원의 외래어 표기법을 최대한 따랐습니다.
- 관광 명소, 식당, 상점의 휴무일은 정기 휴일, 공휴일을 기준으로 했습니다. 연말연시나 설날 등 이탈리아 명절에는 달라질 수 있으니 주의하시기 바랍니다.
- 관광 명소와 지역 가이드에는 추천 별점이 있습니다. 추천도에 따라 별 1~3개로 표시했습니다.
- 관광 명소의 성당 입장이 무료인 곳은 표기하지 않았으며, 유료인 곳만 입장료를 표기했습니다.
- 교통 정보의 열차 요금은 비수기 최저가 요금을 기준으로 했습니다. 여행 시기에 따라 요금은 달라질 수 있으니 홈페이지를 참고하시기 바랍니다.
- 맛집의 예산은 1인 식사비 또는 메뉴를 기준으로 했습니다.
- 숙박 요금은 비수기 최저 요금을 기준으로 했습니다. 예약 시기와 숙박 상품 등에 따라 실제 숙박료는 달라집니다.
- 이탈리아 통화는 유로(€)입니다. 1€는 약 1,383원입니다(2023년 3월 기준). 환율은 수시로 변동하므로 여행 전 확인은 필수입니다.

지도 보는 법

각 명소와 상업 시설의 위치 정보는 '지도 p.56-F'와 같이 본문에 표시되어 있습니다. 이는 56쪽 지도의 F구역에 찾는 장소가 있다는 의미입니다.

지도에 삽입한 기호

건물	기차역
공원	버스 터미널
관광 명소 •	성당
레스토랑 R	학교
카페 C	병원
바 B	우체국
쇼핑 S	경찰서
호텔 H	관광안내소

또한, 이 책의 앞표지를 열면 QR코드가 있습니다. 스마트폰으로 QR코드를 스캔하면 책에 소개한 장소들의 위치 정보를 담은 '구글 지도(Google Maps)'로 연결됩니다. 웹 페이지 또는 애플리케이션의 온라인 지도 서비스를 통해 편하게 위치 정보를 확인할 수 있습니다.

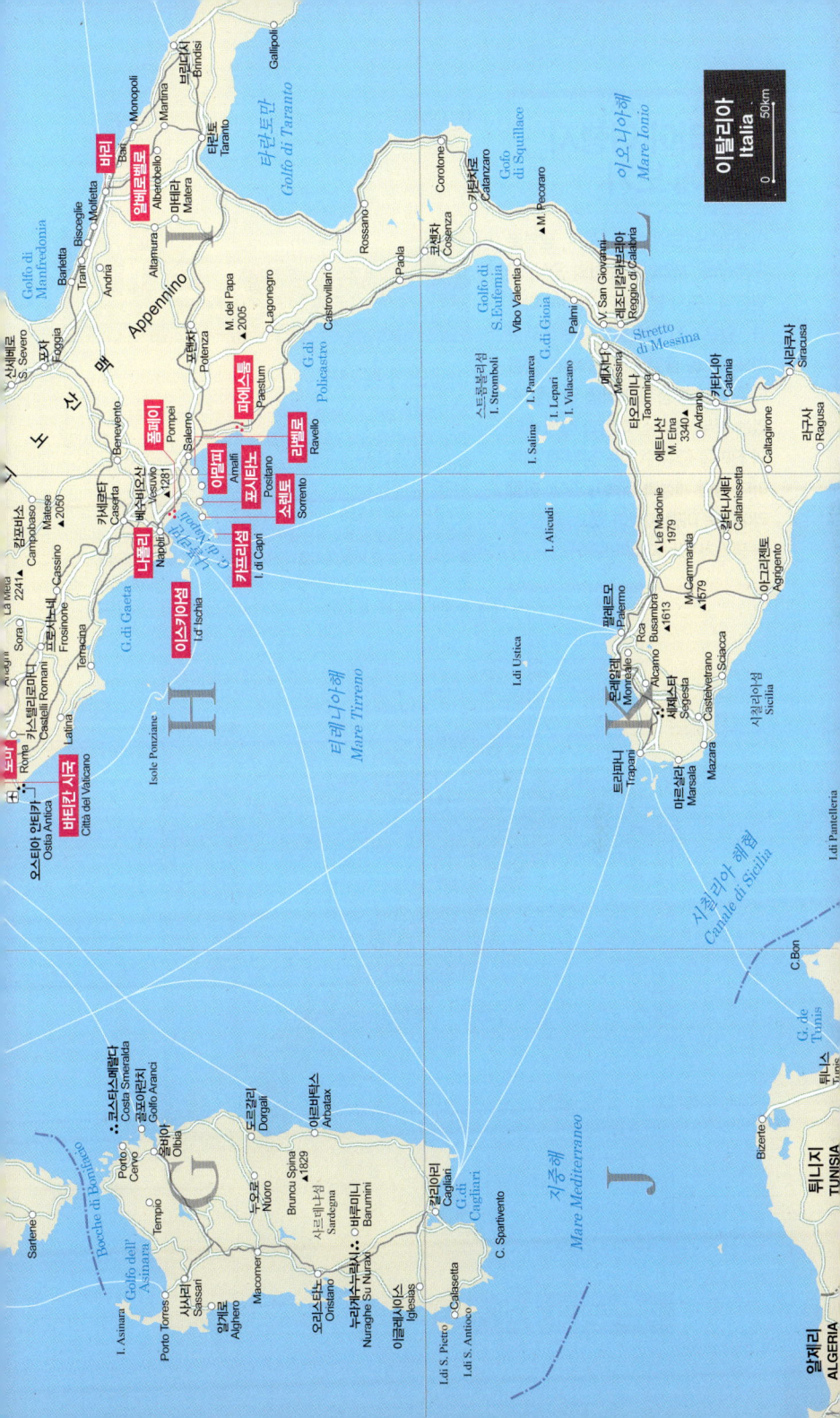

이탈리아 여행지 한눈에 보기

이탈리아는 크게 북부, 중부, 남부로 구분하며, 지역마다 문화와 음식, 자연환경, 도시 분위기가 확연히 다르다. 알프스산맥에 펼쳐지는 거대한 파노라마를 즐길 수 있는 북부, 아름다운 자연과 중세 거리를 만끽할 수 있는 중부, 눈부신 태양과 함께 바다의 진미를 즐길 수 있는 남부 등 지역마다 강한 개성과 매력이 있다. 이탈리아에는 어떤 지역이 있고, 어떤 관광 명소가 있는지 살펴보자.

이탈리아 북서부

포강 중류와 알프스산맥을 이루는 지역으로 스위스와 국경을 맞대고 있다. 패션의 중심지 밀라노, 상업 도시 토리노, 수려한 풍광을 자랑하는 리비에라 해안 등이 속해 도시와 대자연을 모두 만끽할 수 있다. 롬바르디아주는 파비아, 베르가모, 만토바 등 대귀족 비스콘티 가문과 곤자가 가문의 비호 아래 문화, 예술을 꽃피운 역사적 도시가 많아 문화재와 건축물을 둘러보는 즐거움이 있다. 피에몬테주는 이탈리아를 대표하는 고급 와인과 치즈의 산지로 레드 와인의 최고급 상표인 바롤로, 바르바레스코와 발포성 화이트 와인인 스푸만테, 톡 쏘는 푸른 곰팡이의 색다른 풍미를 느낄 수 있는 고르곤졸라 치즈가 유명하다.

이탈리아의 주와 주도

이탈리아 북동부

알프스산맥 동부에서 아드리아해에 이르는 베네토주가 속한다. 아드리아해의 여왕으로 불리던 물의 도시 베네치아가 주도이며, 과거로부터 해상무역을 통해 부를 축적하고 유리 공예로 유명한 무라노섬, 형형색색 파스텔 톤의 집들이 인상적인 부라노섬 등이 유명하다. 그 밖에 16세기 건축물이 남아 있는 비첸차나 로마네스크 양식의 건축물이 아름다운 파도바 등 볼거리가 다양하다. 이탈리아 동쪽 끝에 위치한 도시 트리에스테에는 이국적인 동유럽 문화가 강하게 남아 있어 독특한 분위기를 느낄 수 있다.

이탈리아 중북부

이탈리아 르네상스 문화의 발상지로 미술이나 건축에 흥미 있는 사람이라면 절대 빼놓을 수 없는 가장 흥미진진하고 볼거리가 많은 지역이다. 예술 작품을 마음껏 탐닉할 수 있는 피렌체, 사탑으로 유명한 도시 피사, 세계적인 작곡가 푸치니의 고향 루카, 해안을 따라 절경이 펼쳐지는 다섯 마을 친퀘 테레, 토스카나의 정취를 가득 품고 있는 산지미냐노, 고대 에트루리아인이 정착해 살면서 도시가 형성된 시에나, 볼로네제 스파게티로 유명한 볼로냐 등 매력 넘치는 도시가 많다. 특히 에밀리아로마냐주와 토스카나주는 맛의 본고장이기도 해서 맛집을 찾아다니는 즐거움이 쏠쏠하다.

이탈리아 중남부

고대 로마의 역사를 오늘날까지 전하는 라치오주의 주도 로마를 중심으로 한 지역. 고대 로마 황제들이 별장을 지어 휴양을 즐겼던 티볼리, 마치 시간이 멈춰버린 것처럼 중세의 마을 풍경이 남아 있는 오르비에토, 프란체스코 성인의 발자취를 살펴볼 수 있는 아시시, 학문의 도시 페루자 등 로마에서 당일치기로 다녀올 수 있는 개성 넘치는 관광지가 많다.

이탈리아 남부

최근 들어 더욱 인기가 높아지고 있는 지역으로 쾌활하고 소탈한 이탈리아 남부 사람들과 눈부신 태양, 맛있는 음식이 인기 비결. 프랑스와 스페인, 그리스 등 다채로운 문화의 영향을 받아 형성된 이 지역만의 고유한 문화 역시 관광객을 사로잡는 매력이다. 남부 최대 도시인 나폴리를 중심으로 화산 폭발로 매몰된 고대 유적지 폼페이, 해안 절벽을 따라 수려한 풍광이 이어지는 아말피 해안의 소렌토 · 포시타노 · 아말피 · 라벨로 등의 휴양지, 로마 시대에 황제의 별장지였던 카프리섬, 고깔 모양의 지붕들이 늘어선 마을 알베로벨로, 해상 교통의 요충지인 바리 등이 인기 있는 관광지이다. 이탈리아 피자의 원조인 나폴리 피자와 이탈리아 남부의 특산물인 레몬 술 리몬첼로도 여행의 즐거움을 더해준다.

여행 테마별 추천 도시

자신이 원하는 스타일의 여행은 진정한 힐링과 즐거움이 된다. '친구 따라 강남 간다'는 말처럼 남들의 여행 루트나 스타일을 좇지 말고 나만의 테마를 정해 스스로 여행을 디자인하는 것이 중요하다. 이탈리아는 북부부터 남부까지 각 지역마다 다양한 문화와 음식, 축제가 어우러져 나름의 매력이 있다. 그중 내가 원하는 여행지와 테마를 고려하여 여행 계획을 짜보자.

관광
SIGHTSEEING

찬란했던 로마제국의 유구한 역사가 깃들어 있는 유적지와 유네스코 세계문화유산, 건축물이 곳곳에 산재한 **로마**, 베수비오산 대폭발로 한순간에 잿더미가 되어 사라져버린 비운의 도시 **폼페이**, 미켈란젤로·라파엘로 등 세계적인 거장들의 작품을 볼 수 있는 **바티칸 시국**, 118개의 섬이 400여 개의 다리로 연결된 운하의 도시 **베네치아**, 르네상스 양식의 건물과 아름다운 두오모 성당이 있는 **피렌체** 등이 대표적인 도시이다.

휴양
RELAX

깎아지른 듯한 절벽 위에 파스텔 톤의 집들이 늘어선 풍경과 산책로에서의 트레킹, 망중한을 즐길 수 있는 해변을 자랑하는 **친퀘 테레**, 아슬아슬한 절벽 길을 따라 드라이브하며 아름다운 풍광을 감상할 수 있는 남부의 **아말피** 해변, 부자들의 휴양지로 코발트빛 해안선이 인상적인 **카프리섬** 등은 2~3일 정도 머물며 도시 생활에서 쌓인 스트레스를 말끔히 날려버리기 좋은 최고의 여행지다.

쇼핑
SHOPPING

로마, 피렌체, 밀라노에서는 살바토레 페라가모, 구찌, 프라다 등 이탈리아 명품 브랜드는 물론 루이비통, 샤넬 등 최고급 유럽 브랜드를 1월과 7월 세일 기간에 30~50%가량 할인된 가격으로 쇼핑을 즐길 수 있다. 로마, 피렌체, 밀라노 외곽 지역에 있는 맥아더글렌 디자이너 아웃렛, 더 몰, 폭스 타운과 같은 아웃렛 매장에서는 연중 30~70% 할인된 가격으로 명품 브랜드를 살 수 있다.

미식
DINING

이탈리아 음식과 와인은 세계적으로 유명하며 피자와 파스타 등은 우리 입맛에도 잘 맞는다. 미슐랭 레스토랑은 물론 서민들이 일상적인 식사를 즐기는 트라토리아, 지역마다 다른 와인을 선보이는 와인 바 등을 두루 돌아다니며 미식을 즐기자. 북부 지역은 유제품과 쌀을 사용한 음식 중 리소토와 밀라노 스타일의 커틀릿 등이 훌륭하고 남부 지역은 토마토, 올리브, 모차렐라를 곁들인 해산물 요리가 유명하다. 특히 **나폴리**에서는 피자, **피렌체**에서는 티본스테이크, **볼로냐**에서는 볼로냐 스타일의 스파게티를 꼭 먹어보자. 이탈리아 와인의 3대 산지인 **피에몬테, 트레 베네치아, 토스카나**에서 생산되는 최고급 스파클링 와인 롬바르디아와 개성 넘치는 시칠리아 와인을 추천한다. 젤라토와 커피는 이탈리아 어디에서나 저렴하고 맛있다.

이탈리아 추천 여행 일정

이탈리아 여행 계획을 짤 때 가장 중요한 것은 자신의 관심사와 여행 일수 그리고 예산이다. 지역마다 색다른 풍광을 보여주는 이탈리아는 볼거리와 먹을거리, 즐길 거리가 다양하다. 다음의 추천 일정을 참고하여 나만의 일정을 꼼꼼하게 세워보자.

1 로마+피렌체 8일

이탈리아의 수도인 로마와 이탈리아가 낳은 세계적인 거장들의 작품이 모여 있는 바티칸 박물관을 돌아본 다음 르네상스를 꽃피운 아름다운 도시 피렌체를 여행하는 일정. 한적한 교외에서의 산책을 원한다면 로마 근교의 티볼리를, 불가사의한 사탑의 비밀을 보려면 피사를 추가한다. 도시 간 이동은 열차를 이용한다.

일수	도시	교통수단	이동 시간	여행 포인트
1일차	인천 공항 → 로마 공항	비행기	12시간 20분~16시간 25분	직항편 또는 1회 환승하는 항공편
2일차	로마 시내 관광	도보, 메트로		
3일차	로마 시내 관광 또는 티볼리 근교 여행	도보, 열차	32~44분	
4일차	바티칸 관광, 로마 야경 투어	도보		
5일차	로마 → 피렌체, 피렌체 시내 관광	열차	1시간 31분	
6일차	피렌체 → 피사 또는 시에나	열차, 버스	피사 : 열차 1시간 시에나 : 버스 1시간 15분	피렌체 내 아웃렛 쇼핑으로 대체 가능
7일차	피렌체 → 로마	열차	1시간 31분	
8일차	로마 공항 → 인천 공항	비행기	13~22시간	직항편 또는 1회 환승하는 항공편

ZOOM IN

- 로마 IN(입국)/OUT(출국) 하는 직항편을 이용하자.
- 개인으로 바티칸 박물관에 간다면 박물관 입구에 오전 8시까지 도착하자. 스스로 박물관에 전시된 수많은 작품을 이해하기란 쉽지 않으므로 전문 가이드 투어를 예약해 이용하는 것도 좋은 방법이다.
- 가톨릭 신자로 일정에 여유가 있다면 로마와 피렌체 중간에 위치한 도시 아시시를 추가하는 것도 좋다. 힘없는 약자들 편에서 복음을 전파한 프란체스코 성인의 발자취를 살펴보자.
- 피렌체에서 피사로 갈 때는 열차를, 시에나로 갈 때는 피렌체 산타 마리아 노벨라역 옆에 있는 시외버스 터미널에서 시외버스를 이용하는 게 편리하다.
- 쇼핑에 관심 있는 여행자라면 피렌체에서 아웃렛 쇼핑을 하자. 시외버스 터미널에서 시타(SITA) 버스로 1시간이면 갈 수 있는데 이용객이 많으니 되도록 오전 9시에 출발하는 버스를 타자.

2 로마+이탈리아 북부 9일

밀라노, 피렌체, 베네치아 등 이탈리아 북부의 대표 도시를 중심으로 여행하는 일정이다. 명품 도시 밀라노를 시작으로 유람선을 타고 코모호를 돌아보면서 유럽의 정취를 만끽한 다음, 르네상스를 꽃피운 도시 피렌체와 수상 도시 베네치아를 차례로 둘러보면 이탈리아의 매력에 푹 빠질 것이다.

일수	도시	교통수단	이동 시간	여행 포인트
1일차	인천 공항 → 밀라노 공항	비행기	13시간 05분~16시간 25분	직항편 또는 1회 환승하는 항공편
2일차	밀라노 시내 관광	도보, 메트로		
3일차	밀라노 → 코모	열차	37분~1시간	밀라노 중앙역 : 국철 37분 밀라노 카도르나역 : 사철 1시간
4일차	밀라노 → 베로나	열차	1시간 13~55분	
5일차	베로나 → 베네치아	열차	1시간 10분	
6일차	베네치아 → 피렌체	열차	2시간 5분	
7일차	피렌체 → 시에나 또는 친퀘 테레	버스, 열차	시에나 : 버스 1시간 15분 친퀘 테레 : 열차 2시간 17분	피렌체 내 아웃렛 쇼핑으로 대체 가능
8일차	피렌체 → 로마	열차	1시간 31분	
9일차	로마 공항 → 인천 공항	비행기	13~22시간	직항편 또는 1회 환승하는 항공편

ZOOM IN

- 밀라노 IN(입국)/로마 OUT(출국)하는 항공편을 이용하자.
- 밀라노-코모를 운행하는 열차는 지역 열차이므로 예약할 필요가 없다. 또한 유람선 선착장과 가까운 곳에 내리려면 밀라노 카도르나역에서 코모 노르드 라고역까지 운행하는 열차를 타는 것이 편리하다.
- 밀라노 산타 마리아 델레 그라치에 성당의 <최후의 만찬>과 피렌체 우피치 미술관을 관람하려면 방문하기 며칠 전에 예약해야 한다.
- 피렌체에서 친퀘 테레로 갈 때는 피사를 거쳐 친퀘 테레의 관문인 라스페치아역으로 가는 열차를 이용하는 것이 낫다. 피렌체에서 출발하는 직행열차도 있지만 운행 편수가 적고 시간도 더 오래 걸린다(2시간 27분).
- 유네스코 세계문화유산에 등재된 아름다운 다섯 마을 친퀘 테레는 한 번쯤 꼭 가봐야 하는 곳이다. 일정에 여유가 있다면 몬테로소에서 1박을 하며 해수욕을 즐기는 것도 좋다.
- 성수기(크리스마스와 새해, 여름철)에는 여행객이 많으니 피렌체-로마 구간 열차는 서둘러 예약하자.

3 로마+이탈리아 남부 8일

이탈리아의 수도 로마의 고대 유적지와 바티칸 박물관을 관광한 다음 이탈리아 남부로 이동해 아름다운 풍경을 벗 삼아 힐링하는 것이 포인트. 바쁜 일정으로 다니기보다는 여유로운 마음으로 남부의 아름다운 경치와 맛있는 해산물을 즐긴다.

일수	도시	교통수단	이동 시간	여행 포인트
1일차	인천 공항 → 로마 공항	비행기	12시간 20분~16시간 25분	직항편 또는 1회 환승하는 항공편
2일차	로마 시내 관광	도보, 메트로		
3일차	바티칸 관광	도보		
4일차	로마 → 바리 → 알베로벨로, 알베로벨로 관광 후 바리로	비행기, 열차	바리 : 비행기 1시간 알베로벨로 : 열차 1시간 25분	
5일차	바리 → 나폴리	버스	3시간 30~40분	
6일차	나폴리 → 카프리섬 또는 포시타노 관광 후 나폴리로	페리	카프리섬 : 45분 포시타노 : 35~45분	홈페이지에서 페리 스케줄 참고
7일차	나폴리 → 로마	열차	1시간 10분	
8일차	로마 공항 → 인천 공항	비행기	13~22시간	직항편 또는 1회 환승하는 항공편

ZOOM IN

- 일정이 짧다면 로마 IN(입국)/OUT(출국) 하는 직항편을 이용하자.
- 나폴리에서 로마로 가는 열차 편은 미리 예약한다.
- 개인으로 바티칸 박물관에 간다면 박물관 입구에 오전 8시까지 도착하자. 스스로 박물관에 전시된 수많은 작품을 이해하기란 쉽지 않으므로 전문 가이드 투어를 예약해 이용하는 것도 좋은 방법이다.
- 로마에서 바리로 갈 때 열차나 버스를 타면 4~5시간 이상 걸리므로 국내선 저가 항공(1시간 소요)을 이용하는 것이 낫다.
- 나폴리 구시가는 낡은 건물이 많고, 여기저기서 스쿠터가 달려 정신없지만 겁먹지 말자. 또 이곳에서 최고의 맛을 자랑하는 나폴리 피자는 반드시 맛보자.
- 작열하는 태양으로 유명한 남부를 여행할 때는 모자와 선글라스, 자외선 차단제 그리고 마실 물을 충분히 준비한다.
- 나폴리에서 카프리섬으로 갈 때 몰로 베베렐로 또는 포르타 디 마사 항구에서 출발하는 페리를 탄다. 몰로 베베렐로 항구에서 출발하는 페리가 1일 18회로 운행 편수가 더 많다. 여러 회사에서 운행하며 시즌마다 운행 시간이 바뀌므로 방문 전에 운행 회사의 홈페이지 확인은 필수다.
- 카프리섬과 포시타노 등 남부 지역은 기후 변화가 심해 운행을 중단하는 경우가 많으므로 여행 전에 기상 상태를 잘 살피고, 페리가 운행하지 않는다면 폼페이에 다녀올 것을 권한다.
- 나폴리에서 폼페이로 갈 때는 열차를 이용하는데, 나폴리 중앙역에서 타는 것보다 나폴리 가리발디역에서 타는 것이 좋다. 폼페이 스카비 빌라 데이 미스테리역에서 하차해 폼페이 유적의 시작인 마리나 문까지 도보 1분 거리로 더 가깝기 때문이다.

4 이탈리아 핵심 일주 14일

이탈리아의 핵심 도시를 2주일 동안 샅샅이 섭렵하는 일정. 로마, 밀라노, 피렌체, 베네치아를 중심으로 근교 도시를 돌아보는 관광에 초점을 맞췄다. 빡빡한 일정이므로 욕심을 부리기보다는 아래에 제시한 일정을 바탕으로 교통편에 따라 자신에게 좀 더 편리한 일정으로 계획을 세운다. 일정을 꼼꼼히 짠 뒤 모든 교통편을 예약해놓고 움직여야 한다.

일수	도시	교통수단	이동 시간	여행 포인트
1일차	인천 공항 → 밀라노 공항	비행기	13시간 05분~16시간 25분	직항편 또는 1회 환승하는 항공편
2일차	밀라노 시내 관광	도보, 메트로		
3일차	밀라노 → 베로나	열차	1시간 13분	
4일차	베로나 → 베네치아	열차	1시간 10분	
5일차	베네치아 시내 관광	도보, 수상 버스		
6일차	베네치아 → 피렌체	열차	2시간 5분	
7일차	피렌체 → 피사 또는 시에나(산지미냐노)	열차/버스	피사 : 열차 1시간 시에나 : 버스 1시간 15분 산지미냐노 : 버스 1시간 10분	
8일차	피렌체 → 로마	열차	1시간 31분	
9일차	로마 시내 관광	도보, 메트로		
10일차	바티칸 관광	도보		
11일차	로마 → 나폴리	열차	1시간 10분	
12일차	소렌토-포시타노-아말피	페리		홈페이지에서 페리 스케줄 참고
13일차	나폴리 → 폼페이	열차	35~40분	
14일차	나폴리 → 로마 이동 후 로마 공항 → 인천 공항	비행기	13~22시간	직항편 또는 1회 환승하는 항공편

ZOOM IN

- 밀라노 IN(입국)/로마 OUT(출국) 하는 항공편을 이용하자.
- 밀라노 산타 마리아 델레 그라치에 성당의 〈최후의 만찬〉과 피렌체 우피치 미술관을 관람하려면 방문하기 며칠 전에 예약해야 한다.
- 피렌체의 근교 도시인 시에나, 산지미냐노 또는 피사를 여행하려면 피렌체에서 이른 아침부터 움직여야 한다.
- 성수기(크리스마스, 새해, 여름철)에 이용하는 베네치아-피렌체, 피렌체-로마, 나폴리-로마 구간의 열차 승차권과 숙소는 미리 예약하는 것이 좋다.
- 남부를 여행할 때는 나폴리를 베이스캠프로 삼고 폼페이 또는 아말피 해안을 다녀오는 것이 좋다. 아말피 해안에서의 휴양을 더 즐기고 싶다면 포시타노나 아말피에 숙소를 잡고 1박을 하는 것도 좋은 방법이다.

이탈리아 추천 여행 일정

이탈리아에 관한 기초 정보

여행 준비는 내가 가려고 하는 장소가 어떤 곳인지 파악하는 것에서 시작된다. 이탈리아에 관한 기초 정보를 살펴보면서 이탈리아로 향하는 첫걸음을 떼어보자.

정식 국명
이탈리아 공화국(Repubblica Italiana)

수도
로마(Roma)

면적
약 30만 1340km²(한반도의 1.5배)

인구
약 6168만 명

정치 체제
내각책임제

국가 원수
세르조 마타렐라

언어
이탈리아어. 북부에서는 독일어, 프랑스어도 사용함. 역사·문화적으로 복잡하기에 방언의 차이도 큼.

종교
약 97%가 가톨릭. 그 밖에 개신교, 이슬람교, 유대교

국기
녹색, 흰색, 적색이 세로로 나뉜 삼색기로 '트리콜로레(Tricolore)'라고 부른다. 프랑스의 삼색기가 기원이며, 이탈리아 통일 운동의 심벌이었다. 녹색은 아름다운 국토, 흰색은 알프스의 눈, 적색은 애국의 뜨거운 피를 상징하며 각각 자유, 평등, 박애의 의미도 지닌다.

행정 구분
총 20개의 주(regione)로 나뉘어 있으며, 주 아래에 109개의 현(provincia)이 있고, 현 아래에 기초자치단체 코무네(comune)가 있다.

이탈리아의 사정

• **이탈리아에서 시작된 문화·예술 운동 및 음식 문화는?**
15~16세기에 피렌체를 중심으로 시작된 문화 혁신 운동인 르네상스, 패스트푸드와 상대하는 개념인 슬로푸드 운동, 신선한 과일과 우유를 사용해 만든 아이스크림 젤라토, 전 세계의 카페에서 인기 메뉴가 된 카페라테 등이 있다.

• **전 세계적으로 알려진 이탈리아 오페라 가수 고(故) 루치아노 파바로티와 지휘자 리카르도 무티의 출신지는?**
테너 가수 파바로티는 이탈리아 북부 모데나 출신이고 2005년까지 밀라노 스칼라 극장 예술감독이었던 무티는 나폴리 출신이다.

• **이탈리아의 유명 제품과 브랜드는?**
자동차에서는 피아트 그룹(마세라티, 페라리, 알파로메오, 란치아), 가전제품에서는 드롱기, 전자기기에서는 오리베티, 패션에서는 구찌, 불가리, 프라다, 조르지오 아르마니, 베르사체, 지안프랑코 페레, 살바토레 페라가모, 토즈 등이 유명하다.

한국과 다른 점

• **바겐세일 기간이 도시마다 다르다**
이탈리아에서는 각 도시의 세일 시작일이 각기 다르다. 예를 들어 어느 해 겨울 세일에서는 나폴리가 가장 빠른 1월 2일, 피렌체가 1월 7일, 로마가 1월 14일부터 시작했다.

• **2층이 1층**
이탈리아에서 건물 1층은 T(피아노 테라 piano terra, 지상 층)로 표시한다. 한국에서 말하는 2층은 1층(프리모 피아노 primo piano), 3층은 2층(세콘도 피아노 secondo piano)으로 표시한다. 따라서 엘리베이터를 탈 때 한국에서의 층수 버튼을 누르지 않도록 주의한다.

시차

우리나라보다 8시간 늦다. 단, 서머타임(3월 마지막 일요일 심야부터 10월 마지막 일요일 심야까지) 기간에는 7시간 차이 난다.

이탈리아까지의 비행시간

직항편으로 갈 경우 로마까지 약 12시간 25분, 밀라노까지 약 12시간 15분 걸린다.

업무 시간

- **은행** 월~금요일 08:30~13:20, 14:30~16:00. 지점에 따라 오후에 1시간 정도 연장하거나 토요일 오전에 문을 여는 곳도 있다. 일요일·공휴일은 대부분 휴무.
- **박물관·미술관** 09:30~13:00, 15:00~18:30. 오전에만 여는 곳도 있으며 월요일에 휴관하는 곳이 많다.
- **상점·백화점** 월~금요일 09:00~20:00, 토요일은 점심 무렵까지. 일요일·공휴일은 대부분 휴무.
- **레스토랑** 매일 12:00~14:30, 19:00~24:00
- **슈퍼마켓** 까르푸(Carrefour)가 24시간 영업.

통화

이탈리아에서는 유로(€)를 사용하며, 유로 아래의 통화로 유로센트가 있다. 이탈리아에서는 유로를 '에우로', 센트를 '첸테시모'라고 발음한다. 지폐는 €5, €10, €20, €50, €100, €200의 6종류가 있고, 동전은 €1, €2와 1, 2, 5, 10, 20, 50유로센트의 8종류가 있다. 1유로=100유로센트.

환전

이탈리아 대도시의 은행, 공항, 기차역, 고급 호텔 등에서 환전이 가능하다. 환율은 은행이 가장 좋고, 사설 환전소는 나쁜 편이다. 환전소 앞에 제시되어 있는 환율 게시판에서 환율과 수수료를 살펴본 후에 환전하는 게 좋다. 되도록 한국에서 필요한 만큼만 유로를 환전해 가는 편이 안전하며, 모자라는 금액은 현금카드나 신용카드를 적절히 사용할 것을 권한다. 또한 €200 이상의 고액권은 명품 숍 외에는 사용이 어려우므로 고액권으로 환전하지 않도록 한다.

팁

이탈리아어로 팁은 만차(mancia)라고 한다. 서비스를 받았을 경우 성의 표시로 주는 것이 일반화되었다. 호텔에서 짐을 들어준 포터나 침구를 정돈해준 메이드에게 €1, 택시에서 €1, 카페에서는 거스름돈 정도를 주면 무난하다. 레스토랑에서는 서비스료가 포함되어 있지 않으면 요금의 10% 정도를 주며, 포함되어 있어도 팁 외에 커버 차지(이탈리아어로 il coperto, 식전빵과 수돗물을 제공하는 일종의 테이블 세팅비)로 1인당 €1~2 정도 요구하는 경우가 일반적이며 이는 보통 메뉴에 표기된다. 단, 서비스에 불만이 있다면 팁을 줄 필요가 없다.

물가

교통비는 우리나라와 비슷하나 식료품은 비싼 편이다. 특히 관광객에게 적용하는 물가는 현지 물가보다 비싸다.

물품	가격
생수 1L	€1.05
에스프레소(서서 마실 때)	€1~2
점심 식사	€14~
저녁 식사	€30~
메트로·버스 1회권	€1~1.50
미술관·관광 명소 입장료	€8~
숙박료(트윈·더블 기준)	5성급 €300~, 4성급 €150~, 3성급 €120~, 2성급 €70~, 1성급 €50~
맥도날드 빅맥 세트	€8
슈퍼마켓에서 파는 파스타 면 500g	€3~6
이탈리아 와인	€5~(산지 및 생산 연도에 따라 다름)

기후

이탈리아는 기후가 온화하고 사계절이 뚜렷하다. 로마, 밀라노는 평균기온이 서울보다 높지만 전체적으로 한국의 기후와 비슷하다. 단, 일교차가 크고 북부 지방의 겨울 추위는 꽤 매서운 편이다. 또한 여름은 직사광선이 강하며 건조하고 겨울에는 습도가 높다. 따라서 여름에 여행한다면 수분 보충을 충분히 해야 한다.

로마 기온과 강수량

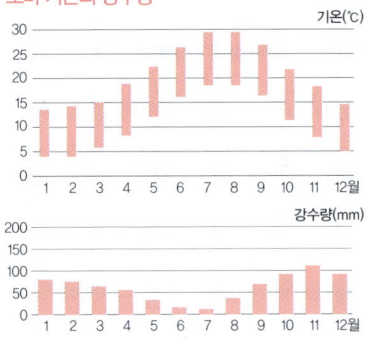

물

수돗물을 마셔도 되지만 석회질 성분이 많아 맞지 않을 경우 설사나 복통 등 탈이 날 수 있으므로 미네랄워터를 구입해 마시는 것이 좋다. 미네랄워터의 종류로는 탄산이 들어 있는 것(acqua minerale frizzante)과 탄산이 없는 것(aqua minerale naturale)이 있다.

거리에 물을 마실 수 있는 곳이 있지만 탈이 날 수 있으므로 가급적 미네랄워터를 사서 마시는 것이 좋다.

전압과 플러그

표준 전압 220V, 주파수 50Hz로 우리나라에서 가져간 전기 제품을 그대로 사용할 수 있다. 다만 콘센트에 접속하는 플러그가 가늘어서 일부 노트북이나 충전기의 경우 어댑터가 필요한 경우가 있으므로 멀티 어댑터를 챙겨 가는 것이 좋다.

전화

가장 편리한 방법은 휴대전화 로밍이다. 유럽에서 자동 로밍되는 단말기라면 문제가 없지만, 로밍 서비스가 지원되지 않는 구형 휴대전화 이용자는 출국 전 통신사에 문의해 단말기를 임대해야 한다.

공중전화는 카드식과 동전식이 있는데 국제전화를 걸 때는 카드식이 편리하다. 전화 카드는 우체국, 전화국, 바, 담배 가게 등에서 판매한다. 카드 귀퉁이의 절취선 부분을 잘라내고 화살표 방향으로 집어넣어 사용하면 된다.

지역 번호 : 로마 06, 밀라노 02, 피렌체 055, 베네치아 041, 나폴리 081, 베로나 045

• **이탈리아에서 한국으로 걸 때**

예) 서울 02-1234-5678번으로 거는 경우

00	(국제전화 접속 번호)
82	(한국 국가 번호)
2	(0을 뺀 지역 번호)
1234-5678	(상대방 전화번호)

• **한국에서 이탈리아로 걸 때**

예) 로마 06-1234-5678번으로 거는 경우

001/002/00700	(국제전화 접속 번호)
39	(이탈리아 국가 번호)
6	(0을 뺀 지역 번호)
1234-5678	(상대방 전화번호)

인터넷

공항, 기차역, 공원, 숙소 등 일부 공공장소에 와이파이 존이 있어 인터넷 무료 사용이 가능하다. 다만 이탈리아 전역에서 와이파이를 무료로 이용할 수 있는 것은 아니다.

심 카드 구입 및 개통 방법

심(SIM) 카드를 구입하거나 충전해 사용하면 국내에서 휴대전화를 로밍하는 것보다 훨씬 저렴하게 이용할 수 있다. 해외에서 심 카드를 사용하려면 반드시 언록(unlocked)되어 있는지 확인해야 한다. 만약 안 되어 있다면 통신사에 연락해 신청을 해야 하는데, 당일 처리가 안 되는 경우도 있으니 미리 해놓자. 이탈리아의 주요 통신사로는 보더폰(Vodaphone), 윈드(Wind), 팀(TIM) 등이 있으며 이들 대리점에서 심 카드를 살 수 있다. 사용 일수와 데이터(GB), 음성 통화량에 따라 요금이 달라진다. 현지에 도착해 기존 심 카드를 제거하고 보더폰 심 카드를 넣은 후에 심 카드가 활성화되면 심 카드에 적힌 카드 번호를 입력하고 설정 창으로 가서 모바일 네트워크 모드를 'GSM/UMTS'로 설정한 후 사업자 이름을 'Vodaphone IT'로 선택하고 APN을 설정하면 데이터 사용이 가능하다. 현지에서 심 카드 구입 시 여권이 필요하다.

> 이름 : Vodaphone IT
> APN : mobile.vodaphone.it
> APN 설정/해제 : 활성화

우편

우체국 영업시간은 오전 8시 30분부터 오후 2시(토요일은 낮 12시까지)이며 일요일·공휴일은 문을 닫는다. 한국으로 보내는 항공 우편 요금은 엽서, 편지(20g까지)가 €1.65이며 우체국(PT라고 적힌 노란색 간판)이나 담배 가게에서 우표를 사서 'prioritaria(속달)' 전용 실(seal)을 받아 부친다. 우체통은 빨간 것과 파란 것 두 종류가 있다. 빨간 우체통의 왼쪽 투입구는 시내용, 오른쪽 투입구는 시내 이외 지역용(한국도 포함)이며, 파란 우체통은 항공 우편 전용이다.

ATM(현금인출기)

해외 ATM에서 비자, 마스터 카드로 현금을 인출하려면 기기에 'MAESTRO', 'CIRRUS' 표시가 있어야 한다. ATM은 대부분 24시간 이용 가능하며 자신이 소지한 카드의 사용 한도와 해외에서의 사용 조건 등에 따라 일정 범위의 현금 인출이 가능하다. 사용 한도 및 조건은 개인에 따라 다르므로 해당 카드사에 문의하는 것이 확실하다.

• ATM 이용 순서

① 카드를 삽입한다. 보통 외국 카드를 삽입하면 영어 화면으로 넘어간다.

② 카드 비밀번호 4자리를 누른다.

③ 거래 종류(현금 출금)를 선택한다.

④ 원하는 금액을 누른다.

⑤ YES를 누르면 현금과 카드가 나온다.

※ ATM 이용 시 주의 사항
· 기기마다 차이는 있지만 대부분 1회에 €250까지 인출이 가능하다.
· 비밀번호를 누를 때는 옆이나 뒤에서 보이지 않게 손으로 잘 가리고 누른다.
· 말을 걸어오는 사람이 있으면 무시하고, 어떤 경우에도 타인에게 비밀번호를 알려주지 않는다.
· 이른 새벽이나 늦은 밤에는 이용하지 않는다.
· 영수증은 버리지 말고 보관한다. 만일의 경우 예금 인출 금액과 청구 금액이 다를 때 중요한 증빙 자료가 된다.

화장실

기차역이나 관광지에 있는 화장실은 유료인 곳이 많다. 화장실을 지키며 요금을 받는 사람이 있거나 팁 접시가 놓여있는 경우 팁으로 €0.50~1 정도 놓고 간다. 주요 관광지에서는 €1~2나 되므로 카페

나 레스토랑에 들를 경우 볼일을 보고 나오는 습관을 갖도록 하자. 화장실은 주로 'WC'로 표시하며 여성용은 'Donne' 또는 'Signora'로 남성용은 'Uomini' 또는 'Signore'로 표시한다.

복장 규정

성당에서는 민소매나 미니스커트, 짧은 반바지 등 노출이 심한 옷을 입으면 입장이 불가능하다. 여름에는 카디건이나 폭이 넓은 스카프를 준비하는 것도 좋다.

흡연 사정

2005년 이후 이탈리아 전역에 금연법이 시행되어 사람들이 모이는 실내 공공장소(식당, 열차, 박물관 등)에서 흡연을 금지하고 있다. 베로나시의 경우 공원 내에서 흡연하면 €25~500의 벌금이 부과되며, 특히 어린이나 임산부 앞에서 흡연하는 경우 벌금이 두 배로 부과된다.

관광세

2011년 이후 이탈리아를 방문하는 외국인은 관광세를 지불해야 한다. 정부 긴축 예산의 여파로 재정난에 시달려온 로마는 호텔 투숙객에게 1인당 €10까지 부과하려 했으나 업계의 반발로 세액을 낮추기도 했다. 관광세는 도시, 시즌에 따라 다르다. 일반적으로 4성급 호텔은 1박당 €3~7, 3성급 이하 호텔 €4, 3성급 이하 숙소 €3.5이다. 3성급 이하의 호텔과 호스텔은 €1~2를 숙박료 외에 추가로 지불해야 한다. 호스텔은 €1~2를 숙박료 외에 추가로 지불해야 한다. 숙박업소뿐 아니라 시티 투어 버스, 유람선 등에도 관광세가 부과된다. 현재 로마, 베네치아, 피렌체 등의 대도시에서 시행하는 관광세는 향후 이탈리아 전국으로 확대할 전망이다.

하루 예산

전체 경비에는 여행을 떠나기 전 지불해야 하는 인천-로마 또는 인천-밀라노 구간의 항공료(약 100만~180만 원으로 항공사마다 차이가 있음), 이탈리아 열차 패스나 열차표 또는 저가 항공권 등의 교통비, 숙식비와 잡비 등이 포함된다. 여기에 가족이나 지인에게 줄 선물 구입비와 오페라 관람, 곤돌라 투어 등의 특별 비용이 추가된다.

	배낭여행자(대학생)	일반 여행자
1일 기준	€60~100	€145~240
숙박료	민박 또는 호스텔 €20~30	호텔 €60~200
식비	아침은 숙소에서 제공 점심·저녁 €20~30	아침·점심·저녁 €60~120
입장료	€10~20	€15~30
교통비	€10~20	€10~30

이탈리아의 공휴일(2023년)

1월 1일 새해
1월 6일 주현절
4월 9일 부활절
4월 10일 부활절 다음 월요일
4월 25일 독립기념일
5월 1일 노동절
6월 2일 건국기념일

8월 15일 성모승천일
11월 1일 만성절
11월 4일 제1차 세계대전 종전일
12월 8일 성모수태일
12월 25일 크리스마스
12월 26일 산 스테파노의 날

※도시별 공휴일
4월 25일 베네치아
6월 24일 피렌체, 제노바, 토리노
6월 29일 로마
9월 19일 나폴리
10월 4일 볼로냐
12월 6일 바리
12월 7일 밀라노

호텔 등급을 나타내는 표지판

이탈리아 여행 언제 가면 좋을까?

이탈리아는 사계절의 변화가 뚜렷해 계절마다 다른 매력을 느낄 수 있다. 계절별 날씨와 지역별 축제·이벤트 등을 고려하여 여행 시기를 정해보자.

최적의 시기는 3월 말~6월 중순, 9월 초~10월 말

지나치게 덥거나 춥지도 않고 맑은 날씨가 이어져 이 기간에 여행하는 것이 가장 좋다. 축제나 박람회가 열리는 일부 도시를 제외하고는 극성수기가 아니어서 항공권 구매나 호텔 예약이 쉽고 요금도 적당하다. 옷차림은 우리나라의 봄가을 날씨에 맞게 준비하면 된다.

날씨는 맑지만 무더위 때문에 힘든 7~8월

우리나라처럼 습하지는 않지만 기온이 높고 건조한 날씨가 이어지는 데다 유럽인들의 긴 휴가 기간과 맞물려서 호텔, 항공권, 열차표를 구하기가 쉽지 않고 요금도 비싼 편이다. 따라서 교통편과 숙소는 최소 1~3개월 전에 예약하는 것이 좋다. 특히 이탈리아 남부를 여행할 때는 뜨거운 태양으로부터 몸을 보호하기 위해 모자, 선글라스, 선크림을 반드시 챙기고 시원한 물을 휴대하여 수분 섭취를 충분히 하는 등 더위에 대한 대비를 철저히 해야 한다.

문화의 향기를 찾아 떠나기 좋은 12~2월

춥고 비가 자주 내려 여행하기에 조금 불편하지만 관광지가 덜 붐비고 박물관이나 미술관을 돌아보기에 좋다. 이탈리아 북부는 스키, 스노보드 등 겨울 스포츠를 즐기기 좋고 이탈리아 남부는 비교적 날씨가 좋아 자연을 즐길 수 있다. 이 기간에는 항공권 구매나 호텔 예약이 쉽고 요금이 저렴하다. 단, 보수 공사를 하거나 겨울철에 일찍 문을 닫는 곳이 많으며, 특히 12월 20일~1월 5일 사이에는 유럽의 휴가 기간과 겹쳐 숙소 예약이 어렵다. 방수·방한 점퍼를 반드시 챙겨 가도록 한다.

이탈리아의 세계문화유산

유네스코에 등재된 이탈리아의 세계문화유산은 총 53개로 세계에서 가장 많다. 그중 이 책에 실린 도시에서 만날 수 있는 13개의 세계문화유산을 소개한다.

나폴리 역사 지구
Historic Centre of Naples

나폴리는 기원전 470년경 그리스 정착민들이 세운 도시 네아폴리스(Neapolis)를 시작으로 12세기 이후 나폴리 왕궁의 수도가 되었고 18세기 말 부르봉 왕조의 지배를 받으며 크게 번영을 이루었다. 유럽에서 가장 오래된 도시 중 하나인 나폴리에는 산타 키아라 성당, 누오보성, 델로보성 등 수많은 역사적 건물이 잘 보존되어 있다.

베네치아와 석호
Venice and its Lagoon

118개의 작은 섬들로 이루어진 베네치아는 아드리아해에서 가장 안쪽으로 들어간 석호 위에 세워진 물의 도시. 두칼레 궁전, 산 마르코 대성당, 산 조르조 마조레 성당 등 아름다운 건축물과 조르조네, 티치아노, 틴토레토 등 유럽 회화에 큰 영향을 미친 베네치아 화파의 작품들이 보존되어 있다.

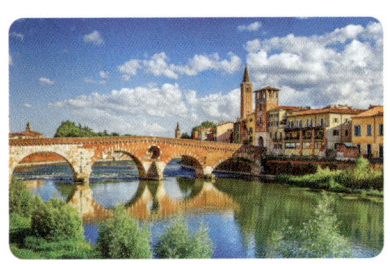

베로나 Verona

기원전 1세기에 세워진 요새 도시로 스칼리제르 가문의 지배를 거쳐 15~18세기에 베네치아 공화국의 일부로 번영을 누렸다. 원형극장, 카스텔베키오, 산 체노 마조레 성당 등 고대 로마 시대의 유적부터 르네상스 시대에 지은 건축물들이 그대로 보존돼 있어 도시 전체가 세계문화유산에 등재되었다.

시에나 역사 지구 Historic Centre of Siena

시에나는 피렌체와 어깨를 나란히 했던 중세 시대에 가장 강력한 도시국가였으며 12~15세기에 지은 고딕 양식의 건축물들이 지금까지 잘 보존되어 있다. 시에나 축제가 열리는 캄포 광장을 중심으로 주요 유적들이 모여 있고, 피에트로 형제, 시모네 마르티니 등으로 대표되는 시에나 화파가 활동하면서 유럽 예술사에 큰 영향을 미쳤다.

산지미냐노 역사 지구
Historic Centre of San Gimignano

산지미냐노는 구릉 위에 세워진 성곽 도시로 중세에 지은 궁전, 저택과 광장, 거리 등이 성벽 안에 고스란히 남아 있다. '탑의 도시'로도 알려져 있는데 13세기에 이 도시를 지배했던 귀족들이 자신의 부와 권력을 상징하기 위해 탑이 높이 솟은 저택을 앞다투어 지었기 때문이다. 당시 지은 저택의 수는 72채에 달하며 지금은 그중 14채가 남아 있어 봉건 시대의 분위기를 엿볼 수 있다. 그 외에도 14~15세기 이탈리아 예술의 걸작이 다수 보존되어 있다.

산타 마리아 델레 그라치에 성당과 도미니크 수도원 및 레오나르도 다빈치의 〈최후의 만찬〉
Church and Dominican Convent of Santa Maria delle Grazie with the Last Supper by Leonardo da Vinci

밀라노의 산타 마리아 델레 그라치에 성당은 원래 도미니크 수도원이 있던 자리로 15세기 말 브라만테에 의해 증·개축되었다. 성당 안에는 레오나르도 다빈치의 걸작으로 유명한 〈최후의 만찬〉이 있는데, 이 작품은 예수 그리스도가 12사도 중에 배신자가 있을 것이라고 말하는 순간 놀라는 제자들의 모습을 매우 사실적으로 묘사했다.

아시시의 산 프란체스코 성당과 프란체스코회 유적
Assisi, The Basilica of San Francesco and Other Franciscan Sites

아시시에서 태어난 프란체스코 성인의 검박했던 수도사로서의 발자취를 살펴볼 수 있는 곳으로, 천주교도들의 성지인 산 프란체스코 성당과 유적들이 보호받고 있다. 성당 안에는 프란체스코 성인의 일대기를 그린 프레스코화가 남아 있으며 조토, 치마부에, 로렌체티, 마르티니 등의 작품인 중세 미술 걸작들은 이탈리아는 물론 유럽의 건축과 예술 발달에 지대한 영향을 주었다.

알베로벨로의 트룰리
The Trulli of Alberobello

이탈리아 남부 풀리아주에 있는 알베로벨로 마을은 석회암이 많이 나는 곳으로 이를 재료로 만든 독특한 모양의 지붕을 올린 집들이 있다. 16세기에 목동과 농민들이 이 지역에서 나는 석회암을 얇게 잘라서 원뿔형으로 켜켜이 쌓아 올려 지은 것으로, 접착제나 목재는 전혀 사용하지 않았다고 한다. 현재 알베로벨로에는 이런 집이 1000채가량 보존되어 있으며 주거 기능도 여전히 유지하고 있다.

피렌체 역사 지구
Historic Centre of Florence

15~16세기 메디치 가문의 경제적 지원을 바탕으로 르네상스의 꽃을 피운 도시, 피렌체. 13세기에 지은 두오모(산타 마리아 델 피오레 대성당)를 비롯해 산타 크로체 성당, 피티 궁전, 우피치 궁전 등의 아름다운 건물과 브루넬레스키, 조토, 보티첼리, 미켈란젤로, 레오나르도 다빈치, 라파엘로 등 대가들의 작품이 도시 내에 가득하다.

포르토베네레, 친퀘 테레와 섬들
Portovenere, Cinque Terre, and the Islands

다섯 마을을 의미하는 친퀘 테레와 포르토베네레 사이의 리구리아 해안은 자연과 인간이 조화를 이루며 살아온 천년의 역사를 간직하고 있다. 가파른 암벽 위에 계단식으로 형성된 마을은 알록달록한 집들이 자리 잡고 있으며 전통 방식의 삶을 이어오고 있는 문화 유적지이다.

티볼리의 빌라 아드리아나
Villa Adriana of Tivoli

2세기에 로마제국의 하드리아누스 황제가 지은 별장으로 그리스식 해양 극장, 목욕탕, 도서관, 시장, 신전 등 30여 개의 건물이 있어 별장이라기보다는 하나의 작은 도시를 연상케 한다. 르네상스 시대와 바로크 시대 건축가들이 이용한 고전주의의 건축 요소를 재발견하는 데 크게 도움을 주었다.

폼페이 고고학(역사) 지구
Archaeological Areas of Pompeii

로마에서 가장 번성했던 도시 중 하나인 폼페이는 79년 베수비오산의 폭발로 순식간에 화산재에 묻혀 역사 속으로 사라져버렸다. 18세기 중반 발굴 작업이 시작되어 옛 모습이 세상에 알려졌는데 초기 로마제국의 부유층이 향유했던 호화로운 생활상을 엿볼 수 있다.

티볼리의 빌라 데스테 Villa d'Este of Tivoli

원래는 베네딕트회 수도원이었으나 에스테 가문 출신의 추기경 이폴리토 2세가 티볼리 지사로 임명되어 이 도시에 오면서 별장으로 개축했다. 당시 유명 건축가 피로 리고리오가 정원을 만들었고, 이후 바로크의 거장 베르니니가 완성했었다. 정원의 백미는 다양한 조각상의 분수가 모두 자연의 수압을 이용해 물을 뿜어낸다는 점이다.

미술·건축물 감상을 위한 이탈리아 미술사

이탈리아를 여행하다 보면 다양한 건축물과 미술품을 만나게 된다.
아는 만큼 보이는 법! 이탈리아 미술사의 흐름을 알고 간다면
작품을 바라보는 눈이 달라져 감상의 즐거움이 더해질 것이다.

이탈리아 미술의 특징

이탈리아는 프랑스나 영국과 달리 각 지역의 고유한 문화가 성장했을 뿐 아니라 지중해와 면한 삼면의 바다를 통해 이국적인 문화를 받아들이기 좋은 환경을 지니고 있었다.

고대 그리스 미술을 이어받은 고대 로마 미술을 시작으로 4세기에는 초기 그리스도교의 미술, 라벤나 지역에서 발전한 비잔틴 미술, 그리고 견고한 교회 건축이 시작된 로마네스크와 고딕의 시대를 거쳐 15세기 이탈리아를 중심으로 꽃피운 르네상스 시대에는 유럽을 대표하는 거장들이 탄생하게 된다. 이어 역동적인 바로크 미술이 자리 잡게 되는데 프랑스보다는 조각적 조형 감각을, 네덜란드보다는 정서적 묘사를 강조한 회화적 특징이 나타난다. 피렌체 미술에서 회화를 조형에 가깝게 하려는 경향이 두드러졌으며, 뛰어난 기하학적 디자인 감각의 발전은 패션과 스포츠카 디자인에도 반영되었다.

고대 그리스·로마 미술

그리스 식민지였던 이탈리아 남부와 시칠리아는 기원전 8세기 이후 번영해 그리스 미술을 꽃피웠다. 이탈리아 중부에서는 기원전 4세기까지 에트루리아 미술이 전성기를 맞았는데 그리스 미술의 흐름을 이어받아 단정하고 사실적인 표현에 오리엔트의 영향이 가미된 것이 특징이다. 그 다음은 헬레니즘 시대의 미술로 알렉산더 대왕이 정복한 소아시아의 도시에 새로운 작풍이 생겨나 바티칸 박물관에 전시된 〈라오콘〉 같은 아름다운 작품이 탄생했다. 에트루리아인의 후예인 로마인은 그리스를 정복하고 로마제국을 세웠으며, 그리스 문화를 받아들이는 한편 자신들의 문

로마의 콜로세움

로마의 판테온

베네치아의 산 마르코 대성당

화를 접목시켰다. 수도 로마를 중심으로 웅장한 경기장과 욕장, 극장, 수도교 등의 대건축물을 차례로 만들었는데 콜로세움, 판테온 등이 대표적이다. 이 시대의 미술품은 바티칸 박물관, 카피톨리니 박물관 등에서 볼 수 있다.

중세 비잔틴·로마네스크·고딕 미술

중세 미술은 대부분 종교적이거나 정치적 필요에 의해 주문 제작되었다. 객관적 사실을 묘사한 고대 미술과 크게 다른 점이다. 콘스탄티누스 황제는 로마의 수도를 콘스탄티노플(지금의 이스탄불)로 옮겨 동로마제국 시대를 열었고 동방의 영향을 받은 미술 양식인 비잔틴 미술이 탄생한다. 313년 그리스도교가 공인되면서 교회 내부를 모자이크와 그림으로 장식했는데 베네치아 산 마르코 대성당의 모자이크가 대표적이다. 11세기에는 피사의 두오모, 피렌체의 산 조반니 세례당에서 볼 수 있는 것처럼 단정한 직선미와 좁은 창이 특징인 로마네스크 양식이 유행한다. 12세기 후반부터는 예리한 첨탑이나 돔을 특징으로 하는 고딕 양식이 등장하는데 밀라노, 피렌체, 볼로냐, 오르비에토의 두오모가 대표적이다. 회화에서는 인물의 표정을 더욱 풍부하게 묘사했는데 시모네 마르티니가 그린 〈수태고지〉를 예로 들 수 있다.

피사의 두오모

근대 르네상스 미술

15세기에는 피렌체, 시에나, 베네치아를 중심으로 예술 부흥 운동이 일어나 르네상스 시대가 열렸다. 회화에서는 치마부에, 조토, 마사초, 보티첼리 등이, 건축에서는 브루넬레스키, 조각에서는 도나텔로, 기베르티 등의 거장들이 활동했다. 특히 조토는 생동감 있는 작품을 많이 남겼는데 아시시의 산 프란체스코 성당과 피렌체의 산타 크로체 성당에서 감상할 수 있다. 15세기 말부터 16세기까지는 르네상스의 절정기로 레오나르도 다빈치, 미켈란젤로, 라파엘로, 티치아노, 틴토레토 같은 거장들이 활동했다. 르네상스 미술에서도 특수 목적으로 주문 제작된 작품이 있었다. 미켈란젤로의 〈다비드〉는 시청 앞에 세워두어 시민들의 애국심을 고취하고자 한 것이고, 레오나르도 다빈치의 〈최후의 만찬〉은 수도원 식당의 벽화로 그려졌다. 르네상스 회화에서 빼놓을 수 없는 인물 중 하나로 마사초를 들 수 있는데, 피렌체의 산타 마리아 노벨라 성당에 있는 〈성 삼위일체〉는 최초로 원근법을 사용한 회화로 이후 원근법은 르네상스 회화에서 매우 중요한 요소가 되었다.

17세기 후기 르네상스 · 바로크 미술

르네상스 말기에는 종교개혁이나 전쟁 등 여러 가지 사회적 변화에 대한 불안감으로 인해 인체를 그릴 때 가늘고 길게 늘여 강조하는 왜곡된 표현과 조화와 균형미를 깨뜨리는 마니에리스모(manierismo)라는 화풍이 유행했다. 이 양식의 대표적인 화가로 파르미자니노를 들 수 있다. 이후 호화로움과 자유분방함이 특색인 바로크 양식이 등장한다. 이 시대의 대표적인 화가로는 볼로냐파의 카라바조와 베네치아파의 티에폴로가 있다. 카라바조는 명암의 대비를 살린 사실적인 묘사로 미술사에 큰 획을 그었다. 카라바조의 3부작을 소장하고 있는 산 루이지 데이 프란체시 성당, 최고의 걸작 〈그리스도의 매장〉이 있는 바티칸 박물관, 보르게세 미술관 등에서 그의 작품을 감상할 수 있다. 조각가로는 로마의 산 피에트로 대성당의 건축에 참여한 베르니니와 보로미니 등이 있다. 산 피에트로 대성당의 닫집과 나보나 광장의 피우미 분수는 베르니니가 남긴 걸작이다. 또한 로마의 산 카를로 알레 콰트로 폰타네 성당은 보로미니의 대표작으로 유명하다.

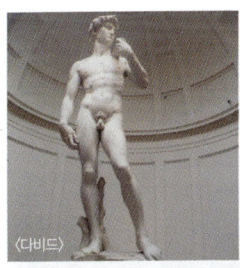

〈다비드〉

〈최후의 만찬〉

산 카를로 알레 콰트로 폰타네 성당의 조각품

〈성삼위일체〉

미술 · 건축물 감상을 위한 이탈리아 미술사

이탈리아를 이해하기 위해 알아두어야 할 인물

율리우스 카이사르
Gaius Julius Caesar(기원전 100~44년)

영어로는 '줄리어스 시저'. 고대 로마를 대표하는 정치가로 기원전 60년 폼페이우스, 크라수스와 삼두동맹을 맺은 후 공화정 최고 관직인 집정관 자리에 올라 국유지 분배 법안을 비롯한 각종 법안을 마련해 민중에게 큰 인기를 얻었다. 이후 갈리아 전쟁을 통해 로마제국의 영토를 넓히는 데 공을 세워 막강한 세력가가 되었고 마침내 정권을 장악했다. 이후 각종 사회 개혁을 펼치며 승승장구했으나 반대 세력에 의해 암살당한다. 9년에 걸친 갈리아 전쟁을 특유의 문체로 기록한 〈갈리아 전기〉를 남겼으며, "주사위는 던져졌다", "왔노라, 보았노라, 이겼노라" 등의 명언을 남긴 것으로 유명하다.

단테 Dante(1265~1321년)

본명은 두란테 델리 알리기에리(Durante degli Alighieri). 피렌체 출신의 시인으로 대표작인 〈신곡〉은 자신이 작품 속 인물로 등장하여 지옥, 연옥, 천국을 여행하며 겪는 일화를 생생하게 그린 서사시이다. 그는 작품 속에 자신이 짝사랑했던 여인 베아트리체를 천국으로 인도하는 여인으로 등장시키는 등 평생 동안 그녀를 그리워하기도 했다. 1290년에는 피렌체와 피사를 중심으로 일어난 당 파싸움에 가담했다가 추방되어 여생을 유랑하며 지내다가 말라리아에 걸려 생을 마감했다.

레오나르도 다빈치
Leonardo da Vinci(1452~1519년)

피렌체 교외의 빈치라는 마을에서 사생아로 태어나 15세 때 베로키오의 공방에서 견습생으로 일했다. 스승이 그리다 만 그림의 귀퉁이에 천사를 그려 넣는 일 등을 했는데 그의 놀라운 재능을 보고 충격을 받은 베로키오는 붓을 놓고 조각에 전념했다는 일화가 전해진다. 이후 30세 때 스포르차 공작의 전속 화가로 있는 동안 과학, 공학, 천문학, 해부학, 철학, 음악, 물리학 등 다양한 분야에 관심을 가졌으며 이들 분야에서도 천재적인 재능을 보였다. 〈최후의 만찬〉, 〈모나리자〉, 〈암굴의 성모〉 등의 걸작을 남겼다.

라파엘로
Raffaello Sanzio da Urbino
(1483~1520년)

어릴 적 부모를 여의고 숙부 밑에서 자랐으며 스승인 페르지노의 영향을 받아 우아하고 서정적인 화풍이 특징이다. 피렌체에 4년간 머물면서 미켈란젤로에게서 인체 해부학을, 레오나르도 다빈치에게서 빛의 사용과 부드러운 색조의 변화로 입체감을 주는 스푸마토(sfumato) 기법을 익혔다. 교황 율리우스 2세의 초청을 받아 바티칸궁의 〈아테네 학당〉을 그리며 독창적인 세계

를 열었다. 르네상스 미술의 이상인 조화, 균형, 절제의 미덕을 가장 잘 구현한 화가로 미켈란젤로, 레오나르도 다빈치와 함께 르네상스의 3대 거장으로 꼽힌다.

카라바조
Michelangelo da Caravaggio
(1573~1610년)

본명은 미켈란젤로 메리시(Michelangelo Merisi)이지만 출생지인 카라바조라는 이름으로 더욱 잘 알려져 있다. 괴팍한 성격 때문에 작품 주문이 취소되거나 종교 재판에 갈 뻔하는 등 여러 가지 우여곡절을 겪었지만 이탈리아는 물론 유럽의 유명 미술관마다 그의 작품이 없는 곳이 없을 정도로 미술사에서 빼놓을 수 없는 중요한 화가이다. 주로 인물과 정물을 그렸는데 명암 대비와 사실적인 묘사로 바로크 양식이 탄생하는 데 큰 영향을 주었다.

미켈란젤로
Michelangelo di Ludovico
Buonarroti Simoni(1475~1564년)

어린 시절에 뛰어난 재능을 보여 메디치 가문의 후원으로 미술 공부를 시작했으며 조각과 회화 모든 면에서 대작을 남겼다. 조각 작품으로는 〈피에타〉, 〈다비드〉, 〈모세〉가 대표적인데 옷의 주름이나 근육의 세부까지 섬세하고 역동적인 표현에서 거장의 역량이 느껴진다. 1508년 교황 율리우스 2세가 그에게 시스티나 예배당의 천장화를 맡겼지만 자신은 조각가이지 화가가 아니라며 처음에는 거절했다. 그러나 결국 〈천지창조〉라는 대작을 그려내 화가로서의 명성을 얻게 되고 만년에는 〈최후의 심판〉까지 그려냈다.

베르니니
Gian Lorenzo Bernini(1598~1680년)

바로크를 대표하는 조각가이자 건축가로 로마에서 주로 활약하여 로마 시내에서 그의 수많은 작품을 만날 수 있다. 우아하면서도 생명력이 느껴지는 대표작 〈아폴론과 다프네〉, 〈플루토와 프로세르피나〉 등은 보르게세 미술관에 있고, 산탄젤로 다리에 있는 10개의 천사상과 나보나 광장의 피우미 분수도 그의 작품이다. 또한 바티칸의 산 피에트로 광장은 건축가로서 그의 재능이 유감없이 발휘된 곳이며 산 피에트로 대성당 내부에 있는 청동 닫집도 그의 대표작이다.

이탈리아를 이해하기 위해 알아두어야 할 인물

미술 관람을 위한 키워드 I 성경과 명화

이탈리아 미술에서 압도적으로 많은 테마는 '성서의 세계'다. 〈신약성서〉와 〈구약성서〉에 묘사된 여러 장면과 그 장면에 등장하는 인물들에 대해 알면 미술관 관람이 더욱 흥미로워진다.

예수 그리스도

그리스도교의 창시자이자 〈신약성서〉의 주인공. 30세 때 요한에게 세례받고 12사도를 발탁해 함께 다니며 생애의 대부분을 갈릴리에서 보냈다. 유대교 지도자들에 의해 신성모독죄로 죽임을 당하지만 사흘 만에 부활한다.

마리아

예수 그리스도의 어머니이자 요셉의 아내. 성령의 힘으로 아이를 잉태하여 마구간에서 예수를 낳는다. 미술품에 등장하는 마리아는 이상적인 여성 또는 어머니로 표현된다.

미켈란젤로의 〈피에타〉
- 로마의 산 피에트로 대성당

요한

〈신약성서〉에서 세례 요한으로 불리는 인물로 예수도 그에게 세례를 받았다. 죄를 회개하라고 외치며 유대인들을 일깨우고 요르단 강물에서 사람들에게 세례를 베푸는 세례 운동을 펼쳤다. 미술품에는 십자 지팡이를 들고 있는 모습으로 등장한다.

아담과 이브

〈구약성서〉 '창세기'에 등장하는 최초의 인간. 뱀의 유혹에 넘어가 금단의 열매 선악과를 먹은 탓에 낙원에서 추방당했다. 아담은 생명을 주는 사람, 이브는 생명의 어머니로 여겨진다.

유다

12사도 중 한 명으로 예수를 배반하고 제사장에게 은화 30전에 팔아넘긴다. 〈최후의 만찬〉에서는 왼쪽에서 네 번째 인물로 뒤를 돌아보고 있다.

레오나르도 다빈치의 〈최후의 만찬〉
- 밀라노의 산타 마리아 델레 그라치에 성당

모세

이스라엘의 종교 지도자. 바닷물을 갈라서 히브리 노예들을 이집트에서 탈출시킨 '모세의 기적'으로 유명하다.

미켈란젤로의 〈뿔 달린 모세〉
- 로마의 산 피에트로 인 빈콜리 성당

다윗

고대 이스라엘의 제2대 왕으로 예루살렘을 중심으로 유대교를 확립했다. 필리스티아의 거인 골리앗을 돌팔매질로 쓰러뜨린 후 이를 계기로 왕위에 오른다. 그러나 권력을 얻은 후 타락에 빠져 부하의 아내와 간통을 저지르기도 했다. 그리고 그 둘 사이에 낳은 둘째 아들이 솔로몬이다. 〈성경〉에는 다윗(다비드)이 지나치게 관대하여 실수를 저지르기도 했지만 여호와의 마음에 맞는 사람으로 기록되어 있다.

미켈란젤로의 〈다비드〉
- 피렌체의 아카데미아 미술관

미술 관람을 위한 키워드 II 로마 신화

신화에 등장하는 신이나 인물도 예술 작품의 모티브가 되므로 알아두면 관람하는 데 도움이 된다. 로마 신화는 그리스 신화를 토대로 했기 때문에 로마 이름과 그리스 이름이 따로 있다. 아래 괄호 안에 표기한 것은 그리스 신화에 나오는 이름이다.

유피테르(제우스)

신들의 왕이자 최고 신. 영어로는 '주피터'로 부른다. 기상 현상을 관장하는 하늘의 신으로 비, 폭풍, 천둥을 일으킨다. 로마의 카피톨리노 언덕 위에 세운 유피테르 신전은 적과 싸우고 돌아온 장군의 개선 행렬이나 새로 취임한 집정관이 가장 먼저 들러 참배하던 곳이다. 여색을 밝혀 혼외 자식이 많으며 신화에 등장하는 대부분의 신이 그의 핏줄이다.

유노(헤라)

결혼과 가정의 신으로 유피테르의 누이이자 아내. 유피테르와의 사이에서 마르스, 유벤타스 등을 낳았지만 유피테르가 바람을 피워 낳은 자식들이 더 우수했다. 질투가 심해 유피테르가 사랑을 나눈 여자들에게 복수했다.

아폴로(아폴론)

태양의 신이자 의술, 예언, 빛, 음악을 관장하는 신으로 유피테르 다음가는 권력을 가졌다. 큐피드의 화살을 맞고 다프네에게 사랑을 느끼지만 짝사랑이었으며 다프네는 아폴로에게서 도망치기 위해 월계수로 변신한다. 이후 월계수는 아폴로의 신목이 되어 명예를 상징할 때 월계수잎으로 만든 관을 씌워주기 시작해 지금도 마라톤 우승자에게 월계관을 씌워주는 전통이 있다.

비너스(아프로디테)

미와 사랑의 여신으로 유피테르와 디오네 사이에서 태어났다. 이름 자체가 '거품에서 태어난 여자'라는 뜻으로, 보티첼리의 〈비너스의 탄생〉은 바닷속 거품에서 태어난 비너스를 그린 것이다.

마르스(아레스)

전쟁의 신. 유피테르가 본처인 유노와의 사이에서 낳은 둘째 아들이다. 성격이 호전적이고 사나워서 다른 신들에게 미움을 받았지만 연인인 비너스에게는 사랑을 받았다고 한다. 보티첼리의 〈마르스와 비너스〉 등 여러 회화 작품에 등장한다.

넵투누스(포세이돈)

바다의 신. 유피테르와 형제지간이다. 고대 로마가 에트루리아와 전쟁 중에 호수가 범람하자 넵투누스에게 제사를 지내 수해 방지를 기원했다. 이렇듯 바다, 강, 호수, 샘을 다스리는 신으로 이탈리아에서는 분수의 모티브가 된다.

메르쿠리우스(헤르메스)

상업의 신. 신들의 뜻을 인간에게 전하는 전령 역할을 했으며 날개 달린 신발과 뱀이 감긴 지팡이가 상징물이다. 보티첼리의 작품 〈프리마베라〉에서는 왼쪽 끝에 오렌지를 따고 있는 모습으로 등장한다.

이탈리아에서 놓치지 말아야 할 걸작들

이탈리아는 미술관이나 박물관뿐 아니라 성당이나 거리에서도 주옥같은 예술 작품을 만날 수 있다.
그중 로마, 피렌체, 밀라노에서 꼭 봐야 할 대표작들을 소개한다.

로마

라오콘 군상 Gruppo del Laocoonte

라오콘은 그리스 신화에서 아폴론을 섬기는 트로이의 신관으로 그리스와의 전쟁에서 트로이 목마의 비밀을 누설해 포세이돈에게 살해당한 다. 뱀에 휘감겨 고통스럽게 죽어가는 라오콘과 두 아들의 모습이 실감나게 표현되어 있다.
▶ 바티칸 박물관 피오 클레멘티노 미술관(p.107)

천지창조 Genesis

'창세기'의 아홉 장면을 묘사한 프레스코화. 미 켈란젤로는 하루 18시간씩 4년 넘게 홀로 이 그림을 그리다 척추가 휘고 시각 장애가 와 이후 20년간 일을 받지 않았다고 한다.
▶ 바티칸 박물관 시스티나 예배당(p.110)

피에타 Pieta

1499년에 완성한 미켈란젤로의 3대 걸작품 중 하나로 '피에타'는 '비탄'을 의미 한다. 성모 마리아가 십자가에 매달려 죽은 예수의 시신을 안고 비통해하는 모습을 묘사한 대리석상이다. 예수의 축 처진 육신과 성모 마리아의 슬픈 표정, 옷자락 등을 매우 섬세하게 표현했다.
▶ 산 피에트로 대성당(p.112)

아테네 학당 La Scuola di Atene

고대 그리스 학자들이 모여 논의하는 모습을 상상해서 그린 프레스코화. 각 인물의 특징을 잘 살렸으며 라파엘로 자신의 모습도 그려 넣었다.
▶ 바티칸 박물관 라파엘로의 방(p.109)

최후의 심판 Giudizio Universale

그리스도의 심판에 따라 천국 또는 지옥으로 가는 인간 군상을 묘사한 그 림이다. 처음에는 모두 나체로 그렸지만 미켈란젤로가 사망한 후 제자를 시켜 생식기를 가리도록 덧그리게 했다고 한다.
▶ 바티칸 박물관 시스티나 예배당(p.111)

피우미 분수 Fontana dei Quattro Fiumi

바로크 조각의 거장 베르니니의 작품으로 다뉴브강, 갠지스강, 나일강, 라플라타강의 4대 강을 의미하는 4명의 거인이 조각되어 있다.
▶ 나보나 광장(p.99)

피렌체

수태고지 Annunciazione

대천사 가브리엘이 성모 마리아에게 성령의 아이를 잉태했음을 알리는 장면을 그린 것이다. 레오나르도 다빈치는 이 그림을 왼쪽 45도 아래에서 봐야 원근이나 비율이 맞도록 그렸다고 한다.
▶ 우피치 미술관(p.198)

성 삼위일체 Santa Trinità

원근법이 최초로 사용된 회화. 맨 앞 주문자 부부, 중간은 마리아와 요한, 맨 뒤는 예수를 삼각형으로 입체감 있게 배치하여 삼위일체라는 주제와 화면의 구도를 일치시켰다.
▶ 산타 마리아 노벨라 성당(p.187)

비너스의 탄생 La Nascita di Venere

바닷속 거품에서 비너스가 탄생하는 장면을 그린 것으로 보티첼리의 섬세하고 우아한 화풍을 대표하는 작품이다. 피렌체를 지배하던 메디치 가문의 카스텔로 별장에 〈프리마베라〉와 함께 소장되어 있었다. 작품에 등장하는 월계수 및 오렌지 나무는 메디치 가문의 상징이다.
▶ 우피치 미술관(p.197)

마에스타 Maestà

'마에스타'는 성화에서 옥좌에 앉은 성모 마리아를 그린 큰 제단화를 의미한다. 원근법과 입체감을 표현한 조토의 작품과 그의 스승인 치마부에가 그린 마에스타를 비교하며 감상해보자.
▶ 우피치 미술관(p.194)

프리마베라 La Primavera

보티첼리의 대표작으로 프리마베라는 '봄'을 뜻한다. 가운데는 비너스이고 오른쪽에 있는 두 여인은 꽃의 여신 플로라와 봄의 요정 클로리스이다. 신화에 등장하는 신들이 봄을 축복하는 모습을 그렸다.
▶ 우피치 미술관(p.196)

 밀라노

최후의 만찬 L'Ultima Cena

예수가 십자가에 매달려 죽기 전날 12사도와 이별의 만찬을 하는 장면을 그린 것이다. 이 자리에 배신자가 있다는 예수의 말에 놀란 제자들의 표정과 몸짓에 주목해보자. 〈성서〉에는 "나와 함께 대접에 손을 넣어 빵을 적시는 자, 그가 나를 팔 아넘길 것이다"라고 기록돼 있어 빵을 들고 있는 자가 가롯 유다임을 보여준다.
▶ 산타 마리아 델레 그라치에 성당(p.306)

이탈리아 음식 즐기기

피자, 파스타 같은 가벼운 음식부터 와인을 곁들인 코스 요리와 가정식까지 종류가 다양하고, 합리적인 가격대의 식당도 많다.

이탈리아 요리에 대한 이해

1861년 통일이 되기 전까지 작은 도시국가들로 이루어졌던 이탈리아는 지역마다 독자적인 음식 문화가 발달해왔다. 사계절이 뚜렷하고 강렬한 태양이 내리쬐는 남부 지방에서는 시칠리아와 나폴리를 중심으로 올리브, 토마토, 해산물을 이용한 피자, 파스타, 해산물 요리가 많은 것이 특징이다. 또 북부 지방에는 밀라노와 볼로냐를 중심으로 스테이크, 커틀릿 등의 육류 요리와 치즈를 사용한 요리가 많다. 이탈리아 요리는 한국인 입맛에도 잘 맞는 편이어서 음식 때문에 고민할 일은 별로 없다. 거리에서 가볍게 즐길 수 있는 파니니나 샌드위치도 패스트푸드점에서 파는 것과는 비교할 수 없는 이탈리아 고유의 맛이 담겨 있으므로 기회 될 때마다 즐겨보는 것도 좋다.

식당의 종류

리스토란테 Ristorante
격식을 갖춘 고급 레스토랑으로 코스 요리를 즐길 수 있다. 정장이나 세미 정장으로 옷차림에 신경을 쓰고 가는 것이 좋다.

트라토리아 Trattoria
리스토란테보다는 캐주얼하지만 오스테리아보다는 격식 있는 분위기이다. 주로 가족이 운영하며 이탈리아 전통 음식을 맛볼 수 있다.

오스테리아 Osteria
트라토리아보다 좀 더 서민적이고 소박한 분위기로 지역 특산물이나 신선한 제철 재료를 사용한 가정식을 즐길 수 있다.

타볼라 칼다 Tavola Calda
음식을 미리 만들어놓고 주문을 받으면 다시 데워서 제공한다. 테이크아웃을 하거나 식사를 빨리 해야 할 때 주로 이용한다.

피체리아 Pizzeria
베라 피자(Vera Pizza) 인증을 받은 곳이라면 최고의 피자를 맛볼 수 있다. 가격은 나폴리가 €4~12, 그 외 도시는 €8~15 선이다.

에노테카 Enoteca
와인 전문점인데 대부분 술집을 겸해 가볍게 한잔하기에도 좋다. 또 간단한 안주나 식사를 제공하는 곳도 있다.

주문 포인트

'안티파스티는…', '프리미는…', '세콘디는…' 하는 식으로 풀코스 요리를 주문한다. 기본적으로 웨이터는 주문을 받을 때 풀코스로 주문한다고 생각한다. 파스타만 주문하고 싶을 때는 파스타만 주문해도 괜찮으냐고 미리 물어보는 것이 좋다. 사실 프리미 피아티(제1 요리)만으로 식사를 마치는 것은 에티켓에 어긋나는 행동이다.

요리의 양은 얼마나 될까?

풀코스를 주문할 때는 양이 아주 많아질 수 있으므로 주의해야 한다. 한 가지 요리를 다 먹지 않으면 다음 요리가 나오지 않는다. 다음 요리가 나오기도 전에 이미 배가 불러 더 이상 먹지 못하는 경우도 있다. 평소 양이 적은 사람이라면 메인 요리인 세콘디 피아티(제2 요리)를 양이 적은 메뉴로 고르는 것이 현명하다.

풀코스 순서와 대표 요리

전채

안티파스티 Antipasti

식욕을 돋우기 위한 전채 요리. 레스토랑에 따라 원하는 음식을 주문하는 곳도 있고 뷔페식으로 제공하는 곳도 있다. 뷔페식일 경우 계산할 때 그릇을 세거나 무게를 재는 경우가 있으므로 욕심내지 말고 적당히 담아 온다.

브루스케타 Bruschetta
납작하게 잘라 구운 빵 위에 올리브 오일, 토마토, 햄 등을 얹어 먹는 요리

카프레세 Caprese
토마토와 모차렐라 치즈를 배합한 이탈리아 요리의 인기 메뉴

프로슈토와 멜론 Prosciutto e Melone
달콤한 멜론을 짭짤한 프로슈토로 싸서 먹는 것

인살라타 알라 카프레세 Insalata alla Caprese
토마토, 모차렐라 치즈, 바질을 넣어 만든 샐러드

쇠고기 카르파초 Carpaccio di Manzo
얇게 썬 쇠고기에 치즈, 루콜라를 곁들인 요리

제1요리

프리미 피아티 Primi Piatti

첫 번째 코스에 해당하며 파스타, 피자, 리소토 등이 속한다. 우리나라에서는 메인으로 먹을 정도로 양이 많지만 이탈리아에서는 그다음 코스가 있기 때문에 양이 많지 않다.

알리오 올리오
Aglio Olio
마늘과 올리브 오일로 맛을 낸 파스타

봉골레
Vongole
신선한 조개를 넣은 파스타

포모도로
Pomodoro
토마토소스로 만든 파스타

볼로네제
Bolognaise
다진 쇠고기로 만든 미트 소스가 들어간 파스타

카르보나라
Carbonara
크림소스를 기본으로 베이컨, 치즈 등을 넣은 파스타

프루티 디 마레
Frutti di Mare
새우, 홍합, 오징어 등 해산물을 넣은 파스타

뇨키
Gnocchi
감자와 밀가루로 만들어 쫄깃하고 맛이 담백한 파스타

마르게리타 피자
Pizza Margherita
치즈, 토마토소스, 바질을 얹은 기본 피자

콰트로 포르마지 피자
Pizza Quattro Formaggi
카망베르, 브리, 크림치즈, 모차렐라 치즈 등 네 가지 치즈를 넣은 피자

리소토 알라 밀라네세
Risotto alla Milanese
불린 쌀을 버터로 볶다가 육수를 붓고 향신료를 넣어 졸인 밀라노식 리소토

라자냐
Lasagna
밀가루 반죽을 직사각형으로 만들고 속재료와 함께 층층이 쌓아 오븐에 구워낸 요리

제2요리

세콘디 피아티 Secondi Piatti

두 번째 코스에 해당하며 카르네(carne, 고기)와 페셰(pesce, 생선)가 이에 속한다. 고기는 익히는 정도에 따라 겉만 살짝 익히는 알 산구에(al sangue), 중간으로 익히는 코토(cotto), 완전히 익히는 벤 코토(ben cotto) 중에서 원하는 것으로 주문하면 된다. 생선은 고기에 비해 대체로 비싼 편이다. 메뉴판에 표시된 가격은 100g 단위이므로 주문 시 충분한 양인지 확인하도록 한다.

> **Tip**
> **자릿세와 물**
> 우리에게는 생소하지만 이탈리아의 레스토랑에는 자릿세(pane e coperto)라는 것이 있다. 자리에 앉아서 식사할 경우 €2~4를 음식값과 봉사료 외에 별도로 추가한다. 또한 레스토랑에서 물을 제공하지 않기 때문에 따로 주문해서 마셔야 하는데 이때 반드시 가격을 확인하고 주문해야 한다. 적당히 알아서 주겠지 했다가 터무니 없이 비싼 물을 가져와 나중에 계산서를 보고 놀라기도 한다.

비스테카 알라 피오렌티나
Bistecca alla Fiorentina
피렌체의 전통 요리로 두툼하고 푸짐하게 구워낸 티본스테이크

오소부코
Ossobuco
밀라노의 전통 요리로 송아지 정강이를 화이트 와인, 양파, 토마토 등과 함께 푹 쪄낸 요리

프리토 미스토 디 마레
Fritto Misto di Mare
오징어, 새우 등 모둠 해산물 튀김

디저트

돌체 Dolce

후식으로 케이크, 푸딩, 과자, 과일 등이 속한다. 너무 달지 않고 양도 적당해 먹기 좋다. 요리로 이미 배가 불러도 먹고 싶어지며, 커피를 곁들여 먹으면 좋다.

판나 코타
Panna Cotta
생크림과 설탕을 끓이다가 바닐라로 향을 내고 젤라틴을 넣어 굳힌 푸딩

티라미수
Tiramisu
커피, 달걀, 코코아 가루, 연유, 마스카르포네 치즈 등으로 만든 케이크

바바
Baba
럼이나 버찌술을 섞은 설탕 시럽에 담가 만든 과자

카놀리
Cannoli
페이스트리 반죽을 튜브 모양으로 튀겨낸 후 속에 리코타 치즈, 과일, 견과류 등을 채운 것

이탈리아 와인

이탈리아는 프랑스와 세계 1, 2위를 다투는 최대 와인 생산국이다. 지방에 따라 자연환경과 풍토가 달라 와인의 종류가 다양하며 맛도 가격도 선택의 폭이 넓다.

와인 등급

V.D.T < I.G.T < D.O.C < D.O.C.G

이탈리아 와인은 가장 낮은 V.D.T부터 가장 높은 D.O.C.G까지 네 등급으로 나뉜다. 가격은 당연히 등급이 높을수록 비싸다. 그러나 등급과 맛이 비례하는 것은 아니다. 등급이 낮거나 아예 등급이 없는 저렴한 와인 중에도 고급 와인 못지않은 것이 있으므로 등급에 얽매일 필요는 없다. 다만 중요한 선물용이라면 과감하게 D.O.C.G를 선택하는 것이 좋다.

V.D.T (테이블 와인)	식사 시 곁들이는 일상적인 와인으로 약 90%가 여기에 해당된다.
I.G.T (전형적 지리적 표시)	D.O.C와 V.D.T 사이에 해당하며 라벨에 지역명이 적혀 있다.
D.O.C (원산지 명칭 통제)	원산지, 숙성 기간, 생산 방법, 포도 품종 등 법률로 정한 기준을 충족하는 양질의 와인이지만 정부 보증 표시는 없다.
D.O.C.G (원산지 명칭 통제 보증)	정부에서 보증한 최상급 와인. 병목에 레드 와인은 핑크색, 화이트 와인은 연두색 스티커로 표시되어 있다.

요리와의 궁합

생선 요리에는 화이트 와인이, 육류 요리에는 레드 와인이 어울린다고 하지만 꼭 그대로 따를 필요는 없다. 와인의 맛에 맞추는 것이 이상적이다.

담백한 생선 요리	산뜻한 맛의 화이트 와인
기름기 많은 생선 요리	산뜻한 맛의 레드 와인이나 강한 맛의 화이트 와인
담백한 육류 요리	산뜻한 맛의 레드 와인이나 강한 맛의 화이트 와인
기름기 많은 육류 요리	강한 맛의 레드 와인

와인 산지

이탈리아의 대표적인 와인 산지로는 토스카나 지방의 키안티, 몬탈치노와 피에몬테 지방의 바롤로, 바르바레스코를 들 수 있다. 그 밖에 롬바르디아 지방의 프란차코르타는 영롱한 기포와 기분 좋게 느껴지는 산도가 일품인 스파클링 와인 산지로 유명하다.

토스카나 와인

이탈리아의 대표 와인 키안티를 비롯해 키안티 클라시코, 브루넬로 디 몬탈치노 등 6종의 D.O.C.G급 와인을 생산한다.

키안티 Chianti

토스카나산 산조베세 품종의 포도를 80% 이상 사용해 만든 레드 와인. 3종류로 나뉘며 가격은 키안티, 키안티 클라시코, 키안티 클라시코 리세르바 순으로 비싸다.

- 키안티 Chianti : 가장 기본적인 등급
- 키안티 클라시코 Chianti Classico : 키안티 중에서도 옛날부터 생산해온 원조 키안티. 병목에 닭 문양의 스티커가 붙어 있다.
- 키안티 클라시코 리세르바 Chianti Classico Riserva : 키안티 클라시코를 최소 2년 3개월 이상 숙성시킨 것이다.

브루넬로 디 몬탈치노 Brunello di Montalcino

몬탈치노 지역에서 생산되는 와인으로 산조베세 품종의 포도를 100% 사용하며 3년 이상 숙성한다. '브루넬로'는 산조베세 품종을 일컫는 토속어. 육류 요리에 잘 어울린다.

추천 와인

가야 Gaja, 카르피네토 Carpineto, 라 푸가 La Fuga, 우첼리에라 Ucceliera, 카파르초 Caparzo, 콜 도르차 Col D'orcia, 포조 안티코 Poggio Antico

키안티 추천 와인

안티노리 Antinori, 브롤리오 Brolio, 폰토디 Fontodi, 루피노 Ruffino, 카스텔로 디 아마 Castello di Ama, 카스텔로 반피 Castello Banfi

아마로네 추천 와인

마시 캄포피오린 Masi Campofiorin, 토마시 Tommasi, 알레그리니 Allegrini

아마로네 Amarone

발폴리첼라 지역에서 생산되는 고급 와인. 과일 향이 풍부하며 알코올 도수가 높고 맛이 강한 레드 와인이다. 코르비나, 몰리나라, 론디넬라 등 검은 포도 품종을 사용한다. 포도를 3~4개월간 말린 후 오크통에서 발효시키는 방법으로 만든다.

피에몬테 와인

이탈리아의 명품 와인으로 손꼽히는 바롤로, 바르바레스코 등 아홉 가지 D.O.C.G급 와인을 생산한다. 풀 보디의 레드 와인으로 정평이 나 있다.

바롤로 Barolo

바롤로 마을을 포함해 그 주변의 11개 마을에서 생산하는 와인으로 네비올로 품종의 포도를 100% 사용한다. 향이 좋으며 묵직한 보디감이 특징인 풀 보디 와인이다.

바르바레스코 Barbaresco

바르바레스코 마을을 포함해 그 주변 마을에서 생산하는 와인으로 네비올로 품종의 포도를 100% 사용한다. 바롤로에 비해 좀 더 부드럽고 가벼우며 향이 풍부하다.

추천 와인

콘테르노 Conterno, 바르베라 다스티 Barbera d'Asti, 체레토 Ceretto, 가야 Gaja 도메니코 클레리코 Domenico Clerico, 라 스피네타 La Spinetta, 마르카리니 Marcarini

치즈·살라미

이탈리아에서 치즈와 살라미는 우리의 김치처럼 늘 식탁에 올라오는 식품이다. 와인만큼이나 종류가 다양한 치즈와 살라미의 특징을 알고 각 음식에 어울리는 것을 골라보자.

치즈 cheese

젖소, 물소, 양, 염소 등 동물의 젖에 따라 종류가 다양하다. 보통 단단한 치즈는 레드 와인과, 부드러운 치즈는 화이트 와인과 잘 어울린다.

파르미자노 레자노
Parmigiano Reggiano
에밀리아로마냐주의 파르마가 원산이며 '파르메산 치즈'라고도 부른다. 가루를 내서 피자나 파스타에 뿌려 먹는다.

고르곤졸라
Gorgonzola
알프스산 기슭의 고르곤졸라가 원산이며 푸른곰팡이가 특징이어서 '블루 치즈'라고도 부른다. 독특한 향이 있고 맛이 짭짤하다.

모차렐라
Mozzarella
우리나라에서는 '피자 치즈'로 알려져 있지만 이탈리아에서는 토마토, 바질과 함께 샐러드용으로 많이 쓰인다.

살루메 salume

소금에 절여 만드는 이탈리아 가공육을 통틀어 가리키는 말이다. 프로슈토, 판체타, 라르도, 살라메 등이 여기에 속한다.

프로슈토 크루도
Prosciutto Crudo
돼지 뒷다리를 소금에 절였다가 10개월 정도 말리면서 숙성시킨 것

살라메
Salame
잘게 썬 돼지고기 살코기에 소금과 후춧가루를 뿌려서 만든 것

판체타
Pancetta
돼지 뱃살을 염장하고 향신료로 풍미를 더한 뒤 바람에 말려 숙성시킨 이탈리아식 베이컨

바·카페 음료

이탈리아의 커피 가격은 유럽 내에서도 저렴한 편이어서 부담 없이 즐길 수 있다. 거리를 걷다 피곤하면 카페에 들러 커피 한잔 마시며 활기를 되찾아보자.

에스프레소
Espresso
고압에서 추출한 진한 커피

카푸치노
Cappuccino
에스프레소에 거품 낸 우유(스팀 밀크)를 넣은 것

카페 마키아토
Caffe Macchiato
에스프레소에 소량의 우유를 넣은 것

카페 콘 파나
Caffe Con Panna
에스프레소에 휘핑크림을 올린 것

카페 프레도
Caffe Freddo
에스프레소로 만든 이탈리아식 아이스커피

카페 그라니타
Caffe Granita
얼린 커피를 갈아서 담고 그 위에 생크림을 얹은 것

스프레무타
Spremuta
신선한 과일을 짜서 만든 생과일 주스

아콰 나투랄레
Acqua Naturale
탄산수가 아닌 일반 물

비라
Birra
맥주

젤라토

이탈리아어에서는 아이스크림을 젤라토(gelato), 아이스크림 가게는 젤라테리아(gelateria)라고 부른다. 한번 맛보면 그 매력에 푹 빠지게 되는 젤라토를 마음껏 즐겨보자.

젤라토 즐기기

젤라토는 우리가 아는 아이스크림보다 크림 맛이 덜 나고 과일 맛이 그대로 느껴진다. 메뉴는 가게마다 적게는 40여 종류에서 많게는 100여 종류에 달하며 독자적인 메뉴로 승부하는 곳도 있다. 특히 로마는 수십 수백 년의 전통을 이어오는 곳이 많아 젤라토의 격전지라 할 수 있다. 유명한 곳일수록 천연 재료를 고집하고 인공 감미료나 냉동 과일은 사용하지 않는다. 여름이면 어느 곳이나 젤라토 가게 앞에 줄이 길게 늘어선다.

주문 방법

1. 줄을 선다.
2. 기다리는 동안 안내판을 보고 원하는 맛과 형태(콘 cono 또는 컵 coppa), 크기를 선택한다.
3. 카운터에서 선택한 내용을 말하고 돈을 지불한 후 영수증을 받는다.
4. 영수증을 들고 젤라토가 있는 곳으로 가서 점원에게 보여주면 젤라토를 담아준다.

젤라토 관련 단어 사전

딸기	레몬	망고
Fragola(프라골라)	Limone(리모네)	Mango(망고)
멜론	민트	바나나
Melone(멜로네)	Menta(멘타)	Banana(바나나)
바닐라	복숭아	수박
Vaniglia(바닐리아)	Pesca(페스카)	Anguria(안구리아)
쌀	우유 크림	자몽
Riso(리소)	Fior di Latte(피오르 디 라테)	Arancia Rossa(아란차 로사)
초콜릿	커피	크림
Cioccolato(초콜라토)	Caffe(카페)	Crema(크레마)
티라미수	파인애플	피스타치오
Tiramisu(티라미수)	Ananas(아나나스)	Pistacchio(피스타키오)
헤이즐넛	호두	흑맨드라미
Nocciola(노촐라)	Noce(노체)	Amarena(아마레나)

이탈리아에서 쇼핑하기

여행의 즐거움 중 하나는 쇼핑. 특히 이탈리아에서는 명품 브랜드 쇼핑을 빼놓을 수 없다. 알뜰하고 현명한 쇼핑을 위해 알아두어야 할 정보를 소개한다.

쇼핑 매너

이탈리아 사람들은 상점이나 카페, 호텔 등에 들어갈 때 반드시 '부온 조르노(Buon giorno)'라는 인사를 한다. 점원이 먼저 인사를 건네더라도 '부온 조르노'라고 응대하는 것을 잊지 말자. 간단한 인사 한마디로 점원의 태도가 한결 부드러워진다. 매장에서는 보통 맨 처음 안내해준 점원이 계산이 끝날 때까지 도와주기 때문에 도중에 다른 점원을 부르는 것은 실례가 되는 행동이다. 또 진열된 상품을 함부로 만져서는 안 된다. 만져보고 싶을 때는 '포트레이 토카레?(Potrei toccare?)'라고 물어본 뒤 점원이 물건을 건네주면 만져본다. 옷을 입어보고 싶을 때도 '포트레이 프로바레?(Potrei provare?)'라고 물어본다. 매장에서 나갈 때는 '아리베데르치(Arrivederci)'라고 인사한다.

세일 기간

이탈리아는 1년에 2번 정기 세일을 한다. 여름에는 7월 초부터 6주간, 겨울에는 1월 초부터 6주간 진행하며 해마다 또는 지역에 따라 기간이 조금씩 차이가 있다. 세일 초반에는 30~60%로 할인율이 낮은 대신 물건이 많은 편이고, 후반에는 90%까지 할인율이 높지만 대부분의 치수가 빠져 물건이 많지 않다. 특히 의류나 신발의 경우 일반 사이즈는 빨리 팔리지만, 작거나 큰 사이즈는 후반에 가도 구입할 수 있는 확률이 크다. 여행 일정이 세일 기간과 겹친다면 알뜰 쇼핑을 할 수 있는 절호의 기회이니 놓치지 말자.

주요 도시의 명품 브랜드 숍 거리

· 로마 : 콘도티 거리(p.132)
· 밀라노 : 몬테 나폴레오네 거리(p.324)
  스피가 거리(p.324)
  비토리오 에마누엘레 2세 갈레리아(p.309)
· 피렌체 : 토르나부오니 거리

주요 아웃렛

· 밀라노 근교
  맥아더글렌 디자이너 아웃렛(p.329)
  폭스 타운(p.329)
· 피렌체 근교
  더 몰(p.215), 프라다 스페이스 아웃렛(p.215)

한국과 이탈리아 사이즈 비교

여성	의류	한국	44	55	66	77	88	–
		이탈리아	36	38	40	42	44	–
	신발	한국	220	225	230	235	240	245
		이탈리아	35	35.5	36	36.5	37	37.5
남성	의류	한국	90	95	100	105	110	–
		이탈리아	46	48	50	52	54	–
	신발	한국	250	255	260	265	270	275
		이탈리아	40	41	42	43	44	45

이탈리아의 명품 브랜드

세계적인 인기를 누리고 있는 명품 패션 브랜드는 대부분 이탈리아에서 탄생했다. 그중에서도 대표적인 브랜드와 특징, 베스트셀러 제품 등을 소개한다.

펜디 Fendi
1925년 에두아르도 펜디와 아델 카사그란데가 함께 설립했다. 미국 TV 드라마〈섹스 앤 더 시티〉에 등장한 바게트백과 2009년에 출시한 피카부백이 베스트셀러 제품으로 중년층에게 사랑받는다.

씨피 컴퍼니 C.P Company
가먼트 다잉 염색 기법으로 빈티지스러운 느낌이다. 힙한 젊은이들 사이에서 인기 있는 브랜드.

프라다 Prada
1979년 낙하산 재질의 천을 사용한 나일론 백팩과 토트백이 크게 인기를 얻었다. 최상의 가죽과 심플한 디자인으로 사랑받는 사피아노백은 프라다의 대명사가 되었다.

구찌 Gucci
1921년 구치오 구찌가 피렌체에서 승마 관련 가죽 제품을 판매하는 작은 상점으로 문을 열었다. 대나무 손잡이가 달린 뱀부백과 레이디락백, 재키백이 베스트셀러 제품이다.

살바토레 페라가모 Salvatore Ferragamo
1927년 살바토레 페라가모가 피렌체에서 창업한 브랜드로 오드리 헵번, 에바 가드너 등 영화배우들의 맞춤 구두로 명성을 얻었다. 리본 장식의 바라 슈즈가 베스트셀러 제품이다.

보테가 베네타 Bottega Veneta
1966년 비첸차에서 모레테드 부부가 설립했다. 베네토 지방의 전통 방식에 따라 수작업으로 만든다. 심플한 디자인과 정교한 짜임으로 유명한 호보백과 위빙백이 베스트셀러 제품이다.

조르지오 아르마니 Giorgio Armani
1975년 조르지오 아르마니와 세르조 갈레오티가 설립했다. 군더더기 없고 세련미 넘치는 남녀 의류와 액세서리, 화장품 등을 선보이며 인기를 얻고 있다.

몽클레어 Moncler
르네 라미용이 1952년 프랑스에서 창립한 아웃도어 브랜드. 2003년 이탈리아의 기업가 레모 루피니가 인수하여 패셔너블한 고급 패딩을 제작해 인기를 얻고 있다.

택스 리펀드 TAX REFUND

택스 리펀드란 EU 가입국 이외에 거주하는 외국인이 이탈리아 내의 한 상점에서 €155 이상의 물품을 구입하고 EU 가입국 밖으로 가지고 나갈 경우 물품 가격에 포함된 부가가치세를 환급해주는 제도. 단, 구입한 물품은 사용하지 않은 상태여야 한다. 아는 만큼 챙기는 법! 현명한 쇼퍼라면 미리 알아두어 마지막까지 알뜰함을 발휘하자.

Point 1 'TAX FREE' 로고가 있는지 확인하기
택스 리펀드는 모든 상점에서 가능한 것이 아니므로 물건을 구입하기 전에 점원에게 다시 한번 확인한다.

> **Tip**
> 1. 서류를 받으면 이름, 여권 번호 등이 맞게 작성되었는지 확인한다.
> 2. 서류 중에서 흰색은 환급을 위한 서류이고, 연두색은 환급액이 들어오지 않았을 때 증명서로 사용하는 것이므로 잘 보관한다.
> 3. 환급을 신용카드 계좌로 신청하면 1~2개월 정도 기다려야 하고, 현금으로 신청하면 소정의 수수료를 공제하고 바로 받을 수 있다.

Point 2 택스 리펀드 서류 발급받기
물건값을 지불할 때 점원에게 'Tax free check, please'라고 말하고 여권을 제시하면 택스 리펀드 서류를 발급해준다. 이때 신용카드 계좌로 환급받을 것인지 현금으로 환급받을 것인지 말해야 한다.

Point 3 공항 세관(Customs)에서 반출 확인 도장받기
공항에 도착하면 먼저 탑승 수속을 하고 보딩 패스를 받은 후 택스 리펀드를 신청할 물품과 관련 서류(택스 리펀드 서류, 구입한 물품의 영수증, 여권, 보딩 패스)를 들고 세관에 가서 반출 확인 도장을 받는다.

> **Tip**
> 1. 세관에서 도장을 찍어주기 전에 구입한 물품을 확인하는 경우가 있으므로 탑승 수속 시 부치는 수하물에 포함되지 않도록 주의한다. 물품이 없으면 도장을 찍어주지 않기도 한다.

Point 4 공항 내 리펀드 카운터에서 환급받기
세관에서 확인 도장을 받은 서류를 리펀드 카운터에 제출하면 현금이나 신용카드 계좌 등 원하는 방식으로 환급해준다. 현금으로 신청한 경우 바로 환급받으며, 신용카드 계좌로 신청한 경우에는 서류(흰색만)를 전용 봉투에 넣어 카운터 옆에 있는 우체통에 넣으면 된다.

> **Tip**
> 1. 리펀드 카운터는 물품을 구입한 상점이 제휴를 맺은 회사의 카운터로 가야 한다. 상점에서 택스 리펀드 서류와 함께 주는 봉투에 적혀 있다.
> 2. 이후에도 EU 국가를 계속 여행할 예정이라면 한국으로 들어가기 직전에 여행하는 EU 국가에서 수속을 밟는다.

Point 5 폭스 타운에서 쇼핑할 경우 주의하기
밀라노 근교의 아웃렛 폭스 타운은 이탈리아가 아니라 스위스에 속한다. 그런데 스위스는 EU 가입국이 아니기 때문에 스위스를 벗어나기 전에 위와 동일한 방식으로 환급 수속을 해야 한다. 스위스의 택스 리펀드 규정은 EU 국가 이외의 거주자가 한 브랜드에서 CHF300 이상 구입하는 경우에 적용된다. 세관은 키아소(Chiasso)역 또는 멘드리시오(Mendrisio)역 안에서 'TAX FREE' 표지판을 따라가면 나온다. 이탈리아로 돌아오기 전에 세관의 확인 도장을 받은 서류를 봉투에 담아 우체통에 넣으면 된다.

> **Q&A**
> Q 택스 리펀드 수속은 언제까지?
> A 물품 구입 후 3개월 이내에 해야 환급받을 수 있다.
>
> Q 세관에서 확인 도장을 못 받았다면?
> A 확인 도장을 못 받으면 환급도 받을 수 없다.
>
> Q 도장은 받았지만 서류를 제출하지 못하고 귀국했다면?
> A 글로벌 블루(Global Blue) 가맹점의 경우 귀국 후 인천국제공항의 리펀드 카운터에 제출한다.

기념품으로 좋은 아이템

지인에게 줄 선물이나 기념품으로 좋은 아이템을 한데 모았다.
한국에서는 백화점에 가야 살 수 있는 다양한 식재료와 주방용품, 미용용품 등의
인기 아이템을 이탈리아에서는 슈퍼마켓 등에서 손쉽게 구입할 수 있다.

비누 Sapone
100년 이상의 오랜 전통과 예쁜 패키지를 자랑하는 발로브라 비누

샴푸 Shampoo
이탈리아 천연 화장품 1위 브랜드 엘보라리오의 샴푸

올리브 오일 Olio di Oliva
이탈리아 올리브 오일은 세계 최고의 품질로 유명하다

발사믹 식초
Il borgo del Balsamico
이탈리아 주요 일간지에서 이탈리아를 대표하는 100대 상품으로 추천했으며 깊은 맛을 낸다

마비스 치약 Marvis
고급스러운 케이스와 칫솔질 후 입 안에 이물감이 없고 깔끔한 천연 치약

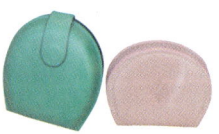

동전 지갑
Portamonete
여성들에게 인기 있는 예쁜 컬러의 동전 지갑

리몬첼로
Limoncello
이탈리아 남부에서 즐겨 마시는 술로 새콤달콤한 레몬 맛이 일품이다

비알레티 모카 포트
Bialetti Moka Pot
이것만 있으면 집에서도 카페의 커피 맛을 즐길 수 있다

트뤼플 소금
Tartufi Sale
천일염에 건조 송로버섯을 첨가한 소금으로 고기나 생선에 뿌려 먹으면 트뤼플의 풍미를 즐길 수 있다

냉장고 자석
Magneti da Frigo
베네치아에서 판매하는
가면 모양의 마그네틱

향초
Candela
방 안을 향기롭게 해주는
센스 있는 선물 아이템

수분 크림
Crema Idralia
국내에서 '고현정 크림'으로 알려진
산타 마리아 노벨라 약국의 수분 크림

수박 자르는 칼
Angurello
수박을 예쁘고 먹기 좋게
자를 수 있는 아이디어 상품

알레시 와인 오프너
Alessi Wine Opener
알레시의 베스트 아이템
중 하나인 와인 오프너

벤키
Venchi
1878년부터 생산해온 이탈리아
수제 초콜릿. 카카오버터와 무방부제
초콜릿을 그램 단위로 판매한다

그라파
Grappa
와인을 만들고 남은 찌꺼기를
증류시켜 만든 이탈리아 브랜디

페레로 포켓 커피
Ferrero Pocket Coffee
이탈리아에서 겨울에만
판매하는 페레로쉐 상품 중
하나로 초콜릿을 깨물면 안에서
에스프레소 커피가 터져 나온다

파스타 면
Pasta
파스타의 본고장답게 다양한
종류의 파스타를 판매한다

로마와 주변 도시

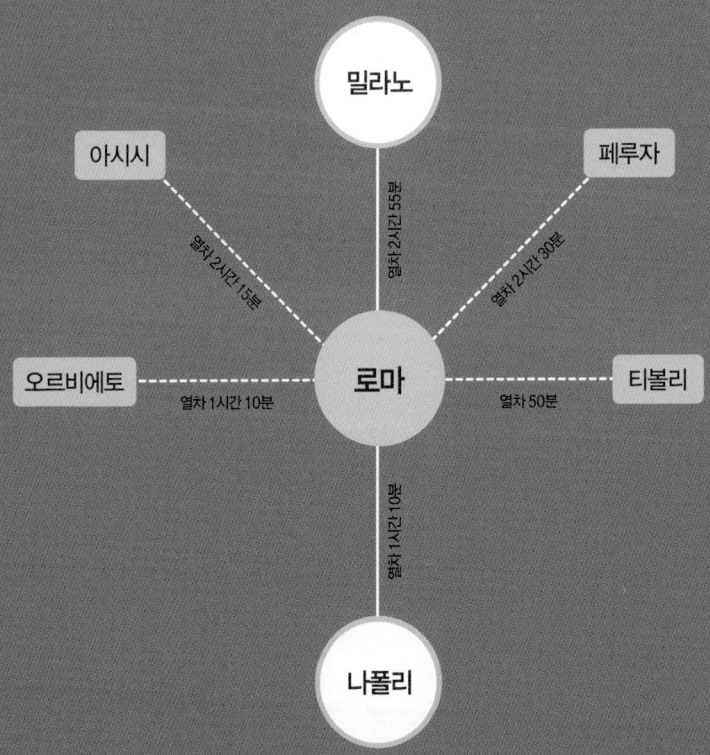

01

Roma
로마

테베레강 하구에서 약 25km 떨어진 곳에 위치한 로마는 고대 로마제국의 중심이었으며 수천 년 역사의 유적지가 도심 한가운데에 자리 잡고 있다. 작은 도시국가로 시작해 그리스와 에트루리아는 물론 멀리 페르시아, 이집트 문화까지 흡수해 독자적인 문화를 만들고 새로운 문화를 전파하면서 수많은 국가와 민족을 지배했다. 특히 건축과 미술 분야에서 놀라운 업적을 거두었는데 15세기 중반 이후에는 미켈란젤로, 브라만테, 라파엘로 등의 거장들을 주축으로 르네상스 문화의 중심이 되어 예술의 황금기를 누렸다. 16세기 말 교황 식스토 5세 시대에는 산 피에트로 대성당 공사를 마치고 1929년 라테란 협정을 통해 이탈리아로부터 주변 지역을 이양받아 바티칸 시국을 세웠으며 전 세계 가톨릭 신자들의 성지가 되었다. 오늘날의 로마는 이탈리아의 정치적, 행정적 기능이 집중된 수도이자 전 세계 여행자들이 방문하는 관광 도시로 성장했다. '모든 길은 로마로 통한다'는 말처럼 이탈리아를 알고자 한다면 가장 먼저 로마를 만나야 한다.

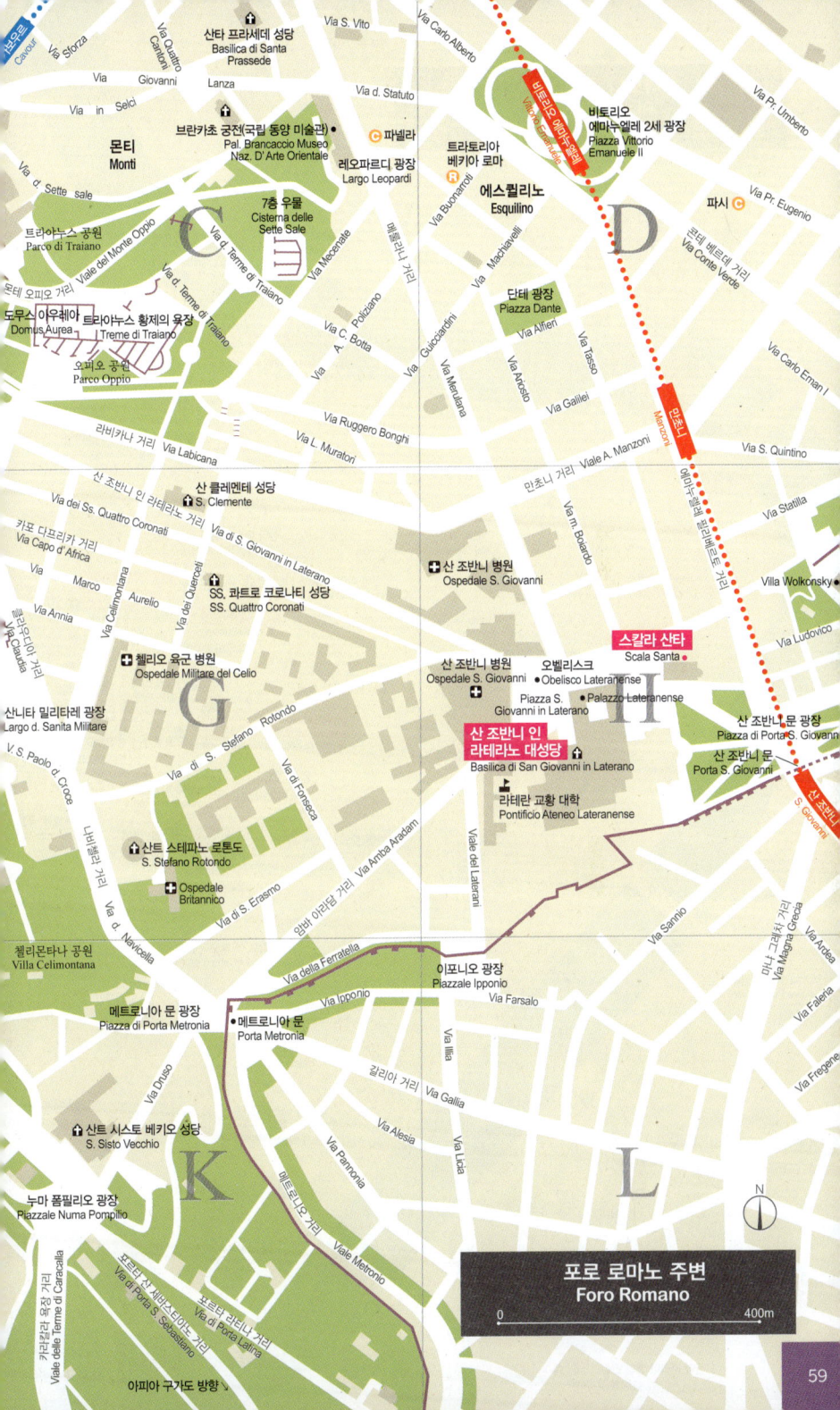

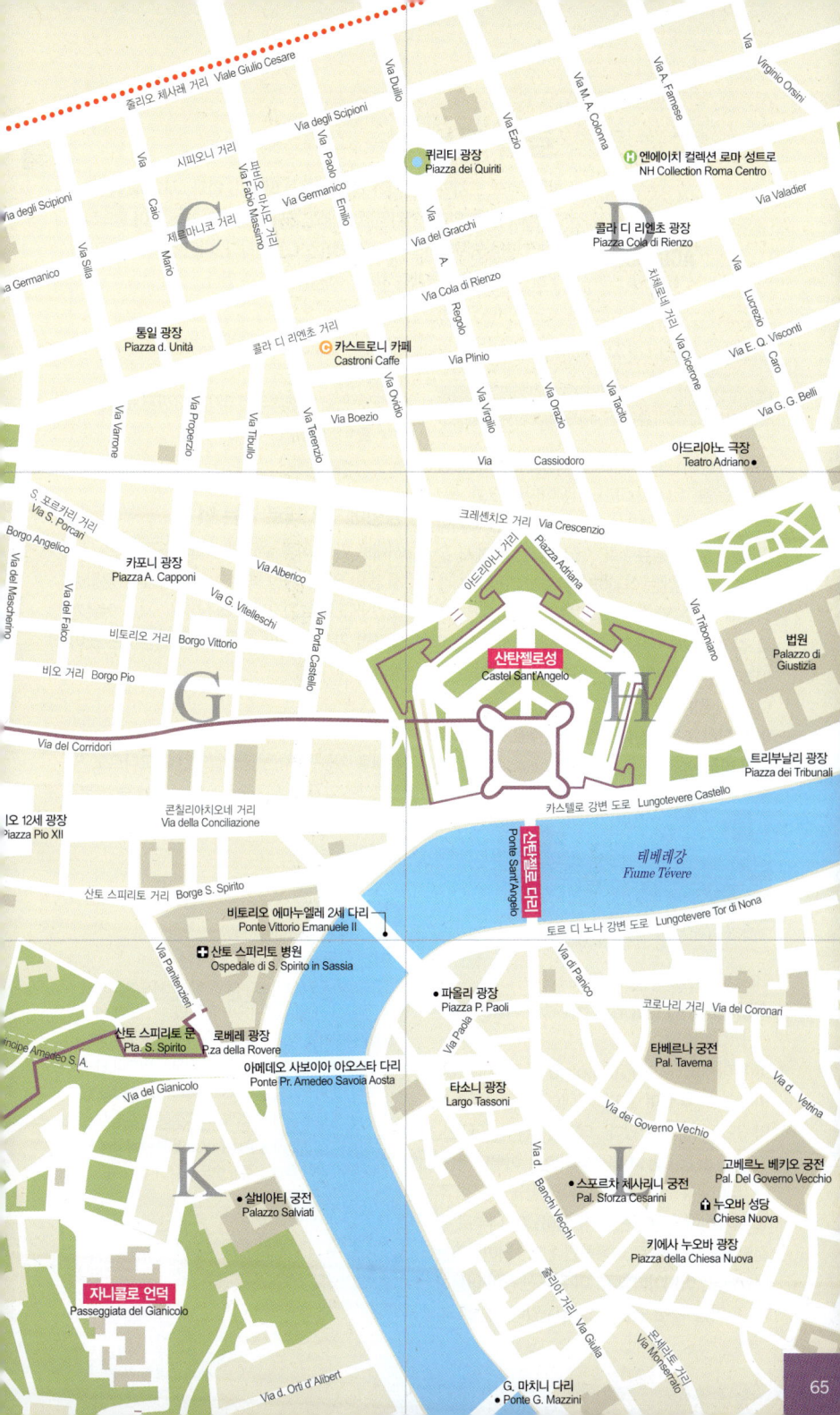

로마 가는 법

유럽 주요 도시와 이탈리아 각 도시에서 비행기, 열차, 시외버스 등을 이용해 갈 수 있다. 기차역이 시내와 가까워 열차로 가는 것이 편리하지만 인근 도시에서 갈 때는 시외버스도 편리하다. 다만 장거리 이동이라면 비행기를 이용해야 시간과 체력을 아낄 수 있다.

비행기

우리나라에서 로마로 가는 직항편은 대한항공(매일 운행, 13시간 5분), 아시아나항공(화, 목, 토, 일요일 운행, 12시간 20분), 경유편 터키항공(매일 운행, 경유 1회, 16시간 25분)에서 운항한다. 그 외에는 아시아나 유럽의 다른 도시를 경유해 갈 수 있다. 유럽의 다른 도시에서 로마로 갈 때는 저가 항공사를 주로 이용한다. 로마에는 2개의 공항이 있다. 그중 주요 공항은 레오나르도 다빈치 공항으로 대부분의 국제선 항공편이 발착하고 로마참피노 공항은 주로 저가 항공사가 발착한다.

이탈리아의 관문인 레오나르도 다빈치 국제공항

레오나르도 다빈치 국제공항
Aeroporto Leonardo da Vinci di Fiumicino

'피우미치노 공항(Fiumicino Aeroporto)'이라고도 부르며 로마 시내에서 남서쪽으로 약 32km 떨어져 있다. 터미널 1(T1), 2(T2), 3(T3), 5(T5) 총 4개의 터미널로 이루어져 있다. 터미널 1~3은 알리탈리아항공을 비롯한 주요 국제선이 이용하는데 각 터미널이 내부로 연결되어 있어 도보로 이동하면 된다. 터미널 5는 대한항공, 아시아나항공, 미주 노선 등이 이용하며, 터미널 1~3 건물과 떨어져 있어 시내로 가는 교통편을 이용하려면 터미널 3까지 무료 셔틀버스를 타고 이동한다.

홈페이지 www.adr.it

공항에서 시내로 가는 법

시내로 가는 이동 수단에는 열차, 공항버스, 택시 등이 있다. 가장 빠르고 편리한 것은 공항철도인 레오나르도 익스프레스이며, 시간 여유가 있다면 가장 저렴한 공항버스를 이용하는 것이 좋다.

● 열차

시내로 가는 열차는 공항철도인 레오나르도 익스프레스와 일반 열차인 FL1이 있다. 승차권은 공항 내 열차 예약 창구나 자동발매기에서 구입한다.

> **Plus Info**
>
> #### 저가 항공사 이용 시 주의 사항
>
> 장거리 이동 시 열차보다 더 저렴하고 빠르게 이동할 수 있는 저가 항공의 이용이 늘고 있다. 그러나 일부 저가 항공사의 경우 도심에서 너무 멀리 떨어진 공항을 이용하거나 새벽에 발착하는 경우가 있으니 단순히 요금만 비교하지 말고 시내까지의 이동 방법과 발착 시간 등을 꼼꼼하게 확인하고 결정하자. 자칫 택시 요금이 더 많이 들거나 숙소 체크인 또는 체크아웃 시간과 맞지 않아 불편을 겪을 수도 있다.
>
> 주요 저가 항공사
> 이지젯 www.easyjet.com
> 라이언에어 www.ryanair.com
> 부엘링 www.vueling.com
> 유로윙스 www.eurowings.com
> 트랜스비아 www.transvia.com

공항철도 레오나르도 익스프레스

저렴하고 편리한 공항버스

• 레오나르도 익스프레스 Leonardo Express
공항과 시내를 논스톱으로 연결하는 열차로 요금은 비싼 편이지만 가장 빠르고 편리하다. 공항역(Fiumicino Aeroporto)에서 출발해 테르미니역 23·24번 플랫폼에 도착한다. 만 5세 이하 어린이, 승차권을 소지한 성인 1명당 4~12세 어린이 1명은 동반 무료 탑승이 가능하다.
소요시간 32분

• 일반 열차 FL1
공항역(Fiumicino Aeroporto)에서 출발해 티부르티나역까지 이동한 후 메트로 환승해서 시내로 가면 된다. 레오나르도 익스프레스보다 시간은 조금 더 걸리지만 요금이 저렴하다.

	레오나르도 익스프레스	일반 열차 FL1
운행	05:35~22:35	05:57~23:27
운행 간격	15~30분	15~30분
소요 시간	테르미니역까지 32분	티부르티나역까지 48분
요금	€14	€8

Plus Info
공항에서 열차 타는 방법
1. 공항 도착 홀에서 나와 'Treni (Train)'라고 적힌 노란색 표지판을 따라가다 에스컬레이터를 타고 지하로 내려가면 기차역이 나온다.
2. 기차역에도 매표소와 자동발매기가 있으므로 공항에서 미처 승차권을 구입하지 못했다면 여기서 구입한다.
3. 전광판에서 열차의 출발 시각과 플랫폼 번호를 확인한다.
4. 플랫폼으로 들어가기 전에 반드시 승차권을 개찰기에 통과시켜 편칭해야 부정 승차 벌금을 내지 않는다. 편칭을 하고 나면 승차권 상단에 날짜가 찍히고 작은 펀칭 흔적이 남는지 확인한다.
5. 플랫폼으로 들어가서 열차에 탑승한다.

● 공항버스
시내로 가는 가장 저렴한 교통수단으로 3~4개 회사에서 운행한다. 대부분 테르미니역까지 약 55분~1시간 소요되며 30분 간격으로 운행하므로 빨리 출발하는 버스를 타면 된다. 승차권은 공항 도착 홀에 있는 매표소나 버스 운전사에게 직접 구입한다. 버스 회사에 따라 홈페이지에서 구입하면 조금 더 저렴한 경우도 있다.

• 테라비시온 Terravision
터미널 3(T3)의 3번 정류장에서 출발한다. 시내에서 공항으로 갈 때는 테르미니역 1번 플랫폼 옆 출구로 나가서 탄다(주소 Via Marsala, 29).
요금 €6로 단일화
홈페이지 www.terravision.eu

• T.A.M
터미널 3(T3)의 4번 정류장에서 출발한다. 시내에서 공항으로 갈 때는 테르미니역 24번 플랫폼 옆 출구로 나가서 타면 된다(주소 Via Giovanni Giolitti, 10).
요금 €8
홈페이지 www.tambus.it

• SIT
터미널 3(T3)의 1번 정류장에서 출발한다. 바티칸을 경유하여 테르미니역까지 운행한다.
요금 편도 €7, 왕복 €13
홈페이지 www.sitbusshuttle.it

• 코트랄 Cotral
심야 버스로 테르미니역을 거쳐 티부르티나역까지 운행한다. 터미널 2(T2)의 'Regional Bus Station' 표지판이 있는 곳에서 출발한다. 시내에서 공항으로 갈 때는 테르미니역 앞의 친퀘첸토 광장(Piazza dei Cinquecento)이나 티부르티나역 앞에서 탄다.
요금 €4.50(차내에서 구입 시 €7)
홈페이지 www.cotralspa.it

● **택시**
터미널 1, 2, 3, 5의 건물 밖으로 나오면 택시 승차장이 있다. 불법 영업을 하는 택시가 많으므로 반드시 'Taxi'라는 표지판이 있는 승차장에서 차체 지붕에 'Taxi'라고 적힌 영업용 택시를 타야 바가지요금의 피해를 입지 않는다. 내릴 때는 미터기에 표시된 요금만 지불하면 된다. 공항에서 로마 시내까지는 목적지에 따라 차이는 있지만 로마 시내까지 택시 요금 €50(고정요금).

로마참피노 공항
Aeroporto di Roma-Ciampino

로마 시내에서 공항까지 약 20km 떨어져 있으며 조반 바티스타 파스티네 국제공항(Aeroporto Internazionale Giovan Battista Pastine)이라고도 불린다. 1960년대까지는 로마의 주요 공항이었으나 지금은 라이언에어와 위즈에어 등 저가 항공사가 주로 이용한다.
홈페이지 www.adr.it

공항에서 시내로 가는 법
시내로 가는 이동 수단에는 공항버스, 택시 등이 있으며 대부분 공항버스를 이용한다.

● **공항버스**
공항과 시내를 연결하는 가장 편리한 교통수단으로 3~4개 회사에서 운행한다. 대부분 테르미니역까지 약 40분 소요되며 30분~1시간 간격으로 운행하므로 빨리 출발하는 버스를 타면 된다. 승차권은 공항 도착 홀에 있는 매표소나 버스 운전사에게 직접 구입하면 된다. 버스 회사에 따라 홈페이지에서 구입하면 더 저렴한 경우도 있다. 버스 승차장은 공항 도착 홀에서 나오면 바로 있다.

• **테라비시온 Terravision**
공항에서 출발해 테르미니역까지 운행한다. 시내에서 공항으로 갈 때는 테르미니역 1번 플랫폼 옆 출구로 나가서 타면 된다(주소 Via Marsala, 29).
요금 편도 €6(홈페이지에서 구입 시 €5), 왕복 €11(홈페이지에서 구입 시 €9)
홈페이지 www.terravision.eu

• **ATAC 시내버스**
참피노 공항에서 로마 시내까지 520번(메트로 A Cinecittà), 720번 버스(메트로 B Laurentina)로 갈 수 있다.
요금 €1.5

● **택시**
반드시 차체 지붕에 'Taxi'라고 적힌 영업용 택시만 이용하자. 공항에서 시내까지의 요금은 €30(고정 요금).

열차

프랑스, 스위스 등 유럽 주요 국가에서 열차를 이용해 로마로 갈 수 있다. 가장 많은 국제선이 발착하는 테르미니역 주변에는 대형 호텔과 호스텔, 한인 민박이 모여 있어 숙소 잡기에 편리하다. 그다음으로 많이 이용하는 티부르티나역은 피렌체, 밀라노, 나폴리, 베네치아 등 이탈리아 각 도시를 연결하는 초고속 열차가 발착한다.
홈페이지 www.trenitalia.com

로마-주요 도시 간 열차 운행 정보

출발지	열차 종류	소요 시간	요금
아시시	Regionale	2시간 15분	€9.90~
오르비에토	Regionale	1시간 23분	€7.80~
	Intercity	1시간 10분	€9.90~
티볼리	Regionale	54분	€2.60~
베네치아	Frecciargento	3시간 45분	€65.90~
	Intercity	6시간 4분	€57.30~
피렌체	Frecciarossa, Frecciargento	1시간 31분	€29.90~
	Intercity	3시간 20분	€38.50~
나폴리	Frecciarossa	1시간 10분	€35.90~
	Regionale	3시간 4분	€12.30~
바리	Frecciargento	4시간	€37.90~
	Intercity	6시간 32분	€12.90~
밀라노	Frecciarossa	2시간 55분	€57.90~
베로나	Frecciargento	2시간 52분	€35.90~

테르미니역
Stazione di Roma Termini

로마의 관문이 되는 역으로 하루 800여 편의 국제선·국내선 열차가 발착한다. 테르미니는 이탈리아어로 '종착역'이라는 뜻이다. 1950년에 현재의 모습으로 완성되었으며 다소 낡은 편이지만 각종 편의 시설이 잘 갖춰져 있다.

1번 플랫폼 옆에는 우체국, 슈퍼마켓, 경찰서, 카페, 약국 등이 있고, 24번 플랫폼 옆에는 관광안내소, 렌터카 사무소, 여행사 등이 있다. 지하로 내려가면 짐 보관소, 유료 화장실(€1), 쇼핑몰, 서점, 맥도날드 등이 있으며 지하층은 메트로 A·B선과 연결된다.

공항을 연결하는 레오나르도 익스프레스는 23·24번 플랫폼에서 발착한다. 레오나르도 익스프레스 승차권은 24번 플랫폼 옆 매표소에서 판매하는데 이곳에서 사면 €1를 더 내야 하므로 역내 담배 가게나 자동발매기에서 구입하도록 한다.

역에서 정면 출구로 나가면 친퀘첸토 광장이 나오고 이곳에서 시내로 가는 버스를 탈 수 있다. 1번 플랫폼 옆 출구로 나가면 마르살라 거리(Via Marsala)가, 24번 플랫폼 옆 출구로 나가면 호텔과 호스텔 등이 밀집한 조반니 졸리티 거리(Via Giovanni Giolitti)가 나온다. 26~29번 플랫폼 옆 출구로 나가면 한인 민박집이 모여 있다.

• **짐 보관소 Deposito Bagagli**
짐 1개당 최대 20kg까지 맡길 수 있다. 짐을 맡길 때 신분증이 필요하니 여권을 지참하자.
위치 24번 플랫폼 지하
운영 06:00~23:00
요금 5시간 €6, 6~12시간 시간당 €1, 12시간 이후부터는 시간당 €0.50 추가

티부르티나역
Stazione di Roma Tiburtina

로마에서 두 번째로 큰 기차역으로 초고속 열차인 이탈로(Italo)의 전용 역사이다. 테르미니역에서 약 4km 떨어져 있으며, 두 역은 메트로 B선으로 연결된다(4정거장). 역 앞에는 이탈리아 국내 도시를 연결하는 플릭스버스와 유로라인 버스가 발착하는 시외버스 터미널이 있다. 역에서 로마 시내 중심가로 가려면 시내버스 71·492번을 타거나 메트로 B선을 타고 테르미니역으로 가면 된다.

시외버스

시외버스 터미널은 티부르티나역과 도보 1분 거리에 있다. 유럽 주요 도시는 물론 이탈리아 주요 도시를 연결하는 플릭스버스와 피렌체, 밀라노, 베네치아 등 이탈리아 북부 도시를 연결하는 유로라인 버스, 로마 근교 도시를 연결하는 코트랄 버스가 발착한다.

홈페이지
코트랄 버스 www.cotralspa.it
플릭스버스 www.flixbus.it
마리노 버스 www.marinobus.it

1 이탈리아의 특급 열차 2 역내에서는 항상 소매치기를 주의하자.

로마 근교 도시로 갈 때 이용하는 코트랄 버스

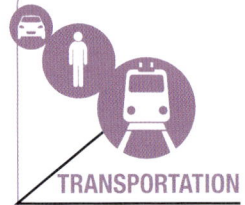

로마 시내 교통

로마에서는 대중교통 수단으로 메트로, 버스, 트램 등이 시내 구석구석을 연결한다. 이 중 여행자가 이용하기 편한 것은 메트로로 주요 볼거리가 있는 곳은 거의 갈 수 있다. 버스나 트램은 노선이 복잡하므로 노선도를 잘 익히고 타야 실수하지 않는다.

승차권 구입 및 종류

승차권은 메트로, 버스, 트램 모두 공통으로 사용하며 메트로 역내 자동발매기, 매표소, 담배 가게, 신문 가판대 등에서 구입할 수 있다. 승차하기 전에는 반드시 승차권을 개찰기에 통과시켜 펀칭을 해야 부정 승차가 되지 않는다. 펀칭 후 승차권 하단에 유효 시간이 찍히는데 이 표시가 없으면 검표 시 벌금을 물게 되므로 꼭 확인하도록 한다. 1회권의 경우 100분 이내에 메트로, 버스, 트램으로 환승할 수 있으나, 메트로는 개찰구 밖으로 나가면 환승이 되지 않으므로 주의한다. 1회권 구매 시 교통카드 발급비용 €0.5를 내야 하며 이외 카드는 교통카드 발급비용이 무료이다.

홈페이지 www.atac.roma.it

승차권 종류	요금	유효기간
1회권(BIT)	€1.50	개찰 후 100분
24시간권	€7	개찰 후 24시간
48시간권	€12.50	개찰 후 48시간
72시간권	€18	개찰 후 72시간
10회권	€15	-

1 담배 가게(Tabacchi) 간판에 로마의 대중교통 운영 기관 ATAC의 로고가 표시되어 있다. 2 펀칭할 때 승차권의 마그네틱이 위로 향하게 삽입한다.

메트로

메트로는 A선(빨간색), B선(파란색), C선(연두색) 총 3개 노선이 있다. C선의 경우 2015년에 총 38개 역 중 22개 역에 한해 제한적으로 개통했으며 나머지 역은 2024년에 완공될 예정이다. 로마가 유럽의 다른 도시에 비해 노선 수가 적은 까닭은 지하에 묻혀 있는 고대 로마 유적을 보호하기 위해 메트로 개발을 자제하기 때문이다. 이용 방법은 개찰구에 승차권을 넣고 통과하면 된다. 출구(Uscita)로 나갈 때 역무원이 검표를 하는 경우가 있으므로 출구를 벗어나기 전까지는 승차권을 잘 보관해야 한다. 소매치기가 많으니 분실하지 않도록 주의하자.

메트로 역을 나타내는 표지판

운행 일~목요일 05:30~23:30, 금~토요일 05:30~01:30

> **Plus Info**
>
> ### 자동발매기 사용법
> 1. 화면에서 원하는 언어를 선택한다.
> 2. 1회권, 24시간권, 48시간권, 72시간권, 7일권 중에서 원하는 승차권을 선택한다.
> 3. 매수를 추가하려면 + 버튼을. 구입을 취소하려면 Annullamento 버튼을 누른다.
> 4. 지폐 또는 동전을 넣는다. 지폐는 투입 방향이 정해져 있으므로 잘 확인하고 투입한다.
> 5. 선택이 완료되면 수취구로 승차권이 나온다.

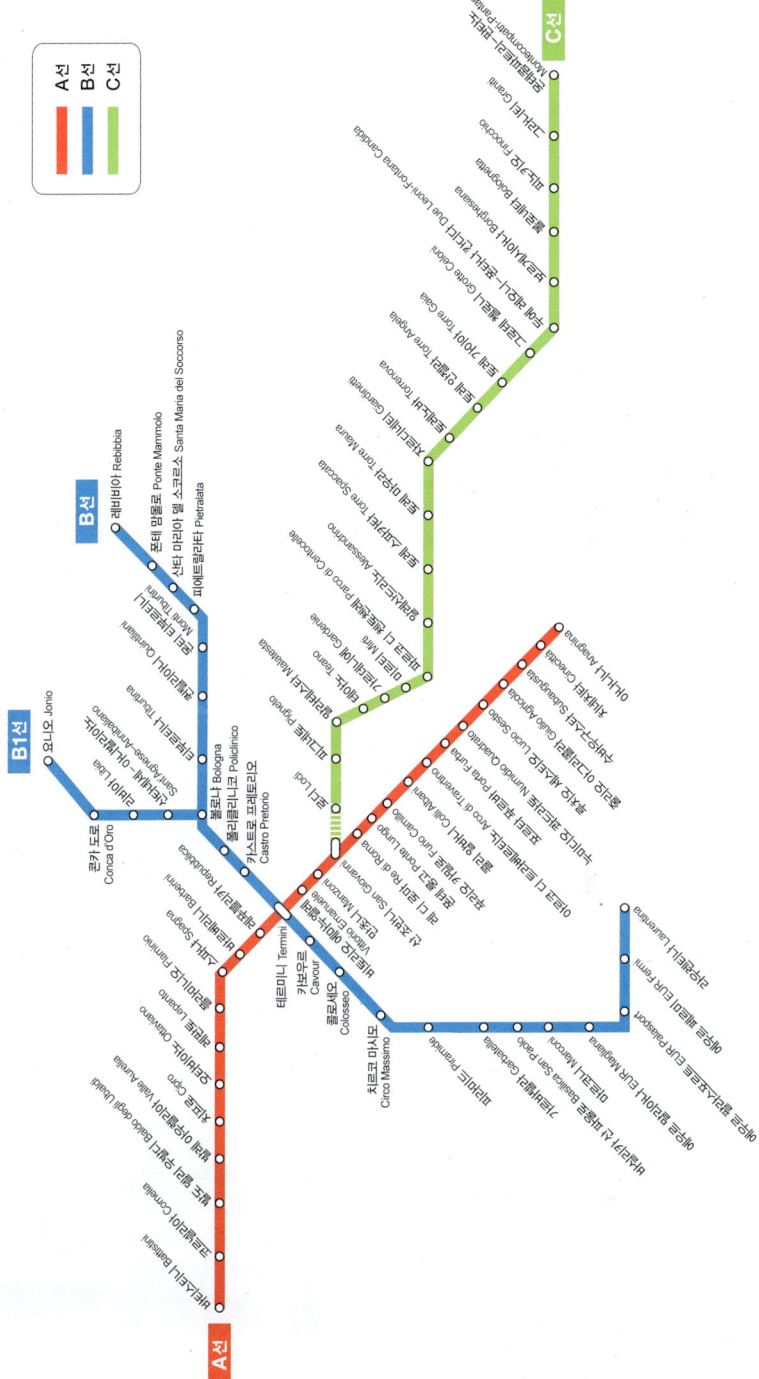

버스

버스 정류장 표지판

버스는 300여 개의 노선이 로마 시내 구석구석을 연결한다. 노선이 복잡하지만 잘 익혀두면 유용한 교통수단이다. 버스 정류장은 페르마타(Fermata)라고 부르며 정류장 앞에 표지판이 있다. 표지판에는 버스 번호와 정류장 이름, 종점 이름이 적혀 있다. 테르미니역 앞에 있는 친퀘첸토 광장과 베네치아 광장 정류장에는 모든 버스가 집결한다. 버스가 오면 손을 들어 탑승 의사를 밝힌다. 앞문이나 뒷문으로 타고 가운데 문으로 내린다. 버스에 탈 때 개찰기에 승차권을 넣어 개시한다. 개시하지 않으면 검표 시 벌금을 내야 한다. 우리나라 버스와 달리 로마 버스는 안내방송을 하지 않으므로 내릴 때는 정류장에 있는 표지판을 잘 살피거나 주위 사람에게 물어보고 벨을 누른 후 하차한다. 불안한 사람은 목적지를 종이에 적어 버스 운전사에게 보여주는 것이 안전하다. 로마는 교통 체증이 심하므로 시간 여유를 갖고 이동해야 한다. 막차 운행이 끝나면 심야 버스가 다닌다.

운행 시내버스 05:30~24:00(5~20분 간격, 노선마다 차이가 있음), 심야 버스 00:00~05:30(30분~2시간 간격)

• **주요 시내버스**

40 Express 테르미니역에서 산탄젤로성까지 운행.

62 노선과 동일하지만 정차하는 정류장 수가 더 적어 빠르다.

62 바티칸 박물관-베네치아 광장-트레비 분수-바르베리니 광장-레푸블리카 광장-베네치아 광장-콜로세움-고대 전차 경기장

H 테르미니역에서 트라스테베레까지 운행. 일요일 아침 벼룩시장에 갈 때 유용하다.

81 바티칸-베네치아 광장-스페인 광장-트레비 분수-베네치아 광장-콜로세움

110 테르미니역-콜로세움-베네치아 광장-나보나 광장-산 피에트로 성당-트레비 분수-보르게세 공원-테르미니역

492 티부르티나역에서 출발해 테르미니역, 레푸블리카 광장을 지나 바티칸 부근, 리소르지멘토 광장까지 운행.

910 테르미니역-보르게세 공원(미술관)

• **미니 전기 버스**

116 보르게세 미술관-메트로 A선 바르베리니역-스페인 광장-산탄젤로성-바티칸

117 산 조반니 인 라테라노 대성당-포폴로 광장-코르소 거리-베네치아 광장-콜로세움

119 스페인 광장-포폴로 광장-코르소 거리-베네치아 광장

트램

로마 외곽 지역을 운행하는 교통수단으로 창밖으로 거리 풍경을 감상할 수 있다. 총 7개 노선이 있으며 그중 3·3B 노선이 유용하다. 승차권 구입이나 승하차 방법 등은 버스와 동일하다.

트램을 타고 거리의 낭만을 즐겨보자.

- **주요 트램**

3 발레 줄리아(Valle Giulia)에서 오스티엔세 광장(P.le Ostiense/Mb)까지 운행. 메트로 A선 만초니역, B선 콜로세오역, 피라미드역 근처에 정차해 환승 가능하다.

운행 05:50~22:20경(8~10분 간격)

3B 메트로 B선 피라미드역 근처에서 출발해 트라스테베레 지역까지 운행. 매주 일요일 아침에 열리는 포르타 포르테제 벼룩시장에 갈 때 유용하다.

운행 05:30~22:30경(6~10분 간격)

택시

가장 편리한 교통수단이지만 다른 교통수단에 비해 요금이 비싸고 택시 기사들이 바가지요금을 많이 씌우기 때문에 되도록 이용하지 않는 편이 좋다. 차체는 노란색과 흰색 두 종류가 있다. 거리에 돌아다니는 불법 택시는 절대 타지 않도록 한다. 반드시 주요 관광 명소에 있는 택시 승차장에서 타거나, 레스토랑이나 호텔에 요청해서 콜택시를 이용한다. 테르미니역 등 주요 역에서 탑승하면 추가 요금(€2)이 붙는다. 승차하기 전에 반드시 요금이 표시되는 미터기가 있는지 확인하고, 승차 후에는 미터기가 잘 작동되고 있는지 확인한다. 내릴 때는 반드시 영수증을 받아야 부당 요금 청구를 할 수 있다. 영수증에는 타고 내린 거리, 택시 면허증 번호, 요금과 운전사의 사인이 있어야 한다.

기본요금 T1 월~금요일(06:00~22:00) €3,
T2 토~일요일·공휴일(06:00~22:00) €4.50,
T3 심야(22:00~07:00) €6.50
추가 요금 1km당 T1 €1.10, T2 €1.30, T3 €1.60, 짐 1개당 €1~1.50 추가

- 로마 택시
전화 060609 홈페이지 www.060608.it

- **우버 Uber**

모바일 차량 예약 서비스로, 로마에서는 우버 블랙, 우버 럭스, 우버벤을 이용할 수 있다. 신용카드로 결제 가능하며, 바가지요금의 우려가 적다.

홈페이지 https://www.uber.com/global/ko/cities/rome/

공유 킥보드와 자전거 이용하기

공유 자전거나 킥보드를 이용하면 자유롭게 로마 시내를 다닐 수 있다. 이를 이용하는 데는 핸드폰과 신용 카드는 필수 준비물. 해당 앱을 핸드폰에 설치하고 신용카드 정보를 입력하면 주변에 있는 킥보드나 자전거의 위치를 알 수 있다. 해당 위치로 이동한 다음 구글맵을 설치해서 출발지와 목적지를 정한 후 이동하면 된다. 인도로 다닐 수 없고 차도를 이용해야 하므로 교통 신호를 엄수하고 대형 차량 뒤쪽의 사각 지대에 근접하지 않도록 주의한다. 이용 후에는 앱에서 지정한 안전한 장소에 주차해야 하며 반드시 종료 후 사진을 찍어 이용을 마무리해야 한다. 전기 자전거 이용 시 우버 점프의 경우 관광지에서 사진을 찍을 때 일시 정지로 설정해두면 비용을 절약할 수 있다.

- **공유 자전거 우버 점프(Uber jump) / 헬비즈 (Helbiz)**

전기 자전거라 힘이 들지 않아 좋으며 자전거 앞부분에 핸드폰 거치대가 있어 구글맵을 보면서 편하게 이동이 가능하다. 컨디션 좋은 우버 점프나 자전거 대수가 부족하지만 우버 점프에 비해 가격에서 메리트가 있는 헬비즈를 추천한다.

Uber jump 기본요금 €0.50, 분당 €0.20
Helbiz 기본요금 €0.25, 분당 €0.07

- **공유 킥보드 라임(Lime)**

그리 멀지 않은 거리라면 소매치기 많은 지하철이나 혼잡한 버스 대신 공유 킥보드로 로마 시내를 돌아보는 것도 방법이다. 이용 방법은 먼저 라임 킥보드에 붙은 QR 코드를 사진 찍은 후 어플 설치 및 카드 등록을 한다. 그 다음 자기 위치 근처에 있는 킥보드를 찾아 이용하면 된다. 이용 후에는 주차금지 구역을 피해 안전하게 반납 후 사진 촬영하면 결제가 이뤄진다. 결제 내역은 이메일로 받을 수 있다.

요금 30분 기준 €8.5 가량, 기본요금 €1, 분당 €0.25

INFO

◆ 관광안내소

전시나 이벤트 일정을 체크할 수 있는 관광안내소

관광안내소에서는 로마 패스, 메트로·버스 승차권, 시티 투어 버스 승차권, 관광 명소 입장권 등을 구입할 수 있으며, 무료 시내 지도와 이벤트 관련 정보를 얻을 수 있다. 공항을 비롯해 시내 중심부에도 곳곳에 관광안내소가 있다.

레오나르도 다빈치 공항
위치 터미널 3 도착 층
운영 08:00~19:30

로마참피노 공항
위치 도착 층 수하물 찾는 곳
운영 09:00~18:30

테르미니역
위치 24번 플랫폼 옆
운영 08:00~19:30

트레비 분수
주소 Via Marco Minghetti
운영 09:30~19:00

나보나 광장
주소 Piazza delle Cinque Lune
운영 09:30~19:00

◆ 우체국

이탈리아 우체국은 분실 위험이 많고 배달이 느린 편이다. 중요한 물건을 부칠 경우에는 주요 기차역의 유인 짐 보관소에서 운영하는 국제 특급 우편 배송물 시스템을 이용하는 것이 좋다.
위치 테르미니역 1번 플랫폼 옆
운영 월~금요일 08:25~19:15, 토요일 08:25~12:35
휴무 일요일
홈페이지 www.poste.it

◆ 환전소

대부분 한국에서 환전을 하고 와 환전소를 이용할 일은 많지 않다. 주요 기차역과 공항에 환전소가 있으며 로마에서는 Interchange(구 Travelex)가 환전 업무를 주로 맡고 있다. 바티칸 우체국에서는 수수료 없이 환전이 가능하다.

◆ 슈퍼마켓

테르미니역 내에 코프(Coop) 매장이 2개 있고, 시내에 코나드(Conad) 매장이 있다. 한인 슈퍼마켓은 테르미니역에서 도보 10분 거리에 있다.

코프 Coop
주소 Via Marsala, 27(테르미니역 1번 플랫폼)
운영 07:00~21:30

주소 Via Giovanni Giolitti, 64(테르미니역 24번 플랫폼)
운영 월~토요일 08:00~21:00, 일요일 09:00~21:00

코나드 Conad
주소 Piazza dei Cinquecento, 1
운영 05:00~24:00

로마 한인 슈퍼마켓
주소 Via Fillippo Turati, 102
전화 06 4460713
운영 월~금요일 09:00~20:00, 토요일 09:00~20:30
휴무 일요일

◆ 약국

위치 테르미니역 1번 플랫폼 옆
문의 06 4745 421
운영 07:30~22:00

◆ 경찰서

위치 테르미니역 13번 플랫폼 정면
문의 06 4620 3401
운영 24시간

◆ 긴급 연락처

'Loss your passport, lose your holiday'라는 캠페인이 있을 정도로 여권 분실 및 도난 사건이 빈번하게 발생하니 특히 로마에서는 여권을 잃어버리지 않도록 주의하자.
경찰 113
소방서 115
버스나 트램 내 분실 06 5816 040
구급차 118
긴급 전화 197+전화번호
로마 대학 병원 06 446 2341

◆ 주 이탈리아 대한민국 대사관

찾아가기 테르미니역에서 217번 버스를 타고 Piazza Santiago del Clie에서 내려 도보 5분
주소 Via Barnaba Oriani, 30
문의 영사과 업무 시간 내 06 802 461, 근무시간 외 사건 사고 등 긴급 상황 발생 시 24시간 335-185-0499
영사콜센터 +82-2-3210-0404(서울, 24시간)
운영 09:30~12:00, 14:00~16:30

◆ 한인 교회

로마 한인 종교 단체(한평우 목사) 333 4958 924
로마 연합교회 366 9434 393

◆ 로마 여행 정보 www.turismoroma.it

◆ 바티칸 여행 정보 www.vatican.va

로마에서 소매치기가 발생하는 경우

✔ **메트로 · 버스 · 트램을 탈 때**
타기 전에 두세 명의 일당이 한 사람 주변을 서성이며 둘러싸고 있다가 탈 때 함께 올라타면서 가방이나 주머니를 뒤져 물건을 훔쳐내고 문이 닫히려는 순간 재빨리 내린다.

✔ **승차권을 대신 사주겠다며 접근할 때**
기차역이나 메트로 역에서 매표소 앞에 서 있다가 승차권 사는 것을 도와주겠다고 접근한 뒤 거스름돈을 갈취해 간다. 또는 비싼 승차권 버튼을 누르고 돈을 달라고 한 다음 미리 갖고 있던 승차권을 주는 경우도 있다. 낯선 사람이 다가오면 항상 경계하고 소지품에 각별히 주의한다.

버스나 트램 내에는 늘 소매치기가 있다.

✔ **관광 명소에서 사진 찍을 때**
사진을 찍느라 정신이 없을 때 슬며시 다가와 주머니나 가방에 손을 넣는 경우도 있다. 이상한 낌새를 느껴 돌아보면 뭐가 잘못되었느냐는 식으로 제스처를 취하고 유유히 현장을 빠져나간다. 가방 지퍼에 열쇠를 채우거나 가방에 방수 커버 또는 비닐을 씌우는 것이 좋다. 또 관광객을 상대로 기념 촬영을 해주고 돈을 받아내는 가짜 로마 병사도 조심하자.

기념 촬영 등으로 주의가 산만할 때 사고가 발생한다.

✔ **음료수나 케첩을 흘리고 닦아주겠다고 할 때**
음료수나 케첩 등 냄새 나는 액체를 흘리고 휴지로 닦아주겠다면서 수선을 떠는 사이에 다른 일당이 주변을 에워싸며 가방이나 주머니에서 휴대폰이나 지갑을 빼내 간다. 그럴 때는 소리를 지르고 자리를 피한다.

✔ **길을 묻거나 발을 밟으며 정신을 빼놓을 때**
슬쩍 다리를 걸거나 일부러 발을 밟아 정신을 분산시킨 후 다른 일당이 지갑을 빼 간다. 또는 여자가 지도를 들고 다가와 길을 묻거나 말을 빨리해서 주의가 산만해진 사이에 옆에 있던 사람이 지갑을 훔쳐 간다.

✔ **경찰이라고 사칭하며 여권을 보여달라고 할 때**
자신이 사복 경찰이라고 하거나 진짜 경찰복을 입은 사람이 다가와서 여권과 지갑을 함께 보여달라고 한다(실제 경찰은 그러지 않음). 얼떨결에 지갑을 보여주면 살짝 몸을 돌려 빼 가거나 아예 지갑을 들고 줄행랑친다. 지갑을 보여달라 하면 경찰서에 함께 가자고 당당히 말한다.

관광 명소에 경찰이 상주하지만 늘 조심 또 조심하자.

로마 시내 한눈에 보기

로마는 크게 6개 구역으로 나눌 수 있다. 강성했던 로마제국의 옛 발자취를 볼 수 있는 포로 로마노 주변, 트레비 분수를 포함한 베네치아 광장 주변, 뛰어난 건축물이 모여 있는 나보나 광장 주변, 예술적 볼거리가 풍부한 테르미니역 주변, 시내에서 조금 떨어진 한적한 서민들의 주거지 트라스테베레 지구, 전 세계 가톨릭 신자들의 성지인 바티칸 시국이다. 각 구역의 특징을 이해한 후 구석구석 다녀보자.

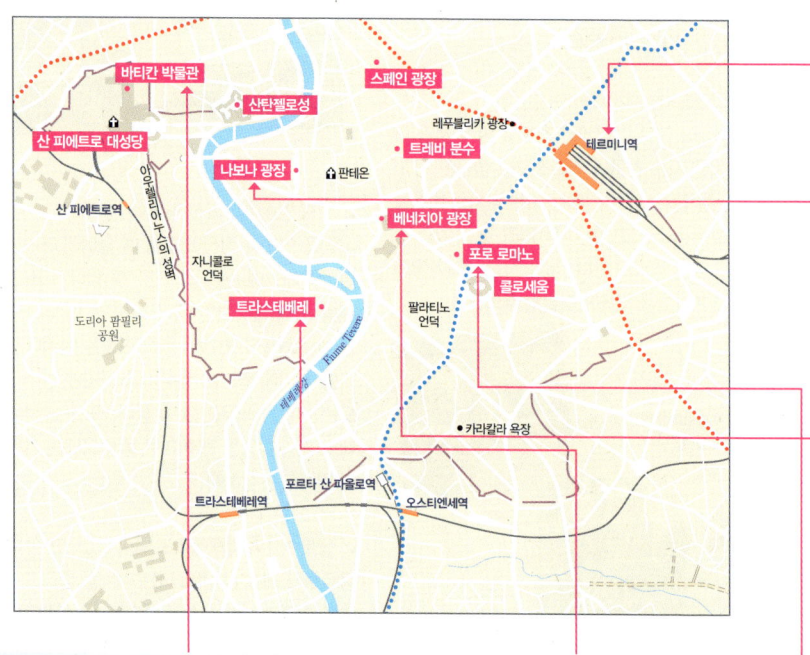

바티칸 시국
전 세계 가톨릭 신자들의 성지인 산 피에트로 대성당, 헤아릴 수 없을 정도로 많은 예술품을 소장한 바티칸 박물관 등 세계에서 가장 작은 나라이지만 영향력만큼은 그 어느 나라와도 비교할 수 없다.

트라스테베레 지구
로마 최대의 벼룩시장인 포르타 포르테제 벼룩시장, 노을이 지면 환상적인 저녁 풍경을 선사하는 자니콜로 언덕, 현지인들이 즐겨 가는 강변의 맛집 등 소박함 그 자체가 매력이다.

테르미니역 주변
바로크 양식의 궁전에서 거장들의 작품을 감상할 수 있는 국립 회화관, 뛰어난 건축미를 자랑하는 성당들, 영화 〈로마의 휴일〉의 무대가 된 스페인 광장, 화려한 쇼핑가 콘도티 거리, 도심 속 오아시스 보르게세 공원 등 볼거리가 풍부하다.

베네치아 광장 주변
로마 시내 한가운데에 있는 베네치아 광장, 주옥같은 명화들을 소장하고 있는 옛 귀족의 궁전, 동전을 던지면 다시 로마에 올 수 있다는 이야기로 유명한 트레비 분수 등이 있다.

나보나 광장 주변
고대 로마 건축의 걸작 판테온, 바로크 예술의 진수인 화려한 조각들로 거리를 수놓은 나보나 광장과 성당 등 로마에서도 손꼽히는 유명 건축물이 많으며 골목골목 숨은 맛집도 많다.

포로 로마노 주변
고대 로마의 중심이었던 포로 로마노, 박진감 넘치는 전차 경기가 열렸던 고대 전차 경기장과 콜로세움, 진실을 심판하는 진실의 입 등 로마제국을 상징하는 명소들로 가득하다.

로마 추천 코스
Best Course

유구한 로마의 역사를 최대한 알차게 둘러보는 기본적인 일정이다. 첫째 날은 주요 명소 위주로 다니고 시간이 남으면 쇼핑을 즐기거나 미처 못 간 성당 중 관심 있는 곳을 가본다. 둘째 날은 바티칸 박물관을 중심으로 돌아본다. 하루 더 시간이 된다면 가까운 곳으로 당일치기 여행을 다녀오거나 쇼핑을 즐길 수도 있다.

Day 1

진실의 입은 여행객들의 단골 촬영 장소

로마 시대에 가장 신성했던 광장이다.

로마의 상징 중 하나인 콜로세움

트레비 분수의 아름다운 야경

- 진실의 입 (산타 마리아 인 코스메딘 성당)
- 도보 10분 ↓
- 캄피돌리오 광장 (카피톨리니 박물관)
- 도보 5분 ↓
- 비토리오 에마누엘레 2세 기념관
- 도보 11분 ↓
- 콜로세움
- 도보 5분 ↓
- 포로 로마노
- 도보 13분 ↓
- 트레비 분수
- 도보 8분 ↓
- 스페인 광장
- 도보 15분 ↓
- 나보나 광장
- 도보 5분 ↓
- 판테온

1일 차 여행 포인트

✔ **숙소에서 나갈 때 잊지 말자**
콜로세움과 포로 로마노는 햇볕을 피할 수 있는 곳이 없다. 직사광선에 직접 노출되지 않도록 모자와 선글라스, 선크림을 준비하고 물도 꼭 챙겨 가자.

✔ **모두 도보로 이동 가능할까?**
평소에 운동을 전혀 하지 않는 사람이라면 금세 지치기 마련이다. 그럴 때는 카페에 들러 잠시 쉬어 가자. 하루 종일 미션을 완료하듯이 바쁘게 다니기보다는 중간에 맛있는 아이스크림도 사 먹고 쇼핑도 즐기면서 틈틈이 피로를 풀어주자.

✔ **나이트라이프는 와인과 함께**
이탈리아 사람들은 저녁 식사를 하기 전에 바나 카페에서 식전주로 와인이나 샴페인을 즐긴다. 로마에 갔으니 로마법을 따라야 하는 법! 우리나라와는 비교도 안 되게 저렴하고 종류도 다양하니 꼭 즐겨보기를 권한다.

Day 2

- 바티칸 박물관
  - ↓ 도보 11분
- 산 피에트로 대성당
  - ↓ 도보 9분
- 산탄젤로성
  - ↓ 도보 2분
- 산탄젤로 다리

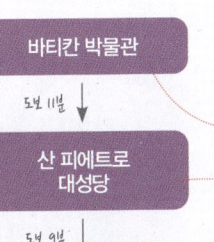

세계 3대 박물관 중 하나인 바티칸 박물관

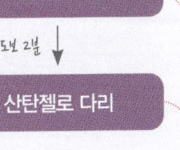
금빛으로 화려하게 장식된 지도의 방

웅장한 모습의 산 피에트로 대성당

테베레 강가에 있는 산탄젤로성과 산탄젤로 다리

2일 차 여행 포인트

✔ 바티칸 박물관 예약
여름부터 가을에 걸친 관광 시즌에는 세계 각지에서 몰려온 관광객들로 입장 시간 전부터 줄이 길게 이어진다. 가급적 서둘러 가거나 미리 예약(예약비 €4)을 하고 가는 것이 좋다. 줄 서 있는 관광객들을 노린 소매치기가 빈번하게 발생하니 소지품을 잘 간수하자.

✔ 바티칸 박물관 야간 개장
첫날 일정을 모두 소화하지 못했다면 둘째 날 오전까지 마저 돌아보고, 점심에 바티칸에 도착해 위의 일정을 역순으로 돌아보면 된다. 바티칸 박물관의 야간 개장 시간은 오후 7~11시이며 낮보다 한가롭게 볼 수 있어 좋다.

✔ 복장 주의
가톨릭 신자이든 아니든 바티칸에는 많은 여행자들이 방문한다. 단순한 관광지가 아니라 경건한 장소라 민소매 셔츠나 반바지, 짧은 치마, 슬리퍼 등의 차림은 입장이 되지 않으니 아무리 여름이라도 주의하자.

Area 1
테르미니역 주변
Termini

로마의 관문인 테르미니역은 이탈리아에서 가장 큰 규모를 자랑하는 역답게 늘 인파로 북적거리지만, 역에서 대통령 관저가 있는 퀴리날레 언덕 사이에는 놓쳐서는 안 될 볼거리가 많다. '눈의 기적'으로 유명한 산타 마리아 마조레 대성당을 시작으로 보로미니의 대표작으로 꼽히는 산 카를로 알레 콰트로 폰타네 성당, 바로크 양식의 멋진 궁전에서 라파엘로 등 거장의 작품을 감상할 수 있는 국립 회화관, 영화 〈로마의 휴일〉에서 오드리 헵번이 아이스크림을 먹는 장면으로 유명한 스페인 광장, 무릎을 꿇고 올라가는 신성한 계단 스칼라 산타 등이 대표적이다. 또한 테르미니역에서 북쪽으로 가면 로마 시민들의 한적한 쉼터인 보르게세 공원이 있고 공원 내에 예약제로 운영하는 미술관에서는 주옥같은 작품들을 감상할 수 있다.

Check

여행 포인트
관광 ★★★★
미식 ★★★
쇼핑 ★★★★★

교통
도보 ★★★★★
메트로 ★★
버스 ★★★

구역 정보
이동 반경이 큰 구역이어서 여름에는 쉬엄쉬엄 걸어 다녀도 되지만 해가 빨리 지는 겨울에는 대중교통을 적절히 이용하는 것이 좋다. 하루에 모두 돌아볼 수 없다면 이틀로 일정을 나눈다.

도보 추천 코스

A코스 산타 마리아 마조레 대성당→도보 10분→산타 마리아 델리 안젤리 성당→도보 8분→산 카를로 알레 콰트로 폰타네 성당→도보 2분→국립 회화관→도보 8분→스페인 광장

B코스 산 피에트로 인 빈콜리 성당→도보 20분→산 조반니 인 라테라노 대성당→도보 5분→스칼라 산타→메트로 10분+도보 10분→포폴로 광장→도보 1분→산타 마리아 델 포폴로 성당→도보 10분→보르게세 미술관

추천 볼거리
SIGHTSEEING

산타 마리아 마조레 대성당 ★★★
Basilica di Santa Maria Maggiore

MAP●휴대지도-17, p.57-K

'눈의 기적'으로 유명한 로마 4대 성당 중 하나

352년 한여름 밤, 교황 리베리오는 성모 마리아가 꿈에 나타나 '눈이 내리는 언덕 위에 성당을 지으라'는 계시를 받았다. 며칠 후 교황은 에스퀼리노 언덕에 하얗게 눈이 내린 것을 발견하고 그 자리에 성당을 세웠다. 성당은 13세기 초기의 기독교 양식부터 로마에서 가장 높은 로마네스크 양식의 종루, 바로크 양식의 실내 장식, 14세기에 제작한 장미의 창 등 다양한 건축양식이 추가되어 현재의 모습을 갖추게 되었다. 성당 안은 콜럼버스가 아메리카 대륙을 발견하고 가져온 금을 이용해 줄리아노 다 상갈로가 장식한 천장화가 화려하게 빛난다. 그 밖에 베르니니의 〈아기 예수를 안은 성 가예티노〉, 아르놀포 디 캄비오가 조각한 〈콘페시오〉, 예수가 태어날 때 누워 있던 말구유 등이 주요 볼거리로 꼽힌다. 매년 8월 5일에는 '눈의 기적'을 상징하는 하얀 꽃잎을 뿌리는 축제가 열린다.

찾아가기 메트로 A·B선 Termini역에서 도보 5분
주소 Piazza di S. Maria Maggiore, 42
문의 06 6988 6800 운영 07:00~19:00

산타 마리아 델리 안젤리 에 데이 마르티리 성당
Santa Maria degli Angeli e dei Martiri ★

MAP●휴대지도-11, p.57-G

미켈란젤로의 풍부한 상상력이 돋보이는 성당

성당 이름은 '천사와 순교자를 위한 성당'이라는 뜻. 원래는 디오클레티아누스 황제의 목욕탕이었는데 교황 비오 4세에 의해 순교자들을 위한 성당으로 개축되었다. 개축 공사는 미켈란젤로가 맡았으며, 1749년 루이지 반비텔리가 지금의 모습으로 완성했다. 내부에는 햇빛이 찬란하게 들어오는 넓은 회랑이 있다. 일요일 오전 (11:20)에 가면 오르간 연주를 들을 수 있다.

찾아가기 메트로 A선 Repubblica역에서 도보 1분
주소 Piazza della Repubblica 문의 06 488 0812
운영 월~토요일 07:00~18:30, 일요일·공휴일 07:00~19:30 홈페이지 www.santamariadegliangeliroma.it

산 카를로 알레 콰트로 폰타네 성당
La Chiesa di San Carlo alle Quattro Fontane ★★

MAP●휴대지도-11, p.56-F

보로미니의 대표작으로 꼽히는 성당

베르니니와 더불어 바로크 시대를 대표하는 건축가 보로미니가 건축한 성당이다. 굵은 기둥을 2층으로 쌓았으며 오목한 면과 볼록한 면이 교차되면서 물결치는 듯한 아름다운 모습을 보여주는 파사드 장식은 건축과 예술의 경계를 넘나든다. 실제보다 넓어 보이는 성당 내부의 회랑도 보로미니의 뛰어난 재능이 응축된 결과이다.

찾아가기 메트로 A선 Barberini역에서 도보 4분
주소 Via del Quirinale, 23
문의 06 488 3261
운영 월~금요일 10:00~13:00, 15:00~18:00, 토요일 10:00~13:00, 일요일 12:00~13:00
홈페이지 www.sancarlino.eu

국립 회화관(바르베리니 궁전)
Galleria Nazionale d'Arte Antica in Palazzo Barberini ★★

MAP●휴대지도-11, p.56-F

유명 회화를 감상할 수 있는 궁전 내 미술관

바르베리니 가문 출신의 교황 우르바노 8세가 교황이 된 것을 축하하기 위해 바로크 양식의 궁전으로 지은 건축물이다. 처음에는 건축가 마데르노가 짓기 시작했으나 건축 도중에 세상을 떠나는 바람에 그의 뒤를 이어 베르니니와 보로미니가 함께 완성했다. 이 궁전의 건축에서 베르니니는 정원, 계단, 사각형 우물 등을, 보로미니는 나선형 계단, 창문, 아래층을 맡았다고 한다. 현재는 국립 회화관으로 사용되고 있으며 라파엘로, 티치아노, 카라바조 등 이탈리아 거장들의 작품을 전시하고 있다. 그중에서도 가슴을 드러낸 여성을 그린 〈라 포르나리나〉는 라파엘로의 명작으로 꼽힌

다. 그 밖에 홀바인의 〈헨리 8세의 초상〉, 카라바조의 〈홀로페르네스의 목을 치는 유디트〉 등의 작품을 만나볼 수 있다.

찾아가기 메트로 A선 Barberini역에서 도보 3분
주소 Via delle Quattro Fontane, 13
문의 06 481 4591 **운영** 화~일요일 10:00~18:00(입장권 판매는 17시 마감) **휴무** 월요일, 1/1, 12/25
요금 바르베리니궁전+코르시니 갤러리(10일간 유효) 일반 €12, 만18세 이하·만18~25세 유럽연합 국가 내 학생과 교원 무료
홈페이지 barberinicorsini.org

스페인 광장
Piazza di Spagna ★★★

MAP ● 휴대지도-10, p.56-A

관광객의 발길이 끊이지 않는 활기찬 광장

광장 이름은 17세기에 이곳에 스페인 대사관이 있었던 데서 유래했다. 광장 앞에는 트리니타 데이 몬티 성당(Chiesa della Trinità dei Monti)과 영화 〈로마의 휴일〉에서 오드리 헵번이 아이스크림을 먹는 장면으로 유명한 스페인 계단이 있다. 계단 바로 앞에 있는 바르카차 분수는 테베레강에서 와인을 운반하던 낡은 배(바르카차)를 본떠 만든 것으로 잔 베르니니의 아버지 피에트로 베르니니가 제작했다. 광장 주변에는 안데르센, 괴테, 바이런 등의 예술가들이 드나들던 안티코 카페 그레코(p.125)가 있다. 또한 명품 브랜드 숍이 밀집한 콘도티 거리(Via di Condotti)와 연결돼 언제나 관광객들로 북적거린다.

찾아가기 메트로 A선 Spagna역에서 도보 3분

산 피에트로 인 빈콜리 성당 ★★
Basilica di San Pietro in Vincoli

MAP ● 휴대지도-23, p.58-B

미켈란젤로의 〈모세상〉으로 유명한 성당

성 베드로가 감옥에 있을 때 묶였던 쇠사슬(빈콜리)을 보관하고 있는 성당으로 교황 레오 1세에 의해 건축되었다. 천장에는 조반니 바티스타 파롤디가 쇠사슬의 기적을 그린 프레스코화가 있다. 이 성당에서 가장 큰 볼거리는 미켈란젤로의 〈모세상〉이다. 교황 율리우스 2세의 명으로 3년에 걸쳐 제작했는데, 모세의 머리에 뿔이 난 모습이 눈길을 끈다. 시나이(Sinai)산에서 십계명을 받고 내려온 모세가 히브리 백성이 황금 황소에게 절하는 모습을 보고 비탄하는 모습을 표현한 것이다. 이 내용은 〈구약성경〉 '출애굽기'에 묘사되어 있다.

찾아가기 메트로 B선 Cavour역에서 도보 2분
주소 Piazza di San Pietro in Vincoli, 4a
문의 06 9784 4952 **운영** 월·목~금요일 07:45~13:45, 화~수요일 07:45~13:45, 14:00~17:30

산 조반니 인 라테라노 대성당
Basilica di San Giovanni in Laterano ★★★

MAP p.59-H

로마에서 가장 오래되고 지위가 높은 성당

교황이 새로 탄생하면 찾아오는 전 세계 교회의 어머니 격인 성당으로 로마 교구를 주관하는 대성당이다. 성당의 부속 건물인 라테라노 궁전은 약 1000년간 교황의 거주지로 이용되었다. 아비뇽 유수사건으로 잠시 교황이 떠나 있었지만, 1585년 교황 식스토 5세가 성당을 새로 짓게 했고 그 뒤로 바티칸 궁전이 교황의 새로운 거주지가 되었다. 성당 파사드는 알레산드로 갈릴레이가 바로크 양식과 신고전주의 양식을 강조해 지었다. 포로 로마노의 쿠리아에서 옮겨왔다는 청동 문은 50년에 한 번씩만 문을 연다.

찾아가기 메트로 A선 S.Giovanni역에서 도보 2분
주소 Piazza di San Giovanni in Laterano, 4
문의 06 6988 6433 운영 07:00~18:30

스칼라 산타
Scala Santa ★

MAP ● 휴대지도-24, p.59-H

무릎을 꿇고 올라가는 신성한 계단

예수가 예루살렘에 있는 빌라도의 집에서 채찍질을 당하며 올라갔던 계단이다. 콘스탄티누스 황제의 어머니 헬레나가 326년에 예루살렘에서 로마로 옮겨왔다. 총 28개로 이루어진 대리석 계단 곳곳에는 예수가 흘린 핏자국이 남아 있다. 이 계단은 오직 무릎으로만 오를 수 있는데 당시 예수가 당한 고통을 느끼도록 하기 위해서다. 계단이 끝나는 지점에는 예수가 십자가에 매달리는 장면을 그린 프레스코화가 있다.

찾아가기 메트로 A선 S.Giovanni역에서 도보 2분
주소 Piazza San di Giovanni in Laterano, 14
문의 06 772 6641
운영 월~토요일 06:00~13:30, 15:00~18:30, 일요일·공휴일 07:00~13:30, 15:00~18:30
홈페이지 www.scala-santa.com

포폴로 광장
Piazza del Popolo ★★★

MAP ● 휴대지도-3, p.56-A

로마 북쪽의 관문인 민중의 광장

'포폴로'는 이탈리아어로 민중을 뜻한다. 1589년 교황 식스토 5세의 명으로 만들기 시작해 19세기에 주세페 발라디에르가 완성했다. 18~19세기에는 공개 처형장으로 이용된 비극의 장소이기도 하다. 광장 한가운데에 있는 오벨리스크는 아우구스투스 황제가 고대 이집트 헬리오폴리스에서 가져온 것이다. 광장 남쪽에는 17세기에 바로크 양식으로 지은 산타 마리아 데이 미라콜리 성당과 산타 마리아 인 몬테산토 성당이 나란히 서 있다. '쌍둥이 성당'이라고도 불리는 이들 성당의 돔은 얼핏 같아 보이지만 하나는 원형이고 다른 하나는 타원형이다.

찾아가기 메트로 A선 Flaminio역에서 도보 2분

산타 마리아 델 포폴로 성당
Basilica Parrocchiale Santa Maria del Popolo
★

MAP ● 휴대지도-3, p.54-B

예술품으로 가득한 르네상스 양식의 성당

황제 네로의 악령이 있다는 소문을 진정시키기 위해 교황 파스칼리스 2세의 명으로 지붕은 라파엘로가, 내부는 베르니니가 개축했다. 성당 내부에는 라파엘로가 설계한 키지 가문의 예배당과 베르니니의 조각 〈하박국과 천사상〉이 있으며, 주 제단 왼쪽의 예배당에는 카라바조의 〈성 베드로의 개종〉이 있다. 성당 옆에 위치한 포폴로 문은 가톨릭으로 개종한 후 로마에 정착한 스웨덴의 크리스티나 왕을 맞이하기 위해 지은 것이다. 철도가 생기기 전까지 마차가 로마에 들어올 때 지나게 되는 첫 관문이었다.

찾아가기 메트로 A선 Flaminio역에서 도보 2분
주소 Piazza del Popolo, 12 문의 06 361 0836
운영 월~토요일 07:15~12:15, 16:00~19:00, 일요일·공휴일 07:15~12:30, 16:30~19:30 *일요일 오전 여행자 방문이 금지되며 저녁 예배 18:30 시작 10분 전에 방문 종료

국립 로마 현대 미술관
Museo Nazionale delle Arti del XXI Secolo

MAP p.54-B

현대 건축계의 거장 자하 하디드가 설계한 미술관

정식 명칭을 줄여서 '막시 뮤지엄(Maxxi Museum)'이라고도 부른다. 동대문의 DDP를 설계한 세계적인 건축가 자하 하디드가 1998년 국제 현상 공모에 출품된 273개의 디자인 가운데 당선된 설계안에 따라 건축해 2010년 완공되었다. 9000여 평의 공간에 서점, 카페테리아, 바 겸 레스토랑, 오라토리움 등이 들어서 있다. 현대 작가들의 특별 전시가 열리는 공간도 마련돼 있다.

찾아가기 메트로 A호선 Flaminio역에서 하차 후 2번 트램으로 갈아타고 Apollodoro 정류장에서 내려 도보 3분
주소 Via Guido Reni, 4a 문의 06 320 1954
운영 화~일요일 11:00~19:00(매월 첫째 일요일 11:00~22:00) 휴무 월요일, 1/1, 12/25
요금 일반 €12, 만 14~25세 €9
홈페이지 www.maxxi.art

보르게세 미술관
Galleria Borghese
★★

MAP ● 휴대지도-5, p.55-C

보르게세 공원 안에 있는 미술관

보르게세 가문의 여름 별장이었던 곳으로 예술품 수집가로 유명한 시피오네 보르게세 주교에 의해 개축되었다. 건물은 바로크 양식과 신고전주의 양식이 혼합돼 있다. 내부에는 베르니니의 걸작 〈아폴로와 다프네〉, 〈플루토와 페르세포네〉, 〈다비드〉, 카라바조의 〈다윗과 골리앗〉, 라파엘로의 〈무덤으로 운반되는 그리스도〉, 티치아노의 〈신성한 사랑과 세속적인 사랑〉 등의 작품이 전시되어 있다. 보르게세가 죽은 후 정부에서 저택과 수집품을 사들여 일반에게 공개하고 있다. 작품 보호를 위해 1일 관람객 수를 제한하므로 반드시 예약하고 가야 한다.

찾아가기 메트로 A선 Flaminio역에서 도보 21분
주소 Piazzale Scipione Borghese, 5
문의 06 841 3979(전화 예약 06 32810)
요금 일반 €13, 만 18세 미만 무료 *예약비 €2 별도
운영 화~일요일 09:00~17:00(마지막 입장 17:45, 티켓 판매소 16시에 마감)
홈페이지 https://galleriaborghese.beniculturali.it/en/info

Area 2
포로 로마노 주변
Foro Romano

지금도 발굴 작업이 계속되고 있는 옛 로마제국의 중심지로, 로마인들의 번영과 건축 기술을 살펴볼 수 있는 유적이 고스란히 남아 있다. 300년 이상 피비린내 나는 경기가 열렸던 콜로세움과 고대 로마의 정치·종교·경제의 중심지였던 포로 로마노를 보고 나면 '로마는 하루아침에 이루어지지 않았다'는 말이 한 치의 틀림도 없는 표현임을 느낄 수 있을 것이다. 영화 〈벤허〉의 박진감 넘치는 경기 장면이 떠오르는 고대 전차 경기장, 성 발렌타인의 유골이 간직된 산타 마리아 인 코스메딘 성당, 그리고 거짓말쟁이가 손을 넣으면 손을 먹어버린다는 '진실의 입'은 로마의 상징과도 같은 곳이다. 그 밖에 고대 로마의 문화와 예술을 엿볼 수 있는 카피톨리니 박물관과 캄피돌리오 광장 등이 곳곳에 자리해 전체가 살아 있는 박물관이다.

Check

여행 포인트
관광 ★★★★★
미식 ★★
쇼핑 ★

교통
도보 ★★★★★
메트로 ★
버스·트램 ★★★

구역 정보
테르미니역에서 메트로 B선을 타고 Colosseo역에서 내려 콜로세움부터 돌아보기 시작한다. 구역 자체가 넓은 데다가 하루 종일 걸어야 하므로 편한 신발을 신고 느긋한 마음으로 다녀야 지치지 않는다.

도보 추천 코스
콜로세움→도보 1분→콘스탄티누스 개선문→도보 15분→포로 로마노→도보 3분→캄피돌리오 광장→도보 1분→카피톨리니 박물관→도보 10분→산타 마리아 인 코스메딘 성당(진실의 입)→도보 3분→고대 전차 경기장

추천 볼거리
SIGHTSEEING

콜로세움
Colosseo ★★★

MAP ● 휴대지도-23, p.58-B

피비린내 나는 경기가 벌어졌던 원형 경기장

72년 베스파시아누스 황제 때 짓기 시작해 그의 아들 티투스 황제 때 완공되었다. 타원형 건물로 긴 쪽의 지름은 187m, 짧은 쪽의 지름은 155m이며 높이는 48m이다. 1층은 도리아식, 2층은 이오니아식, 3층은 코린트식으로 층마다 다른 양식으로 지었다. 내부에는 약 5만 명을 수용할 수 있는 계단식 관람석이 있으며 76개의 출입구를 통해 빠르게 빠져나갈 수 있도록 설계했다.

초기에는 서커스, 연극 등 문화·스포츠 행사가 열렸으나, 이후 검투사들이 맹수와, 또는 검투사들끼리 목숨을 건 싸움이 벌어진 것으로 유명하다. 축제 기간이 되면 코끼리, 사자, 하마 등 9000여 마리의 맹수가 희생되었다고 하니 당시의 인기가 어느 정도였는지 가늠해볼 수 있다. 참혹한 전투 장면은 영화 〈글래디에이터〉나 미국 드라마 〈스파르타쿠스〉를 통해 볼 수 있다. 442년 지진으로 피해를 입었고, 이후 채석장이 되어 파헤쳐지기도 했다. 전면의 돌은 성 베드로 대성당을 건축하는 데 재사용되어 현재 건물은 완벽한 타원형이 아닌 한쪽 이가 나간 듯한 모습으로 남아 있다.

찾아가기 메트로 B선 Colosseo역에서 바로
주소 Piazza del Colosseo, 1 **문의** 06 3996 7700
운영 2/16~3/15 08:30~17:00, 3/16~3월 마지막 토요일 08:30~17:30, 3월 마지막 일요일~8/31 08:30~19:15, 9/1~9/30 08:30~19:00, 10/1~10월 마지막 토요일 08:30~18:30, 10월 마지막 일요일~2/15 08:30~16:30(문 닫기 1시간 전에 입장 마감)
휴무 1/1, 5/1, 12/25
요금 일반 €16, 만 18세 미만 무료 *예약비 €2 별도
홈페이지 www.coopculture.it

콘스탄티누스 개선문
Arco di Costantino ★

MAP●휴대지도-23, p.58-B

개선의 기쁨을 누리기 위해 세운 승리의 문

밀비오 다리 전투에서 막센티우스를 무찌르고 돌아온 콘스탄티누스 1세의 서로마 통일을 기념하기 위해 315년 원로원에서 세웠다. 콘스탄티누스는 기독교를 공인하고 수도를 비잔티움으로 옮긴 인물이다. 로마를 정복한 나폴레옹 1세가 이 개선문을 떼어 파리로 가져가려는 계획을 세웠으나 수포로 돌아가자 대신 파리에 이를 본뜬 개선문을 짓게 했다는 이야기가 전해진다.

높이 21m, 폭 25m로 흰색 대리석을 사용해 만들었으며 3개의 아치가 있다. 아치 윗부분은 콘스탄티누스 1세가 막센티우스와 벌인 전투에서 승전한 장면을, 양옆은 강의 신을 묘사하고 있다. 그 밖에 아우렐리우스 황제의 생애를 표현한 조각도 볼 수 있다. 현재 복구 작업 중으로 2023년경에 완공할 예정이다.

찾아가기 메트로 B선 Colosseo역에서 도보 2분
주소 Via di San Gregorio

포로 로마노
Foro Romano ★★★

MAP●휴대지도-22, p.58-B

고대 로마제국의 정치·종교·경제의 중심지

원래는 비가 오면 물이 고이는 습지였는데 하수 시설을 확충한 후 공공 생활을 할 수 있는 기능이 갖춰져 도시의 중심이 되었다. 이후 약 1000년 동안 로마제국의 정치, 종교, 경제의 중심지로 발전했으며 영어 포럼(forum)의 어원이 된 곳이기도 하다. 현재 신전, 바실리카(공회당), 역대 황제들이 자신의 업적을 과시하기 위해 지은 개선문, 원로원 등이 남아 있어 옛 영화를 짐작해볼 수 있다. 무솔리니 시절 베네치아 광장에서 콜로세움까지 연결하는 포리 임페리알리 거리(Via dei Fori Imperiali)를 만들면서 이곳이 양쪽으로 갈라졌다. 당시 수많은 유적이 땅속에 묻혀 지금까지도 발굴 작업이 계속되고 있다. 입구는 포리 임페리알리 거리의 바실리카 에밀리아(Basilica Aemilia) 쪽에 있다. 여름에는 뜨거운 햇볕을 피할 곳이 없으니 선글라스, 모자 등을 꼭 챙겨 가자.

찾아가기 메트로 B선 Colosseo역에서 도보 7분
주소 Via della Salara Vecchia, 5/6
문의 06 3996 7700
운영 2/16~3/15 08:30~17:00, 3/16~3월 마지막 토요일 08:30~17:30, 3월 마지막 일요일~8/31 08:30~19:15, 9/1~9/30 08:30~19:00, 10/1~10월 마지막 토요일 08:30~18:30, 10월 마지막 일요일~2/15 08:30~16:30(문 닫기 1시간 전에 입장 마감)
휴무 1/1, 5/1, 12/25
요금 일반 €16, 만 18세 미만 무료 *예약비 €2 별도
홈페이지 www.coopculture.it

Tip

포로 로마노 효율적인 관람 순서
사투르누스 신전→로스트라→바실리카 줄리아→카이사르 신전→베스타 신전→셉티미우스 세베루스의 개선문→마메르티노 감옥→쿠리아 율리아→안토니누스와 파우스티나 신전→막센티우스의 바실리카→티투스의 개선문→팔라티노 언덕

사투르누스 신전 Tempio di Saturno

농업의 신 사투르누스를 모시기 위해 기원전 5세기경에 세운 후 여러 차례 재건되었다. 국가의 재물을 보관하던 신전으로, 포로 로마노와 캄피돌리오 언덕을 구분 짓고 있다.

바실리카 줄리아 Basilica Giulia

공화정 시대의 법원. 당시 바실리카는 법원뿐만 아니라 집회 시설, 각종 상거래가 이루어지는 상점 등 다양한 기능을 하는 건물을 뜻했다. 현재는 성당의 양식을 일컫는 말이 되었다.

카이사르 신전 Tempio di Cesare

원로원에서 브루투스에게 살해당한 카이사르의 시신을 화장한 곳으로, 카이사르의 조카 옥타비아누스가 카이사르를 위해 지은 신전이다. 지금은 기초 구조만 남아 있다.

베스타 신전 Tempio di Vesta

불의 여신 베스타를 모시던 신전으로 20여 개의 기둥으로 둘러싸여 있다. 신전의  성화는 나라의 영속을 상징했기 때문에 절대 꺼지지 않도록 6명의 제녀들이 지키고 있었다고 한다.

셉티미우스 세베루스의 개선문 Arco di Settimio Severo

203년 세베루스 황제 즉위 10주년과 두 아들 카라칼라와 게타가 전쟁에서 승리한 것을 칭송하기 위해 시민과 원로원이 함께 세웠다. 3개의 아치로 이루어진 문에는 전쟁 장면과 개선 행렬이 조각되어 있다.

마메르티노 감옥 Carcere Mamertino

로마군이 베드로 성인을 굶겨 죽이려고 가두었던 지하 감옥이다. 베드로 성인은 감옥 아  래에 흐르는 하수도 물로 연명했지만 결국 십자가에 거꾸로 매달려 처형당했다.

쿠리아 율리아 Curia Julia

공화정 시대의 최고 정치 기관으로 입법·자문을 담당하고 집정관을 선출하던 곳이다. 기원전 44년에 카이사르가 이곳에서 브루투스

에게 암살당하며 "브루투스 너마저!"라고 외쳤다. 삼각형 지붕과 붉은 벽돌로 된 건물은 옛터에 재건한 것이다. 화재로 소실됐다가 무솔리니의 지시로 복원했다. 내부에는 트라야누스 황제를 묘사한 것으로 추정되는 대리석상과 황제의 업적을 기록한 대리석 부조가 있다.

안토니누스와 파우스티나 신전
Tempio di Antonino e Faustina

141년 안토니누스 황제가 그의 아내 파우스티나 황비를 위해 지은 신전이다. 포로 로마노에서 가장 오래된 건물 중 하나로 11세기에 산 로렌초 인 미란다 성당으로 사용되었다가 1602년 신전의 일부를 재건해 교회당으로 설계하기도 했다.

티투스의 개선문 Arco di Tito

81년 도미티아누스 황제가 그의 형 티투스와 아버지가 예루살렘과의 전투에서 승리한 것을 기념하기 위해 세웠다. 로마에 있는 여러 개선문 중에서 가장 오래되었지만 개선문에 새겨진 부조는 가장 온전한 형태로 남아 있다. 티투스는 콜로세움을 완성한 장군으로도 유명하다.

막센티우스의 바실리카
Basilica di Massenzio

막센티우스 황제가 짓기 시작했지만 콘스탄티누스 황제가 완성시켜 '콘스탄티누스의 바실리카'라고도 불린다. 기원전 309년 막센티우스가 두 아들의 죽음을 기리며 지은 것이다.

로스트라 Rostra

고대 로마제국을 배경으로 한 영화에서 누군가 연설하는 모습이 기억난다면 로스트라를 쉽게 찾을 수 있을 것이다. 정치가들의 연설단으로 당대의 웅변가 키케로 등이 여기서 연설했으며, 카이사르가 사망한 후 안토니우스가 그의 죽음과 유서의 내용 등을 밝힌 곳이다.

팔라티노 언덕 Colle Palatino

콜로세움과 포로 로마노 사이에 있는 언덕으로 로물루스가 동생 레무스를 죽이고 기원전 753년경 이곳에 로마를 세웠다. 로마의 일곱 언덕 중에 가장 오래된 곳이며 약 200년이 지난 후부터 로마 부유층의 거주지로 사용되었다. 도미티아누스 황제가 건설한 플라비 궁전 터와 아우구스투스의 저택 등이 눈길을 끈다. 아우구스투스의 아내인 리비아가 살던 리비아의 집도 있는데 내부에는 신화, 과일, 꽃 등을 묘사한 프레스코화가 장식돼 있다.

캄피돌리오 광장
Piazza del Campidoglio ★★★

MAP● 휴대지도-22, p.58-A

로마 시대에 가장 신성했던 광장

주피터 신전이 자리했던 곳으로 여기서 영어로 '수도'를 뜻하는 'capital'이 유래했다. 1536년 바오로 3세 때 조성하기 시작했으며 미켈란젤로가 설계했다. 로마 세력의 근원을 표기한 12방형 별을 포석으로 깔고 착시 효과를 주는 계단(코르도나타)으로 마무리했다. 신성로마제국 황제의 로마 입성을 축하하는 의미로 지은 이 계단은 아래는 폭이 좁고 위로 올라갈수록 점점 넓어지는 것이 특징이다. 광장 내에 있는 카피톨리누스 신전은 기원전 509년에 세웠으며 당시 종교와 정치, 공공 생활의 중심이 되었다.

광장은 3개의 궁전으로 둘러싸여 있다. 정면에는 옛 시청사 건물인 세나토리오 궁전(Palazzo Senatorio), 왼쪽에는 카피톨리니 박물관으로 이용되고 있는 누오보 궁전(Palazzo Nuovo), 오른쪽에는 콘세르바토리 궁전(Palazzo dei Conservatori)이 있다. 광장 중앙에 아우렐리우스의 기마상이 있는데 이것은 복제품이고 원본은 카피톨리니 박물관에 보관돼 있다.

찾아가기 메트로 B선 Colosseo역에서 도보 10분

카피톨리니 박물관
Musei Capitolini ★★★

MAP● 휴대지도-22, p.58-A

실감 나는 고대 로마 조각품 전시

캄피돌리오 광장의 콘세르바토리 궁전과 누오보 궁전을 합쳐 카피톨리니 박물관이라 부르며, 두 건물은 지하로 연결돼 있다. 1471년에 식스토 4세 교황이 시에 기부한 전리품과 청동 조각상을 기반으로 박물관을 열었으며, 15~18세기 교황들이 수집한 고대 로마 조각품이 다수 전시되어 있다. 주요 작품으로는 〈카피톨리노의 암늑대〉, 〈가시를 빼는 소년〉, 〈카피톨리노의 비너스〉, 〈빈사의 갈리아인〉 등이 있으며, 이집트, 에트루스크, 헬레니즘 시대의 작품과 그리스 조각 등이 보태지면서 소장품이 더욱 풍성해졌다. 안뜰에는 포로 로마노에 있던 거대한 석상에서 나온 파편이 전시되어 있다.

찾아가기 메트로 B선 Colosseo역에서 도보 10분
주소 Piazza del Campidoglio, 1
문의 06 0608(전화 예약 09:00~21:00)
운영 09:30~19:30(12/24·31 09:30~14:00)
휴무 1/1, 5/1, 12/25
요금 일반 €16(당일 예약 시, 미리 예약 시 예약비 €1 별도)
홈페이지 www.museicapitolini.org

산타 마리아 인 코스메딘 성당
Basilica di Santa Maria in Cosmedin ★★

MAP●휴대지도-22, p.58-E

발렌타인 성인이 잠든 장소

6세기 헤라클레스의 제단이 있던 터에 기독교 스타일의 건축양식으로 지은 성당. 대부분의 관광객이 성당 초입에 있는 '진실의 입'만 보고 그냥 지나치는데 이 성당에는 밸런타인데이의 유래가 된 성 발렌타인의 유골이 있어 흥미롭다. 3세기 무렵 로마 황제 클라우디스 2세는 군인들의 기강이 해이해질 것을 우려해 병사들의 결혼을 금지했는데, 발렌티누스가 이를 어기고 군인들의 혼인 성사를 집전했다는 이유로 순교한 날이 밸런타인데이가 되었다는 설이 전해진다. 'Roma(로마)'의 철자를 거꾸로 하면 'Amor(사랑)'가 되는 것이나 성 발렌타인이 로마에 묻혀 있다는 것은 어쩌면 로마가 사랑의 도시임을 말해주는 대목이 아닐까 싶다.

찾아가기 메트로 B선 Circo Massimo역에서 도보 10분
주소 Piazza della Bocca della Verità, 18
문의 06 678 7759
운영 매일 09:30~17:50

진실의 입
Bocca della Verità ★

MAP●휴대지도-22, p.58-E

바다의 신 트리톤이 진실을 심판

지름 1.5m의 커다란 원반에 바다의 신 트리톤이 입을 벌리고 있는 모습을 하고 있는데 거짓말쟁이가 손을 넣으면 먹어버린다는 이야기가 전해진다. 이는 중세 시대에 사람들을 심문할 때 진실을 말하지 않으면 손이 잘려도 좋다고 서명한 것에서 유래한다. 진실의 입은 산타 마리아 인 코스메딘 성당 복도에 있다. 본래 헤라클레스 신전의 하수구 뚜껑이었다는 설과 가축 시장의 하수구 뚜껑이었다는 설이 있다. 영화 〈로마의 휴일〉에서 남자 주인공 그레고리 펙이 손을 넣고 물린 척하는 장난을 쳐서 오드리 헵번이 놀라는 장면을 연출한 장소로, 여행자들의 기념 촬영 장소로 사랑받고 있다.

찾아가기 메트로 B선 Circo Massimo역에서 도보 10분
주소 Piazza della Bocca della Verità, 18
운영 여름 09:30~18:00, 겨울 09:30~17:00

고대 전차 경기장
Circus Maximus ★

MAP●휴대지도-22, p.58-F

숨 막히는 전차 경기가 열렸던 열기의 현장

팔라티노 언덕과 아벤티노 언덕 사이에 있는 타원형의 광장으로 고대 로마제국 시대에 지은 경기장 중에서 가장 오래되었으며, 25만 명이나 수용할 수 있는 최대 규모를 자랑한다. 고대 전차 경기를 포함하여 경마 등 다양한 운동 경기가 열리다가 549년에 마지막 경기를 치른 후 중단되었다. 그리스도교 신자들이 순교한 장소로도 알려져 있으며, 20세기 최고의 종교 영화 〈벤허〉의 촬영지라는 설도 있었다. 하지만 실제 영화 속 배경은 거대한 세트장인 것으로 확인되었다. 지금은 넓은 초원과도 같은 평지에서 산책을 하거나 조깅을 즐기는 로마 시민들의 휴식 공간으로 사랑받고 있다.

찾아가기 메트로 B선 Circo Massimo역에서 도보 5분
주소 Via del Circo Massimo

Area 3
베네치아 광장 주변
Piazza Venezia

로마 시내 한가운데에 있는 베네치아 광장은 테르미니역과 함께 교통의 중심지 역할을 한다. 드넓은 광장에는 통일 이탈리아의 초대 국왕인 비토리오 에마누엘레 2세를 기리는 새하얀 건물의 기념관이 빛나고 있다. 광장에서 북쪽으로 길게 이어지는 코르소 거리에는 중저가 브랜드의 숍과 레스토랑, 카페 등이 모여 있어 늘 사람들이 북적거리는 활기찬 모습이다. 이 거리를 따라 걷다 보면 왼편에 중세 이탈리아의 귀족 도리아 팜필리 가문의 궁전이 나타난다. 지금은 미술관으로 이용되어 400여 점의 명화와 옛 귀족의 호화로운 저택 내부를 감상할 수 있다. 이곳에서 3분 정도 더 걸어가다가 노점상들이 늘어선 오른편 골목으로 들어가면 로마를 찾는 여행자들에게 가장 사랑받는 트레비 분수가 나온다. 구역 자체가 그리 넓지 않아 걸어서 다니기에 충분하다.

Check

여행 포인트
관광 ★★★★
미식 ★★★
쇼핑 ★★★★★

교통
도보 ★★★★★
메트로 ★
버스 ★★★

구역 정보
테르미니역에서 40·64번 버스를 타고 베네치아 광장에 내려 여행을 시작한다. 도리아 팜필리 미술관은 내용도 알차고 규모도 적당해서 볼만하니 먼저 관람한 후 트레비 분수의 야경으로 마무리하면 된다.

도보 추천 코스
베네치아 광장→도보 1분→비토리오 에마누엘레 2세 기념관→도보 5분→도리아 팜필리 미술관→도보 6분→트레비 분수

로마

추천 볼거리
SIGHTSEEING

베네치아 광장
Piazza Venezia ★

MAP●휴대지도-16, p.61-G

로마의 중심 광장
로마 시내 한가운데에 있는 광장으로 1871년 이탈리아 통일을 기념하기 위해 조성했다. 광장 남쪽에는 통일의 주역인 비토리오 에마누엘레 2세의 기념관이 있고, 북쪽에는 코르소 거리를 포함한 6개의 도로가 방사상으로 이어져 있다. 광장을 대표하는 건축물로는 베네치아 궁전(Palazzo di Venezia)이 있다. 과거 산 마르코 성당의 추기경들이 거주하던 저택이었으나 파시스트 정권 때 무솔리니의 집무실로 이용되기도 했다. 현재는 국립 베네치아 궁전 박물관이 들어서 있으며 비잔틴 양식과 초기 르네상스 시대의 그림, 조각, 은그릇, 도자기 등을 전시한다. 광장 근처에 트레비 분수가 있어 여행자들의 발걸음이 끊이지 않는다.

찾아가기 메트로 B선 Colosseo역에서 도보 10분, 테르미니역에서 40·64번 버스로 7분
주소 3 Piazza Venezia
문의 06 699 94388
운영 매일 09:30~18:30
휴무 월요일, 1/1, 5/1, 12/25
요금 박물관 일반 €10

비토리오 에마누엘레 2세 기념관
Monumento Nazionale a Vittorio Emanuele II ★

MAP●휴대지도-16, p.61-L

통일 이탈리아 초대 국왕의 업적을 기념

분열되었던 이탈리아의 통일을 이룩한 비토리오 에마누엘레 2세의 업적을 기념하기 위해 세웠다. 1885~1911년에 신고전주의 양식으로 지은 웅장한 건물이지만 주위의 경관과 어울리지 않는다 하여 '타자기', '웨딩 케이크' 등의 별명으로 불릴 정도로 비난을 사기도 했다. 하얀 대리석에 정교한 조각으로 장식한 기념관 앞에는 비토리오 에마누엘레 2세의 기마상이 우뚝 서 있다. 기념관 내부에는 과거 이탈리아군의 변천사를 보여주는 전시물 등이 있다. 이 분야에 특별히 관심이 있지 않다면 굳이 들어가지 않아도 된다. 기념관 뒤쪽의 언덕에 올라가면 포로 로마노가 한눈에 보여 기념 촬영 장소로 인기 있다.

찾아가기 메트로 B선 Colosseo역에서 도보 10분
주소 Piazza Venezia
문의 06 678 3587
운영 여름 09:30~17:30, 겨울 09:30~16:30

도리아 팜필리 미술관
Galleria Doria Pamphilj ★★

MAP●휴대지도-16, p.61-G

중세의 명화가 가득한 궁전 내 미술관
중세 이탈리아의 귀족 팜필리 가문이 소유했던 400여 점의 명화를 전시하고 있다. 팜필리 가문의 마지막 후손인 오리에타 도리아 팜필리 공주

와 남편 프랑크가 입양한 영국인 자녀가 현재 주인이다. 건물은 로코코 양식을 기본으로 여러 차례 복원 과정을 거쳐 화려한 모습을 하고 있으며, 내부에는 1000개가 넘는 방이 있다. 주요 작품으로는 벨라스케스의 〈교황 인노첸시오 10세의 초상〉을 비롯해 카라바조의 〈세례 요한〉, 카라치의 〈막달라 마리아〉, 템페스타의 〈홍해의 기적〉 등이 있다. 출입구는 콜레조 로마노 광장(Piazza del Collegio Romano) 쪽에 있다.

찾아가기 메트로 B선 Colosseo역에서 도보 14분
주소 Via del Corso, 305
문의 06 679 7323
운영 월~목요일 09:00~19:00(마지막 입장 17:30), 금~일요일 10:00~20:00(마지막 입장 18:30)
휴무 1/1, 부활절, 12/25
요금 €14(인터넷 예약 시 예약비 €1 별도) *만 12세 이하 무료 **홈페이지** www.doriapamphilj.it

트레비 분수
Fontana di Trevi

★★★

MAP ● 휴대지도-10, p.61-H

로마에서 가장 로맨틱한 분수

뒤로 돌아서서 분수에 동전을 던져 넣으면 다시 로마에 올 수 있다는 속설로 유명하다. 1453년 교황 니콜라우스 5세의 명으로 만들었으며, 아우구스투스 황제가 지은 고대의 수도 아쿠아 비루지네('처녀의 샘'이라는 뜻)의 수원을 약 1000년 만에 부활시키고자 건설했다고 전해진다. 로마인들은 지하 송수로를 통해 약 18km 떨어진 살로네 샘에서 물을 끌어왔다. 바로크 양식의 화려한 폴리 궁전 벽면을 장식하는 분수에는 날개 달린 말 2마리가 이끄는 조개 마차와 바다의 신 트리톤, 태양의 신 오케아노스 등이 조각되어 있다. 이탈리아 영화 〈라 돌체 비타〉에서 여주인공이 드레스를 입은 채 분수에 뛰어드는 장면으로도 유명하다. 분수 앞은 로마에 다시 오길 희망하는 사람들로 언제나 붐빈다. 하루에 던져 넣는 동전이 €3000 가까이 되는데 이는 가난한 사람들을 돕는 데 사용한다고 한다. 최근 대리석의 묵은 때를 벗겨내고 훼손된 건축물을 복구하는 데 29억 원의 예산을 들여 공사를 마쳤다.

찾아가기 메트로 A선 Barberini역에서 도보 7분
주소 Piazza di Trevi

Area 4
나보나 광장 주변
Piazza Navona

테베레강과 베네치아 광장 사이에 있는 로마 시내 서쪽 구역으로 로마에서도 특히 볼거리가 풍부하고 무료로 볼 수 있는 곳이 많아 더욱 반갑다. 그중에서도 호화로운 바로크 장식으로 뒤덮인 제수 성당, 카라바조의 3부작을 만날 수 있는 산 루이지 데이 프란체시 성당, 푸른색과 금색이 어우러진 아치형 천장이 신비로운 산타 마리아 소프라 미네르바 성당은 꼭 놓치지 말자. 또한 고대 로마 건축의 걸작으로 손꼽히는 판테온은 지금도 완벽한 형태로 남아 있어 경이롭다. 판테온 근처에는 베르니니의 대작을 볼 수 있는 나보나 광장이 있다. 광장 한 가운데에는 시원한 물줄기를 내뿜는 3개의 분수가 있는데, 그중 4명의 거인 조각상이 있는 피우미 분수가 베르니니의 작품이다. 광장 주변에는 카페, 레스토랑 등이 모여 있어 언제나 활기찬 분위기이다.

Check

여행 포인트
관광 ★★★
미식 ★★★★★
쇼핑 ★★

교통
도보 ★★★★★
버스·트램 ★★

구역 정보
판테온에서 나보나 광장까지는 도보 5분 거리로 가깝다. 아름다운 성당과 명화를 감상하고 나보나 광장의 활기찬 분위기를 즐기는 것도 좋지만 골목골목 숨어 있는 맛집도 놓치지 말자.

도보 추천 코스

제수 성당→도보 3분→산타 마리아 소프라 미네르바 성당→도보 2분→판테온→도보 3분→산 루이지 데이 프란체시 성당→도보 2분→나보나 광장→도보 1분→산타녜세 인 아고네 성당

추천 볼거리
SIGHTSEEING

제수 성당
Chiesa del Gesù
★

MAP ● 휴대지도-16, p.61-K

호화로운 바로크 장식이 돋보이는 성당

로마 최초의 예수회 성당 본부로 16세기에 미켈란젤로가 설계한 것을 비뇰라가 이어받아 완성했다. 특히 이 성당은 원근법을 적용한 천장의 프레스코화가 아름답기로 유명한데 일 바치치아의 작품 〈예수의 이름으로 거둔 승리〉이다. 중앙 제단 왼쪽에는 베르니니의 〈산 로베르토 벨라르미노의 반신상〉이 있고, 프레스코화 오른쪽에는 프란시스코 사비에르의 성체가 있다. 예수회는 가톨릭의 남자 수도회로 학문과 교육을 통한 해외 선교 사업에 중점을 두고 있으며, 우리나라에는 서강대학교, 광주가톨릭대학교를 설립했다.

찾아가기 메트로 B선 Colosseo역에서 도보 15분
주소 Via degli Astalli, 16 문의 06 697 001
운영 월~토요일 07:30~12:30, 16:00~19:30, 일요일·공휴일 07:45~13:30, 16:00~20:00
홈페이지 www.chiesadelgesu.org

산타 마리아 소프라 미네르바 성당
Basilica di Santa Maria Sopra Minerva
★★

MAP ● 휴대지도-15, p.61-G

갈릴레오 갈릴레이가 종교 재판을 받은 성당

고대 미네르바 여신에게 바친 신전이 있던 자리에 13세기에 지은 고딕 양식의 성당으로 도미니크 수도회에서 관리한다. 수수한 외관과 달리 안

으로 들어가면 푸른색과 금색이 어우러진 아치형 천장이 눈부시게 화려하다. 라틴 십자형 회랑으로 이루어진 내부에는 중앙 제단 아래의 대리석 관에 시에나의 성녀 카타리나의 유해를 비롯해 시인이자 추기경인 피에트로 벰보 등이 잠들어 있다. 오른쪽 회랑에는 필리피노 리피의 프레스코화 〈성모 승천〉, 〈토마스 아퀴나스의 생애〉가 있고, 제단 왼쪽에는 미켈란젤로의 〈십자가를 쥔 그리스도상〉이 있다. 1633년 갈릴레오 갈릴레이가 지동설을 주창한 이유로 종교 재판을 받은 곳으로도 유명하다.

찾아가기 메트로 B선 Colosseo역에서 도보 19분
주소 Piazza della Minerva, 42 문의 06 6992 0384
운영 매일 09:00~12:00, 16:00~19:00(*일요일 미사 시간 11:00, 18:00에는 방문 불가)
홈페이지 www.basilicaminerva.it

판테온
Pantheon
★★★

MAP●휴대지도-15, p.61-G

경이로운 고대 로마 건축의 걸작

로마 시대의 건축물 중 원형이 가장 잘 보존된 불후의 명작. 기원전 25년 아우구스투스 황제의 사위인 아그리파가 로마의 모든 신에게 바치기 위해 건립한 신전이다. 이후 화재로 소실되었다가 118~125년경 하드리아누스 황제에 의해 지금의 모습으로 재건되었다.

둥근 돔 천장에는 지름 9m의 구멍을 뚫어 내부로 빛이 들어오게 했다. 20톤에 이르는 청동 문과 건물을 받치는 화강암, 수천 년의 역사를 간직하고 있는 돔은 현대의 기술로도 쉽게 구현할 수 없는 고난도 기술이라고 한다. 건물의 지름과 판테온 내부의 높이가 일치하는 균형미를 두고 미켈란젤로는 '천사의 설계'라 극찬했다. 성당 내부에는 37세의 젊은 나이에 요절한 화가 라파엘로의 무덤이 있으며, 예배당에는 움베르토 1세와 그의 부인 마르게리타의 묘지가 있다. 그 밖에도 라파엘 산지오, 안니발레 카라치 등의 예술가들이 잠들어 있다.

찾아가기 메트로 A선 Barberini역에서 도보 15분
주소 Piazza della Rotonda 문의 06 6830 0230
운영 매일 09:00~19:00(마지막 입장 18:45)
휴무 1/1, 5/1, 12/25
요금 무료 홈페이지 www.pantheonroma.com

산 루이지 데이 프란체시 성당
Chiesa di San Luigi dei Francesi
★★

MAP●휴대지도-15, p.60-F

카라바조의 3부작으로 유명

십자군 원정에 앞장섰던 루이 9세에게 바치기 위해 지은 성당으로 16세기에 완성되었다. 이탈리아 초기 바로크의 대가 카라바조의 3부작을 볼 수 있는 곳으로 유명하다. 예수의 제자 마태의 일화를 그린 연작으로 〈성 마태오의 소명〉, 〈성 마태오와 천사〉, 〈성 마태오의 순교〉이며 중앙 제단 왼쪽 측랑에 있다. 카라바조는 사실적인 인물 묘사로 인해 그림을 주문한 사람에게서 작품

을 거절당하기도 했다. 성 마태오 연작도 제자의 발이 더럽다는 이유로 꼬투리 잡혀 위기에 처했던 작품으로 알려져 있다.

찾아가기 메트로 A선 Barberini역에서 도보 15분
주소 Piazza di San Luigi de' Francesi
문의 06 688 271
운영 월~금요일 09:30~12:45, 14:30~18:30, 토요일 09:30~12:15, 14:30~18:45, 일요일 11:30~12:45, 14:30~18:45 휴무 목요일 오후
홈페이지 www.saintlouis-rome.net

나보나 광장
Piazza Navona ★★★

MAP ● 휴대지도-15, p.60-F

베르니니의 대작을 볼 수 있는 광장

처음에는 86년 도미티아누스 황제가 남북으로 길게 뻗은 경기장으로 조성했으며, 이후 300여 년 동안 로마의 시장으로 이용되었다. 17세기 교황 인노첸시오 10세가 광장에 분수와 성당, 궁전을 만들면서 지금의 모습을 갖추었다. 광장에서 시원한 물줄기를 내뿜는 3개의 분수는 넵튠 분수, 모로 분수, 피우미 분수로 그중 피우미 분수는 바로크 조각의 거장 베르니니의 작품이다. 피우미 분수에는 다뉴브강, 갠지스강, 나일강, 라플라타강을 나타내는 4명의 거인 조각상이 있다. 그중 나일강을 나타내는 거인 조각상은 천을 뒤집어쓴 모습인데, 이는 베르니니가 분수 건너편에 있는 산타녜세 인 아고네 성당에 대한 불만을 노골적으로 표현한 것이다. 성당을 건축한 보로미니는 베르니니의 라이벌로 자신의 조각상이 그쪽을 향해 있는 게 싫었기 때문이라는 재미있는 에피소드가 전해진다.

나보나 광장은 초상화를 그리는 무명 화가와 음악가, 그리고 노천카페에서 식사를 즐기는 사람들로 언제나 활기 넘치며 광장 앞은 차량이 통제되는 보행자 거리이다. 나보나 광장 근처의 파체 광장(Piazza Pace) 주변은 식전주를 마실 수 있는 바와 맛있는 이탈리아 음식을 내는 레스토랑이 즐비해 나이트라이프를 즐기기 좋다.

찾아가기 메트로 A선 Barberini역에서 도보 15분

산타녜세 인 아고네 성당
Chiesa di Sant'Agnese in Agone ★★

MAP ● 휴대지도-15, p.60-F

나보나 광장에 있는 아름다운 성당

성당 이름은 성녀 아그네스에서 유래했다. 아그네스는 나보나 광장의 많은 사람들 앞에서 신앙을 포기하겠다는 맹세를 하지 않아 발가벗겨진 채 순교한 인물이다. 이 성당은 1652년 교황 인노첸시오 10세의 명으로 짓기 시작했으며 1657년 파사드 부분을 보로미니가 완성했다. 돔 양쪽에 있는 탑 1층은 정방형이고 2층은 원형이다. 이 돔은 성 베드로 대성당 다음으로 뛰어나다는 평가를 얻고 있다.

찾아가기 메트로 A선 Barberini역에서 도보 18분
주소 Via di Santa Maria dell'Anima, 30/A
문의 06 6819 2134
운영 월~금요일 09:00~13:00, 15:00~19:00, 토~일요일 09:00~13:00, 15:00~20:00 휴무 월요일
홈페이지 www.santagneseinagone.org

Area 5
트라스테베레 지구
Trastevere

로마 중심가에서 다소 떨어진 테베레강 건너편에 있어 여행자들의 발길이 뜸한 곳으로 강변의 낭만을 즐기며 산책하기 좋다. 강가에는 노천카페가 줄지어 있고 골목으로 들어가면 현지인들이 즐겨 가는 바와 레스토랑이 있어 부담 없이 함께 어울릴 수 있는 것이 가장 큰 장점이다. 매주 일요일에는 로마 최대의 벼룩시장인 포르타 포르테제 벼룩시장이 열려 서민들의 소박한 일상을 엿볼 수도 있으므로 여행 일정과 맞는다면 가볼 것을 권한다. 또한 로마에서 두 번째로 높은 자니콜로 언덕은 로마 시내가 한눈에 보이는 곳으로 특히 노을이 물드는 저녁 풍경이 너무나도 아름다워 연인들의 산책 코스로도 그만이다. 화려한 명소는 없지만 소박함 자체가 매력인 이곳을 천천히 걸으며 로마의 또 다른 모습을 발견해보자.

Check

여행 포인트
관광 ★★
미식 ★★★
쇼핑 ★

교통
도보 ★★★★★
버스 ★★
트램 ★

구역 정보
포르테제 문에서 강을 따라 길고 넓게 펼쳐지는 구역으로 메트로가 연결되지 않아 버스나 트램을 타고 가야 한다. 테르미니역에서 갈 때는 75번 버스를 타면 된다.

도보 추천 코스
포르타 포르테제 벼룩시장(일요일)→도보 7분→산타 체칠리아 인 트라스테베레 성당→도보 10분→산타 마리아 인 트라스테베레 성당→도보 8분→산 피에트로 인 몬토리오 성당→도보 5분→자니콜로 언덕

추천 볼거리
SIGHTSEEING

포르타 포르테제 벼룩시장
Porta Portese Flea Market ★

MAP p.63-K

로마에서 가장 큰 벼룩시장

전체 길이 1km에 이르는 로마 최대의 벼룩시장. 매주 일요일 아침 7시부터 오후 2시까지 열린다. 거리는 퍼포먼스를 하는 사람과 재미있는 물건들을 펼쳐놓고 파는 노점상, 그리고 구경하러 온 여행객과 현지인들로 인산인해를 이룬다. 노점에서는 앤티크 소품과 각종 중고 물건을 저렴한 가격에 판매한다. 골목마다 다른 물건을 파는데 가짜 물건을 파는 곳도 있으므로 구입할 때 신중해야 한다. 또한 여행자들이 많이 모여드는 곳이라 소매치기와 집시도 많으니 소지품 관리에 각별히 신경 써야 한다.

찾아가기 테르미니역에서 75번 버스를 타고 Porta Portese 정류장에서 하차
주소 Via di Porta Portese
운영 일요일 07:00~14:00

산타 체칠리아 인 트라스테베레 성당
Basilica di Santa Cecilia in Trastevere ★★

MAP 휴대지도-21, p.63-H

음악의 수호성인 체칠리아를 모신 성당

체칠리아는 기독교 박해 시절에 순교한 성녀이다. 처음에는 목욕탕에 가둬 쪄 죽이는 형벌을 가했지만 24시간이 지나도 죽지 않자 결국 참수형에 처했다. 유해는 원래 성 갈리스토 카타콤베에 있었으나 교황 파스칼 1세가 성당을 재건축하면서 이곳으로 이장해 석관에 모시고 있다. 성당 내부에는 13세기에 제작한 피에트로 카발리니의 〈최후의 심판〉과 세바스티아노 콘가의 〈성녀 체칠리아의 영광〉, 귀도 레니의 〈성녀 체칠리아의 참수〉 등의 작품이 있다. 특히 도끼로 참수형을 당한 모습을 조각한 스테파노 마데르노의 조각상 〈성녀 체칠리아의 순교〉를 놓치지 말고 보자.

찾아가기 버스 23·125·280번 Lungotevere Alberteschi 정류장에서 도보 4분, 트램 8번 Trastevere-Mastai에서 도보 6분
주소 Piazza di Santa Cecilia, 22 **문의** 06 4549 2739
운영 월~토요일 10:00~12:30, 16:30~18:00, 일요일·공휴일 11:30~12:30, 16:30~18:00

산타 마리아 인 트라스테베레 성당
Basilica di Santa Maria in Trastevere ★★

MAP●휴대지도-20, p.63-G

성모 마리아를 기리는 성당

3세기경 교황 칼릭투스 1세 때 지은 성당으로 1138년에 로마네스크 양식의 종탑과 모자이크가 추가되었다. 17세기에 카를로 모데르노가 성당 앞 팔각 분수와 성당 정면의 난간 및 4명의 교황 조각상을 제작했다. 특히 성당 정면의 모자이크 〈마리아의 생애〉가 눈에 띈다. 성모 마리아와 그를 따르는 10명의 처녀들이 등불을 들고 있는 모습이다. 성당 내부의 이오니아식 기둥은 고대 로마 건축물에서 가져온 22개의 화강암 기둥으로 만든 것이다. 바닥은 기하학적 패턴의 모자이크로 장식했다. 후랑에 있는 모자이크 〈그리스도와 성자〉는 피에트로 가발리니의 작품으로 마리아의 생애를 그린 것이다.

찾아가기 버스 23·125·280번 Lungotevere Sanzio-Filipperi 정류장에서 도보 5분, 트램 8번 Belli에서 도보 5분
주소 Piazza di Santa Maria in Trastevere
문의 06 581 4802 운영 월~토요일 08:30~17:30 *8월은 17:30까지, 크리스마스 전날&토요일 저녁 17:30~20:00 일요일·공휴일 09:30~11:00, 17:30~19:00

산 피에트로 인 몬토리오 성당
Chiesa di San Pietro in Montorio ★

MAP●휴대지도-20, p.62-F

자니콜로 언덕에 자리한 성당

베드로가 십자가에 거꾸로 매달려 처형된 곳을 기리기 위해 교황 율리우스 2세 때 지은 성당이다. 건축가 브라만테가 설계했으며 르네상스 양식과 바로크 양식이 혼합돼 있다. 성당 한쪽에

있는 작은 신전(템피에토)도 브라만테가 제작한 것으로 이후 성 베드로 대성당의 설계를 맡게 된 출세작이다.

찾아가기 버스 115번 Mameli 정류장에서 도보 7분, 트램 8번 Trastevere-Mastai에서 도보 14분
주소 Piazza di San Pietro in Montorio, 2
문의 06 581 3940
운영 매일 08:30~12:00, 15:00~16:00 *공휴일은 상이
홈페이지 www.sanpietroinmontorio.it

자니콜로 언덕
Passeggiata del Gianicolo ★

MAP●휴대지도-14, p.62-F

로마 시내의 전경이 한눈에 들어오는 곳

로마에서 두 번째로 높은 언덕으로 산 피에트로 인 몬토리오 성당에서 가리발디 광장까지 이른다. 언덕에 오르면 콜로세움, 비토리오 에마누엘레 2세 기념관, 나보나 광장 등의 주요 명소와 로마의 스카이라인이 한눈에 들어온다. 노을이 지는 저녁 무렵에 가면 환상적인 풍경을 카메라에 담을 수 있다.

찾아가기 버스 115·870번 Piazzale Garibaldi 정류장에서 도보 3분

Area 6
바티칸 시국
Città del Vaticano

바티칸 시국은 로마 북서부에 속해 지리적으로는 이탈리아 내에 있지만 로마 교황이 통치하는 하나의 독립국이다. 세계에서 가장 작은 나라이지만 전 세계 가톨릭 신자들의 제2의 모국이라 불릴 정도로 영향력만큼은 그 어느 나라보다 강하다. 세계 3대 박물관 중 하나인 바티칸 박물관에는 상상할 수 없을 정도로 많은 예술품이 가득해 제대로 돌아보려면 하루는 투자해야 한다. 박물관 외에도 베르니니가 설계한 성 베드로 광장, 미켈란젤로의 걸작 성 베드로 대성당, 교황들의 피난처 산탄젤로성을 돌아보는 것으로 하루를 마무리하자.

바티칸 시국 국가 정보

1929년에 체결된 라테라노(Laterano) 조약에 의해 이탈리아와는 별개의 주권을 갖게 된 독립국. 유엔 등의 국제기구에도 개별적으로 가입했다. 전 세계 가톨릭 성당과 교구를 총괄하는 최고 통치기관인 교황청이 있으며, 인구 대다수가 성직자와 교황의 스위스 근위대로 이루어져 있다.

면적 0.44km² 인구 약 900명 공식 언어 이탈리아어 종교 가톨릭 통화 유로(€)

Check

여행 포인트
관광 ★★★★
미식 ★★
쇼핑 ★★

교통
도보 ★★★
메트로 ★
버스 ★★

구역 정보
바티칸 박물관은 미궁이라 할 정도로 넓고 볼거리가 많다. 하루 정도 시간을 내서 성 베드로 대성당과 함께 여유를 갖고 둘러보며 감상하는 것이 좋다.

도보 추천 코스
바티칸 박물관→도보 5분→성 베드로 대성당→도보 3분→성 베드로 광장→도보 9분→산탄젤로성→도보 1분→산탄젤로 다리

바티칸 박물관
Musei Vaticani ★★★

MAP ● 휴대지도-7, p.64-F

세계 최대의 중요 문화재를 소장한 박물관

바티칸 박물관은 런던의 대영 박물관, 파리의 루브르 박물관과 함께 세계 3대 박물관으로 손꼽힌다. 아비뇽 유수 사건 이후 로마로 복귀한 교황의 권위를 회복하기 위해 1506년 교황 율리우스 2세에 의해 짓기 시작했으며, 교황 클레멘스 14세와 비오 6세의 막강한 후원으로 거대한 궁전이 완성되었다.

미켈란젤로의 대작 〈최후의 심판〉이 있는 시스티나 예배당을 필두로 라파엘로, 레오나르도 다빈치, 티치아노 등 이탈리아 거장들의 작품을 소장한 피나코테카, 그리스·로마 시대의 조각을 전시한 피오 클레멘티노 미술관 등 100개가 넘는 전시관과 궁전으로 이루어져 있다. 바티칸 박물관의 또 하나의 특징은 이집트, 아시리아, 그리스 등 고대의 고전 작품을 체계적으로 모아놓아 로마 미술로 이어지는 문화적 배경을 이해할 수 있도록 했다는 것이다. 또한 20세기 화가들이 종교를 주제로 그린 현대 미술품도 다양하게 수집해 전시하고 있다.

전시 코스는 총 7km에 이르며 관람하는 데 충분한 시간을 투자해야 한다. 이곳에서 하루를 보낸다고 생각하고 차분히 관람하는 것이 좋다. 내부가 매우 넓고 구조가 복잡해서 일방통행으로 이동한다. 성 베드로 대성당까지 관람을 마친 후 바티칸 우체국에서 발행하는 우표를 사서 엽서를 부치는 것도 여행 중 의미 있는 일이 될 것이다.

찾아가기 메트로 A선 Ottaviano역이나 Cipro역에서 도보 7분
주소 Viale Vaticano
문의 06 6988 4676
운영 09:00~18:00(마지막 입장 16:00), 일요일 09:00~14:00(마지막 입장 12:30), 야간개장 4월 14~15, 21~22, 28~29, 5월 5~6, 12~13, 26~27, 6월 2~3, 9~10, 16~17, 23~24, 30, 7월 1, 7~8, 14~15, 21~22, 28~29, 8월 4~5, 11~12, 18~19, 25~26, 9월 1~2, 8~9, 15~16, 22~23, 29~30, 10월 6~7, 13~14, 20~21, 27, 28 *가톨릭 주요 행사일이나 성일에는 변동사항있으니 확인 필요
휴무 1/1, 1/6, 2/11, 3/19, 4/18, 6/29, 8/15, 11/1, 12/8, 12/26
요금 일반 €17, 25세 이하 €8(온라인 예약 시 예약비 €4 별도), 오디오 가이드 일반 €7, 6~12세 €5
※매월 마지막 주 일요일 무료
홈페이지 www.museivaticani.va

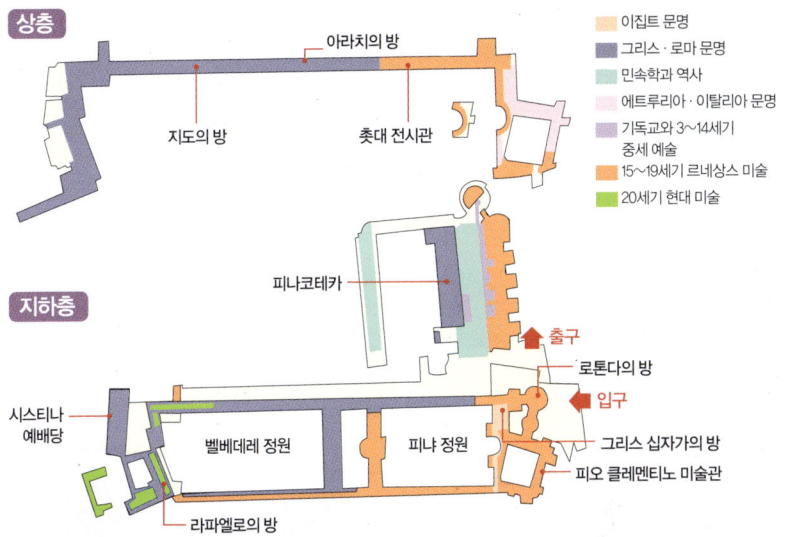

상층
- 아라치의 방
- 지도의 방
- 촛대 전시관

범례:
- 이집트 문명
- 그리스·로마 문명
- 민속학과 역사
- 에트루리아·이탈리아 문명
- 기독교와 3~14세기 중세 예술
- 15~19세기 르네상스 미술
- 20세기 현대 미술

지하층
- 피나코테카
- 출구
- 로톤다의 방
- 입구
- 시스티나 예배당
- 벨베데레 정원
- 피냐 정원
- 그리스 십자가의 방
- 피오 클레멘티노 미술관
- 라파엘로의 방

Tip

바티칸 박물관에 가기 전에 알아둬야 할 것

✓ 아침 일찍 서두르자

바티칸 박물관은 365일 인파가 몰린다. 오전 9시에 입장하려면 30분~1시간 정도 일찍 가서 줄을 서야 한다. 줄을 서는 게 번거롭다면 홈페이지에서 미리 예매하고 가자. 줄을 서서 기다릴 때 소매치기가 많으니 주의하자.

✓ 복장에 신경 쓰자

박물관 내 성당에 들어갈 때는 반드시 어깨와 무릎을 가려야 한다. 한여름이라도 민소매나 반바지 차림은 입장이 금지되니 카디건이나 스카프 등으로 몸을 가린다. 백팩은 입장하기 전에 짐보관소에 맡겨야 한다. 가방을 맡기고 찾는 절차가 귀찮다면 최대한 간편한 차림으로 간다.

✓ 전문 가이드 투어나 오디오 가이드 이용

박물관에 전시된 수많은 작품을 모두 이해하기란 쉽지 않다. 넓은 박물관을 효율적으로 돌아보고 작품에 얽힌 재미있는 이야기를 알고 싶다면 전문 가이드 투어에 참여하거나 한국어 오디오 가이드를 대여하자. 가이드 투어는 여행을 떠나기 전에 한국에서 미리 예약할 수 있으니 참고하자. 이때 여권을 꼭 지참해야 하며, 학생 할인을 받으려면 국제학생증도 챙겨 가자.

✓ 수요일과 일요일 오전을 노리자

수요일 오전과 일요일 오전에는 교황이 성당에 잠시 들른다. 이때 사람들이 교황을 보기 위해 성당으로 몰려가므로 그 시간을 이용하는 것도 조금이나마 여유롭게 박물관을 관람할 수 있는 방법이다.

✓ 관람 전에 화장실에 다녀올 것

바티칸 박물관에는 화장실 수가 적다. 관람 도중에 화장실을 찾아 헤매지 않으려면 입구에 있는 화장실에 먼저 다녀오자.

바티칸 박물관의 효율적인 관람 순서
피나코테카 → 피냐 정원 → 피오 클레멘티노 미술관 → 로톤다의 방 → 그리스 십자가의 방 → 아라치의 방 → 지도의 방 → 라파엘로의 방 → 시스티나 예배당

피나코테카 Pinacoteca

12세기부터 18세기까지 중세·르네상스·바로크 거장들의 회화 작품을 전시하고 있다. 시스티나 예배당과 함께 바티칸 박물관 중에서도 백미라 할 수 있다. 시간이 부족한 여행자는 피나코테카와 시스티나 예배당만 제대로 감상해도 된다. 전시된 모든 작품이 훌륭하지만 그중에서도 카라바조의 〈그리스도의 매장〉, 라파엘로의 〈그리스도의 변용〉, 레오나르도 다빈치의 미완성 걸작 〈성 히에로니무스〉, 조토의 〈스테파네스키 세 폭 제단화〉가 특히 볼만하다. 프라 안젤리코의 〈성모와 아기 예수〉와 멜로초 다포를리의 〈비올라를 연주하는 천사〉 등의 프레스코화도 놓치지 말자.

그리스도의 매장 Deposizione(1602~1064년)
카라바조(Michelangelo Merisi da Caravaggio)의 작품. 피나코테카에 전시된 여러 작품 중에서도 가장 빛나는 걸작으로 꼽힌다. 예수 그리스도의 시신을 들고 있는 인물의 표정, 슬픔에 잠긴 성모 마리아와 또 다른 마리아를 마치 한 장의 사진처럼 그렸다. 카라바조의 본명은 미켈란젤로 메리시이지만 그가 태어난 마을 이름인 카라바조로 더 많이 알려져 있다. 초기에는 지나치게 사실적이고 파격적인 주제로 인해 비난을 샀지만, 명암의 대비를 극적으로 살린 독창적인 표현법과 사실적인 묘사로 미술의 흐름을 변화시킨 인물로 평가받는다.

스테파네스키 세 폭 제단화
Stefaneschi Triptych(1320년)

조토(Giotto di Bondone)의 작품. 가운데 앉아 있는 베드로 성인의 무릎과 볼에 표현된 혈색만으로도 동시대의 그림과 차이가 느껴진다. 그림에는 천국의 열쇠를 들고 있는 베드로 성인과 그림을 주문한 추기경들이 그려져 있다. 조토는 서양 회화의 아버지로 불리며, 기존의 평면적이고 부자연스러운 그림에서 인체의 굴곡과 얼굴의 생기 등을 표현해 인물을 자연스럽게 묘사했다.

비올라를 연주하는 천사
Angelo Suonare la Viola(1480년경)
멜로초 다포를리(Melozzo da Forli)의 작품. 피나코테카에서 처음 만나는 프레스코화로 원래는 베네치아 광장 근처의 12사도 성당(Santi Apostoli)의 천장화였으나 증축하면서 바티칸으로 옮겨졌다. 밝은 색채와 사실적인 묘사, 단축법에 의한 원근법 효과를 사용해 독특한 화풍을 표현했다.

성 히에로니무스 St. Jerome(1480년대 초)

레오나르도 다빈치(Leonardo da Vinci)의 작품. 아쉽게도 미완성이지만 인체의 구조, 근육의 움직임 등이 사실적으로 표현되어 있다. 성 히에로니무스가 광야에서 수도 생활을 하면서 히브리어로 된 〈성경〉을 라틴어로 번역하는 데 몰두하고 있는 모습을 그린 것이다.

성 베드로의 십자가형 Crucifixion of St. Peter
(1604~1605년)

귀도 레니(Guido Reni)의 작품. 레니는 바로크 양식의 화려함과 복잡함을 고전적이고 절제된 느낌으로 표현해 신화와 종교에 관한 그림을 많이 그렸다. 이 그림은 십자가에 거꾸로 매달려 처형당하는 베드로 성인의 모습을 그린 것이다.

피냐 정원 Cortile della Pigna

'피냐'는 솔방울이라는 뜻. 브라만테가 설계한 정원으로 4m 높이의 솔방울 조각이 있다. 정원 한가운데에는 아르날도 포모도로의 〈천체 안의 천체(Sfera con Sfera)〉(1990년)가 전시돼 있다. 파괴되어가는 지구의 모습을 표현한 작품으로 바티칸 박물관에서 만날 수 있는 유일한 현대 작품이다.

피오 클레멘티노 미술관 Museo Pio-Clementino

그리스·로마 시대의 조각 작품을 전시하고 있다. 1700년대 말 교황 클레멘스 14세와 비오 6세 시대에 건립되어 붙은 이름이다. 대표적인 작품으로는 대리석으로 된 〈라오콘〉, 〈벨베데레의 아폴로〉, 〈크니도스의 아프로디테〉, 〈벨베데레의 토르소〉 등이 있다.

벨베데레의 아폴로
Apollo Belvedere(기원전 4세기)

잘생긴 외모와 백발백중의 뛰어난 활 솜씨를 자랑하는 아폴로 신은 그리스·로마 신화에서 가장 아름다운 남성상으로 손꼽힌다. 한 손에는 활을 들고 있었으나 현재 활의 모습은 볼 수 없다. 활을 쏜 후 날아가는 화살을 바라보는 모습의 아폴로 신을 이상적인 비율로 조각한 작품이다.

라오콘 군상 Laocoön Group(기원전 2세기)

그리스 신화에 나오는 트로이의 신관 라오콘은 트로이와 그리스의 전쟁에서 그리스군이 두고 간 트로이 목마에 군사가 숨어 있다는 비밀을 누설한다. 트로이가 멸망하길 바라던 아테나 여신들은 이에 분노해 바다뱀을 보내

라오콘 가족을 몰살시킨다. 질식해서 죽은 아버지와 아들을 원망스럽게 바라보는 또 다른 아들, 그리고 저항 한 번 하지 못하고 죽는 인간의 고통스러운 표정이 역동적으로 묘사되었다. 이 작품은 1506년 원형 경기장 근처에서 발견되었으며, 로도스섬의 조각가 3명이 만든 것이라고 한다.

벨베데레 토르소

Torso Belvedere(기원전 1세기)
미켈란젤로의 극찬을 받은 것으로 유명한 작품. '토르소'는 몸통이라는 뜻으로 실제 이 작품은 팔다리가 잘린 채 몸통밖에 없다. 작품의 주인공은 헤라클레스 또는 그리스·로마 신화의 영웅인 아이아스 장군으로 추정된다.

아라치의 방 Galleria degli Arazzi

아라치는 색실을 짜 넣어 그림을 표현하는 직물 공예인 태피스트리를 뜻한다. 한쪽에는 예수 그리스도의 일생을, 다른 한쪽에는 교황의 일화를 수놓은 아라치가 걸려 있다.

로톤다의 방 Sala Rotonda

원형으로 된 방으로 네로 황제가 사용했던 자주색의 큰 욕조가 있다.

지도의 방 Galleria delle Carte Geografiche

안으로 들어서는 순간 금빛 찬란한 천장에 감탄하게 된다. 교황이 지배하는 주요 성당이 있는 도시의 지도가 프레스코화로 그려져 있다. 지도의 방에서 직진하면 시스티나 예배당으로 바로 입장할 수 있지만, 왼쪽 방을 통과해 한 바퀴 돌면 라파엘로의 방을 감상할 수 있다.

그리스 십자가의 방 Sala a Croce Greca

콘스탄티누스 대제의 어머니인 헬레나 성녀와 그녀의 딸 콘스탄티나의 석관이 모셔져 있다.

라파엘로의 방 Stanze de Raffaello

교황 율리우스 2세를 위해 만든 방이라고 한다. 콘스탄티누스의 방, 엘리오도르의 방, 서명의 방, 보르고의 화재의 방 총 4개의 방으로 구분된다. 라파엘로는 콘스탄티누스의 방을 제작하다가 사망했고 나머지는 그의 제자들이 완성했다. 4개의 방 중 가장 인기 있는 곳은 라파엘로가 처음으로 그림을 그린 서명의 방이다.

아테네 학당 La Scuola di Atene (1511년)

라파엘로는 교황 율리우스 2세의 서재인 서명의 방 벽면에 법학, 신학, 미학, 철학의 네 가지 학문을 주제로 그림을 그렸다. 그중 철학에 해당하는 〈아테나 학당〉이 가장 유명하다. 브라만테의 성 베드로 성당을 배경으로 당대의 석학들을 그렸는데, 철학자뿐만 아니라 라파엘로 자신의 모습도 그려 넣어 찾아보는 재미가 있다.

★ 감상 포인트

❶ **플라톤** : 화면 중앙의 왼쪽에 있는 인물로 손가락으로 하늘을 가리키고 있다. 고대 그리스의 철학자로 객관적 관념론의 창시자이다.

❷ **아리스토텔레스** : 화면 중앙의 오른쪽에 있는 인물로 손바닥으로 땅을 가리키고 있다. 고대 그리스의 철학자로 과학, 수학에도 능통했다.

❸ **소크라테스** : 화면 왼쪽의 올리브색 옷을 입은 인물로 사람들에게 뭔가를 열심히 말하고 있다. "너 자신을 알라"라는 명언을 남겼다.

❹ **피타고라스** : 화면 왼쪽의 구석에 앉아 뭔가를 기록하고 있는 인물로 피타고라스의 정리($a^2+b^2=c^2$)로 유명하다.

❺ **유클리드** : 화면 오른쪽의 허리를 굽히고 있는 인물로 컴퍼스로 뭔가를 그리고 있다. 고대 그리스의 수학자로 '유클리드 기하학'으로 유명하다.

❻ **디오게네스** : 화면 중앙의 계단에 비스듬히 앉아 있는 인물로 알렉산더 대왕에게 '당신 때문에 햇볕이 들어오지 않으니 비켜달라'고 말한 일화로 유명하다.

❼ **헤라클레이토스** : 화면 아래쪽에 턱을 고이고 앉아 책상에서 뭔가를 적고 있는 인물로 미켈란젤로를 모델로 그렸다고 한다.

❽ **라파엘로** : 화면 오른쪽 끝의 흰 모자를 쓴 사람 옆에 있는 인물로 라파엘로 자신을 그려 넣은 것이라고 한다.

시스티나 예배당 Cappella Sistina

교황 식스토 4세의 명으로 1475년부터 5년에 걸쳐 완성한 예배당. 현재도 교황을 뽑는 선거인 콘클라베(conclave)를 진행하는 신성한 곳이다. 바티칸 박물관 내에서 가장 사람이 많은 곳이자 가장 감동을 주는 곳으로, 미켈란젤로의 〈천지창조〉와 〈최후의 심판〉을 감상할 수 있다. 〈천지창조〉는 500년이라는 세월의 흐름 속에서 손상되고, 여러 차례에 걸친 복원 작업으로 원화에는 없던 헝겊 조각이 덧붙여지거나 다른 색채가 덧칠되는 등 훼손이 심했다. 그러다 1980년부터 10년간 세정과 복원 작업을 한 결과 미켈란젤로가 그릴 당시의 선명한 색채가 되살아났다.

천지창조 Genesis(1508~1512년)

1508년 교황 율리우스 2세는 미켈란젤로에게 시스티나 예배당의 천장화를 그리도록 지시했다. 미켈란젤로는 천장 벽면에 회반죽을 발라 채색하는 프레스코 기법으로 그렸는데, 천장에 그림을 그리다 보니 떨어지는 회반죽 가루 때문에 눈병과 피부병을 얻는 등 4년 넘게 혼자서 갖은 어려움을 겪으며 완성해냈다. 〈천지창조〉는 '창세기'의 아홉 장면을 묘사하고 있다. '별과 달의 창조', '땅과 물의 분리', '아담의 창조', '이브의 창조', '원죄와 낙원 추방', '노아의 대홍수' 등 장대한 이야기가 극적인 구도로 전개되었다. 다양한 포즈를 취한 인물들의 역동성과 아름다운 색채는 감탄사를 연발케 하며 그의 집념과 예술성에 경의를 표하지 않을 수 없게 된다. 예배당 벽 쪽에 벤치가 놓여 있으니 앉아서 천천히 감상해보자.

★ 감상 포인트

1. 네 모서리의 내용 : 유대 민족을 구원했던 네 가지 구원 사건(유디트와 홀로페르네스, 다윗과 골리앗, 모세의 청동 뱀, 하만의 징벌)
2. 삼각형 안에 그려진 사람들은 〈마태복음〉에 나오는 예수 그리스도의 직계 가족
3. 그림의 시작과 끝, 그리고 양옆에 그려진 총 12명의 사람은 예언자
4. 중앙에 직사각형으로 그려진 부분이 우리에게 가장 익숙한 내용이다.

❶ 빛과 어둠의 창조. 하느님이 빛과 어둠을 가르다.
❷ 별과 행성의 창조. 해와 달을 만들다.
❸ 땅과 바다의 분리
❹ 아담의 창조. 너무나도 유명한 이 부분은 미켈란젤로의 창의성이 돋보인다. 본래 진흙으로 빚은 아담의 코에 '입김을 불어 생명을 준다'고 되어 있는 〈성경〉의 내용을 손가락을 이용해 표현했다.
❺ 이브의 창조. 아담의 갈비뼈에서 다리를 빼며 나오고 있는 사람이 이브이다.
❻ 타락과 에덴의 동산에서의 추방. 이 부분에는 원인과 결과가 모두 그려져 있다. 왼쪽은 뱀의 유혹으로 선악과를 먹는 아담과 이브, 오른쪽은 에덴의 동산에서 추방당하는 아담과 이브의 모습이다.
❼ 농아의 제사. 내용의 순서상 8번에 위치해야 하지만 두 부분의 순서를 바꿔 그렸다.
❽ 대홍수(세상의 종말)
❾ 술에 취한 노아

최후의 심판 Giudizio Universale(1535~1541년)

〈천지창조〉를 그린 후 20년간 일을 받지 않았던 미켈란젤로는 1533년 교황 클레멘스 7세의 요청으로 시스티나 예배당 입구의 벽에 〈최후의 심판〉을 그렸다. 당시 미켈란젤로의 나이는 60세였다. 이 작품은 〈천지창조〉와 달리 전체적으로 무겁고 무시무시한 분위기가 흐른다. 종교개혁 이후 혼란스러운 세상에서 예수 그리스도의 강경한 모습을 표현했다. 미켈란젤로가 혼신의 힘을 다해 완성한 〈최후의 심판〉은 바티칸 박물관을 돋보이게 하는 주역이다.

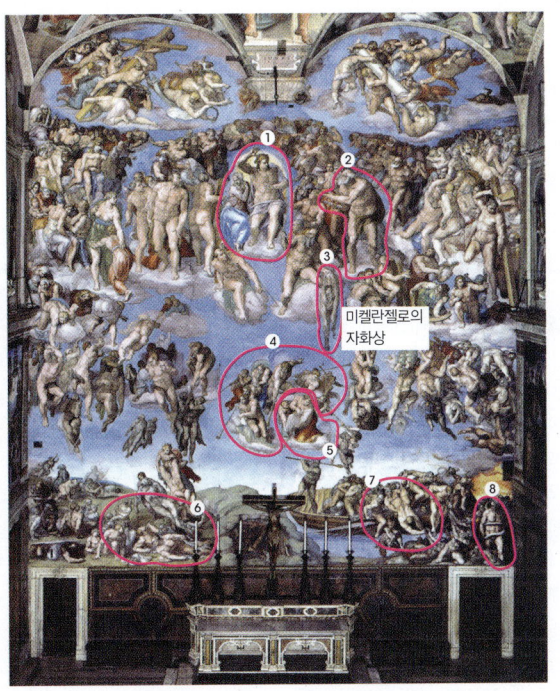

미켈란젤로의 자화상

★ **감상 포인트**

1. 천국
❶ 예수 그리스도와 바로 옆에 성모 마리아가 있다.
❷ 2개의 열쇠를 가지고 있는 베드로 성인
❸ 피부가 벗겨지는 고문을 당하며 순교한 바로톨로메오 성인. 손에 들고 있는 살가죽에 미켈란젤로 자신의 얼굴을 그려 넣었다고 한다.

2. 연옥
❹ 천사들이 최후의 심판을 알리는 나팔을 불고 있다.
❺ 천사들이 들고 있는 명부 중에 작은 것은 천국, 큰 것은 지옥으로 가는 사람들의 이름이 적혀 있다.

3. 지옥
❻ 구원을 기다리는 사람들과 심판을 받기 위해 천사들의 손에 이끌려 올라가는 사람들
❼ 지옥으로 향하는 고통스러운 표정의 사람들
❽ 지옥의 불구덩이 앞에 있는 지옥의 신 미노스. 당나귀 귀가 달린 미노스는 체세나 추기경의 얼굴 모습인데, 당시 〈최후의 심판〉을 좋지 않게 평가한 체세나 추기경에 대한 복수로 그려 넣었다고 한다.

성 베드로 대성당
Basilica di San Pietro
★★★

MAP ◆휴대지도-7, p.64-F

가톨릭교의 중심이 되는 성당

성당의 명칭은 예수 그리스도의 제자이자 초대 교황인 성 베드로의 이름에서 유래했다. 로마 최초의 그리스도교 황제였던 콘스탄티누스 황제가 324년 베드로의 묘지 터에 그리스도교 교회를 세운 것이 대성당의 기원이다. 1452년 교황 니콜라우스 5세가 재건을 지시했고, 1506년에는 율리우스 2세의 명으로 건축가 브라만테가 재건 공사를 시작했다. 라파엘로, 미켈란젤로 등 당대 최고의 건축가와 예술가들이 참여해 장장 120년에 걸쳐 완성했다.

성당의 규모는 내부 면적 1만 5000㎡, 길이 187m로 11개의 예배당과 45개의 제단이 있으며 최대 6만 명까지 수용할 수 있다. 아프리카의 코트디부아르에 있는 평화의 모후 바실리카에 이어 세계에서 두 번째로 큰 규모이다. 특히 브라만테가 그리스 십자가 도면을 토대로 제작한 4개의 돔이 있는 바실리카와 미켈란젤로가 피렌체의 쿠폴라에서 영감을 받아 만든 돔이 압권이다.

내부에는 미켈란젤로가 25세에 완성한 정교한 대리석상 〈피에타〉, 베르니니가 교황 우르바노 8세의 명을 받아 만든 청동 닫집, 그리고 베르니니의 제자들이 만든 13개의 조각상이 눈길을 끈다.

찾아가기 메트로 A선 Ottaviano역에서 도보 10분
주소 Piazza San Pietro
문의 06 6988 3731
운영 07:00~19:00(10~3월 07:00~18:30),
쿠폴라 08:00~18:00(10~3월 08:00~17:00)
요금 쿠폴라 계단(551계단) €8, 엘리베이터 & 계단(320계단) €10
※성당 내부는 한여름이라도 반바지, 모자, 짧은 치마, 민소매 차림은 입장이 금지되니 복장에 주의하자.

• 강복의 발코니
교황이 선출되고 나서 발코니에 나와 손을 흔드는 장면을 TV에서 본 적이 있다면 그곳이 바로 강복의 발코니이다. 예수가 베드로에게 열쇠를 하사하는 모습이 조각되어 있다.

• 성인의 문

성스러운 문으로 25년마다 돌아오는 성인의 해 '성년(聖年)'에만 문을 연다. 과거 2000년에 열었고 오는 2025년에 다시 열린다.

• 피에타 Pieta

성 베드로 대성당에서 가장 유명한 작품이자 미켈란젤로를 거장의 반열에 올려놓은 작품이기도 하다. '피에타'는 이탈리아어로 슬픔, 통한을 뜻한다. 막 숨을 거둔 아들 예수를 안고 슬퍼하는 성모 마리아의 모습을 조각한 것으로 죽은 예수의 축 처진 육신과 성모 마리아의 표정, 옷자락의 표현이 대리석 조각이라고는 믿어지지 않을 만큼 섬세하다. 또한 〈피에타〉는 미켈란젤로가 자신의 서명을 남긴 유일한 작품이기도 한데, 성모 마리아 어깨에 둘러진 띠에 새겨져 있으니 한번 찾아보자.

• 베드로 성인의 청동상

2개의 열쇠를 들고 있는 베드로의 청동상으로 한쪽 발이 하얗게 닳아 있다. 일명 기적의 발이라고 불리는데 사람들이 한 번씩 만지고 가기 때문이다.

• 발다키노 Baldacchino

교황 우르바노 8세의 명으로 베르니니가 만든 작품이다. 4개의 나선형 기둥에 올리브 가지 모양 등이 장식되어 있으며 덮개에는 베르니니의 가문 문장인 벌 모양이 있다. 교황의 제단으로 교황이 미사를 볼 때만 사용할 수 있다.

• 큐폴라 Cupola

미켈란젤로의 작품으로 지름 42m, 높이 136m에 이른다. 큐폴라에 닿으려면 551개의 계단을 걸어서 올라가거나 엘리베이터를 타고 올라간다. 엘리베이터를 타더라도 3분의 1 정도까지만 운행해 내려서 320개의 계단을 올라가야 하기 때문에 편한 신발을 신고 가는 것이 좋다. 큐폴라에 오르면 성당 앞에서부터 펼쳐진 화해의 길과 로마 시내의 전경이 한눈에 들어온다.

성 베드로 광장 ★★
Piazza San Pietro

MAP ● 휴대지도-7, p.64-F

바티칸 시국에 있는 광장

이탈리아 바로크 양식의 거장 베르니니가 설계를 맡아 1666년에 완성했다. 길이 340m, 너비 240m의 타원형과 사다리꼴의 광장 모양은 베드로가 예수에게서 받았다는 천국의 열쇠 모양을 본뜬 것이다. 광장에 284개의 거대한 기둥이 성 베드로 대성당까지 줄지어 있다. 일정한 위치에서 보면 기둥이 모두 겹쳐 하나로 보이는데 이는 세상 밖과의 소통을 의미한다고 한다. 기둥 위에는 가톨릭 성인의 조각이 늘어서 있다. 140개나 되는 이 조각들은 베르니니의 제자들이 제작한 것이다.

광장 중심에 있는 오벨리스크는 27년 로마 황제 칼리귤라가 이집트에서 약탈해 온 것이다. 오벨리스크 좌우에는 성 베드로 대성당 건축 책임자였던 마데르노와 베르니니가 설계한 2개의 분수가 마주 보고 있다. 매주 수요일 오전 10시에는 교황을 가까이에서 알현할 수 있다. 입장은 무료이지만 교황궁 또는 산타 수산나 성당에서 미리 접수해야 입장할 수 있다. 교황의 일정에 따라 변경될 수 있으므로 홈페이지를 통해 미리 확인할 것.

찾아가기 메트로 A선 Ottaviano역에서 도보 10분
홈페이지 www.vatican.va

산탄젤로성
Castel Sant'Angelo ★★

주소 Lungotevere Castello, 50
문의 06 681 9111
운영 화~일요일 09:00~19:30(마지막 입장 18:30)
휴무 월요일, 1/1, 5/1, 12/25
요금 일반 €12, 만 18~25세 €2 할인, 만 18세 이하 무료
홈페이지 castelsantangelo.beniculturali.it

MAP ● 휴대지도-8, p.65-H

감옥으로 사용되기도 한 요새

테베레강가에 있는 성으로 2세기 하드리아누스 황제의 영묘가 들어섰다가 이후 황제들의 납골당으로 이용되었다. 590년 교황 그레고리 대제가 꿈에서 천사를 만난 자리에 교황의 요새로 사용하기 위해 지었다. 신성로마제국이 교황청을 공격할 당시 스위스 외인부대(근위대)의 도움을 받은 교황 클레멘스 7세가 이곳으로 피신했다. 바티칸 궁전까지 지하 복도가 연결돼 있어 비상시에는 교황의 피난처로 이용되기도 했지만, 때로는 교황들이 투옥되는 수모를 겪기도 했다. 현재는 고대 무기와 회화 작품을 전시하는 국립 박물관으로 이용되고 있다. 주요 볼거리로는 오페라 〈토스카〉의 무대가 된 6층 방과 클레멘스 7세의 아파트, 심판의 방, 아폴로의 방 등이 있다. 흑사병의 유행으로 유럽 전역에서 숱한 죽음이 발생하던 때, 교황 그레고리우스 1세가 흑사병이 물러나기를 기원하는 기도를 드리던 중 대천사 미카엘이 나타났고 거짓말처럼 흑사병이 사라지기 시작했다고 한다. 성 꼭대기에는 교황이 환영으로 본 미카엘 천사의 청동상이 서 있다.

찾아가기 메트로 A선 Ottaviano역에서 도보 12분

산탄젤로 다리
Ponte Sant'Angelo ★

MAP ● 휴대지도-8, p.65-H

아름다운 조각상이 늘어선 다리

2세기에 테베레강 위에 축조한 것으로 하드리아누스의 명으로 지어 '하드리아누스의 다리'로도 불린다. 다리에는 베르니니가 데생을 하고 그의 제자들이 조각한 10개의 조각상이 늘어서 있는데, 그중 두루마리를 지닌 천사상과 가시 면류관을 지닌 천사상은 처음부터 끝까지 베르니니가 완성했다. 보행자 전용 다리로 차량은 출입할 수 없지만 가짜 명품을 파는 잡상인들이 기승을 부려 눈살을 찌푸리게 한다.

찾아가기 메트로 A선 Ottaviano역에서 도보 12분

아피아 구가도
Via Appia Antica

기원전 312년에 건설한 아피아 구가도는 로마에서 가장 오래된 도로로 카라칼라 욕장에서 항구 도시 브린디시(Brindisi)까지 이어진다. 폭 4.1m의 도로를 따라가다 보면 지하 묘지, 유서 깊은 성당 등이 자리하고 있어 가톨릭 신자들에게는 성지 순례의 길로 유명하다. 그중에서도 역대 교황이 잠들어 있는 산 칼리스토 카타콤베, 성 베드로가 로마에서 도망치다가 예수를 만난 자리에 세워진 도미네 쿠오 바디스 성당 등이 볼만하다.

◆ 관광안내소 Punto Informativo Appia Antica
주소 Via Appia Antica, 58/60 문의 06 513 5316
운영 11~2월 월~금요일 09:30~13:00, 14:00~17:00, 토~일요일 09:30~17:00 3~10월 월~금요일 09:30~13:00, 14:00~18:00, 토~일요일 09:30~19:00 요금 자전거 대여 1시간 €3, 1일 €15
홈페이지 www.parcoappiaantica.it

도미네 쿠오 바디스 성당 ★★
Chiesa del Domine Quo Vadis

MAP p.55-K

베드로 성인의 순교를 기념해 세운 성당

예수의 제자인 베드로가 네로의 박해가 두려워 로마에서 달아나던 도중 예수가 나타났다가 사라졌다. 놀란 베드로가 "주여, 어디로 가십니까?"라고 물었고 예수는 "나는 네가 버린 로마로 간다. 가서 다시 한번 십자가에 매달릴 것이다"라고 말했다. 자신의 잘못을 뉘우친 베드로는 다시 로마로 돌아가 십자가에 못 박혀 순교했다. 이 일화가 전해지는 장소에 지은 성당이다. 작고 소박한 분위기의 성당 안으로 들어가면 예수의 발자국이 보이는데, 이는 모조품이고 진품은 산 세바스티아노 카타콤베 성당에 있다.

찾아가기 콜로세움을 지나가는 218번 버스나 118번 버스를 타고 Appia Antica에서 하차 주소 Via Appia Antica, 51 문의 06 512 0441 운영 4/1~10/31 매일 08:00~20:00, 11/1~3/31 월·수·금·토·일요일 08:00~19:00, 화~목요일 08:00~20:00

산 칼리스토 카타콤베 ★★
Catacombe di San Callisto

MAP p.55-K

역대 교황이 잠들어 있는 공동묘지

사이프러스 나무가 이어지는 멋진 가로수 길을 지나면 지하 10~15m 깊이의 동굴에 층층이 만든 묘지가 있다. 20km가량 이어지는 지하 묘지에 역대 교황과 초기 그리스도 교도들이 잠들어 있다. 9세기까지 산타 체칠리아의 무덤이 이곳에 있다가 트라스테베레에 그녀의 이름을 딴 산타 체칠리아 인 트라스테베레 성당이 세워지면서 이장되었다. 가이드 투어는 언어별로 입장 시간이 다르며 한국인 신부도 있다. 한국인 신부 가이드와 시간이 안 맞을 때는 안내 테이프를 빌릴 수도 있다.

찾아가기 메트로 A선 S.Giovanni역에서 하차 후 산 조반니 광장 건너편에서 218번 버스로 환승해 카타콤베에서 하차 문의 06 513 0151 운영 09:00~12:00, 14:00~17:00 휴무 수요일, 1/1, 부활절, 12/25, 1/20~2/15 요금 일반 €10, 만 7~16세 €7

추천 레스토랑

파인다이닝

케키노 달 1887 Checchino dal 1887

MAP p.54-J

전 세계 매거진이 추천한 이탈리아 레스토랑

1887년에 문을 연 가족 경영 레스토랑. 로마 중심에서 조금 떨어져 있지만 레스토랑 안내서인 〈저갯 서베이〉와 일본 매거진 등에 잇따라 소개되면서 식도락 여행을 즐기는 다양한 국적의 손님들이 찾아온다. 계절에 따라 다른 요리를 선보이며 호박과 베이컨, 블랙 트뤼플을 넣은 리소토, 발사믹 드레싱을 넣은 당근 샐러드, 그린 소스를 곁들인 우설(소의 혀), 병아리콩을 넣은 파스타 등이 인기 메뉴이다.

찾아가기 메트로 B선 Piramide역에서 도보 12분(포르타 포르테제 벼룩시장에서 도보 18분)
주소 Via di Monte Testaccio, 30 문의 06 574 3816
영업 12:30~15:00, 20:00~23:45
휴무 월요일 · 일요일 저녁
예산 €38~60, 이달의 요리 €40
홈페이지 www.checchino-dal-1887.com

일 콘비비오 트로이아니
Il Convivio Troiani (강추)

MAP ● 휴대지도-9, p.60-B

미슐랭 1스타에 빛나는 파인다이닝 레스토랑

축구 선수 펠레가 로마에 오면 어김없이 들르는 곳으로 〈와인 스펙테이터 2012〉에서 베스트 레스토랑으로 선정했다. 생선, 조개, 채소 등 15가지 재료를 넣어 만든 생선 수프 브로데토와 라비올리 등이 맛있기로 유명하다.

찾아가기 메트로 A선 Spagna역에서 도보 15분(나보나 광장에서 도보 3분) 주소 Vicolo dei Soldati, 31
문의 06 686 9432 영업 월~토요일 19:30~23:00
휴무 일요일, 12/24~26 예산 5코스 €115, 7코스 €130, 9코스 €150 홈페이지 www.ilconviviotroiani.com

카사 블레베 Casa Bleve

MAP ● 휴대지도-15, p.60-F

차분한 분위기에서 즐기는 정통 이탈리아 요리

전통에 기반을 둔 음식을 편안하게 즐길 수 있으며 훌륭한 와인 셀렉션이 환상적인 조화를 이룬다. 메인 홀은 오귀스트 황제 시대의 벽으로 장식해 고급스럽다. 레스토랑과 함께 작은 식품 코너를 운영해 질 좋은 식료품과 와인을 살 수 있다.

찾아가기 메트로 A선 Barberini역에서 도보 18분(나보나 광장에서 도보 5분)
주소 Via del Teatro Valle, 48 문의 06 686 5970
영업 12:30~15:00, 19:00~23:00
휴무 일요일 예산 애피타이저 €18~ 파스타 €16, 메인 요리 €22~ 홈페이지 www.casableve.com

RESTAURANT

이탈리아 가정식

트람 트람 Tram Tram

MAP p.55-H

낭만을 불러일으키는 레스토랑

트램이 지나다니는 길목에 있으며 낡은 트램 의자를 소품으로 사용하는 등 복고적인 분위기이다. 전통 이탈리아 요리와 신선한 해산물 요리를 선보인다. 추천 메뉴는 삶은 새우와 호박, 가지를 볶아서 만든 안티파스토, 꼴뚜기와 버섯을 넣어 담백한 맛을 낸 페투치네 콘 칼라마레티(Fettuccine con Calamaretti), 홍합볶음 등이다. 특히 소꼬리 요리는 로마에서 가장 맛있다고 해도 과언이 아니다.

찾아가기 트램 2·3·19번 Reti 정류장에서 도보 2분(스칼라 산타에서 도보 20분)
주소 Via dei Reti, 44 **문의** 06 490 416
영업 12:30~15:00, 19:30~23:00
휴무 월요일 **예산** €15~30
홈페이지 www.tramtram.it

알프레도 에 아다 Alfredo e Ada 〔강추〕

MAP ● 휴대지도-14, p.60-E

할머니의 손맛이 일품인 파스타와 라자냐

로마 스타일의 음식을 선보이는 소박한 분위기의 레스토랑. 친구네 집에 놀러 온 듯한 편안한 분위기와 따뜻한 주인장의 배려가 인상 깊은 곳이다. 메뉴판이 따로 없고 손님이 앉으면 주인이 옆자리에 앉아 종이에 음식 이름을 적으면서 설명해준다. 매일 신선한 재료로 만드는 할머니표 파스타와 라자냐를 선보이므로 메뉴를 고민할 필요 없이 맛있게 즐기면 된다. 음식이 다소 투박한 느낌이지만 오히려 편안하게 즐길 수 있는 것이 장점이다.

찾아가기 메트로 A선 Ottaviano역에서 도보 22분(나보나 광장에서 도보 7분) **주소** Via dei Banchi Nuovi, 14
문의 06 687 8842
영업 화~토요일 12:00~15:30, 19:00~22:00
휴무 일, 월요일
예산 €15~

리스토란테 델 파를르멘토 디 로마
Ristorante del Parlamento di Roma

MAP ● 휴대지도-9, p.61-C

이탈리아 정치인들이 즐겨 찾는 레스토랑

의회 건물 근처의 좁은 골목 안에 있어 정치인과 저널리스트, 종교계 인사들이 단골로 드나들며, 고인이 된 요한 바오로 2세 교황도 이곳의 단골이었다고 한다. 돼지 볼살을 넣은 파스타(Rigatoni alla Gricia), 베이컨과 버섯에 치즈와 후추를 곁들인 파스타(Tonnarelli Cacio e Pepe) 등을 추천하는데 이 밖에 어느 것을 주문해도 후회하지 않을 정도로 맛있다. 늘 사람이 많기 때문에 식사 시간보다 일찍 가야 자리를 잡을 수 있다. 신용카드는 받지 않으니 반드시 현금을 준비해 가자.

찾아가기 메트로 A선 Spagna역에서 도보 10분(판테온에서 도보 5분) 주소 Vicolo Rosini, 4 문의 06 687 3434
영업 13:00~15:00, 20:00~22:30
휴무 일요일 예산 €20~30

부팔레로 Bufalero

로마 최고의 스테이크&버거 레스토랑

최상의 쇠고기를 그릴에서 정성스럽게 조리한 스테이크와 버거를 맛볼 수 있는 로마 최고의 스테이크 레스토랑. 친절한 종업원이 추천하는 호주산 와규는 비싼 가격만큼 값어치를 하지만 가성비 좋은 스테이크를 원한다면 아르헨티나산 블랙앵거스나 이탈리아 피에몬테를 추천한다.

주소 Via Passo del Turchino 18
문의 06 5987 8731
영업 일~목요일 19:00~24:00, 금~토요일 07:00~익일 01:00
예산 €55~
홈페이지 www.facebook.com/bufalero18

라 카르보나라 La Carbonnara

MAP ● 휴대지도-17, p.57-K

100년 넘게 한결같은 맛으로 사랑받는 곳

1906년에 문을 열었으며 집안 대대로 전해 내려오는 전통 레시피로 만든 파스타를 선보인다. 크림소스와 베이컨으로 만든 카르보나라는 부드러운 맛에 익숙한 우리에게는 좀 강한 맛이지만, 현지인들에게는 사랑받는 간판 메뉴. 혈액 순환에 좋은 아티초크가 들어간 샐러드도 인기가 많다.

찾아가기 메트로 B선 Cavour역에서 도보 5분(산타 마리아 마조레 대성당에서 도보 7분)
주소 Via Panisperna, 214
문의 06 482 5176
영업 12:30~14:30, 19:00~23:00 휴무 일요일
예산 €20~
홈페이지 www.lacarbonara.it

RESTAURANT

소라 렐라 Sora Lella

MAP●휴대지도-21, p.63-H

현지인들이 많이 찾는 소박한 레스토랑

베네치아 광장에서 트라스테베레 지구를 향해 걷다 보면 나오는 티베리나섬(Isola Tiberina)에 있는 작은 선술집 분위기의 레스토랑. 1943년 엘레나 파브리지라는 이탈리아 배우가 로마 중심의 콘첼레리아 광장에 사크라 로타(Sacra Rota)라는 이름으로 문을 열었는데 1959년 이곳으로 옮겨왔다. 벽면에는 영화배우 시절 로타의 사진이 걸려 있다. 라벨에 그녀의 얼굴이 들어간 와인은 이곳에서만 즐길 수 있다.

찾아가기 트램 8번 Belli 정류장에서 도보 5분(베네치아 광장에서 도보 10분)
주소 Via di Ponte Quattro Capi, 16 **문의** 06 686 1601
영업 월~토요일 12:30~14:45, 19:30~22:45
휴무 일요일 **예산** 파스타 €16, 메인 요리 €22~
홈페이지 https://www.trattoriasoralella.it

디티람보 Ditirambo

MAP●휴대지도-15, p.60-F

로마 뒷골목에 숨은 맛집

이탈리아 최고의 음식 평가지인 〈감베로 로소〉를 비롯해 전 세계 맛집 책자에 소개되면서 언제나 긴 줄이 이어지는 인기 레스토랑. 매일 산지에서 직송해 온 신선한 채소와 고기를 이용해 로마 스타일의 요리를 선보인다. 그중 블랙 트뤼플을 넣은 피에몬테산 소고기 육회, 어린 돼지를 바삭하게 훈연한 요리 등이 유명하다.

찾아가기 메트로 A선 Barberini역에서 도보 24분(나보나 광장에서 도보 5분) **주소** Piazza della Cancelleria, 74/75
문의 06 687 1626 **영업** 월~목요일 12:00~15:30, 18:00~23:00, 금요일 12:00~15:30, 18:00~23:30, 토요일 12:00~16:00, 18:00~23:30, 일요일 12:00~16:00, 18:00~23:00 **예산** 애피타이저 €10~, 메인 요리 €16~ **홈페이지** www.ditiramboristorante.it

달 토스카노 Dal Toscano

강추

MAP●휴대지도-1, p.64-B

드라이 에이징 기법으로 숙성시킨 스테이크

1938년에 문을 열어 3대째 이어오는 인기 레스토랑. 토스카나 지방의 요리를 선보이는데 드라이 에이징(dry aging) 기법으로 숙성시킨 고기를 사용하는 것이 특징이다. 드라이 에이징은 고기를 일정한 온도와 습도를 유지한 상태에서 건식 숙성시키는 것으로 육질이 부드러워지고 독특한 향을 낸다. 신선한 모차렐라를 곁들인 프로슈토와 티본스테이크, 애플파이를 추천한다.

찾아가기 메트로 A선 Ottaviano역에서 도보 3분(바티칸 박물관에서 도보 4분)
주소 Via Germanico, 58-60 **문의** 06 3972 5717
영업 12:30~15:00, 20:00~23:15 **휴무** 월요일
예산 €25~ **홈페이지** www.ristorantedaltoscano.it

다 바페토 2 Da Baffetto 2

MAP ● 휴대지도-15, p.60-F

로마에서 가장 맛있는 피자집 중 하나

가족적인 분위기의 피자 가게로 1호점의 인기에 힘입어 2004년 주인의 딸이 2호점을 열었다. 관광객이 많이 몰리는 나보나 광장 근처에 있어 항상 붐비지만 맛있는 피자를 신속하게 내놓아 만족스럽다. 신선한 재료를 사용하고 기본에 충실한 홈메이드 조리법을 따르는 것이 이 집의 인기 비결. 토마토, 모차렐라 치즈, 버섯, 소시지, 아티초크 등이 들어간 다 바페토 2 피자, 2호점 주인인 안나의 이름을 따서 만든 안나 스파게티를 추천한다.

찾아가기 버스 46·62·64·916번 Corso Vittorio-Sant' Andrea della Valle 정류장에서 도보 1분(나보나 광장에서 도보 5분)
주소 Vicolo della Cancelleria, 13
문의 06 6821 0807
영업 화~일요일 18:00~23:30
휴무 월요일
예산 피자 €6~, 모차렐라 치즈와 음료가 포함된 피자 세트 €15
홈페이지 www.pizzeriabaffetto2.it

시파소 비스트로 Cipasso Bistrot

MAP ● 휴대지도-9, p.56-E, 60-B

로마 전통 요리에 창의성을 더한 열정적인 레스토랑

아담하고 따스한 분위기의 이탈리안 가정식 레스토랑. 지중해 음식에 베이스를 둔 정통 이탈리아 요리를 현대적으로 풀어낸다. 재철 재료를 사용하는 셰프의 요리는 섬세하고 와인 리스트 또한 음식과 잘 맞는다. 우리 입맛에 잘 맞는 라자냐부터 파나 코타까지 간결하지만 임팩트 있는 맛이 훌륭하다.

주소 Via Metastasio 21 문의 06 6889 2620
영업 매일 12:00~15:30, 18:00~23:00
예산 전식 €9.50~, 본식 €15~
홈페이지 www.cipassoitalia.it

@Cipasso Bistrot

RESTAURANT

트라피치노 Trapizzino

MAP p.54-J

신개념 피자로 인기몰이

2008년에 문을 연 이후 언제나 줄이 길게 늘어서는 인기 피자집. 기존의 피자와는 전혀 다른 독특한 모양의 피자로 여러 종류의 토핑을 올릴 수 있다. 손바닥만큼 작은 피자에 삶은 문어와 올리브 오일, 마늘, 셀러리, 토마토, 바질 등을 넣은 폴포 알 수고(Polpo al Sugo), 소꼬리의 고기 살과 당근, 양파, 레드 와인, 토마토, 올리브 오일 등을 넣은 코다 알라 바치나라(Coda alla Vaccinara), 치킨과 양파 오일, 고추 등을 넣어 매콤한 폴로 콘 페페로니(Pollo con Peperoni) 등을 추천한다.

찾아가기 메트로 B선 Piramide역에서 도보 14분(포르타 포르테제 벼룩시장에서 도보 12분)
주소 Via Giovanni Branca, 88 문의 06 4341 9624
영업 일~목요일 12:00~24:00, 금~토요일 12:00~01:00
휴무 월요일 예산 €4~ 홈페이지 www.trapizzino.it

트라토리아 베키아 로마
Trattoria Vecchia Roma

MAP 휴대지도-24, p.59-D

치즈 가루에 불을 붙여 만드는 특별한 맛

1916년에 문을 연 스파게티 & 피자 전문점. 이 집의 특별 메뉴인 스파게티 알라 파르미자나 플랑베(Spaghetti alla Parmigiana Flambé)는 면 위에 파르메산 치즈 가루를 산 모양으로 쌓아 불을 붙여 내온다. 좀 놀랍기는 하지만 살짝 그을린 식감이 다른 곳에서는 맛보기 어려운 특별한 맛이다. 그 밖에 파르메산 치즈에 베이컨이 들어간 부티니 알라마트리치아나 플랑베(Butini all'amatriciana Flambé), 우리에게 친숙한 라비올리도 맛있다. 저녁에는 예약 필수.

찾아가기 메트로 A선 Vittorio Emanuele역에서 도보 2분 (산타 마리아 마조레 대성당에서 도보 6분)
주소 Via Ferruccio, 12b/c 문의 06 446 7143
영업 12:30~15:00, 19:00~23:00 휴무 일요일
예산 풀코스 €27, 스파게티·피자 €9~
홈페이지 www.trattoriavecchiaroma.it

타베르나 체스티아 로마
Taverna Cestia Roma

MAP p.58-I

3대에 걸쳐 내려오는 노포

50년 전통을 자랑하는 레스토랑으로 3대에 걸쳐 영업하고 있다. 대대로 내려오는 전통 조리법으로 만드는 요리는 현지인들에게 열렬한 사랑을 받고 있다. 육류와 생선을 곁들이는 이탈리아 요리를 선보이는데 부라타 치즈와 루콜라, 말린 토마토를 올린 피자와 크림을 곁들인 딱새우 리소토 등이 인기 메뉴. 합리적인 가격의 와인을 곁들여 즐기기에 그만이다.

찾아가기 메트로 B선 Piramide역에서 도보 5분(카라칼라 욕장에서 도보 13분)
주소 Viale della Piramide Cestia, 71 **문의** 06 574 3754
영업 12:30~15:00 19:30~23:00 **휴무** 월요일
예산 파스타 €10~, 메인 요리 €12~
홈페이지 tavernacestia.it

바카노 Baccano

MAP ● 휴대지도-16, p.56-E

아침부터 밤늦게까지 식사가 가능한 곳

라틴어로 '떠들썩하다'는 뜻의 가게 이름처럼 레스토랑, 칵테일 바, 비스트로 등이 한 공간에 있어 언제나 시끌벅적하다. 신선한 재료로 만드는 지중해 스타일의 요리와 홈메이드 파스타를 선보인다. 하루 종일 식사가 가능하고 와인이나 칵테일을 즐길 수 있는 것도 장점이다. 아스파라거스와 대합이 들어간 오징어 먹물 스파게티, 해산물 모둠 요리를 추천한다.

찾아가기 메트로 A선 Barberini역에서 도보 8분(트레비 분수에서 도보 1분) **주소** Via delle Muratte, 23
문의 06 6994 1166 **영업** 12:00~24:00
예산 파스타 €10~, 메인 요리 €16~
홈페이지 www.baccanoroma.com

로스시올리 Roscioli

MAP ● 휴대지도-15, p.63-C

이보다 맛있는 로마식 피자는 없다

1824년에 문을 열었으며 와인 바와 레스토랑, 카페를 함께 운영하고 있다. 인기 메뉴인 피자 비안카(Pizza Bianca)는 올리브와 소금만으로 맛을 내고 화덕에서 바삭하게 굽는데 로마 최고의 피자라 해도 과언이 아니다. 가게 안 벽면에는 이탈리아를 비롯한 전 세계 와인이 빼곡하게 채워져 있다. 식사 메뉴로는 닭가슴살을 넣은 볼로냐 스타일의 토르텔리니 파스타, 베이컨과 체다 치즈를 넣은 쇠고기 버거 등을 추천한다.

찾아가기 트램 8번 Arenula-Cairoli 정류장에서 도보 2분(제수 성당에서 도보 7분) **주소** Via dei Giubbonari, 21
문의 06 687 5287 **영업** 12:30~16:00, 19:00~24:00
휴무 일요일 **예산** 메인 요리 €12~
홈페이지 www.roscioli.com

RESTAURANT

리스토란테 코레아노 이조
Ristorante Coreano I-Gio

MAP ● 휴대지도-20, p.63-G

반가운 고국의 맛

오래전부터 이탈리아 전통 식당들이 모여 식당가를 이룬 트라스테베레 지구에 위치한 한식당. 50여 가지의 한식 메뉴를 통해 현지 교민과 여행자들에게 고국의 맛을 전해주고 있으며, 현지 이탈리안들에게도 인기를 얻고 있다. 한국 서리태를 갈아 만든 검은콩국수는 여름철 별미이며, LA 갈비, 해물 누룽지탕, 보쌈, 짬뽕 등은 일년 내내 즐겨 찾는 메뉴이다.

찾아가기 트램 3·8번 Tratevere/min.P.istruzione 정류장에서 도보 4분(산타 마리아 인 트라스테베레에서 도보 5분)
주소 Via Roma Libera, 24/25/26
문의 06 5831 0269
영업 화~일요일 12:00~15:00, 18:30~22:00
휴무 월요일
예산 잡채 €14, 돌솥비빔밥·불고기·짬뽕·김치찌개 €15~
홈페이지 www.i-gio.com

트라토리아 페네스트리
Trattoria Pennestri

MAP p.54-J

창의적으로 재해석한 로마 음식을 맛보다

심플하면서 따뜻한 실내 분위기가 이탈리안 가정식을 서비스하는 곳임을 알게 해주는 장소이다. 20년 넘는 요리 경력을 가진 셰프, 토마스 페네스트리가 로마의 시장과 자신이 원하는 생산자를 찾아 소통하면서 공수한 제철 재료로 만든 음식을 내놓는다. 소믈리에로 일하는 발레리가 로마 인근의 라치오 지역 와인을 중심으로 판매하는데, 오랫동안 잊혀진 와인 품종에 관심이 많아 특별한 와인을 즐길 수 있다.

주소 Via Giovanni Da Empoli 5
문의 06 574 2418
영업 화~목요일 19:00~23:00, 금~일요일 12:00~15:00, 19:00~23:00 **휴무** 월요일
예산 €30~
홈페이지 http://trattoriapennestri.it

추천 카페 & 바

바빙톤스
Babingtons

MAP ● 휴대지도-10, p.56-A

1893년에 문을 연 스페인 광장의 터줏대감

스페인 광장 계단 바로 옆에 있으며 고풍스러운 외관이 눈길을 끈다. 계절에 상관없이 따뜻한 홍차 한잔을 즐기려는 단골손님과 여행 중에 잠시 들러 휴식을 취하려는 사람들의 발걸음이 끊이지 않는다. 더스틴 호프만, 엘리자베스 테일러 등 유명 영화배우들도 로마에 오면 어김없이 들르던 곳이라고 한다. 매장 입구에 진열된 고급스러운 포장의 차는 선물용으로도 제격이다.

찾아가기 메트로 A선 Spagna역에서 도보 3분(스페인 광장에서 도보 1분) **주소** Piazza di Spagna, 23
문의 06 678 6027 **영업** 12:00~22:00 휴무 화요일
예산 아침/브런치 메뉴 €13~, 크림티와 스콘(2인) €30, 치킨 샐러드 €21
홈페이지 www.babingtons.com

카스트로니 카페 Castroni Caffe

MAP ● 휴대지도-2, p.54-F, 65-C

로마 4대 카페로 손꼽히는 역사적인 카페

1932년에 움베르토 카스트로니가 창업한 이래 3대째 대를 이어오고 있다. 늘 신선한 원두를 수입하기 위해 전 세계를 여행하는 오너

의 노력 덕분에 가장 신선한 원두를 로스팅해서 사용하면서 현지인들에게 사랑받고 있다. 커피뿐 아니라 차, 초콜릿, 비스킷 등을 판매하는 식료품점도 함께 운영하면서 로마에 11개 매장을 열었다.

주소 Via cola di Rienzo 196/198
영업 월~토요일 08:00~20:00, 일요일 09:30~20:00
문의 06 687 4383
홈페이지 https://www.castronicoladirienzoshop.it/

CAFE & BAR

안티코 카페 그레코 Antico Caffè Greco
MAP●휴대지도-10, p.56-A

세계적인 명사들이 드나들던 문학 카페

베네치아의 카페 플로리안, 파리의 카페 되 마고와 더불어 유럽의 유서 깊은 카페로 손꼽힌다. 1760년에 문을 열어 괴테, 쇼펜하우어, 스탕달, 바이런, 안데르센 등의 철학가와 문학가들이 단골로 드나들었다고 한다. 커피가 흔치 않던 그 시절, 남아메리카에서 온 커피 맛과 향을 즐기기 위해 많은 지식인이 이곳을 찾았고 지금은 전 세계에서 몰려온 여행자들로 늘 붐빈다. 실내에는 유명 작가들의 그림과 친필 사인이 걸려 있으며 안데르센이 로마에 머물 당시 사용했다는 의자도 있다.

찾아가기 메트로 A선 Spagna역에서 도보 4분(스페인 광장에서 도보 1분) **주소** Via dei Condotti, 86
문의 06 679 1700 **영업** 09:00~21:00 **예산** €3~
홈페이지 www.anticocaffegreco.eu

파넬라 Panella
MAP●휴대지도-18, p.59-C

로마에서도 맛있기로 소문난 빵집

1929년에 문을 연 베이커리&카페로 식료품점도 함께 운영한다. 이른 아침부터 현지인들이 빵을 사기 위해 줄을 서며, 점심에는 근처에서 일하는 직장인들이 간단한 식사 또는 티타임을 즐기기 위해 찾아온다. 피자, 페이스트리, 케이크 등 다양한 메뉴를 맛볼 수 있고 홈메이드 잼과 초콜릿 등도 판매한다. 현지인들에게 큰 인기를 얻고 있는 빵집이니 여행 중에 꼭 한번 들러 커피와 함께 맛보자.

찾아가기 메트로 A선 Vittorio Emanuele역에서 도보 5분
(산타 마리아 마조레 대성당에서 도보 5분)
주소 Via Merulana, 59
문의 06 487 2651
영업 매일 07:00~21:30
예산 €5~
홈페이지 www.panellaroma.com

산테우스타키오 일 카페
Sant'Eustachio Il Caffè

MAP ● 휴대지도-15, p.60-F

진정 맛있는 커피를 원한다면 이곳으로

1938년에 문을 열어 지금까지 한결같은 사랑을 받고 있는 곳이다. 근처에 이탈리아 상원 건물과 나보나 광장, 판테온 등이 있어 정치인들이 즐겨 찾는다. 이곳의 커피는 브라질, 에티오피아, 도미니크 공화국 등에서 들여온 원두를 직접 로스팅해서 만든다. 그중 처음에 내린 에스프레소에 설탕을 섞어 거품을 만들고 다음에 내린 커피를 그 위에 얹어 만드는 그란 카페가 인기 있다. 다른 곳과 달리 무조건 설탕을 넣어주므로 원하지 않는다면 반드시 "노 슈거(No sugur)"라고 말해야 한다. 커피 원두와 모카 포트도 판매한다.

찾아가기 메트로 A선 Barberini역에서 도보 15분(판테온에서 도보 2분) 주소 Piazza di Sant'Eustachio, 82
문의 06 6880 2048 영업 07:30~24:00
휴무 8/15, 12/25 예산 아이스커피 €3.5
홈페이지 www.santeustachioilcaffe.it

타차 도로 Tazza D'Oro

MAP ● 휴대지도-15, p.61-G

직접 볶은 원두의 향긋함이 전해지는 카페

1950년대에 문을 연 로마의 대표적인 카페 중 하나. 콜롬비아와 브라질 등에서 수입한 원두를 직접 볶아 만든 커피로 오랜 사랑을 받아왔으며 이곳의 커피는 선물용으로도 인기가 많다. 영화배우 레오나르도 디카프리오도 이곳의 커피 향을 맡고 감탄했다고 한다. 판테온과 가깝지만 인테리어가 화려하지 않은 탓인지 여행자는 적고 현지인들이 주로 찾는다. 찬 음료가 먹고 싶다면 살얼음 낀 커피를 갈아서 생크림과 섞어주는 그라니타를 추천한다.

찾아가기 메트로 A선 Barberini역에서 도보 13분(판테온에서 도보 1분) 주소 Via degli Orfani, 84 문의 06 678 9792
영업 월~토요일 07:00~20:00, 일요일 10:00~19:00
예산 카푸치노 €1.5
홈페이지 www.tazzadorocoffeeshop.com

CAFE & BAR

졸리티 Giolitti

MAP●휴대지도-9, p.61-G

122년 전통의 젤라테리아

1900년에 문을 열어 4대째 이어오고 있다. 하얀색 유니폼을 말끔하게 차려입은 직원들이 서빙하며 100여 종의 젤라토를 맛볼 수 있다. 시그너처 메뉴는 쌀알과 크림이 어우러진 리소(riso)와 커피를 셔벗으로 만들어 크림을 얹어주는 카페 그라니타(Caffe Granita). 판테온에서 가까워 관광 후 시원한 아이스크림이 생각날 때 들르기 좋다. 늦은 시간까지 영업한다.

찾아가기 메트로 A선 Barberini역에서 도보 13분(판테온에서 도보 3분) 주소 Via Uffici del Vicario, 40
문의 06 699 1243 영업 월~금요일 07:30~24:00, 토~일요일 08:30~24:00 예산 아이스크림 €4~5
홈페이지 www.giolitti.it

파시 Fassi

MAP●휴대지도-24, p.59-D

쌀 젤라토로 유명한 로마 3대 젤라테리아

1880년 궁정 요리사였던 자코모 파시가 바르베리니 광장 근처에 첫 매장을 오픈한 이래 5대에 걸쳐 이어져 내려오며 인기를 끌고 있다. 정식 명칭은 팔라초 델 프레도(Palazzo del Freddo)이며 '젤라토의 황제'라는 별명으로도 불린다. 살균 처리한 달걀, 최상의 우유, 엄선한 과일과 원재료를 사용한다는 철칙을 지키며 젤라토의 역사를 만들어가고 있다. 이 집에서 가장 유명한 것은 쌀로 만든 리소 젤라토이며, 특히 젤라토 위에 올려주는 휘핑크림은 한번 맛보면 잊을 수 없을 정도이다.

찾아가기 메트로 A선 Vittorio Emanuele역에서 도보 4분(산타 마리아 마조레 대성당에서 도보 10분)
주소 Via Principe Eugenio, 65 문의 06 446 4740
영업 월~목요일 12:00~21:00, 금~토요일 12:00~24:00, 일요일 10:00~21:00 예산 아이스크림 €1.6~
홈페이지 www.gelateriafassi.com

젤라테리아 올드브리지
Gelateria Oldbridge

MAP●휴대지도-7, p.64-B

바티칸 성벽 앞의 인기 젤라테리아

바티칸으로 가는 길목에 있는 작은 젤라토 가게로 120여 년의 전통을 자랑한다. 박물관 관람을 마치고 나올 때 들러 시원한 젤라토를 맛보며 피로를 풀기에 좋다. 인기 메뉴는 리코타 치즈, 딸기, 바닐라, 요구르트 맛 젤라토 등이다. 한국인들에게 인기가 많아 서툴게나마 한국어를 할 수 있는 종업원이 주문을 받을 때도 있다.

찾아가기 메트로 A선 Ottaviano역에서 도보 5분(바티칸 박물관에서 도보 4분)
주소 Viale Bastioni di Michelangelo
문의 06 4559 9961
영업 월~토요일 10:00~02:00, 일요일 14:30~02:00
예산 €2~ **홈페이지** www.gelateriaoldbridge.com

알베르토 피카 Alberto Pica

MAP●휴대지도-21, p.63-D

40년 전통의 젤라토 가게

미국 <뉴욕 타임스> 등에 소개되면서 유명해졌다. 가게 이름은 주인 이름인 알베르토 피카에서 따왔다. 인기 메뉴로는 장미잎을 넣은 페탈리 디 로사(Petali di Rosa)와 야생 산딸기 프라골리네 디 보스코(Fragoline di Bosco). 젤라토 종류는 약 18가지로 다른 가게에 비해 종류는 적지만 시즌마다 메뉴가 바뀌어 언제 들러도 만족스러운 맛을 선사한다.

찾아가기 트램 8번 Arenula-Cairoli 정류장에서 도보 1분(제수 성당에서 도보 8분)
주소 Via della Seggiola, 12 **문의** 06 686 8405
영업 08:00~24:00 **예산** €2~
홈페이지 www.facebook.com/bargelateriaalbertopica

CAFE & BAR

쿨 데 사크 Cul De Sac
MAP●휴대지도-15, p.60-F

나보나 광장 근처의 소박하고 저렴한 와인 바

1977년에 문을 열었으며 전 세계 가이드북에서 앞다투어 추천하는 인기 와인 바. 가게 이름은 '막다른 길'이라는 뜻이다. 1500여 종의 와인(1년에 2800여 종의 와인을 소개)이 갖춰져 있어 다양한 와인을 접할 수 있다. 양파 수프, 홈메이드 파스타, 그리스 스타일의 샐러드 등 와인과 함께 즐길 수 있는 음식 메뉴도 다양하다. 이탈리아 요리만을 고집하지 않고 프랑스, 미국, 이집트 등의 음식을 궁합이 맞는 와인과 함께 내놓는다.

찾아가기 메트로 A선 Barberini역에서 도보 20분(나보나 광장에서 도보 4분)
주소 Piazza di Pasquino, 73
문의 06 6880 1094 **영업** 12:00~24:00
예산 파스타 €8.20~, 메인 요리 €9.90~
홈페이지 www.enotecaculdesacroma.it/en

아킬리 알 파를라멘토
Achilli al Parlamento
`강추`
MAP●휴대지도-9, p.61-C

로마 최고의 셀렉션을 자랑하는 와인 숍

중저가 와인부터 최고급 와인까지 6000여 종의 다양한 와인을 갖추고 있다. 선물용으로 좋은 그라파와 올리브 오일도 판매하며, 들고 다니는 것이 부담스러운 여행자를 위해 배송 서비스(유료)도 실시한다. 한 가지 흠이라면 동양인에게 불친절하다는 것인데 이 정도 수준의 와인 셀렉션을 갖춘 매장은 찾아보기 힘들다는 점을 감안하고 각자가 선택할 것. 와인 바에서는 간단한 안주와 함께 30여 종의 와인을 즐길 수 있다.

찾아가기 메트로 A선 Spagna역에서 도보 10분(판테온에서 도보 6분)
주소 Via dei Prefetti 15
문의 06 687 3446
영업 월~토요일 10:00~24:00
휴무 일요일
예산 와인 1잔과 치즈 등의 안주 €10~30
홈페이지 www.enotecalparlamento.com

CAFE & BAR

에노테카 페라라 Enoteca Ferrara

MAP● 휴대지도-21, p.63-C

수천 병의 와인 셀렉션을 갖춘 곳

1988년 트라스테베레 지구에 문을 연 와인 바 & 레스토랑으로 1000여 종의 와인을 갖추고 있다. 입구에 들어서면 와인 바에서 소믈리에가 안내한다. 퇴근길에 와인 한잔 즐기러 온 직장인들과 저녁 식사 전에 입맛을 돋우기 위해 온 사람들로 가게가 늘 붐빈다. 편안한 분위기에서 글라스 와인(€7~9)을 즐길 수 있는데 올리브, 타파스 등의 푸짐한 안주가 와인 가격에 포함되어 있어 좋다. 테베레강의 시스토 다리(Ponte Sisto) 근처에 있어 찾아가기도 쉽다.

찾아가기 트램 8번 Belli 정류장에서 도보 4분(산타 마리아 인 트라스테베레 성당에서 도보 4분)
주소 Piazza Trilussa, 41 문의 06 5833 3920
영업 와인바 18:00~02:00, 레스토랑 19:00~23:00
예산 식사 €11~20
홈페이지 www.enotecaferrara.it

안티카 에노테카 Antica Enoteca

MAP● 휴대지도-10, p.56-A

양질의 와인과 맛있는 식사를 저렴하게 제공

스페인 광장에서 가깝고 이탈리아, 프랑스 등의 와인과 식사를 부담 없이 즐기기 좋다. 실내는 멋진 벽화가 그려진 클래식한 분위기이다. 크림소스를 곁들인 만두 모양의 파스

타와 4종류의 치즈(Tortelloni di Ricotta Con Salsa ai Formaggi e Radicchio), 샐러드를 함께 곁들이면 훌륭한 한 끼 식사를 즐길 수 있다. 피자도 €10 미만으로 저렴한 편이다.

찾아가기 메트로 A선 Spagna역에서 도보 4분(스페인 광장에서 도보 3분) 주소 Via della Croce, 76b
문의 06 679 0896 영업 매일 12:00~24:00 휴무 화요일
예산 파스타 · 4종류의 치즈 €8~12, 샐러드 €6~9
홈페이지 www.anticaenoteca.com

추천 쇼핑

산타 마리아 노벨라 약국
Officina Profumo Farmaceutica di Santa Maria Novella

MAP ● 휴대지도-15, p.60-F

천연 화장품의 대명사

1612년 옛 도미니크 수도회 수도사들이 소독제 및 연고, 피부 치료제로 사용하던 것을 일반인에게 판매하기 시작한 것이 이 브랜드의 시초. 몇 년 전 '고현정 수분 크림'으로 알려지면서 우리나라에서도 대단한 인기를 누리고 있다. 수분 크림뿐만 아니라 장미 향의 스킨 토너, 기초화장품, 비누, 오일 등이 유명하다. 국내 백화점에도 입점해 있지만 국내에서보다 훨씬 저렴한 가격에 살 수 있다는 것이 메리트. 본점은 피렌체에 있다.

찾아가기 메트로 A선 Barberini역에서 도보 18분(나보나 광장에서 도보 2분)
주소 Corso del Rinascimento, 47　**문의** 06 687 9608
영업 월~토요일 10:00~19:30　**휴무** 일요일
홈페이지 www.smnovella.it

리나센테 백화점 La Rinascente `강추`

MAP ● 휴대지도-10, p.61-C

이탈리아를 대표하는 백화점

100년 넘는 역사를 자랑하는 이탈리아의 대표적인 백화점 체인. 우리나라 백화점에 비해 규모는 크지 않지만 화장품, 남녀 의류, 홈 & 디자인 제품, 음식에 이르기까지 다양한 아이템을 갖추고 있다. 여행자들을 위해 택스 리펀드도 한 번에 처리해줘서 편리하게 쇼핑을 즐길 수 있다.

찾아가기 메트로 A선 Barberini역에서 도보 7분(트레비 분수에서 도보 4분)
주소 Piazza Fiume　**문의** 06 884 1231
영업 월~금요일, 일요일 10:00~21:00, 토요일 10:00~21:30(매월 조금씩 달라지니 홈페이지 참고)
홈페이지 www.rinascente.it

누오보 메르카토 디 테스타초
Nuovo Mercato di Testaccio

MAP p.54-J

현지인들에게 사랑받는 시장

현지인들이 주로 이용하는 시장으로 최근 레노베이션해 새단장을 마쳤다. 육류, 채소, 고기 등 식료품은 물론 의류, 패션 액세서리 등을 판매하는 100여 개의 상점이 영업 중이다. 쇼핑 후에는 로마 스타일의 스트리트 푸드를 판매하는 푸드 박스(Food Box), 피자를 파는 로메오 셰프 & 베이커(Romeo Chef & Baker) 등에 들러 간단히 끼니를 해결하는 것도 좋다.

찾아가기 메트로 B선 Piramide역에서 도보 13분(포르타 포르테제 벼룩시장에서 도보 13분)
주소 Via Lorenzo Ghiberti
영업 월~금요일 07:00~14:30, 토요일 07:00~15:30
휴무 일요일　**홈페이지** www.mercatoditestaccio.it

로마를 대표하는 쇼핑가

콘도티 거리는 프라다, 몽클레어, 구찌, 에트로 등의 명품 브랜드 숍이 모여 있는 데 비해, 코르소 거리는 디젤, 미스 식스티 등 중저가 브랜드 숍이 모여 있다. 자신의 취향에 따라 명품 브랜드 쇼핑을 원한다면 콘도티 거리로, 실용적인 패션이나 리빙 관련된 쇼핑을 원한다면 코르소 거리로 가는 것이 좋다.

콘도티 거리
Via dei Condotti

스페인 계단 앞에서 코르소 거리와 교차하는 지점까지 일직선으로 뻗어 있는 거리. 이탈리아를 대표하는 명품 브랜드 매장이 즐비해 명품 쇼핑족이라면 꼭 들러야 할 명소다. 콘도티 거리와 평행하게 뻗어 있는 보르고뇨나 거리(Via Borgognona)와 프라티나 거리(Via Frattina), 콘도티 거리와 교차하는 보카 디 레오네 거리(Via Bocca di Leone), 스페인 광장 앞의 거리에도 브랜드 숍이 즐비하다.

MAP●휴대지도-10, p.56-E 찾아가기 메트로 A선 Spagna역에서 도보 6분(스페인 광장에서 도보 1분)

코르소 거리
Via del Corso

명품 브랜드보다는 개성 있는 캐주얼 브랜드와 패션 부티크, 리빙 셀렉트 숍 등이 모여 있어 콘도티 거리와 대비를 이룬다. 뉴욕의 소호, 파리의 마레와 비슷한 분위기가 나는 지역으로는 메트로 카보우르(Cavour)역 근처에 있는 보스케토 거리(Via del Boschetto)가 있다.

MAP●휴대지도-10, p.56-I 찾아가기 메트로 A선 Barberini역에서 도보 8분(베네치아 광장에서 도보 1분)

프라다 Prada
스페인 광장 바로 앞의 콘도티 거리에 있다. 가방과 구두, 잡화는 물론 의류도 잘 갖추고 있다.

주소 Via dei Condotti, 88
영업 매일 10:00~19:30

몽클레어 Moncler
프리미엄 패딩으로 유명한 이탈리아 의류 브랜드. 고가임에도 불구하고 국내 여성들에게 인기가 높다.

주소 Piazza di Spagna, 77
영업 월~토요일 10:30~19:30, 일요일 11:00~19:00

구찌 Gucci
다양한 상품이 갖춰져 있는데 특히 가방은 선택하기 쉽도록 시리즈별로 진열되어 있다. 인기 상품은 자주 품절된다.

주소 Via dei Condotti, 8
영업 월~토요일 10:00~19:30, 일요일 10:00~19:00

살바토레 페라가모 Salvatore Ferragamo
구두 코너는 신상품과 정통 디자인 제품이 충실하다. 구두와 같은 소재의 가방과 지갑도 갖추고 있다.

주소 Via dei Condotti, 73/74
영업 매일 10:30~19:30

샤넬 Channel
국내 여성들에게 독보적으로 사랑받는 브랜드. 여성을 중심으로 한 제품이 다양하니 꼭 한번 들러보자.

주소 Via del Babuino, 98
영업 10:00~19:00

펜디 Fendi
과감한 디자인과 소재의 가방이 젊은 층과 중장년층 여성들에게 두루 사랑받는다.

주소 Largo Carlo Goldoni 420
영업 월~토요일 10:00~19:30, 일요일 10:30~19:30

생 로랑 Saint Laurent
약칭 'YSL'로 유명한 프랑스 명품 패션 브랜드. 디올의 수장이던 에디 슬리먼이 디자이너로 임명되면서 전성기를 맞았다. 칼리지 백과 삭드 주르 백이 인기 아이템이다.

주소 Via dei Condotti 79/79A
영업 매일 10:00~19:00

씨피 컴퍼니 C.P Company
신소재 옷감을 사용하여 미래 지향적인 느낌을 주는 젊은 브랜드로 우리나라보다 선택의 폭이 넓고 저렴하다.

주소 Corso Giacomo Matteotti 7
영업 매일 10:00~19:30

세르모네타 글로베스
Sermoneta Gloves

MAP ● 휴대지도-10, p.56-A

장인이 만드는 가죽 장갑 전문점

1960년 로마에서 10명의 장인들이 28단계의 공정을 거쳐 만든 가죽 장갑이 현재는 전 세계 백화점과 각 지점에 납품되고 있다. 겉감은 100% 양가죽, 안감은 100% 캐시미어로 제작해 보온성이 뛰어나고 컬러도 다채롭다. 일반 장갑은 물론 승마용, 골프용, 라이딩용에 이르기까지 다양한 용도의 기능성 장갑을 두루 갖추고 있다. 앤젤리나 졸리를 비롯한 해외 유명 스타들에게도 사랑받고 있다.

찾아가기 메트로 A선 Spagna역에서 도보 3분(스페인 광장에서 도보 1분)
주소 Piazza di Spagna, 61
문의 06 679 1960
영업 월~토요일 10:30~19:30, 일요일 11:00~13:00, 14:00~19:00
휴무 일요일
홈페이지 www.sermonetagloves.com

AS 로마 공식 매장 **AS Roma Store**

MAP ● 휴대지도-10, p.54-F, 56-E, 61-G

축구팬이라면 들러야 할 성지

토트넘에서 감독을 지냈던 무리뉴 감독이 이끄는 축구팀 AS 로마 공식 매장이다. 유벤투스에서 이적한 파울로 디발라, 니콜로 차니올로와 같은 쟁쟁한 선수들이 대거 포진해 있어 축구팬이라면 반드시 방문해야 할 장소! 옷에 이름을 새겨주는 유니폼부터 각종 기념품과 경기장에서 사용하는 서포터들의 응원 도구를 살 수 있다. 2층에 가면 경기 티켓을 구입하는 매표소가 있으니 일정이 맞는다면 실제 경기를 보는 것도 좋은 추억이 될 것이다.

주소 Piazza Colonna 360
영업 매일 10:00~20:00
문의 06 6978 1232
홈페이지 https://store.asroma.com/

SHOPPING

보르살리노 Borsalino

MAP ● 휴대지도-3, p.56-A

역사를 자랑하는 명품 모자 전문점

1857년에 문을 연 수제 모자 전문점으로 1900년 만국박람회에서 그랑프리를 받기도 했다. 토끼털을 사용한 펠트 모자, 특히 페도라가 유명하다. 마이클 잭슨이 즐겨 쓰던 모자도 이 브랜드의 페도라였다. 이탈리아에 10개의 매장이 있으며 파리, 뉴욕, 런던, 도쿄 등 전 세계 백화점에서도 구입할 수 있지만, 아무래도 이곳에 더 많은 제품이 구비되어 있다.

찾아가기 메트로 A선 Spagna역에서 도보 8분(포폴로 광장에서 도보 1분)
주소 Piazza del Popolo, 20
문의 06 3265 0838
영업 월~토요일 10:00~14:00, 15:00~19:00, 일요일 11:00~19:00 휴무 일요일, 8월에 3주간
홈페이지 www.borsalino.com

디스펜사빌레 Dispensabile

MAP●휴대지도-17, p.57-K

예쁜 숍이 우리 집으로 들어온다

이탈리아와 북유럽 스타일의 주방용품과 일상용품을 갖추고 있는 리빙 전문 부티크. 핀란드를 대표하는 브랜드 이딸라(littala), 이탈리아 디자인 명가 알레시(Alessi), 주방용품 전문 브랜드 말레(Malle) 등의 제품을 만나볼 수 있다. 3명의 건축가가 의기투합해 문을 연 곳으로 아이디어가 돋보이는 아이템이 많다.

찾아가기 메트로 B선 Cavour역에서 도보 5분(산타 마리아 마조레 대성당에서 도보 8분)
주소 Via d'Aracoeli, 37-39
문의 06 9826 1405
영업 월~토요일 10:30~13:00, 14:30~19:00
휴무 일요일
홈페이지 www.dispensabile.it

SHOPPING

파브리아노 부티크
Fabriano Boutique

MAP● 휴대지도-3, p.56-A

명품 종이 브랜드 숍

1264년에 창업한 세계적인 종이 브랜드에서 운영하는 숍. 오랫동안 쌓아온 노하우를 바탕으로 독특한 소재와 색상, 디자인의 종이는 물론 문구류, 앨범, 필기도구를 갖추고 있다. 와인 라벨 보존용 투명 테이프, 소중한 추억을 기록할 수 있는 앨범 등은 선물용으로 좋다. 미켈란젤로, 라파엘로 등 예술가들이 사용하는 종이로 유명해지기 시작했으며 특유의 심플하면서 감각적인 디자인으로 전 세계에서 사랑받고 있다.

찾아가기 메트로 A선 Spagna역에서 도보 7분(포폴로 광장에서 도보 3분)
주소 Via del Babuino, 173 **문의** 06 3260 0361
영업 10:00~19:30 **휴무** 일요일
홈페이지 www.fabrianoboutique.com

일 바코 다 세타 Il Baco Da Seta

MAP● 휴대지도-9, p.56-A

기본 아이템을 엄선해 갖춘 숍

스페인 광장 근처에 있는 멀티 브랜드 셀렉트 숍. 베이식하고 캐주얼한 브랜드를 중심으로 실용적인 아이템이 많으며 가격도 적당하다. 특히 한국인들이 좋아하는 벤시몽 신발을 쌓아놓고 판매해 반갑다. 센스 있는 주인이 엄선한 아이템들은 수시로 바뀌어 최신 트렌드를 반영하고 있다.

찾아가기 메트로 A선 Spagna역에서 도보 5분(스페인 광장에서 도보 4분)
주소 Via Vittoria, 75 **문의** 06 679 3907
영업 10:00~19:30 **휴무** 일요일

쿠치나 C.u.c.i.n.a

MAP● 휴대지도-10, p.56-A

요리와 관련된 도구를 갖춘 상점

이탈리아 산업 디자인의 대명사 알레시(Alessi), 덴마크 브랜드 보덤(Bodum) 등의 주방용품과 소품을 판매한다. 알레시의 베스트 상품인 와인 오프너 '안나 G(Anna G)', 오렌지즙을 짜내는 '주시 살리프(Juicy Salif)' 등 흥미로운 아이템이 많다.

찾아가기 메트로 A선 Spagna역에서 도보 3분(스페인 광장에서 도보 2분) **주소** Via Mario dè Fiori, 65
문의 06 679 1275 **영업** 일~월요일 11:30~19:30, 화~금요일 10:00~19:30, 토요일 10:30~19:30
홈페이지 www.cucinastore.com

로마

카르톨레리아 판테온 달 1910
Cartoleria Pantheon dal 1910

MAP ● 휴대지도-9, p.61-G

문구 마니아라면 반기울 만한 곳

1910년에 문을 연 오래 된 문구점. 북바인딩, 필기구, 수제 노트, 가죽 가방, 불도장, 오래된 고서의 양장본에 이르기까지 다양한 제품을 갖추고 있다. 고풍스러우면서도 감각이 살아 있는 아이템들은 선물용으로 구입하기에도 좋다. 판테온 근처에 2개, 나보나 광장에 1개의 매장이 있으니 관광을 하다가 눈에 띄는 곳에 들어가보자.

찾아가기 메트로 A선 Barberini역에서 도보 14분(판테온에서 도보 1분)
주소 Via della Maddalena 41
문의 06 687 5633
영업 월~토요일 10:30~20:00, 일요일 11:00~20:00
홈페이지 www.pantheon-roma.com

카스텔 로마노 디자이너 아웃렛
Castel Romano Designer Outlet

로마 시내에서 가까운 아웃렛

로마 시내에서 버스로 40여 분 떨어진 곳에 위치한 아웃렛. 보스, 코치, 버버리 등의 명품 브랜드를 비롯해 라코스테, 캠퍼, 에트로, 지스타 로우, 헨리 코튼, 뉴발란스, 나이키, 스톤 아일랜드 등 스포츠 브랜드의 이월 상품을 30~70% 저렴한 가격에 살 수 있다. 이탈리아 브랜드는 다른 유럽 국가에서 구입하는 것보다 훨씬 저렴하니 메이드 인 이탈리아 제품을 공략해보자.

찾아가기 테르미니역 근처(71 Via Marsala)에서 출발하는 셔틀버스(09:30, 09:55, 10:30, 11:30, 12:30, 15:00 출발) 이용, 홈페이지에서 왕복 승차권 구입(만 10세 이상 €15)
주소 Via Ponte di Piscina Cupa, 64
문의 06 505 0050
영업 10:00~20:00
휴무 1/1, 부활절, 12/25~26
홈페이지 www.mcarthurglen.com/it/en

SHOPPING

노라 P Nora P

MAP ● 휴대지도-17, p.57-K

집 꾸미기를 좋아하는 사람들에게 천국

즐거움, 노스탤지어, 모던이라는 세 가지 테마로 다양한 아이템을 모아 놓은 셀렉트 숍. 가구, 패브릭, 보석, 꽃다발, 조명 등을 시간 가는 줄 모르고 구경하게 된다. 〈월페이퍼 시티 가이드〉, 〈리빙〉을 비롯해 리빙 관련 잡지에 자주 소개되는 곳이다. 집 안 꾸미는 데 관심이 많은 사람이라면 꼭 한번 들러보자.

찾아가기 메트로 B선 Cavour역에서 도보 5분(산타 마리아 마조레 대성당에서 도보 8분)
주소 Via Panisperna, 220 **문의** 06 4547 3738
영업 방문 전에 예약 필수 **휴무** 일요일
홈페이지 www.nora-p.com

로마 139

SHOPPING

보스케토트레 Boschettotre
MAP ● 휴대지도-17, p.56-J

로마 사람들의 리빙 스타일을 엿보다
〈보그〉, 〈트래블 & 레저〉 등 라이프스타일 잡지와 패션 잡지를 중심으로 다양한 매체에 소개된 멋쟁이들의 단골 가게. 집 안을 센스 있게 꾸밀 수 있는 그릇, 소품, 액세서리 등 리빙 제품을 갖추고 있다. 인테리어 디자이너 출신의 오너 오리아나 톰 볼레시가 실용적이고 아기자기한 소품을 엄선해서 갖춰놓았다.

찾아가기 메트로 B선 Cavour역에서 도보 5분(산타 마리아 마조레 대성당에서 도보 8분)
주소 Via del Boschetto, 3
문의 06 4890 6922
영업 월~금요일 10:30~19:30, 토요일 11:30~20:00
휴무 일요일
홈페이지 www.boschettotre.it

추천 숙소

호텔

팔라초 나이아디 로마
Palazzo Naiadi Rome

MAP●휴대지도-11, p.57-G

전망 좋은 5성급 호텔

다국적 호텔 그룹 메리어트의 체인 중 유명 디자이너·건축가의 작품을 브랜드화한 '오토그라프 컬렉션' 중 하나로, 유명 건축가 마르첼로 피아센티니가 설계했다. 5성급 호텔의 화려한 면모에 걸맞게 237개의 객실 중 주니어 스위트룸이 12개 있다. 호텔에는 아름다운 프레스코화가 그려져 있으며 모든 시설이 세련됐다. 이곳에서 보이는 레푸블리카 광장의 전망도 훌륭하지만 특히 옥상의 야외 수영장에서 보이는 전망이 압권이다.

찾아가기 메트로 A선 Repubblica역에서 도보 1분
주소 Piazza della Repubblica, 48
문의 06 489 381 요금 싱글·더블 €343.80~
홈페이지 www.marriott.com

스타호텔 메트로폴
Starhotels Metropole

MAP●휴대지도-17, p.57-G

페라가모에서 운영하는 럭셔리 체인 호텔

살바토레 페라가모에서 운영하는 호텔로 테르미니역과 가깝다. 건축가 마이클 보난이 설계한 6층 건물로 14개의 스위트룸과 스튜디오가 들어서 있다. 내부는 깔끔하고 편안한 스타일로 꾸며져 있다. 로마 전통 요리 외에 다양한 요리를 즐길 수 있는 레스토랑과 위스키나 와인을 즐길 수 있는 바 등의 부대시설이 있다.

찾아가기 메트로 A선 Repubblica역, A·B선 Termini역에서 도보 4분
주소 Via Principe Amedeo, 3
문의 06 47741
요금 싱글·더블 €113~
홈페이지 www.starhotels.com/en/our-hotels/metropole-rome

알베르고 노르드 누오바 로마
Albergo Nord Nuova Roma
MAP ● 휴대지도-11, p.57-G

클래식함과 모던함이 공존하는 호텔

1900년대 초반에 지은 건물을 레노베이션한 3성급 호텔. 객실에는 미니바와 에어컨 등이 갖춰져 있고 부대시설로 피트니스 센터와 레스토랑이 있다. 홈페이지를 통해 3박 이상 예약하면 10% 할인 혜택을 받을 수 있다.

찾아가기 메트로 A · B선 Termini역에서 도보 3분
주소 Via Giovanni Amendola, 3 문의 06 488 5441
요금 싱글 · 더블 €97.29~
홈페이지 www.hotelnordnuovaroma.it

래디슨 블루 에스 호텔 로마
Radisson Blu es. Hotel Rome
MAP ● 휴대지도-18, p.57-L

리조트 분위기가 느껴지는 호텔

테르미니역에서 도보 8분 거리에 있는 호텔로 온통 하얀색 외관에 파란 조명이 인상적이다. 영국과 이탈리아의 건축가 그룹 킹 & 로즐리가 디자인했으며 객실은 기능적으로 설계되어 편리하다. 옥상에는 반짝이는 타일이 깔린 수영장이 있다.

찾아가기 메트로 A · B선 Termini역에서 도보 8분
주소 Via Filippo Turati, 171 문의 06 444 841
요금 싱글 · 더블 €118.49~
홈페이지 www.radissonblu.com/eshotel-rome

베스트 웨스턴 호텔 로얄 산티나
Best Western Hotel Royal Santina
MAP ● 휴대지도-12, p.57-H

화이트 톤으로 꾸민 쾌적한 객실

테르미니역 앞에 있어 이동이 편리하다. 객실은 채광이 잘되어 환하고 스탠더드 룸과 주니어 스위트룸은 비교적 넓어 가족 여행객이 머물기 좋다. 이탈리아 음식부터 다양한 세계의 음식을 맛볼 수 있는 모든 스타일의 레스토랑도 운영한다.

찾아가기 메트로 A · B선 Termini역에서 도보 2분
주소 Via Marsala, 22 문의 06 448 751
요금 싱글 · 더블 €92~
홈페이지 www.hotelroyalsantina.com

베스트 웨스턴 플러스 호텔 우니베르소
Best Western Plus Hotel Universo
MAP ● 휴대지도-17, p.57-G

오페라 극장 옆에 위치한 4성급 호텔

고풍스러운 외관과 달리 실내는 현대적인 분위기이다. 프레스코화를 연상케 하는 천장화와 모던한 가구가 조화를 이루고 있다. 아침 식사는 뷔페식으로 제공하며, 세련된 이탈리아 요리를 선보이는 레스토랑이 있다.

찾아가기 메트로 A · D선 Termini역에시 도보 3분
주소 Via Principe Amedeo, 5b 문의 06 476 811
요금 싱글 · 더블 €94~
홈페이지 www.hoteluniverso.com

HOTEL

호텔 드 뤼시 Hotel de Russie
MAP●휴대지도-3, p.56-A

아름다운 정원이 있는 럭셔리 호텔
프랑스 시인 장 콕토가 '지상 천국'이라고 극찬한 정원이 있는 5성급 호텔. 포폴로 광장 근처에 있으며 스페인 광장, 명품 쇼핑가와도 가까워 관광과 쇼핑에 용이하다. 유명 건축가인 토마스 지페와 올가 폴리치가 컬래버레이션해서 89개의 객실 내부를 부티크 호텔처럼 개성 있게 꾸몄다. 정원에 마련된 레스토랑에서는 탈리에리니 파스타와 문어, 갑오징어, 랑구스틴 등의 해산물 요리를 선보인다.

찾아가기 메트로 A선 Spagna역에서 도보 8분
주소 Via del Babuino, 9
문의 06 328 881 요금 싱글·더블 €930~
홈페이지 www.roccofortehotels.com

엔에이치 컬렉션 로마 성트로
NH Collection Roma Centro
MAP●휴대지도-2, p.54-B, 65-D

고급 주택가에 위치한 비즈니스 호텔
최근 리노베이션을 거쳐 새로 문을 연 NH 컬렉션 호텔 체인의 일원. 바티칸과 인접한 로마의 고급 주택가, 프라티 지역에 위치해 있다. 아담한 실내 공간에는 에어컨과 와이파이 시설 등을 이용할 수 있어 편리하며 자동차 여행자를 위한 파킹 시설도 갖추고 있다.

주소 Via Dei Gracchi 324
문의 06 328 481
요금 싱글·더블 €112~
홈페이지 www.nh-collection.com

호텔 만프레디 스위트 인 로마
Hotel Manfredi Suite in Rome
MAP●휴대지도-4, p.56-A

로마에서의 로맨틱한 하룻밤
60여 년의 역사를 자랑하는 호텔로 스페인 광장에서 도보 2분 거리에 있다. 2008년 더욱 쾌적한 분위기의 호텔로 레노베이션했다. 클래식한 스타일을 기본으로 기능성을 더했으며 스탠더드룸부터 스위트룸까지 객실 타입이 다양하다.

찾아가기 메트로 A선 Spagna역에서 도보 4분
주소 Via Margutta, 61
문의 06 320 7676 요금 싱글·더블 €130.90~
홈페이지 www.hotelmanfredi.com

포트레이트 로마 Portrait Roma
MAP●휴대지도-10, p.56-E

쇼핑가 한복판에 있는 호텔
콘도티 거리 한가운데에 있어 쇼핑을 목적으로 하는 여행객들에게 추천한다. 살바토레 페라가모 계열사에서 운영하는 호텔로 스튜디오 형식의 객실에 고급스러운 가구와 세탁기, 전자레인지, 미니바, 아이패드와 아이팟 도킹 스피커 등이 갖춰져 있다.

찾아가기 메트로 A선 Spagna역에서 도보 5분
주소 Via Bocca di Leone, 23
문의 06 6938 0742 요금 싱글·더블 €510~
홈페이지 www.lungarnocollection.com

호텔 산 프란체스코
Hotel San Francesco

MAP p.63-K

트라스테베레 지구의 부티크 호텔

총 24개의 객실이 있으며 헤어드라이어, 미니바 등의 기본적인 시설을 갖추고 있다. 객실은 조금 어둡지만 차분하고 분위기 있다. 옥상에는 로마 시내가 한눈에 내려다보이는 루프톱 바가 있다.

찾아가기 트램 8번 Trastevere-Ministero Istruzione 정류장에서 도보 2분 주소 Via Jacopa de Settesoli, 7
문의 06 5830 0151 요금 싱글·더블 €76.95~
홈페이지 www.hotelsanfrancesco.net

판테온 뷰 Pantheon View

MAP●휴대지도-15, p.61-G

고급스러운 분위기의 B&B

2000년에 문을 열어 거의 20년이 되었지만 깔끔한 객실에 고급스러운 가구가 갖춰져 있어 인상적이다. 객실은 3종류로 나뉘며 모든 객실에 3명까지 묵을 수 있다. 조식은 뷔페식이며 유럽 스타일로 토스트와 달걀, 치즈 등이 나온다. 해피 아워(18:00~19:30)에는 스낵이나 타파스 등과 이탈리아 와인을 즐길 수 있는 특별 서비스를 제공한다.

찾아가기 메트로 A선 Barberini역에서 도보 13분
주소 Via del Seminario, 87
전화 06 679 2566
요금 싱글·더블 €121.55~
홈페이지 www.pantheonview.it

더 하이브 호텔 The Hive hotel

MAP●휴대지도-17, p.55-G, 57-K

가성비 좋은 테르미니역 근처 호텔

산타 마리아 마조레 성당 근처에 위치한 깔끔한 모던 스타일의 호텔. 에어컨을 비롯하여 기본적인 편의 시설이 갖춰져 있고 아침 식사로 제공되는 음식도 풍성하다. 스위트, 주니어 스위트, 디럭스 등 5개의 룸 타입이 있어 신혼여행부터 비즈니스 여행자에 이르기까지 선택의 폭이 넓고 가격은 합리적이다.

주소 Via torino 6 문의 06 4041 2000
요금 싱글·더블 €104~

@The Hive hotel

호텔 테아트로 파체 Hotel Teatro Pace

MAP●휴대지도-15, p.60-F

클래식한 분위기의 3성급 호텔

나보나 광장에서 도보 2분 거리에 있으며 바로크 스타일의 가구를 들여 차분한 분위기로 꾸몄다. 멋진 야외 테라스가 있는 스위트룸에서는 일출과 일몰을 즐길 수 있으며, 산타녜세 인 아고네 성당의 돔이 마주 보이는 객실도 있다.

찾아가기 메트로 A선 Barberini역에서 도보 18분
주소 Via del Teatro Pace, 33
문의 06 687 9075
요금 싱글·더블 €95.79~
홈페이지 www.hotelteatropace.com

HOTEL

호스텔/한인 민박

옐로 호스텔 Yellow square
MAP ● 휴대지도-12, p.57-H

젊은 분위기의 호스텔

한 건물에 호스텔과 호텔을 함께 운영한다. 40세 이하만 묵을 수 있어 전반적으로 젊은 분위기이다. 6~10명이 함께 묵는 도미토리는 공동 샤워실을 이용해야 한다. 점심과 저녁 식사를 저렴하게 할 수 있는 레스토랑을 운영하며 DJ의 신나는 음악에 맞춰 춤출 수 있는 파티도 종종 열린다. 홈페이지에서 예약하면 호스텔 예약 사이트보다 10% 저렴하다.

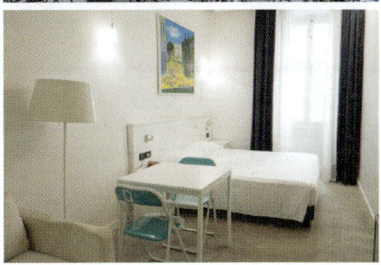

찾아가기 메트로 B선 Castro Pretorio역에서 도보 3분, A·B선 Termini역에서 도보 8분
주소 Via Palestro, 51 **문의** 06 446 3554
요금 도미토리 €19.80~
홈페이지 www.the-yellow.com

제네레이터 호스텔 Generator Hostels
MAP ● 휴대지도-18, p.57-L

글로벌 그룹에서 운영하는 호스텔

파리, 암스테르담, 런던, 마드리드, 베를린 등에 지점을 둔 다국적 호스텔 그

룹에서 로마에 신규 지점을 오픈했다. 모던하게 꾸민 실내는 디자인 호텔인 듯한 느낌을 준다. 여러 명이 함께 머무는 도미토리 외에 1·2·4인실이 마련돼 있다. 부대시설로는 가볍게 한잔할 수 있는 바와 아침 식사와 음료를 제공하는 카페가 있다.

찾아가기 메트로 A선 Vittorio Emanuele역에서 도보 2분
주소 Via Principe Amedeo, 257
문의 06 492 3310
요금 도미토리 €29.40~
홈페이지 generatorhostels.com

로마의 휴일 Roman Holidays
MAP ● 휴대지도-24, p.59-D

한국인 여행자에게 호평받는 숙소

가족 같은 분위기로 최근 여행자들 사이에서 호평받고 있는 민박집. 이탈리아 3대 젤라토로 꼽히는 파시(Fassi) 건너편 큰길가에 위치해 있어 찾기 쉽다. 객실마다 화장실과 에어컨을 갖추고 있으며 아침 식사는 한식으로 제공한다.

찾아가기 메트로 A선 Vittorio Emanuele역에서 도보 4분
주소 Via principe Eugenio 32
문의 327 136 0588(카톡 아이디 maggiore)
요금 도미토리 €50, 커플룸 €110, 가족실 €200
홈페이지 www.romaholiday.co.kr
※이 책에 있는 쿠폰을 제시하면 첫 1박 €2 할인

고대 로마 황제들이 사랑한 경치 좋은 안식처
티볼리 Tivoli

로마에서 북동쪽으로 약 27km 떨어진 언덕 지대에 있는 마을로 깨끗한 공기와 수려한 자연경관을 자랑한다. 로마 시대부터 황제와 귀족들이 별장을 지어 휴양을 즐겼던 곳으로 지금도 당시의 아름다운 건축물과 정원이 고스란히 남아 있어 로마 시민들의 나들이 장소로 사랑받고 있다. 대표적인 명소는 이탈리아 정원 예술의 걸작인 빌라 데스테, 교황의 별장이었던 빌라 그레고리아나, 하드리아누스 황제가 심혈을 기울여 지은 빌라 아드리아나이며 그중 빌라 데스테가 가장 인기 있다. 로마에서 버스나 열차로 1시간 이내에 갈 수 있으므로 반나절 또는 하루 일정으로 다녀오면 된다. 복잡한 도심에서 벗어나 폭포와 분수, 녹음이 무성한 산책로를 걷다 보면 어느새 마음이 평온해지는 숨은 보석 같은 마을이다.

Check

여행 포인트
관광 ★★★★★
미식 ★
쇼핑 ★

교통
도보 ★★★
버스 ★★

구역 정보
빌라 데스테만 본다면 반나절로 가능하지만, 빌라 그레고리아나와 빌라 아드리아나까지 여유 있게 보려면 하루 일정으로 잡아야 하고 아침 일찍 서두르는 것이 좋다.

가는 법

버스

로마에서 메트로 B선을 타고 폰테 맘몰로(Ponte Mammolo)역에서 내린 후 개찰구 맞은편에 있는 매표소에서 승차권을 구입해 2층으로 올라가면 코트랄(Cotral) 버스 터미널이 나온다. 여기서 티볼리행 버스를 타면 되는데 빌라 아드리아나를 경유해서 가는 버스가 있으므로 탑

승 시 운전사에게 확인하는 것이 좋다. 승차권은 왕복으로 구입하는 것이 편리하다. 빌라 데스테까지 약 1시간 소요되며 요금은 편도 €2.20.

열차

로마 테르미니역이나 티부르티나역에서 티볼리까지 열차를 운행하며 티부르티나역에서 더 많은 열차가 출발한다. 티볼리역에 내려서 5분 정도 걸어가면 빌라 그레고리아나, 다시 10분 정도 걸어가면 빌라 데스테가 나온다. 빌라 데스테에서 빌라 아드리아나까지는 약 3km 떨어져 있어 버스로 이동해야 한다. 요금은 €2.20.

홈페이지 www.trenitalia.com

로마-티볼리 간 열차 운행 정보

출발지	열차 종류	소요 시간	요금
로마 테르미니역	Regionale	44분	€2.60~
로마 티부르티나역	Regionale	32분	€2.60~

거리 가이드

기차역에 내려 오른쪽 길(Via Sant'Agnese)을 따라 5분 정도 걸어가면 빌라 그레고리아나가 나온다. 여기서 빌라 데스테를 가는 방법은, 정면의 광장을 왼편에 끼고 돌아 건너편으로 간 다음 팔라티니 골목(Vicolo dei Palatini)으로 들어가 미시오네 거리(Via della Missione)를 따라 7분 정도 걸어간다. 그러면 가리발디 광장(Piazza Giuseppe Garibaldi)이 나오는데 광장 앞의 성당 뒤로 가면 빌라 데스테로 들어갈 수 있다. 빌라 아드리아나로 가려면 가리발디 광장에서 CAT 4번 버스를 타면 된다(요금 €1, 월~토요일 30분 간격, 일요일 70분 간격). 또는 로마에서 출발할 때 빌라 아드리아나를 경유하는 버스를 타고 가다가 내려서 먼저 본 다음, 다시 버스를 타고 빌라 데스테와 빌라 그레고리아나를 보면 된다.

INFO

◆ **관광안내소**
위치 가리발디 광장 앞에 있는 성당 1층

◆ **티볼리 여행 정보**
www.comune.tivoli.rm.it

추천 코스

1. **빌라 그레고리아나**
   ▼ 도보 10분
2. **빌라 데스테**
   ▼ CAT 4번 버스 타고 10분+도보 15분
3. **빌라 아드리아나**

추천 볼거리
SIGHTSEEING

빌라 그레고리아나
Villa Gregoriana ★★

MAP p.148-B

폭포를 감상하며 걷는 즐거움

1826년에 홍수로 마을을 가로지르는 아니에네(Aniene)강이 범람하여 큰 피해를 입자 1835년 교황 그레고리우스 16세가 홍수의 피해를 막을 목적으로 댐을 만들었다. 이 댐에 모인 물이 수문을 나서자마자 인공 폭포로 떨어져 장관을 이루는데 가파른 기암괴석과 바위, 자연 동굴이 한데 어우러져 멋진 산책로를 이루고 있다.

찾아가기 티볼리역에서 도보 5분
주소 Via Città Sant'Angelo, 19 **문의** 0774 332 650
운영 3/1~3/22 10:00~17:00, 3/23~6/30 10:00~18:30, 7/1~8/31 09:00~20:00, 9/1~10/15 10:00~18:30, 10/16~10/22 10:00~18:00, 10/23~10/27 10:00~17:30, 10/28~11/10 10:00~16:30, 11/11~12/15 10:00~16:00(문 닫기 1시간 전에 입장 마감) *운영시간이 자주 바뀌므로 방문 전 사이트 통해 확인 필요
요금 일반 €8, 만 25세 이하 학생 €5, 만6~18세 €3
휴무 월요일, 12/18~2월
홈페이지 www.fondoambiente.it

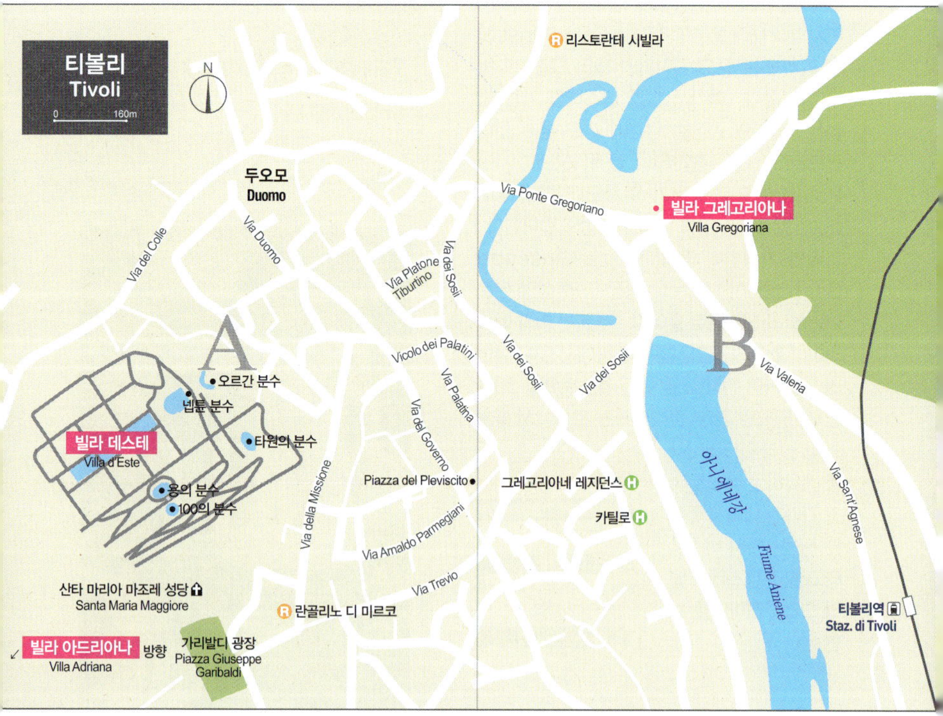

빌라 데스테
Villa d'Este
★★★

MAP p.148-A

분수의 향연이 펼쳐지는 아름다운 정원

이탈리아에서 가장 아름다운 정원이라는 극찬을 받는 곳으로, 작곡가 리스트는 이곳에 머물면서 〈빌라 데스테의 분수〉라는 곡을 썼을 정도로 그 아름다움에 반했다. 원래는 베네딕트회 수도원이었으나 에스테 가문 출신의 추기경 이폴리토 2세가 교황에 선출되지 못해 티볼리에서 은둔 생활을 하면서 별장으로 개축했다. 당시 유명 조각가였던 피로 리고리오를 불러 정원을 만들었고 이후 바로크의 거장 베르니니가 완성한 정원은 마치 천국에 온 듯한 착각이 들 정도로 아름답다. 특히 정원의 백미는 분수인데 동물과 여신의 얼굴을 본뜬 100개의 조각상에서 물을 뿜어내는 100의 분수, 오르간 분수, 티볼리를 감싸고 있는 3개의 강을 상징하는 3층식 분수, 여신상이 여러 개의 젖가슴에서 물을 내뿜는 자연의 여신 분수, 베르니니의 작품인 큰 글라스의 분수, 정원 중심에서 5m 높이의 물줄기를 내뿜는 포세이돈 분수 등이 있다. 이곳의 분수는 기계장치를 이용해 새소리를 내도록 만든 올빼미 분수를 제외하고는 모두 자연의 수압을 이용해 물을 뿜어낸다는 점이 특별하다. 별장 내부에는 화려한 프레스코화로 꾸민 추기경의 집무실과 침실 등이 있다.

찾아가기 티볼리역에서 도보 15분
주소 Piazza Trento, 5 **문의** 0774 312 070
운영 08:30~19:45(문 닫기 1시간 전에 입장 마감, 월별로 정원 퇴장 시간이 조금씩 달라지니 홈페이지 참고)
휴무 월요일 14:00까지, 1/1, 5/1, 12/25
요금 €15.80(아래 사이트 통해 구입)
입장권 예약 https://villa-este.tivolitickets.com

티볼리

빌라 아드리아나
Villa Adriana
★★★

MAP p.148-A

하드리아누스 황제가 공들여 지은 별장

로마제국의 14대 황제 하드리아누스 황제는 21년간의 집권 기간 동안 제국 시찰에 많은 시간을 할애해 12년이나 여행을 했으며 각 지역에서 본 명소들을 자신의 별장에 재현시켰다. 120헥타르에 이르는 넓은 부지에 목욕탕, 도서관, 수영장, 그리스식 해양 극장, 시장, 신전 등 30여 개의 건물과 부대시설이 있어 별장이라기보다는 하나의 작은 도시를 연상케 한다. 이탈리아의 베르사유 궁전이라는 별명으로도 불렸으나 로마제국의 몰락과 함께 쇠락했으며 16세기에는 추기경 이폴리토 2세가 자신의 별장을 꾸미기 위해 이곳에 있던 조각들을 가져갔다. 세월이 흐르면서 많은 부분이 유실되었지만 하드리아누스 황제가 꿈꾸었던 세상을 엿볼 수 있어 흥미롭다.

찾아가기 가리발디 광장에서 CAT 4번 버스를 타고 10분 정도 가다가 내려서 도보 15분
주소 Largo Marguerite Yourcenar, 1
운영 1/2~1/31 09:00~17:00, 2/1~2/29 09:00~18:00, 3/1~3월 마지막 토요일 09:00~18:30, 3월 마지막 일요일~4/30 09:00~19:00, 5/1~8/31 09:00~19:30, 9/1~9/30 09:00~19:00, 10/1~10월 마지막 토요일 09:00~18:30, 10월 마지막 일요일~12/31 09:00~17:00(문 닫기 1시간 전에 입장 마감)
휴무 1/1, 12/25 **요금** 19세 이상 €14(아래 사이트 통해 구입)
홈페이지 https://villa-adriana.tivolitickets.com

Tip

티볼리와 함께 가기 좋은 소도시

카스텔리 로마니 Castelli Romani
'로마의 고성'이라는 뜻이 있는 지역으로 교황과 귀족들이 지은 성과 수심 70m의 알바노 호수가 있는 호반의 마을이다. 여름이면 로마 사람들이 즐겨 찾는 하이킹 코스로 유명하며, 12세기에 지은 교황의 여름 별장인 카스텔 간돌포(Castel Gandolfo), 화이트 와인 산지로 유명한 마리노(Marino), 이탈리아를 대표하는 화이트 와인 마을 프라스카티(Frascati) 등이 가볼 만하다. 알바노 호수 주변에 펼쳐진 포도밭과 올리브밭의 전원 풍경이 포근함으로 다가오는 이 지역은 관광객이 많지 않아 한가로

이 여행을 즐기고자 하는 사람들에게 사랑받는다.

찾아가기 로마 메트로 A선 Anagnina역에서 코트랄 버스를 이용한다. 카스텔 간돌포, 마리노, 프라스카티 등으로 가는 버스가 있으며, 승차권은 정류장 근처의 담배 가게에서 구입한다. 돌아오는 버스 시간표를 반드시 확인한다.
버스 운행 정보 www.cotralspa.it

추천 레스토랑

란골리노 디 미르코
L'Angolino di Mirko
MAP p.148-A

가정식 요리를 부담 없이 즐길 수 있는 곳

이탈리아 가정식 요리를 즐길 수 있는 레스토랑. 대부분 주변 농장에서 들여오는 치즈와 햄 등 신선한 재료를 사용하며 특히 주인이 직접 만든 수제 파스타가 맛있다.

찾아가기 빌라 데스테에서 도보 2분
주소 Via della Missione, 3
문의 0774 312 027
운영 화~토요일 10:00~23:00, 일요일 12:00~20:00
휴무 월요일
예산 €35~60
홈페이지 www.angolinodimirko.com

리스토란테 시빌라 Ristorante Sibilla
강추
MAP p.148-B

전망 좋고 음식 맛도 훌륭한 레스토랑

1720년부터 이어오는 유서 깊은 레스토랑으로 히로히토, 오노 요코, 닐 암스트롱 등의 유명인들이 다녀갔다. 해산물 리소토, 아스파라거스를 곁들인 꼴뚜기, 그릴에 구운 생선 또는 고기 요리 등 다양한 메뉴를 제공한다. 빌라 그레고리아나에서 더 올라간 언덕 위에 있어 전망이 멋지다.

찾아가기 빌라 그레고리아나에서 도보 5분
주소 Via della Sibilla, 50 **문의** 0774 335 281
영업 12:30~15:00, 19:30~22:30 **휴무** 월요일
예산 오늘의 요리 €24~73
홈페이지 www.ristorantesibilla.com

추천 숙소

그레고리아네 레지던스
Residenze Gregoriane
MAP p.148-B

빌라 데스테의 설계자가 지은 호텔

빌라 데스테를 설계한 사람들이 지은 6세기의 건물을 숙소로 꾸몄다. 벽난로가 있는 살롱과 오르간이 있는 음악 감상실, 건식 사우나와 저쿠지, 수영장 등의 부대시설이 있어 신혼여행객이나 고급 호텔을 원하는 여행자에게 추천한다.

찾아가기 티볼리역에서 도보 8분
주소 Via Domenico Giuliani, 92 **문의** 347 713 6854
요금 스위트 슈페리어 €250~
홈페이지 www.residenzegregoriane.it

카틸로 Catillo
MAP p.148-B

컨템퍼러리 스타일의 B&B

티볼리역에서 아니에네강 건너편에 위치한 숙소. 테라코타와 나무로 장식한 실내는 따뜻하고 편안한 느낌을 준다. 객실은 샤워실이 있는 것과 없는 것으로 나뉘며, 아침 식사로는 카푸치노, 과일 주스, 요구르트, 크루아상 등을 제공한다.

찾아가기 티볼리역에서 도보 8분
주소 Via Domenico Giuliani, 74
문의 0774 332 212
요금 €110~
홈페이지 www.catillo-tivoli.it

03
세월의 흐름이 멎은 듯한 옛 교황의 도시
오르비에토 Orvieto

로마에서 북쪽으로 약 120km 떨어진 오르비에토는 움브리아주에 속한 작은 마을로 다채로운 볼거리가 있다. 해발고도 195m의 바위산 위에 마을이 있어 로마나 피렌체에서 가다 보면 드넓은 평야에 우뚝 솟아 있는 성처럼 보인다. 고대 에트루리아 연합의 중심 도시로 번영을 누렸으며 지형의 특성상 은신하기 쉬운 까닭에 중세 때는 교황 클레멘스 7세가 황제 카를 5세의 군대를 피해 이곳에 머물기도 했다. 절벽 아래의 드넓은 평원은 예로부터 와인 산지로 유명했으며 특히 달콤한 화이트 와인으로 정평이 나 있다. 마을 풍경은 마치 시간이 멈춰버린 듯한 중세의 모습이 고스란히 간직되어 있고 화려한 파사드를 자랑하는 두오모는 옛 번영을 짐작하게 한다. 또한 지하에는 고대에 파놓은 거대한 지하 동굴이 미로처럼 뻗어 있어 신비로운 여행을 즐길 수 있다.

Check

여행 포인트
관광 ★★★★
미식 ★★
쇼핑 ★

교통
도보 ★★★
버스·푸니콜라레 ★★

구역 정보
주요 볼거리는 반나절이면 충분히 돌아볼 수 있다. 두오모까지 바로 가는 버스도 있지만 좁다란 골목에 늘어서 있는 상점과 카페를 구경하며 중세 도시를 산책하는 재미를 놓치지 말자.

가는 법

🚆 열차

로마 테르미니역에서 하루 19편, 피렌체 산타 마리아 노벨라역에서 하루 17편의 열차를 운행한다.

홈페이지 www.trenitalia.com

오르비에토-주요 도시 간 열차 운행 정보

출발지	열차 종류	소요 시간	요금
로마	Intercity	1시간 39분	€17.50~
	Regionale	1시간 28분	€8.60~
피렌체	Intercity	1시간 40분	€19.90~
	Regionale	2시간 13분	€16.20~

시내 교통

기차역에서 시내까지는 푸니콜라레 또는 미니버스를 타고 간다. 푸니콜라레는 시내 입구인 카헨 광장(Piazza Cahen)까지 왕복 운행한다. 미니버스는 2개의 노선이 있는데 A 노선은 두오모까지, B 노선은 레푸블리카 광장까지 운행한다. 승차권은 푸니콜라레와 미니버스 모두 탈 수 있는 공통권이며 기차역 내에 있는 신문 가판대에서 구입할 수 있다(90분간 유효). 요금은 €1.30이며 돌아오는 승차권까지 2매를 구입하는 것이 편리하다.

거리 가이드

기차역 앞에서 푸니콜라레를 타면 시내 입구인 카헨 광장에 도착한다. 시내로 들어가기 전 먼저 산 파트리치오의 우물을 보고 다시 카헨 광장으로 돌아와 시내로 이어지는 카보우르 거리(Corso Cavour)를 따라 걷는다. 10분 정도 가다가 좌회전해서 두오모 거리(Via del Duomo)를 따라가면 두오모에 이르게 된다. 두오모에서 지하 도시까지는 걸어서 3분이면 갈 수 있다. 기차역 앞이나 카헨 광장에서 두오모 광장까지 버스로 갈 수도 있으나 슬로 시티의 본고장에 왔으니 산책 삼아 걸어갈 것을 권한다. 거리 양옆으로 수공예품 가게가 늘어서 있고 일요일에는 벼룩시장 등이 열려 구경하는 재미가 쏠쏠하다.

추천 코스

1. 산 파트리치오의 우물
   ▼ 도보 12분
2. 두오모
   ▼ 도보 3분
3. 지하 도시

INFO

◆ 관광안내소

카헨 광장
위치 푸니콜라레 카헨 광장 정류장 앞
문의 0763 302 378
운영 4~9월 10:00~18:00

두오모 광장
위치 두오모 성당 맞은편
문의 0763 301 596
운영 월~금요일 08:15~13:50, 16:00~19:00, 토~일요일·공휴일 10:00~13:00, 15:00~18:00

◆ 오르비에토 여행 정보
www.inorvieto.it

◆ 오르비에토 카드 Carta Unica Orvieto
미니버스와 푸니콜라레를 무제한 이용할 수 있으며 두오모 박물관, 지하 도시 등의 관광 명소 입장료가 포함된 트래블 카드. 그 외에도 일부 호텔과 레스토랑, 상점 등에서 할인 혜택이 있다. 카드는 관광안내소에서 구입할 수 있다.
요금 일반 €25, 학생·만 65세 이상 €20

추천 볼거리
SIGHTSEEING

산 파트리치오의 우물
Pozzo di San Patrizio ★★

MAP p.154-B

지금도 샘이 솟아나오는 신비한 우물

메디치 가문 출신의 교황 클레멘스 7세가 마을이 적에게 포위될 경우를 대비해 용수를 제공할 수 있도록 피렌체의 건축가 안토니오 다 상갈로에게 제작을 명했다. 깊이 62m, 폭 1.4m에 이르는 우물은 248개의 계단으로 지하 깊숙이 내려가면 나오는데, 물을 길으러 내려가는 사람과 올라오는 사람이 부딪치지 않도록 이중 나선형 계단으로 되어 있다. 72개의 창문은 환기구인 동시에 빛을 받아들이는 역할을 한다. 엘리베이터가 없으므로 내려갔다가 올라올 자신이 없는 사람은 입장하지 않는 것이 좋다. 매표소는 우물로 내려가는 입구 안에 있다.

찾아가기 카헨 광장에서 도보 1분
주소 Viale San Gallo **문의** 0763 343 768
운영 1~2월·11~2월 10:00~16:45, 3·4·9·10월 09:00~18:45, 5~8월 09:00~19:45
요금 일반 €5, 학생 €3.50
홈페이지 www.inorvieto.it

에트루스코 클라우디오 파이나 박물관
Museo Etrusco Claudio Faina

MAP p.154-A

신비로운 에트루리아 문명의 산실

고대 이탈리아 반도 북부 지역에 존재하면서 이탈리아 북부와 중부, 코르시카 섬까지 지배하며 고대 그리스와 로마에 영향을 끼친 에트루리아 및 헬레니즘 시대의 중요한 고고학 컬렉션을 소장하고 있다. 나폴레옹 보나파르트의 조카가 기증한 꽃병을 비롯하여 뱀으로 팔을 감싸고 있는 지하세계의 날개 달린 여신을 묘사한 4세기의 도자기 등이 있다.

주소 Piazza del duomo 29
문의 0763 341 216
운영 4~9월 수~월요일 09:30~18:00, 10~3월

@Museo Etrusco Claudio Faina

10:00~17:00, 12/24 10:00~12:30
휴무 화요일, 1/1, 12/25~26
홈페이지 www.museofaina.it

두오모
Duomo ★★★

MAP p.154-A

화려하고 웅장한 파사드가 압권

13세기 말 '볼세나의 기적'을 기리기 위해 지은 성당으로 밀라노의 두오모에 이어 이탈리아에서 두 번째로 규모가 크다. 약 300년이라는 오랜 세월 동안 건설해 로마네스크에서 고딕으로 넘어가는 시기의 건축양식이 잘 반영되어 있다. 여러 색깔의 대리석 조각과 모자이크로 장식한 파사드는 이탈리아에서도 으뜸으로 꼽힐 만큼 아름다우며 오르비에토 거리를 화려하게 물들인다.

내부로 들어가면 산 브리치오 예배당 벽면에 있는 루카 시뇨렐리의 프레스코화 〈최후의 심판〉을 볼 수 있다. 이 작품은 40년 뒤 미켈란젤로가 그린 시스티나 예배당의 〈최후의 심판〉에 영향을 주었다고 전해진다. 북쪽 측랑에는 젠틸레 다 파브리아노가 그린 프레스코화 〈성 모자〉가 있다. 교황이 거주했던 궁전은 현재 박물관으로 이용되고 있다.

찾아가기 카헨 광장에서 도보 13분
주소 Piazza del Duomo, 26 문의 0763 341 167
운영 월~토요일 11~2월 09:30~17:00, 3·10월 09:30~18:00, 4~9월 09:30~19:00
일요일·공휴일 11~2월 13:00~16:30, 3~10월 13:00~17:30 요금 두오모+에밀리오 그레코 박물관 €5
홈페이지 www.opsm.it

오르비에토

추천 레스토랑 & 바

트라토리아 라 그로타
Trattoria la Grotta

MAP p.154-A

움브리아 스타일의 가정식

두오모 근처에 있는 소박한 분위기의 트라토리아로, 움브리아 지역의 가정식과 와인을 즐기기에 무난한 곳이다. 병아리콩 수프, 트뤼플이 들어간 라비올리, 발사믹 식초로 조리한 돼지고기 등심 등을 추천한다.

찾아가기 카헨 광장에서 도보 13분
주소 Via Luca Signorelli, 5 문의 0763 341 348
영업 12:00~15:00, 19:00~22:00 휴무 화요일
예산 €15~30
홈페이지 www.trattorialagrotta.eu

빅 바 Big Bar

MAP p.154-B

와인 테이스팅을 즐기기 좋은 바

화이트 와인을 비롯해 오르비에토의 다양한 와인을 즐길 수 있다. 2종류의 와인을 즐길 수 있는 코스(€10)와 3종류의 와인과 브루스케타, 치즈, 살라미 등을 포함한 코스(€18.50) 중 선택할 수 있다. 아침에 가면 이탈리아식 아침 식사도 할 수 있다.

찾아가기 카헨 광장에서 도보 3분
주소 Corso Cavour, 272
문의 0763 343 059
영업 07:00~20:00
예산 €10~20

칸티나 포레시 Cantina Foresi

MAP p.154-A

두오모를 바라보며 즐기는 와인 한잔

1953년에 문을 열어 3대째 이어오는 와인 바. 지하 저장고에 1300여 병의 와인을 갖추고 있다. 오르비에토 클라시코, 브루넬로 디 몬탈치노 등을 가볍게 한두 잔 주문해놓고 이 지역에서 난 치즈와 살라미 등과 함께 즐겨보자.

찾아가기 카헨 광장에서 도보 12분
주소 Piazza del Duomo, 2
문의 0763 341 611
영업 09:00~20:00
예산 €8~15
홈페이지 www.cantinaforesi.it

추천 쇼핑

에노테카 바르베라니
Enoteca Barberani

MAP p.154-A

오르비에토의 명물 화이트 와인 구입

코르바라(Corvara) 호수가 내려다보이는 언덕 위에 있는 와인 명가 바르베라니에서 생산한 와인을 판매하는 매장이다. 점토질의 석회석 땅에서 포도를 재배해 미네랄이 풍부하며 손으로 따서 현대식으로 주조한다. 가격도 €10~30 정도로 적당해 선물용으로 구입하기에 좋다.

찾아가기 카헨 광장에서 도보 12분
주소 Via Lorenzo Maitani 1 **문의** 0763 341 820
영업 10:00~19:00 **홈페이지** www.barberani.com

폴리페모 쿠오이오 Polifemo Cuoio

MAP p.154-B

예쁜 가죽 공예품 전문점

1983년에 문을 연 가죽 공방으로 오르비에토에서 가장 번화한 카보우르 거리에 있다. 자그마한 가게 안에 아이들이 좋아하는 예쁜 열쇠고리부터 팔찌, 가방, 지갑은 물론 할리 데이비슨 오토바이 안장까지 다양한 아이템이 있으니 마음에 드는 것을 골라보자.

찾아가기 카헨 광장에서 도보 5분
주소 Corso Cavour, 237 **문의** 0763 343 203
영업 10:00~13:00, 15:30~20:00
홈페이지 www.polifemocuoio.it

 ## 추천 숙소

리파 메디치 Ripa Medici B&B

MAP p.154-A

파스텔 톤으로 꾸며진 사랑스런 방

두오모까지 걸어서 5분 거리에 갈 수 있는 좋은 위치의 숙소. 19세기 디자인을 간직한 인테리어와 가구가 멋을 더하고 편의성을 갖춘 시설이 더해져 편안한 주거 환경을 보장한다. 창밖으로 내다보이는 전망이 아름답고 파스텔 톤으로 예쁘게 데커레이션 된 방이 예뻐서 커플 또는 가족이 머물기에 좋다.

주소 Vicolo Ripa Medici 14

@Ripa Medici B&B

요금 싱글·더블 €95~
문의 0328 746 9620
홈페이지 https://ripamedici.com

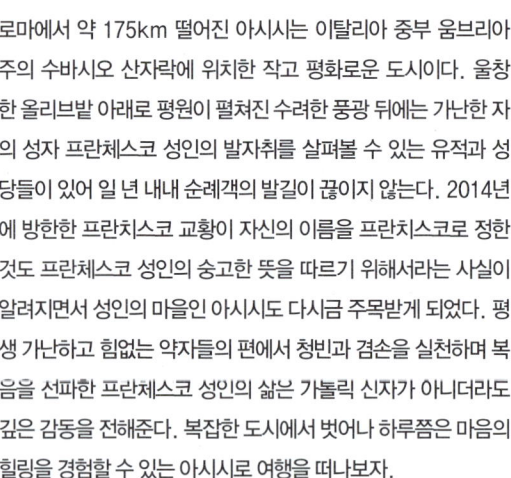

04

프란체스코 성인을 생각하며 걷는 힐링 여행

아시시 Assisi

로마에서 약 175km 떨어진 아시시는 이탈리아 중부 움브리아 주의 수바시오 산자락에 위치한 작고 평화로운 도시이다. 울창한 올리브밭 아래로 평원이 펼쳐진 수려한 풍광 뒤에는 가난한 자의 성자 프란체스코 성인의 발자취를 살펴볼 수 있는 유적과 성당들이 있어 일 년 내내 순례객의 발길이 끊이지 않는다. 2014년에 방한한 프란치스코 교황이 자신의 이름을 프란치스코로 정한 것도 프란체스코 성인의 숭고한 뜻을 따르기 위해서라는 사실이 알려지면서 성인의 마을인 아시시도 다시금 주목받게 되었다. 평생 가난하고 힘없는 약자들의 편에서 청빈과 겸손을 실천하며 복음을 선파한 프란체스코 성인의 삶은 가톨릭 신자가 아니더라도 깊은 감동을 전해준다. 복잡한 도시에서 벗어나 하루쯤은 마음의 힐링을 경험할 수 있는 아시시로 여행을 떠나보자.

Check

여행 포인트
관광 ★★★
미식 ★
쇼핑 ★

교통
도보 ★★★
버스 ★

구역 정보
주요 성당들을 돌아보는 데는 반나절이면 충분하지만 숙박을 하지 않을 경우 열차에서 보내는 시간을 감안하면 하루는 잡아야 한다. 시간이 남으면 열차로 30분 거리에 있는 페루자까지 함께 여행한다.

가는 법

 열차

로마, 피렌체, 페루자 등지에서 열차로 갈 수 있다. 로마와 피렌체에서는 직행편과 경유 열차편이 있으므로 잘 확인하고 타야 한다. 기차역에서 시내까지는 도보로 30분 이상 걸리는데 오르막길이라 시내버스를 타고 가는 것이 좋다(약 10분 소요).

홈페이지 www.trenitalia.com

• **짐 보관소**
위치 기차역 신문 판매대 문의 393 6514 656
운영 06:30~12:30, 13:00~19:30
요금 1일 €6

아시시-주요 도시 간 열차 운행 정보

출발지		열차 종류	소요 시간	요금
로마	직행	Regionale Veloce	2시간	€11.70~
피렌체	직행	Regionale Veloce	2시간 28분	€15.80~
		Intercity	1시간 45분	€14.90~
페루자	직행	Regionale	20분	€3~
		Intercity	19분	€8.5~

시내 교통

 버스

기차역에서 시내로 가는 주황색 C 버스가 10분 간격으로 운행한다. 승차권은 역내 담배 가게에서 돌아오는 것까지 2매를 구입하는 게 좋다.

요금 €1.30(90분간 유효), 차내에서 구입 시 €1.5

> **INFO**
> ◆ **관광안내소**
> 아시시 여행 정보와 무료 지도를 얻을 수 있다. 한국인 성지 순례자들을 위해 우리나라 신부님과 수녀님이 만든 한글 안내서를 판매(€4)하니 조금 더 깊이 있는 여행을 하고 싶다면 구입하자.
> 위치 코무네 광장
> 문의 075 812 534
> 운영 월~토요일 08:00~14:00, 15:00~18:00, 일요일 10:00~13:00, 14:00~17:00
>
> ◆ 아시시 여행 정보 www.assisiaccessibile.it

거리 가이드

기차역에서 시내버스를 타면 마테오티 광장(Piazza Matteotti)에 도착한다. 버스 정류장에서 내려 도보 3분 거리에 있는 산 루피노 성당부터 북서쪽 끝자락에 위치한 산 프란체스코 성당까지는 쉬엄쉬엄 걸어도 20~25분이면 닿을 수 있다. 마을 규모는 아담하지만 오르막길이 많은 편이므로 경사가 가장 심한 로카 마조레를 먼저 다녀오는 것이 체력 안배에 도움이 된다. 시내의 중심인 코무네 광장으로 내려와 주위에 있는 성당들을 천천히 둘러본다. 다만 산타 마리아 델리 안젤리 성당은 기차역에서 가까우므로 마지막 또는 처음 일정에 넣는 것이 좋다. 성지 순례객들이 많이 찾는 마을이므로 프란체스코 성인의 삶에 대한 경의를 표하며 천천히 돌아보도록 한다.

추천 코스

1. 로카 마조레
 ▼도보 15분
2. 산타 키아라 성당
 ▼도보 15분
3. 산 루피노 성당
 ▼도보 3분
4. 코무네 광장
 ▼도보 10분
5. 산 프란체스코 성당
 ▼도보 30분
6. 산 다미아노 수도원
 ▼버스 8분+도보 8분
7. 산타 마리아 델리 안젤리 성당

추천 볼거리
SIGHTSEEING

로카 마조레
Rocca Maggiore

★

MAP p.160-B

아시시의 전경을 볼 수 있는 중세의 요새

14세기에 지은 요새로 아시시 시가지 북동쪽 끝에 있다. 오르막길이지만 아시시의 전경은 물론 평화로운 움브리아 평원까지 감상할 수 있어 올라가볼 만하다. 다만 특별한 전시물이 있는 곳은 아니므로 굳이 입장료를 내고 들어갈 필요는 없다. 성벽 아래에서 풍경만 감상해도 훌륭하다(복원 공사 중).

찾아가기 코무네 광장에서 도보 10분
주소 Piazzale delle Libertà Comunali
문의 075 815 5234
운영 7~8월 09:00~20:00, 4~5·9~10월 10:00~18:30, 11~2월 10:00~16:30, 3월 10:00~17:30
휴무 12/25
요금 일반 €6, 학생 €4

산타 키아라 성당
Basilica di Santa Chiara

★★★

MAP p.161-C

성녀 키아라를 기리기 위한 성당

프란체스코 성인의 첫 여제자이자 가난한 자매회(Sorelle povere di Santa Chiara)를 창설한 성녀 키아라의 유해가 지하에 안치되어 있다. 13세기에 지은 로마네스크 양식의 건물로 흰색과 진한 붉은색 대리석이 어우러진 파사드가 아름답다. 성당 내에는 성녀 키아라의 생애를 묘사한 프레스코화가 있고 머리카락, 수도복, 낡은 구두, 허리띠 등이 유물관에 보관되어 있다. 성당 앞 광장에서 바라보는 움브리아 평원의 풍경이 무척 아름답다.

찾아가기 코무네 광장에서 도보 10분
주소 Piazza Santa Chiara, 1
문의 075 812 282
운영 06:30~12:00, 14:00~19:00(겨울 ~18:00)

Plus Info

아시시의 축제

매년 5월 첫째 주 목요일부터 토요일까지 3일간 열리는 축제 칼렌디마조(Calendimaggio). 1200년경 아시시의 패권을 다투던 피우케 가문과 니페스 가문이 도시의 지배권을 놓고 활쏘기, 빵 나르기 등의 경기를 벌인 것에서 비롯되었다. 지금은 마을 사람들이 중세풍의 옷을 입고 연극, 행진, 석궁, 횃불놀이 등 각종 행사를 열어 축제를 즐기며, 거리 곳곳에 화려한 꽃과 깃발을 장식해 1년 중 가장 멋진 모습으로 단장한다.
홈페이지 www.calendimaggiodiassisi.it

산 루피노 성당
Cattedrale di San Rufino ★★

MAP p.161-C

아시시를 대표하는 두오모

고대 로마 시대에 포룸(공공 광장)으로 사용하던 산 루피노 광장에 위치해 있다. 성당 이름은 아시시 최초의 주교인 성 루피노 주교의 이름에서 유래했다. 1140년 조반니 다 굽비오가 로마네스크 양식으로 지은 후 수차례 증축과 개축을 거듭했으며 16세기에 갈레아초 알레시가 리모델링했다. 3개의 장미 창과 이를 둘러싼 복음 전도자 4명의 상이 있는 파사드가 인상적이다. 프란체스코 성인과 성녀 키아라가 이 성당에서 세례를 받은 것으로 유명하며, 성녀 키아라는 1209년 이곳에서 프란체스코의 설교를 듣고 감명받아 수도자의 길을 걷기로 결심했다고 전해진다.

찾아가기 코무네 광장에서 도보 3분
주소 Piazza San Rufino, 3 **문의** 075 812 283
운영 월~금요일 10:00~13:00, 15:00~18:00, 토요일 10:00~18:00, 일요일 11:00~18:00

코무네 광장
Piazza del Comune ★

MAP p.160-B

아시시의 중심 광장

아시시의 주요 명소인 산 프란체스코 성당, 산타 키아라 성당, 산 루피노 성당으로 가는 길목에 위치해 있어 아시시를 여행하는 사람이라면 누구나 지나치게 된다. 광장 내에는 1세기에 지은 지혜의 여신 미네르바의 신전이 현재 시립 미술관으로 쓰이며, 프리오리 궁전은 시청사로 사용된다. 광장 뒤편에는 산 프란체스코가 살았던 곳이자 생을 마감한 곳으로 알려진 후기 르네상스 양식의 누오바 성당이 있다.

찾아가기 마테오티 광장에서 도보 5분

산 프란체스코 성당
Basilica di San Francesco d'Assisi ★★★

MAP p.160-A

성인의 발자취를 살펴볼 수 있는 영혼의 장소

청렴, 순결, 기도로 생을 마감한 프란체스코 성인의 탄생지에 세워진 성당으로, 1228년 교황 그레고리우스 9세가 그를 성인으로 삼고 유해를 봉납할 것을 명하면서 짓기 시작했다. 지금은 '프란체스코회'로 불리는 작은 형제회의 모교회로 이용한다. 이곳은 중세 때 화형장이었으며 죽음의 언덕으로 불리던 공동묘지 자리이다. 프란체스코 성인은 예수가 가장 초라한 골고다 언덕에서 죽었듯이 자신도 공동묘지에 묻어달라는 유언을 남겼다. 1253년에 완성한 성당은 하부 성당과 상부 성당으로 나뉜다. 미사를 집전하는 상부 성당은 조토를 비롯한 유명 화가들이 그린 프레스코화로 화려하게 장식돼 있다. 〈새들에게 설교하는 프란체스코〉, 〈소명의 순간〉 등 프란체스코의 일대기를 담은 28점의 작품이 시선을 압도한다. 그 밖에 치마부에의 〈왕좌에 앉은 아이를 안은 처녀〉, 조토의 〈십자가〉 등이 있다. 하부 성당의 중앙 제단 위에는 조토의 제자 마에스트로 델레 벨레의 프레스코화 4점이 있다. 악마에 대항한 프란체스코 성인의 승리, 청빈, 복종, 순결의 모습을 보여준다. 성인의 석관은 지하 묘지에 안치되어 있다. 성인에 대해 좀 더 알기를 원한다면 그가 사용하던 물건을 살펴볼 수 있는 유물관(Sala delle Reliquie)에 가보자. 1997년에 발생한 지진으로 건물이 붕괴되는 등 크게 손상되어 지금도 복구 작업이 계속되고 있지만 중요한 작품들은 무사히 남아 있다. 산 프란체스코회 수사가 안내하는 영어 가이드 투어도 진행한다. 예약 및 자세한 정보는 홈페이지 참고.

찾아가기 코무네 광장에서 도보 10분
주소 Piazza San Francesco, 2
문의 075 819 001
운영 매일 06:00~20:00(수요일만 18:45까지)
홈페이지 www.sanfrancescoassisi.org

산 다미아노 수도원
Chiesa di San Damiano

MAP p.161-C

성녀 키아라의 숨결이 남아 있는 곳

아시시에서도 가장 소박하고 성스러운 곳으로 꼽히는 이 수도원은 성녀 키아라가 스스로 유복한 삶을 버리고 출가한 이후 숨을 거둘 때까지 42년간 지내고 생을 마감한 곳이다. 경내를 조용히 거닐면서 명상에 잠겨보는 것도 좋다.

찾아가기 코무네 광장에서 도보 23분
주소 Via San Damiano, 85 **문의** 075 812 273
운영 10:00~12:00, 14:00~18:00(겨울 ~16:30)

산타 마리아 델리 안젤리 성당
Basilica di Santa Maria degli Angeli

MAP p.160-B

가시 없는 장미와 하얀 비둘기의 기적

산 프란체스코가 복음 전도를 하며 생활하던 포르치운콜라(Porziuncola)라는 작은 성당이 그대로 보존되어 있어 성당 안에 또 하나의 성당이 있는 독특한 구조이다. 산 프란체스코가 생을 마감한 이 성당은 아시시의 기적을 볼 수 있는 곳으로도 유명하다. 산 프란체스코가 욕망을 이기기 위해 가시덤불 속으로 몸을 던진 후 가시 없는 장미가 자라났고, 600년 넘게 프란체스코 조각상을 떠나지 않는 하얀 비둘기 한 쌍이 있다.

찾아가기 아시시역에서 도보 8분
주소 Piazza Porziuncola, 1 **문의** 075 805 1430
운영 06:15~12:40, 14:30~19:30

🍽 추천 레스토랑

트라토리아 팔로타 Trattoria Pallotta

MAP p.161-C

소박한 이탈리아 가정식을 즐길 수 있는 곳

가족적인 분위기의 트라토리아로 면과 소스를 직접 만들어 사용한다. 올리브 페스토와 버섯이 들어간 스트랑고치 알라 팔로타(Strangozzi alla Pallotta)를 추천한다.

찾아가기 코무네 광장에서 도보 1분 **주소** Vicolo Della Volta Pinta, 3 **문의** 075 815 5273 **영업** 12:00~15:00, 19:00~21:30 휴무 화요일 **예산** 투어리스트 메뉴 €18
홈페이지 www.trattoriapallotta.it

🛍 추천 쇼핑

아르테 레뇨 Arte Legno

MAP p.160-B

올리브 나무로 만든 아이템이 가득

2대째 이어오는 수공예품 전문점. 접시, 쟁반을 비롯한 식기와 종교적인 아이템에 이르기까지 장인의 손으로 완성한 다양한 제품을 갖추고 있어 기념품 쇼핑을 즐기기 좋다.

찾아가기 코무네 광장에서 도보 3분
주소 Via Arnaldo Fortini, 20
문의 075 815 5219 **영업** 매일 09:30~18:00
홈페이지 www.artelegnospello.com

추천 숙소

호텔 소렐라 루나 Hotel Sorella Luna

MAP p.160-A

중세 분위기를 간직한 호텔

400년 된 중세 건물을 사용하는 호텔로 2012년 레노베이션한 후 더욱 쾌적해졌다. 호텔 곳곳에 현대 작가들의 작품이 걸려 있고 감각적인 컬러의 소품을 사용한 센스가 돋보인다. 객실 수가 15개뿐이어서 예약을 서두르는 것이 좋다.

찾아가기 코무네 광장에서 도보 10분 **주소** Via Frata Elia, 3 **문의** 075 816 194 **요금** 싱글 €45.90~, 더블 €75.65~
홈페이지 www.hotelsorellaluna.it

호텔 세나콜로 Hotel Cenacolo

MAP p.160-B

아름다운 전망이 주는 휴식

산타 마리아 델리 안젤리 성당과 가까운 곳에 위치한 쾌적한 분위기의 호텔. 안락한 방과 정원, 주차 시설을 갖추고 있으며 방 안에는 금고와 미니바 등의 편의시설을 갖추고 있다. 2, 3인실과 가족실이 있으며 아시시의 아름다운 전망을 조망할 수 있는 주니어 스위트는 커플룸으로 제격이다.

주소 Viale Patrono d'Italia 70 **문의** 075 804 1083
요금 싱글·더블 €54.89~
홈페이지 www.hotelcenacolo.com/

알고 가자! 프란체스코 성인

오토 대제가 신성 로마 제국 황제가 될 시기에 전쟁터에 나갔던 20세 초반의 프란체스코는 겨우 목숨만 부지한 채 자신의 고향인 아시시로 돌아왔다. 그의 아버지는 이 마을의 부자로 소문난 베르나르도네였는데, 전쟁에서 돌아온 프란체스코는 부모의 극진한 보살핌에도 불구하고 악몽에 시달리거나 기괴한 행동을 일삼는다. 이를 보다 못한 아버지가 아시시의 대주교에게 심판을 요청한다. 마을의 광장에서 프란체스코는 새 영혼으로 탄생할 것을 외친 후 폐허가 된 산 다미아노 성당을 재건했다. 이곳은 가난한 이를 맞아들이는 장소로 많은 사람들이 몰려들었다. 이에 시기를 느낀 아시시의 대주교는 산 다미아노를 폐쇄하도록 명령하였고 이에 프란체스코는 교황을 만나 화려한 성직자가 아닌 하늘에 나는 새처럼 작은 낱알 하나에도 만족하며 살 것을 호소한다. 이에 감복한 인노켄티우스 3세 교황은 바른 성품을 추구하는 '작은 형제회'를 수도회로 인정한다. 프란체스코는 만년인 1224년에 그리스도가 십자가에 못 박혔을 때처럼 옆구리와 양손, 양발에 5개의 상처가 생긴 것으로도 유명하다. 그리고 그가 남긴 기도문은 전 세계 천주교인들에게 암송되고 있다.

주여, 저를 평화의 도구로 써주소서.
미움이 있는 곳에 사랑을 상처가 있는 곳에 용서를,
의심이 있는 곳에 믿음을 분열이 있는 곳에 통합을,
절망이 있는 곳에 희망을 어둠이 있는 곳에 광명을,
슬픔이 있는 곳에 기쁨을 심게 하소서.

05
고대 로마의 번영과 대학 캠퍼스의 낭만이 깃든 도시
페루자 Perugia

이탈리아 중부에 위치한 움브리아주의 주도로 기원전 에트루리아 시대에 크게 번영했다가 310년부터 로마령에 속했고 15세기부터는 교황령으로 지배를 받았다. 해발고도 약 500m의 언덕에 자리한 시내에는 중세 시대의 고색창연한 건물들이 도시의 화려했던 과거를 말해주며, 언덕 아래로는 사이프러스 나무와 포도밭이 끝없이 펼쳐진다. 이탈리아에서 외국인 유학생이 가장 많은 학문의 도시답게 풋풋한 대학생들이 거리와 광장에 활기를 불어넣는다. 또한 매년 여름 재즈 페스티벌이 열리고 가을에는 유로초콜릿 축제가 열려 도시에 낭만을 더해준다. 우리에게는 안정환 선수가 이탈리아 페루자 프로 팀에서 뛰었던 것으로도 기억되는 도시이다.

Check

여행 포인트
관광 ★★★
미식 ★★
쇼핑 ★

교통
도보 ★★★
버스·미니 메트로 ★

구역 정보
기차역에서 시내를 오갈 때만 버스나 미니 메트로를 이용한다. 주요 볼거리는 콰트로 노벰브레 광장 주변에 모여 있어 천천히 걸으며 돌아봐도 반나절이면 충분하다.

가는 법

🚆 열차

로마, 피렌체, 아시시 등지에서 페루자까지 열차를 운행한다. 기차역에서 시내까지는 약 2km 떨어져 있으며 가파른 언덕길이어서 버스나 미니 메트로를 타고 가는 것이 좋다.

홈페이지 www.trenitalia.com

페루자-주요 도시 간 열차 운행 정보

출발지	열차 종류		소요 시간	요금
로마	직행	Regionale Veloce	2시간 30분	€12,90~
	경유	로마→폴리뇨 Regionale Veloce	2시간 57분	€12,90~
		폴리뇨→페루자 Regionale Veloce		
피렌체	직행	Regionale Veloce	2시간 17분	€14,65~
아시시	직행	Regionale	21~30분	€3

🚌 버스

로마, 피렌체, 나폴리, 아시시 등에서 시외버스를 타고 갈 수 있다. 버스에 따라 기차역이나 콰트로 노벰브레 광장 근처에서 내려준다.

홈페이지 www.flixbus.com

페루자-주요 도시 간 버스 운행 정보

출발지	운행 횟수	소요 시간	요금
로마 (티부르티나역)	매일 5~8회	2시간 15분	€3,99~
피렌체	매일 7~10회	1시간 45분~ 2시간 30분	€9,99~

시내 교통

🚌 버스

기차역 앞에서 109번이나 A·D 버스를 타면 시내 중심인 콰트로 노벰브레 광장 근처의 V.XIV Settembre MM 정류장까지 약 10분 걸린다. 승차권은 버스와 미니 메트로 모두 탈 수 있는 공통권이며 담배 가게나 자동발매기에서 판매한다.

홈페이지 www.umbriamobilita.it

승차권 종류	요금	유효기간
1회권 Corsa Singola	€1,50 (버스에서 구입 시 €2)	개찰 후 70분 (환승 가능)
10회권 10 Multiviaggi	€12,90	개찰 후 70분 (환승 가능)×10회
1일권 Turistico 1 Giorno	€5,40	구입 당일 자정까지

🚇 미니 메트로

기차역 1번 플랫폼에서 인도를 따라가면 폰티베제(Fontivegge)역이 나온다. 이곳에서 미니 메트로를 타고 네 번째 역인 핀체토(Pincetto)역에서 내리면 바로 시내로 갈 수 있다.

홈페이지 www.minimetrospa.it
운행 월~토요일 07:00~21:20,
일요일·공휴일 08:30~20:30

INFO

◆ **관광안내소**
위치 마테오티 광장
주소 Piazza Giacomo Matteotti, 18 문의 075 572 8937
운영 월~토요일 08:30~13:30, 15:30~18:30,
일요일 09:00~13:00

◆ **움브리아 재즈 페스티벌 티켓 예약**
www.ticketland2000.com

◆ **페루자 여행 정보** www.inperugia.com

페루자에서 열리는 페스티벌 정보와 여행 정보를 얻을 수 있는 관광안내소

페루자 167

거리 가이드

기차역에서 버스나 미니 메트로를 타고 언덕에서 내린 후 시내 중심인 콰트로 노벰브레 광장까지는 천천히 걸어도 5분이면 갈 수 있다. 광장 중심에는 마조레 분수가 있고 그 주변을 산 로렌초 대성당, 프리오리 궁전 등 고풍스러운 건물들이 에워싸고 있다. 주요 볼거리는 모두 이 광장 근처에 모여 있어 반나절이면 돌아볼 수 있다. 중세의 모습이 그대로 남아 있는 거리는 느긋하게 산책을 즐기기에 더없이 좋다. 골목골목 숨어 있는 예쁜 숍을 구경하고 레스토랑에서 와인과 함께 맛있는 식사를 즐기는 것으로 마무리한다.

도보 추천 코스

1. 산 로렌초 대성당
   ▼ 도보 1분
2. 콰트로 노벰브레 광장
   ▼ 도보 1분
3. 프리오리 궁전 (국립 움브리아 미술관)

추천 볼거리
SIGHTSEEING

산 로렌초 대성당 ★★★
Cattedrale di San Lorenzo

MAP p.168

미완성으로 남은 페루자의 대성당

14~15세기에 걸쳐 고딕 양식으로 지은 대성당으로 입구에는 교황 율리우스 2세의 청동상이 있다. 15세기 말 공사가 중단되어 파사드와 외벽이 미완성으로 남아 외관은 수수하다. 하지만 안으로 들어가면 우아한 돔과 스테인드글라스로 화려하게 장식돼 있다. 성당 안에 3개의 예배당이 있는데 그중 한 곳에 성모 마리아의 결혼 예물인 '거룩한 반지'가 있다. 이 반지는 끼는 사람의 성격에 따라 색깔이 달라진다고 한다.

찾아가기 콰트로 노벰브레 광장에서 바로
주소 Piazza IV Novembre
문의 075 572 3832
운영 월~토요일 08:30~12:30, 15:30~19:30
일요일·축일 08:30~12:30, 15:00~19:00
홈페이지 www.cattedrale.perugia.it

콰트로 노벰브레 광장 ★★
Piazza IV Novembre

MAP p.168

페루자의 중심 광장

광장 이름은 '11월 4일 광장'이라는 뜻으로 페루자의 구심점과도 같은 곳이다. 산 로렌초 대성당과 프리오리 궁전 등 중세 시대의 건축물로 둘러싸여 있고 광장 한가운데에는 마조레 분수(Fontana Maggiore)가 있다. 1278년 용수를 공급하기 위해 지은 것으로, 〈성경〉과 역사에 등장하는 장면과 니콜과 피사노, 조반니 피사노

등의 인물이 조각돼 있다.

찾아가기 V. XIV Settembre MM 버스 정류장에서 도보 5분

프리오리 궁전 ★★
Palazzo dei Priori

MAP p.168

국립 미술관이 있는 웅장한 고딕 건축물

13~15세기에 걸쳐 지었으며 페루자의 정치적 거점이 되었고 지금은 시청사로 쓰인다. 건물 입구에는 페루자의 수호신 그리핀(독수리의 머리와 날개에 사자의 몸을 지닌 괴물)과 사자의 청동상이 지키고 있다. 3층에는 국립 움브리아 미술관이 들어서 있는데 25개의 전시실에 두치오 디 부오닌세냐, 베아토 안젤리코, 핀투리키오 등의 중세와 르네상스 시대의 작품이 전시돼 있다.

찾아가기 콰트로 노벰브레 광장에서 바로
주소 Corso Pietro Vannucci, 19
문의 075 573 6458

국립 움브리아 미술관
Galleria Nazionale dell'Umbria

문의 075 5866 8410 운영 4~10월 월 12:00~19:30, 화~일요일 08:30~19:30, 11~3월 화~일요일 08:30~19:30(마지막 입장 18:30 이전)
휴무 1/1, 12/25
요금 €10(만 18세 이하 무료)
홈페이지 www.gallerianazionaleumbria.it

추천 레스토랑

라 보테가 디 페루자
La Bottega di Perugia

MAP p.168

페루자에서 제일 맛있는 샌드위치

트립어드바이저에서 페루자의 맛집 1위로 선정한 샌드위치 가게. 주머니가 가벼운 대학생들은 물론 타 지역에서도 일부러 찾아올 만큼 인기가 많다. 가격도 저렴한 데다 신선한 육류와 치즈만을 사용해 담백한 맛을 내는 것이 인기 비결. 앉아서 먹을 수 있는 자리가 없다는 게 단점이지만 콰트로 노벰브레 광장 등에 가서 먹으면 된다.

찾아가기 콰트로 노벰브레 광장에서 도보 2분
주소 Piazza Francesco Morlacchi, 4
문의 075 573 2965
영업 월~토요일 11:00~22:00 **휴무** 일요일
예산 파니니 €2.5~
홈페이지 www.labottegadiperugia.it

메르카토 비아노바
Mercato Vianova

MAP p.168

세련된 분위기의 퓨전 레스토랑 & 바

이탈리아 요리는 물론 스시, 와인까지 모두 즐길 수 있는 곳이다. 세련된 인테리어로 젊은 층에게 특히 인기가 높으며 언제 가도 활기찬 분위기이다. 아침 식사는 바이오 재료로 만든 음식으로 제공한다. 인기 메뉴는 신선한 모차렐라와 버거. 식사 시간 외에는 가볍게 음료만 마실 수도 있으며, 해피 아워(18:00~21:00)에 가면 좀 더 알뜰하게 즐길 수 있다.

찾아가기 콰트로 노벰브레 광장에서 도보 2분
주소 Via Giuseppe Mazzini, 15
문의 075 573 0445
영업 12:30~15:00, 19:30~23:00
휴무 월요일
예산 아침 식사 €5~10, 점심·저녁 식사 €20~30
홈페이지 www.mercatovianova.it

RESTAURANT & SHOPPING

트라토리아 보르고 산 프란체스코
Trattoria Borge San Francesco

MAP p.168

페루자의 숨은 보석 같은 맛집

호텔 요리사 출신의 모녀가 움브리아 전통 요리를 기반으로 이 지역에서 나는 양질의 소시지와 고기 등을 주재료로 한 특별한 요리를 선보인다. 소시지와 트뤼플 같은 버섯 등으로 조리한 파스타, 돼지고기 꼬치에 소시지, 스테이크, 닭고기 등이 함께 나오는 그릴 믹스 요리, 그릴에 구운 양고기 등을 추천한다.

찾아가기 콰트로 노벰브레 광장에서 도보 6분
주소 Via dei Priori, 78
문의 075 573 5869
영업 19:30~23:00
휴무 일요일
예산 €10~30
홈페이지 www.trattoriadelborgoperugia.it

추천 쇼핑

초코스토어 바이 유로초콜릿
Chocostore by Eurochocolate

MAP p.168

초콜릿 관련 아이템이 가득

매년 10월 페루자에서 열리는 유로초콜릿 축제를 주관하는 회사가 운영하는 초콜릿 가게. 축제 기간이 아니어도 언제나 양질의 초콜릿을 구입할 수 있다. 이곳 외에도 밀라노, 토리노 등 이탈리아 국내와 상하이 등 해외에도 계속 지점을 내고 있다. 초콜릿을 테마로 한 머그컵, USB 등 다양한 아이템이 있어 선물용으로 구입하기에도 좋다.

찾아가기 콰트로 노벰브레 광장에서 바로
주소 Piazza IV Novembre, 7 **문의** 075 573 2885
영업 10:00~19:30
홈페이지 www.chocostore.it

피렌체와 주변 도시

01
Firenze
피렌체

아르노강 양안의 구릉 위에 자리한 피렌체는 '꽃의 도시'로 불리는 아름다운 도시이다. 기원전 2세기부터 도시로서의 면모를 갖추기 시작했고, 12세기 이후 모직물과 귀금속을 중심으로 경제적 번영을 이루어 유럽의 상공업과 금융업의 중심지로 성장했다. 이후 피사 등의 주변 도시를 지배하면서 강력한 공국으로 우뚝 섰고, 15세기 초부터는 메디치 가문의 독재 체제를 기반으로 이탈리아 르네상스를 꽃피웠다. 15세기 말 메디치 가문의 추방과 복귀가 되풀이됐지만 토스카나 공국의 주도가 되면서 보티첼리, 미켈란젤로, 조토 등 수많은 예술가가 피렌체를 중심으로 활동했다. 이탈리아 르네상스의 황금기를 보여주는 우피치 미술관, 미켈란젤로의 걸작이 있는 아카데미아 미술관, 세기의 연인 단테와 베아트리체의 운명적 만남이 있었던 베키오 다리, 두오모의 큐폴라에서 내려다보는 아름다운 스카이라인만으로도 지상에서 가장 로맨틱한 도시라는 찬사를 받기에 충분하다. 10년간 헤어졌던 연인의 재회를 다룬 에쿠니 가오리의 소설 〈냉정과 열정 사이〉의 배경이 된 도시로 알려지면서 더 많은 여행자가 이 도시를 찾고 있다.

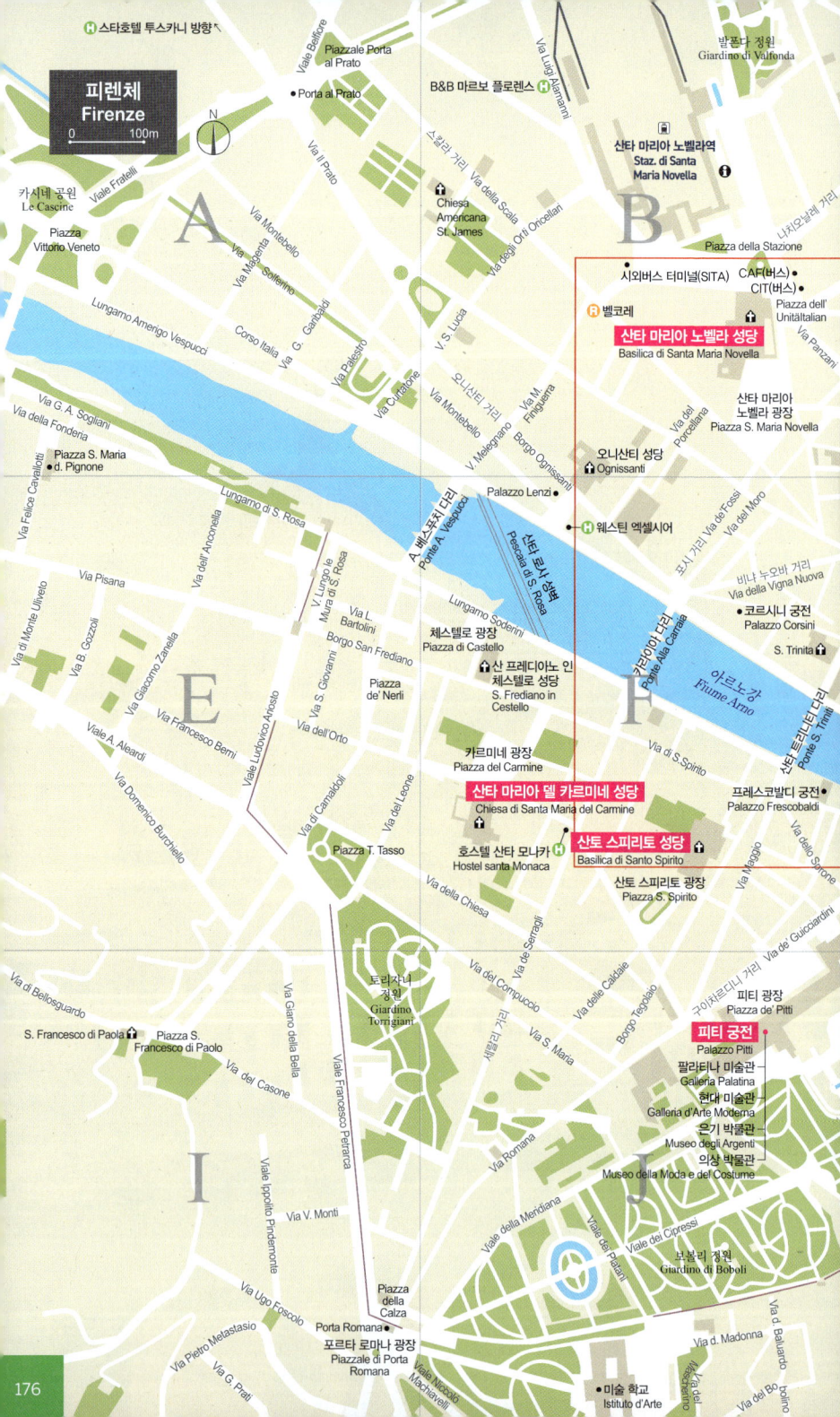

피렌체 가는 법

ACCESS FIRENZE

로마와 밀라노의 중간에 위치한 피렌체는 여행객들이 많이 찾는 인기 도시이지만 항공편으로 가는 경우는 드물다. 피렌체와 피사에 공항이 있지만 이용자 수가 적어서 폐쇄될 위기에 놓여 있을 정도. 로마, 밀라노를 비롯한 이탈리아 주요 도시에서 열차로 편리하게 갈 수 있다.

비행기

우리나라에서 피렌체로 가는 직항편은 없으므로 유럽 내 주요 도시를 경유해 가야 한다. 유럽의 도시에서는 시내로의 이동을 고려하면 비행기보다 열차로 가는 것이 편리하기 때문에 비행기 이용률이 낮은 편이다. 비행기로 갈 경우 피렌체의 페레톨라 공항에서 내리거나, 인근 도시인 피사의 갈릴레오 갈릴레이 공항에서 내려 피렌체까지 공항버스를 타고 간다.

페레톨라 공항
Aeroporto di Peretola

'아메리고 베스푸치 공항(Aeroporto Amerigo Vespucci)'이라고도 부르며 피렌체 시내에서 북서쪽으로 약 6km 떨어져 있다. 루프트한자, 스위스항공, 에어프랑스, 알리탈리아항공, 부엘링항공 등 유럽계 항공사가 뮌헨, 취리히, 파리, 로마, 베를린, 암스테르담 등을 연결한다. 1개의 터미널로 이루어진 작은 공항으로 관광안내소, 환전소, 라운지, 숍, 레스토랑 등의 편의 시설이 있다.

주소 Via del Termine, 11
홈페이지 www.aeroporto.firenze.it

공항에서 시내로 가는 법

시내로 가는 이동 수단에는 공항버스, 택시 등이 있다. 대부분 공항버스인 볼라 인 버스(Vola in Bus)를 이용한다. 일행이 여럿이거나 짐이 많으면 택시를 이용하는 게 더 낫다. 시내까지의 요금은 €20 정도 예상하면 된다.

● 트램 Tram

2019년 2월11일부터 2번 트램(Tram 2) 노선이 신설되어 페레톨라 공항과 피렌체 시내를 연결해주었다.

운영 월~목·일요일·공휴일 05:06~11:59, 금~토요일 05:06~익일 01:44
소요시간 20분
티켓 €1.5(티켓 구입은 트램 역 자판기나 스마트폰에서 tabnet 앱을 깔아 구입 가능)

● 택시

공항에서 산타 마리아 노벨라역까지 가는 데 약 15분 소요된다. 택시 승차장은 도착 홀에서 출구로 나와 오른쪽으로 가면 공항 청사 끝부분에 있다. 요금은 시에서 지정한 공식 요금이며 공식 택시를 이용해야 바가지요금의 피해를 입지 않을 수 있다.

문의 055 4242, 055 4390, 055 4798
요금 월~금요일 €22, 토~일요일·공휴일 €24,
야간(22:00~06:00) €25.30, 짐1개당 €1, 공항 출발 €2.70

열차

피렌체에 갈 때 가장 많이 이용하는 교통수단으로 산타 마리아 노벨라역에서 내리면 바로 시내로 이어져 편리하다. 유럽 주요 도시를 연결하는 국제선 열차와 이탈리아 각 도시를 연결하는 국내선 열차가 수시로 발착한다.

홈페이지 www.trenitalia.com

피렌체-주요 도시 간 열차 운행 정보

출발지	열차 종류	소요 시간	요금
로마	Frecciarossa	1시간 36분~	€14.90~
	Regionale	3시간 48분	€22.15~
밀라노	Frecciarossa	1시간 50분	€21.90~
베네치아	Frecciarossa 1000	2시간 13분	€16.90~
나폴리	Frecciarossa	3시간 6분	€22.90~
피사	Tuscany line	52분	€8.90~
라스페치아 (친퀘 테레)	Regionale	2시간 17분	€14.40~

산타 마리아 노벨라역
Stazione di Firenze Santa Maria Novella

하루에 400여 편의 열차가 발착하는 피렌체의 중심 역으로 유명 건축가 조반니 미켈루치가 디자인했다. 역내에 관광안내소, 짐 보관소, 화장실(5번 플랫폼 옆), 약국, 레스토랑 등이 있다.

• **짐 보관소 Deposito Bagagli**
맡길 수 있는 짐 1개당 최대 무게는 20kg. 짐을 맡길 때 신분증이 필요하니 여권을 지참하자.
위치 Via della Scala 13/R(산타 마리아 노벨라 역에서 200m)
운영 월~금요일 10:30~13:00, 15:30~17:30
요금 €5(개당/1일)
홈페이지 https://luggagepoint.it/

산타 마리아 노벨라역 외관

시외버스

로마, 밀라노 등 먼 도시에서 갈 때는 열차가 편리하지만 피사, 산지미냐노, 시에나 등 가까운 도시에서 갈 때는 시외버스를 이용하는 것이 더 낫다. 피렌체의 시외버스 터미널(Autostazione Busitalia-Sita Nord Firenze)은 산타 마리아 노벨라역 바로 옆에 있으며, 시타(SITA) 버스와 라치(Lazzi) 버스가 인근 도시를 연결한다. 피렌체 근교의 아웃렛 더 몰(The Mall)이나 시에나 등으로 갈 때는 시타 버스를 이용하는데, 기차역에서 5번 플랫폼으로 나와 길을 건넌 후 왼쪽으로 걷다가 코너를 돌면 입구가 있다. 라치 버스는 유로라인 버스와 같은 터미널을 사용하는데 기차역에서 16번 플랫폼 옆 출구로 나와 길을 건넌 후 왼쪽으로 3분 정도 걸어가면 터미널이 나온다.

홈페이지
시타 버스 www.sitabus.it
라치 버스 www.lazzi.it
플릭스버스 www.flixbus.com

피렌체-주요 도시 간 버스 운행 정보

출발지	소요 시간	버스 회사
산지미냐노(포지본시 Poggibonsi에서 환승)	1시간 20~30분	SITA
시에나	1시간 15분	SITA
피사	2시간	Lazzi
더 몰	1시간	SITA

피렌체의 시외버스 터미널

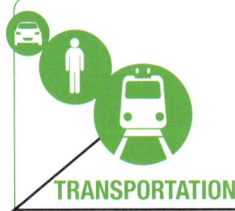

피렌체 시내 교통

피렌체의 대중교통은 버스, 트램 등이 있는데, 주요 볼거리가 산타 마리아 노벨라역에서 도보 20분 거리 이내에 모여 있어 이용할 일이 별로 없다. 다만 숙소가 시내에서 멀리 떨어져 있거나 아르노강 건너편으로 갈 때는 적절히 이용한다.

승차권 구입 및 종류

승차권은 버스와 트램 공통으로 사용할 수 있으며 신문 가판대, 담배 가게, 정류장에 있는 자동발매기 등에서 구입할 수 있다. 차내에서 운전사에게 구입해도 되지만 비싸고(1회권 €2) 거스름돈을 내주지 않는다. 승차할 때는 반드시 개찰기에 승차권을 통과시켜서 펀칭을 해야 부정 승차가 되지 않는다.

승차권 종류	요금	유효기간
1회권 Biglietto valido 90 minuti	€1.50	개찰 후 90분
1회권(운전사에게 구입 시) Biglietto valido 90 minuti	€2.50	개찰 후 90분
카르타 아질 Carta Agile	€10	-
야간권 Notte Tempo	€5	심야 운행 (22:00~02:00)

● 피렌체 카드 Firenze Card

피렌체의 주요 관광 명소를 무료 입장하고 대중교통을 무제한 이용할 수 있는 트래블 카드. 특히 관광객이 많은 박물관 등에서 줄을 서지 않고 바로 입장이 가능해 시간을 절약할 수 있다. 단, 각 명소에 1회만 방문할 수 있으며, 카드 사용 개시 후 72시간 동안만 유효하다. 카드는 관광안내소, 우피치 미술관, 아카데미아 미술관 등의 티켓 오피스 또는 홈페이지를 통해 구입할 수 있다.

요금 €85
홈페이지 www.firenzecard.it

버스

피렌체의 시내버스는 ATAF와 LI-NEA에서 운영한다. 주요 노선은 ATAF사에서 운영하며 피렌체 시내와 주변의 피에솔레(Fiesole) 지역까지 연결한다. 밤(21:00~01:00)에는 3개의 야간 버스 노선을 운행한다.

홈페이지 www.ataf.net

여행자가 주로 이용하는 버스 노선
- **7** 산 마르코 광장-피에솔레
- **12** · **13** 산타 마리아 노벨라역-미켈란젤로 광장

미켈란젤로 광장 등 시내에서 먼 곳에 갈 때는 버스를 활용하자.

트램

친환경을 추구하는 정책에 의해 2010년에 개통된 트램은 현재 3개 노선이 16.8km를 커버하고 37개 역을 연결한다.

운행 스칸디치 → 피렌체 05:26~24:00
홈페이지 www.gestramvia.com

시티 투어 버스

피렌체의 관광 명소를 도는 투어 버스로 시티 사이트싱 피렌체(City Sightseeing Firenze)가 있다. 시간이 많지 않은 여행자나 어린이를 동반한 가족 여행객이 이용하기 좋다. 이 투어 버스 회사에서는 피렌체에서 출발하여 피사, 시에나, 산지미냐노, 키안티 와인 농장 등을 방문하는 투어 프로그램도 진행한다. 승차권은 홈페이지 또는 버스 운전사에게 직접 구입할 수 있다.

운행 산타 마리아 노벨라 역 출발 월~금요일 09:30~18:30, 주말·공휴일 09:30~18:15(30분 간격)
요금 1일권 €20.70~, 2일권 €25.20~(5~15세 어린이는 50% 할인) *인터넷 구매 요금
홈페이지 www.firenze.city-sightseeing.it

피렌체를 돌아보는 가장 편리한 시티 사이트싱 피렌체

택시

차체가 하얀색인 공식 택시를 이용해야 바가지 요금의 피해를 입지 않는다. 기본 요금은 평일 기준 €2.80이며 일요일과 공휴일에는 €4.50, 심야(22:00~06:00)에는 €6.50이다. 주행 거리에 따라 시내에서는 km당 €0.80, 시외로 나가면 km당 €1.50씩 가산된다. 또 짐 1개당 €1, 전화 예약 시 €3.50를 추가로 내야 한다.

Plus Info

CAF 산 지미냐노/와인 디너 투어

CAF 여행사(CAF Tour & Travel) 사무소 입구에서 오후에 출발해 산 지미냐노 관광과 키안티 와이너리 투어(4/16~10/29 매일 16:15 출발, 약 5시간 15분 소요, 요금 €105)를 겸하는 프로그램과 시에나/산 지미냐노 그리고 키안티의 아름다운 풍광을 돌아볼 수 있는 1일 투어(매일 08:30 출발, 약 11시간 소요, 요금 €54) 프로그램을 동시에 운영한다. 예약은 홈페이지 또는 여행사 사무소에서 하면 된다.

MAP p.176-B
홈페이지 www.caftours.com

여행사 사무소는 산타 마리아 노벨라역에서 도보 10분 거리에 있다.

INFO

◆ **관광안내소**
피렌체 여행에 도움이 되는 관광 정보는 물론 주변 도시에서 열리는 축제, 이벤트 관련 소식과 호텔, 레스토랑 등의 정보를 얻을 수 있다.

피렌체 공항
위치 도착 홀 중앙
문의 055 315 874
운영 월~토요일 09:00~19:00, 일요일 09:00~14:00

산타 마리아 노벨라역
위치 16번 플랫폼 옆
문의 055 212 245
운영 월~토요일 09:00~19:00, 일요일 09:00~14:00

산 로렌초 성당 근처
주소 Via Cavour, 1r
문의 055 290 832
운영 09:00~18:00 휴무 일요일

피렌체 추천 코스
Best Course

피렌체는 도시 규모에 비해 볼거리가 많아 적어도 이틀은 일정을 잡는 것이 좋다. 주요 볼거리 대부분은 도보로 이동 가능한 곳에 있다. 성당이나 미술관에서 작품을 천천히 감상하고 골목골목 숨어 있는 맛집도 들러보자. 시간 여유가 있다면 근교 도시로 당일치기 여행을 하거나 아웃렛에 가는 일정을 추천한다.

Day 1

- 산타 마리아 노벨라 성당
- 도보 6분 ↓
- 두오모
- 도보 1분 ↓
- 산 조반니 세례당
- 도보 1분 ↓
- 조토의 종탑
- 도보 5분 ↓
- 산 로렌초 성당
- 도보 7분 ↓
- 아카데미아 미술관
- 도보 16분 ↓
- 산타 크로체 성당

〈성 삼위일체〉로 유명한 산타 마리아 노벨라 성당

산 조반니 세례당의 화려한 천장화

두오모의 아름다운 큐폴라

조토의 종탑 아랫부분에 인간의 노동을 표현한 조각이 있다.

산 로렌초 성당의 중앙 정원

위인들의 묘가 있는 산타 크로체 성당

1일 차 여행 포인트

✔ **두오모, 조토의 종탑에 가기 전에**
두오모의 큐폴라나 조토의 종탑은 수백 개의 계단을 올라가야 하는 곳이기 때문에 든든한 체력과 편한 신발이 필요하다. 둘 다 피렌체 시내의 전경을 한눈에 볼 수 있는 인기 명소이지만 체력에 자신이 없다면 오르지 않는 것이 좋다.

✔ **아카데미아 미술관에 가려면**
아카데미아 미술관은 예약하지 않고 가면 1시간 이상 줄을 서서 기다려야 하므로 반드시 홈페이지에서 예약하고 가도록 한다.

Day 2

피티 궁전
↓ 도보 4분
베키오 다리
↓ 도보 2분
우피치 미술관
↓ 도보 2분
시뇨리아 광장
↓ 도보 1분
베키오 궁전
↓ 도보 3분
바르젤로 미술관
↓ 도보 20분
미켈란젤로 광장

피티 궁전은 현재 미술관과 박물관으로 사용한다.

보석 가게가 모여 있는 베키오 다리

르네상스 미술의 보고 우피치 미술관

시뇨리아 광장에 있는 베키오 궁전

시내가 한눈에 펼쳐지는 전망의 미켈란젤로 광장

2일 차 여행 포인트

✔ **우피치 미술관에 가려면**
우피치 미술관은 르네상스 최고의 걸작이 모여 있는 곳이다. 평일에도 2시간 이상 줄을 서는 경우가 많으므로 예약을 하고 가거나 적어도 개장 시간 30분 전에 가는 것이 좋다.

✔ **미켈란젤로 광장은 해 질 무렵에 가자**
피렌체의 시가지 전경이 한눈에 들어오는 미켈란젤로 광장은 해 질 무렵에 가면 더욱 아름답다. 산타 마리아 노벨라역 앞에서 12·13번 버스를 타고 가거나 베키오 다리에서 20분 정도 걸어가면 된다.

✔ **피렌체에서 무얼 먹을까?**
비스테카 알라 피오렌티나(Bistecca alla Fiorentina, 쇠고기 스테이크를 숯불에 구운 것)라 불리는 티본스테이크는 꼭 맛봐야 할 피렌체의 명물 요리. 이 책에 소개한 곳 중 적어도 한 군데는 가보자. 식사 후 깔끔한 젤라토로 입가심하면 여행의 즐거움이 배가될 것이다.

✔ **하루 더 시간이 된다면 근교 도시로**
시에나 또는 산지미냐노로 당일치기 여행을 가거나 아웃렛에서 쇼핑을 즐기자. 그러려면 아침 일찍 서두르는 것이 좋으며 해가 긴 여름이라도 돌아오는 차편을 미리 확인하고 가야 한다.

피렌체

피렌체 거리 가이드

산타 마리아 노벨라역에서 내리면 바로 시내로 이어지며 주요 볼거리는 도시를 가로지르는 아르노강 북쪽에 모여 있다. 먼저 피렌체의 중심 지역인 두오모 광장 주변과 시뇨리아 광장 주변을 돌아본 다음, 베키오 다리를 건너 아르노강 남쪽 기슭을 돌아보고 피렌체의 전경이 가장 아름답게 포착되는 미켈란젤로 광장까지 가보자. 두오모 광장에서 미켈란젤로 광장까지는 걸어서 30분 남짓한 거리지만 중간에 볼거리를 챙겨 보면서 다니려면 하루로는 부족하다. 적어도 이틀에 나누어 여유 있게 다니고 관광객이 많이 몰리는 인기 명소는 가급적 아침에 가는 것이 좋다. 골목마다 현지인들이 즐겨 가는 맛집과 전통을 자랑하는 숍도 많아 여행의 즐거움을 더해준다. 피렌체는 세계적인 명품 살바토레 페라가모와 구찌의 역사가 시작된 곳이기도 하므로 이들 브랜드의 박물관에 가보는 것도 흥미로울 것이다.

Check

여행 포인트
관광 ★★★★★
미식 ★★★★★
쇼핑 ★★★

교통
도보 ★★★★
버스 ★★

구역 정보
대부분의 명소는 걸어서 충분히 돌아볼 수 있어 대중교통을 이용할 일은 거의 없다. 다만 미켈란젤로 광장은 걸어 가기에는 다소 부담이 되므로 버스를 이용할 것을 권한다.

추천 볼거리
SIGHTSEEING

산타 마리아 노벨라 성당 ★★★
Basilica di Santa Maria Novella

MAP ● 휴대지도-25 p.178-A

마사초의 〈성 삼위일체〉로 유명

13~14세기에 지은 도미니크 수도회의 피렌체 본당으로, 토마스 아퀴나스가 신앙의 최고 철학을 가르친 곳이자 성녀 카타리나가 종교 재판에서 무죄를 받은 곳이다. 르네상스 양식의 파사드는 15세기에 알베르티가 완성한 것으로 색 대리석을 사용한 기하학무늬가 단정한 느낌을 준다. 이 성당에서 꼭 봐야 할 작품은 마사초의 〈성 삼위일체〉. 원근법이 최초로 사용된 회화로 맨 앞에 주문자 부부가 있고 중간에 마리아와 요한, 맨 뒤에 예수를 삼각형으로 입체감 있게 배치함으로써 삼위일체라는 주제와 화면 구도의 일치를 보여준다. 이 작품을 계기로 원근법이 르네상스 회화에서 매우 중요한 요소가 되었고 15세기 파올로 우첼로, 피에로 델라 프란체스카까지 이어져 미술사적 의미가 크다.

찾아가기 산타 마리아 노벨라역에서 도보 7분
주소 Piazza di Santa Maria Novella, 18
문의 055 219 257 **운영** 월~금요일 10~3월 09:00~17:30(금요일 11:00~), 4~9월 09:00~19:00(금요일 11:00~), 토요일·공휴일 전날 09:00~17:30, 일요일·공휴일 10~6월 13:00~17:30, 7~8월 12:00~18:30, 9월 12:00~17:30(문 닫기 45분 전에 입장 마감)
휴무 1/1, 1/6, 부활절, 8/15, 11/1, 12/8, 12/25
요금 일반 €7.50, 만 11~18세 €5
홈페이지 www.chiesasantamarianovella.it

두오모 ★★★
Duomo

MAP 휴대지도-28 p.179-D

피렌체를 상징하는 아름다운 돔

산타 마리아 델 피오레 대성당(Cathedrale di Santa Maria del Fiore)이 정식 명칭이며 '꽃의 성모 마리아'라는 뜻이다. 1296년부터 약 150년간 아르놀포, 조토, 프란체스코 탈렌티 등 당대 유명 건축가들의 손길을 거쳐 지금의 모습으로 완성되었다. 성당 정면의 파사드는 19세기 말 본래의 파사드를 허물고 장미색, 흰색, 녹색의 3색 대리석을 사용해 고딕 양식으로 지은 것으로, 시민들의 기부금으로 제작하는 과정에서 많은 논쟁의 대상이 되기도 했다.

성당의 백미는 지름 42m에 이르는 거대한 돔 큐폴라이다. 브루넬레스키가 이중벽 구조의 팔각형으로 설계한 독창적인 형태는 당시의 건축 기술은 물론 공학적으로도 불가사의한 일에 가까워 감탄과 찬사가 쏟아진 초기 르네상스 건축의 걸작이다. 멋진 외부와 달리 내부는 단순한 편인데 바사리와 주카리가 그린 천장화 〈최후의 심판〉이 눈길을 끈다. 그 밖에 44개의 화려한 스테인드글라스 창과 정문 위의 거대한 시계 등이 볼만하

다. 돔까지는 463개의 계단을 올라가야 해서 조금 힘들지만 꼭대기에서 내려다보는 피렌체 시내의 전경이 아름답고 인상적이다. 연인과 함께 오르면 사랑이 이루어진다는 전설이 있고, 소설과 영화 <냉정과 열정 사이>에서 남녀 주인공이 10년 만에 재회하는 장소로 유명해져 커플들이 피렌체에 오면 반드시 방문하는 곳이 되었다.

찾아가기 산타 마리아 노벨라역에서 도보 12분
주소 Piazza del Duomo **문의** 055 230 2885
운영 성당 월~토요일 10:15~16:45(마지막 입장 16:30) 큐폴라 월~금요일 08:15~19:30, 토요일 08:15~17:15(마지막 입장 45분 전) *큐폴라는 방문 일주일 전 예약을 권함
휴무 성당 1/1, 부활절, 주님공현대축일, 12/25
큐폴라 1/1, 주님공현대축일, 성주간(목~토요일), 부활절, 6/24, 8/15, 9/8, 11/1, 12/8 · 25 · 26
요금 성당 내부 단순 관람은 무료 *성당 입구 Piazza duomo 오디오 가이드 대여/티켓 오피스: Piazza Duomo 14/B
홈페이지 www.ilgrandemuseodelduomo.it

산 조반니 세례당
Battistero di San Giovanni ★

MAP●휴대지도-27, p.179-C

부조가 새겨진 3개의 청동 문

피렌체의 수호성인 산 조반니를 기리기 위해 4세기경에 지은 피렌체에서 가장 오래된 성당을 11세기에 재건한 것이다. 지름 25.6m에 이르는 팔각형 건물을 흰색과 녹색 대리석으로 마감했

다. 제2차 세계대전 이후까지 단테를 비롯한 수많은 사람의 세례식이 거행되었다.

이곳에서 눈여겨봐야 할 곳은 건물의 세 방향에 있는 청동 문이다. 남쪽 문에는 안드레아 피사노가 세례자 요한의 삶과 가톨릭의 덕목을 새겼고 북쪽 문과 동쪽 문에는 기베르티가 <신약성서>와 <구약성서>의 내용을 묘사한 부조가 있다. 특히 동쪽 문은 미켈란젤로가 '천국의 문'이라고 극찬했다고 전해진다. 안으로 들어가면 팔각지붕에 심판자 그리스도의 모습과 <성서> 이야기를 비잔틴 양식의 모자이크로 표현한 화려한 천장화에 시선을 빼앗기게 된다.

찾아가기 산타 마리아 노벨라역에서 도보 9분
주소 Piazza del Duomo **문의** 055 230 2885
운영 매일 08:15~19:45(마지막 입장 19:00)
휴무 1/1, 부활절, 12/25 **요금** 공통권 €18
홈페이지 www.ilgrandemuseodelduomo.it

조토의 종탑
Campanile di Giotto ★★

MAP●휴대지도-27, p.179-C

피렌체 시내 전경이 한눈에

14세기 중반에 건축한 탑으로 르네상스 회화의

> **Plus Info**
>
> **브루넬레스키 패스(Brunelleschi pass)**
> 두오모 큐폴라 · 산 조반니 세례당 · 조토의 종탑 · 박물관 일반 €30, 7~14세 €12 *두오모 큐폴라 예약은 별도로 필요
>
> **조토 패스(Giotto Pass)**
> 산 조반니 세례당 · 두오모 박물관 일반 €20, 7~14세 €7 *패스는 3일간 유효

선구자 조토가 1층을, 조토가 죽은 후 그의 제자 안드레아 피사노가 2층을 짓고 프란체스코 탈렌티가 장미색, 흰색, 녹색의 3색 대리석으로 마감하여 14세기 말에 완성했다. 높이 85m의 종탑 꼭대기까지 414개의 계단을 힘들게 올라가면 눈앞에 펼쳐지는 전망이 탄성을 자아낸다. 두오모의 화려한 큐폴라(돔)와 붉은색 지붕으로 뒤덮인 피렌체 시내의 모습이 피렌체에서 가장 아름다운 풍경을 연출한다. 종탑 맨 아래쪽을 장식한 육각형의 부조 패널은 인간 노동의 가치를 묘사한 조토의 작품으로, 원작은 두오모 미술관에서 소장하고 있다.

찾아가기 산타 마리아 노벨라역에서 도보 12분
주소 Piazza del Duomo **문의** 055 230 2885
운영 월~금요일 08:15~19:30, 토요일 08:15~17:15
휴무 1/1, 부활절, 12/25 **요금** 공통권 €18
홈페이지 www.ilgrandemuseodelduomo.it

산 로렌초 성당 ★★
Basilica di San Lorenzo

MAP ● 휴대지도-27, p.179-C

메디치 가문의 가족묘와도 같은 곳

393년에 처음 건축한 성당을 1421년 메디치 가문의 후원을 받던 건축가 브루넬레스키가 미켈란젤로와 함께 최초의 르네상스식 성당으로 다시

지었다. 메디치 가문의 교구 교회와 장례지로 사용했으며 브루넬레스키가 죽은 후에는 안토니오 마네티가 마무리했다. 성당 내부의 청동 설교단은 도나텔로의 마지막 작품으로 아름다운 조각으로 장식했다. 2층에 메디치 가문의 고문서를 보관하기 위해 지은 라우렌치아나 도서관은 미켈란젤로가 설계하고 건축한 것이다. 성당 앞 광장을 중심으로 큰 시장이 서기도 하는데 피렌체의 특산물인 가죽 제품을 살 수 있다.

찾아가기 산타 마리아 노벨라역에서 도보 10분
주소 Piazza di San Lorenzo, 9 **문의** 055 216 634
운영 월·목~토요일 10:00~17:00 **휴무** 화·목·일요일
요금 성당 €6, 성당+라우렌치아나 도서관 €8.50

아카데미아 미술관 ★★
Galleria dell'Accademia

MAP p.177-C

미켈란젤로의 〈다비드〉 진품을 감상

본래 미술학도를 가르치는 학교였으나 1784년 피에트로 레오폴도 대공이 개인 컬렉션을 기증하면서 미술관으로 바뀌었다. 매년 수많은 여행자가 찾아오는 이곳에서는 미켈란젤로가 26세 때 3년에 걸쳐 완성한 최고의 걸작 〈다비드〉를 만날 수 있다. 5m가 넘는 거대한 대리석 조각상으로 골리앗을 돌팔매로 쓰러뜨린 영웅 다비드(다윗)를 분노에 찬 표정과 힘 있는 모습으로 표현했다. 베키오 궁전 앞에도 〈다비드〉 조각상이 있는데 그것은 복제품이고 이곳에 있는 것이 진품이다. 〈다비드〉 조각상 앞에 있는 좁고 긴 통

로 양쪽에는 미켈란젤로의 미완성 작품인 〈수염이 있는 노예〉, 〈잠에서 깬 노예〉, 〈고통스러운 노예〉, 〈아틀라스 노예〉 등 4점의 노예상이 전시되어 있다. 그 외에 프라 안젤리코, 보티첼리 등 13~16세기 화가들의 회화 작품도 볼 수 있다. 피렌체에서도 인기가 높은 곳이므로 반드시 예약하고 가기를 권한다.

찾아가기 산타 마리아 노벨라역에서 도보 15분
주소 Via Ricasoli, 58/60 **문의** 055 238 8609
운영 08:15~18:50, 마지막 입장 18:20
휴무 월요일, 1/1, 12/25 **요금** €12
홈페이지 beniculturali.it

산타 크로체 성당 ★★
Basilica di Santa Croce

MAP p.177-H

미켈란젤로 등 위인들의 묘가 안치

1294년 아르놀포 디 캄비오의 설계로 착공하여 1442년에 완공했다. 성당 지하에는 갈릴레오 갈릴레이, 미켈란젤로, 마키아벨리를 비롯해 300여 명에 이르는 위인들의 묘가 있다. 또한 도나텔로의 〈십자가에 매달린 예수〉, 조토의 〈프란체스코의 일생〉 같은 유명 작품을 볼 수 있다. 성당 앞 광장에는 기념품과 먹거리 등을 파는 마켓이 늘어서 있다.

찾아가기 산타 마리아 노벨라역에서 도보 22분
주소 Piazza Santa Croce, 16
문의 055 246 6105
운영 월~토요일 09:30~17:30, 일요일 12:30~17:45
휴무 1/1, 부활절, 6/13, 10/4, 12/25~26
요금 일반 €8, 만 11~17세 €6
홈페이지 beniculturali.it

산타 마리아 델 카르미네 성당 ★
Chiesa di Santa Maria del Carmine

MAP p.176-F

마사초의 걸작을 만날 수 있는 곳

1422년에 건축한 카르메르회의 성당. 마사초가 헌당 과정을 벽화로 그렸으나 화재로 대부분 소실되었고 현재는 브란카치 가문의 예배당(Cappella Brancacci)만이 남아 다행히 마사초와 마솔리노, 필리피노 리피가 그린 벽화를 볼 수 있다. 원근법을 처음 사용한 르네상스 회화의 선구자인 마사초의 〈낙원에서 추방되는 아담과 이브〉, 〈성 베드로의 일생〉 연작은 물론 마솔리노의 〈아담과 이브의 유혹〉 등을 감상할 수 있다.

찾아가기 산타 마리아 노벨라역에서 도보 15분
주소 Piazza del Carmine, 14 **문의** 055 212 331
운영 운영 월~토요일 10:00~12:00 일요일·공휴일 13:00~17:00
휴무 화요일, 1/1, 1/7, 부활절, 7/16, 12/25
요금 일반 €7, 만 18~25세 €5

산토 스피리토 성당 ★
Basilica di Santo Spirito

MAP ●휴대지도-33, p.176-F

성모 마리아의 영을 기리기 위한 성당

13세기에 세운 성당을 15세기 중반 브루넬레스키가 다시 지은 것으로 소박한 외관에 3개의 출입문이 있는 르네상스 양식의 성당이다. 내부에는 코린트식 기둥이 이어져 있으며 기둥 사이는 아치형으로 연결돼 있다. 38개의 소예배당에는 도나텔로, 산소비노, 기를란다요 등 거장의 작품이 있다. 미켈란젤로는 17세 때 이곳에 머물며 수도원에 안치된 시체를 해부하여 정확한 인체 묘사를 체득했다. 이곳에 있는 그가 제작한 십자가상이 인상적이다. 성당 앞 광장의 분수대는 브루넬레스키의 작품으로 시민들의 휴식처가 되고 있다.

찾아가기 산타 마리아 노벨라역에서 도보 18분
주소 Piazza Santo Spirito, 30
문의 055 210 030
운영 월~화·목~토요일 09:30~12:30, 16:00~17:30, 일요일 11:30~12:30, 16:00~17:30 **휴무** 수요일
홈페이지 www.basilicasantospirito.it/la-basilica

피티 궁전
Palazzo Pitti ★★★

MAP p.176-J

중후한 느낌의 르네상스식 궁전

1457년 메디치 가문의 라이벌이었던 피티 가문에서 브루넬레스키에게 의뢰해 지은 궁전. 파사드의 길이만 200m에 이르는 웅대한 규모를 자랑한다. 피티 가문이 파산한 후 메디치 가문으로 넘어가 주궁으로 사용되다가 현재는 화려한 컬렉션을 소장한 미술관과 박물관으로 쓰인다. 그중 팔라티나 미술관(Galleria Palatina)은 르네상스부터 바로크에 이르기까지 메디치 가문에서 수집한 라파엘로, 티치아노, 카라바조, 루벤스 같은 거장들의 명화로 가득하다. 그 외에 현대 미술관(Galleria d'Arte Moderna), 의상 박물관(Museo della Moda e del Costume), 은기 박물관(Museo degli Argenti), 도자기 박물관(Museo delle Porcellane) 등이 있다. 궁전 앞에는 르네상스 양식으로 아름답게 조성한 보볼리 정원(Giardino di Boboli)이 자리해 있다.

찾아가기 산타 마리아 노벨라역에서 도보 19분
주소 Piazza de Pitti, 1 **문의** 055 294 883
요금 일반 €10(인터넷 예약 시 수수료 €3), 보볼리 궁전 €6, 보볼리 정원+피티 궁전 콤비네이션 티켓 일반 €14 *만 18세 이하 무료 **휴무** 피티 궁전 월요일, 1/1, 12/25, 보볼리 정원 매월 첫째 월요일, 1/1, 12/25
요금 피티 궁전 3~10월 €16, 11~2월 €10, 보볼리 정원 3~10월 €10, 11~2월 €6(매월 첫째 일요일 전체 무료), 콤비네이션 티켓 3~10월 €38, 11~2월 €18
홈페이지 www.uffizi.it/en

베키오 다리
Ponte Vecchio ★★★

MAP ● 휴대지도-35, p.179-K

피렌체에서 가장 오래된 다리

아르노강 위에 세워진 다리 중에서 가장 오래된 다리로 1345년에 건설했다. 과거에는 다리 위에 푸줏간, 가죽 처리장 등이 있어서 여름이면 악취가 심했을 뿐 아니라 위생상으로도 좋지 않았다. 1593년 페르디난도 1세가 이들을 쫓아낸 후 금세공업자들을 이주시켜 지금까지 그들이 자리를 지키고 있다. 다리 중간에는 유명 금세공사인 벤베누토 첼리니의 흉상이 있다. 단테와 베아트리체가 처음 만난 장소로 알려졌으며 영화 〈향수〉의 배경이 되기도 했다. 해 질 무렵 아르노강의 풍경을 보며 산책을 즐기는 사람이 많다.

찾아가기 산타 마리아 노벨라역에서 도보 16분

우피치 미술관
Galleria degli Uffizi ★★★

MAP●휴대지도-35, p.179-K

피렌체를 대표하는 미술관

16세기 중반 바사리의 설계로 건축한 르네상스 양식의 건물로, 당시 피렌체의 절대 권력이었던 메디치 가문의 코시모 1세가 사무소(우피치는 영어 office에 해당)로 사용하기 위해 지었다. 메디치 가문은 오랜 세월에 걸쳐 대대로 예술품을 수집, 전시하며 예술가들을 적극 후원했는데, 마지막 후손인 안나 마리아 루이사는 죽기 전에 세 가지 약속을 조건으로 피렌체시에 우피치를 기증해 현재 수준 높은 명화를 감상할 수 있는 미술관이 되었다.

우피치 미술관에는 시대를 아우르는 다양한 작품을 전시하고 있으며, 특히 르네상스 회화의 걸작이 많기로 유명하다. 보티첼리, 라파엘로, 레오나르도 다빈치, 미켈란젤로 등 거장들의 대표작을 비롯해 이곳에 소장된 2500여 점의 작품을 보려면 적어도 한나절은 필요하다. 2층은 소묘와 판화, 3층은 회화 전시실로 이루어져 있다.

찾아가기 산타 마리아 노벨라역에서 도보 15분
주소 Piazzale degli Uffizi, 6 **문의** 055 238 8651
운영 08:15~18:50(문 닫기 45분 전에 입장 마감)
휴무 월요일, 1/1, 12/25
요금 일반 €12(인터넷 예약 시 수수료 €4) *만 18세 이하 무료
홈페이지 www.uffizi.it/en

3층

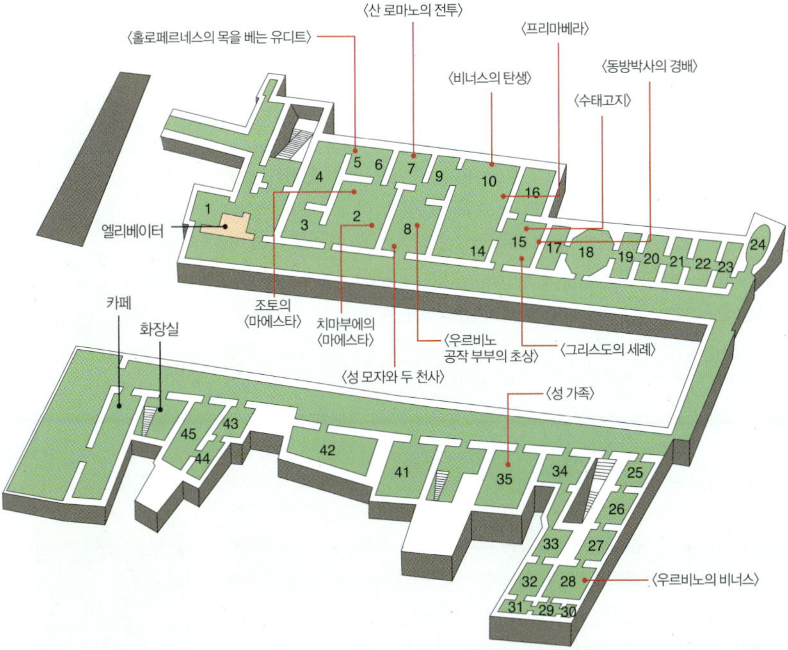

〈홀로페르네스의 목을 베는 유디트〉
〈산 로마노의 전투〉
〈프리마베라〉
〈비너스의 탄생〉
〈동방박사의 경배〉
〈수태고지〉
엘리베이터
카페
화장실
조토의 〈마에스타〉
치마부에의 〈마에스타〉
〈성 모자와 두 천사〉
〈우르비노 공작 부부의 초상〉
〈그리스도의 세례〉
〈성 가족〉
〈우르비노의 비너스〉

Tip

우피치 미술관 관람 팁

1. 2시간 이상 줄을 서서 기다려야 하는 경우가 많으므로 미리 티켓을 예약하거나 입장 시간보다 30분 정도 일찍 가는 것이 좋다.
2. 미술관 내에는 화장실이 많지 않다. 입장하기 전에 지하에 있는 화장실부터 들르자.
3. 입장 후 엑스선에 휴대품을 통과시킨 후 로비에 휴대품을 맡기고 관람을 시작한다. 작품을 둘러보는 데 최소 2~3시간이 소요되는데 짐이 있으면 방해가 된다.
4. 우피치 미술관은 ㄷ자 형태의 건물로 작품은 주로 1층과 2층에 모여 있다. 1층이라도 일반 건물 2층 정도의 높이이므로 가파른 계단을 올라갈 자신이 없다면 엘리베이터를 이용한다.
5. 현지에 있는 한국 여행사의 투어 프로그램에 참가해 미술 전문가의 설명을 들으면서 관람하면 작품을 이해하는 데 많은 도움이 된다.

2015년부터 내부 촬영이 허용되었다.

피렌체 193

우피치 미술관에서 놓치지 말아야 할 작품

1층

안나 마리아 루이사 데 메디치의 초상화 Anna Maria Luisa de'Medici

메디치 가문의 마지막 후손인 안나 마리아 루이사는 피렌체시에 우피치를 기증하면서 세 가지를 당부한다. 첫째, 우피치는 한 가문의 영광이 아니라 나라의 영광이 되어야 한다. 둘째, 우피치의 작품을 피렌체 밖으로 가져가서는 안 된다. 셋째, 우피치를 개방하여 작품을 보고 싶어 하는 사람들에게 보여줘야 한다. 우피치 미술관 1층에는 그녀에 대한 감사의 의미로 커다란 초상화를 걸어놓았다.

제2실

마에스타 Maestà(1310년)

치마부에(Cimabue)의 작품. '마에스타'는 성화에서 성모 마리아를 그린 큰 제단화를 의미한다. 이 작품에서는 인물의 크기로 주인공과 조연을 확실하게 구분했다. 성모 마리아의 얼굴과 표정 등이 다소 딱딱하고 어색하게 느껴지지만 치마부에는 비잔틴 양식을 따랐을 뿐 아니라, 로마네스크 미술과 고전주의 양식의 영향을 받아 사실주의 양식으로 발전시킨 인물로 원근법에 대한 관심을 가지고 고전 요소를 적용했다. 후에 피사 대성당에 거대한 모자이크화 〈성 요한〉을 그리기도 했다. 그는 자존심이 매우 강해 자신의 작품에 비평을 한 사람에게는 그림을 그려주지 않았다고 한다. 나중에는 제자인 조토의 명성에 가려지기도 했다.

마에스타 Maestà(1280~1290년)

조토(Giotto di Bondone)의 작품. 조토는 치마부에의 제자로 알려져 있으며 르네상스 회화의 선구자로 불릴 만큼 뛰어난 실력을 자랑했다. 원근감과 3차원적 입체감이 느껴지는 구도와 인간적인 성모의 표정, 굴곡 등을 잘 표현했다. 조토의 〈마에스타〉와 치마부에의 〈마에스타〉가 나란히 걸려 있으니 제자의 작품과 스승의 작품을 비교하며 감상해보자.

제5실

홀로페르네스의 목을 베는 유디트 Judith Beheading Holofernes(1614~1620년)

아르테미시아 젠틸레스키(Artemisia Gentileschi)의 작품. 유디트와 홀로페르네스에 대한 이야기는 많은 화가가 주제로 삼아 그림을 그렸다. 그중에서도 매우 사실적이고 잔인해서 관람자를 멈칫하게 하는 그림이 바로 이 작품이다. 아르테미시아는 스승인 타시에게 그림을 배우던 중 성폭행을 당한다. 재판을 통해 스승의 유죄로 판결이 났으나 그녀가 겪은 고통은 보상받을 수 없는 것이었다. 그후 발표한 이 그림에서 강인한 여인의 모습을 한 유디트는 본인의 얼굴이고, 홀로페르네스 장군은 스승 타시의 얼굴이었다.

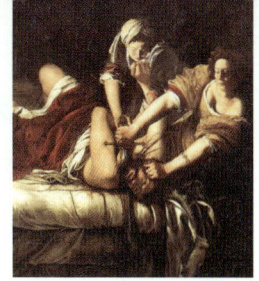

제7실

산 로마노의 전투 The Battle of San Romano(1438~1440년)

파올로 우첼로(Paolo Uccello)의 작품. 1432년 피렌체와 시에나, 밀라노 연합군 사이에 일어난 전투를 그린 작품 중 하나이다. 이 작품은 전쟁의 과정을 총 3막으로 나눠서 그린 연작으로 우피치 미술관에는 제2막만 있고 제1막은 런던의 내셔널 갤러리에, 제3막은 파리의 루브르 박물관에 있다. 제2막 〈베르나르디노 디 치아르다가 창에 찔리다〉는 적장인 베르나르디노가 피렌체의 지휘관 니콜로 다 톨렌티노의 창에 찔리는 장면으로 이 전투에서 가장 극적인 장면이다.

제8실

성 모자와 두 천사 Madonna with Child and two Angels(1465년)

필리포 리피(Fra Filippo Lippi)의 작품. 우피치 미술관에 있는 성모 마리아 그림 중 가장 젊고 아름답다. 수녀원의 한 수녀를 모델로 그렸는데 수도사였던 필리포 리피는 그림을 그리다가 그녀와 사랑에 빠져 유혹, 납치 등의 행동으로 엄청난 스캔들을 일으켰다. 성모 마리아의 머리 장식과 목선을 타고 내려오는 베일의 섬세한 표현이 놀라울 정도이다. 온화하고 아름다운 성모 마리아의 표정에서 필리포 리피가 사랑의 눈길로 그렸음을 짐작할 수 있다.

우르비노 공작 부부의 초상 Diptych of the Duchess and Duke of Urbino(1467~1470년)

피에로 델라 프란체스카(Piero della Francesca)의 작품. 우르비노의 공작 페데리코 다 몬테펠트로와 공작 부인 바티스타 스포르차의 초상화이다. 그림의 주인공들은 외모가 그다지 수려해 보이지 않는데 그 이유는 공작의 구부러진 콧대 등을 사실 그대로 그렸기 때문이다. 또한 공작 부인의 창백한 얼굴은 그녀가 이미 죽었음을 의미한다. 두 사람의 옆모습을 그려 서로 영원히 마주 볼 수 있도록 한 감동적인 작품이다.

> **제10~14실(보티첼리의 방)**

프리마베라 La Primavera(1482년)

'봄'이라는 뜻처럼 〈프리마베라〉는 보티첼리의 인생에 봄을 선사했다. 메디치 가문의 화가였던 보티첼리는 결혼 축하를 위한 그림을 의뢰받았고 이 그림으로 세상에 그의 이름을 알렸다. 시인 안젤로 폴리치아노의 고전적 상징시 '라 지오스트라'를 그림으로 표현한 것으로 알려져 있다. 나무에는 잘 익은 오렌지가 주렁주렁 열려 있고 200여 종의 꽃이 정원을 수놓은 것에서 그 정성과 의미를 추측해볼 수 있다.

★ 감상 포인트

❶ 머큐리 : 그리스 신화에서는 헤르메스로 불린다. 신들 간의 소통 혹은 신과 인간의 소통을 맡은 전령의 신으로, 날개 달린 신발을 신고 뱀 2마리가 감긴 지팡이를 들고 다닌다. 시커먼 구름으로부터 아름답고 평화로운 동산을 지키고 있다.

❷ 삼미신 : 비너스를 수행하는 3명의 여신으로 왼쪽부터 아름다움, 욕망, 만족을 의미한다.

❸ 큐피드 : 그리스 신화에서는 에로스로 불린다. 사랑의 신으로 비너스의 아들이다. 어깨에 날개가 달렸으며 눈을 가린 채 화살을 쏘고 다니는데, 황금 화살에 맞으면 사랑에 빠지고 납 화살에 맞으면 증오하게 된다고 한다. 누군가에게 첫눈에 반하게 되었을 때 큐피드의 화살에 맞았다고 표현한다.

❹ 비너스 : 그리스 신화에서는 아프로디테로 불린다. 미의 여신으로 우아한 손짓과 표정을 하고 있으며, 머리 뒤에 반원형 아치가 후광처럼 둘러싸고 있다.

❺ 플로라 : 꽃의 여신. 화려하고 아름다운 드레스를 입고 꽃을 뿌리며 봄이 왔음을 알리고 있다.

❻ 클로리스 : 제피로스에게 잡히려는 순간 입에서 꽃이 쏟아지면서 꽃의 여신 플로라로 변신하는 과정이다.

❼ 제피로스 : 그리스 신화에 나오는 서풍의 신으로 입김으로 따뜻한 바람을 뿜어 봄을 재촉하는 봄의 메신저 역할을 한다. 요정이었던 클로리스를 잡아 플로라 여신으로 만들어주는 모습이다.

비너스의 탄생 La Nascita di Venere(1484년)

〈비너스의 탄생〉은 매혹적인 여성의 나체를 그렸지만 에로틱하다기보다는 순수하고 성스럽게 느껴진다. 그 이유는 당시 메디치 가문을 중심으로 퍼진 신플라톤주의 사상에 입각해 세속적인 것에서 벗어난 순수한 아름다움을 표현했기 때문이다. 그리스 신화에서 '아프로디테'로 불린, 아름다움과 사랑을 상징하는 여신 비너스는 그 이름이 '거품에서 태어난 여자'라는 뜻이다. 제우스와 바다의 요정 디오네 사이에서 태어났다는 내용이 고대 그리스 서사시 호메로스의 〈일리아스〉에 등장한다. 크로노스가 제우스의 자식들을 죽이자 디오네는 아들에게 아버지를 복수하게 시키고 크로노스가 제우스의 남근을 잘라 바다에 던지자 그 주위에 거품이 일었고 그 자리에서 비너스가 탄생했다는 내용의 그리스 신화도 전해진다. 조개껍데기 안에 서 있는 비너스는 10등신의 미녀로 모델은 당시 피렌체에서 가장 아름다운 여인이었던 시모네타로 알려져 있다.

★ 감상 포인트

❶ 비너스 : 지금 막 탄생한 비너스가 긴 금발과 손으로 몸을 가리며 수줍게 서 있다.
❷ 호라이 : 계절의 여신 호라이가 해안가에서 망토를 가져와 비너스를 덮어주려 하고 있다.
❸ 제피로스와 클로리스 : 서풍의 신 제피로스가 비너스를 향해 입김으로 따뜻한 바람을 보내고 그의 품에는 클로리스가 안겨 있다.

> **Plus Info**
>
> #### 보티첼리 Sandro Botticelli(1445~1510년)
>
> 메디치 가문의 후원을 받은 화가 중 한 명으로 〈성서〉와 성인 중심의 중세 시대 그림에서 벗어나 그리스·로마 신화를 주제로 하고 인물을 나체로 그리는 등 파격적인 시도를 한 것으로 유명하다. '부활'을 의미하는 르네상스 정신을 가장 잘 표현한 화가로 평가받고 있다. 우피치 미술관에서 가장 인기 있는 작품이라 할 수 있는 〈프리마베라〉와 〈비너스의 탄생〉이 그의 대표작이다.

제15실(레오나르도 다빈치의 방)

그리스도의 세례 Baptisme of Christ(1473~1478년)
이 그림은 스승인 베르키오의 작품이지만 레오나르도 다빈치가 일부분을 그렸다. 어느 부분이 다빈치가 그린 것인지는 한눈에 알아볼 수 있다. 스승이 그리다 만 그림의 귀퉁이에 천사들을 그려 넣었을 뿐이지만, 그 뛰어난 실력에 충격을 받은 베르키오는 그날 이후 더 이상 그림을 그리지 않고 조각에만 전념했다고 전해진다.

동방박사의 경배 Adoration of the Magi(1481년)
레오나르도 다빈치가 26세 때 스승을 떠나 독립해서 스코페타에 있는 산 도나토의 수도원에서 주문을 받고 그린 작품이다. 정확한 원근법으로 미리 스케치를 하고 이를 패널에 옮긴 후 그 위에 인물을 배치했다. 동방에서 별을 보고 예수 그리스도가 탄생했음을 알게 된 박사들이 아기 예수에게 몰약과 유향, 황금을 올리며 경배했다는 내용이다. 레오나르도 다빈치가 친구 아메리고 벤치의 집에 남겨두고 떠났던 미완성의 작품이지만 같은 내용을 그린 완성작과 비교 대상에 오르는 대작이다.

수태고지 Annunciazione(1493~1494년)
수태고지란 대천사 가브리엘(왼쪽)이 성모 마리아(오른쪽)에게 수태(受胎, 예수 그리스도를 잉태함)를 알린다는 의미이다. 대천사 가브리엘의 날개는 마치 깃털이 바람에 날리고 있는 듯하고 성모 마리아 앞의 받침대는 대리석 질감이 느껴질 만큼 사실적이다. 가브리엘이 들고 있는 백합은 순결의 상징이기도 해서 마리아가 처녀라는 것을 나타낸다. 이 그림은 왼쪽 45도 아래에서 봐야 원근이나 비율이 잘 맞는다고 한다.

그리스도의 세례

동방박사의 경배

수태고지

제28실

우르비노의 비너스 The Venus of Urbino(1538년)
티치아노(Tiziano Vecellio)의 작품. 눈부시게 뽀얀 살결을 드러낸 채 누워 있는 여인의 누드화이다. 이 그림은 우르비노의 공작 귀도발도 델라 로베라가 결혼 후 자신의 신혼 방을 꾸미기 위해 주문했다고 한다. 마치 신혼부부의 혼인 서약처럼 그림에는 의미가 담긴 상징물들이 있다. 여인이 쥐고 있는 붉은 꽃은 영원한 사랑을, 창가에 보이는 은매화는 헌신을, 그리고 여인의 발밑에 잠들어 있는 귀여운 강아지는 정절과 충성을 상징한다.

제35실

성 가족 Doni Tondo(1525~1535년)
미켈란젤로(Michelangelo di Ludovico Buonarroti Simoni)의 작품. 화려한 원형 프레임 안에 그린 이 작품은 둥글다는 의미의 '톤도(Tondo)'라고도 불린다. 미켈란젤로의 초기 회화 작품으로 성모 마리아의 팔 근육을 마치 남성의 근육처럼 그린 점과 배경의 벌거벗은 사람들의 모습이 조금 낯설다.

제66실(라파엘로의 방)

검은 방울새의 성모 Madonna of the Goldfinch(1501~1506년)
넓은 초원 위에 3명의 가족이 그려져 있다. 가죽 옷을 입은 아기는 세례자 요한이며 어린 세례자 요한을 아기 예수와 성모 마리아가 바라보고 있다. 수십 년간의 복원을 통해 세상에 공개된 이 그림은 라파엘로 특유의 따스한 색채가 잘 표현되었다는 찬사를 받았다.

레오 10세의 초상화 Portrait of Pope Leo X(1518년)
메디치 가문에서 탄생한 교황 레오 10세의 초상화이다. 레오 10세의 얼굴 묘사뿐만 아니라 그가 입고 있는 붉은색 벨벳 망토는 눈으로도 질감이 느껴질 정도로 생생하고 빛의 흐름에 따른 망토의 그림자 표현은 소름이 돋을 만큼 훌륭하다.

라파엘로의 초상화 Autoritratto di Raffaello(1506년)
르네상스 3대 거장 중 가장 외모가 빼어나다고 알려진 라파엘로의 자화상이다. 그는 외모만큼이나 성품도 온화했다고 한다. 천재 화가라 불릴 정도로 뛰어난 재능을 보였으나 37세의 젊은 나이에 요절했다.

시뇨리아 광장
Piazza della Signoria ★★★

MAP ● 휴대지도-35, p.179-K

피렌체 정치·사회의 중심이었던 광장

베키오 궁전 앞에 있는 광장. 메디치 가문을 추방하고 피렌체를 지배했던 사보나롤라가 이 광장에서 화형당한 것으로 유명하다. 화형이 처해졌던 넵튠의 분수 옆 바닥에는 둥근 금속을 박아 표시해놓았다. 광장에는 미켈란젤로의 〈다비드〉, 메두사의 목을 벤 페르세우스의 청동상인 〈첼리니의 페르세우스〉, 〈헤라클레스〉, 도나텔로의 〈유디트와 홀로페르네스〉 등의 조각상이 있는데 대부분 복제품이다. 중세 때는 공공 집회가 열리던 피렌체의 중심 광장이었으나 지금은 노천카페와 레스토랑이 모여 있어 관광과 휴식을 위한 광장으로 사랑받고 있다.

찾아가기 산타 마리아 노벨라역에서 도보 17분

베키오 궁전
Palazzo Vecchio ★★

MAP ● 휴대지도-35, p.179-L

영화 〈인페르노(Inferno)〉의 배경이 된 역사적 장소

건축가 겸 조각가 아르놀포 디 캄비오의 설계로 지은 후 수차례의 개조를 거쳐 16세기에 지금의 모습으로 완성되었다. 메디치 가문의 코시모 1세가 정부 청사 건물을 아르노강 건너편에 있는 피티 궁전으로 이전하기 전까지 피렌체의 역사와 함께했던 곳이다. 내부의 볼거리로는 메디치 전투 장면이 새겨진 벽면과 로마의 영웅을 그린 프레스코화, 브론치노가 그린 엘레오노라 예배당, 프라네스코 1세의 서재, 메디치 가문의 접견실과 연회실로 이용한 500인실 등이 있다. 지금은 피렌체 시청사로 이용되고 있다.

찾아가기 산타 마리아 노벨라역에서 도보 16분
주소 Piazza della Signoria **문의** 055 276 8325

운영 박물관 매일 09:00~19:00 *목요일 09:00~14:00 전망대 월~금요일 09:00~17:00 *목요일 09:00~14:00 (마지막 입장 문 닫기 전 1시간)
요금 박물관 성인 €12.50, 만 18~25세 €10(인터넷 예약 시 수수료 €2), 전망대 성인 €12.50, 만 18~25세 €10(인터넷 예약 시 수수료 €2) 홈페이지 museicivicifiorentini.comune.fi.it/palazzovecchio

갈릴레오 박물관
Museo Galileo ★

MAP● 휴대지도-35, p.179-K

천재의 빛나는 업적을 볼 수 있는 곳

이탈리아의 천문학자, 물리학자, 수학자로 다양한 업적을 남긴 근대 과학의 아버지 갈릴레오 갈릴레이의 업적을 기리기 위해 문을 연 박물관이다. 총 18개의 전시실이 2개 층에 나뉘어 있으며 대형 천구의를 비롯해 각종 측량 도구와 천문학 관측기 등 흥미로운 전시물이 많아 학생들의 체험 학습장으로 인기가 많다.

찾아가기 산타 마리아 노벨라역에서 도보 11분
주소 Piazza dei Giudici, 1 문의 055 265 311
운영 09:30~18:00(화요일 ~13:00) 휴무 1/1, 12/25
요금 일반 €10, 만 6~18세 €6, 가족권(일반 2인+만 18세 이하 1인) €24 홈페이지 www.museogalileo.it

구찌 가든
Gucci Garden ★

MAP● 휴대지도-36, p.179-L

크리에이티브 디렉터 알렉산드로 미켈레의 창의적 공간

2011년 브랜드 탄생 90주년을 기념해 문을 열었다. 시뇨리아 광장 한편의 커다란 궁전에 자리한 박물관에는 구찌의 90년 역사를 살펴볼 수 있는 다양한 자료와 숍, 레스토랑, 카페, 서점 등이 자리하고 있다. 구찌 브랜드를 좋아하는 사람이라면 흥미로운 시간이 될 것이다. 박물관 입장료의 50%는 피렌체 문화 복원 사업에 기부된다.

찾아가기 산타 마리아 노벨라역에서 도보 15분 주소 Piazza della Signoria, 10
문의 055 7592 7010
운영 매일 10:00~22:00(마지막 입장 21:30) 휴무 1/1, 8/15, 12/25
요금 €8(만 65세 이상, 만 12세 이하 무료)
홈페이지 www.guccimuseo.com

살바토레 페라가모 박물관
Museo Salvatore Ferragamo ★

MAP● 휴대지도-34, p.178-J

슈즈 명가 살바토레 페라가모의 역사

1898년 가난한 농부의 아들로 태어나 세상에서 가장 편안한 구두를 만들어 명품 브랜드로 성장시킨 살바토레 페라가모의 역사를 볼 수 있다. 브랜드의 플래그십 스토어와 한 건물을 사용하며 오드리 헵번, 메릴린 먼로 등 유명인들이 즐겨 신었다는 구두가 전시되어 있다. 살바토레 페라가모의 팬이거나 구두에 관심이 있다면 한번 들러볼 만하다.

찾아가기 산타 마리아 노벨라역에서 도보 12분
주소 Piazza di Santa Trinita, 5r 문의 055 356 2846
운영 매일 10:30~19:30 휴무 1/1, 8/15, 12/25
요금 일반 €8, 대학생·교사 €4(만 65세 이상, 만 12세 이하 무료) 홈페이지 www.museoferragamo.it

바르젤로 미술관
Museo Nazionale del Bargello ★★

MAP●휴대지도-32, p.179-H

아름다운 조각과 공예품이 가득

16세기 사법부의 우두머리 바르젤로의 집무실이었으며 이후 경찰서, 감옥, 이교도를 고문하는 장소 등으로 사용되다가 현재는 미술관이 되었다. 이곳에서 가장 유명한 작품은 미켈란젤로가 20대 초반에 제작한 〈술 취한 바쿠스〉로 제우스의 아들이자 포도주의 상징인 바쿠스의 육체가 강인하게 표현돼 있다. 그 밖에도 브루넬레스키와 기베르티가 함께 만든 〈이사크의 희생〉, 도나텔로의 〈성 조르조〉, 도나텔로의 청동 〈다비드〉, 〈성 게오르기우스〉 등 르네상스부터 바로크에 이르는 조각과 공예품이 다수 전시되어 있다.

찾아가기 산타 마리아 노벨라역에서 도보 16분
주소 Via del Proconsolo, 4
문의 055 238 8606
운영 월, 수~금, 1·3·5번째 일요일 08:15~13:50, 토요일 08:15~18:50 휴무 화요일, 2·4째 주 일요일
요금 일반 €9, 만 18~25세 €2 (인터넷 예약 시 수수료 €3)
홈페이지 www.bargellomusei.beniculturali.it

단테의 집
Museo Casa di Dante ★

MAP●휴대지도-32, p.179-H

단테의 흔적이 남아 있는 곳

불멸의 걸작 〈신곡〉으로 르네상스 문학의 지평을 연 단테의 생가를 박물관으로 꾸며놓았다. 일부에서는 브뤼셀의 오줌싸개 동상에 못지않을 정도로 볼거리가 없는 박물관이라고 홀대하기

도 하지만 단테의 업적에 관심이 있는 사람이라면 가볼 만하다. 침실, 서재와 그곳에 놓인 그림, 공예품 등에서 생전에 거주했던 흔적을 엿볼 수 있다.

찾아가기 산타 마리아 노벨라역에서 도보 16분
주소 Via S. Margherita, 1 **문의** 055 219 416
운영 11~3월 화~금요일 10:00~17:00, 토요일 10:00~18:00, 4~10월 10:00~18:00
휴무 11~3월 월요일 **요금** 일반 €8, 만 18~25세 €5
홈페이지 www.museocasadidante.it

미켈란젤로 광장
Piazzale Michelangelo ★★

MAP p.177-L

피렌체 시내가 한눈에 펼쳐지는 전망이 일품

아르노강 건너편의 동쪽 언덕에 위치한 광장으로 피렌체 시내가 한눈에 내려다보여 최고의 전망을 자랑하는 곳이다. 미켈란젤로 서거 400주년을 기념해 1860년 주세페 포지가 조성했다. 광장 중앙에 우뚝 서 있는 거대한 다비드 조각상은 모조품이긴 하지만 광장의 상징과도 같다.

찾아가기 산타 마리아 노벨라역에서 12번 버스로 20분

추천 레스토랑

트라토리아 마리오 Trattoria Mario

MAP p.177-C

피렌체 최고라 할 만한 티본스테이크
1953년에 문을 열어 변함없는 맛으로 사랑받으며 전 세계 맛집 가이드북에서 빼놓지 않고 소개하는 곳이다. 점심시간에만 문을 열고 30분 이상 기다릴 각오를 해야 하지만 피렌체의 명물인 티본스테이크를 즐기는 데 이만한 곳이 없다. 중앙시장 옆에 위치해 서민적인 분위기를 느낄 수 있는 것도 이 집의 매력 중 하나. 티본스테이크 외에도 여러 가지 메뉴가 있는데 어느 것을 주문해도 후회하지 않는다.

찾아가기 산타 마리아 노벨라역에서 도보 8분(산 로렌초 성당에서 도보 3분)
주소 Via Rosina, 2r
문의 055 218 550
영업 12:00~15:30 **휴무** 일요일·공휴일
예산 €20~30
홈페이지 www.trattoria-mario.com

카페 시브레오 Caffè Cibrèo
MAP p.177-H

천재 셰프가 운영하는 오감 만족 카페
피렌체는 물론 이탈리아 전역에서 명성을 떨치고 있는 유명 셰프 파비오 피키가 운영하는 카페로 가격이 저렴하다. 1989년에 처음 문을 열었으며 이탈리아 가정식을 제대로 즐길 수 있는 곳이다. 스테이크와 육회, 로스트비프는 어머니에게 전수받은 소스를 곁들여 특별한 맛을 낸다. 파비오 피키 셰프는 이 일대에 같은 계열의 파인다이닝 레스토랑, 트라토리아, 토스카나 정통 음식점을 운영한다. 국내에 그가 집필한 책 〈피렌체를 맛보다〉가 번역 출간되기도 했다.

찾아가기 산타 마리아 노벨라역에서 도보 23분(바르젤로 미술관에서 도보 11분)
주소 Via Andrea del Verrocchio, 5r
문의 055 234 5853
영업 화~토요일 09:00~24:00 **휴무** 일~월요일
예산 €30~60
홈페이지 www.cibreo.com

리스토란테 파올리 Ristorante Paoli

MAP ● 휴대지도-31, p.179-G

피렌체에서 가장 오래된 레스토랑

1824년에 문을 열어 푸치니, 마리네티, 레온 카발로 등 유명인들의 단골 레스토랑으로 사랑받았다. 실내는 아치형 천장과 기둥이 있는 네오고딕 양식으로 꾸며져 있으며 벽에 그려진 프레스코화도 멋스럽다. 토스카나 요리를 주로 선보이는데 추천 메뉴는 버섯 리소토(Risotto ai Funghi), 코냑과 크림소스가 들어간 두툼한 스테이크(Entrecôte di Manzo Arlecchino)로 이 집의 스테디셀러이다.

찾아가기 산타 마리아 노벨라역에서 도보 14분(시뇨리아 광장에서 도보 2분)
주소 Via dei Tavolini, 12r 문의 055 216 215
운영 매일 12:00~22:30
예산 €30~60
홈페이지 https://www.ristorantepaoli.com

트라토리아 차차 Trattoria ZàZà

MAP p.177-C

야외 테라스에서 즐기는 스테이크

중앙시장 근처에 있는 이탈리아 가정식 레스토랑. 피렌체식 티본스테이크, 트뤼플 소스를 곁들인 라비올리(Ravioli alle Truffle Sauce) 등이 유명하다. 모차렐라와 체리 토마토를 넣은 타르타르 카프레세 등의 전채 요리와 할머니의 레시피로 만든 스파게티와 파스타는 우리 입맛에 잘 맞고 가격도 저렴한 편이다. 티본스테이크는 2명이 먹어도 충분한 양이며 와인 리스트도 훌륭하다. 여름에는 시원한 야외 테라스에서 식사를 즐길 수 있다.

찾아가기 산타 마리아 노벨라역에서 도보 8분(산 로렌초 성당에서 도보 2분)
주소 Piazza del Mercato Centrale, 26r
문의 055 215 411
영업 11:00~23:00
예산 €25~50
홈페이지 www.trattoriazaza.it

RESTAURANT

일 라티니 Il Latini

MAP ● 휴대지도-29, p.178-E

현지인들이 즐겨 가는 스테이크 맛집

피렌체식 티본스테이크를 맛있게 하는 곳으로 키안티, 브루넬로 지역에서 생산한 하우스 와인도 가격 대비 훌륭하다. 신선한 마스카르포네 치즈와 달걀, 설탕 등이 들어간 달콤한 티라미수로 마무리하면 금상첨화. 식사 시간보다 조금 일찍 가야 자리를 잡을 수 있다. 단, 외국인 관광객에게 말없이 비싼 메뉴를 내놓는 경우가 있으므로 주문 시 꼼꼼히 확인해야 한다. 평일에는 저녁 시간에만 영업한다.

찾아가기 산타 마리아 노벨라역에서 도보 9분(산타 마리아 노벨라 성당에서 도보 4분) **주소** Via dei Palchetti, 6r
문의 055 210 916 **영업** 화~금요일 19:00~22:30, 토~일요일 12:30~14:00, 19:00~22:30 **휴무** 월요일
예산 플로렌티나 티본 스테이크 €60
홈페이지 www.illatini.com

벨코레 Belcore

MAP p.176-B

미슐랭에서 추천하는 맛집

일본인 셰프가 만드는 크리에이티브한 요리를 맛볼 수 있다. 랑구스틴과 오렌지 소스가 들어간 파스타(€13)와 그린토마토와 올리브를 곁들인 오늘의 생선 요리(€20), 로켓 샐러드와 파르메산 치즈를 곁들인 피렌체 스타일의 쇠고기 스테이크(€19)를 추천한다.

찾아가기 산타 마리아 노벨라역에서 도보 3분(산타 마리아 노벨라 성당에서 도보 5분)
주소 Via dell'Albero, 28/30 **문의** 055 211 198
영업 18:30~23:30 **휴무** 수요일 **예산** €30~50
홈페이지 www.ristorantebelcore.it

보르고 산 자코포 Borgo San Jacopo

MAP ● 휴대지도-34, p.178-J

베키오 다리가 보이는 전망 좋은 레스토랑

살바토레 페라가모 그룹에 속한 룬가르노 컬렉션(Lungarno Collection) 호텔 내에 있는 레스토랑이다. 셰프 클로디오 멩고니가 만든 요리를 선보인다. 리코타와 블랙 트러플이 들어간 포르치니 버섯 스프(€35), 포르토 와인과 디종 머스터드로 조리한 새끼 돼지(€46)를 추천한다.

찾아가기 산타 마리아 노벨라역에서 도보 18분(베키오 다리에서 도보 2분)
주소 Borgo San Jacopo, 62 **문의** 055 281 661
영업 19:00~22:00 **예산** €94~133
홈페이지 www.lungarnocollection.com

치로 & 손스 Ciro & Sons
MAP●휴대지도-26, p.178-B

피자의 본고장에서 인정받은 레스토랑
후기 르네상스 시대에 교황 클레멘스 7세가 거주했던 건물에 자리한 레스토랑으로 실내 분위기가 우아하다. 글루텐이 들어가지 않은 파스타와 피자를 즐길 수 있으며, 특히 피자는 나폴리에서 베라 피자(Vera Pizza) 인증을 받았다. 토마토 소스와 바질, 모차렐라가 들어간 마르게리타 피자(€7.50), 사과와 바비큐 소스를 넣고 그릴에 구워낸 돼지고기(€13.90), 살사 소스를 곁들인 훈제 샤토 브리앙(€37)을 추천한다.

찾아가기 산타 마리아 노벨라역에서 도보 8분(산 로렌초 성당에서 도보 2분)
주소 Via del Giglio, 28r
문의 055 289 694
영업 12:00~15:00, 18:00~22:30
휴무 일요일 예산 점심 €30~50
홈페이지 www.ciroandsons.com

메르카토 첸트랄레
Mercato Centrale

MAP p.177-C

중앙시장 2층에 있는 대형 푸드코트
1874년 건축가 주세페 망고니의 설계로 지은 중앙시장 2층에 자리한 푸드코트로 2014년 봄에 새롭게 문을 열었다. 지붕까지 시원하게 뚫린 공간에 레스토랑, 피체리아, 카페테리아, 와인 바, 맥주 바, 아이스크림 가게까지 피렌체의 내로라하는 맛집들이 한데 모여 있다. 특히 티본스테이크 레스토랑과 와인 바가 훌륭하며 브레이크 타임이 없어 언제 가도 식사나 술을 즐길 수 있다. 이 외에도 와인 숍과 식료품 가게 등이 있어 간단한 먹거리를 구입하기에도 좋다.

찾아가기 산타 마리아 노벨라역에서 도보 7분(산 로렌초 성당에서 도보 2분)
주소 Piazza del Mercato Centrale dell'Ariento
문의 055 239 9798 영업 일~목요일 09:00~24:00, 금~토요일 09:00~24:00 예산 €15~30
홈페이지 www.mercatocentrale.it

RESTAURANT

트라토리아 베키오 메르카토
Trattoria Vecchio Mercato

MAP p.177-C

피렌체 3대 티본스테이크 맛집 중 하나

중앙시장 뒤쪽에 자리해 있는 소박한 레스토랑으로 1980년대에 문을 열었다. 주로 토스카나 전통 요리를 선보이는데 대표 메뉴인 티본스테이크 외에도 시에나에서 즐겨 먹는 토마토 수프(Pappa al Pomodoro), 베이컨과 버섯, 토마토가 들어간 파스타(Tagliolini del Vecchio Mercato), 버섯과 트뤼플 오일이 들어간 리소토(Risotto Champagne e Tartufo) 등을 맛볼 수 있다.

찾아가기 산타 마리아 노벨라역에서 도보 8분(산 로렌초 성당에서 도보 2분)
주소 Piazza del Mercato Centrale, 12/13r
문의 055 211 978
영업 11:30~23:30 **예산** €20~50
홈페이지 www.vecchiomercato.it

아콰 알 2 Acqua Al 2

강추

MAP ● 휴대지도-32, p.179-H

발사믹 소스를 넣은 필레 미뇽이 간판 메뉴

샌디에이고에서 이탈리아 레스토랑을 운영하는 오너 셰프가 토스카나 음식을 실험 정신으로 승화한 특별한 레스토랑을 오픈했다. 샌디에이고와 워싱턴DC 다음으로 문을 연 세 번째 지점. 시그너처 애피타이저(Assaggio di Primi Piatti, €13)는 셰프가 선택하는 다섯 가지의 파스타를 맛볼 수 있다. 돼지고기의 가장 맛있는 부위 중 하나인 필레 미뇽에 발사믹 소스를 넣어 조리한 요리(Filetto all'Aceto Balsamico, €34)를 추천한다.

찾아가기 산타 마리아 노벨라역에서 도보 18분(바르젤로 미술관에서 도보 1분)
주소 Via della Vigna Vecchia, 40r
문의 055 284 170
영업 12:30~15:00, 19:00~00:30
예산 €30~50
홈페이지 www.acquaal2.com

피렌체

RESTAURANT

이털리 Eataly
MAP ● 휴대지도-27, p.179-C

쇼핑을 즐기며 가볍게 먹을 수 있는 레스토랑

토리노에서 탄생한 고급 식료품 마켓의 선두 주자로 육류, 파스타, 프로슈토, 치즈, 와인, 초콜릿 등 다양한 식료품을 파는 매장과 레스토랑을 함께 운영한다. 메뉴는 파스타, 피자, 샌드위치 등 가볍게 즐길 수 있는 것이 많으며 최고급 재료로 만들어 음식 맛도 좋은 편이다. 식사 전 매장을 둘러보며 이탈리아의 식재료를 구경하는 재미도 쏠쏠하다. 쇼핑을 하고 싶은데 짐이 많아질까 걱정된다면 온라인 쇼핑을 공략해보자.

찾아가기 산타 마리아 노벨라역에서 도보 11분(두오모에서 도보 2분) 주소 Via dei Martelli, 22
문의 055 015 3601
영업 09:30~22:00 예산 €10~
홈페이지 www.eataly.it

중앙시장 Mercato Centrale Firenze
MAP p.177-C

활기 넘치는 푸드코트

밀라노의 화려한 쇼핑 아케이드 비토리오 에마누엘레 2세 갈레리아를 설계한 건축가 멩고니가 지은 철골 구조의 건물로, 건축 140주년을 기념하기 위해 레노베이션해 2014년 봄에 새롭게 문을 열었다. 1층에는 생선, 고기, 야채 등을 판매하며, 2층의 푸드코트에는 이탈리를 비롯해 신선한 식자재와 와인 등 다양한 먹거리를 즐길 수 있는 숍과 레스토랑이 입점해 있다.

찾아가기 산타 마리아 노벨라역에서 도보 7분
주소 Piazza del Mercato Centrale-Via dell'Argento
문의 055 230 9708 영업 08:00~24:00
홈페이지 www.mercatocentrale.it

트라토리아 달오스테 Trattoria dall'Oste
MAP ● 휴대지도-31, p.179-G

두툼한 티본스테이크가 자랑

1979년에 처음 문을 연 토스카나 지방 음식 전문 레스토랑. 피에몬테산 와규는 물론 고베산 와규 등 12종류의 스테이크를 즐길 수 있다. 육질에 관해 강한 자부심을 가질 정도로 맛이 완벽하다. 특히 티본스테이크는 겉은 바삭하고 속은 풍부한 육즙을 머금고 있으며 육질이 부드럽다. 디저트로는 아이스크림을 곁들인 초콜릿 수플레를 추천한다.

찾아가기 산타 마리아 노벨라역에서 도보 14분
주소 Borgo san Lorenzo 31 문의 055 202 6862
영업 매일 12:00~22:30 예산 €40~70
홈페이지 trattoriadalloste.com

추천 카페 & 바

칸티네타 베로차노
Cantinetta dei Verrazzano

MAP ● 휴대지도-31, p.177-G, 179-G

신선한 타파스와 와인 한 잔을 즐기기 좋은 곳

완벽하게 구운 포카치아 빵, 생햄, 피자를 즐길 수 있는 펍&바. 키안티를 중심으로 한 하우스 와인과 꿀, 발사믹 식초와 같은 고급 식료품을 함께 살 수 있다. 석류 주스, 훌륭한 카푸치노 등의 음료를 즐길 수 있는 공간과 와인을 즐길 수 있는 공간이 분리되어 있다. 쾌적한 인테리어와 분위기로 편안하게 즐길 수 있는 합리적인 장소이다.

주소 Via dei Tavolini 18
문의 055 268 590
영업 월~토요일 08:00~16:00, 일요일 09:00~17:00
홈페이지 www.verrazzano.com/la-cantinetta-in-firenze/

다 네르보네 Da Nerbone

MAP p.176-C

곱창 버거를 즐길 수 있는 이색 맛집

피렌체 중앙시장에서 유명한 음식점으로 1872년에 문을 열었다. 수육 버거(Panino con Bolito)와 곱창 버거(Panino con Lampredotto) 중에서 선택할 수 있으며 가격은 €3.50로 동일하다. 소스는 바질과 할라페뇨를 넣은 살사 베르테 소스와 매콤한 고추를 넣은 피칸테 소스 중 선택할 수 있다. 신용카드를 받지 않으므로 현금을 준비해 가야 한다.

찾아가기 산타 마리아 노벨라역에서 도보 7분(산 로렌초 성당에서 도보 2분)
주소 Piazza del Mercato Centrale
문의 055 219 949
영업 월·화·금·토요일 11:00~14:00, 수~목요일 11:00~22:00, 일요일 11:00~23:00
휴무 일요일
예산 €10 미만

페르케 노 Perché No `강추`

MAP●휴대지도-31, p.179-G

피렌체를 대표하는 3대 젤라토 맛집

1939년에 문을 열어 3대째 이어오고 있는 젤라테리아로 시뇨리아 광장 뒷골목에 있다. 천연 재료만을 사용해 뛰어난 맛을 자랑하는데 개인적으로 이탈리아 젤라토 중 최고로 손꼽는다. 특히 수박 맛, 레몬 맛, 키위 맛 등 과일 맛 셔벗이 인기 있으며 참깨 맛, 라벤더 맛 등 다른 곳에서는 맛볼 수 없는 독특한 메뉴도 있다. 아담한 규모의 가게로 앉아서 먹을 수 있는 좌석은 없고 테이크아웃만 가능하다. 메뉴가 한국어로도 적혀 있다.

찾아가기 산타 마리아 노벨라역에서 도보 13분(시뇨리아 광장에서 도보 2분)
주소 Via dei Tavolini, 19r **문의** 055 239 8969
영업 수~월요일 12:00~19:00 **휴무** 화요일
예산 €2.60~ **홈페이지** www.percheno.firenze.it

그롬 Grom

MAP●휴대지도-31, p.179-G

이탈리아를 대표하는 젤라토 브랜드

2003년에 토리노에서 탄생한 이탈리아 젤라토의 대명사. 무화과, 복숭아, 살구, 딸기, 멜론 등을 유기농 과일로 사용하고 인공 향료나 색소를 넣지 않은 자연의 맛을 원칙으로 한다. 언제 먹어도 신선한 맛을 즐길 수 있어 인기가 많다.

찾아가기 산타 마리아 노벨라역에서 도보 12분(두오모에서 도보 1분) **주소** Via del Campanile, 2 **문의** 055 216 158
영업 월~금요일 11:00~23:30, 토~일요일 11:00~24:00
예산 €2.60~ **홈페이지** www.grom.it

비볼리 Vivoli

MAP●휴대지도-32, p.179-L

달콤한 젤라토의 유혹

쌀 맛, 무화과맛, 땅콩 맛 등의 젤라토가 맛있기로 유명하다. 피렌체의 다른 젤라토에 비해 당도가 조금 높은 편이지만 80년 넘게 사랑받아온 곳인 만큼 맛은 훌륭하다. 식사 후 들르면 달콤한 티라미수로 마무리하는 것도 좋다.

찾아가기 산타 마리아 노벨라역에서 도보 20분(산타 크로체 성당에서 도보 3분)
주소 Via Isola delle stanche 7r
문의 055 292 334
영업 화~토요일 08:00~23:00 **휴무** 월요일
예산 €2~ **홈페이지** www.vivoli.it

CAFE & BAR

카페 질리 Caffè Gilli

MAP ● 휴대지도-31, p.179-G

피렌체에서 가장 오래된 카페

1733년에 문을 열어 피렌체의 역사와 함께해온 유서 깊은 카페. 달콤한 케이크가 선풍적인 인기를 끌면서 번창했으며 1900년대 초에 지금의 자리로 옮겼다. 이후 도니, 칼라나니, 포치, 폴로니, 페로니 등의 유명 아티스트들이 드나들었고 할리우드 스타에 이르기까지 칵테일을 즐기는 명소로 자리 잡았다. 우아한 분위기를 풍기는 티룸은 식사 후 달콤한 케이크와 커피 한잔으로 여유를 즐기기에 안성맞춤이다. 티라미수가 맛있다.

찾아가기 산타 마리아 노벨라역에서 도보 11분(두오모에서 도보 2분)
주소 Via roma 1/R **문의** 055 213 896
영업 매일 08:00~익일 01:00
예산 커피 €4~, 티 €7~, 디저트 €8~
홈페이지 www.gilli.it

파니니 토스카니 Panini Toscani

MAP ● 휴대지도-28, p.179-D

피렌체에서 가장 맛있는 포카치아

세계적인 여행 사이트 트립어드바이저에서 피렌체 맛집 중에서 1위에 이름을 올린 곳이다. 포카치아 빵으로 만든 신선한 샌드위치를 저렴한 가격에 판매해 부담 없는 한 끼 식사를 해결하기에 안성맞춤이다. 햄과 치즈를 시식한 후 원하는 재료를 주문하면 샌드위치를 만들어준다. 최고의 맛을 즐기려면 와인을 한 잔 곁들이자.

찾아가기 산타 마리아 노벨라역에서 도보 12분(두오모 성당에서 도보 3분) **주소** Piazza del Duomo, 34r
문의 0348 743 9969 **영업** 10:30~19:00 **휴무** 목요일
예산 샌드위치와 와인 1잔 €10~15

벤키 Venchi

MAP ● 휴대지도-31, p.179-K

초콜릿 명가의 품격

1878년 토리노에서 탄생한 이탈리아 초콜릿의 명가에서 운영하는 카페. 100여 종의 초콜릿과 28종의 아이스크림, 120년의 전통을 자랑하는 커피 '보노미' 등은 시칠리아산 피스타치오, 피에몬테산 헤이즐넛, 남아메리카산 코코아 가루 등을 원료로 사용해 최고의 맛과 신선도를 자랑한다.

찾아가기 산타 마리아 노벨라역에서 도보 13분(시뇨리아 광장에서 도보 1분)
주소 Via Calimaruzza 2-4 **문의** 055 288 505
영업 월~목요일 10:00~00:30, 금~일요일 10:00~01:00
예산 아이스크림 €3~ **홈페이지** www.venchi.com

CAFE & BAR

카사 델 비노 Casa del Vino `강추`

MAP p.177-C

합리적인 가격의 와인을 구비

중앙시장 옆에 자리해 2대째 이어오는 서민적인 와인 바. 양질의 와인을 합리적인 가격에 구입할 수 있고 햄, 소시지, 치즈, 안초비, 청어 등 간단한 안주와 함께 와인을 즐길 수 있다. 낮에도 단골손님들로 늘 붐빈다.

찾아가기 산타 마리아 노벨라역에서 도보 8분(중앙시장에서 도보 1분)
주소 Via dell'Ariento, 16r
문의 055 215 609
영업 월~목요일 09:30~15:30, 금~토요일 10:00~22:30
휴무 일요일, 7·9월 토요일, 8월 전체
예산 식사 €10~20
홈페이지 www.casadelvino.it

이 프라텔리니 I Fratellini

MAP●휴대지도-31, p.179-G

대대로 이어져온 파니니 맛이 일품

1875년에 문을 열어 4대째 이어오는 파니니 가게. 갓 구운 빵에 다양한 재료를 넣은 파니니를 와인과 함께 저렴한 가격으로 즐길 수 있다. 추천 파니니는 크루도 햄과 모차렐라 치즈를 넣은 3번, 모차렐라 치즈와 토마토를 넣은 6번, 참치와 토마토, 양파를 넣은 7번이다. 재료가 다 떨어지면 문을 닫으므로 점심시간 이전에 가는 것이 좋다.

찾아가기 산타 마리아 노벨라역에서 도보 15분(시뇨리아 광장에서 도보 1분)
주소 Via dei Cimatori, 38r **문의** 055 239 6096
영업 매일 10:00~19:00 **예산** 파니니 €3, 와인 1잔 €1~3
홈페이지 www.iduefratellini.com

라 코코테 La Cocotte

MAP p.177-C

귀여운 주물 냄비에 담겨 나오는 서민적인 음식

달콤한 크루아상과 신선한 커피를 내는 카페와 이탈리아 가정식을 선보이는 비스트로를 함께 운영한다. 다양한 종류의 샐러드, 미트 소스를 넣은 스파게티, 라자냐, 치즈 버거와 티본스테이크까지 메뉴 선택의 폭이 넓고 가격도 합리적이다.

찾아가기 산타 마리아 노벨라역에서 도보 5분(산 로렌초 성당에서 도보 5분)
주소 Via Vincenzo Gioberti 91 **문의** 055 283 114
영업 월~토요일 10:30~19:00 **휴무** 일요일
예산 커피 등의 음료 €3~8, 버거 €9.90~
홈페이지 www.lacocotte.org

프로카치 Procacci `강추`

MAP●휴대지도-30, p.178-F

향긋한 트뤼플과 와인 한잔

1885년에 문을 연 고급 식료품점으로 와인은 매일 엄선한 5~6종류를 잔으로 즐길 수 있고 트뤼플이 들어간 샌드위치 등 다양한 안주가 있다. 트뤼플, 버터, 올리브 오일, 꿀, 과일 잼 등은 선물용으로 구입하기에도 좋다.

찾아가기 산타 마리아 노벨라역에서 도보 10분(두오모에서 도보 5분)
주소 Via de'Tomabuoni, 64r
문의 055 211 656
영업 월~토요일 10:00~21:00 **휴무** 일요일
예산 와인 1잔 €5~20, 안주 €3~
홈페이지 www.procacci1885.it

추천 쇼핑

구찌 Gucci

MAP ● 휴대지도-30, p.178-F

구찌의 플래그십 스토어

구찌의 이미지를 가장 잘 보여주는 플래그십 스토어답게 피렌체에서도 가장 큰 규모의 매장이다. 가방, 신발, 남녀 의류, 시계, 주얼리, 아동복에 이르기까지 라인별 상품을 충실히 갖추고 있다. 대나무 잠금 장식으로 유명한 뱀부 데일리 백과 G 로고가 들어간 호보 백은 우리나라 여성들에게 특히 인기 있는 베스트셀러 아이템이다.

찾아가기 산타 마리아 노벨라역에서 도보 10분(시뇨리아 광장에서 도보 5분)
주소 Via de'Tornabuoni, 73r~81r **문의** 055 264 011
영업 월~금, 일요일 10:00~19:00, 토요일 10:00~19:30
홈페이지 www.gucci.com

프라다 Prada

MAP ● 휴대지도-30, p.178-F

젊은 층에게 인기 있는 이탈리아 명품 브랜드

피렌체의 프라다 매장은 토르나부오니 거리와 레푸블리카 광장 근처에 있으며 남녀 의류, 가방, 선글라스, 향수, 신발 등 다양한 아이템을 갖추고 있다. 1985년에 출시된 나일론 백팩 포노코와 미란다 커가 즐겨 드는 사피아노 럭스백이 베스트셀러 상품이다. 젊은 층이 선호하는 브랜드답게 심플하고 실용적인 디자인이 매력이다.

찾아가기 산타 마리아 노벨라역에서 도보 10분(시뇨리아 광장에서 도보 5분)
주소 Via de'Tornabuoni, 53r~67r **문의** 055 267 471
영업 매일 10:00~19:00
홈페이지 www.prada.com

살바토레 페라가모
Salvatore Ferragamo

강추

MAP ● 휴대지도-34, p.178-J

옛 궁전이었던 건물에 자리한 플래그십 스토어

중세 때 지은 스피니 페로니 궁전(Palazzo Spini Feroni)에 살바토레 페라가모의 플래그십 스토어와 브랜드의 역사를 보여주는 박물관이 함께 있다. 매장에는 남녀 의류, 가방, 신발, 지갑 등이 베스트셀러 상품부터 최신 상품에 이르기까지 다양하게 갖춰져 있다. 구두로 유명해진 브랜드인 만큼 구두를 집중해서 골라보자. 페라가모 박물관에는 페라가모가 1920~1930년대에 디자인한 신발과 그가 소장했던 그림들이 전시되어 있다(입장료 €6 별도).

찾아가기 산타 마리아 노벨라역에서 도보 10분(시뇨리아 광장에서 도보 5분)
주소 Via de'Tornabuoni, 4r~14r
문의 055 292 123 **영업** 매일 10:30~19:30
홈페이지 www.ferragamo.com

산타 마리아 노벨라 약국
Officina di Santa Maria Novella

MAP.178-A

믿을 수 있는 천연 화장품

1221년 피렌체 도미니크회 수도사가 수도원 정원에서 약초를 재배해 약제와 연고를 개발했으며, 1612년 토스카나 지방의 대공 페르난도 메디치 1세의 허가를 받아 약국을 설립한 것이 브랜드의 시작이다. 최고급 원료만 사용해 수작업으로 만드는 화장품, 향수, 비누, 오일 등의 제품은 천연 향기로 힐링 효과까지 얻을 수 있어 여성들의 사랑을 듬뿍 받고 있다. 한국인에게 인기 있는 아이템은 장미수라 불리는 토너 아쿠아 디 로즈, '고현정 수분 크림'으로 불리는 크레마 이드랄리아이며 그 밖에도 보디·헤어용품과 양초, 방향제 등 다양한 제품이 있다. 산타 마리아 노벨라 약국의 본점인 이곳에는 한국인 직원도 있어 더욱 편리하게 쇼핑할 수 있다.

찾아가기 산타 마리아 노벨라역에서 도보 5분(산타 마리아 노벨라 성당에서 도보 3분)
주소 Via della Scala, 16
문의 055 216 276 **영업** 매일 10:00~20:00
휴무 1/1, 12/25~26
홈페이지 www.smnovella.com

산타 마리아 노벨라 약국의 대표 상품

아쿠아 디 로즈 Acqua di Rose
장미의 꽃받침 바로 아랫부분을 잘라 증류시켜 만든 토너로 살균력이 뛰어나고 피부 트러블을 진정시키는 효과가 있다. 화장솜에 묻혀 피부에 발라 수분을 공급하거나 목욕 시 입욕제로 약간만 넣으면 상쾌한 기분을 느낄 수 있다.

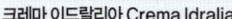

크레마 이드랄리아 Crema Idralia
낮에 바르는 수분 크림으로 로즈 가데니아, 아보카도 오일, 호호바 오일, 비타민 E 등이 함유되어 있어 보습 효과가 뛰어나며 노화 방지 및 재생 효과가 있다. 산타 마리아 노벨라 약국에서 가장 인기 있는 제품이다.

아쿠아 디 콜로니아 프리지아
Acqua di Colonia Fresia
많은 종류의 향수 가운데 한국인 여성 여행자들에게 특히 인기가 좋은 향수다. 남아프리카 태생의 프리지어 향이 상쾌해 특히 여름에 사용하기 좋다.

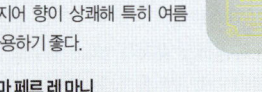

크레마 페르 레 마니
Crema per le Mani
코코아 버터와 밀랍 성분이 피부를 보호해주고 레몬 에센셜 오일이 피부를 한층 밝게 해주는 핸드크림이다. 상큼한 레몬 향이 나며 촉촉함이 오래 지속된다.

SHOPPING

라 리나센테 La Rinascente
MAP●휴대지도-31, p.179-G

이탈리아를 대표하는 백화점
레푸블리카 광장 앞에 있으며 의류, 잡화, 가구, 화장품, 식료품, 디자인용품 등 다양한 아이템을 갖추고 있다. 특히 의류는 명품 브랜드 외에도 국내에서 접하기 어려운 세련된 이탈리아 브랜드가 많은 편이어서 여성들에게 인기 있다. 여러 곳을 돌아다닐 시간이 없다면 이곳에서 원스톱 쇼핑을 즐기자.

찾아가기 산타 마리아 노벨라역에서 도보 12분(두오모에서 도보 3분) 주소 Piazza della Repubblica 4
문의 055 219 113 영업 월~토요일 09:00~21:00 일요일 10:00~21:00 휴무 1/1, 12/25~26
홈페이지 www.rinascente.it

라이카 스토어 Leica Store
MAP●휴대지도-35, p.179-K

라이카의 전설을 만나다
독일에서 탄생한 명품 카메라 브랜드 라이카의 피렌체 지점. 독특한 색감을 자랑하는 라이카의 인기 모델들이 전시돼 있는 쇼룸과 라이카 카메라를 사용한 현대 사진작가들의 작품 및 불후의 명작을 감상할 수 있는 갤러리가 함께 마련돼 있다. 매장 앞에는 기발한 발상의 예술품이 자주 전시된다.

찾아가기 산타 마리아 노벨라역에서 도보 15분(베키오 다리에서 도보 2분) 주소 Vicolo dell'Oro, 12/14r
문의 055 286 053 영업 화~토요일 10:00~14:00, 15:00~19:00 휴무 일요일
홈페이지 www.leicastore-firenze.com

Plus Info

더 몰 The Mall
브랜드 셀렉션이 유럽에서 가장 훌륭하며 30~40% 할인된 가격에 구입할 수 있다. 특히 프라다와 구찌는 거의 절반 가격에 살 수 있다. 개장 시간 전부터 줄이 길게 늘어서므로 일찍 가는 것이 좋다.

찾아가기 산타 마리아 노벨라역 앞의 시외버스 터미널에서 시타 버스로 약 1시간 소요(요금 편도 €7, 왕복 €13).
주소 Via Europa 8 Leccio Reggello
문의 055 865 7775 영업 10:00~20:00
휴무 1/1, 부활절, 12/25·26
홈페이지 www.themall.it

프라다 스페이스 아웃렛 Prada Space Outlet
프라다와 세컨드 브랜드인 미우미우 이월 상품을 40~60% 할인된 가격에 구입할 수 있다.

찾아가기 산타 마리아 노벨라역에서 아레초(Arezzo)행 열차를 타고 몬테바르키 테라누오바(Montevarchi Terranuova)역에서 하차(요금 편도 €6.4, 38분 소요) 후 택시로 10~15분(요금 편도 €15) 이동. 피렌체로 되돌아 갈 때는 아웃렛 안내 데스크에 택시를 요청하면 별도 요금 없이 택시를 불러준다.
문의 055 919 6528
영업 일~금요일 10:30~19:30, 토요일 09:30~19:30
홈페이지 www.prada.com

SHOPPING

페냐 Pegna dal 1860

MAP●휴대지도-31, p.179-H

150여 년의 역사를 자랑하는 잡화점

1860년에 식료품점으로 문을 열었으며 지금은 식료품뿐만 아니라 생필품까지 판매하는 인기 잡화점이다. 넓은 매장 안에 이탈리아 먹거리를 대표하는 와인, 치즈, 햄, 파스타 등을 비롯해 치약, 비누, 세제에 이르기까지 다양한 아이템이 갖춰져 있어 시간 가는 줄 모르고 구경하게 된다. 천천히 둘러보면서 숙소에서 먹을 간식거리를 사거나 지인에게 줄 선물을 골라보자.

찾아가기 산타 마리아 노벨라역에서 도보 14분(두오모에서 도보 1분)
주소 Via dello Studio, 8 문의 055 282 701
영업 월~토요일 10:00~14:00, 16:00~19:30, 일요일 11:00~19:00
휴무 1/1, 부활절, 12/25
홈페이지 www.pegnafirenze.com

마도바 글러브 Madova Gloves

MAP●휴대지도-34, p.177-G

투철한 장인 정신으로 만든 장갑

1919년부터 가죽 장갑을 생산하기 시작한 돈니니 가문에서 3대째 운영 중인 숍. 세계적인 경제 공황과 제2차 세계대전으로 문을 닫았다가 1954년부터 다시 생산을 시작해 영업하고 있다. 다양한 컬러와 디자인에 합리적인 가격을 내세워 선물용으로도 추천할 만하다.

찾아가기 산타 마리아 노벨라역에서 도보 18분(베키오 다리에서 도보 2분) 주소 Via de'Guicciardini, 1r
문의 055 239 6526 영업 10:30~19:00
휴무 일요일 홈페이지 www.madova.com

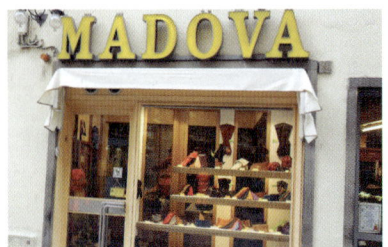

WP 스토어 WP Store

MAP●휴대지도-29, p.178-E

다양한 브랜드가 모여 있는 셀렉트 숍

값비싼 명품 브랜드보다는 유행을 선도하는 개성 넘치는 브랜드만을 모아놓은 셀렉트 숍이다. 울리치(Woolrich), 바버(Barbour), 팔라디움(Palladium) 등 40여 개 브랜드와 만날 수 있으며, 20~30대를 겨냥한 아이템이 많다.

찾아가기 산타 마리아 노벨라역에서 도보 10분(시뇨리아 광장에서 도보 9분) 주소 Via della Vigna Nuova, 75r
문의 055 277 6399 영업 월·토요일 10:30~19:30, 수~금·일요일 10:30~14:00, 15:00~19:30
휴무 화요일 홈페이지 www.wplavori.com

추천 숙소

호텔

호텔 브루넬레스키 | Hotel Brunelleschi
MAP ● 휴대지도-31, p.179-G

최고급 인테리어로 꾸민 4성급 호텔

두오모에서 도보 3분 거리이며, 〈다빈치 코드〉와 〈인페르노〉를 쓴 소설가 댄 브라운이 묵었던 호텔로 유명하다. 디럭스 이그제큐티브 파노라마 룸에서는 산 로렌초 성당, 조토의 종탑, 두오모, 베키오 궁전 등을 360도 조망할 수 있다.

찾아가기 | 산타 마리아 노벨라역에서 도보 13분
주소 Piazza Sant'Elisabetta, 3 문의 055 27370
요금 Room Only €242~ *아침 포함 €268.79~
홈페이지 www.hotelbrunelleschi.it

웨스틴 엑셀시어 | Westin Excelsior
MAP p.176-F

아르노 강변의 멋진 풍경이 보이는 호텔

세계적인 호텔 체인인 웨스틴 계열 중 하나. 숙면에 도움을 주는 헤븐리 베드가 전 객실에 놓여 있으며 침구류와 가구가 모두 럭셔리하다. 직원들의 서비스도 친절하고 수준 높은 요리를 맛볼 수 있는 레스토랑이 있어 호평받고 있다.

찾아가기 | 산타 마리아 노벨라역에서 도보 7분
주소 Piazza Ognissanti, 3 문의 055 27151
요금 싱글 · 더블 €397~
홈페이지 www.westinflorence.com

호텔 일 살비아티노 | Hotel Il Salviatino
MAP p.177-D

진정한 휴식을 취할 수 있는 경치 좋은 호텔

산타 마리아 노벨라역에서 동쪽으로 약 6km 떨어진 언덕에 위치해 있다. 15세기에 지은 빌라를 레노베이션한 디자인 호텔로 고급스러운 객실과 넓은 정원을 갖추었다. 객실은 각각 다른 콘셉트로 꾸몄으며 두오모가 보이는 방도 있어 예약 시 원하는 객실을 선택하면 된다. 부대시설로 레스토랑, 야외 수영장, 스파 등이 있으며 시내를 오가는 셔틀버스를 무료로 운영한다.

찾아가기 | 산타 마리아 노벨라 역에서 차로 15분
주소 Via del Salviatino, 21 문의 055 904 1111
요금 싱글 €468~, 더블 €495~
홈페이지 www.salviatino.com

호텔 컨티넨탈레 Hotel Continentale
MAP●휴대지도-35, p.179-K

살바토레 페라가모에서 운영하는 럭셔리 호텔

베키오 다리 앞에 있는 4성급 호텔. 살바토레 페라가모의 정신이 깃든 가구와 지난 역사를 보여주는 사진으로 호텔을 장식했다. 객실은 컨템퍼러리한 스타일로 꾸몄으며 숙박객에게 살바토레 페라가모 박물관 티켓을 무료로 제공한다.

찾아가기 산타 마리아 노벨라역에서 도보 15분
주소 Vicolo dell'Oro, 6r 문의 055 27262
요금 싱글 €187~, 더블 €255~
홈페이지 www.lungarnocollection.com

호텔 브레타냐 헤리타즈 Hotel Bretagna heritage
MAP●휴대지도-34, p.178-J

앤티크한 분위기의 중급 호텔

객실에서 아르노강의 경치를 볼 수 있는 3성급 호텔로 쾌적한 시설에 비해 가격이 합리적이어서 호평을 받는다. 객실에는 미니바와 금고, 헤어드라이어 등이 구비되어 있으며 리셉션과 바를 24시간 운영한다.

찾아가기 산타 마리아 노벨라역에서 도보 13분
주소 Lungarno Corsini, 6 문의 055 289 618
요금 싱글 €73~, 더블 €96~
홈페이지 www.hotelbretagna.net

피렌체 넘버 나인 Firenze Number Nine
MAP●휴대지도-27, p.179-C

세련된 감성의 디자인 호텔

두오모에서 도보 3분 거리이며 좁은 골목 안에 있지만 찾기 어렵지 않다. 객실이 꽤 넓고 방마다 다른 분위기로 개성 있게 꾸몄다. 스파, 피트니스 센터, 레스토랑 등 부대시설이 충실히 갖춰져 있어 만족도가 높다.

찾아가기 산타 마리아 노벨라역에서 도보 8분
주소 Via dei Conti, 9 문의 055 293 777
요금 싱글 €201~, 더블 €237.60~
홈페이지 www.firenzenumbernine.com

호텔 피티 팰리스 알 폰테 베키오 Hotel Pitti Palace al Ponte Vecchio
MAP●휴대지도-34, p.178-J

베키오 다리 앞에 있는 전망 좋은 호텔

클래식한 분위기의 4성급 호텔로 관광에 편리한 위치에 있다. 싱글, 트리플, 스위트 등 룸 타입이 다양해서 선택의 폭이 넓다. 베키오 궁전과 두오모가 보이는 옥상 테라스에는 와인을 즐길 수 있는 멋진 바와 레스토랑이 있다.

찾아가기 산타 마리아 노벨라역에서 도보 18분
주소 Borgo San Jacopo, 3r 문의 055 239 8711
요금 싱글 €109~, 더블 €127~ 홈페이지 www.florencehotelpittipalacealpontevecchio.com

HOTEL

호텔 델라 시뇨리아
Hotel della Signoria
MAP● 휴대지도-35, p.179-K

시뇨리아 광장 근처에 있어 관광에 편리

가족적이고 친근한 분위기의 3성급 호텔. 객실은 깔끔하고 세련된 분위기이며 테라스가 딸린 방에서는 베키오 궁전을 바라보며 아침 식사를 즐길 수 있다. 무료 와이파이와 위성 TV가 제공되고 프런트도 24시간 운영한다.

찾아가기 산타 마리아 노벨라역에서 도보 14분
주소 Via delle Terme, 1 문의 055 214 530
요금 싱글·더블 €78.40~
홈페이지 www.hoteldellasignoria.com

안티카 토레 디 비아 토르나부오니 1
Antica Torre di Via Tornabuoni 1
MAP● 휴대지도-34, p.178-J

따뜻하고 아늑한 분위기의 디자인 호텔

베키오 다리와 두오모의 큐폴라가 보이는 호텔로 객실은 클래식 룸을 비롯해 신혼여행객들에게 인기 있는 로맨틱 룸 등 다양한 타입이 있다. 아침 식사는 뷔페식으로 제공하며 야경과 함께 칵테일을 즐길 수 있는 전망 좋은 테라스 바가 있다.

찾아가기 산타 마리아 노벨라역에서 도보 11분
주소 Via dè Tornabuoni, 1 문의 055 265 8161
요금 싱글·더블 €218~
홈페이지 www.tornabuoni1.com

보르게세 팰리스 아트 호텔
Borghesse Palace Art Hotel
MAP● 휴대지도-32, p.179-H

컨템퍼러리 아트 작품으로 장식한 멋진 호텔

우피치 미술관과 바르젤로 미술관에서 가까워 미술관 여행이 목적이라면 반가울 만한 숙소. 컨템퍼러리 아트 작품으로 꾸민 25개의 객실이 있으며, 매달 컨템퍼러리 아트 전시회가 열린다. 여행의 피로를 풀어주는 사우나 시설도 마련돼 있다.

찾아가기 산타 마리아 노벨라역에서 도보 18분
주소 Via Ghibellina, 174r 문의 055 284 363
요금 싱글·더블 €98~
홈페이지 www.borghesepalacehotel.com

NH 컬렉션 팔라초 가디
NH Collection Palazzo Gaddi
MAP● 휴대지도-26, p.178-B

프레스코화로 장식된 편안한 분위기의 호텔

옛 귀족이 거주하던 저택을 호텔로 개조해 곳곳에서 르네상스 시대의 장식을 볼 수 있다. 객실은 두오모가 보이는 디럭스 룸, 거실이 따로 마련된 주니어 스위트룸 등이 있으며, 방마다 아름다운 프레스코화가 있다.

찾아가기 산타 마리아 노벨라역에서 도보 7분
주소 Via del Giglio, 9 문의 055 239 8095
요금 싱글 €181.9, 더블 €187.85~
홈페이지 www.b4astoriafirenze.com

스타호텔 투스카니
Starhotels Tuscany

MAP p.176-A

가격 대비 만족스러운 호텔

이탈리아 럭셔리 스타일에 컨템퍼러리 스타일을 가미한 4성급 호텔. 패브릭부터 가구까지 차분한 모노톤으로 세심하게 단장했다. 일반 클래식 룸부터 가족을 위한 스위트룸까지 6개 타입의 룸 중에서 고를 수 있다.

찾아가기 산타 마리아 노벨라역에서 22번 버스를 타고 Piazza Unità 정류장에서 하차
주소 Via di Novoli, 59 문의 055 431 441
요금 싱글·더블 €100.80~
홈페이지 www.starhotels.com

호텔 로소 23 Hotel Rosso 23

MAP 휴대지도-26, p.178-B

교통이 편리하고 전망도 좋은 중급 호텔

모던한 디자인으로 꾸민 3성급 호텔로 전통과 현대가 조화를 이룬다. 객실 타입 중 '슈페리어 뷰'는 산타 마리아 노벨라 광장과 성당이 보이는 훌륭한 전망을 자랑하며 '프렌치'나 '슈페리어'는 혼자서 지내기에 적당하다. 객실에는 미니바, 헤어드라이어, TV 등이 있으며 와이파이도 제공한다.

찾아가기 산타 마리아 노벨라역에서 도보 5분
주소 Piazza di Santa Maria Novella, 23
문의 055 277 300
요금 싱글 €93.15~, 더블 €113.40~
홈페이지 www.hotelrosso23.com

호텔 실라 Hotel Silla

MAP p.177-L

가족적인 분위기의 편안한 호텔

15세기의 러시아 귀족 저택을 개조한 3성급 호텔. 앤티크 가구와 페이즐리 문양의 패브릭으로 꾸민 객실이 고급스럽다. 아르노강이 내려다보이는 테라스와 분위기 좋은 바가 있으며 직원들의 세심한 서비스가 돋보인다.

찾아가기 산타 마리아 노벨라역에서 도보 20분
주소 Via dei Renai, 5 문의 055 234 2888
요금 싱글 €86~, 더블 €100~
홈페이지 www.hotelsilla.it

호텔 페레티 Hotel Ferretti

MAP 휴대지도-26, p.178-B

위치 좋고 가격 저렴한 1성급 호텔

산타 마리아 노벨라역과 가까워 관광하기 편리한 위치에 있다. 가족이 운영하는 아늑한 분위기의 호텔로 정감 있는 서비스를 제공하며 호스텔에 버금갈 만큼 가격도 저렴하다. 다만 방이 16개뿐이어서 서둘러 예약해야 하며 방 크기가 작은 편이다.

찾아가기 산타 마리아 노벨라역에서 도보 7분
주소 Via delle Belle Donne, 17 문의 055 238 1328
요금 싱글 €38.40~, 더블 €52.80~
홈페이지 www.hotelferretti.com

HOTEL

호스텔

호스텔 산타 모나카
Hostel santa Monaca

MAP p.176-F

수녀원에서 전 세계 젊은이들의 숙소로 변신

15세기에 성 모니카의 아고스티누스 수도원으로 이용되던 수녀원 공간이었다가 아르노 강의 범람으로 도시 복구를 돕기 위해 온 전 세계 젊은이들의 숙소로 바뀌었다. 더블룸에서 15개 이상의 침대가 있는 도미토리까지 다양한 유형의 객실을 갖춘 호스텔이다. 에어컨, 공용 샤워 시설, 전자레인지, 라커룸 등의 시설을 무료로 이용할 수 있어 편리하다.

주소 Via S.Monaca 6 문의 055 268 338
요금 도미토리 €18~, 2인실 €55~
홈페이지 www.ostellosantamonaca.com

@Hostel santa Monaca

플러스 플로렌스 호스텔
Plus Florence Hostel

MAP p.177-C

야외 수영장이 있는 리조트 분위기의 호스텔

피렌체는 물론 로마, 베네치아, 베를린, 프라하 등에도 지점을 둔 호스텔 체인. 모던하고 심플한 분위기의 룸과 사우나, 레스토랑, 바, 피트니스 센터 등 다양한 편의 시설을 갖추고 있다. 특히 야외 수영장이 있어 젊은 층에게 인기가 높다.

찾아가기 산타 마리아 노벨라역에서 도보 15분
주소 Via Santa Caterina D'Alessandria, 15
문의 055 628 6347
요금 도미토리 €17~, 더블 €52~
홈페이지 www.plushostels.com

민박

옐로 스퀘어 플로렌스 Yellow square Florence

다양한 부대시설로 젊은이들의 사랑을 받는 곳

1999년 작은 아파트에서 몇 개의 베드로 시작한 밝고 젊은 분위기의 호스텔. 로마와 밀라노에도 지점을 두고 있다. 옥상에 수영장을 갖추고 있어 피렌체의 멋진 풍광을 바라보며 스피릿츠 한 잔을 마실 수 있다. 라이브 뮤직을 즐기며 술 한 잔을 즐기는 것으로 하루를 마무리 할 수 있는 바도 함께 운영한다. 40여 평 규모의 아담한 클럽과 휴식 및 작업 그리고 간단한 조리를 즐길 수 있는 주방도 이용객을 위해 열려 있다.

주소 Viale Francesco Redi 19 문의 055 031 7718
요금 도미토리 €17.82~, 더블 €87.75~

@Yellow square Florence

민박

오스텔로 벨로 Ostello Bello

MAP p.177-C

디자인 호스텔의 새로운 트렌드

오래된 건물과 가구들이 있지만 청결하고 관리가 잘된 숙박 공간으로 산타 마리아 노벨라 기차역에서 도보 5분 거리에 위치해 있어 시내 관광이 편리하다. 24시간 운영되는 리셉션과 안전한 금고, 타파스와 식전주를 즐길 수 있는 바, 바베큐를 즐길 수 있는 테라스, 세탁실 등을 갖춘 편의 시설이 있다.

주소 Via Faenza 56, 50123 Firenze
요금 도미토리 €30.60~, 싱글 €74.33~
문의 0392 947 8050
홈페이지 https://ostellobello.com

B&B 마르보 플로렌스
B&B Marbo Florence

MAP p.176-B

모던한 스타일의 객실

현지인이 운영하는 민박. 총 10개의 객실을 갖추고 있으며 세련되고 깔끔하게 꾸며놓아 호평받는 곳이다. 방에는 TV, 에어컨 등이 설치되어 있으며 무료 와이파이를 이용할 수 있다. 아침 식사로는 커피와 페이스트리, 주스 등을 제공한다.

찾아가기 산타 마리아 노벨라역에서 도보 3분
주소 Via Luigi Alamanni, 25
문의 055 238 2502
요금 더블 €66~, 트리플 €84~
홈페이지 www.marboflorence.com

02
피사의 사탑으로 유명한 도시
피사 Pisa

아르노강과 리구리아해가 만나는 지점에 위치한 피사는 이탈리아 중부 토스카나주에 속한 도시이다. 로마 시대에는 군사적 요충지로 중요한 역할을 했으며, 11세기부터는 그리스, 콘스탄티노플 등과의 활발한 무역을 통해 베네치아, 제노바, 아말피와 치열하게 경쟁하며 부를 축적한 4대 해양 도시국가의 하나였다. 지중해 무역의 숙적이었던 사라센 제국과의 전투에서 대승을 거두면서 막대한 전리품을 획득했으며 이를 토대로 웅장한 대성당과 세례당, 사탑, 납골당 등을 세웠다. 이들 건축물은 세월이 한참 흐른 오늘날에도 전 세계 수많은 관광객이 찾아오는 명소로 사랑받고 있다. 특히 천문학자 갈릴레오 갈릴레이에 의해 유명해진 피사의 사탑은 세계 7대 불가사의로 손꼽히며 지금까지 그 수수께끼가 풀리지 않았다.

Check
여행 포인트
관광 ★★★
미식 ★
쇼핑 ★

교통
도보 ★★
버스 ★★

구역 정보
시간이 넉넉하다면 기차역에서 시내까지 산책 삼아 걷는 것도 좋지만, 피렌체나 친퀘 테레에서 잠시 들르는 것이라면 시내버스를 이용해 이동 시간을 아끼는 것이 낫다.

가는 법

✈ 비행기

로마에서 1일 3~4편 운항하며 약 1시간 소요된다. 공항에서 자판기를 이용하여 티켓 구입 후 모노레일 피사 무버(Pisa Mover)를 타면 피사 중앙역까지 연결된다. 소요시간 5분. 요금 싱글 €5, 왕복 €10. 운영 06:00~24:00(6~15분 간격).

홈페이지 https://pisa-mover.com/

공항과 시내를 연결하는 시내버스

🚆 열차

피사에 갈 때 가장 많이 택하는 방법으로 로마, 피렌체 등지에서 직행편과 경유해 가는 열차가 수시로 운항한다. 피사 중앙역(Pisa Centrale)과 피사 산 로소레역(Pisa San Rossore) 중 어느 역에서 내려도 무방하니 시간대가 맞는 승차권을 사면 된다. 기차역에서 주요 볼거리가 있는 곳까지는 도보로 25~30분 걸리고 시내버스(LAM rossa)를 타면 10분 이내에 도착한다. 버스 승차권은 역내에 있는 담배 가게에서 판매하며 돌아오는 것까지 2매를 구입하는 것이 편리하다. 요금은 1시간권 €1.50(버스 안에서 구입 시 €2), 70분 이내 환승 가능한 5회권 €5.50(10회권 €10), 1일권 €3.70. 기차역 내 짐 보관소에 무거운 짐을 맡기면 간편하게 여행할 수 있다.

홈페이지 www.trenitalia.com

• 짐 보관소
위치 3번 플랫폼 왼쪽
운영 06:00~21:00
요금 5시간 €6, 6~12시간 시간당 €1, 12시간 이후에는 시간당 €0.50 추가

피사-주요 도시 간 열차 운행 정보

출발지	열차 종류	소요 시간	요금
로마	Regionale	4시간 3분	€24.20~
	Frecciarossa + Tuscany Line	2시간 44분	€23.80~
	Frecciabianca	2시간 56분	€14.90~
피렌체	Regionale/Tuscany	1시간	€8.90~
루카	Regionale	30분	€3.70~
라스페치아 (친퀘 테레)	Regionale	1시간 7분	€8.10~

🚌 시외버스

피렌체 산타 마리아 노벨라역에서 스카이 버스 라인 카로나(Sky bus line Caronna)를 타면 피사 공항까지 1시간 소요된다. 오전 9시부터 자정 이후 12시 40분까지 1시간 15분 간격으로 운행하며 요금은 편도 €14.

INFO

◆ 관광안내소
피사의 주요 명소, 레스토랑, 숙박, 교통 등 여행에 필요한 정보를 얻을 수 있다.

비토리오 에마누엘레 2세 광장
위치 피사 중앙역에서 도보 3분
문의 050 42291
운영 10:00~13:00, 14:00~16:00

두오모 광장
위치 피사의 사탑 매표소 옆
문의 050 550100
운영 09:30~17:30
(12/24, 12/26, 1/6 09:30~15:30)
휴무 12/25

◆ 피사 여행 정보
www.pisaunicaterra.it

피사 중앙역 외관

거리 가이드

기차역에서 정면에 보이는 비토리오 에마누엘레 2세 광장을 지나 두오모 광장 표지판을 따라 걸어가면 두오모까지 25~30분 정도 걸린다. 버스로 갈 경우 역 앞에서 시내버스(LAM rossa)를 타고 마닌 광장(Piazza Manin) 정류장에서 내리면 된다. 버스에서 내리면 거대한 성벽이 보이고 문을 통해 안으로 들어가면 세례당, 납골당, 두오모, 피사의 사탑이 차례차례 눈앞에 나타난다. 각 명소는 납골당 옆 중앙 매표소에서 콤비네이션 티켓을 구입해 입장할 수 있다(단, 피사의 사탑은 별도). 주요 볼거리가 두오모를 중심으로 모여 있어 2~3시간이면 충분히 돌아볼 수 있다.

도보 추천 코스

1. 피사의 사탑
   ▼ 도보 1분
2. 두오모
   ▼ 도보 1분
3. 산 조반니 세례당
   ▼ 도보 1분
4. 납골당

추천 볼거리
SIGHTSEEING

피사의 사탑
Torre Pendente di Pisa ★★★

MAP p.225-A

나중에는 볼 수 없을지도 모를 인류의 불가사의

1173년 피사의 건축가 보나노 피사노가 설계해 200여 년간의 공사 끝에 완성한 원통형의 8층 탑. 약 5.5도 기울어진 탓에 탑 높이가 북쪽은 55.2m, 남쪽은 54.5m로 서로 다르다. 기울어짐의 원인은 탑을 받치고 있는 지반의 토질이 불균일해서 건물의 무게를 감당하지 못하기 때문이라고 알려졌다. 1990년 마침내 붕괴 위험에 직면하자 이탈리아 정부는 즉시 관광객의 출입을 금지하고 10년에 걸쳐 2400만 달러라는 막대한 예산을 들여 보수 공사를 했다. 이후 2001년 다시 일반에 공개되었다.

탑에 올라가려면 미리 홈페이지에서 예약하거나 매표소에서 현장 예약(전광판에서 입장 가능 시간 확인)을 하고 40분 간격으로 진행하는 가이드 투어를 이용해야 한다. 탑 꼭대기까지는 294개의 나선형 계단을 올라가야 하기 때문에 8세 이하의 어린이는 입장할 수 없다. 여름철 극성수기에는 인원수 제한(40명)이 있어 적어도 한 달 전에 홈페이지에서 예약하고 가는 것이 좋다. 인터넷 예약 시 수수료(€2)가 추가된다.

찾아가기 피사 중앙역에서 시내버스(LAM rossa)를 타고 Piazza Manin 정류장에서 내려 도보 3분
주소 Piazza del Duomo
문의 050 835 011
운영 10/1~11/3 09:00~20:00, 11/4~12/24 09:00~19:00, 12/25~1/5 09:00~20:00, 1/6~3/22 09:00~19:00, 3/23~4/23 09:00~20:00, 4/24~4/25 09:00~22:00, 4/26~4/29 09:00~20:00, 4/30~5/2 09:00~22:00, 5/3~5/29 09:00~20:00, 5/30~6/1

09:00~22:00, 6/2~6/15 09:00~20:00, 6/16 09:00~16:00, 6/17~8/31 08:30~22:00(날짜별로 운영 시간이 다르므로 홈페이지 확인 필수)
요금 €18
홈페이지 www.opapisa.it

Plus Info

콤비네이션 티켓 Combination Ticket

두오모 박물관, 산 조반니 세례당, 납골당의 입장료는 각각 €5이다. 이 중 두 곳 이상을 둘러볼 예정이라면 콤비네이션 티켓을 구입하는 것이 저렴하다. 두 곳 입장 시 €7, 세 곳 입장 시 €8로 할인된다. 단, 피사의 사탑은 해당되지 않으니 주의한다.

피사의 사탑+두오모 €20, 두오모+피사의 사탑 €7, 두오모+산 조반니 세례당 €7, 두오모+납골당 €7, 피사의 사탑+두오모+산 조반니 세례+납골당 €27

진실 혹은 거짓?

피사의 사탑은 갈릴레이가 '낙하의 법칙'을 실험한 곳으로 유명하다. 낙하의 법칙은 '지표면 위의 같은 높이에서 자유낙하하는 모든 물체는 그 질량에 상관없이 동시에 떨어진다'는 것이다. 갈릴레이는 피사의 사탑 꼭대기에서 크기가 다른 2개의 공을 동시에 떨어뜨려 둘 다 동시에 지면에 떨어진다는 것을 증명했다. 그러나 일각에서는 이 일화가 갈릴레이의 제자인 비비아니가 지어낸 것이라는 설이 분분하며, 실제 이 실험은 1586년 네덜란드의 수학자이자 물리학자인 시몬 스테빈이 한 것으로 알려져 있다.

두오모
Duomo
★★★

MAP p.225-A

피사 로마네스크 양식의 아름다운 성당

11세기 사라센 제국과의 전투에서 대승을 거두고 승리를 기념하기 위해 지은 성당이다. 층마다 아치 기둥으로 장식한 파사드가 우아해 피사 로마네스크 양식의 대표작으로 손꼽힌다. 내부는 색 대리석을 사용한 아치 기둥과 회랑으로 이루어져 있으며 프레스코화로 화려하게 장식돼 있다. 정교하게 조각된 설교단은 조반니 피사노의 작품이다. 두오모 안에 있는 박물관에서는 〈나무 십자가상〉, 〈십자가상의 예수〉 등이 볼만하다.

찾아가기 피사 중앙역에서 시내버스(LAM rossa)를 타고 Piazza Manin 정류장에서 내려 도보 2분
주소 Piazza del Duomo
문의 050 835 011
운영 10/1~11/3 10:00~20:00, 11/4~3/22 10:00~19:00, 3/23~11/1 10:00~20:00, 11/2~1/6 10:00~19:00(날짜별로 운영 시간이 다르므로 홈페이지 확인 필수)
홈페이지 www.opapisa.it

산 조반니 세례당
Battistero di San Giovanni
★★

MAP p.225-A

붉은 기와로 만든 돔 지붕이 특징

이탈리아의 세례당 중에서 가장 오랜 역사를 자랑한다. 1153년 건축가 디오티 살비가 지었으며 이후 니콜라 피사노와 조반니 피사노가 돔 형태의 붉은색 지붕을 추가했다. 전형적인 로마네스크 양식을 보여주지만 그 위에 둥근 돔을 더해 고딕 양식이 혼재된 건축물이기도 하다. 세례단과 대리석으로 만든 설교단이 유명한데 이것을 만들기 위해 사르데냐섬에서 대리석을 가져왔다고 전해진다. 내부는 4개의 사각 기둥과 8개의 원기둥으로 이루어져 있으며 중앙의 팔각형 세례반은 비가렐리가 완성했다.

찾아가기 피사 중앙역에서 시내버스(LAM rossa)를 타고 Piazza Manin 정류장에서 내려 도보 2분
주소 Piazza del Duomo
문의 050 835 011
운영 10/1~11/3 10:00~20:00, 11/4~3/22 09:00~19:00, 3/23~11/1 08:00~20:00, 11/2~1/6 09:00~19:00(날짜별로 운영 시간이 다르므로 홈페이지 확인 필수)
홈페이지 www.opapisa.it

납골당(캄포산토)
Il Camposanto
★

MAP p.225-A

운영 10/1~11/3 10:00~20:00, 11/4~3/22 09:00~19:00, 3/23~6/16 08:00~20:00, 6/17~8/31 08:00~22:00, 9/1~11/1 08:00~20:00, 11/2~1/6 09:00~19:00(날짜별로 운영 시간이 다르므로 홈페이지 확인 필수)
홈페이지 www.opapisa.it

역사적인 인물이 잠든 곳
두오모 북쪽에 위치한 대리석 건물로 피사의 역사적인 인물들이 묻혀 있다. 십자군 원정 때 예루살렘의 골고다 언덕에서 가져온 흙으로 건축했다고 전해진다. 회랑 벽면에는 〈죽음의 승리〉라는 프레스코화가 있는데 흑사병에 대한 공포를 표현한 것이다. 그 외에 이슬람 시대의 대표작인 파티마 조의 청동 그리폰 상 등이 볼만하다.

찾아가기 피사 중앙역에서 시내버스(LAM rossa)를 타고 Piazza Manin 정류장에서 내려 도보 3분
주소 Piazza del Duomo
문의 050 835 011

 추천 숙소

호텔 프란체스코
Hotel Francesco

MAP p.225-A

최고급 인테리어의 3성급 호텔
피사의 사탑에서 도보 3분 거리에 있는 호텔로 세계적인 여행 가이드북 〈프로머스〉 등에서 추천하는 호텔이다. 규모는 작지만 에어컨, 미니바 등의 시설을 갖추고 있으며 방도 깔끔하다.

찾아가기 피사 중앙역에서 시내버스(LAM rossa)를 타고 Piazza Manin 정류장에서 내려 도보 6분
주소 Via Santa Maria, 129 문의 050 555 453
요금 싱글·더블 €82~
홈페이지 www.hotelfrancescopisa.com

엔에이치 피사 NH Pisa

MAP p.225-D

모던 스타일의 체인형 호텔
중앙역 맞은편에 위치한 고급 호텔 그룹인 NH의 체인형 호텔로 100여개의 객실을 갖추고 있다. 모던한 스타일의 방 안에는 미니바와 와이파이를 포함한 현대적인 편의 시설을 갖추고 있으며 5층 테라스에서는 역의 광장이 내려다보인다. 음식, 샐러드, 음료를 24시간 제공하는 바와 전용 주차장 등 편의시설이 잘 갖춰진 것도 장점이다.

주소 Piazza della stazione 2
문의 050 43290
요금 싱글·더블 €68~
홈페이지 https://www.nh-hotels.fr

@NH Pisa

03
중세의 모습이 남아 있는 도시
루카 Lucca

이탈리아 중북부의 토스카나주에 속한 도시로 전체 둘레 약 4km에 이르는 성벽으로 에워싸여 있다. 리구리아인이 정착하면서 시작된 루카의 역사는 기원전 180년경 로마의 지배에 들어갔다가 6세기에 롬바르드 공작령의 수도가 되었다. 9~10세기에는 토스카나 제1의 도시였으나 1799년 프랑스에 함락되었고 1860년 이탈리아 왕국에 합병되었다. 이 도시가 유명해진 데는 작곡가 푸치니의 영향이 크다. 매년 여름이면 온 도시에 울려 퍼지는 〈라 보엠〉의 선율은 후기 낭만파 음악의 대가로 베르디 이후 이탈리아 최고의 작곡가로 알려진 푸치니에 대한 오마주와도 같다. 시내에는 아름다운 정원으로 유명한 팔라초 판네르, 구이니지 탑, 산 마르티노 성당, 산 미켈레 성당 등 중세의 건물이 고스란히 남아 있어 번영했던 도시의 과거를 말해준다.

Check

여행 포인트
관광 ★★★
미식 ★
쇼핑 ★

교통
도보 ★★

구역 정보
성벽으로 둘러싸인 구시가는 골목길로 이어져 있으며 차량도 별로 다니지 않아 안전한 편이다. 쉬엄쉬엄 골목을 거닐며 볼거리를 다 돌아보는 데 반나절이면 충분하다.

가는 법

🚊 열차

피렌체 또는 피사에서 1시간에 2대꼴로 운행한다. 피렌체 산타 마리아 노벨라역에서 바로 가는 직행편은 약 1시간 20분, 피사를 거쳐 가는 경우는 약 1시간 50분 소요된다. 피사에서 루카까지는 약 30분이면 갈 수 있어 아침 일찍 서두르면 하루에 두 도시를 돌아볼 수 있다. 루카역에서 성벽 안 시내까지는 도보 10분 정도로 가깝다.

홈페이지 www.trenitalia.com

루카-주요 도시 간 열차 운행 정보

출발지	열차 종류		소요 시간	요금
피렌체	직행	Regionale	1시간 20분	€8.10~
	경유	피렌체→피사 Regionale	1시간 50분	€10.40~
		피사→루카 Regionale		
피사	Regionale		27분	€3.70~

루카역 외관

INFO

◆ **관광안내소**
루카의 주요 명소, 축제, 레스토랑, 숙박, 시내 지도 등의 여행 정보를 얻을 수 있다. 기차역 앞에 있는 관광안내소에는 짐 보관소도 있으므로 짐을 맡기고 간편하게 다니자(요금 3시간 €3, 1일 €5).

기차역 앞
위치 역 앞 광장에서 왼쪽에 위치
문의 0583 494 401
운영 08:30~19:30

베르디 광장
위치 성벽 안으로 들어가서 성벽을 따라 왼쪽으로 도보 13분 문의 0583 583 150
운영 11~2월 09:30~17:30, 3~10월 09:00~19:00
휴무 1/1, 12/25~26
홈페이지 www.luccatourist.it

◆ **루카 여행 정보**
www.turismo.provincia.lucca.it

푸치니 축제 Puccini Festival

매년 여름 토레 델 라고(Torre del Lago)의 야외 호수 공연장에서 열리며 잘츠부르크 축제, 베로나 축제와 더불어 여름에 열리는 유럽 3대 오페라 축제 중 하나다. 푸치니의 오페라 공연이 메인 프로그램이며 2015년에는 〈나비부인〉, 〈토스카〉, 〈투란도트〉, 〈일 트리티코〉 4곡을 선보였다. 티켓은 홈페이지 또는 티켓 오피스에서 적어도 3개월 전에는 예약해야 한다. 루카에서 토레 델 라고까지는 열차로 약 40분 소요되며 요금은 €3.40~.

티켓 오피스
주소 Via delle Torbiere
요금 €20~170(좌석에 따라 차이가 있음)
홈페이지 www.puccinifestival.it

루카 시내는 차가 별로 다니지 않아 한적한 편이다.

거리 가이드

기차역에서 나오면 바로 앞에 작은 광장(Piazzale Bettino Ricasoli) 이 있고 그 너머로 성벽이 보인다. 광장을 따라 걷다가 왼쪽으로 난 길 (Viale Regina Margherita)로 3분 정도 걸어가면 성으로 들어가는 문(Porta S. Pietro)이 나온다. 문을 지나 왼쪽 길(Via Francesco Carrara)을 따라 5분 정도 걸어가면 푸치니 박물관 & 생가가 나오는 데 이곳에서 관광을 시작해 시계 방향으로 돌아보면 된다. 주요 볼거리 중 시계탑이나 구이니지 탑에 오르면 구시가 전경을 한눈에 내려다볼 수 있다. 단, 엘리베이터가 없고 폭이 좁은 계단을 올라가야 하므로 체력에 자신이 없다면 올라가지 않는 것이 좋다. 마지막으로 틴토레토의 〈최후의 만찬〉이 있는 산 마르티노 성당을 보고 기차역으로 되돌아오는 일정으로 마무리하면 된다.

도보 추천 코스

1. 푸치니 박물관 & 생가
   ▼ 도보 7분
2. 산 미켈레 성당
   ▼ 도보 3분
3. 팔라초 판네르
   ▼ 도보 2분
4. 산 프레디아노 성당
   ▼ 도보 2분
5. 원형극장 광장
   ▼ 도보 4분
6. 시계탑
   ▼ 도보 3분
7. 구이니지 탑
   ▼ 도보 5분
8. 산 마르티노 성당

추천 볼거리
SIGHTSEEING

푸치니 박물관 & 생가 ★★
Puccini Museum & Casa Natale

MAP p.231-A

루카가 낳은 세계적인 작곡가의 숨결

푸치니가 1858년에 태어나 22세까지 살았던 집이다. 푸치니는 18세 때 피사에서 베르디의 <아이다>에 감동해 오페라 작곡가가 되기로 결심했으며 <나비부인>, <토스카>, <라 보엠>, <투란도트> 등 수많은 명곡을 남겼다.

72세 때 브뤼셀에서 심장마비로 생을 마감한 후 유족이 그가 생전에 사용하던 작곡 노트와 편지, 옷, 피아노 등을 시에 기증하면서 푸치니 재단이 만들어졌고 1979년 그의 생가를 박물관으로 열어 일반에 공개했다.

찾아가기 루카역에서 도보 12분
주소 Corte San Lorenzo, 9(티켓 오피스 Piazza Cittadella 5) **문의** 0583 584 028
운영 3월 수~월요일 10:00~18:00
휴무 화요일, 4/1~9/30 매일 10:00~19:00, 10/1~11/1 수~월요일 10:00~18:00, 11/2~12/7 월·수~금요일 10:00~14:00, 토~일요일 10:00~17:00 **휴무** 화요일 11/7~18, 11/29, 12/8~1/8 10:00~17:00 **휴무** 12/25(마지막 입장 문 닫기 30분 전)
요금 €9 만 18세 이하/만 65세 이상, 만 26세 이하 학생 €7
홈페이지 www.puccinimuseum.org

산 미켈레 성당 ★
Chiesa di San Michele in Foro

MAP p.231-B

미카엘 천사상이 있는 아름다운 예배당

로마 시대에 포럼(공공 집회 광장)이었던 산 미켈레 광장 안에 있다. 795년 수도원과 병원의 부속 예배당으로 처음 건축했으며 1070년 알렉산드로 2세 교황이 기존의 로마네스크 양식에 고딕 양식을 더해 개축했다. 5층 구조로 된 파사드 꼭대기에는 마테오 시비탈리가 조각한 미카엘 천사상이 창을 들고 우뚝 서 있으며 그 옆에는 승전의 나팔을 부는 천사들이 있다. 지붕보다 훨씬 높은 파사드에 기둥이 늘어서 있는 모습에서 피사의 영향을 받은 것으로 보인다. 루카에 전해오는 전설에 따르면 미카엘 천사의 손가락에는 진짜 다이아몬드 반지가 끼워져 있어 광장 어느 곳에서 봐도 눈부신 광채가 난다고 한다. 성당 안에는 필리피노 리피의 그림과 마테오 시비탈리의 조각이 있다.

찾아가기 루카역에서 도보 12분
주소 Piazza San Michele **문의** 0583 583 150
운영 4~9월 07:40~12:00, 15:00~18:00, 10~3월 09:00~12:00, 15:00~17:00

팔라초 판네르
Palazzo Pfanner ★★★

MAP p.231-B

아름다운 정원이 있는 옛 저택

17세기 루카의 부유층이었던 모리코니가 처음 지었으며 이후 주인이 바뀌면서 여러 차례 개축되었다. 지금의 모습은 건축가 필리포 유바라가 피렌체의 피티 궁전을 본떠 지은 것으로 오스트리아 맥주 상인 판네르 가문이 사들이면서 지금의 이름으로 정해졌다. 오렌지와 레몬 나무가 가득한 정원이 아름다우며 중앙에 있는 분수에는 불, 물, 공기, 땅을 의미하는 4개의 조각상이 있다.

찾아가기 루카역에서 도보 15분
주소 Via degli Asili, 33 **문의** 0583 954 029
운영 10:00~18:00 휴무 12~3월
요금 저택·정원 각각 일반 €4.5, 학생·만 12~16세·만 65세 이상 €4, 저택+정원 일반 €6.5, 학생·만 12~16세·만 65세 이상 €4.5 **홈페이지** www.palazzopfanner.it

산 프레디아노 성당
Basilica di San Frediano ★

MAP p.231-B

비잔틴 양식의 거대한 모자이크가 특징

6세기에 빈첸초, 스테파노, 로렌초 세 성인을 기리기 위해 지은 성당. 이후 루카의 주교였던 산 프레디아노의 뜻을 기리기 위해 1112년에 개축을 시작해 1147년에 완공했다. 성당에서 가장 눈길을 끄는 곳은 파사드 위를 장식한 비잔틴 양식의 거대한 모자이크이다. 가운데에 있는 예수를 양옆의 천사가 보호하고 있으며 그 아래에는 예수의 열두 제자가 그려져 있다. 성당 내부에는 아름다운 프레스코화와 루카를 대표하는 성녀 치타의 미라가 있다.

찾아가기 루카역에서 도보 15분
주소 Piazza San Frediano, 16 **문의** 0583 430 940
운영 월~금·일요일 09:30~17:00, 토요일 09:30~17:30 **요금** 일반 €3, 만 11세 이하 무료

원형극장 광장
Piazza dell'Anfiteatro ★

MAP p.231-B

오랜 역사를 간직한 광장

기원전 1세기 말 로마인들이 지배했던 시기에는 검투사들의 피비린내 나는 전투가 벌어지던 경기장이었으나 기독교 세력이 강해지면서 더 이상 경기장으로 사용되지 않았다. 6세기에는 동고트족이, 8세기에는 롬바르드가 요새로 이용하다가 중세 때는 소금 창고, 예배당, 감옥 등으로 쓰이기도 했다. 지금은 노천카페가 늘어서 루카 시민들의 휴식처로 사랑받고 있다.

찾아가기 루카역에서 도보 14분

시계탑
Torre dell'Orologio ★

MAP p.231-B

루카 시내 전경이 한눈에

1390년 루카 의회에서 시민들에게 시간을 알려주기 위한 목적으로 만들었는데 당시에 있던 130여 개의 탑 중 가장 높았다고 한다. 탑에 있는 시계는 금세공업자 라부루치오

체로티가 제작했으며, 1752년 제네바에서 일했던 루이스 시몬이 로마 숫자로 시간을 알리는 현대적인 시계로 발전시켰다. 최근 207개의 나무 계단이 완벽하게 복원되어 탑에 올라가 루카 시내의 전경을 내려다볼 수 있다.

찾아가기 루카역에서 도보 13분 **주소** Via Fillungo, 20
문의 0583 480 90 **운영** 3·10월 09:30~17:30, 4~5월 09:30~18:30, 6~9월 09:30~19:30
휴무 1/1~3/20, 11/3~12/31
요금 일반 €5, 만 6~14세·만 65세 이상 €4

산 마르티노 성당
Duomo di San Martino ★★

MAP p.231-B

틴토레토의 〈최후의 만찬〉이 볼거리

로마네스크와 고딕 양식이 혼합된 성당으로 마르티노 성인에게 봉헌하기 위해 6세기에 건축을 시작해 1070년에 완성했다. 파사드에 말을 탄

산 마르티노의 조각상이 있는데, 전해오는 이야기에 따르면 추운 날씨에 헐벗고 굶주린 거지에게 자신의 망토 절반을 잘라주자 거짓말처럼 따뜻한 날씨로 변했다고 한다. 성당 입구에는 '미궁'이라는 이름의 심벌이 있는데 이는 성당 내에 불길한 기운이 들어오더라도 길을 찾지 못하게 한다는 종교적인 의미가 있다. 성당 안으로 들어가면 틴토레토의 〈최후의 만찬〉이 있다. 또한 구이니지의 둘째 부인 일라리아가 평온한 모습으로 잠들어 있는 모습의 하얀 대리석상이 1405년 당시의 모습 그대로 남아 있다. 성당 박물관에는 15~16세기의 보물을 모아놓아 성물에 관심이 있는 가톨릭 신자라면 한번 가볼 만하다.

찾아가기 루카역에서 도보 8분
주소 Piazza Antelminelli **문의** 0583 490 530
운영 성당 월~목요일 10:00~17:00, 금~토요일 10:00~18:00, 일요일 12:00~17:00 종탑 월~목요일 10:00~16:00, 금~일요일 10:00~17:00 **요금** 콤비네이션 티켓 €10, 만 6~25세 학생 €7, 성당·탑 각각 €3, 박물관 €4

구이니지 탑
Torre Guinigi ★

MAP p.231-B

독수리 둥지를 연상시키는 탑

14세기 루카의 세력가였던 구이니지 가문에서 세운 고딕 양식의 탑. 44.25m의 높이를 자랑하며 꼭대기에는 나무가 심어져 있다. 꼭대기로 향하는 계단 벽면에는 구이니지 가문 사람들이 전쟁에서 활약하는 모습이 그려져 있다. 탑 꼭대기에서 내려다보는 구시가의 모습이 아름답다.

찾아가기 루카역에서 도보 11분
주소 Via Sant'Andrea **문의** 0583 480 90
운영 3·10월 09:30~17:30, 4~5월 09:30~18:30, 6~9월 09:30~19:30
휴무 11~2월 **요금** 일반 €5, 만 6~14세·만 65세 이상 €4

추천 레스토랑 & 카페

오스테리아 바랄라 Osteria Baralla

MAP p.231-B

전통을 간직한 레스토랑

1860년에 문을 연 고풍스러운 레스토랑으로 원형극장 광장 초입에 있다. 제철 재료를 사용한 전통 요리를 선보이는데 구운 양고기, 루카식 토르텔리, 구운 고추와 레드 와인으로 만든 스튜 등의 메뉴가 있다. 토요일에는 구운 돼지 요리를 스페셜로 선보이다.

찾아가기 루카역에서 도보 15분(원형극장 광장에서 도보 1분)
주소 Via dell'Anfiteatro, 5
문의 0583 440 240
영업 12:30~14:15, 19:00~22:20
휴무 일요일, 12/24~25, 12/31 디너, 1/1 런치
예산 €30 홈페이지 www.osteriabaralla.it

스트라빈스카이 StraVinSky

가정식 음식과 좋은 와인의 조화

맛있는 샐러드와 합리적인 가격의 와인을 즐길 수 있는 유쾌한 장소로 해박한 와인에 대한 지식을 가진 주인의 설명을 들을 수 있다. 파스텔 톤으로 마감된 군더더기 없는 소박한 인테리어에서 마시는 와인과 더불어 가볍게 즐길 수 있는 치킨 샐러드, 감자튀김과 샐러드를 곁들인 버거와 같은 가정식도 훌륭하다.

주소 Via Elisa 37
영업 화~일요일 12:30~15:30, 18:30~23:30
예산 €7~15
문의 0392 929 0530

피치케리아 라 그로타
Pizzicheria La Grotta

MAP p.231-B

훌륭한 피자 맛이란 이런 것

1865년에 문을 열어 맛있는 음식과 훌륭한 서비스로 사랑받는 곳이다. 추천 메뉴는 가게 이름을 딴 라 그로타 피자로, 이 지역에서 생산한 드라이 햄과 염소 치즈, 토마토와 모차렐라 치즈, 로켓 샐러드가 들어간다.

찾아가기 루카역에서 도보 15분(원형극장 광장에서 도보 1분)
주소 Via Anfiteatro, 2 문의 0583 467 595
영업 월·수~토요일 09:00~19:30, 일요일 10:00~19:30
휴무 화요일 예산 €10~30
홈페이지 www.pizzicherialagrotta.it

젤라테리아 베네타
Gelateria Veneta

MAP p.231-A

3대째 이어오는 믿고 먹을 수 있는 아이스크림

100년이 넘은 아이스크림 가게로 루카에만 4개의 매장이 있다. 신선한 재료와 전통 방식을 고수해서 만드는 12종류의 과일 아이스크림이 환상적인 맛을 선보인다. 아이스크림과 과일을 넣은 크레이프는 여성들에게 특히 인기 있다.

찾아가기 루카역에서 도보 7분(푸치니 박물관 & 생가에서 도보 5분) 주소 Via Vittorio Veneto, 74 문의 0583 467 037
영업 월~금요일 11:00~21:00, 토요일 11:00~23:30
휴무 화요일 예산 €2~5
홈페이지 www.gelateriaveneta.net

추천 숙소

디아나 호텔 Diana Hotel
MAP p.231-B

밝은 분위기의 2성급 호텔

산 마르티노 성당에서 도보 1분 거리에 있으며, 같은 골목에 있는 3성급 호텔 산 마르티노 호텔의 자매 격인 호텔이다. 최근 레노베이션을 마쳐 밝게 단장했으며 냉난방 시설도 잘되어 있다. 체크인은 오전 7시 30분~오후 11시에만 가능.

찾아가기 | 루카역에서 도보 7분
주소 Via del Molinetto, 11 문의 0583 492 202
요금 싱글·더블 €72~
홈페이지 www.albergodiana.com

호텔 알라 코르테 델리 안젤리
Hotel Alla Corte Degli Angeli
MAP p.231-B

편한한 분위기의 4성급 호텔

〈미슐랭 가이드북〉을 비롯해 여러 매체에서 루카의 추천 호텔로 소개되었다. 객실에는 자연의 모습을 그린 멋진 벽화가 있으며 미니바, 전화, TV, 와이파이 등 시설도 잘 갖춰져 있다. 홈페이지를 통해 예약하면 10% 할인받을 수 있다.

찾아가기 | 루카역에서 도보 14분
주소 Via Degli Angeli, 23 문의 0583 469 204
요금 더블 €104~ 홈페이지 www.allacortedegliangeli.it

B&B 안피테아트로 B&B Anfiteatro
MAP p.231-B

원형극장 광장 앞에 있어 관광에 편리

루카 관광의 중심인 원형극장 광장 앞에 자리하고 있으며 B&B, 스위트, 아파트먼트 등 여러 타입의 숙소를 운영한다. 객실은 가정집처럼 편안한 분위기이며 무료 와이파이, 위성 TV, 헤어드라이어, 프라이빗 샤워 룸 등 다양한 서비스를 제공한다. 아파트먼트는 거실과 주방이 넓어 특히 가족 여행객에게 인기가 높다. 매일 아침 제공하는 아침 식사는 만족도가 높은 편이며 이곳에서 함께 운영하는 레스토랑에서는 맛있는 피자를 즐길 수 있다.

찾아가기 | 루카역에서 도보 14분
주소 Via dell'Anfiteatro, 25 문의 0347 248 8462
요금 싱글 €55~, 더블 €60~
홈페이지 www.anfiteatro-bedandbreakfast.com

유네스코 세계문화유산에 등재된 아름다운 다섯 마을
친퀘 테레 Cinque Terre

'5개의 땅'이라는 뜻의 친퀘 테레는 이탈리아 북부 라스페치아 해안에 위치한 몬테로소, 베르나차, 코르닐리아, 마나롤라, 리오마조레의 다섯 마을을 일컫는다. 500여 년 전부터 집을 짓고 살기 시작해 험난한 자연과 공생하면서 마을마다 독특한 매력을 품게 되었다. 파스텔 톤의 예쁜 집과 절벽 사이로 난 좁다란 길을 따라 산책하거나 올리브와 포도 농장을 따라 하이킹을 즐길 수 있고, 그림처럼 아름다운 해변에서 한가로이 쉴 수도 있다. 국내 모 항공사 광고에서 한 달쯤 살고 싶은 유럽 도시 1위로 소개하면서 우리나라 여행자들의 발걸음도 더욱 늘어났다.

가는 법

 열차

친퀘 테레에 가기 위해서는 먼저 라스페치아(La Spezia)로 간 다음 다섯 마을을 연결하는 친퀘 테레 지역 열차를 이용해 각 마을로 이동한다. 피렌체 등 중남부에서 갈 때는 피사에서, 밀라노 등 북부에서 갈 때는 제노바에서 라스페치아행 열차로 갈아탄다. 바로 가는 직행편도 있지만 열차가 자주 오지 않고 소요 시간도 길기 때문에 경유해 가는 편이 낫다.

홈페이지 www.trenitalia.com

라스페치아-주요 도시 간 열차 운행 정보

출발지	열차 종류		소요 시간	요금
피렌체	직행	Regionale	2시간 8분	€18.80~
	경유	피렌체→피사 Regionale	2시간 41분	€14.40~
		피사→라스페치아 Intercity 또는 Frecciabianca		
밀라노	직행	Frecciabianca	3시간 4분	€19.90~
	경유	밀라노→제노바 Regionale Veloce	3시간 45분	€20.55~
		제노바→라스페치아 Regionale		

• **친퀘 테레 지역 열차**

라스페치아에서 리오마조레, 마나롤라, 코르닐리아, 베르나차, 몬테로소, 레반토까지 운행하는 열차로 해안을 끼고 달려 창밖으로 아름다운 풍광을 감상할 수 있다. 라스페치아에서 몬테로소까지 약 25분 소요되며 요금은 €2.70. 각 구간별 요금은 홈페이지 참고.

운행 04:30~00:50(30분~1시간 간격)

라스페치아 중앙역
Stazione di La Spezia Centrale

친퀘 테레의 관문이 되는 역으로 이곳에서 지역 열차를 타고 다섯 마을로 이동할 수 있다. 역내에는 작은 관광안내소와 짐 보관소가 있다.

• **짐 보관소**
위치 1번 플랫폼 옆 **운영** 06:00~21:00
요금 12시간 €3, 12시간 이후부터는 €2

라스페치아 중앙역

친퀘 테레 카드

친퀘 테레 카드는 2종류가 있다. 기본 카드(Cinque Terre Card)는 친퀘 테레의 모든 산책로 입장, 에코버스와 와이파이 이용이 가능하다. 열차 카드(Cinque Terre Card Treno)는 기본 카드의 서비스에 친퀘 테레 지역 열차 이용권까지 포함되어 각 마을을 이동할 때 일일이 열차표를 사지 않아도 되어 편리하다. 친퀘 테레 카드는 관광안내소에서 판매하며 구입 후에는 카드 뒷면에 이름과 성, 국적을 기입하고 처음 사용하기 전에 편칭기에 넣고 개시해야 한다.

홈페이지 www.cinqueterrecard.com

카드 종류와 요금

카드 종류		일반	어린이(만 4~12세)	가족권(일반 2명+12세 이하 어린이 2명)
친퀘 테레 기본 카드	1일권	€7.50	€4.50	€19.60
	2일권	€14.50	€7.20	€31.50
친퀘 테레 열차 카드	1일권	€18.20	€11.40	€48
	2일권	€29(€23)	-	-
	3일권	€41	-	-

※친퀘 테레 열차 카드 중 일부는 기간에 따라 요금이 다름. 요금 구분 4/1~11/1(11/2~3/31)

거리 가이드

라스페치아에서 가장 멀리 떨어져 있는 몬테로소에서 시작해 베르나차, 코르닐리아, 마나롤라, 리오마조레 순으로 내려올 것을 권한다. 지역 열차는 30분~1시간 간격으로 운행하므로 마을에 도착하면 그 다음 열차 시간을 확인하고 움직인다. 단, 열차로만 이동하기보다는 절벽에 자리한 마을의 아름다운 모습을 바다 쪽에서 보는 것도 좋으므로 유람선을 타볼 것을 추천한다. 시간이 넉넉하다면 하이킹에 도전해보는 것도 좋다. 친퀘 테레에는 10개 이상의 하이킹 코스가 있으므로 쉬엄쉬엄 마을 구경을 하면서 무리하지 않게 다닐 수 있다. 마나롤라에서 리오마조레 구간은 도보 20분 정도면 갈 수 있어 짧은 트레킹에 도전해보고 싶은 사람에게 안성맞춤이다. 하이킹을 할 계획이라면 운동화와 음료수 등을 꼭 챙겨 가고, 관광안내소에서 미리 기상 상태와 산책로 폐쇄 여부 등을 반드시 확인하도록 한다.

유람선 홈페이지 www.navigazionegolfodeipoeti.it

추천 코스

1. **몬테로소**
   ▼ 열차 5분(도보 2시간)
2. **베르나차**
   ▼ 열차 5분
   (도보 1시간 30분)
3. **코르닐리아**
   ▼ 열차 4분(도보 40분)
4. **마나롤라**
   ▼ 열차 2분(도보 20분)
5. **리오마조레**
   ▼ 열차 9분
6. **라스페치아**

아름다운 풍광을 감상하며 하이킹을 즐기기 좋다.

INFO

◆ **관광안내소**

친퀘 테레 카드를 판매하며 열차 시각표와 무료 지도, 하이킹 정보 등 친퀘 테레 여행에 관련된 정보를 얻을 수 있다. 친퀘 테레의 산책로는 날씨에 따라 입장이 금지되기도 하므로 하이킹을 할 예정이라면 반드시 확인하도록 한다.
위치 라스페치아 중앙역 1번 플랫폼 옆
문의 0187 743 500
운영 09:00~19:00

◆ **친퀘 테레 여행 정보**
www.cinqueterre.eu.com

친퀘 테레의 다섯 마을

몬테로소
Monterosso ★★

MAP p.239-A

해변에서 즐기는 꿀맛 같은 휴식
다섯 마을 가운데 유일하게 모래사장이 깔린 해변이 있으며 호텔과 레스토랑이 많아 가장 번화하다. 기차역에서 나오면 바로 앞에 산책로가 있고 그 아래에 파라솔이 늘어선 해변이 펼쳐진다. 해수욕을 즐기고 싶다면 무조건 이 마을로 가자.

몬테로소 — 열차로 5분 — 베르나차 — 열차로 5분 — 코르닐리아 — 열차로 5분 —

베르나차
Vernazza ★★

MAP p.239-A

중세의 교회와 파스텔 톤의 거리 풍경
중세에 지은 산타 마르게리타 성당과 베르나차성 그리고 색색의 집들이 어우러져 이국적인 분위기를 풍기는 어촌 마을. 다섯 마을 가운데 가장 아름답다고 평가받는 곳이다. 멋진 경치를 뒤로하고 한적함을 즐길 수 있는 부둣가가 있다.

코르닐리아
Corniglia ★★

MAP p.239-A

계단식 포도밭이 펼쳐진 전원 마을
다섯 마을 가운데 가장 작은 마을로 해발 100m 언덕 위에 자리하고 있어 바다로 이어지지 않는다. 역에서 마을로 가려면 365개의 계단을 올라가야 하는데 친퀘 테레 카드가 있으면 에코 버스를 타고 갈 수 있다.

마나롤라
Manarola ★

MAP p.239-A

가파른 절벽 위에 펼쳐진 예쁜 마을 풍경
12세기에 외적의 침입을 막기 위해 세운 마을로 역에서 나와 성당 표지판을 따라 올라가면 알록달록한 집들과 산책로가 이어진다. 집에 색을 칠한 이유는 어업이 생업인 마을 주민들이 바다에서 집을 쉽게 알아보기 위해서라고 한다.

리오마조레
Riomaggiore ★★

MAP p.239-A

아름다운 산책로가 있는 화보 같은 마을
'사랑의 작은 길(Via dell'Amore)'이라는 산책로의 출발점으로 마을 전체가 영화 세트장처럼 아름답다. 특히 '사랑의 자물쇠' 앞에는 연인들의 발걸음이 끊이지 않는다. 역에서 터널을 빠져나와 가파른 계단을 내려가면 해변으로 이어진다.

마나롤라 — 열차로 2분 — 리오마조레 — 열차로 9분 — 라스페치아

친퀘 테레

추천 레스토랑

산 마르티노 가스트로노미아
San Martino Gastronomia

MAP p.239-A

싸고 맛있는 현지 음식의 기본

바다가 보이지 않는 것이 아쉽지만 현지인들 사이에서 가장 인기 있는 맛집이다. 부부가 운영하는 가게로 매일 메뉴를 바꾸기도 한다. 해산물 스파게티와 해산물 샐러드, 와인 소스로 조리한 연어 등 단품 요리를 €10 이내에 즐길 수 있으며 와인도 저렴하다.

찾아가기 몬테로소역에서 도보 11분
주소 Via San Martino 3, Monterosso
문의 346 186 0764
영업 12:00~15:00, 18:00~21:30 **휴무** 월요일
예산 €10~20

리스토란테 벨베데레
Ristorante Belvedere

강추

MAP p.239-A

안 먹으면 후회할 푸짐한 해물탕

몬테로소에 있는 해산물 전문 레스토랑으로 푸짐한 해물탕 앙포라(Amphora)가 대표 메뉴. 랍스터, 홍합, 문어, 새우 등이 들어가는데 국물까지 시원해서 한국인 입맛에 아주 잘 맞는다. 단, 2인분 이상 주문해야 한다. 그 외에 해산물 스파게티, 해산물 모둠 튀김도 훌륭하다.

찾아가기 몬테로소역에서 도보 9분
주소 Piazza Giuseppe Garibaldi 38, Monterosso
문의 0187 817 033 **영업** 월요일 10:00~14:00, 화~금요일 10:00~14:00, 17:00~24:00, 토요일 17:00~24:00, 일요일 11:30~14:00, 17:00~22:00
예산 €20~40 **홈페이지** www.ristorante-belvedere.it

리스토란테 미키
Ristorante Miky

MAP p.239-A

다양한 훈제 해산물 요리

몬테로소에서 무난한 가격으로 다양한 해산물을 즐길 수 있다. 봉골레 스파게티, 라자냐 같은 단품 메뉴는 €10 내외. 서비스가 빠른 편이어서 해변에서 수영을 하다 나와서 간단히 식사하기에 좋다. 시간이 허락한다면 안초비튀김과 그릴에 구운 새우구이 등을 먹어보자.

찾아가기 몬테로소역에서 도보 2분
주소 Via Fegina 104, Monterosso
문의 0187 817 608
영업 12:00~14:30, 19:00~23:30(시즌에 따라 변동)
휴무 화요일 **예산** €20~40
홈페이지 www.ristorantemiky.it

추천 숙소

오페라 룸 & 스위트
L'Opera rooms & Suites

가족이 묵기에 편리한 숙소

라 스페치아 기차역에서 500m 거리에 위치한 현지인 민박. 1914년에 지어진 전통 건물 안에 위치해 있지만 책상과 미니바, 와이파이 시설 등을 갖춘 프라이빗룸은 모던하게 리노베이션되어 기능적으로나 미적으로나 환하고 쾌적하다. 커플이 묵기에 좋으며 가족룸도 잘 갖춰져 있다.

주소 19 Via Lazzaro Spallanzni
문의 333 738 4988
요금 €74~
홈페이지 www.hotelsitalic.com/lopera-rooms-suite

호텔 베네치아 Hotel Venezia

친퀘 테레 여행의 교두보에 자리한 호텔

친퀘 테레의 관문인 라스페치아에 위치한 3스타 호텔로 기차역에서 50m 거리에 있어 이동이 편리하다. 냉방 시설을 갖춘 단출한 19개의 방은 깔끔하고 와이파이 및 개인 욕실을 갖추고 있다. 중심지에 있어 마트에서 장을 보기에도 좋고 페이와 기차역과의 접근성이 좋은 호텔이다.

주소 Via Paleocapa 8
문의 0187 761 448
요금 싱글·더블 €60.80~
홈페이지 www.hotelvenezialaspezia.it

리비에라 보트 리조트
Riviera Boat Resort

MAP p.239-B

선상에서 보내는 낭만의 하룻밤

1974년에 건조된 럭셔리한 요트를 통째로 빌리거나 요트 내에서 객실 1개를 빌릴 수 있다. 보트에 주인이 상주하는 것이 아니므로 미리 약속 시간을 정해야 한다. 보트가 정박한 부두 근처에 친퀘 테레 유람선이 운행해 유람선이 다니지 않는 비수기만 아니면 큰 불편은 없다.

찾아가기 라스페치아 중앙역에서 15·23·24번 버스로 19분
주소 Porto Mirabello 문의 033 1533 5858
요금 €90~ 홈페이지 www.rivieraboatresort.it

05

지중해를 지배하던 옛 영화가 숨 쉬는 도시

제노바 Genova

이탈리아 서북단에 위치한 리구리아주의 주도로 64만 명이 거주한다. 토리노와 더불어 이탈리아 북부 공업 지대의 중심이다. 기원전 200년 로마인이 세운 이 도시는 그리스 또는 페니키아로 향하는 선원들로 북적대던 무역의 중심지였다. 지중해의 관문 역할을 하는 지리적 이점을 살려 해상 패권을 장악하려는 게르만족과 아랍을 비롯한 여러 국가와의 전쟁으로 도시는 점점 강성해졌다. 13세기 이후 십자군 전사들의 허브 역할을 하면서 유럽 정치의 중심이 되기도 했다. 동방에서 수입한 향신료 덕분에 경제적으로도 안정을 누렸으나 지중해 패권을 다투던 베네치아와의 전투에서 패하고, 나폴레옹 1세에 의해 프랑스에 합병되었다가 1861년에 이탈리아에 귀속되었다. 신대륙을 발견한 콜럼버스의 출생지로 알려져 있으며 이탈리아 최대 규모의 수족관이 있다. 유네스코 세계문화유산으로 지정된 구시가의 르 스트라드 누오보 거리 주변에는 화려한 궁전과 저택 등의 볼거리가 있다. 2004년에는 유럽연합에서 '유럽 문화 수도'로 선정되기도 했다.

Check

여행 포인트
관광 ★★★
미식 ★★
쇼핑 ★

교통
도보 ★★★
메트로 ★★
버스 ★

구역 정보
관광의 시작은 피아자 프린치페 역에서 하는 것이 좋다. 볼거리가 많아 세세하게 둘러보려면 하루를 온전히 투자해야 한다. 메트로를 적절히 활용해 체력 안배에 신경 쓰자.

가는 법

비행기

런던, 프랑크푸르트, 파리, 뮌헨 등 유럽 대도시와 로마, 나폴리 등 이탈리아 주요 도시에서 제노바 크리스토포로 콜롬보 국제공항(Aeroporto di Genova Cristoforo Colombo)까지 운항한다. 공항에서 시내로 이동할 때는 공항 셔틀버스인 볼라버스(Volabus)를 이용하는 것이 경제적이다.

• **볼라버스**
운행 05:20~23:30 소요 시간 30분 요금 €6

열차

제노바에는 제노바 피아차 프린치페(Genova Piazza Principe)역과 제노바 브리뇰레(Genova Brignole)역 2개의 기차역이 있다. 밀라노에서 제노바까지 가는 직행열차는 1~2시간에 1대꼴로 운행하며 두 역 모두 정차한다. 기차 종류는 인터시티, 텔로, 레조날레 등이 있는데 요금 차이가 많이 나지 않으므로 열차 내부가 쾌적한 인터시티나 텔로를 권한다. 토리노에서 갈 때는 1시간에 1대꼴로 운행하는 레조날레를 이용하는 것이 낫다.

제노바-주요 도시 간 열차 운행 정보

출발지	열차 종류	소요 시간	요금
밀라노	Frecciabianca	1시간 41분	€9.90~
토리노	Regionale	2시간 9분	€12.90~
	Frecciabianca	1시간 50분	€9.90~

시내 교통

138개의 버스 노선과 1개의 메트로(7개 역) 노선, 등산 열차 등이 운행한다. 여행자들은 보통 걷거나 메트로를 이용한다. 메트로는 늦게까지 운행하지 않기 때문에 밤 9시 이후에는 택시를 타야 한다. 버스와 메트로는 공용 티켓을 이용하며 1회권(€1.50)은 100분간 유효하다. 제노바 패스(Genova Pass, €4.50)는 24시간 이용이 가능하다.

• **메트로**
운행 06:33~21:00 홈페이지 www.amt.genova.it

INFO

◆ **관광안내소**

제노바 크리스토포로 콜롬보 국제공항
위치 도착 층 문의 010 5572 903
운영 10:00~20:30 홈페이지 www.visitgenoa.it

포르토 안티코
주소 Via al Porto Antico, 2
문의 010 557 2903 운영 09:00~17:50

거리 가이드

제노바의 주요 명소는 도보로 충분히 둘러볼 수 있다. 제노바에는 2개의 기차역이 있는데, 풍광이 아름다운 구시가 항구 부근에 있는 제노바 피아차 프린치페역과 시내 중심에 있는 제노바 브리뇰레역이다. 두 역은 5km 정도 떨어져 있어 메트로나 버스로 이동한다. 밀라노, 토리노에서 출발하는 열차는 두 역 모두 정차하는데, 제노바 여행의 시작은 피아차 프린치페역에서 하는 게 좋다. 오전에는 왕궁과 이탈리아에서 두 번째로 큰 제노바 수족관, 산 로렌초 대성당을 방문한다. 점심 식사 후에는 가리발디 거리(Via Garibaldi)로 이동해 팔라초 비안코, 팔라초 로소에서 제노바에서 활동한 화가들의 회화 작품을 감상한다. 마지막으로 페라리 광장을 거쳐 콜럼버스의 집을 방문하면 하루를 알차게 보낼 수 있다. 만약 제노바 브리뇰레역에 내렸다면 역순으로 둘러보는 것이 효율적이다.

추천 코스

1. 왕궁
   ▼ 도보 9분
2. 제노바 수족관
   ▼ 도보 8분
3. 산 로렌초 대성당
   ▼ 도보 7분
4. 팔라초 비안코
   ▼ 도보 1분
5. 팔라초 로소
   ▼ 도보 8분
6. 페라리 광장
   ▼ 도보 3분
7. 콜럼버스의 집

추천 볼거리
SIGHTSEEING

왕궁 ★★
Museo di Palazzo Reale

MAP p.246-A

이탈리아 출신 유명 화가들의 작품 전시

1618년 제노바의 발비 가문에서 짓기 시작했으며 1677년 두라초 가문에 매각된 이후 1705년까지 증축하여 지금의 모습을 갖추게 되었다. 1823년에 유럽 가문인 사보이 왕가의 샤를 펠릭스 사부아가 사들여 왕궁으로 사용했으며 1919년에 국유재산으로 귀속되어 현재는 미술관으로 운영한다. 16세기 제노바에서 최고의 예술가로 꼽히던 베르나르도 스트로치와 조반니 베네데토를 비롯해 반다이크, 자코포 바사노 등의 작품을 만나볼 수 있다. 양가에서 사들인 17~18세기의 사치스러운 가구와 장식품도 진열되어 있다.

찾아가기 메트로 Darsena역에서 도보 6분
주소 Via Baldi, 10 **문의** 010 271 0236
운영 화·금요일 09:00~14:00, 수·목요일 09:00~19:00, 토~일요일·공휴일 13:30~19:00
휴무 월요일, 1/1, 5/21, 5/1, 12/25
요금 일반 €10, 만 18세 이하 무료
홈페이지 palazzorealegenova.beniculturali.it

제노바 수족관 ★★★
Aqouario di Genova

MAP p.246-E

다채로운 프로그램과 거대한 규모의 수족관

유럽에서 두 번째, 이탈리아에서 가장 큰 규모를 자랑하는 수족관으로 매년 120만 명의 관람객이 방문한다. 1992년 콜럼버스 탄생 500주년을 기념하기 위해 개최한 제노바 세계 박람회 때 지었다. 이탈리아 제노바 출신의 건축가 렌초 피아노가 설계하고 미국의 유명 건축가 피터 셰마예프가 실내 디자인을 한 것으로 유명하다. 외관이 컨테이너 화물선을 연상케 하며 수조에는 1200톤의 물이 담겨 있다. 상어, 돌고래, 바다표범, 물범 등 50여 종의 상어와 600여 종의 동물, 200여 종의 식물이 약 70개의 수조에 전시되어 있어 수족관을 다 둘러보려면 2시간은 잡아야 한다.

찾아가기 메트로 San Giorgio역에서 도보 2분
주소 Area Porto Antico, Ponte Spinola
문의 010 234 51
운영 월~금요일 09:00~20:00, 토·일요일·공휴일 08:30~21:00(문 닫기 1시간 전에 입장 마감)
요금 일반 €22~, 만 4~12세 €14~, 만 65세 이상 €18~
홈페이지 www.acquariodigenova.it

산 로렌초 대성당
Cattedrale di San Lorenzo ★★

MAP p.246-F

아름다운 조각과 건축미가 살아 있는 성소

5~6세기경 제노바의 주교 성 시로가 세웠으며 고대 로마의 성당 터인 고고학 유적 지구에 위치해 있다. 1118년 교황 젤라시오 2세가 성 라우렌시오에게 헌정하면서 개축했다. 1312년 고딕 양식의 정면 파사드를 완성하고 16세기에는 르네상스와 바로크 양식의 종탑과 돔을, 17세기에는 줄무늬 벽면을 차례로 추가하는 등 증·개축이 계속되다가 1900년에 지금의 모습을 갖추었다. 내부에 있는 이탈리아 조각가 카를로 루바토가 19세기에 조각한 2마리의 사자상과 성모 승천을 묘사한 스테인드글라스가 유명하며 십자군 전쟁 당시 제노바에 도착한 장 밥티스트 성인의 유해가 보존되어 있다.

찾아가기 메트로 De Ferrari역에서 도보 4분
주소 Piazza San Lorenzo **문의** 010 265 786
운영 08:00~12:00, 15:00~19:00
요금 일반 €6, 학생 €4.50
홈페이지 www.chiesadigenova.it

팔라초 비안코
Palazzo Bianco ★★★

MAP p.246-B

제노바에서 활동한 화가들의 작품을 전시

제노바에서 16~18세기에 활동한 화가들은 물론 유럽 아트 컬렉션에 한 획을 그은 화가들의 작품을 전시한 미술관. 이탈리아 화가 중에는 카라바조와 베로네세가, 플랑드르 화가 중에는 한스 멤링과 헤라르트 다비트, 루벤스, 반다이크 등의 작품이 있으며 특히 스페인의 무리요, 프랑스의 랑크레와 부에 등의 작품은 놓쳐서는 안 된다. 건물 바로 옆에 위치한 팔라초 도리아 투르시(Palazzo Doria Tursi)는 시청사로 팔라초 비안코와 연결되어 있는데, 여기에 팔라초 비안코의 컬렉션을 일부 전시하고 있다. 이곳의 하이라이트는 유명 바이올리니스트인 니콜로 파가니니가 아끼던 과르네리 바이올린이다. 이 바이올린은 매년 10월 12일 파가니니 국제 바이올린 경연 대회 우승자에게 연주할 수 있는 특권이 주어진다. 팔라초 로소, 팔라초 비안코, 팔라초 투르시의 입장권은 통합권으로 세 군데를 함께 둘러볼 수 있다.

찾아가기 메트로 Darsena역에서 도보 9분
주소 Via Garibaldi, 11 **문의** 010 557 2193
운영 10/8~3/25 화~금요일 09:00~17:00, 토·일요일 10:00~17:30, 3/26~10/6 화~금요일 09:00~18:30, 토·일요일 09:30~18:30
요금 일반 €9, 만 65세 이상 €7 **휴무** 월요일
홈페이지 www.museidigenova.it

팔라초 로소
Palazzo Rosso ★★★

MAP p.246-B

붉은색 건물이 주는 강렬한 색채의 아름다움

외벽의 붉은색만으로 한눈에 알아볼 수 있는 미술관. 흰색 건물인 팔라초 비안코와 마주하고 있어 대조를 이룬다. 17세기 리구리아 지역의 화가들이 그린 프레스코화와 귀족들의 생활상을 엿볼 수 있는 가구와 장식품이 전시되어 있다. 특히 뒤러, 베로네세, 반다이크, 스트로치 같은 화가들의 작품을 눈여겨보자.

찾아가기 메트로 Darsena역에서 도보 8분
주소 Via Garibaldi, 18
문의 010 557 2193
운영 화~금요일 09:00~18:30, 토~일요일 09:30~18:30
요금 일반 €9, 만65세이상 €7 **휴무** 월요일
홈페이지 www.museidigenova.it

페라리 광장
Piazza de Ferrari ★★

MAP p.246-F

제노바 금융·상업의 중심

19세기 초 제노바에서 태어나 제노바 공화국을 위해 헌신한 정치가 루이지 라파엘레 데 페라리를 기념하기 위해 조성한 광장. 광장 주변에 은행, 증권사, 회사가 밀집해 있어 제노바의 금융과 상업의 중심지 역할을 하고 있다. 광장 중심에는 청동 분수가 있다.

찾아가기 메트로 De Ferrari역에서 도보 2분
주소 Piazza Raffaele de Ferrari

콜럼버스의 집
Casa di Colombo ★

MAP p.246-F

위대한 항해가의 숨결이 느껴지는 공간

15세기에 처음 지은 낮은 2층 건물에 자리한 아담한 박물관. 위대한 항해가 콜럼버스의 생가를 이곳에 복원했는데 상인이었던 콜럼버스의 아버지 도메니코 콜럼버스가 구입한 집으로, 현재의 건물은 17세기에 시에서 다시 지은 것이다. 스페인 왕국의 지원을 받아 인도로 가는 신항로를 개척하려다가 1492년에 아메리카 대륙을 발견한 콜럼버스가 이곳에서 유년기(1451~1470년)를 보냈다. 박물관이라고는 하지만 특별한 볼거리는 없다. 여기서 도보 1분 거리에 포르타 소프라나(Porta Soprana, 높은 문)라는 2개의 탑이 우뚝 솟아 있다. 이것은 소프라나가 건축을 시작해 1937년에 완성되었는데 1809년까지 2개의 탑 중 하나에 단두대를 설치해 처형장으로 이용하기도 했다.

찾아가기 메트로 De Ferrari역에서 도보 4분
주소 Via di Porta Soprana **문의** 010 449 0128
운영 10/8~3/25 화~금요일 09:00~18:30, 토~일요일 09:30~18:30, 3/26~10/6 화~금요일 09:00~19:00, 토~일요일 10:00~19:30 **휴무** 월요일 **요금** 일반 €5, 만 65세 이상 €3 **홈페이지** www.coopculture.it

추천 레스토랑 & 카페

트라토리아 다 마리아
Trattoria Da Maria

MAP p.246-C

서민들의 애환이 서린 식탁

소박한 가정식 레스토랑으로 감자, 달걀, 파르메산 치즈, 야채 등을 사용한 서민적인 요리와 허브를 갈아 만든 페스토 스파게티를 즐길 수 있다. 이탈리아 할머니가 해준 것 같은 정감 어린 음식을 먹을 수 있다. 골목길에 숨어 있어 찾기 어려운 데다 점심에만 문을 여는 날이 많다.

찾아가기 메트로 De Ferrari역에서 도보 5분
주소 Vico Testadoro, 14r 문의 010 581080
영업 월~수·토요일 12:00~15:00, 목·금요일 12:00~15:00, 18:45~21:30 휴무 일요일 예산 €12~20

일 제노베세 Il Genovese

제노바 스타일의 파스타를 즐기기에 안성맞춤

1912년에 문을 연 전통 있는 레스토랑. 24개월 숙성한 파르메산 치즈와 100% 엑스트라 버진 올리브 오일, 유기농 밀가루로 만든 음식은 어느 것을 주문해도 훌륭한 맛을 선사한다. 특히 이 지역에서 나는 페스토 소스로 만든 감자 뇨키나 감자를 곁들인 제노바 스타일의 쇠고기 완자는 반드시 먹어봐야 할 메뉴로 꼽힌다.

찾아가기 메트로 Brignole역에서 도보 6분
주소 Via Galata, 35r 문의 010 869 2937
영업 12:00~14:30 ,19:00~22:30 휴무 일요일
예산 €20~35
홈페이지 www.ilgenovese.com

젤라테리아 프로푸모
Gelateria Profumo

MAP p.246-C

대를 이어오는 제과의 장인

1827년에 도메니코 빌라가 처음 상점을 열고 1965년 조세페 아르만도 가문이 전통 있는 회사를 사들여 2대째 가족 경영을 이어가고 있다. 천연 재료를 사용해 젤라토를 만든다. 도보 1분 거리에 제철 과일 등 신선한 재료를 사용한 빵과 제과류, 선물용으로 좋은 초콜릿 가게(Via del portello, 2r)도 함께 운영한다.

찾아가기 메트로 De Ferrari역에서 도보 6분
주소 Vico Superiore del Ferro, 14 문의 010 251 4159
영업 화~토요일 12:00~19:00 휴무 일·월요일 예산 €3~
홈페이지 www.villa1827.it

트라토리아 델라치우게타
Trattoria dell'Acciughetta

MAP p.246-A

로컬들이 사랑하는 해산물 레스토랑

해양 박물관 근처에 자리잡은 작지만 로컬들의 맛집. 리구리아 지역의 전통을 중시하며 신선한 생선을 기반으로 한 요리 전문점이다. 노련한 창업자의 뒤를 이어 젊고 다이내믹한 직원들이 일하는데 부라타 소스의 오징어 파스타, 육회 스타일로 잘게 썰어져 나오는 참치 타르타르와 같은 요리는 언제나 특별하다.

주소 Piazza Sant'Elena 문의 010 8693 918
영업 화~일요일 12:30~15:00, 19:30~23:00
휴무 월요일 홈페이지 www.acciughetta.com

추천 쇼핑

이탈리 Eately
MAP p.246-E

이탈리의 식료품을 구입할 수 있는 곳

포르토 안티코 항구의 스카이라인을 조망할 수 있는 건물 꼭대기 층에 식품 전문 매장 이탈리의 제노바 지점이 있다. 와인, 올리브 오일, 발사믹 식초, 소금 등은 물론 주방용품, 천연 화장품 등을 판매한다. 캐주얼한 분위기의 레스토랑과 격식을 갖춘 파인다이닝 레스토랑이 있다.

찾아가기 메트로 San Giorgio역에서 도보 2분
주소 Calata Cattaneo, 15 문의 010 869 8721
영업 매일 10:00~22:00
홈페이지 www.eataly.net/it_it/negozi/genova

피에트로 로마넨고 Pietro Romanengo
MAP p.246-C

8대째 대를 이어 운영하는 제과점

1814년에 처음 문을 연, 제네바에서 가장 오래된 제과점 중 하나로 대리석과 나무, 프레스코화, 벽면을 두른 앤티크한 거울이 이곳의 역사를 말해준다. 로마넨고 가문에서 8대째 대를 이어 운영하고 있다. 달콤한 디저트, 설탕에 절인 과일, 사탕, 초콜릿 등을 판매한다.

찾아가기 메트로 De Ferrari역에서 도보 5분
주소 Via Roma, 51 문의 010 580 257
영업 월요일 15:00~19:00, 화~토요일 10:00~19:00
휴무 일요일 홈페이지 www.romanengo.com

추천 숙소

NH 컬렉션 제노바 마리나
NH Collection Genova Marina
MAP p.246-E

항구에 자리한 로맨틱한 럭셔리 호텔

제노바의 구항구에 위치한 4성급 호텔. 140여 개의 객실과 일부 객실은 테라스를 갖추고 있다. 근처에 쇼핑, 식사 등을 즐길 수 있는 상업 시설이 많은 편이다. 전망이 좋은 객실을 원한다면 홈페이지에서 예약 시 미리 선택해야 한다.

찾아가기 메트로 Darsena역에서 도보 10분
주소 Molo Ponte Calvi, 5
문의 010 25391 요금 싱글 €87.40~, 더블 €90~
홈페이지 www.nh-collection.com/it/hotel/nh-collection-genova-marina

레 누볼레 Le Nuvole
MAP p.246-E

아름다운 천정화가 인상적인 숙소

16세기에 지어진 작은 성에 자리해 있는 특별한 숙소. 스타일, 데커레이션, 편안함 모두 만족스러운 곳으로 건물 4층에 위치해 있다. 역사 지구의 한적한 골목길에 있어 일과 후 편안한 휴식을 취할 수 있고 항구와 전철역과 가까워 접근성이 좋다.

주소 Piazza delle Vigne 6
문의 010 251 0018
요금 싱글·더블 €83~
홈페이지 www.hotellenuvole.it

중세의 모습을 간직한 탑의 도시
산지미냐노 San Gimignano

기원전 3세기경 에트루리아인이 건설한 산지미냐노는 피렌체에서 남쪽으로 약 56km 떨어진 델사 계곡에 자리하고 있다. 해발 324m의 구릉 위에 세워진 성곽 도시로 성벽 안에는 중세 시대의 건물들이 모여 있고 한 폭의 풍경화처럼 아름다운 주변은 토스카나의 정취를 가득 품고 있다. 무역과 성지 순례로 번영을 누리던 12~13세기의 모습이 고스란히 남아 있으며 그 보존적 가치를 인정받아 도시 전체가 유네스코 세계문화유산에 등재되었다. 1353년 피렌체의 지배를 받기 전까지 자유 도시로 발전을 이루었으며, 귀족들이 자신의 권위와 부를 과시하기 위해 지은 14개의 탑(원래는 72개)이 서로 경쟁하듯 우뚝 서 있어 '탑의 도시'라고도 불린다. 시내 중심에는 고풍스러운 성당과 광장을 중심으로 크고 작은 골목길이 이어져 있어 느긋하게 산책을 즐기기 좋다.

Check

여행 포인트
관광 ★★★★
미식 ★
쇼핑 ★

교통
도보 ★★★★

구역 정보
도보 외에 다른 교통수단은 없다. 마을 규모가 크지 않고 볼거리도 많지 않아 구석구석 구경하며 천천히 다녀도 반나절이면 충분히 둘러볼 수 있다.

가는 법

🚌 시외버스

피렌체 또는 시에나에서 버스를 타고 갈 수 있다. 피렌체에서 갈 때는 산타 마리아 노벨라역에서 5분 거리에 있는 버스 터미널에서 출발하는 버스를 타고 포르타 산 조반니(Porta San Giovanni) 버스 정류장에서 하차한다(50분~1시간 간격으로 운행). 시에나에서 갈 때는 안토니오 그람시 광장(Piazza Antonio Gramsci)에 있는 버스 정류장에서 출발하는 버스를 타고 포르타 산 조반니 버스 정류장에서 하차한다(45분 간격으로 운행). 버스가 도착하는 포르타 산 조반니 정류장에서 마을의 중심인 치스테르나 광장(Piazza della Cisterna)까지는 걸어서 5분이면 갈 수 있다.

홈페이지 www.tiemmespa.it

산지미냐노-주요 도시 간 시외버스 운행 정보

출발지		소요 시간	요금
피렌체	피렌체→포지본시	약 50분	€4.99~
	포지본시→산지미냐노 직행 Flix bus	1시간	
시에나		약 1시간 10분	€3.6

INFO

◆ **관광안내소**
위치 두오모 근처 주소 Piazza del Duomo, 1
문의 0577 940 008 운영 3~10월 월~금·일요일 10:00~13:00, 토요일 10:00~13:00, 15:00~19:00
11~2월 월~금·일요일 10:00~13:00 토요일 10:00~13:00, 14:00~18:00 휴무 1/1, 12/25

◆ **산지미냐노 여행 정보**
www.sangimignano.com
산지미냐노 패스 일반 €13, 만 6~17세 €10

1 산지미냐노행 버스로 갈아타는 포지본시의 버스 정류장 2 출발 시간을 알려주는 버스 안내 전광판

거리 가이드

산지미냐노로 오는 버스는 모두 마을 입구인 산 조반니 문(Porta San Giovanni) 앞에서 정차한다. 문을 통해 안으로 들어가면 산 조반니 거리(Via San Giovanni)가 시작되며 좁다란 거리 양옆에 기념품 가게와 카페, 레스토랑 등이 늘어서 있어 구경하는 재미가 있다. 이 거리를 따라 5분 정도 걸어가면 치스테르나 광장이 나온다. 광장 주변에는 두오모, 포폴로 궁전 등 주요 볼거리가 모여 있고 골목길이 여러 갈래로 뻗어 있다. 주요 볼거리를 돌아본 후에는 골목을 산책하며 중세 도시의 매력을 느껴보자.

도보 추천 코스
1 포폴로 궁전
▼도보 1분
2 두오모
▼도보 1분
3 두오모 광장

추천 볼거리
SIGHTSEEING

포폴로 궁전 ★★★
Palazzo del Popolo

MAP p.253-B

탑에서 내려다보는 전망이 아름다운 궁전
13~14세기에 지은 시청사 건물로 높이 54m의 탑이 우뚝 솟아 있다. 좁은 계단을 따라 탑 꼭대기에 올라가면 마을을 내려다볼 수 있는 전망대가 있는데, 푸른 나무와 옅은 벽돌색 집들이 이루는 아름다운 풍광이 한눈에 들어온다. 3층에는 13~15세기 피렌체파와 시에나파 회화를 볼 수 있는 시립 미술관이 있으며, 2층에는 단테가 이곳을 방문했을 때 연설한 방이 있다.

찾아가기 치스테르나 광장에서 도보 1분
주소 Piazza Duomo, 2 **문의** 0577 286 300
운영 4~10월 09:30~18:30, 11~3월 11:00~17:00
휴무 12/25 **요금** 일반 €9 만 6~17세·만 65세 이상 €7, 만 5세 이하 무료

두오모
Duomo

★

MAP p.253-A

아름다운 프레스코화로 장식된 성당

12세기 로마네스크 양식으로 지은 성당으로 외관은 소박하지만 안으로 들어가면 〈신약성서〉에 나오는 장면을 묘사한 프레스코화가 눈길을 사로잡는다. 특히 정면에 있는 타데오 디 바르톨로의 〈천국과 지옥〉, 15세기의 화가 고촐리가 그린 〈성 세바스티안의 순교〉가 아름답다. 안쪽에 있는 산타 피나 예배당에서는 기를란다요의 〈성 요한 세례당의 수태고지〉를 볼 수 있다.

찾아가기 치스테르나 광장에서 도보 1분
주소 Piazza Duomo, 2
문의 0577 286 300
운영 4~10월 월~금요일 10:00~19:30, 토요일 10:00~17:00, 일요일 12:30~19:30, 11~3월 월~토요일 10:00~17:00, 일요일 12:30~17:00
휴무 1/1, 1/15~31, 3/12, 11/15~30, 12/25
요금 일반 €5, 만 6~18세·학생 €3, 만 5세 미만 무료
홈페이지 www.duomosangimignano.it

두오모 광장
Piazza del Duomo

★★★

MAP p.253-A

산지미냐노의 역사가 깃들어 있는 광장

11~13세기에 이 도시의 귀족들은 황제파와 교황파 양대 세력으로 나뉘어 자신들의 부와 권위를 과시하기 위해 경쟁적으로 탑을 지었는데 그 무대가 되었던 곳이다. 현재 이 광장에는 7개의 탑만 남아 있으며 남쪽의 포폴로 궁전, 동쪽의 포데스타 궁전(Palazzo del Podestà), 서쪽의 두오모 등 중요 건축물로 둘러싸여 있다. 이웃한 치스테르나 광장(Piazza della Cisterna)과 더불어 산지미냐노의 심장부와도 같은 곳이다.

찾아가기 치스테르나 광장에서 도보 1분

추천 레스토랑 &  카페

 ## 추천 숙소

오스테리아 델 카르체레
Osteria del Carcere

MAP p.253-A

시골풍의 소박한 식당

토스카나 지방에서 생산한 소시지와 파테, 치즈, 수프 등 가벼운 메뉴가 주를 이룬다. 마늘과 토마토를 곁들인 브루스케타, 잘게 썬 고기와 지방을 도자기 냄비에 담아 오븐에서 중탕한 테린 등이 먹을 만하다.

찾아가기 치스테르나 광장에서 도보 1분
주소 Via del Castello, 13 문의 0577 941 905
영업 월·화·금~일요일 12:30~15:00, 19:30~22:00, 목요일 19:30~22:00 휴무 수~목요일 예산 €20~40

호텔 란티코 포초
Hotel L'Antico Pozzo

MAP p.253-A

중세의 향기가 감도는 호텔

15세기에 지은 건물을 사용하는 호텔로 레노베이션을 거쳐 고급스러운 분위기로 단장했다. 객실이 넓은 편이며 천장에 프레스코화 또는 나무 대들보가 있어 색다른 느낌이다. 조용히 휴식을 즐길 수 있는 프라이빗 가든도 있다.

찾아가기 치스테르나 광장에서 도보 3분
주소 Via San Matteo, 87 문의 0577 942 014
요금 싱글 €78.40~, 더블 €106.82~
홈페이지 www.anticopozzo.com

젤라테리아 돈돌리 **강추**
Gelateria Dondoli

MAP p.253-B

〈젤라토 월드 챔피언〉에서 인정받은 젤라토

사프란과 솔방울이 들어간 크레마 디 산타 피나(Crema di Santa Fina), 포도와 스파클링 와인으로 만든 샴펠모(Champelmo), 아로마 허브와 크림으로 만든 돌체아마로(Dolceamaro) 등 다른 곳에서는 맛보기 힘든 특이한 메뉴가 많다.

찾아가기 치스테르나 광장에서 도보 1분
주소 Piazza della Cisterna, 4 문의 0577 942 244
영업 09:00~22:00 예산 €2.50~
홈페이지 www.gelateriadipiazza.com

호텔 레온 비안코
Hotel Leon Bianco

MAP p.253-A

산지미냐노의 매력을 담은 호텔

치스테르나 광장 내의 중세 건물에 자리한 3성급 호텔. 여름이면 여유롭게 아침 식사를 즐길 수 있는 멋진 테라스가 있고, 객실은 1~4인실까지 있어 가족이 한 방에 묵을 수 있다. 전망이 좋은 방이 따로 있으니 예약 시 참고하자.

찾아가기 치스테르나 광장에서 바로
주소 Piazza della Cisterna, 13
문의 0577 941 294 요금 싱글·더블 €85~
홈페이지 www.leonbianco.com

07

축제의 열기가 느껴지는 중세 도시

시에나 Siena

피렌체에서 남쪽으로 약 50km 떨어진 시에나는 고대 에트루리아인들이 정착해 살면서 도시의 역사가 시작되었다. 11세기부터 약 5세기 동안 시에나 공화국이 존재했을 만큼 번영을 이루었으나 도시 개발권을 놓고 피렌체, 아레초 등과 각축을 벌이다가 1555년 토스카나 공국에 병합되어 이탈리아에 속하게 되었다. 피렌체와는 여러 면에서 경쟁 관계에 있었는데 특히 예술 면에서 활약이 돋보였다. 13~14세기에는 로렌체티 형제로 대표되는 시에나파가 등장해 이탈리아는 물론 유럽 예술사에 큰 영향을 미쳤다. 도시 한가운데에는 부채꼴 형태의 캄포 광장을 중심으로 시에나 대성당과 푸블리코 궁전 등 12~15세기의 건축물이 놀랍도록 잘 보존되어 있어 중세의 향기로 가득하다. 또한 매년 여름이면 600여 년의 역사를 자랑하는 팔리오 축제가 성대하게 열려 이 도시를 뜨겁게 달군다.

Check

여행 포인트
관광 ★★★★★
미식 ★★
쇼핑 ★

교통
도보 ★★★★★

구역 정보
반나절이면 충분히 돌아볼 수 있다. 캄포 광장을 기점으로 도보 15분 이내에 볼거리가 모여 있으므로 가벼운 마음으로 느긋하게 돌아본다.

가는 법

🚌 시외버스

피렌체의 산타 마리아 노벨라역 옆에 있는 시외버스 터미널에서 시에나행 시타 버스를 타고 안토니오 그람시 광장(Piazza Antonio Gramsci)에서 내린다. 여기서 주요 볼거리가 모여 있는 캄포 광장까지 걸어서 약 10분이면 갈 수 있어 열차보다 편리하다. 피렌체에서 시에나와 산지미냐노를 하루에 모두 돌아보려면 아침 일찍 산지미냐노에 먼저 갔다가 시에나는 오후에 가면 된다. 피렌체에서 산지미냐노 가는 법은 p.253 참고.

홈페이지 www.tiemmespa.it

시에나-주요 도시 간 버스 운행 정보

출발지	소요 시간	요금
피렌체	약 1시간 15분	€8.4
산지미냐노	약 1시간 10분	€6

※시외버스는 완행(Ordinaria)과 급행(Rapido)이 있는데, 가급적이면 급행을 타도록 한다.

🚆 열차

피렌체의 산타 마리아 노벨라역에서 시에나까지 열차가 운행하지만, 시에나역에서 시내까지 다시 버스로 이동해야 하는 불편함이 있어 이용률이 낮다. 시내로 가는 버스는 'Fermata Urbane Direzione Centre' 표지판을 따라가면 나오는 버스 정류장에서 안토니오 그람시 광장으로 가는 3·10번을 타면 된다. 승차권은 역 안의 신문 가판대에서 판매하며 되돌아오는 것까지 2매(1매당 €1)를 구입하는 것이 편리하다.

홈페이지 www.trenitalia.com

시에나-주요 도시 간 열차 운행 정보

출발지	열차 종류	소요 시간	요금
피렌체	Regionale	1시간 32~56분	€9.80~

INFO

◆ 관광안내소
위치 두오모 광장 내 성당 맞은편
주소 Palazzo Squarcialupi
문의 0577 280 551
운영 월~금요일 10:30~16:30, 토~일요일·공휴일 10:30~18:30 휴무 1/1, 12/25

◆ 산지미냐노 여행 정보
www.terresiena.it

시외버스 정류장이 시내에서 가까워 열차로 가는 것보다 편리하다.

거리 가이드

시외버스 정류장은 안토니오 그람시 광장에 있다. 이곳에서 남쪽으로 2분 정도 걷다 보면 자코모 마테오티 광장(Piazza Giacomo Matteotti)이 나오고, 광장을 등지고 섰을 때 왼편으로 이어지는 거리(Via Banchi di Sopra)를 따라 5분 정도 걸어가면 캄포 광장이 나온다. 캄포 광장에서 푸블리코 궁전의 종탑에 올라 시에나 시내 전경을 내려다본 다음 웅장한 건축미를 자랑하는 두오모를 구경하는 것으로 마무리한다. 시간이 남는다면 성녀 카타리나의 머리를 보관한 산 도메니코 성당까지 가본다.

도보 추천 코스

1. 캄포 광장
   ▼ 도보 1분
2. 푸블리코 궁전
   ▼ 도보 3분
3. 두오모
   ▼ 도보 11분
4. 산 도메니코 성당

추천 볼거리
SIGHTSEEING

캄포 광장
Piazza del Campo ★★★

MAP p.259-D

팔리오 축제가 열리는 시에나의 대표 광장

로마 시대에 공회당과 시장이 있던 자리에 조성한 광장으로 과거에는 집회나 투우 경기가 열렸으며 한때는 사형장으로도 이용되었다. 부채 모양으로 퍼져 있는 광장은 바닥이 평평하지 않고 비스듬히 기울어져 있다. 햇볕이 좋은 날에는 광장에 누워 휴식을 취하는 사람들도 있다. 광장 북쪽에는 아담과 이브, 마리아와 아기 예수가 조각된 가이아 분수(Fonte Gaia)가 있다. 시에나 출신의 조각가 퀘르차의 작품을 모방한 것으로 지금도 수도관을 통해 마을 사람들에게 식수를 제공한다. 광장에서는 매년 7월 2일과 8월 16일에 중세 때부터 이어져온 경마 경주 팔리오(Palio)가 열린다. 팔리오는 우승자에게 주는 깃발을 의미하며, 경기에는 17개 콘트라다(지역 자치구)가 참여한다. 우승한 팀은 포도주를 마시며 시가행진을 하고 패배한 팀은 우스꽝스러운 옷을 입고 승자에게 선물을 바치는 풍습이 있다. 7월에 열리는 경기는 프로벤차노의 성모에게 바치는 경주이며, 8월에 열리는 경기는 성모 승천을 기념하는 경주라 해서 '팔리오 델아순타(Il Palio dell'Assunta)'로 불린다. 경기는 이탈리아 전역에 생중계될 정도로 인기가 많으며 경기가 끝난 후에는 한데 어울려 축제 분위기를 즐긴다.

찾아가기 시외버스 정류장에서 도보 7분

푸블리코 궁전
Palazzo Pubblico ★★★

MAP p.259-D

캄포 광장이 한눈에 내려다보이는 궁전

이탈리아에서 두 번째로 높은 만자의 탑(Torre del Mangia)이 상징인 건물로 1342년에 완성되었다. 505개의 나선형 계단을 통해 높이 102m의 탑 정상에 오르면 아름다운 캄포 광장과 붉은 벽돌로 뒤덮인 시에나 시내의 전경이 한눈에 보인다. 오른쪽 건물은 시청사로 쓰이며 2~3층에 시립 박물관이 들어서 있다. 이곳에 아름다운 프레스코화가 많기로 유명한데, 특히 13~15세기 이탈리아 미술계에 큰 영향을 미친 시에나파 화가들의 작품도 볼 수 있다.

찾아가기 캄포 광장에서 도보 1분

주소 Piazza del Campo, 1 문의 0577 292 111
운영 10/16~2/28 10:00~16:00, 3/1~10/15 10:00~19:00(문 닫기 45분 전에 입장 마감, 팔리오 축제 기간에는 변동 있음) 휴무 12/25
요금 만자의 탑 €10, 만자의 탑+시립 박물관 €15
홈페이지 www.comune.siena.it

두오모
Duomo ★★★

MAP p.259-C

이탈리아 고딕 양식을 대표하는 대성당

고딕 양식과 로마네스크 양식이 어우러진 성당으로 200여 년의 공사 끝에 13세기 무렵에 완공되었다. 조반니 피사노가 완성한 파사드는 여러 색의 대리석을 사용해 화려하면서도 웅장한 느낌을 준다. 내부는 흰색과 검은색 대리석으로 만든 줄무늬 기둥이 천장을 받치고 있으며 천장의 돔을 통해 흘러 들어오는 빛이 우아하게 흐른다. 형형색색의 스테인드글라스와 다양한 그림으로 채워진 바닥도 시선을 사로잡는다. 그 외에도 아름다운 프레스코화로 장식된 피콜로미니 도서관, 로렌초 기베르티와 도나텔로의 조각이 있는 세례당 등 눈길 닿는 곳마다 감탄사가 절로 나온다. 두오모 왼쪽에는 캄포 광장과 시가지가 한눈에 내려다보이는 전망대가 있다.

찾아가기 캄포 광장에서 도보 4분
주소 Piazza del Duomo, 8 문의 0577 286 300

운영 4~10월 10:00~19:00, 11월~3월 10:30~17:30 *12/26~1/6 10:30~18:00
요금 성당 €6(8/18~10/27 €8, 11/1~12/24 · 1/7~2/28 무료), 성당+박물관 포함한 콤비네이션 티켓 €20(3/1~1/6)
홈페이지 www.operaduomo.siena.it
※운영 시간과 요금은 날짜에 따라 변동이 많으므로 방문 전 홈페이지에서 미리 확인한다.
※예약 수수료 €1 별도

산 도메니코 성당
Basilica Cateriniana San Domenico ★★

MAP p.259-C

성녀 카타리나의 머리를 보관한 성당

아비뇽 유수 사건을 종식시키고 교황 그레고리우스 11세를 바티칸으로 되돌려보낸 시에나의 수호성인 카타리나를 기리는 성당이다. 이 성당에는 카타리나의 머리만 있고 몸은 로마의 산타마리아 소프라 미네르바 성당에 안치되어 있는데, 카타리나의 시신을 두고 로마와 시에나가 싸움을 벌인 결과 생긴 어처구니없는 일이라고 한다. 성당 내부에는 성녀 카타리나의 삶을 주제로 한 아름다운 벽화가 있으며 카타리나가 15세까지 살던 집(Casa di Santa Caterina)이 캄포 광장 근처에 있다.

찾아가기 캄포 광장에서 도보 8분
주소 Piazza San Domenico, 1 문의 0577 286 848
운영 3~10월 07:00~18:30, 11~2월 08:30~18:00
홈페이지 www.basilicacateriniana.com

추천 레스토랑 & 카페

안티카 트라토리아 파페이
Antica Trattoria Papei

MAP p.259-D

가족이 운영하는 친근한 분위기의 레스토랑

온 가족이 의기투합해서 운영하는 작은 레스토랑으로 푸블리코 궁전 뒤편에 있다. 소시지, 스테이크, 홈메이드 파스타, 샐러드 등 토스카나 지방에서 즐겨 먹는 가정식 요리를 선보이는데 키안티 와인과 함께 먹으면 환상의 궁합을 자랑한다. 현지인들에게 인기 있는 맛집으로 소문나면서 여행자들도 많이 찾는다.

찾아가기 캄포 광장에서 도보 2분
주소 Piazza Mercato, 6
문의 0577 280 894 **영업** 12:00~22:30
예산 €25~50

일 비온도 Il Biondo

MAP p.259-B

시에나 스타일의 가정식 요리

중세 시대 건물에 자리한 레스토랑으로 우아하고 차분한 분위기의 실내 공간과 예쁜 테라스석이 있다. 파스타 면을 직접 뽑고 제철 채소와 신선한 재료만을 사용해 현지인들에게 맛으로 인정받은 곳이다. 특히 해산물 요리가 유명하고 다양한 토스카나 와인을 구비하고 있다.

찾아가기 캄포 광장에서 도보 4분
주소 Vicolo di Rustichetto, 10 **문의** 0577 280 739
영업 월~화, 목~일요일 12:00~15:00, 19:00~22:00, 수요일 12:00~15:00 **예산** €20~30
홈페이지 www.ilbiondo.net

모르비디 Morbidi `강추`

MAP p.259-B

가볍게 즐길 수 있어 인기

1925년 치즈 가게로 문을 열어 2대째 이어오는 곳으로 지금은 토스카나를 대표하는 와인 숍과 식료품점으로 운영하고 있다. 모던하고 세련된 3개 층의 넓은 공간에 질 좋은 식료품을 구비해 놓은 매장과 가볍게 식사를 즐길 수 있는 공간이 함께 마련돼 있다.

찾아가기 캄포 광장에서 도보 3분
주소 Via Banchi di Sopra, 75 **문의** 0577 280 268
영업 월~수요일 08:00~20:00, 목~토요일 08:00~21:00 **휴무** 일요일 **예산** €10~20
홈페이지 www.morbidi.com

RESTAURANT & CAFE

젤라테리아 코파카바나
Gelateria Kopakabana

MAP p.259-B

시에나에서 가장 인기 있는 젤라토 가게

2005년에 문을 열었으며 시에나를 대표하는 젤라토 가게로 유명하다. 200여 종의 다양한 맛을 갖추고 있고 그중 피스타치오, 피오 디 라테, 요구르트, 자몽 맛이 인기 있다. 달콤한 크림을 요청하면 좀 더 부드러운 맛을 즐길 수 있다.

찾아가기 캄포 광장에서 도보 4분
주소 Via dei Rossi, 52 문의 0577 284 124
영업 12:00~23:00 휴무 11/16~2/14 예산 €1.7~3
홈페이지 www.gelateriakopakabana.it

카페 피오렐라 Caffé Fiorella

MAP p.259-D

베테랑 바리스타가 선보이는 최고의 커피

오랫동안 커피 분야에 종사해온 아버지의 직업을 이어받은 아들이 최고의 블렌딩으로 섬세한 맛과 향의 커피를 선보이는 곳이다. 캄포 광장에서 가까워 관광을 하다가 잠시 들러 카푸치노나 마키아토 한잔을 마시며 휴식을 취하기에 안성맞춤이다.

찾아가기 캄포 광장에서 도보 1분
주소 Via di Città, 13 문의 0577 271 255
영업 월~토요일 07:00~19:00, 일요일 07:00~17:00
휴무 일요일 예산 €7
홈페이지 www.torrefazionefiorella.it

추천 쇼핑

콘소르치오 아그라리오 디 시에나
Consorzio Agrario di Siena

MAP p.259-B

믿고 살 수 있는 시에나의 특산물

1901년에 결성된 시에나 농업조합에서 운영하는 매장으로 토스카나 지역에서 생산된 특산물을 산지에서 직접 들여온다. 이곳에서 판매하는 모든 제품은 안전성을 검증받아 믿고 먹을 수 있다. 올리브 오일, 와인, 스파게티 면, 살라미 등은 선물용으로도 훌륭하다.

찾아가기 캄포 광장에서 도보 4분 주소 Via Giuseppe Pianigiani, 9
문의 0577 2301 영업 월~토요일 08:00~20:00, 일요일 09:30~20:00
홈페이지 www.capsi.it

추천 숙소

레지덴차 데포카 일 카사토
Residenza d'Epoca Il Casato

MAP p.259-F

중세 귀족의 별장 같은 분위기의 레지던스

14세기의 건물을 사용하는 레지던스 호텔로 멋진 정원과 클래식한 객실이 자랑이다. 방마다 분위기가 조금씩 다르며 가족 여행자를 위한 3~4인실도 있다. 성수기(4~10월)에는 요금이 2배가량 올라간다.

찾아가기 캄포 광장에서 도보 5분
주소 Via Giovanni Duprè, 126 문의 0577 236 061
요금 싱글 €55(성수기 €99), 더블 €65(성수기 €125)
홈페이지 www.relaisilcasato.it

피아차 파라디소 어코모데이션
Piazza Paradiso Accomodation

MAP p.259-E

내 집처럼 편안한 아파트먼트형 숙소

취사가 가능한 주방, 세탁기, 전자레인지 등의 편의 시설이 갖춰져 있는 아파트먼트형 숙소이다. 방이 꽤 넓은 편이라 가족 여행자들이 편리하게 묵을 수 있다.

찾아가기 캄포 광장에서 도보 5분
주소 Via di Stalloreggi, 38
문의 0577 222 613
요금 싱글·더블 €71~, 4인실 €118~
홈페이지 www.piazzaparadiso.com

카사첸티 Casacenti

MAP p.259-C

두오모 뒤편에 있는 현지인 민박

시에나의 주요 볼거리가 모여 있는 캄포 광장에서 도보 3분 거리에 있다. 객실 수가 몇 안 되고 방 크기도 작은 편이지만 최근 레노베이션을 마쳐 더욱 깔끔해졌다. 마을의 전망이 잘 보여 편안하게 뷰를 감상할 수 있다.

찾아가기 캄포 광장에서 도보 3분
주소 Via di Vallepiatta, 6
문의 0339 215 6827
요금 싱글 €40.50~, 더블 €63~
홈페이지 www.casacenti.it

학문과 미식의 도시
볼로냐 Bologna

에밀리아로마냐주의 주도인 볼로냐는 피렌체에서 북쪽으로 약 107km 떨어져 있다. 6세기에 비잔틴의 지배를 받았으나 12세기부터 강력한 자치도시가 되어 1506년 교황령이 되었고 이탈리아 통일 이전까지 안정적인 발전을 이루었다. 11세기에 세계 최초의 대학인 볼로냐 대학교가 창설되고, 17세기에는 회화 부분에서 두각을 보인 볼로냐파가 활약하면서 유럽의 학문과 예술의 중심이 되었다. 오늘날에는 해마다 세계 최대 규모의 어린이 책 박람회인 볼로냐 아동 도서전이 열린다. 볼로냐는 여러 가지 별명을 가진 도시이기도 하다. 도시 전체가 붉은 벽돌로 된 중세 건물로 뒤덮고 있어 '붉은 도시'로 불리는가 하면, 비옥한 토지 덕분에 식재료가 풍부하게 생산되고 맛있는 음식이 많아 '뚱보들의 도시'라는 별명도 얻었다. 이 도시는 미트 소스를 넣는 볼로네제 스파게티의 발상지로도 유명하다.

Check

여행 포인트
관광 ★★★
미식 ★★★
쇼핑 ★★

교통
도보 ★★★★
버스 ★★

구역 정보
마조레 광장을 중심으로 주요 관광 명소가 모여 있어 걸어서 충분히 돌아볼 수 있다. 당일치기로 다녀온다면 기차역 짐 보관소에 짐을 맡기고 가벼운 차림으로 다니자.

가는 법

비행기

로마에서 볼로냐 굴리엘모 마르코니 공항(Aeroporto Guglielmo Marconi di Bologna)까지 약 1시간 걸리며 하루 3편 운항한다. 공항에서 시내까지는 약 6km 떨어져 있어 버스나 택시로 이동해야 한다. 모노레일(Marconi express)을 타고 볼로냐 시내까지 7분 소요되며 요금은 편도 €9.2(왕복 €17). 택시로 갈 경우 요금이 €16~20가량 나온다.

홈페이지 www.bologna-airport.it

열차

볼로냐에 갈 때 가장 많이 이용하는 방법으로 피렌체, 로마, 밀라노 등의 대도시는 물론 주변 도시를 연결하는 열차가 수시로 운행한다. 볼로냐의 중심 역은 볼로냐 중앙역이며, 역에서 볼거리가 모여 있는 마조레 광장까지는 도보 약 20분 소요된다.

홈페이지 www.trenitalia.com

볼로냐-주요 도시 간 열차 운행 정보

출발지	열차 종류	소요 시간	요금
피렌체	Regionale	1시간 39분	€9.45~
	Frecciarossa	35분	€9.90~
로마	Frecciarossa	2시간 3분	€18.90~
밀라노	EC	2시간 38분	€12.90~
	Frecciarossa	1시간 6분	€14.90~
모데나	Regionale	32분	€4.30~

볼로냐 중앙역 Stazione di Bologna Centrale
이탈리아에서 다섯 번째로 큰 역으로 하루에 약 500여 편의 열차가 발착하는 볼로냐의 중심 역. 기차역 안에는 관광안내소, 짐 보관소, 레스토랑 등의 편의 시설이 있다. 역 바로 앞에 있는 광장(Piazza delle Medaglie d'Oro)에서 시내로 가는 버스와 택시를 탈 수 있다.

• **짐 보관소**
위치 1층 운영 07:00~21:00
요금 5시간 €6, 6~12시간 시간당 €1, 12시간 이후부터는 시간당 €0.50 추가

시내 교통

볼로냐의 대중교통은 버스, 트램 등이 있는데 주요 볼거리가 기차역에서 도보 20분 이내 거리에 모여 있어 이용할 일이 별로 없다. 숙소가 시내에서 멀리 떨어져 있을 경우에 유용하다. 승차권은 버스와 트램 공통으로 사용하며 1회권은 개찰 후 75분간 유효하다. 요금은 1회권 €1.50(버스 안에서 구입 시 €2), 10회권 €14.

홈페이지 www.tper.it

시티 레드 버스

볼로냐의 주요 관광 명소를 도는 시티 레드 버스(City Red Bus)는 시간이 많지 않은 여행자나 어린이를 동반한 가족 여행객이 이용하면 편리하다. 출발 장소는 볼로냐 중앙역 앞 광장이며, 승차권은 버스 운전사에게 직접 구입한다.

요금 일반 €16, 만 6~10세 €8, 만 0~5세 €3
홈페이지 cityredbus.com

볼로냐의 주요 관광 명소를 편하게 돌아볼 수 있다.

INFO

• **관광안내소**
볼로냐 여행 정보는 물론 호텔, 레스토랑, 항공권, 열차나 연극 티켓 등의 예약 서비스를 제공한다.

공항(도착 층)
운영 월~토요일 09:00~19:00, 일요일·공휴일 09:00~17:00 휴무 1/1, 부활절, 12/25~26

마조레 광장
운영 월~토요일 10:00~14:00, 15:00~19:00, 일요일·공휴일 10:00~14:00
휴무 1/1, 부활절, 12/25~26

볼로냐 웰컴 카드 Bologna Welcome Card
주요 박물관의 무료 입장과 워킹 투어, 볼로냐 시티 사이트싱 투어 버스 탑승, 이벤트 참가 시 할인 혜택이 있다.
요금 이지 €25 홈페이지 www.bolognawelcome.com/en/home/card

• **볼로냐 여행 정보**
www.bolognawelcome.com

거리 가이드

볼로냐 관광의 중심은 마조레 광장. 기차역에서 나와 왼편에 보이는 거리(Via dell'Indipendenza)를 따라 20분 정도 걸어가면 나온다. 높이 2.66m의 '포르티코(Portico)'라는 아케이드 회랑이 길게 이어져 거리에는 비가 와도 걱정 없이 걸을 수 있다. 그 안에는 화려한 상점과 레스토랑이 줄지어 있어 구경하는 재미가 있다. 마조레 광장은 산 페트로니오 성당을 비롯한 중세 건물로 둘러싸여 있고, 광장에서 동쪽으로 발길을 돌리면 두 개의 탑과 볼로냐 대학교, 국립 회화관이 나온다.

도보 추천 코스

1. 마조레 광장
   ▼ 도보 1분
2. 산 페트로니오 성당
   ▼ 도보 2분
3. 코무날레 궁전
   ▼ 도보 5분
4. 두 개의 탑
   ▼ 도보 7분
5. 볼로냐 대학교
   ▼ 도보 2분
6. 볼로냐 국립 회화관
   ▼ 도보 20분
7. 맘보-볼로냐 현대 미술관

추천 볼거리
SIGHTSEEING

마조레 광장
Piazza Maggiore ★★★

MAP p.267-B

볼로냐의 중심 광장

마조레는 '대광장'이라는 뜻으로 광장을 중심으로 포데스타 궁전 (Palazzo del Podestà),

아쿠르시오 궁전(Palazzo d'Accursio), 노타이 궁전(Palazzo dei Notai), 반키 궁전 (Palazzo dei Banchi) 등 13~16세기의 건물들로 에워싸여 있다. 중세 때부터 정치·종교·사회적으로 중요한 행사와 사건의 무대가 되었으며, 지금도 볼로냐의 심장부 역할을 하는 곳이다. 광장 중앙에 있는 넵투누스 분수는 기념 촬영 장소로 인기가 높다.

찾아가기 볼로냐 중앙역에서 도보 20분

산 페트로니오 성당
Basilica di San Petronio ★★

MAP p.267-B

볼로냐의 수호성인을 모신 성당

1390년경 안토니오 디 비첸초의 설계로 지은 건축물로 폭 66m, 길이 132m, 높이 51m에 이르는 세계에서 다섯 번째로 큰 성당이다. 원래는 바티칸의 산 피에트로 대성당보다 더 크게 지으려고 했으나 교황의 반대로 좌절되어 아직까지도 정면 파사드 위쪽은 미완성인 채로 남아 있다. 성당 안에는 볼로냐의 수호성인 산 페트로니오를 모신 설교단과 15세기에 제작한 이탈리아에서 가장 오래된 파이프 오르간이 있다. 중앙 입구에 장식된 〈성모와 어린 그리스도〉의 부조는 초기 르네상스의 걸작으로 꼽히는 작품으로 퀘르사가 12년에 걸쳐 제작했다. 중앙 제단의 웅장한 발다키노와 금으로 장식된 십자가상 등 다양한 볼거리가 있다.

찾아가기 마조레 광장에서 도보 1분
주소 Piazza Galvani, 5 **문의** 051 231 415
운영 성당 09:30~13:00, 14:30~17:30 **전망대** 토~일요일 10:00~13:00, 15:00~18:30(마지막 입장 문 닫기 30분 전) **요금** 성당 내 단순 방문 무료, 전망대 일반 €5, 만 10~18세·만 65세 이상 €3
홈페이지 www.basilicadisanpetronio.it

코무날레 궁전
Palazzo Comunale

MAP p.267-A

지금은 시청사로 사용하는 옛 궁전

13세기에 지어 한때 궁전으로 이용하다가 역사의 소용돌이 속에 방치되면서 곡물 창고, 거래소, 시의회 의사당 등으로 용도가 바뀌었다. 지금은 볼로냐 시청사로 쓰이고 있으며 건물 내에는 볼로냐파 예술 컬렉션과 현대 미술을 전시하는 모란디 미술관(Museo Morandi)이 있다.

찾아가기 마조레 광장에서 도보 1분
주소 Piazza Maggiore **문의** 051 203 629
운영 궁전 화~금요일 09:00~18:30, 토~일요일 10:00~18:30 **휴무** 월요일

두 개의 탑
Le Due Torri

MAP p.267-B

볼로냐의 랜드마크

12세기경에는 볼로냐에 100개가 넘는 탑이 있었으나 대화재로 거의 불타 없어지고 지금은 20여 개만 남아 있다. 그중 가장 유명한 탑 2개가 나란히 서 있으며 앞쪽에는 볼로냐 주교였던 산 페트로니오의 동상이 있다. 두 탑 중 낮은 가리센다 탑(Garisenda Tower)은 가리센다 가문에서 세웠으며 높이 48m이다. 탑이 기울어져 있어 '볼로냐의 사탑'이라고도 불린다. 그보다 높은 아시넬리 탑(Asinelli Tower)은 아시넬리 가문에서 세운 탑으로 높이 97m에 이르며 탑 꼭대기에 전망대가 있다. 전망대까지는 498개의 계단이 이어지는데 이곳에 올라가면 대학 졸업 시험에 떨어진다는 소문이 있어 볼로냐 대학생들은 올라가지 않는다고 한다. 그 이유가 아니더라도 계단이 가파르고 좁아서 체력에 자신이 없는 사람이라면 오르지 않는 것이 좋다.

찾아가기 마조레 광장에서 도보 5분
주소 Piazza di Porta Ravegnana **문의** 051 647 2113
운영 매일 10:00~17:15(매 시간 00분, 15분, 30분, 45분 입장) **휴무** 12/25 **요금** 일반 €5, 만 21세 이하·65세 이하 €3
*인터넷 사이트 통해 예약(https://www.bolognawelcome.com)

볼로냐 대학교
Università di Bologna
★

MAP p.267-B

세계 최초의 종합 대학교

1088년에 설립해 개교 초기에는 교회법과 민법을 강의했다. 1563년 교황령의 일부가 되었으며 지금은 과학과 인문학 분야에서 탁월한 실력을 인정받고 있다. 이 학교가 배출한 인재로는 〈로마법대전〉의 전문가가 된 이르네리우스, 해부학의 창시자 마르첼로 말피기, 소설가이자 수필가 알프레도 판치니, 〈신곡〉의 단테, 로테르담의 에라스무스, 지동설을 주장한 코페르니쿠스 등이 있으며 현재 23개 학부와 68개 학과를 운영한다.

찾아가기 마조레 광장에서 도보 10분
주소 Via Zamboni, 33 **홈페이지** www.unibo.it

볼로냐 국립 회화관
Pinacoteca Nazionale di Bologna
★★★

MAP p.267-B

볼로냐파의 작품이 메인인 미술관

18세기 말 나폴레옹에 의해 폐지된 볼로냐의 교회와 수도원에서 수집한 작품을 전시하는데, 특히 이 지역에서 활발하게 활동한 볼로냐파의 회화가 주를 이룬다. 라파엘로가 그린 〈성 체칠리아의 환희〉, 페루지노의 〈마에스타〉, 귀도 레니의 〈과부의 초상화〉 등이 있으며 조토, 카라치 등의 작품도 만나볼 수 있다.

찾아가기 마조레 광장에서 도보 12분
주소 Via delle Belle Arti, 56 **문의** 051 420 9411
운영 화~수요일 09:00~14:00, 목~일요일·공휴일 10:00~19:00(매표소 문 닫기 30분 전 마감) **휴무** 월요일, 1/1, 12/25 **요금** 일반 €6, 만 18~25세 €2
홈페이지 www.pinacotecabologna.beniculturali.it

맘보-볼로냐 현대 미술관
MAMbo-Museo d'Arte Moderna di Bologna
★

MAP p.267-A

현대 작가들의 활기찬 경연장

볼로냐의 새로운 문화 공간으로 떠오르는 곳으로 제2차 세계대전 이후 오늘에 이르는 현대 작가들의 작품을 만날 수 있다. 1층에는 마시모 바르톨리니, 루이사 람브리, 에바 마리살디, 파올로 피비 등 이탈리아를 대표하는 컨템퍼러리 아트 작가들의 작품을 전시한다. 함께 운영하는 도서관에는 20세기 이후에 출간한 아트 관련 서적 1만 8000여 종을 소장하고 있다.

찾아가기 볼로냐 중앙역에서 도보 10분
주소 Via Don Giovanni Minzoni, 14 **문의** 051 649 6611
운영 화~수요일 14:00~19:00, 목요일 14:00~20:00, 금~일요일·공휴일 10:00~19:00 **휴무** 월요일
요금 일반 €6, 만 18~25세·65세 이상 €4
홈페이지 www.mambo-bologna.org

추천 레스토랑

볼페타 Bolpetta

MAP p.267-B

독창적인 요리를 선보이는 레스토랑

2012년에 문을 연 세련된 분위기의 레스토랑으로 셰프의 기량을 발휘한 독창적인 요리를 즐길 수 있다. 대부분의 메인 요리는 고기나 생선, 채소 등을 튀기거나 날것 상태로 동그랗게 내놓는다. 〈바니티 페어〉 등 이탈리아를 비롯한 전 세계 패션·리빙 잡지에 자주 소개되면서 트렌드에 민감한 사람들이 단골로 드나든다.

찾아가기 마조레 광장에서 도보 3분
주소 Via Santo Stefano, 6a **문의** 051 236 620
영업 월~금요일 12:00~15:00, 19:00~22:30, 토요일 12:00~23:30, 일요일 12:00~22:00
예산 €25~40
홈페이지 www.bolpetta.com

오스테리아 델오르사
O'steria dell'Orsa

MAP p.267-B

현지인들이 즐겨 가는 인기 레스토랑

소박한 분위기의 레스토랑이지만 언제 가도 왁자지껄한 분위기가 이곳의 인기를 말해준다. 매일 다른 메뉴를 선보이는데 햄과 버섯, 치즈를 넣은 토르텔리니(만두 모양의 파스타)와 피렌체 스타일의 쇠고기 커틀릿 등이 유명하다.

찾아가기 마조레 광장에서 도보 7분
주소 Via Mentana, 1 **문의** 051 231 576
영업 12:00~24:00 휴무 1/1, 12/25
예산 €20~30 **홈페이지** www.osteriadellorsa.com

카메라 아 수드 Camera a Sud

MAP p.267-B

부담 없이 가기 좋은 바 & 레스토랑

낡아 보이는 가구와 책, 소품 등이 편안함을 주는 곳이다. 식사 메뉴도 있지만 저녁을 먹기 전에 가볍게 와인 한잔 즐기러 오는 현지인이 많다. 메뉴는 2주에 한 번꼴로 바뀌며 신선한 샐러드와 피자 등 와인에 어울리는 간단한 음식이 주를 이루고 가격도 부담 없어 인기가 많다.

찾아가기 마조레 광장에서 도보 7분
주소 Via Valdonica, 5 **문의** 051 095 1448
영업 일~월요일 12:00~24:00, 화~토요일 12:00~01:00
예산 €10~30 **홈페이지** www.cameraasud.net

RESTAURANT

오스테리아 파르톨리니 Osteria Bartolini

MAP p.267-A

신선한 해산물을 즐기려면 이곳으로

아드리아해에서 잡은 신선한 생선과 해산물을 즐길 수 있는 젊고 환한 분위기의 레스토랑으로 2016년에 문을 열었다. 플라타너스가 드리워진 테라스가 있어 여름에는 시원하게 야외에서 식사를 즐길 수 있다. 가성비 좋은 레스토랑을 선정하는 미슐랭 빕 구르망에 선정되면서 더욱 유명해졌다.

주소 Piazza Malpighi 16
문의 051 262 192
영업 매일 12:00~14:30, 19:00~22:30
예산 €34~38
홈페이지 www.osteriabartolini.com

웰던 Welldone [강추]

MAP p.267-B

현지인들이 추천하는 맛있는 햄버거

바이오 밀가루를 사용한 버거 빵과 볼로냐 근교에서 생산한 쇠고기와 채소 등 양질의 재료로 만든 수제 햄버거를 맛볼 수 있다. 햄버거 종류가 다양하며, 핫도그와 샌드위치, 샐러드 등의 메뉴를 선보인다. 점심에 방문하면 버거와 샐러드, 음료가 포함된 세트 메뉴를 €10에 즐길 수 있다.

찾아가기 마조레 광장에서 도보 2분
주소 Via Caprarie, 3c 문의 051 265 722
영업 월~금요일 12:00~15:00, 19:00~23:00, 토~일요일 11:30~16:00, 19:00~23:30 예산 햄버거 €9.90~
홈페이지 www.welldoneburger.com

트라토리아 디 비아 세라 Trattoria di via serra

합리적인 가격과 맛으로 승부

가성비 좋은 로컬 음식으로 유서 깊은 노동자들이 모여 있는 볼로냐 지역에 자리한다. 유기농 밀가루, 품질에 있어 타협하지 않은 정육 등 볼로냐와 이웃 도시의 소규모 생산자들의 식재료를 사용한다. 이곳의 만두 모양 파스타인 토르텔리니는 놓쳐서는 안 될 음식이다.

주소 Via luigi serra 9/b 문의 051 631 2330
영업 화 19:00~21:45, 수~토요일 12:00~14:00, 19:00~21:45 휴무 일·월요일

벨레 아르티 Belle Arti

MAP p.267-B

본고장에서 즐기는 이탈리아 요리

가족적인 분위기의 작은 레스토랑으로 음식도 맛있고 서비스도 친절해 기분 좋게 식사를 즐길 수 있다. 파스타, 피자 등의 부담 없는 메뉴와 코스 요리를 선보이며 가격 대비 만족도가 높은 하우스 와인도 즐길 수 있다. 추천 메뉴는 해산물 리소토로 한국인 입맛에 잘 맞는다.

찾아가기 마조레 광장에서 도보 10분
주소 Via delle Belle Arti, 14 문의 051 225 581
영업 월~토요일 12:00~14:30, 19:00~23:30, 일요일 12:30~14:30, 19:00~23:30 예산 €15~30
홈페이지 www.belleartitrattoriapizzeria.com

추천 카페 & 바

카페 테르치 Caffè Terzi
강추

MAP p.267-B

볼로냐 시민들이 즐겨 가는 카페

볼로냐에서 가장 훌륭한 커피 맛을 자랑하는 곳으로 커피 애호가들의 발걸음이 끊이지 않는다. 커피는 인도, 에티오피아, 콜롬비아, 인도네시아 등에서 가져온 원두를 직접 블렌딩하며 차는 중국과 일본에서 들여오는 양질의 재료만을 사용한다. 쌉싸름한 커피 위에 달콤한 초콜릿을 갈아 얹는 것이 특징이다.

찾아가기 마조레 광장에서 도보 5분
주소 Via Guglielmo Oberdan, 10d
문의 051 034 4819
영업 08:00~18:00 **휴무** 일요일 **예산** 커피 €3~
홈페이지 www.caffeterzibologna.com

카페 차나리니 Caffè Zanarini

MAP p.267-B

볼로냐 사람들의 모닝 커피 명소

1968년에 문을 연, 볼로냐를 대표하는 제과점이자 카페. 마조레 광장에서 도보 2분 거리인 갈바니 광장(Piazza Galvani) 한쪽에 테라스석을 마련해 놓아 커피 한잔 마시며 여유롭게 휴식을 즐기기에 안성맞춤이다. 아침 일찍 문을 열어 오전부터 활기찬 분위기이며 샌드위치, 피자 등 가벼운 식사 메뉴도 있다.

찾아가기 마조레 광장에서 도보 2분
주소 Piazza Galvani, 1 **문의** 051 275 0041
영업 07:00~21:00 **예산** 커피와 디저트 €3~15

스탄체 Le Stanze

MAP p.267-B

특별한 분위기에서 즐기는 나이트라이프

과거 귀족 가문의 개인 예배당이 바(Bar)로 변신한 곳으로, 르네상스 분위기를 간직하고 있어 특별하다. 긴 바 카운터가 있는 공간에는 멋진 프레스코화가 신화와 기독교 인물 등을 묘사하고 있다. 식전주부터 저녁식사, 좋은 와인에서 세계 각국의 칵테일에 이르기까지 즐길 수 있는 명소이다.

주소 Via del Borgo di S.Pietro, 1a **문의** 051 228 767
영업 화~목요일 18:00~24:00, 금~토요일 18:00~01:30, 일요일 18:00~22:00 **휴무** 월요일
예산 식사 €40~50
홈페이지 www.lestanzecafe.it

추천 쇼핑

랑드 르 팔레 L'Inde Le Palais
MAP p.267-B

볼로냐 멋쟁이들이 즐겨 찾는 멀티 스토어

200평이 넘는 대형 매장에 액세서리, 보석, 가방, 신발, 향수에 이르기까지 다양한 제품을 갖춰놓았다. 샤넬 빈티지부터 클로에, 드리스 반 노튼, 랑방, 마틴 마르지엘라, 빅토르 울프, 미쏘니, 지방시, 발렌티노 등의 브랜드를 한곳에서 만날 수 있다.

찾아가기 마조레 광장에서 도보 1분
주소 Via dè Musei, 6 **문의** 051 648 6587
영업 월~수, 금~토요일 10:00~13:30, 15:30~19:30, 목요일 10:00~13:30 **휴무** 일요일
홈페이지 www.lindelepalais.com

비알레티 Bialetti
MAP p.267-A

이탈리아 커피용품의 명가

이탈리아에서는 어느 가정에서나 있는 팔각형 커피포트로 유명한 비알레티 매장. 알루미늄 재질의 주전자를 가스레인지 위에 그대로 올려 사용하며 필터가 아닌 증기압으로 커피를 내려 최상의 에스프레소를 즐길 수 있다. 가장 인기 있는 모델은 브리카, 모카포트이며 최근에는 인덕션용과 전기로 작동하는 모델도 출시되었다.

찾아가기 마조레 광장에서 도보 1분
주소 Via Massimo d'Azeglio, 10f **문의** 051 230 420
영업 매일 10:00~19:30
홈페이지 www.bialetti.it

메르카토 디 매쪼 Mercato di Mezzo
MAP p.267-B

전통 시장의 새로운 변신

규모가 크지 않지만 다양한 레스토랑과 와인바, 피자 레스토랑, 식료품 가게들이 한 곳에 모여 있는 전통 시장의 모던한 형태이다. 살라미, 치즈 등과 함께 곁들이는 와인이나 해산물 튀김 등을 부담 없이 즐길 수 있다.

주소 Via Clavature 12 **문의** 0379 185 5172
영업 월요일 09:00~12:00, 화~목요일 10:00~23:00, 금요일 10:00~24:00, 토요일 10:00~19:00, 일요일 10:00~22:00

갈레리아 카보우르 Galleria Cavour
MAP p.267-B

명품 마니아를 위한 쇼핑가

볼로냐를 대표하는 쇼핑가로 구찌, 루이비통, 프라다 등 세계적인 명품 브랜드가 한데 모여 있다. 매장 구성도 알차고 쾌적하게 쇼핑을 즐길 수 있어 명품 마니아라면 놓칠 수 없는 곳이다.

찾아가기 마조레 광장에서 도보 3분
주소 Galleria Cavour, 1v **문의** 051 222 621
영업 10:00~19:30(매장마다 다름)
홈페이지 www.galleriacavour.net

추천 숙소

NH 볼로냐 드 라 가르
NH Bologna de la Gare
MAP p.267-A

교통이 편리한 럭셔리 호텔

볼로냐 중앙역에서 가까운 4성급 호텔. 스탠더드 룸부터 스위트룸까지 156개의 객실을 갖추었다. 호텔 내에 우아한 분위기에서 다이닝을 즐길 수 있는 레스토랑 아마르코르드(Amarcord)와 로비 바가 있다.

찾아가기 볼로냐 중앙역에서 도보 2분
주소 Piazza XX Settembre, 2 문의 051 281 611
요금 싱글·더블 €98~
홈페이지 www.nh-hotels.it

스타호텔 엑셀시어
Starhotels Excelsior
MAP p.267-A

볼로냐 중앙역 정면에 있는 중급 호텔

신혼여행객들에게 인기 있는 럭셔리 호텔로 193개의 객실을 갖추고 있다. 스위트룸에는 바닥에 마루가 깔려 있고 그 밖의 객실은 카펫과 커튼 등 패브릭으로 우아하게 꾸몄다. 부대시설로 레스토랑과 멋진 바가 있다.

찾아가기 볼로냐 중앙역에서 도보 1분
주소 Viale Pietramellara, 51 문의 051 246 178
요금 싱글·더블 €148.50~
홈페이지 www.starhotels.com

포르티치 호텔 I Portici Hotel
MAP p.267-B

볼로냐에서 가장 추천하고 싶은 부티크 호텔

아르누보 스타일의 저택을 개조한 호텔로 필립 스탁, 카르텔, 미노티 같은 유명 디자이너와 가구 회사의 아이템으로 꾸며 세련된 분위기이다. 멋진 레스토랑과 라운지 바 등이 있고, 호텔 바로 앞에 큰 공원이 있어 산책이나 조깅을 즐기기에도 좋다.

찾아가기 볼로냐 중앙역에서 도보 7분
주소 Via dell'Indipendenza, 69 문의 051 42185
요금 싱글 €126~, 더블 €140~
홈페이지 www.iporticihotel.com

호텔 유니버시티 Hotel University
MAP p.267-B

대학가에 위치한 실용적인 호텔

21개의 객실이 있는 아담한 3성급 호텔로 가격 대비 만족도가 높다. 객실에는 헤어드라이어, 무선 인터넷, 미니바, 금고 등 편의 시설이 잘 갖춰져 있다. 호텔 주변에 저렴한 맛집이 많은 것도 장점이다.

찾아가기 마조레 광장에서 도보 8분
주소 Via Mentana, 7
문의 051 229 713 요금 더블 €83~
홈페이지 www.hoteluniversitybologna.it

모자이크의 도시
라벤나 Ravenna

이탈리아 북부 에밀리아로마냐주에 속하는 도시. 아드리아해로 통하는 운하와 연결되며, 인구 16만 명의 소도시다. 기원전 234년 로마인에 의해 도시국가 형태를 갖춘 이후 항구 도시로 성장했으며 5세기 초 서로마제국의 황제 호노리우스에 의해 수도가 되었다. 비잔틴 제국 시대에는 동서 교역의 중심지로 경제적 번영을 이루었다. 756년에 교황령이 되었다가 15세기 중반 베네치아에 흡수되었고 16세기 초에 다시 교황의 지배를 받는 등 여러 민족에게 침략받다가 1861년에 이탈리아에 귀속되었다. 도시 곳곳에서 초기 그리스도교 건축 양식인 모자이크 양식의 건물이 눈길을 끌어 '세계 모자이크의 수도'라는 별명이 붙기도 했다. 산비탈레 성당, 네오니아노 세례당을 비롯한 8개의 초기 그리스도교 건축물이 유네스코 세계문화유산으로 지정되었다. 위대한 문학가 단테가 〈신곡〉의 대미를 장식하는 천국을 마무리한 장소이자 그의 유골이 묻힌 도시로도 알려져 있다.

Check

여행 포인트
관광 ★★★
미식 ★★
쇼핑 ★

교통
도보 ★★★

구역 정보
주요 볼거리가 포폴로 광장 (Piazza del Popolo) 주변으로 모여 있다. 도시 규모가 작아 도보로 충분히 둘러볼 수 있다.

가는 법

열차

라벤나는 볼로냐 중앙역에서 출발하는 직행열차를 타는 것이 일반적으로 30분~1시간마다 1대씩 운행한다. 간혹 볼로냐 카스텔 산 피에트로(Castel San Pietro)역에서 버스로 환승하는 기차 편도 있지만 중앙역에서 출발하는 열차와 10분 정도밖에 차이가 나지 않으므로 직행편을 타는 것이 좋다. 베네치아에서 갈 때는 페라라(Ferrara)에서 1회 환승해야 하며, 로마나 피렌체에서 갈 때는 직행편도 있으나 볼로냐에서 환승하는 기차 편수가 많다. 기차역에서 주요 명소가 모여 있는 대성당까지 가려면 기차역 정면에 놓인 거리(Via Francesco Rismondo)를 따라 13분 정도 걸어가면 된다.

홈페이지 www.trenitalia.com

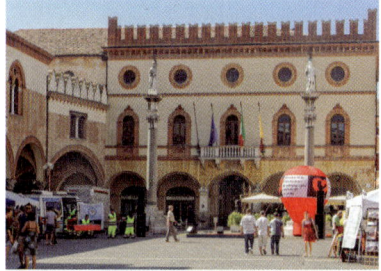

라벤나-주요 도시 간 열차 운행 정보

출발지	열차 종류	소요 시간	요금
볼로냐	Regionale	1시간 21분	€8~
베네치아	Frecciarossa 1000	2시간22분	€23.20~
	Regiolanle	3시간8분	€15.75~
피렌체	Frecciarossa 1000/ Regionale	2시간 6분 ~28분	€17.20~
로마	Frecciarossa/Regionale	3시간 26분	€26.90~

INFO

◆ 관광안내소

유네스코 세계문화유산에 등재된 주요 건물들을 둘러볼 수 있는 콤비네이션 티켓(€9.50)을 구입할 수 있으므로 라벤나 여행의 시작점으로 삼는 것이 좋다.

찾아가기 라벤나역에서 도보 12분

주소 Piazza San Francesco, 7

문의 0544 35755 **운영** 월~토요일 08:30~18:00, 일요일 10:00~16:00

홈페이지 turismo.ravenna.it

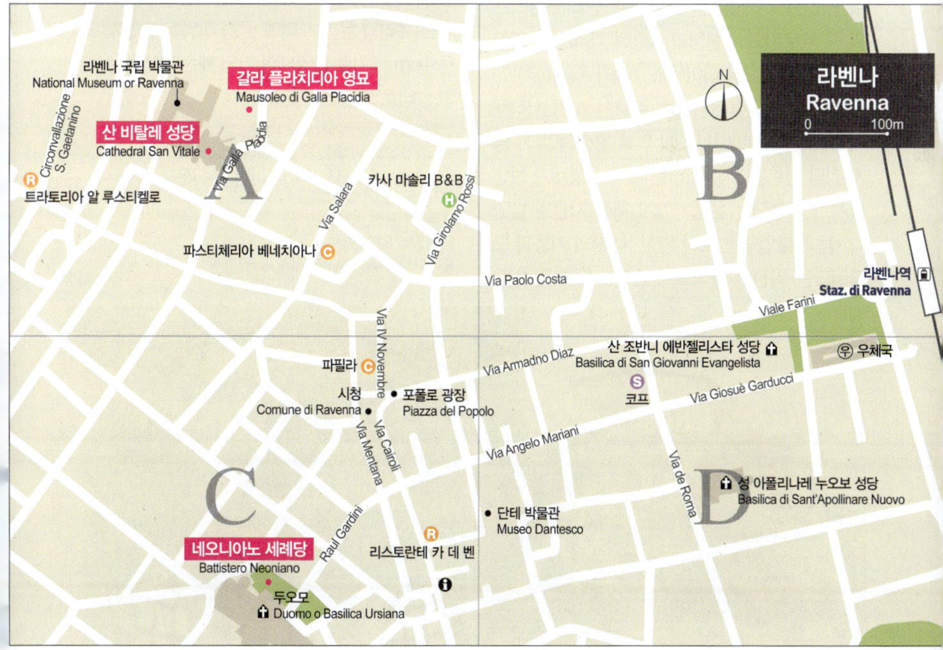

라벤나
Ravenna
0
100m
N
A
B
C
D
라벤나 국립 박물관
National Museum or Ravenna
갈라 플라치디아 영묘
Mausoleo di Galla Placidia
산 비탈레 성당
Cathedral San Vitale
Via Galla Placidia
Circonvallazione S. Gaetanino
트라토리아 알 루스티켈로
카사 마솔리 B&B
Via Salara
Via Girolamo Rossi
파스티체리아 베네치아나
Via Paolo Costa
라벤나역
Staz. di Ravenna
Viale Farini
Via IV Novembre
파필라
시청
Comune di Ravenna
포폴로 광장
Piazza del Popolo
Via Armadno Diaz
산 조반니 에반젤리스타 성당
Basilica di San Giovanni Evangelista
코프
Via Giosuè Garducci
우체국
Via Cairoli
Via Mentana
Via Angelo Mariani
Via de Roma
성 아폴리나레 누오보 성당
Basilica di Sant'Apollinare Nuovo
단테 박물관
Museo Dantesco
Raul Gardini
리스토란테 카 데 벤
네오니아노 세례당
Battistero Neoniano
두오모
Duomo o Basilica Ursiana

거리 가이드

라벤나의 주요 명소는 도보로 충분히 둘러볼 수 있다. 기차역에서 나와 정면으로 뻗어 있는 파리니 거리(Viale Farini)를 따라 계속 걸으면 시청사가 자리한 포폴로 광장(Piazza del Popolo)이 나온다. 근처에 있는 관광안내소에서 콤비네이션 티켓을 구입한 다음 산 비탈레 성당, 갈라 플라치디아 영묘, 단테 박물관, 네오니아노 세례당, 성 아폴리나레 누오보 성당을 차례로 둘러보면 된다. 산 비탈레 성당 천장의 화려한 모자이크 장식은 라벤나 관광의 하이라이트이니 놓치지 말자.

추천 코스

1 산 비탈레 성당
▼ 도보 1분
2 갈라 플라치디아 영묘
▼ 도보 10분
3 단테 박물관
▼ 도보 6분
4 네오니아노 세례당
▼ 도보 10분
5 성 아폴리나레 누오보 성당

추천 볼거리
SIGHTSEEING

산 비탈레 성당 ★★★
Basilica di San Vitale

MAP p.277-A

숨 막힐 듯 아름다운 모자이크

이탈리아 초기 기독교 예술에서 중요한 유적으로 꼽히는 이 성당은 훗날 콘스탄티노폴리스의 성 세르기오스 성당과 피렌체 대성당에 영향을 주었다. 유스티니아누스 1세가 즉위하기 전인 527년에 에클레시우스 주교가 짓기 시작해서 548년 막시미아누스에 의해 완성되었다. 당시 성당 건축을 위해 비잔틴 제국의 황제가 보낸 특사로 추정되는 은행가에게 재정 지원을 받았다. 돔과 출입구는 로마 양식, 내부의 기둥과 모자이크는 비잔틴 양식으로 초기 기독교와 비잔틴 양식이 융합된 형태이다. 팔각형의 외관은 소박한 모습인데 내부는 숨 막힐 듯 섬세하고 화려한 모자이크로 장식되어 있다. 〈유스티아누스 황제와 수행자〉, 〈데오도라 황후와 시녀들〉을 비롯한 〈구약성서〉의 장면, 에클레시우스 주교 그림 등을 볼 수 있다. 18만여 색을 사용한 모자이크화는 유리와 유리 사이에 금을 끼워 넣는 방법으로 1cm 크기로 붙였으며 거의 훼손되지 않은 원형 상태로 보존되어 있다.

찾아가기 라벤나역에서 도보 14분
주소 Via San Vitale, 17 **문의** 0544 541688
운영 11~2월 10:00~17:00, 3~10월 09:00~19:00(문 닫기 15분 전에 입장 마감)
휴무 1/1 오전, 12/25
요금 일반 €10.50
홈페이지 www.ravennamosaici.it

갈라 플라치디아 영묘
Mausoleo di Galla Placidia ★★★

MAP p.277-A

화려한 모자이크로 알려진 세계문화유산

402년에 밀라노에서 라벤나로 수도를 옮긴 서로마 제국의 마지막 황제 호노리우스의 여동생인 갈라 플라치디아의 영면을 목적으로 세웠다고 설이 있다. 갈라 플라치디아는 호노리우스 황제가 12년간 서로마제국을 다스리는 동안 라벤나의 예술을 발전시킨 인물이자 콘스탄티우스 3세와 결혼해 낳은 아들 발렌티니아누스 황제의 어머니다. 무덤이 만들어진 시기는 430년경으로 추정되며 무덤은 가로와 세로 길이가 같은 그리스식 십자가 모양이다. 갈라 플라치디아의 석관 윗면에는 화형당하는 성 라우렌시오의 모습이 모자이크로 묘사되어 있으며, 셀 수 없을 정도로 많은 별이 수놓인 천장 벽화가 유명하다. 산 비탈레 성당과 같은 부지에 산타 크로체 성당을 세웠으나 성당은 파괴됐고, 갈라 플라치디아 영묘만 남아 관광객들을 맞이하고 있다.

찾아가기 라벤나역에서 도보 14분
주소 Via San Vitale, 17 **문의** 0544 541688
운영 11~2월 10:00~17:00, 3~10월 09:00~19:00(문 닫기 15분 전에 입장 마감) **휴무** 12/25, 12/31~1/1 오전
요금 일반(콤비네이션 티켓) €9.50
홈페이지 www.ravennamosaici.it

단테 박물관
Museo Dantesco ★

MAP p.277-D

위대한 문학인의 마지막 발자취

13세기 이탈리아의 시인이자 예언자로 〈신곡〉을 남긴 단테. 피렌체 태생인 단테는 1302년 반대 정치 세력에 의해 추방당해 라벤나에서 19년간 은둔 생활을 했다. 이 시기에 〈신곡〉을 썼으며 베네치아 여행 도중 객사하여 라벤나에 유골이 묻혔다. 피렌체 측에서 그의 유골을 가져가려 했으나 라벤나 사람들이 돌려주지 않았다고 한다. 1921년 9월 단테의 600주기를 맞아 그의 업적을 기념하기 위해 단테 박물관을 설립했다. 이곳에는 세계 각국의 언어로 번역된 〈신곡〉을 비롯하여 단테가 생전에 사용했던 유품과 운둔 시기에 쓴 시, 일러스트 등이 전시되어 있다. 박물관 옆에 있는 산 프란체스코 성당(Basilica di San Francesco)에서 1321년 단테의 장례식이 치러졌다. 단테 박물관 근처에 그의 묘가 있어 참배객들이 줄을 잇는다. 피렌체시에서 단테에 대한 속죄의 의미로 무덤의 램프에 기름을 공급하고 있다.

찾아가기 라벤나역에서 도보 11분
주소 Via Dante Alighieri, 4/6 **문의** 0544 215676
운영 화~일요일 10:00~17:30 **휴무** 12/25
요금 일반 €5

네오니아노 세례당
Battistero Neoniano ★★★

MAP p.277-C

신자들에게 의식을 행하던 세례 터
로마 시대에 지은 초기 기독교 양식의 세례당으로 네온 주교가 재임 중이던 475년에 완성되었다. 라벤나에서 가장 오래된 건물로 라벤나 두오모, 두오모 대주교 박물관과 이웃해 있다. 과거 로마제국의 욕장으로 이용하던 팔각형의 벽돌 건물인데, 일주일의 7일에 부활과 영생을 합친 8일을 상징한다. 내부에 들어서면 황금빛과 블루 계열의 모자이크가 시선을 압도하며 천장에는 예수가 요단강에서 세례 요한에게 물속에서 세례를 받은 장면이 그려져 있다. 두오모 대주교 박물관에서는 6세기경 상아를 조각해 만든 막시미아누스의 사교좌가 유명하다.

찾아가기 라벤나역에서 도보 14분
주소 Piazza Duomo, 1
문의 0544 541688
운영 11/5~3/2 10:00~17:00, 3/3~11/4 09:00~19:00 (문 닫기 15분 전에 입장 마감) **휴무** 1/1, 12/25
요금 일반 €10.50
홈페이지 www.ravennamosaici.it

성 아폴리나레 누오보 성당
Basilica di Sant'Apollinare Nuovo ★★

MAP p.277-D

모자이크로 표현한 한 권의 〈성경〉과도 같은 성당
예술과 건축을 장려했던 동고트 왕 테오도리크가 526년에 세운 바실리카식 성당. 동로마제국의 유스티니아누스 황제가 라벤나를 점령한 뒤 가톨릭 성당으로 개축했다. 라벤나의 초대 주교이자 3세기 순교 성인인 아폴리나레를 기념하기 위해 지었으며 원기둥 모양의 종탑은 11세기에, 조화롭고 심플한 대리석 현관은 16세기에 추가했다. 코린트 양식의 기둥 24개가 건물을 지탱하고 있으며 예수 그리스도와 열두 사도의 삶, 3명의 동방박사, 22명의 성녀들이 성모 마리아와 아기 예수를 향해 도열해 있는 모습 등을 표현한 26개의 모자이크가 인상적이다. 그 밖에 6세기에 대리석으로 만든 제단, 설교단이 유명하며 지하 납골당에는 성 아폴리나레의 유골이 담긴 항아리가 있다.

찾아가기 라벤나역에서 도보 12분
주소 Via di Roma, 53 **문의** 0544 541688
운영 월~금요일 08:30~19:30, 일요일·공휴일 14:00~19:30 **휴무** 1/1, 12/25
요금 일반(콤비네이션 티켓) €9.50
홈페이지 www.ravennamosaici.it

추천 레스토랑 & 카페

리스토란테 카 데 벤
Ristorante Ca' de Vèn

MAP p.277-C

옛 분위기에 압도되는 레스토랑

1542년에 지은 대저택과 이후에 생겨난 와인 상점을 개조한 건물에 1975년에 처음 문을 연 가정식 레스토랑. 셰프 잔니 아베두티가 주방을 지휘하고 소믈리에인 리타 마질로가 함께 운영한다. 생선 아귀로 만든 소스를 넣은 마카로니과 고기 소스를 베이스로 한 스파게티도 훌륭하지만 돼지고기와 쇠고기를 그릴에 구워내는 믹스 그릴은 잊을 수 없는 맛을 선사한다.

찾아가기 라벤나역에서 도보 12분
주소 Via Corrado Ricci, 24 **문의** 0544 30163
영업 11:00~14:30, 18:30~22:30 휴무 월요일
예산 €20~40 **홈페이지** www.cadeven.it

트라토리아 알 루스티켈로
Trattoria al Rustichello

MAP p.277-A

할머니가 차려주는 소박한 시골 밥상

가정식 전문 레스토랑으로 편안한 분위기에서 푸짐한 음식을 즐길 수 있다. 우리에게도 익숙한 쇠고기와 토마토를 베이스로 한 스파게티, 라자냐, 제철 채소로 만든 음식을 저렴한 가격에 선보인다. 산 비탈레 성당이나 아드리아나 문(Porta Adriana)과 도보 5분 거리로 가깝다.

찾아가기 라벤나역에서 도보 17분
주소 Via Maggiore, 21 **문의** 0544 36043
영업 12:15~14:15, 19:30~22:00 **예산** €25
홈페이지 www.trattoriaalrustichello.it

파필라 Papilla

MAP p.277-C

신선함을 자랑하는 수제 아이스크림 가게

제철 과일과 선도가 가장 중요한 우유, 달걀노른자, 그리고 양질의 코코아와 커피를 사용하며 엄격한 온도 조절에 화학 첨가물을 사용하지 않고 만드는 수제 아이스크림 전문점. 특별한 맛을 원하는 사람이라면 트러플이 들어간 티라미수, 시칠리아산 과일로 만든 그라니타를 주문해보자. 보통 테이크아웃을 많이 하지만 좌석도 마련되어 있다.

찾아가기 라벤나역에서 도보 10분
주소 Via IV Novembre, 8 **문의** 0544 213433
영업 10:00~24:00 **예산** 두 가지 맛 아이스크림 €2
홈페이지 www.papillagelateria.it

파스티체리아 베네치아나
Pasticceria Veneziana

MAP p.277-A

세련된 분위기로 변신한 전통 있는 베이커리

베네치아 출신의 주인이 1864년 처음 문을 연 역사 깊은 제과점. 이탈리아의 저명한 미식 평가서인 〈감베로 로소〉에서 추천한 라벤나 유일의 제과점이기도 하다. 보기만 해도 군침이 도는 딸기, 초콜릿, 캐러멜 등을 입힌 크루아상을 비롯해 신선한 과일을 올린 케이크, 달콤한 생크림이 들어간 도넛 등 다양한 종류의 빵을 맛볼 수 있다. 베이커리는 투명한 쇼케이스 안에 진열되어 있으며 직원에게 주문하면 꺼내준다.

찾아가기 라벤나역에서 도보 12분
주소 Via Salara, 15
문의 0544 212171
영업 월~토요일 06:30~13:00, 15:00~19:00, 일요일 06:30~13:00
홈페이지 www.pasticceriaveneziana.it

추천 숙소

카사 마솔리 B&B Casa Masoli B&B

MAP p.277-A

가성비가 좋은 현지인 민박

라벤나 구시가 중심에 있는 민박으로 라벤나의 유네스코 세계문화유산을 도보로 둘러보기에 편리한 위치에 있다. 마솔리 가족이 18세기에 지은 라스포니 보난치 가문의 저택을 매입해 숙소로 운영하며 객실은 단 6개뿐이다. 민박이라고는 하지만 객실 상태가 4성급 호텔 못지않으며 다국어가 가능한 주인 가족이 친절하게 여행 정보를 알려준다. 숙소 곳곳에 판화를 비롯해 다양한 미술품이 걸려 있다. 글루텐 프리 제품으로 만든 아침 식사도 훌륭하다.

찾아가기 라벤나역에서 도보 10분 **주소** Via Girolamo Rossi, 22 **문의** 0544 217 682 **요금** 싱글 €75~, 더블 €90~
홈페이지 www.casamasoli.it

발사믹 식초와 자동차로 유명한 도시

모데나 Modena

볼로냐와 파르마 중간에 위치한 모데나는 에밀리아로마냐주에 속한 도시로 기원전 183년 로마인이 건설했다. 1175년 모데나 대학이 설립되면서 교육적으로 발전했고 1452년 모데나 공국의 중심으로 올라섰다. 16세기에는 경제력을 지닌 에스테가의 본거지가 된 이후 나폴레옹 시대까지 평화의 시기를 누렸다. 약 18만 명의 주민 중 대부분은 펜니노산맥 북쪽에서 보강 유역에 걸쳐 있는 농목업 지대에 모여 산다. 주요 볼거리로는 16세기에 완성된 기를란디나 탑과 이탈리아 북부 최대 규모의 종루로 유명한 대성당이 있다. 자동차 마니아들에게는 페라리, 람보르기니 등 이탈리아 스포츠카 산업의 메카로, 클래식 애호가들 사이에서는 파바로티의 고향으로도 알려져 있다. 샐러드드레싱으로 사용하는 새콤달콤한 발사믹 식초의 고향이기도 하다.

Check

여행 포인트
관광 ★★
미식 ★★★
쇼핑 ★★

교통
도보 ★★★
버스 ★★
트램 ★★

구역 정보
모데나의 주요 볼거리는 도시 중앙에 위치한 관광안내소와 두오모가 있는 구시가에 몰려 있으며 에밀리아 거리(Via Emilia)가 구시가의 중심 거리이다.

가는 법

 열차

밀라노와 볼로냐에서 직행열차가 수시로 운행한다. 밀라노에서 볼로냐 중앙역을 거쳐 가는 것이 일반적이며 약 30분 간격으로 배차된다. 열차 종류가 다양하지만 소요 시간이 크게 차이 나지 않으므로 비교적 요금이 저렴한 레조날레를 이용하는 것이 경제적이다. 피렌체와 베네치아, 로마 등에서 갈 때는 1~2회 환승해야 한다.

홈페이지 www.trenitalia.com

모데나-주요 도시 간 열차 운행 정보

출발지	열차 종류	소요 시간	요금
밀라노	RV TTPER	2시간 16분	€15.55~
	Frecciarossa	1시간 14분	€17.90~
볼로냐	R TTPER	21분	€4.30~

INFO

◆ 관광안내소 IAT Modena
찾아가기 모데나역에서 도보 13분
주소 Piazza Grande, 14
문의 059 203 2660
운영 월~토요일 09:00~18:00, 일·공휴일 09:30~18:00
휴무 12/25
홈페이지 www.visitmodena.it

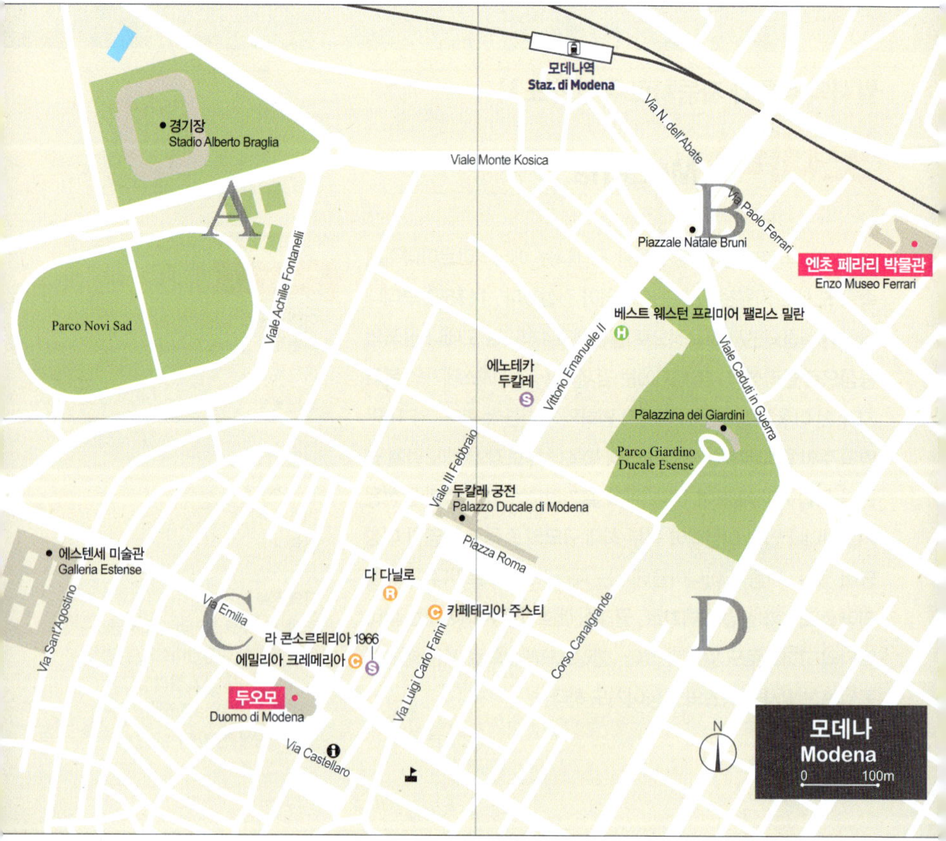

거리 가이드

구시가의 볼거리는 두오모를 중심으로 도보 20분 이내에 모여 있어 반나절 정도면 충분히 돌아볼 수 있다. 오전에는 기차역에서 가까운 엔초 페라리 박물관을 둘러본다. 점심 식사 후 이 지역 특산물인 발사믹 식초 쇼핑을 하고 기를란디나 탑에 올라 도심 전경을 감상한다. 이후 두오모와 에스텐세 미술관을 둘러보는 것으로 하루를 마무리한다. 하지만 페라리를 좋아하는 자동차 마니아라면 1박 2일 정도 머물러도 좋다. 구시가에 위치한 엔초 페라리 박물관과 모데나 근교 마라넬로에 있는 페라리 박물관(엔초 페라리 박물관에서 셔틀버스 운행)을 둘러본 후 페라리 시승 체험까지 하고 모데나 시내를 구경하려면 하루로는 부족하기 때문이다. 식도락에 관심 있는 사람이라면 기차로 30분 거리에 있는 파르메산 치즈의 본고장 파르마 여행도 추가하면 좋다.

추천 코스
1. 엔초 페라리 박물관
   ▼ 도보 18분
2. 두오모
   ▼ 도보 5분
3. 에스텐세 미술관

추천 볼거리
SIGHTSEEING

두오모 ★★★
Duomo di Modena

MAP p.284-C

로마네스크 양식의 걸작

과거 모데나가 훈족의 침략을 받았을 때 중재에 나서 도시를 구한 성 제미니아노의 유해를 안치하기 위해 모데나의 통치자인 토스카나의 마틸다 백작 부인의 요청으로 지은 성당이다. 11세기 말 교황 루치오 3세에 의해 축성식을 가졌으나 1322년에 완성되었다. 롬바르디아주에서 유명한 건축가 란프랑코와 조각가 빌리겔모가 참여한 건물은 초기 로마네스크 양식으로 지었다. 13세기에 채광 창 역할을 하는 꽃 문양 장식을 정문 위에 추가해 눈길을 끈다. 성당 내부로 들어가면 예수가 제자들의 발을 씻겨주는 장면과 그리스도가 심판을 받는 장면을 묘사한 조각 등을 볼 수 있다. 높이 87m로 1319년에 완성한 이탈리아 북부 최대 규모의 종탑인 기를란디나 탑(Torre Ghirlandina)은 7층으로 이루어져 있으며 소방 탑 역할을 겸한다. 과거 이 탑에 물통이 하나 있었는데 1325년 볼로냐에서 훔쳐가 전쟁이 일어나기도 했다. 대성당과 성당 좌측에 서 있는 기를란디나 탑과 그란데 광장은 1997년 유네스코 세계문화유산에 등재되었다. 2007년 9월 9일에는 71세를 일기로 숨진 '천상의 목소리' 파바로티의 장례식이 성당에서 거행되었다.

찾아가기 모데나역에서 도보 12분
주소 Corso Duomo **문의** 059 216078
운영 월요일 10:30~12:00, 15:30~17:00 *7, 8월은 10:30~12:30, 15:30~17:00
화~토요일 10:30~12:00, 12:30~17:00 *7, 8월 10:30~17:00
일요일 · 공휴일 13:30~16:30 *7, 8월 12:30~16:30
홈페이지 www.visitmodena.it

엔초 페라리 박물관
Enzo Museo Ferrari

★★★

MAP p.284-B

여행자들이 모데나를 찾는 이유

엔초 페라리의 업적을 기리기 위해 그가 태어나 어린 시절을 보낸 저택 옆에 2012년 3월 박물관을 개관했다. 두 부분으로 나뉜 미래지향적인 현대식 건물은 체코 출신의 영국 건축가 얀 카플리키가 설계했으나 그가 사망하자 안드레아 모르간테가 이어받아 완성했다. 박물관에는 엔초 페라리가 직접 몰았거나 제작한 페라리와 마세라티, 알파로메오 등 21대의 슈퍼카가 전시되어 있다. 또한 90여 년의 페라리 자동차 역사와 엔초 페라리의 열정을 엿볼 수 있는 그의 생전 모습을 19개의 프로젝터로 보여준다. 과거 페라리 공장의 외관처럼 꾸민 건물에서는 엠블럼의 변천 과

정, 과거의 엔진과 명차 그리고 페라리의 옛 집무실이 눈길을 끈다. 페라리 자동차를 사랑한다면 마라넬로의 페라리 박물관도 욕심내볼 만한데 두 박물관 사이를 셔틀버스가 운행해 편리하다.

찾아가기 모데나역에서 도보 6분
주소 Via Paolo Ferrari, 85 **문의** 059 439 7979
운영 11~3월 09:30~18:00, 4~10월 09:30~19:00
휴무 1/1, 12/25
요금 일반 €22, 학생·만 65세 이상 €18, 콤비네이션 티켓 일반 €30, 만 19세 이하 €12
홈페이지 www.museomodena.ferrari.com

Plus info

페라리 박물관 Museo Ferrari

전설의 레이싱카들을 만날 수 있는 곳으로 페라리 공장 터에 세웠다. 2017년에만 40만 명의 관광객이 다녀갔다. 철공소를 운영하던 알프레도 페라리 1세의 둘째 아들로 태어난 엔초 페라리는 10세 때 레이싱 경기를 처음 접한 이후 13세에 운전을 배워 레이서로 활동을 시작할 정도로 자동차에 대한 열정이 넘쳤다. 알파 로메오 레이싱 팀에서 수없이 우승 기록을 이어나가던 그는 레이싱 차량 개발에 몰두하여 지금의 페라리를 키워냈다. 박물관 2층에는 1961년 경기에 참여했던 F1 경주 차의 목재 마스터 모델, 페라리 최초의 리어엔진 스포츠카 250LM을 전시해놓았다. 박물관만 관람하는 것이 성에 차지 않는다면 박물관 주변에 있는 페라리 테스트 드라이브 투어에 참여해볼 것을 권한다. 투어 요금은 차종에 따라 차이가 있으며 페라리 F599GTB 피오라노 F1의 경우 10분에 €150 선이다.

찾아가기 엔초 페라리 박물관 앞에서 셔틀버스로 이동(셔틀 버스 일반 €20, 학생·만 65세 이상 €16, 만 19세 이하 €5. 승차권은 엔초 페라리 박물관 내 매표소 또는 인터넷 사이트 www.vivaraviaggi.it/ferrari.php?group=1에서 구입 가능)
주소 Via Alfredo Dino Ferrari, 43 **문의** 0536 949713
운영 11~3월 09:30~18:00, 4~10월 09:30~19:00
휴무 1/1, 12/25 **홈페이지** musei.ferrari.com

에스텐세 미술관 ★★
Galleria Estense

MAP p.284-C

중세 이탈리아 유명 화가들의 작품

모데나를 지배한 에스테 가문이 소장했던 컬렉션을 기초로 1854년에 개관했다. 2012년에 지진으로 건물이 무너지자 3년간 복원하여 2015년에 다시 문을 열었다. 14~18세기 이탈리아와 스페인 출신 유명 화가들의 작품을 만날 수 있는 곳으로 회화와 드로잉 작품뿐 아니라 대리석과 테라코타로 만든 조각까지 다양한 장르의 작품을 전시하고 있다. 특히 코레지오의 〈마돈나 캄포리〉, 벨라스케스의 〈프랑수아 1세의 초상화〉, 엘 그레코의 〈모데나 삼면 제단화〉, 그리고 로마의 유물인 미트라 신전의 부조 등이 유명하다. 그 밖에도 귀도 레니, 베르니니 같은 작가들의 주요 작품을 볼 수 있다.

찾아가기 모데나역에서 도보 14분
주소 Largo Porta Sant'Agostino, 337
문의 059 439 5711
운영 화~토요일 08:30~19:30, 일·공휴일 10:00~18:00
휴무 1/1, 12/25
요금 일반 €6, 만 18~25세 €2
홈페이지 www.gallerie-estensi.beniculturali.it

추천 레스토랑 & 카페

다 다닐로 Da Danilo [강추]

MAP p.284-C

파바로티가 자주 찾은 소박한 맛집

1934년에 처음 문을 연 유서 깊은 레스토랑으로 성악가 루치아노 파바로티가 드나들면서 더욱 유명해졌다. 레스토랑 창업자는 14세부터 요리를 시작해 43년간 모데나의 전통 음식을 만들어온 인물로 토르텔리니, 리코타, 수제 라자냐와 파스타, 발사믹 식초를 사용한 쇠고기 등의 메뉴를 선보여 좋은 반응을 얻었다. 지금도 가족들이 경영하는 이곳은 두오모에서 가까워 접근성이 좋으며 소박한 이탈리아 가정식을 저렴하게 즐길 수 있어 여행자는 물론 지역 주민들에게도 사랑받고 있다.

찾아가기 모데나역에서 도보 13분
주소 Via Coltellini, 31
문의 059 225498
영업 12:00~15:00, 19:00~24:00 **휴무** 일요일
예산 €25~30
홈페이지 www.ristorantedadanilomodena.it

에밀리아 크레메리아 Emilia Cremeria

MAP p.284-C

홈메이드 아이스크림 맛이 인상 깊은 곳

화이트 컬러로 꾸며 깔끔한 분위기의 아이스크림 가게로 모데나 여행 중 잠시 쉬었다 가기에 좋다. 매일 들여오는 모데나 주변 지역에서 생산한 유기농 유제품과 과일, 그리고 최고 품질의 이탈리아산 헤이즐넛 쿠키, 누가 등 신선한 원재료로 아이스크림을 만든다. 홈메이드 아이스크림은 언제 먹어도 입이 즐거운데, 특히 피스타치오와 요구르트 맛을 추천한다.

찾아가기 모데나역에서 도보 14분
주소 Piazza Mazzini Giuseppe, 17 **문의** 059 239553
영업 월~목요일 12:00~23:00, 금요일 12:00~24:00, 토요일 11:00~24:00, 일요일 11:00~23:00 **휴무** 월요일
예산 €2~4 **홈페이지** www.cremeriaemilia.com

카페테리아 주스티 Caffetteria Giusti

MAP p.284-C

이른 저녁에 즐기는 식전주 한잔

모데나 시내 중심부의 오래된 약국을 카페로 개조했다. 로마 광장(Piazza Roma)과 루이지 카를로 파리니 거리(Via Luigi Carlo Farini)와 인접해 있어 테라스 자리에 앉아 현지인들의 라이프스타일을 엿보며 시간을 보내기 좋다. 신선한 페이스트리에 진한 에스프레소 한 잔 곁들여 아침 식사를 하거나, 저녁 식사 전에 들러 이탈리아 와인을 즐기기에 좋다. 간단히 끼니를 해결할 수 있는 샐러드나 샌드위치도 선보인다.

찾아가기 모데나역에서 도보 14분
주소 Via Luigi Carlo Farini, 83
문의 059 219132 **영업** 07:00~22:00 **예산** €10 미만
홈페이지 caffetteriagiusti.it

추천 쇼핑

라 콘소르테리아 1966
La Consorteria 1966

MAP p.284-C

믿을 수 있는 발사믹 식초만 엄선

모데나를 대표하는 특산품인 발사믹 식초 중에서 AOP(원산지 증명 표시)를 받은 최고 품질의 발사믹 식초의 홍보와 판매를 장려하기 위해 일종의 조합처럼 운영하는 곳이다. 이탈리아어로 '향기가 좋다'는 뜻을 지닌 발사믹은 모데나에서 재배된 청포도 품종인 트레비아노 포도만을 사용해 즙을 내며 체리나무, 떡갈나무 통에 담아 12~25년간 숙성 과정을 거친다. 슈퍼마켓에서 판매하는 제품은 레드 와인 식초에 캐러멜 색소와 맛을 첨가한 것이 대부분이라 이곳의 발사믹 식초는 품질 면에서 크게 차별화되며, 숙성 기간에 따라 라벨 색깔이 나뉘는데, 레드는 12년, 실버는 18년, 골드는 25년이다. 평생 잊을 수 없는 맛의 발사믹 식초를 즐기고 싶다면 구입해 가자.

찾아가기 모데나역에서 도보 12분
주소 Piazza Giuseppe Mazzini, 9 **문의** 393 802 7841
영업 월~토요일 11:00~18:00, 일요일 11:00~17:00

에노테카 두칼레 Enoteca Ducale

MAP p.284-B

와인과 발사믹을 파는 숍

와인과 증류주에 대한 열정으로 똘똘 뭉친 오너가 운영하는 숍. 에밀리아로마냐주에서 생산한 발사믹 식초 중에서 최고급 품질의 12년산, 18년산, 25년산을 브랜드별로 전시·판매한다. 삼성 이건희 회장이 주로 선물했다는 사시카이아(Sassicaia) 와인을 비롯해 람브루스코, 브루넬로 디 몬탈치노, 바롤로 등의 와인을 갖추고 있다. 발사믹 식초는 시음도 가능하다.

찾아가기 모데나역에서 도보 9분
주소 Corso Vittorio Emanuele II, 15
문의 059 427 9228 **영업** 09:00~19:00
홈페이지 www.enotecaducale.it

추천 숙소

베스트 웨스턴 프리미어 팰리스 밀란
Best Western Premier Palace Milan

MAP p.284-B

짧은 일정의 여행자에게 추천하는 도심형 숙소

모데나역에서 비교적 가까운 4성급 호텔. 엔초 페라리 박물관 근처에 있다. 레노베이션해 2014년 12월 새롭게 문을 열었다. 55개의 객실에는 에어컨과 미니바 등의 편의 시설이 잘 갖춰져 있으며 무료 와이파이도 제공한다. 저쿠지와 스팀실이 있는 스파 룸도 편리하게 이용할 수 있다.

찾아가기 모데나역에서 도보 4분
주소 Corso Vittorio Emanuele II, 68
문의 059 225 136 **요금** 싱글·더블 €324.50~
홈페이지 www.milanopalacehotel.it

보르고 델 발사미코
Borgo del Balsamico

이탈리아 농촌에서 즐기는 잊을 수 없는 체험

발사믹 식초 브랜드인 보르고 델 발사미코 발사믹 식초의 생산지에서 숙박이 가능하다. 방은 총 3개로 각 방에 3~4명씩 머물 수 있으며 방마다 욕조가 딸린 샤워실이 있다. 3000여 평 규모의 대지에 지은 건물이라 조용하고 넓은 마당을 호젓하게 산책하기 좋다. 이메일이나 전화로 예약할 수 있으며 대중교통으로 방문하는 경우 미리 픽업 가능 여부를 확인해야 한다(ledimore@ilborgodelbalsamico.it).

찾아가기 레조 데밀리에 Reggio d'Emilie역에서 11.8km
주소 Via Albinea Chiesa, 27 **문의** 0522 598175
요금 싱글·더블 €140~
홈페이지 www.ilborgodelbalsamico.it

밀라노·
베네치아와
주변 도시

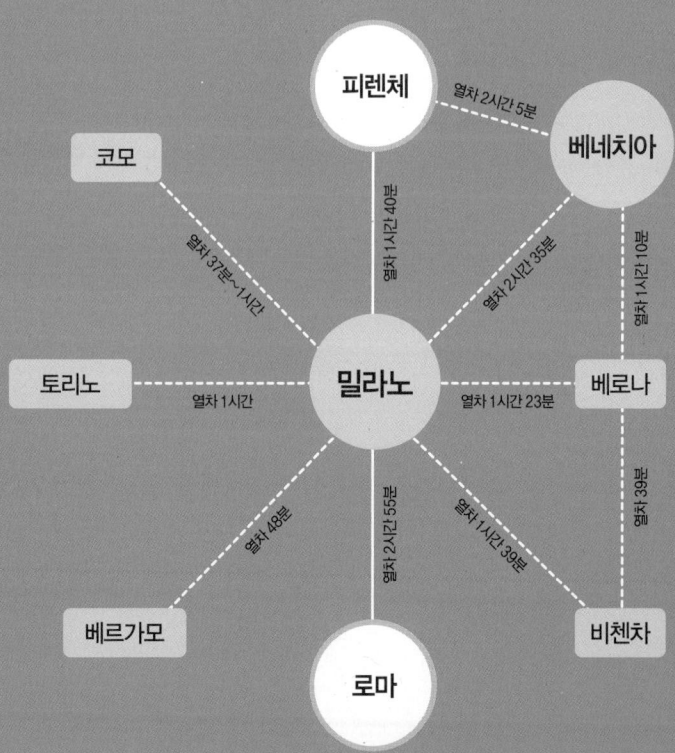

01 Milano
밀라노

이탈리아 북부에서 가장 큰 도시인 밀라노는 롬바르디아주의 주도로 알프스산맥에서 발원한 포강의 지류에 위치해 있다. 374년 성 암브로시우스가 밀라노의 대주교가 되면서 이탈리아 북부의 종교적 중심이 되었고, 13세기경부터는 직물 공업의 발달로 급격한 경제 성장을 이루었다. 1535년 스페인의 지배에 들어가기까지 스포르차 가문의 루도비코 일 모로가 불러들인 브라만테, 다 빈치 등 천재 예술가들에 의해 도시의 문화적 중흥을 이룩했으며 이후에는 스페인과 프랑스, 오스트리아의 지배를 받게 되었다. 19세기 후반부터는 섬유·기계 공업의 발달로 이탈리아의 경제 수도로 떠올랐다. 밀라노 시내에는 고딕 양식의 두오모, 오페라의 중심인 스칼라 극장을 비롯한 유수의 건축물과 〈최후의 만찬〉으로 대표되는 세기의 걸작들이 있다. 또한 명실공히 전 세계 트렌드를 선도하는 도시답게 거리 곳곳에 스타일리시한 숍이 즐비하고 슈트 차림의 멋쟁이들도 흔히 만날 수 있어 세계적인 패션 도시로서의 면모를 살펴볼 수 있다.

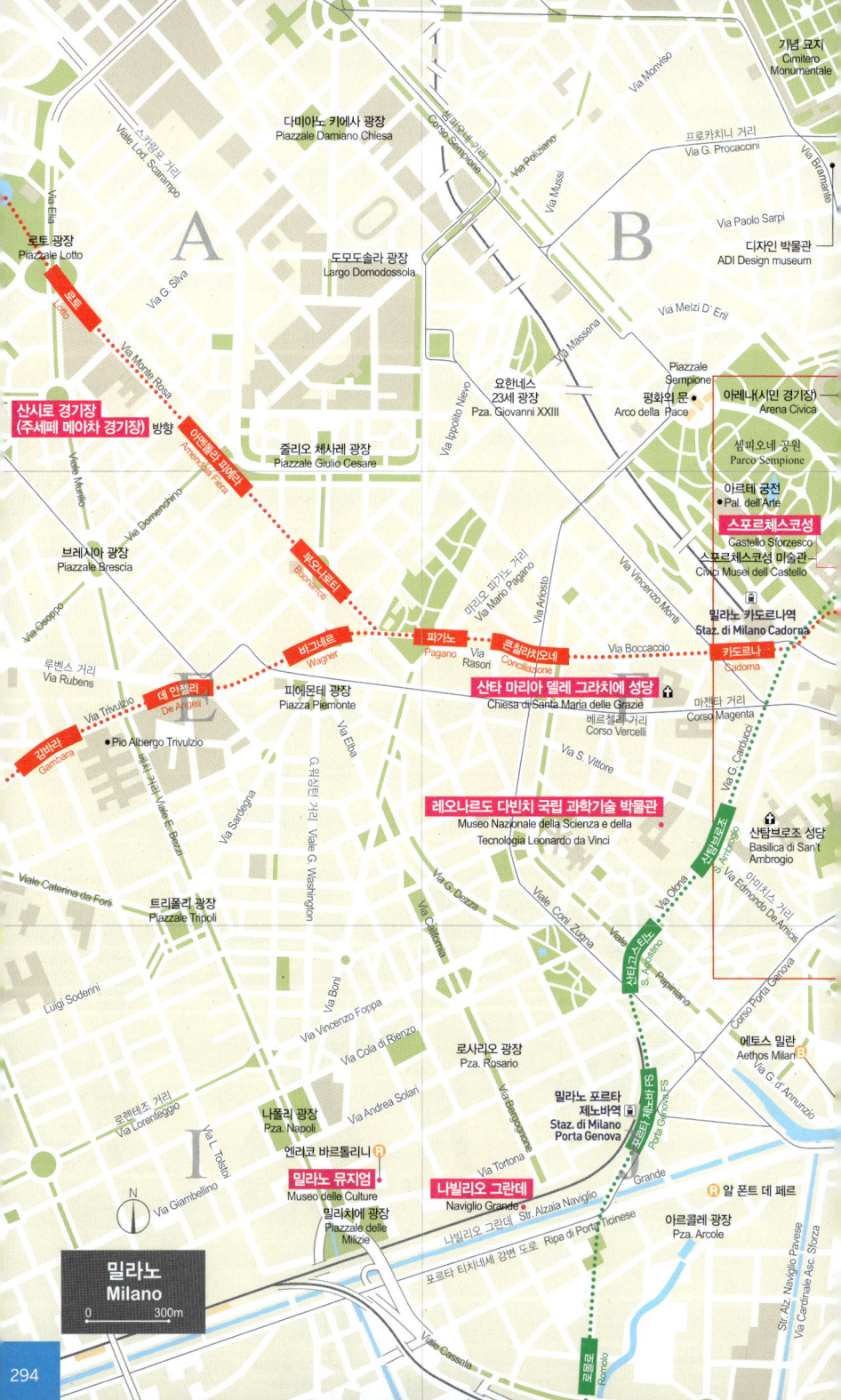

밀라노 가는 법

밀라노는 매년 다양한 국제 행사가 열리는 대도시답게 교통망이 잘 발달되어 있다. 비행기는 우리나라에서 바로 가는 직항편이 있어 편리하다. 유럽 주요 도시나 이탈리아 각 도시에서 갈 때는 열차를 타는 것이 시내로 이동하기 편하다.

비행기

우리나라에서 밀라노로 가는 직항편은 대한항공(13시간 5분, 월·수·금·일요일 주 4회), 경유편 아시아나항공(경유 1회, 16시간 5분), 루프트한자(경유 1회, 15시간 50분)에서 운항한다. 그 외에는 아시아나 유럽의 다른 도시를 경유해 갈 수 있다. 밀라노에는 3개의 공항이 있으므로 자신이 이용하는 항공사가 어느 공항에 도착하는지 미리 알아두자.

말펜사 국제공항
Aeroporto di Milano-Malpensa

밀라노 시내에서 북서쪽으로 약 40km 떨어져 있다. 우리나라에서 대한항공을 타고 갈 때 이 공항에 도착한다. 공항은 2개의 터미널로 이루어져 있으며 터미널 1은 대부분의 국제선 항공편이 발착하고, 터미널 2는 저가 항공사인 이지젯 전용이다. 은행, 환전소 같은 기본적인 편의 시설은 터미널 1·2에 모두 있지만 관광안내소, 짐 보관소, 우체국은 터미널 1에만 있다. 두 터미널을 오가는 무료 셔틀버스가 24시간 운행한다(낮에는 7분 간격, 밤(22:45~05:15)에는 30분 간격).

홈페이지 www.milanomalpensa-airport.com

공항에서 시내로 가는 법

시내로 가는 이동 수단에는 열차, 공항버스, 택시 등이 있다. 가장 빠르고 편리한 것은 공항철도인 말펜사 익스프레스이다.

●열차

공항철도인 말펜사 익스프레스(Malpensa Express)가 터미널 1·2에서 출발해 밀라노 시내의 주요 기차역(밀라노 중앙역, 포르타 가리발디역, 카도르나역)으로 간다. 승차권은 말펜사 익스프레스 티켓 사무소나 공항 내 자동발매기에서 구입할 수 있다.

운행 04:27~00:20
소요 시간 공항에서 밀라노 중앙역까지 54분
요금 편도 일반 €13, 어린이 €6.50
홈페이지 www.malpensaexpress.it

●공항버스

공항과 밀라노 중앙역을 연결하는 버스로 말펜사 셔틀과 아우토스트라달레가 있다. 터미널 1·2에서 출발하며, 소요 시간이나 요금이 비슷하므로 자신의 상황에 맞게 선택하면 된다. 승차권은 해당 버스 회사 홈페이지나 공항 도착 층에 있는 매표소에서 구입할 수 있다.

공항버스 운행 정보

종류	말펜사 셔틀 (Malpensa Shuttle)	아우토스트라달레 (Autostradale)
운행	05:00~01:20	06:00~00:30
배차 간격	20분	20~30분
소요 시간	50분	
요금	편도 €10, 왕복 €16	편도 €10, 왕복 €16 (사이트 예약 가격)
홈페이지	www.malpensashuttle.it	www.autostradale.it

● 택시

공항에서 시내까지 약 40분 소요되며 요금은 €90~120가량 나온다. 가장 저렴하게 이용할 수 있는 것은 밀라노 에어포트 택시(Milano Airport Taxi)로 홈페이지에서 예약하면 된다. 예약 방법은 자신이 타고 오는 항공기 편명과 이름, 휴대폰 번호, 목적지(호텔 주소) 등의 정보를 입력하고 €100(균일가)를 지불하면 된다. 택시 승차장은 터미널 1에서는 도착 층 6번 출구 앞, 터미널 2에서는 도착 층 4번 출구 앞에 있다.

홈페이지 www.milanairporttaxi.com
주요 택시업체 문의
Radiotaxi 6969 02 6969
Radio Taxi Freccia 02 4000
Taxi Blu 02 4040
Radio Taxi La Martesana 02 2181

리나테 국제공항
Aeroporto di Milano-Linate

밀라노 시내에서 동쪽으로 약 7km 떨어져 있어 시내에서 가장 가깝다. 이탈리아 국내선과 유럽 주요 도시에서 오는 국제선이 주로 이용한다. 공항 내에는 관광안내소, 짐 보관소, 환전소, 우체국 등의 편의 시설이 갖춰져 있다.

홈페이지 www.milanolinate-airport.com

공항에서 시내로 가는 법

시내로 가는 이동 수단에는 버스, 택시 등이 있다. 가장 많이 이용하는 것은 공항버스이며, 요금을 아끼고 싶다면 시내버스를 타면 된다.

● 공항버스

공항과 밀라노 중앙역을 연결하는 버스는 아우토스트라달레 버스가 있다. 승차장은 도착 층 5번 출구와 6번 출구 사이에 있다. 승차권은 해당 버스 회사 홈페이지나 공항 도착 층에 있는 매표소에서 구입할 수 있다.

공항버스 운행 정보

종류	아우토스트라달레 (Autostradale)
운행	07:45~22:45
배차 간격	30분
소요 시간	25분
요금	편도 €5, 왕복 €9
홈페이지	www.autostradale.it

● 시내버스

73번 시내버스를 타면 되는데 공항버스보다 시간은 조금 더 걸린다. 승차장은 도착 층 7번 출구와 8번 출구 앞에 있다. 메트로 M1·M3호선 두오모(Duomo)역에서 내려 목적지까지 가는 버스로 갈아타면 된다. 약 47분 걸리며 요금은 €1.500이다.

홈페이지 www.atm.it

시내버스 내부

● 택시

공항에서 시내까지 약 20분 소요되며 요금은 €30~40가량 나온다. 택시 승차장은 도착 층 5번 출구 앞에 있다.

주요 택시업체 문의
Radiotaxi 6969 02 6969
Radio Taxi Freccia 02 4000
Taxi Blu 02 4040

오리오 알 세리오 국제공항
Aeroporto di Bergamo-Orio al Serio

밀라노 시내에서 북동쪽으로 약 45km 떨어져 있다. 베르가모(Bergamo)라는 도시에 위치해 있어 '베르가모 공항'이라고도 불린다. 유럽 주요 도시나 이탈리아에서 라이언에어, 블루에어 등 저가 항공사를 이용할 경우 이 공항에 도착한다.

홈페이지 www.orioaeroporto.it

공항에서 시내로 가는 법

공항과 밀라노 중앙역을 연결하는 버스로 아우토스트라달레와 오리오 셔틀버스가 있다. 아우토스트라달레는 밀라노 람브라테(Lambrate)를 경유하는 일부 버스(1일 4편)를 제외하고 밀라노 중앙역까지 직행으로 운행한다. 오리오 셔틀버스는 밀라노 중앙역까지 운행하는 1번 노선을 타야 한다. 승차권은 해당 버스 회사 홈페이지나 공항 도착 층에 있는 매표소에서 구입할 수 있다.

공항버스 운행 정보

종류	아우토스트라달레 (Autostradale)	오리오 셔틀버스 1번 (Orio Shuttle Bus)
운행	07:15~00:15	04:25~24:00
배차 간격	20분	20~30분
소요 시간	1시간	50분
요금	편도 €10, 왕복 €18 (사이트 예약 가격)	편도 €10, 왕복 €18 (사이트 예약 가격)
홈페이지	www.autostradale.it	www.orioshuttle.com

열차

유럽 주요 도시나 이탈리아 국내에서 열차를 이용해 갈 수 있다. 가장 많은 국제선이 발착하는 역은 밀라노 중앙역으로 주변에 호텔이 모여 있어 숙소를 잡기에 편리하다. 포르타 가리발디 FS(Porta Garibaldi FS)역은 이탈리아 주요 도시를 연결하는 급행열차와 파리 리옹역을 오가는 TGV 열차가 발착한다. 카도르나(Cadorna)역은 코모 행 열차나 말펜사 익스프레스를 탈 때 이용하는 작은 역이지만 시내에서 가장 가깝다.

홈페이지 www.trenitalia.com

밀라노-주요 도시 간 열차 운행 정보

출발지		열차 종류	소요 시간	요금
국제선	파리	Frecciarossa	6시간 55분	€55~
	니스	Regionale+Intercity	5시간 4분	€15~
	취리히	Eurocity	3시간 17분	€31~
	루체른	Eurocity	3시간 41분	€29~
국내선	로마	Frecciarossa	2시간 59분	€29.90~
	피렌체	Frecciarossa	1시간 55분	€29.90~
	베네치아	Frecciarossa	2시간 29분	€14.90~
	베로나	Frecciarossa	1시간 13분	€10.90~
		Eurocity	1시간 23분	€15.90~
	코모	Eurocity	40분	€10.90~
	토리노	Frecciarossa	1시간	€10.90~
		Regionale	1시간 51분	€12.45~
	나폴리	Frecciarossa	4시간 28분	€30.90~

밀라노 중앙역
Stazione di Milano Centrale

밀라노의 중심 역으로 국제선 열차와 국내선 열차가 수시로 발착한다. 2015년 밀라노 엑스포를 맞아 레노베이션한 후 더욱 쾌적해졌고 각종 편의 시설도 잘 갖춰져 있다. 지하에서 메트로 M2·M3호선과 연결되고, 역 바깥으로 나가면 공항버스 승차장이 있다.

• **짐 보관소 Deposito Bagagli**
위치 18~21번 플랫폼 앞
운영 매일 07:00~21:00
요금 5시간 €6, 6~12시간 시간당 €1, 12시간 이후부터는 시간당 €0.50 추가

시외버스

유럽 주요 도시를 연결하는 유로라인(Eurolines)과 프랑스를 주로 연결하는 아이디 버스(ID BUS), 플릭스버스(Flixbus) 등을 이용해 밀라노에 갈 수 있다. 버스 터미널은 메트로 M1호선 람푸냐노(Lampugnano)역과 연결되어 있으므로 시내로 이동할 때 메트로를 이용하면 편리하다.

홈페이지
블라블라카 www.blablacar.fr
이타버스 http://itabus.it
플릭스버스 www.flixbus.it

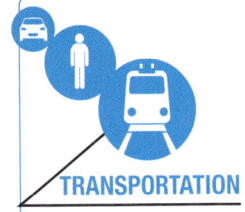

밀라노 시내 교통

밀라노는 메트로, 버스, 트램 등의 대중교통이 시내 구석구석을 연결한다. 여행자들이 이용하기 편한 것은 메트로 웬만한 관광 명소는 다 갈 수 있다. 버스나 트램은 안내 방송을 하지 않으므로 각별히 주의를 기울여야 한다.

승차권 구입 및 종류

메트로, 버스, 트램 모두 밀라노 교통국(ATM)에서 운영하기 때문에 승차권을 공통으로 사용할 수 있다. 담배 가게, 메트로 역내 자동발매기, 신문 가판대에서 승차권을 구입할 수 있다.

홈페이지 www.atm.it

승차권 종류	요금	유효기간
1회권 Biglietto Urbano	€2	개찰 후 90분
10회권 Carnet di 10 Viaggi Urbano	€18	티켓 1매당 개찰 후 90분×10회
1일권 Biglietto Giornaliero	€7	개찰 후 24시간
3일권 Biglietto Bigiornaliero	€12	개찰 후 48시간

자동발매기에서 승차권 구입하는 방법

❶ 언어를 선택한다.

❷ 원하는 승차권을 선택한다.

❸ 카드 또는 현금으로 요금을 지불한다.

메트로·교외 철도

메트로(Metropolitana)는 M1, M2, M3, M5 총 4개 노선이 있다. 두오모를 비롯한 대부분의 관광 명소는 M2·M3호선을 타면 편리하게 갈 수 있다. 노선에 따라 차이가 있지만 대부분 아침 6시부터 자정 무렵까지 메트로를 운행한다. 교외 철도(Suburbana)는 S1~S14(S10과 S12는 없음)까지 12개의 노선이 있으며, 거리에 따라 요금이 다르므로 잘 확인하고 타야 한다.

목적지로 가는 노선과 방향이 맞는지 확인하고 탄다.

Plus Info

밀라노 카드 Milano Card

밀라노의 대중교통을 무제한 이용할 수 있고 20여 개의 박물관에 무료 입장할 수 있으며 제휴된 레스토랑, 호텔, 숍 등에서 할인 혜택을 받을 수 있다.

요금 1Day €12.50, 2Day €17.50
홈페이지 www.milanocard.it

버스 · 트램

버스(82개 노선)나 트램(17개 노선)은 차내에서 안내 방송을 따로 하지 않으므로 내릴 때 목적지가 맞는지 잘 살펴야 한다. 밀라노 시내와 주요 관광 명소는 51번 버스가 주로 다닌다. 축구 팬이라면 꼭 가야 하는 산 시로 경기장은 16번 트램으로 갈 수 있다. 운행 시간은 버스(05:30~00:30)와 트램(06:00~24:00, 일부 노선은 ~02:00) 각각 노선에 따라 조금씩 다르다. 버스나 트램은 사복 검표원이 수시로 승차권을 검사하며 부정 승차로 걸리면 €50의 벌금을 내야 한다. 승차권이 있더라도 각인을 하지 않으면 부정 승차로 간주되니 각별히 주의하자.

택시

택시를 이용할 경우 가급적이면 호텔 프런트 또는 레스토랑 직원에게 부탁해서 타는 것이 좋다. 택시 승차장에서 기다렸다가 탈 경우에는 반드시 미터기가 설치된 공식 택시를 이용한다. 택시 기본요금은 €3.40, 야간 €6.20, 일요일 · 공휴일 €6.20(km당 €1.12)이며, 1시간당 평균 요금은 €29.19 정도이다. 운전사가 터무니없는 요금을 청구할 경우에는 신고할 수 있다(☎ 02 884 65292). 최근 우버나 마이택시(Mytaxi) 이용자가 늘고 있다. 애플리케이션에 가입하면 자신의 현재 위치에서 차량을 부를 수 있으며 요금이 정해져 있다.

주요 택시업체 문의
Radiotaxidata 02 5353
Prontotaxi 02 5251

INFO

◆ **관광안내소 Info Milano**
Galleria Vittorio Emanuele II
주소 Piazza Duomo 14
운영 월~금요일 10:00~18:00, 토~일 · 공휴일 10:00~13:00 전화 02 884 55555 휴무 1/1, 12/25
Yes Milano Tourism Space
주소 Via dei Mercanti 8
운영 월~금요일 10:00~18:00, 토~일 · 공휴일 13:30~18:00 전화 02 851 55931

◆ **밀라노 여행 정보** www.tourism.milan.it

◆ **긴급 연락처**
경찰차 113 / 구급차 118 / 소방차 115
경찰서
주소 Piazza San Sepolcro, 9 전화 02 806051
병원(San Raffaele)
주소 Via Olgettina, 60 전화 02 26431
24시간 문 여는 약국
위치 밀라노 중앙역 구내 전화 02 669 0735

◆ **우체국**
중앙 우체국
주소 Via Cordusio, 2 전화 02 805 6812
밀라노 중앙역 구내
전화 02 6707 2150 운영 08:25~19:10 휴무 일요일

◆ **한인 교회**
밀라노 한인 교회
전화 02 4945 2723 www.facebook.com/milanochurch

밀라노 빌립보 교회
전화 0339 530 3066
https://www.facebook.com/chiesafilippomilano

◆ **한식당 · 한인 마트**
드림 코리안 레스토랑
주소 Piazza VIII Novembre 3 전화 02 3669 7986
https://dreamristorantecoreano.eatbu.com/
진미
주소 Via Giovanni Paisiello 7 전화 02 2951 6394
https://ginmi.eatbu.com/
하나 레스토랑
주소 Via Giuseppe Mazzini 12 전화 02 4942 0056
https://ristorantehana.business.site/
Bab
주소 Via S. Marco 34 전화 02 8342 2356
https://www.facebook.com/pages/bab-%EB%B0%A5/348476288555489
Okja
주소 Viale Gorizia 8 전화 0366 327 4999
https://okjakoreanstreetfo.wixsite.com/okja/home-1
끼니 Chini Ristorante Coreano
주소 Via Panfilo Castaldi, 4 전화 333 728 9466
영업 일~금요일 12:00~15:00, 19:00~23:00, 토요일 19:00~23:00
상록수 마트
주소 Via Annibale Caretta 3
전화 02 3650 5646
영업 10:00~19:00

밀라노 추천 코스
Best Course

밀라노 시내 관광은 하루 정도면 어지간히 둘러볼 수 있다. 이틀 일정으로 잡는다면 둘째 날은 한적한 호수가 있는 코모로 당일 치기 여행을 가거나, 아웃렛 쇼핑 또는 미술관 집중 투어 등 자신의 관심사에 따라 정하면 된다.

Day 1

산타 마리아 델레 그라치에 성당 내부

산타 마리아 델레 그라치에 성당
↓ 도보 4분
레오나르도 다빈치 국립 과학기술 박물관
↓ 도보 16분

현재는 박물관이 된 스포르체스코성

레오나르도 다빈치 국립 과학기술 박물관

스포르체스코성
↓ 도보 14분
두오모
↓ 도보 1분

웅장한 건축미를 자랑하는 두오모

밀라노에서는 비가 와도 걱정 없이 쇼핑을 즐길 수 있다.

비토리오 에마누엘레 2세 갤러리아
↓ 도보 4분
스칼라 극장
↓ 도보 5분
몬테 나폴레오네 거리

세계 3대 오페라 하우스로 꼽히는 스칼라 극장

1일 차 여행 포인트

✓ 〈최후의 만찬〉을 보려면 예약 필수!
산타 마리아 델레 그라치에 성당에는 레오나르도 다빈치가 남긴 걸작 〈최후의 만찬〉이 있다. 작품 보호를 위해 예약제로 운영하고 있으니 밀라노 여행 계획을 세움과 동시에 예약부터 서두르자.

✓ 밀라노 시내는 쇼핑 천국
아웃렛 쇼핑만 노릴 필요는 없다. 몬테 나폴레오네 거리나 비토리오 에마누엘레 2세 갤러리아는 밀라노를 대표하는 쇼핑 스트리트. 신상품도 우리나라보다 저렴하고 우리나라에는 들어오지 않는 아이템도 만날 수 있다.

✓ 어느 미술관을 갈까?
밀라노에는 암브로시아나 미술관, 브레라 미술관, 폴디 페촐리 미술관 등 손에 꼽는 미술관들이 있다. 미술 애호가라면 하루 정도 시간을 내 명작을 감상해보기를 권한다. 단, 미술관 휴무일 확인은 필수!

밀라노 거리 가이드

밀라노 시내는 크게 카도르나역 주변과 두오모 주변으로 나눌 수 있다. 먼저 카도르나역 주변의 명소인 산타 마리아 델레 그라치에 성당과 스포르체스코성을 둘러보고 두오모 쪽으로 이동한다. 두오모로 바로 가려면 어느 기차역에서 내리든 메트로를 타고 이동하면 된다. 웅장한 건축미를 자랑하는 두오모에 다다르면 옥상 테라스에 올라가 정교하게 조각된 첨탑과 시내 전경을 감상하자. 고풍스러운 건축물로 둘러싸인 두오모 앞 광장에는 비토리오 에마누엘레 2세 갈레리아를 비롯해 밀라노 최고의 쇼핑가가 펼쳐진다. 미술 애호가라면 화려하고 알찬 컬렉션을 자랑하는 폴디 페촐리 미술관, 브레라 미술관, 암브로시아나 미술관 등도 놓칠 수 없다. 일정에 여유가 있다면 시내에서 조금 떨어진 나빌리오 그란데에 가보자. 길게 이어진 운하를 따라 산책하거나 벼룩시장을 구경할 수 있다.

Check

여행 포인트
관광 ★★★
미식 ★★★★
쇼핑 ★★★★★

교통
메트로 ★★★★★
버스 ★★★

구역 정보
주요 볼거리와 쇼핑 스트리트가 두오모를 중심으로 모여 있어 걸어서도 충분히 다닐 수 있지만 시간 절약을 위해 메트로를 적절히 이용하는 것이 효율적이다.

추천 볼거리
SIGHTSEEING

산타 마리아 델레 그라치에 성당 ★★
Chiesa di Santa Maria delle Grazie

MAP p.294-F

다빈치의 걸작 〈최후의 만찬〉으로 유명

성당 이름은 '은총의 성모 마리아'를 의미한다. 본래 도미니코 수도회가 고딕 양식으로 지었는데 건축가 브라만테가 돔을 추가하면서 새로운 모습을 갖추게 되었다. 이 성당은 유네스코 세계문화유산에 등재된 레오나르도 다빈치의 걸작 〈최후의 만찬〉을 볼 수 있는 곳으로 유명하다. 과거 수도사들의 식당 벽면에 요한복음 13장 21-30절 유다의 배신을 예언한 구절을 그림으로 표현한 것이다. '너희 중에 한 사람이 나를 배반할 것'이라는 그리스도의 말을 듣고 충격에 빠진 제자들의 표정과 손짓이 매우 사실적으로 묘사되었으며 완벽한 원근법과 구도를 볼 수 있다. 1999년 약 21년간의 복원 작업을 마친 후 일반에 공개하면서 작품 보호를 위해 예약제로 운영하고 있다. 관람 2~3주 전에 전화 또는 인터넷으로 예약해야 하고, 30명씩 입장해서 15분 동안만 관람할 수 있도록 제한을 두고 있다. 〈최후의 만찬〉을 관람하고 난 후에는 회랑을 둘러보자. 브라만테가 기존 성당을 부수고 르네상스 양식으로 완성한 아름다운 안뜰을 볼 수 있다.

찾아가기 메트로 M1호선 Conciliazione역에서 도보 5분
주소 Piazza di Santa Maria delle Grazie
문의 02 9280 0360
운영 월~토요일 08:15~18:45, 일요일 14:00~18:45(인터넷으로 티켓 예매 후 예약시간 30분 전에 입구에서 티켓 제시해야 입장 가능) **요금** €15(예약비 €2 별도)
홈페이지 www.grazieop.it

〈최후의 만찬〉 관람을 예약하는 방법

전화 예약은 영어 안내에 따라 2번을 누른 후 원하는 날짜, 시간, 인원수, 이름을 말하고 신용카드(비자, 마스터)로 결제하면 예약 번호를 불러준다. 인터넷 예약은 이탈리아의 예매 포털 사이트인 비바티켓(vivaticket)을 통해 가능하다. 먼저 회원 가입 후 원하는 날짜, 시간, 인원수(최대 10명)를 선택하고 결제하면 예약 확인증을 프린트할 수 있다.

전화 예약 02 9280 0360
인터넷 예약 www.vivaticket.it
운영 08:15~18:45 **휴무** 월요일
요금 €10(예약비 €2 별도), 만 18세 미만 무료

레오나르도 다빈치 국립 과학기술 박물관
Museo Nazionale della Scienza e della Tecnologia Leonardo da Vinci ★

MAP p.294-F

다빈치의 천재적인 재능을 전시

1953년 레오나르도 다빈치 탄생 500주년을 기념해 지었다. 과학자로서 그의 천재적인 재능과 업적을 되돌아보는 자료가 전시되어 있다. 생전에 드로잉 노트를 토대로 제작한 모형 비행기, 전차, 우주선을 비롯해 그의 발명품을 축소한 모델, 정교한 인체도와 해부도 등 1만 5000여 점이 전시되어 있다. 전시품을 통해 엿볼 수 있는 그의 통찰력과 창의력은 놀라움 그 자체이다. 교통수단, 에너지, 커뮤니케이션 등으로 나뉜 다른 전시관에서는 이탈리아 과학기술의 발전사를 보여준다. 또한 복제품이긴 하지만 다빈치의 대표작인 〈모나리자〉, 〈최후의 만찬〉도 있다.

찾아가기 메트로 M2호선 Sant'Ambrogio역에서 도보 5분
주소 Via San Vittore, 21 **문의** 02 485551
운영 6/21~9/11 화~금요일 10:00~18:00, 토요일·공휴일 10:00~19:00, 9/13~6/18 화~금요일 09:30~17:00, 토·일요일 09:30~18:30
휴무 월요일, 1/1, 12/24·25
요금 일반 €10, 만 26세 이하·65세 이상 €7.50
홈페이지 www.museoscienza.org

스포르체스코성
Castello Sforzesco ★★

MAP p.296-A

밀라노의 대표적인 르네상스 건축물

1368년 밀라노의 귀족 비스콘티 가문이 세운 성을 1450년경 스포르차가 개축을 시작해 1466년 르네상스 양식으로 완공했다. 개축 작업에는 산 피에트로 대성당을 설계한 브라만테와 미켈란젤로, 피렌체의 두오모를 설계한 브루넬레스키 등 당대 최고의 건축가들이 투입되었다.

현재는 스포르체스코성 박물관을 비롯해 고고학 박물관, 악기 박물관, 가구 박물관 등 크고 작은 여러 개의 박물관으로 이용되고 있다. 특히 미켈란젤로의 마지막 작품으로 유명한 〈론다니니의 피에타〉와 벨리니의 〈성모자〉, 틴토레토, 만테냐의 그림은 놓치지 말고 봐야 할 걸작들이다. 박물관 관람을 마친 후에는 르네상스 양식의 회랑과 아늑함이 느껴지는 공작의 뜰(Cortile Ducale)에서 잠시 휴식을 취해보자.

찾아가기 메트로 M1호선 Cairoli역에서 도보 2분
주소 Piazza Castello
문의 02 8846 3700
운영 성 07:00~19:30, 박물관 화~일요일 10:00~17:30 (마지막 입장 17:00) **휴무** 월요일, 1/1, 5/1, 12/25
요금 일반 €5, 만 18~25세·만 65세 이상 €3
홈페이지 www.milanocastello.it

두오모
Duomo ★★★

MAP p.297-G

밀라노 사람들의 정신적 지주

높이 158m, 너비 93m에 이르는 거대한 고딕 양식의 성당으로 세계에서 네 번째로 큰 규모를 자랑한다. 1386년 잔 갈레아초 비스콘티가 착공한 후 500여 년의 긴 세월에 걸쳐 건축한 끝에 1858년에 완성되었다. 건축에 사용한 아름다운 대리석은 이 공사를 주도한 비스콘티가 구해왔으며 프랑스, 독일, 영국 등 유럽의 유명 건축가들을 불러들인 것 역시 그였지만 결국 완성되는 것을 보지 못하고 눈을 감았다.

내부에는 웅장한 기둥과 화려한 스테인드글라스 창문이 곳곳을 장식하고 있으며 장엄한 분위기가 흐른다. 건물 밖에는 성인과 동물을 묘사한 3600여 개의 조각상과 135개의 첨탑이 세워져 있고, 그중 가장 높은 첨탑에는 황금빛 마리아상이 있다. 250개의 계단으로 이어진 옥상 테라스에 올라가면 첨탑과 조각상을 아주 가까이에서 살펴볼 수 있으며, 성당 앞 광장의 활기찬 풍경을 한눈에 담을 수 있다.

찾아가기 메트로 M1·M3호선 Duomo역에서 도보 1분
주소 Piazza del Duomo **문의** 02 7202 2656
운영 성당 매일 09:00~19:00(마지막 입장 18:10) **두오모 박물관** 매일 09:00~19:00(마지막 입장 18:10) **휴무** 수요일 **옥상 테라스** 매일 10:00~16:10
요금 성당+박물관 일반 €7, **옥상 테라스** €10(엘리베이터 이용 시 €15, 패스트 트랙 이용 시 €24)
홈페이지 www.duomomilano.it

비토리오 에마누엘레 2세 갈레리아
Galleria Vittorio Emanuele II ★★★

MAP p.296-F

밀라노에서 가장 화려한 쇼핑가

거대한 아케이드 쇼핑몰로 두오모 광장에서 스칼라 광장까지 이어진다. 1865년 170여 명의 경쟁자를 물리치고 공모전에서 1등을 차지한 주세페 멘고니의 설계로 지었다.

아케이드는 긴 쪽이 약 200m, 짧은 쪽이 약 100m로 십자가 형태로 교차되어 있으며, 유리와 철골로 된 아치형 지붕으로 덮여 있다. 아케이드 내에는 프라다 본점을 비롯해 루이비통, 구찌 등의 명품 브랜드 숍이 줄지어 있다. 중앙의 교차로 바닥에는 로물루스, 백합, 붉은 십자가, 황소가 그려져 있는데 이는 각각 로마, 피렌체, 밀라노, 토리노의 문장을 의미한다. 특히 바닥의 모자이크 중에 황소의 생식기 부분을 발뒤꿈치로 밟고 한 바퀴 돌면 소원이 이루어진다는 이야기가 전해져 그 부분이 움푹 파여 있다.

찾아가기 메트로 M1·M3호선 Duomo역에서 도보 3분
주소 Piazza Duomo
문의 02 7740 4343

스칼라 극장
Teatro alla Scala ★

MAP p.296-F

세계 3대 오페라 극장 중 하나

'라 스칼라(La Scala)'라고도 불리는데 '스칼라'는 이탈리아어로 계단을 의미한다. 1776년 화재로 불타버린 두칼레 극장(Teatro Ducale) 자리에 1778년 신고전주의 양식으로 지은 유서 깊은 극장이다. 내부는 붉은색과 금색으로 화려하게 꾸몄으며 거대한 샹들리에가 우아함을 더해준다. 20세기 초 지휘자 토스카니니가 〈나비 부인〉과 〈투란도트〉 등 푸치니의 작품을, 베르디의 〈아이다〉와 〈나부코〉를 초연한 곳이며, 마리아 칼라스와 조수미 등 세계적인 성악가의 공연이 열리면서 더욱 유명해졌다. 공연이 없을 때는 베르디의 유품과 푸치니의 초상화 같은 오페라와 관련된 아이템을 전시하는 박물관을 둘러볼 수 있다.

오페라 단원들이 휴가를 떠나는 8월에는 공연이 없으며, 매년 12월 7일 밀라노의 수호성인 암브로시우스의 축일에 공연 시즌이 시작된다. 오페라 공연은 12월부터 7월 사이에 열리고 9월부터 11월 사이에는 발레 공연을 한다. 공연 티켓은 유명 작품의 경우 예약이 일찍 끝나기 때문에 서둘러야 한다. 운이 좋으면 당일에 현장에서 티켓을 구입할 수도 있다. 저렴한 자리에 앉더라도 반바지나 샌들, 민소매 셔츠는 피하도록 한다.

찾아가기 메트로 M1·M3호선 Duomo역에서 도보 4분
주소 극장 Via Filodrammatici, 2, 박물관 Largo Antonio Ghiringhelli, 1
문의 극장 02 88791, 박물관 02 8879 2473
운영 매표소 09:00~18:00 **박물관** 매일 09:30~17:30(마지막 입장 17:00)
휴무 12/7·24~26·31, 1/1, 부활절, 5/1, 8/15
요금 일반 €12, 만 13세 이상 학생·만 65세 이상 €8, 패밀리 티켓 성인 2명+만 12세 이하 1인 또는 2인 €18
홈페이지 www.teatroallascala.org
티켓 예약 www.vivaticket.it

나빌리오 그란데
Naviglio Grande ★★★

MAP p.294-J

밀라노의 대표적인 벼룩시장

밀라노 시내에서 남서쪽으로 약 2.5km 떨어진 포르타 티치네세 운하(Ripa di Porta Ticinese) 거리에서 열리는 벼룩시장이다(5~9월 마지막 주 일요일). 앤티크 가구, 액세서리, 생활용품 등 다양한 물건을 파는데, 손님은 일반인보다는 빈티지 숍을 운영하는 상인이 대부분이다. 꼭 물건을 사지 않더라도 운하를 따라 길게 이어진 거리를 산책하며 밀라노 사람들의 소박한 일상을 엿보기에 좋다.

찾아가기 메트로 M2호선 Porta Genova FS역에서 도보 3분 **주소** Alzaia Naviglio Grande, 4

주소 Piazzale Angelo Moratti **문의** 02 4879 8201
운영 박물관 09:30~17:00(3/30~10/25 ~18:00)
요금 박물관 경기장 투어 일반 €30, 만 14세 이하·만 65세 이상 €23 **홈페이지** www.sansiro.net
※축구 경기 관람 시 실명제이므로 반드시 여권을 지참해야 한다. 요금은 1층 €50~120, 2층 €34, 3층 €160이며, 티켓은 비바티켓(www.vivaticket.it)을 통해서 예매할 수 있다.

산 시로 경기장
(주세페 메아차 경기장)
Stadio San Siro
(Stadio Giuseppe Meazza) ★

MAP p.294-A

축구 팬이라면 놓쳐서는 안 될 곳

AC 밀란과 인터 밀란이 함께 사용하는 홈구장이다. 같은 경기장이지만 AC 밀란은 이곳을 산 시로 경기장으로, 인터 밀란은 주세페 메아차 경기장으로 부른다. 8만 5000명을 수용할 수 있는 매머드급 경기장으로 밀라노를 연고로 하는 두 팀의 경기가 있는 날이면 발 디딜 틈 없이 성황을 이룬다. 경기가 없는 날에는 가이드 투어(영어)를 통해 둘러볼 수 있다. 경기장 내 박물관에는 유명 선수들의 유니폼과 신발, 신문 기사 등이 전시돼 있으며 특히 개인 소장품이 볼만하다.

찾아가기 메트로 M5호선 San Siro Stadio역에서 도보 7분

프라다 재단
Fondazione Prada ★★★

MAP p.295-L

명품 그 이상의 가치를 담은 문화 공간

2015년 5월에 문을 연 복합 문화 공간으로 현대 미술 작가들의 컬렉션을 전시하는 미술관과 영화관, 카페 등이 들어서 있다. 원래 술 공장이었던 건물을 세계적인 건축가 렘 콜하스가 프라다 스타일로 새롭게 탄생시켜 주목받고 있다. 카페는 영화감독 웨스 앤더슨이 디자인해 특유의 미적 감각을 엿볼 수 있다.

찾아가기 메트로 M3호선 Lodi T.I.B.B역에서 도보 10분
주소 Largo Isarco, 2 **문의** 02 5666 2611
운영 월·수·목요일 10:00~19:00, 금~일요일 10:00~20:00 휴무 화요일, 1/1, 12/25
요금 상설전 일반 €10, 만 26세 미만 학생 €8(상설전+특별전 일반 €15, 만 26세 이하 학생 €12), 만 18세 이하·만 65세 이상, 장애인 무료 **홈페이지** www.fondazioneprada.org

폴디 페촐리 미술관 ★★
Museo Poldi Pezzoli

MAP p.297-G

화려한 귀족 컬렉션으로 빛나는 곳

밀라노의 귀족이자 미술 애호가였던 폴디 페촐리 가문이 수집한 컬렉션을 전시하고 있다. 1층에는 갑옷, 무기, 태피스트리, 레이스, 고서 등이, 2층에는 보티첼리, 만테냐 등 르네상스 시대에 활약한 거장들의 작품이 모여 있다. 그중 15세기 피렌체 은행가 조반니의 부인을 그린 피에로 델 폴라이우올로의 〈여인의 초상〉과 롬바르디아 화파의 작품이 유명하다.

찾아가기 메트로 M3호선 Montenapoleone역에서 도보 3분 **주소** Via Alessandro Manzoni, 12 **문의** 02 794889
요금 일반 €14, 만 65세 이상 €10, 만 11~18세·만 26세 이하의 학생 €6
운영 수~월요일 10:00~13:00, 14:00~18:00 **휴무** 화요일, 부활절, 1/1, 4/25, 5/1, 8/15, 11/1, 12/8, 12/25
홈페이지 www.museopoldipezzoli.it

암브로시아나 미술관 ★★
Pinacoteca Ambrosiana

MAP p.296-J

이탈리아 거장들의 작품을 전시

유럽 최초의 공공 도서관인 비블리오테카 암브로시아나(Biblioteca Ambrosiana) 내에 위치한 미술관. 본래 귀족들만 드나들 수 있는 귀족 전용 도서관이었는데 1607년 일반에 공개되었다. 밀라노 대주교였던 카를로 보로메오의 개인 소장품 전시로 시작해 이후 디자인 아카데미를 만들어 예술가들을 후원했다. 티치아노, 바사노 등 베네치아 화파와 브뤼겔 등 플랑드르 화파, 그리고 라파엘로와 레오나르도 다빈치의 작품 등 1750점의 명화를 소장하고 있다. 특히 레오나르도 다빈치의 〈음악가의 초상〉은 두오모의 음악감독 가푸리오로 추정되는 인물을 그린 것으로 그는 다빈치와 절친한 음악가였다. 그 밖에 다빈치의 제자 암브로조 데 프레디스의 〈젊은 여인의 초상〉, 보티첼리의 〈성 마리아와 세 천사〉, 카라바조의 〈과일 바구니〉 등이 유명하다. 〈과일 바구니〉는 정물만을 그린 최초의 이탈리아 회화로 알려졌다. 미술관 관람 후 3만 권에 이르는 방대한 필사본을 보관한 도서관에도 가보자.

찾아가기 메트로 M1·M3호선 Duomo역에서 도보 4분
주소 Piazza Pio XI, 2 **문의** 02 806921
운영 10:00~18:00(문 닫기 30분 전에 입장 마감)
휴무 월요일, 1/1, 부활절, 5/1, 12/25
요금 일반 €15, 만 18세 이하·만 65세 이상 €13
홈페이지 www.ambrosiana.it

밀라노 뮤지엄
Museo delle Culture

MAP p.294-I

밀라노 현대 예술 문화의 중심

1990년 밀라노시가 공장지역이었던 땅을 매입해 밀라노시의 문화 공간으로 만들겠다는 계획의 일환으로 2015년 문을 연 공간이다. 밀라노 뮤지엄 철자의 앞글자를 따서 무덱(MUDEC)이라고도 부른다. 약 6000평의 건물 부지에 시에서 수집한 7000여 점의 오브제와 회화 작품, 텍스타일과 악기 등을 테마로 한 상설전과 다양한 기획전을 선보인다. 또한 박물관 내 뮤지엄숍과 도서관을 비롯하여 미슐랭 스타 셰프인 엔리코 바르톨리니의 파인다이닝 레스토랑과 가정식 레스토랑도 마련되어 있어 현지인들의 주말 나들이 장소로 사랑받는다.

찾아가기 메트로 M2호선 Porta Genova FS역에서 도보 13분 **주소** Via Tortona, 56 **문의** 02 54917
운영 상설전 월요일 14:30~19:30, 화·수·금·일요일 09:30~19:30, 목~토요일 09:30~22:30
요금 전시에 따라 상이 **홈페이지** www.mudec.it

브레라 미술관
Pinacoteca di Brera ★★

MAP p.296-B

바로크와 르네상스의 걸작품을 소장

14세기에 수도원과 성당이 있던 장소를 예수회가 인수해 학교를 설립했으며, 이후 17세기에 롬바르디아 인문 과학원과 미술학교가 설립되었다. 나폴레옹 1세가 갤러리로 문을 열었으며 이탈리아 북부 회화 작품을 주로 소장하고 있다.

밀라노 낭만주의 화풍을 대표하는 프란체스코 하예즈의 걸작 〈키스〉, 안드레아 만테냐의 〈죽은 예수〉, 조반니 벨리니의 〈피에타〉, 라파엘로의 〈성모 마리아의 결혼〉, 르네상스의 거장 피에로 델라 프란체스카의 대표작 〈신성한 대화〉, 카라바조의 〈엠마오에서의 저녁 식사〉를 비롯해 바로크와 르네상스의 걸작품과 미래주의의 창시자로 꼽히는 움베르토 보초니 등의 작품 또한 볼만하다. 특히 〈죽은 예수〉는 원근법과 단축법을 여러 차례 시도한 끝에 나온 작품으로 손바닥에 박힌 선연한 못 자국과 인체를 다양한 각도로 그려낸 점에서 15세기 이탈리아 북부 르네상스가 탄생시킨 사실주의 작품임을 알 수 있다. 현재 건물 1층은 브레라 미술대학으로 이용하며 미술관은 2층에 있다. 정원에 있는 안토니오 카노바의 〈나폴레옹 입상〉은 최근 복원을 마치고 대중에 다시 공개할 예정이다.

찾아가기 메트로 M2호선 Lanza역 또는 M3호선 Montenapoleone역에서 도보 7분 **주소** Via Brera, 28
문의 02 7226 3264 **운영** 매월 3번째 목요일 08:30~22:20(마지막 입장 21:00) **휴무** 월요일, 1/1, 12/25
요금 일반 €12(매월 셋째 목요일 €3, 매월 첫째 월요일 무료)
※사진 촬영은 7장까지만 허용된다.
홈페이지 www.brera.beniculturali.it

디자인 박물관
ADI Design museum

MAP p.294-B

유럽 최대 규모의 디자인 박물관

1954년 위대한 디자이너 지오 폰티(Gio Ponti)가 제정한 컴파소 도로 어워드의 컬렉션을 모아 2019년에 문을 열었다. 이탈리아 디자이너와 디자인 산업에 공헌한 기술 디자이너, 엔지니어, 평론가와 같은 사람들이 참여해 만든 공간에는 일상 생활용품부터 자동차에 이르기까지 이탈리아 디자인의 기념비적인 아이콘이라 할 수 있는 아킬레 카스티글리오니(Achille Castiglioni)의 아르코 램프, 피아트 500(1957), 마르코 자누소(Marco Zanuso)의 그릴로 전화기, 라차드 쉐퍼(Richard Sapper)의 9090 커피 메이커, 페라리, 자노타의 사코 안락의자 등을 만날 수 있다.

주소 Piazza Compasso d'Oro
운영 화~일요일 10:30~20:00
휴무 월요일 **요금** 일반 €12, 학생 €9
홈페이지 www.adidesignmuseum.org

@ADI Design museum

4 장미의 성모
Madonna del Roseto

베르나르디노 루이니, 1510년경

15세기에 밀라노에서 활약한 루이니는 다빈치의 영향을 받아 자애롭고 우아한 여성상을 묘사한 것으로 유명하다.

1 죽은 예수 Cristo Morto
안드레아 만테냐, 1480년경

만테냐의 대표작으로 리얼리티가 풍부한 섬세한 묘사와 구도가 돋보인다.

5 성모 마리아의 결혼
Sposalizio della Vergine

라파엘로, 1504년경

라파엘로가 21세 때 그린 것으로 뒤에 있는 신전풍 건물은 원근법을 더욱 효과적으로 보여준다.

6 엠마우스에서의 저녁 식사
Cena in Emmaus

카라바조, 1606년

16세기 후반 르네상스 예술에서 벗어난 사실적인 묘사가 특징인 작품이다.

2 피에타 Pieta
조반니 벨리니, 1460년경

벨리니는 베네치아 화파의 대표적인 화가로 이 작품은 그의 초기작 중 최고의 걸작이라는 찬사를 받는다.

7 키스 Il Bacio
프란체스코 하예즈, 1859년

19세기 낭만주의 화가 하예즈는 사랑하는 사람들의 모습을 직접적으로 묘사해 당시 큰 화제가 되었다.

Plus Info

브레라 벼룩시장
Mercatino Antiquario di Brera

8월을 제외한 매월 셋째 일요일에 브레라 미술관 앞 거리에서 열리는 오랜 전통의 벼룩시장. 유명 브랜드의 핸드백이나 그림, 장난감, 앤티크 가구, 디자인용품 등을 내놓고 판다. 잘만 고르면 비싸지 않은 가격에 마음에 드는 물건을 살 수 있다.

찾아가기 | 메트로 M2호선 Lanza역에서 도보 2분
주소 Via Fiori Chiari

3 마돈나 델라 칸달레타
Madonna della Candeletta

카를로 크리벨리, 1492년경

크리벨리는 15세기에 활약한 화가로 이 작품은 카메리노의 성당 제단화로 제작한 것이다.

추천 레스토랑

리스토란테 비체 Ristorante Bice

MAP p.297-C

소박한 가정식 레스토랑이 글로벌 레스토랑으로

1939년에 지금의 자리로 옮겨온 후 줄곧 한자리를 지키고 있는 가정식 레스토랑. 유명 축구 선수, 패션업계 인사, 배우, 세계적인 사업가들의 단골로 알려지면서 명성이 높아져 미국, 아랍에미리트, 일본, 아르헨티나 등에도 지점을 냈다. 1980년부터 빈센초 마존이 셰프로 일하며 언제나 변함없는 맛의 토스카나 요리를 선보인다. 바질 페스토, 보타르가 크림으로 만든 파스타와 고르곤졸라 크림이 들어간 리소토가 이 집의 시그너처 메뉴. 일요일은 점심에만 영업한다. 여름철 반바지와 슬리퍼 차림 금지.

찾아가기 메트로 M3호선 Montenapoleone역에서 도보 2분(폴디 페촐리 미술관에서 도보 4분)
주소 Via Borgospesso, 12
문의 02 795 528
영업 화~일요일 12:00~14:30, 19:00~23:00
휴무 월요일 **예산** €30~
홈페이지 www.bicemilano.it

다 지아니노 Da giannino

MAP p.295-H

요리에 진심인 이탈리아 중부 지역 레스토랑

산악 지대의 와인 생산지로 유명한 아브루초(Abruzzo) 지역 음식 전문 레스토랑. 시골 레스토랑에 들른 듯한 착각이 드는 따뜻한 인테리어와 풍성한 양과 맛에 감동하게 된다. 정감어린 음식으로 로컬 사이에서 유명한 맛집으로 통한다. 특히 이곳의 와인과 티라미수를 음식과 함께 곁들이면 기쁨이 배가된다.

주소 Via Pilo 20 **문의** 02 2940 6526 **영업** 화~일요일 12:00~14:30, 19:30~23:30 **휴무** 월요일

RESTAURANT

트라토리아 밀라네제 Trattoria Milanese

MAP p.296-J

밀라노 전통 음식인 오소부코로 유명

100년 넘는 역사를 자랑하는 인기 레스토랑으로 특히 밀라노 전통 음식을 맛있게 하는 곳으로 유명하다. 대표 메뉴인 오소부코(Ossobuco)는 토막 낸 송아지 정강이 부위에 안초비, 레몬 껍질, 화이트 와인, 육수 등을 넣고 푹 고아낸 찜 요리로 밀라노식 리소토가 곁들여 나온다. 그 밖의 메뉴로는 버섯과 바롤로 와인으로 조리한 리소토 바롤로와 밀라노식 커틀릿이 우리 입맛에 잘 맞는 편이다.

찾아가기 메트로 M1·M3호선 Duomo역에서 도보 8분(암브로시아나 미술관에서 도보 2분)
주소 Via Santa Marta, 11
문의 02 8645 1991
영업 월~토요일 12:00~14:45, 19:00~22:45
휴무 일요일 **예산** €20~40

알 폰트 데 페르 Al Pont de Ferr

MAP p.294-J

나빌리오 운하의 정취를 즐길 수 있는 레스토랑

1179년에 만든 인공 운하 변에 자리한 레스토랑. 와인 소믈리에 출신의 여주인이 30여 년간의 경험을 바탕으로 선별한 와인과, 슬로푸드를 현대적 감각으로 풀어낸 셰프의 완성도 높은 요리가 조화를 이뤄 현지인들에게 인정받고 있다. 특히 수준 높은 플레이팅을 선보여 제대로 한 끼 대접받은 느낌이 든다. 홈메이드 살라미와 각종 생햄, 밀라노식 돈가스, 그리고 디저트로 티라미수를 추천한다.

찾아가기 메트로 M2호선 Porta Genova FS역에서 도보 6분(나빌리오 그란데에서 도보 4분)
주소 Ripa di Porta Ticinese, 55
문의 02 8940 6277
영업 매일 12:00~15:00, 19:00~23:00
예산 점심 €20~, 저녁 €55~
홈페이지 www.pontdeferr.it

엔리코 바르톨리니 Enrico Bartolini `강추`

MAP p.294-I

미슐랭 3스타 셰프가 선보이는 모던 퀴진

토스카나 출신의 셰프 엔리코 바르톨리니가 2016년 밀라노 뮤지엄(MUDEC)에 새롭게 오픈한 레스토랑. 셰프가 운영하는 파인다이닝 레스토랑 중 두 곳은 2스타, 이곳은 3스타를 받을 정도로 탁월한 요리 실력을 인정받고 있다. 홍콩, 아부다비, 두바이에도 레스토랑을 운영한다. 단품보다는 코스 메뉴를 주문할 것을 권한다.

찾아가기 메트로 M2호선 Porta Genova FS역에서 도보 11분(나빌리오 그란데에서 도보 16분) 주소 Via Tortona, 56 문의 02 8429 3701 영업 화~토요일 12:30~14:00, 19:30~22:00 휴무 월·일요일
예산 3코스 €240, 4코스 €350
홈페이지 www.enricobartolini.net

페이퍼 문 지오르디노
Paper Moon Giardino

MAP p.295-G, 297-G

시크릿 가든같이 숨겨진 도심의 오아시스

이탈리아 식도락의 과거와 현재를 느껴 볼 수 있는 엘레강스한 분위기의 레스토랑. 컨템포러리한 분위기의 플레이팅이 돋보이는 음식은 재철 재료를 사용해 계절을 느낄 수 있다. 로컬은 물론 전 세계에서 여행 온 디자이너, 건축가 등 다양한 계층의 사람들이 즐겨 찾는다.

주소 Via Baguetta 12 문의 02 7600 9895
영업 월~토요일 12:30~15:30, 19:00~22:30 일요일 12:30~15:30 예산 전식+본식 €40~50
홈페이지 www.papermoonrestaurants.com/paper-moon-giardino.html

@Paper Moon Giardino

돈조 Dongiò

MAP p.295-L

현지인들에게 사랑받는 이탈리아 레스토랑

1987년에 문을 연 레스토랑으로 매일 아침 파스타 면을 뽑고, 신선한 재료를 고집하며 직접 만든 이탈리아 가정식 요리를 선보인다. 고기 완자와 소시지를 넣은 뇨키, 피스타치오 페스토를 비롯해 서민적인 메뉴가 주를 이룬다. 특히 아스파라거스와 체리 토마토, 소시지로 조리한 실라 스파게티(Spaghettoni della Sila)를 추천한다. 가족 경영 특유의 친밀한 서비스가 자랑이다.

찾아가기 메트로 M3호선 Porta Romana역에서 도보 3분(프라다 재단에서 도보 20분)
주소 Via Bernardino Corio, 3 문의 02 551 1372
영업 12:00~14:30, 19:30~23:00(토요일 저녁은 19:00~)
휴무 토요일 런치, 일요일 예산 €25~40
홈페이지 www.ristorante-dongio.it

RESTAURANT

파니노 주스토 Panino Giusto `강추`

MAP p.297-G

신선한 재료를 사용한 담백한 샌드위치

1979년 밀라노에서 처음 문을 열고 도쿄, 홍콩 등 아시아 주요 도시에도 진출해 인기를 얻고 있는 샌드위치 전문점. 겉은 바삭하고 속은 촉촉한 빵 안에 24개월 숙성한 햄과 치즈, 토마토, 루콜라 등을 넣어 만드는데 담백하면서도 재료 고유의 맛을 느낄 수 있다. 햄이나 치즈 종류에 따라 가격이 약간씩 다르며 버거로도 즐길 수 있다. 국내 셰프들이 출연하는 TV 프로그램에 나오기도 한 곳이다. 밀라노에 지점이 여러 개 있으니 꼭 이곳이 아니더라도 지나가다 눈에 보이면 한번 들러보자.

찾아가기 메트로 M1호선 San Babila역에서 도보 2분
주소 Via Borgogna, 5 **문의** 02 2506 1005
영업 매일 11:00~23:00 **예산** 샌드위치 €7.50~
홈페이지 www.paninogiusto.it

트리파 Trippa

MAP p.295-L

이탈리아 스타일의 곱창 전문점

캐주얼한 분위기에서 심플한 요리를 즐길 수 있는 트라토리아. 가게 이름처럼 소곱창 튀김, 밀라노 스타일의 리조토, 골수뼈 요리는 변함없는 사랑을 받고 있다. 저렴한 가격에 즐길 수 있는 하우스 와인도 변함없이 훌륭하다. 메뉴는 오너가 장터에서 고른 재료에 따라 매일 달라지며 신선한 파스타와 리조토 등은 단골 메뉴로 우리 입맛에 익숙하다.

주소 Via Giorgio Vasari 3
문의 0327 668 7908
영업 월~토요일 19:15~23:30
휴무 일요일
예산 €20~30
홈페이지 https://www.trippamilano.it/

추천 카페 & 바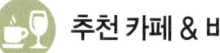

마르체시 1824
Marchesi 1824

MAP p.296-E

프라다에서 인수한 명품 제과점

1824년에 문을 열어 200년 가까이 밀라노 시민들에게 변함없는 사랑을 받아온 제과점 & 아이스크림 가게. 최근 명품 브랜드인 프라다에서 지분을 80% 인수했다. 커피의 풍미가 입안 가득 전해지는 카푸치노를 비롯해 타르트, 쿠키, 빵, 사탕, 초콜릿에 이르기까지 다양한 디저트류는 어느 것을 골라도 후회가 없다. 비토리오 에마누엘레 2세 갈레리아 부근, 몬테 나폴레오네 거리 (9번지)에도 지점이 있다.

찾아가기 메트로 M1호선 Cairoli역에서 도보 4분(암브로시아나 미술관에서 도보 6분)
주소 Via Santa Maria alla Porta, 11a **문의** 02 862 770
영업 화~토요일 07:30~20:00, 일요일 08:30~13:00
휴무 월요일, 5/1 **예산** €5~10
홈페이지 www.pasticceriamarchesi.it

판체로티 루이니 Panzerotti Luini

MAP p.297-G

줄 서서 먹는 판체로티 전문점

밀라노를 대표하는 길거리 음식인 판체로티로 유명한 곳이다. 판체로티는 반달 모양의 피자 튀김으로 도 안에 모차렐라 치즈, 토마토, 햄 등을 넣었는데 전혀 느끼하지 않고 속 재료가 20여 가지에 달해 다양한 맛을 즐길 수 있다. 라 리나센테 백화점 옆 골목에 위치하며 저렴한 가격과 변함없는 맛으로 인기가 높다. 가게 안에 테이블이 없어 밖에서 사람들이 죽 늘어서서 먹는 풍경을 보는 것도 재미있다.

찾아가기 메트로 M1·M3호선 Duomo역에서 도보 3분(두오모에서 도보 5분)
주소 Via Santa Radegonda, 16 **문의** 02 8646 1917
영업 월~토요일 10:00~20:00
휴무 일요일, 12/25~26 **예산** €3~10
홈페이지 www.luini.it

CAFE & BAR

라 프로시우테리아 La Prosciutteria

MAP p.296-B

유쾌한 분위기에서 즐기는 와인 한잔

레스토랑이라기보다는 토스카나산 햄과 치즈 등의 안주와 와인 한잔을 즐기면서 친구들과 수다를 떨기 좋은 사랑방 같은 와인 바. 입구에 들어서면 말린 돼지 넓적다리가 공중에 걸려 있다. 햄과 치즈류는 식사 대용으로도 부족하지 않을 만큼 거대한 도마에 푸짐하게 담겨 나온다. 키안티 와인을 €4 정도에 판매해 부담 없이 즐길 수 있다. 밀라노 젊은이들과 어울려 흥겨운 시간을 보내보자.

찾아가기 메트로 M2호선 Moscova역에서 도보 5분(스포르체스코성에서 도보 8분)
주소 Corso Garibaldi, 55
문의 02 8901 0390
영업 매일 11:30~24:00
예산 €10~30
홈페이지 www.laprosiutteria.com

피오라이오 비안키 카페 Fioraio Bianchi Caffè

MAP p.296-B

향긋한 꽃 내음 가득한 비스트로

아름다운 식물을 감상하면서 가벼운 식사와 와인 한잔의 여유를 즐길 수 있는 플라워 숍 겸 비스트로. 실내는 두 공간으로 나뉘어 있다. 식사로는 이베리코 햄을 곁들인 프로슈토, 그릴에 구운 등심 스테이크 등을 추천한다. 저녁 식사 이전에 와인을 마시면 안주를 무료로 제공한다.

찾아가기 메트로 M2호선 Moscova역에서 도보 6분(브레라 미술관에서 도보 5분)
주소 Via Montebello, 7 **문의** 02 2901 4390
영업 월~토요일 08:00~23:00 휴무 일요일
예산 €15~40 **홈페이지** www.fioraiobianchicaffe.it

오피시나 밀라노 Officina Milano

MAP p.295-K

여행으로 지친 하루의 피로를 쉬어갈 수 있는 곳

시간이 멈춘 듯한 마법 같은 분위기의 칵테일 바. 휴식을 취하고 평화롭게 가족이나 친구들이 모여 음료와 뷔페식으로 제공되는 브런치를 즐기거나 저녁에 하루를 마감하며 바텐더가 만든 특별한 칵테일을 즐길 수 있다. 여름에는 야외에 있는 테이블에서 쉴 수 있는 공간이 있다.

주소 Via Giovenale 7 **문의** 0392 860 0000
영업 월~토요일 19:00~01:30, 일요일 12:00~16:00, 19:00~01:30

레드 카페 R.E.D Cafe

MAP p.295-C

책과 커피가 어우러진 문화 공간

포르타 가리발디역 건너편에 새롭게 조성한 가에 아울렌티 광장(Piazza Gae Aulenti)에 있는 대형 서점 안에 자리한 카페. 서점에서 책을 보거나 구경하다가 지친 심신을 달래며 부담 없이 쉬어 가기에 좋다. 겨울에는 따뜻한 핫초코나 커피 한잔으로 몸을 녹이기에 제격이며 여름에는 쾌적함을 제공한다. 광장에는 화려함을 자랑하는 현대식 건물이 즐비하니 천천히 산책을 즐기며 여유로운 시간을 보내보자.

찾아가기 메트로 M2호선 Porta Garibaldi FS역에서 도보 4분(브레라 미술관에서 도보 18분)
주소 Viale Luigi Sturzo, 47-33
문의 02 2906 2723
영업 월~목요일 07:30~23:00, 금요일 07:30~24:00, 토요일 10:00~24:00, 일요일 10:00~23:00
예산 음료 및 샌드위치 €10 미만

프린치 Princi

강추

MAP p.295-C

트렌드세터들이 즐겨 찾는 카페

밀라노에 5개의 매장이 있고 런던에도 지점을 둔 밀라노 스타일의 세련된 베이커리 겸 카페. 오너로코 프린치가 좋은 재료만을 사용하여 빵을 만들겠다는 신념으로 운영한다. 10 꼬르소 꼬모 등이 모여 있는 패션 스트리트에 위치해 있어 패셔니스타들이 커피를 마시러 들르면서 인기를 얻게 되었다. 시리얼과 빵, 그릭 요구르트 등으로 구성된 아침 식사 메뉴도 훌륭하고 신선한 재료로 만든 포카치아 샌드위치와 샐러드, 수프가 나오는 점심 식사 메뉴도 가성비가 좋다. 저녁 식사 전에 즐기는 식전주 등 음료 메뉴도 알차다.

찾아가기 메트로 M2호선 Porta Genova FS역에서 도보 5분(브레라 미술관에서 도보 14분)
주소 Piazza XXV Aprile, 5 **문의** 02 2906 0832
영업 월~금요일 07:00~22:00, 토~일요일 08:00~22:00 **예산** 간단한 식사와 음료 €10~
홈페이지 www.princi.it

CAFE & BAR

파스티체리아 코바 Pasticceria Cova

MAP p.297-G

쇼핑 중 즐기는 달콤한 휴식

1817년에 스칼라 광장에 문학 카페로 처음 문을 연 유서 깊은 제과점 겸 카페. 1950년대에 세계적인 패션 거리인 몬테 나폴레오네 거리로 옮겨 온 이래로 쇼핑을 즐기러 온 사람들이 잠시 쉬면서 디저트와 커피를 즐기는 장소로 사랑받고 있다. 벨벳 소파에 샹들리에가 드리워진 고전적인 분위기에서 도자기 잔에 담겨 나오는 유명한 코바 커피와 달콤한 케이크, 페이스트리는 언제나 훌륭한 맛을 선사한다.

찾아가기 메트로 M3호선 Montenapoleone역에서 도보 6분(폴디 페촐리 미술관에서 도보 6분)
주소 Via Montenapoleone, 8
문의 02 7600 5599
영업 월~토요일 08:30~23:00, 일요일 09:30~19:30
예산 간단한 디저트와 음료 €10~
홈페이지 www.covamilano.com

일 불가리 바 Il Bulgari Bar

MAP p.296-B

불가리 호텔에서 운영하는 바

블랙 톤으로 꾸민 세련된 스타일의 실내석도 훌륭하지만 녹음이 가득한 테라스석도 인기 있다. 호텔 숙박객은 물론 밀라노 멋쟁이들이 한데 어우러져 근사한 분위기에서 즐길 수 있다.

찾아가기 메트로 M3호선 Montenapoleone역에서 도보 3분(브레라 미술관에서 도보 8분)
주소 Via Privata Fratelli Gabba, 7b
문의 02 805 8051
영업 바 07:00~01:00, 런치 12:30~14:30, 브런치 12:30~14:15, 애프터눈티 15:30~18:30, 디너 19:30~23:00
예산 음료 €10~20, 식사 €20~50
홈페이지 www.bulgarihotels.com

추천 쇼핑

라 리나센테 La Rinascente

MAP p.297-G

원스톱 쇼핑이 가능한 이탈리아 대표 백화점

이탈리아 주요 도시에 11개의 지점을 두고 있으며 밀라노점은 두오모 광장에 있다. 7층에 있는 레스토랑에서는 두오모를 바라보며 식사를 즐길 수 있고, 지하에는 디자인 강국 이탈리아의 면모를 살펴볼 수 있는 대형 디자인 숍이 있다. 홈페이지에서 10% 할인 쿠폰을 인쇄해 가면 더 저렴하게 구입할 수 있다.

찾아가기 메트로 M1·M3호선 Duomo역에서 도보 2분(두오모에서 도보 1분) **주소** Piazza del Duomo **문의** 02 88521 **영업** 월~목·일요일 10:00~21:00, 금~토요일 10:00~22:00 **홈페이지** www.rinascente.it

세레지오 7 Ceresio 7

MAP p.295-C

밀라노 멋쟁이들이 즐겨 찾는 나이트 스폿

패션 브랜드 디스퀘드(Dequared)가 유서 깊은 건물을 리모델링해서 만든 매력적인 바. 4층에 위치해 밀라노 전망이 보이는 것은 물론 두 개의 긴 수영장이 있는 야외 테라스가 압도적이다. 황동과 대리석, 목재를 적절히 사용한 고급스런 실내에서 해산물 중심의 지중해 요리를 즐길 수 있으며, 식사는 물론 바에서 알콜이나 음료를 즐길 수도 있어 밀라노 멋쟁이들의 사교 장소로 유명하다. 초저녁 식사 전에 들러 능숙한 바텐더가 서비스하는 식전주를 마시거나, 식사 후 훌륭한 증류주 컬렉션과 음료를 즐길 수 있다.

주소 Via Ceresio 7 **문의** 02 3103 9221 **영업** 12:30~15:30, 18:30~익일 01:00 **예산** 칵테일 €20~, 레스토랑 본식 €26~ **홈페이지** www.ceresio7.com

SHOPPING

10 꼬르소 꼬모 10 Corso Como

강추

MAP p.295-C

전 세계 트렌드세터들의 로망

우리나라의 청담동에도 매장이 있는 멀티 브랜드 셀렉트 숍으로 1990년 밀라노에 처음 문을 열었다. 패션뿐 아니라 예술과 디자인을 아우르며 전 세계 트렌드를 선도하는 핫 플레이스로 이름나 있다. 1층은 카페, 2층은 갤러리와 서점, CD 숍으로 이루어져 있는데 각 공간을 채우고 있는 아이템은 〈보그 이탈리아〉 전 편집장이 엄선한 희귀한 수입품과 럭셔리 명품이다.

찾아가기 메트로 M2호선 Porta Garibaldi FS역에서 도보 4분(브레라 미술관에서 도보 15분) **주소** Corso Como, 10 **문의** 숍·갤러리 02 653531, 카페 02 2901 3581 **영업** 숍 매일 10:30~19:30 카페 일~목요일 11:00~24:00, 금~토요일 11:00~익일 01:00 **홈페이지** www.10corsocomo.com

디 매거진 아울렛 DMAG outlet

MAP p.297-C

명품가에 위치한 아울렛

다양한 명품 브랜드를 할인 가격에 판매하는 곳으로 몬테 나폴레오네 거리에서 빼놓지 말고 가봐야 할 곳이다. 매주 새로운 제품이 들어오고 남성복, 여성복, 가방, 구두, 넥타이 등 아이템별로 잘 구분되어 있어 원하는 물건을 쉽게 고를 수 있다. 홈페이지에서 회원 가입을 하면 5% 할인 혜택도 받을 수 있다. 이곳에서 만나볼 수 있는 브랜드로는 스텔라 매카트니, 미쏘니, 디올, 프라다, 셀린느 등이 있다.

찾아가기 메트로 M3호선 Montenapoleone역에서 도보 3분(브레라 미술관에서 도보 8분) **주소** Via Alessandro Manzoni, 44 **문의** 02 3651 4365 **영업** 10:00~19:30 **홈페이지** www.dmagazine.it

밀라노를 대표하는 쇼핑가

이탈리아에서 가장 스타일리시한 도시 밀라노. 고급 브랜드 숍이 많아 쇼핑하기에 좋다. 이탈리아 명품 산업의 현주소를 보여주는 몬테 나폴레오네 거리와 스피가 거리, 그 주변의 산탄드레아 거리, 두오모 광장에 위치한 비토리오 에마누엘레 2세 갈레리아를 중심으로 주요 브랜드 숍이 모여 있다.

MAP p.297-C·G

몬테 나폴레오네 거리
Via Montenapoleone

메트로 몬테 나폴레오네역에서 산 바빌라역을 연결하는 약 500m 거리 양쪽에 세계적인 명품 브랜드 숍이 줄지어 있다. 걷다가 피곤하면 멋진 카페에서 잠깐의 휴식을 즐기자.

스피가 거리
Via della Spiga

몬테 나폴레오네 거리와 나란히 있는 스피가 거리에는 세계의 패션 흐름을 주도하는 최첨단 브랜드와 캐주얼 브랜드가 모여 있다. 밀라노의 패션을 느끼고 싶다면 반드시 걸어야 한다.

산탄드레아 거리
Via Sant'Andrea

몬테 나폴레오네 거리와 스피가 거리를 연결하는 산탄드레아 거리에는 뛰어난 감각을 자랑하는 디자이너 숍이 줄지어 있다.

프라다 Prada
<악마는 프라다를 입는다>라는 영화 제목으로 각인된 브랜드. 낙하산 소재인 포코노 나일론을 사용한 가방으로 인기를 얻었다. 사피아노 럭스백과 가죽을 부드럽게 가공한 주름 장식의 나파 가죽 제품이 베스트 아이템.

주소 Galleria Vittorio Emanuele II, 63-65(여성), 62(남성) 영업 금~수요일 10:00~19:30, 목요일 10:00~21:30

구찌 Gucci
1921년 구치오 구찌가 피렌체에 론칭한 브랜드. 세 가지 컬러가 조화된 더 웹 라인과 일본산 대나무 손잡이와 부드러운 돼지 피혁 소재로 만든 뱀부백, 재키백 등이 유명하다.

주소 Galleria Vittorio Emanuele II
영업 월~금요일 10:15~19:00, 토요일 10:00~19:30, 일요일 10:00~19:00 휴무 일요일

디스퀘어드2 Dsquared2
1991년 딘과 댄 게이튼(쌍둥이 형제)가 론칭한 브랜드. 남성 컬렉션은 물론 여성 브랜드, 액세서리, 신발까지 다양한 제품을 선보인다. 특히 더티 진은 배우 현빈과 조인성, 이승기 등이 즐겨 입는 것으로 알려져 있다.

주소 Via Pietro Verri, 4 영업 10:00~19:00

돌체 & 가바나 Dolce & Gabbana
화려한 디자인으로 마돈나, 데미 무어, 니콜 키드먼 등 할리우드 스타들에게 사랑받고 있다. 스커트, 드레스 등에 동물 프린트를 넣은 제품이 유명하다.

주소 Via della Spiga, 26
영업 10:30~19:30 휴무 일요일

엠포리오 아르마니 Emporio Armani
1975년 조르지오 아르마니와 세르조 갈레오티가 밀라노에 론칭했다. 고급스러우면서도 심플하고 편안한 스타일의 옷과 액세서리가 인기를 얻고 있다.

주소 Corso Vittorio Emanuele II
영업 매일 10:00~19:30 휴무 일요일

질 샌더 Jil Sander
우리에게는 2009년 '미니멀리즘의 대중화'를 시도한 유니클로와의 컬래버레이션으로 탄생한 '+J'라는 이름으로 친근하다.

주소 Via Pietro Verri, 6
영업 10:00~19:00 휴무 일요일

미우미우 Miu Miu
프라다의 세컨드 브랜드로 여성 감성과 발랄한 소녀 감성을 믹스시킨 옷과 핸드백으로 사랑받고 있다.

주소 Via Sant'Andrea, 21
영업 매일 10:30~19:30
휴무 일요일

몽클레어 Moncler
산악용품 전문가인 르네 라미용이 등반가 친구를 위해 처음 디자인한 패딩류가 유명하다. 일상에서 어울리는 고급스러운 디자인으로 프리미엄 패딩의 선두 주자로 자리 잡고 있다.

주소 Galleria Vittorio Emanuele II, 11/12
영업 10:30~19:30
휴무 일요일

토즈 Tod's
이탈리아 슈즈 브랜드. 1986년에 발표한 페플 로퍼는 드라이빙 슈즈의 성공 이후 영국 황태자비를 비롯하여 줄리아 로버츠, 기네스 팰트로 같은 할리우드 스타들에게 사랑받고 있다.

주소 Via Monte Napoleone 13
영업 10:00~19:30, 일요일 11:00~14:00, 15:00~19:00

세르지오 로시 Sergio Rossi
구두 전문 브랜드로 세르지오 로시의 스틸레토 힐은 멋쟁이 여성이라면 하나쯤은 소장해야 할 머스트 해브 아이템으로 통한다. 앤 해서웨이, 샤론 스톤, 나오미 캠벨, 사라 제시카 파커 등이 즐겨 신는 것으로 알려졌다.

주소 Via della Spiga 26
영업 매일 10:00~19:00
휴무 일요일

빌브레퀸 Vilebrequin
프랑스 럭셔리 리조트 웨어 브랜드. 특히 수영복은 서핑에 열광하는 사람들 사이에서 인기 있는 패션 아이템이다.

주소 Via della Spiga 42
영업 매일 10:00~19:00 휴무 일요일

알레시 Alessi

MAP p.297-G

멋진 센스가 돋보이는 생활용품 전문점

1921년 조반니 알레시가 설립한 주방·생활용품 브랜드로 감각적인 디자인과 실용성을 겸비한 알레시의 대표 상품을 만나볼 수 있다. 팔각형 모양의 티포트 세트 옥타고날 시리즈와 에스프레소 메이커 9090을 비롯해 컬러풀하고 산뜻한 디자인의 제품이 눈길을 끈다. 오렌지즙을 짜내는 주시 살리프(Juicy Salif)와 와인 오프너 안나 G(Anna G)는 선물용으로 인기가 높다.

찾아가기 메트로 M3호선 Montenapoleone역에서 도보 2분(폴디 페촐리 미술관에서 도보 1분)
주소 Via Alessandro Manzoni, 14/16
문의 02 795 726
영업 10:00~19:00 휴무 토~일요일
홈페이지 www.alessi.com

닥터 브란제스 Dr. Vranjes

MAP p.296-B

향기로 가득한 가게

피렌체의 오래된 약국인 안티카 오피치나 델 파르마치스타(Antica Officina del Farmacista)에서 약사이자 화학자, 화장품 관련 개발자로 일하던 파블로 브란제스가 론칭한 브랜드. 거실과 침실을 비롯해 집 안을 화사한 향으로 꾸밀 수 있는 은은한 방향제와 향기 나는 램프, 선물용으로 인기 있는 향초, 향수에 이르기까지 향기와 관련된 다양한 아이템을 구입할 수 있다.

찾아가기 메트로 M2호선 Lanza역에서 도보 5분(브레라 미술관에서 도보 2분)
주소 Via Fiori Chiari, 24
문의 02 8901 0492
영업 매일 10:30~13:30, 14:30~19:00
휴무 1/1, 12/25~26
홈페이지 www.drvranjes.com

SHOPPING

하이테크 HighTech

MAP p.295-C

추천

세련된 아이템으로 가득한 리빙 전문 숍

센스 넘치는 밀라노 사람들의 리빙용품을 판매하는 곳. 오래된 저택의 실내를 실제 밀라노 가정을 보는 것처럼 편안한 분위기로 꾸몄으며 가구, 조명, 문구류, 패브릭 소품 등 상품 구성이 다양해 시간 가는 줄 모르고 구경하게 된다. 벌꿀, 허브로 만든 천연 성분의 목욕용품과 톡톡 튀는 주방용품은 선물용으로 구입하기에도 좋다.

찾아가기 메트로 M2호선 Porta Garibaldi FS역에서 도보 5분(브레라 미술관에서 도보 15분)
주소 Piazza XXV Aprile, 12
문의 02 624 1101
영업 매일 10:30~19:30
휴무 월요일
홈페이지 www.cargomilano.it

피덴자 빌리지 Fidenza Village

밀라노 근교에 자리한 명품 아웃렛 매장

120여 개의 브랜드가 입점해 있는 아웃렛으로 밀라노에서 1시간 거리에 있다. 피덴자 기차역에서 아웃렛까지 10분마다 운행되는 무료 셔틀 버스를 이용할 수 있다. 연중 최대 70%까지 할인된 가격의 명품을 살 수 있으며 카페와 레스토랑과 같은 편의 시설도 잘 갖춰져 있다. 주요 브랜드로는 코치, 에트로, 질 샌더, 프라다, 세르지오 로시, 제냐, 비비안 웨스트우드 등이 있다.

주소 Via Federico Fellini 1
문의 0524 335 556
영업 10:00~20:00
홈페이지 https://www.thebicestercollection.com/fidenza-village/it

SHOPPING

이탈리 Eataly

MAP p.295-C

프리미엄 푸드 마켓의 선두 주자

가게 이름은 'Eat'와 'Italy'의 합성어로 오스카 파리네티가 '좋지 않은 것을 먹고 마시기에 인생은 너무 짧다'는 슬로건 아래 2007년 토리노에 처음 문을 열었으며 이탈리아 주요 도시에 지점이 있다. 이후 뉴욕 맨해튼 등에서 슬로푸드 열풍을 일으키며 크게 인기를 얻었고 건강에 민감한 젊은이들이 퇴근 후 들러 식료품을 사고 식사를 즐기는 핫 플레이스가 되었다. 밀라노점은 3층 규모의 대형 매장에 각종 먹거리를 파는 마켓과 식사를 즐길 수 있는 공간이 마련되어 있다.

<u>찾아가기</u> 메트로 M2호선 Porta Garibaldi FS역에서 도보 6분(브레라 미술관에서 도보 14분)
<u>주소</u> Piazza Venticinque Aprile, 10 <u>문의</u> 02 4949 7301
<u>영업</u> 매일 08:30~23:00
<u>휴무</u> 1/1, 12/25~26
<u>홈페이지</u> www.eately.net

페크 Peck

MAP p.296-J

밀라노를 대표하는 고급 식료품점

1883년에 창업해 이탈리아 음식과 와인의 고급화를 선도해온 곳이다. 각종 고기와 햄, 치즈, 과일은 물론 커피, 차, 캔디, 아이스크림에 이르기까지 최고 품질의 식료품을 갖추고 있다. 오랜 전통을 자랑하는 곳답게 어느 것을 골라도 후회는 없지만 특히 풍부한 와인 셀렉션을 구비한 에노테카(Enoteca)에 발을 들여놓는다면 빈손으로 나오기 어려울 것이다. 지인에게 줄 센스 있는 선물을 찾는다면 이곳에 가보자.

<u>찾아가기</u> 메트로 M1·M3호선 Duomo역에서 도보 4분(두오모에서 도보 2분)
<u>주소</u> Via Spadari, 9
<u>문의</u> 02 802 3161
<u>영업</u> 월요일 15:00~19:30, 화~토요일 09:00~19:30
<u>휴무</u> 일요일
<u>홈페이지</u> www.peck.it

밀라노 근교의 아웃렛 매장

쇼핑은 밀라노 여행에서 빼놓을 수 없는 즐거움이다. 특히 아웃렛에서는 정상가의 30~70% 할인된 가격에 구입할 수 있고 면세 혜택까지 받을 수 있어 알뜰 쇼핑자라면 절대 놓칠 수 없는 기회이다. 밀라노에서 가장 가까운 아웃렛 두 곳을 소개한다.

디자이너 아웃렛 세라발레
Designer outlet Serravalle

밀라노에서 남쪽으로 약 97km 떨어진 세라발레(Serravalle)에 위치한 아웃렛으로 유럽 최대 규모를 자랑한다. 프라다, 구찌, 버버리, 몽클레어, 생로랑, 펜디, 오프-화이트 등 240여 개 브랜드가 입점해 있으며 연중 30~70% 할인 가격에 판매한다.

찾아가기 열차로 갈 경우 : 밀라노 중앙역에서 제노아(Genoa) 라인을 타고 아르콰타 스크리바(Arquata Scriva)역에서 하차 후 기차역과 아웃렛을 오가는 무료 셔틀버스 탑승 (1시간 간격 운행)
버스로 갈 경우 : 밀라노 중앙역 앞(Piazza Duca D'Aosta 출발)이나 밀라노 비지터 센터(Largo Cairoli 18)에서 출발하는 셔틀 버스 Zani Viaggi 이용. 소요시간 90분
주소 Via della moda 1, Serravalle Scrivia
문의 0143 609 000 **영업** 매일 10:00~20:00
휴무 1/1, 12/25 **홈페이지** www.mcarthurglen.com

@Designer outlet Serravalle

폭스 타운
Fox Town

밀라노에서 북쪽으로 약 60km 떨어진 스위스 멘드리시오(Mendrisio)에 위치해 있다. 아르마니, 프라다, 살바토레 페라가모, 생로랑, 토즈, 질 샌더, 구찌 등 250여 개 브랜드가 입점해 있으며 연중 30~90% 할인 가격에 판매한다. 이탈리아 아웃렛에 비해 할인율이 높은 상품이 있다.

찾아가기 열차로 갈 경우 : 밀라노 중앙역에서 레지오날 RE80 열차를 타고 멘드리지오(Mendrisio S. Martino)역 하차. 소요시간 58분, 기차역에서 도보 4분
버스로 갈 경우 : 밀라노 비지터 센터 내 자니 비아지 여행사 건너편(Largo Cairoli, 18)에서 출발하는 셔틀버스 탑승
주소 Via Angelo Maspoli 18, Mendrisio
문의 41 848 828 888
영업 11:00~19:00(12/24·31 ~17:00)
휴무 1/1, 부활절, 8/1, 12/25~26
홈페이지 www.foxtown.ch

@mendrisioturismo

Plus Info

자니 비아지 Zani Viaggi

MAP p.296-F

밀라노 여행과 관련된 다양한 투어 상품과 투어 버스를 운영하는 여행사. 밀라노 근교에 있는 맥아더글렌 디자이너 아웃렛과 폭스 타운으로 가는 셔틀버스를 운행해 편리하게 다녀올 수 있다.

찾아가기 메트로 M1호선 Cairoli역에서 바로
주소 Via Cusani, 18 **문의** 02 867 131
영업 09:00~19:00 **홈페이지** www.zaniviaggi.it

	운행	소요 시간	왕복 요금	비고
맥아더글렌 디자이너 아웃렛	밀라노 중앙역 → 아웃렛 09:00, 09:30, 10:30, 13:00 / 밀라노 비지터 센터 → 아웃렛 09:30, 10:00, 11:00, 13:30 / 아웃렛 → 밀라노 중앙역, 비지터 센터 16:15, 17:00, 19:30, 20:15	약 1시간 30분	€20(인터넷 예약 필요)	VIP 패스: €29를 추가하면 셔틀버스 우선 탑승 및 아웃렛 가격에서 추가 10%(방문 당일 참여하는 브랜드에 한해 적용) 혜택을 받을 수 있다.

추천 숙소

포 포인츠 바이 쉐라톤 밀란 센터
Four Points by Sheraton Milan Center

MAP p.295-C

세계적인 호텔 체인 쉐라톤에서 운영

밀라노 중앙역에서 가까운 4성급 호텔. 254개의 객실은 모던 스타일로 꾸며져 있으며 방음 시설이 잘되어 있고 레스토랑, 피트니스 센터 등의 부대시설이 갖춰져 있다.

찾아가기 메트로 M2호선 Gioia역에서 도보 4분
주소 Via Gerolamo Cardano, 1
문의 02 667 461 **요금** 싱글 €176~, 더블 €184~
홈페이지 www.fourpointsmilan.com

스리 룸스 3 Rooms

MAP p.295-C

10 꼬르소 꼬모에 열광한다면 이곳으로

1992년 〈보그 이탈리아〉 편집장 출신인 카를라 소차니가 오픈한 멀티 숍 10 꼬르소 꼬모와 같은 건물에 있는 호텔. 전 세계 패션과 인테리어 트렌드를 살펴보기에 이만한 곳도 없다. 방이 3개뿐이라 반드시 예약해야 한다.

찾아가기 메트로 M2호선 Porta Garibaldi FS역에서 도보 5분 **주소** Corso Como, 10 **문의** 02 626 163
요금 싱글·더블 €312~
홈페이지 www.3rooms10corsocomo.com

에토스 밀란 Aethos Milan

MAP p.294-J

밀란을 찾는 힙스터들의 놀이터

엔티크와 모던이 공존하는 특별한 분위기로 꾸며진 다양한 스타일의 방 그리고 유니크한 스타일로 꾸며진 로비와 바는 현대와 과거를 넘나드는 듯한 착각이 들게 한다. 나빌리오 운하 옆에 있어 나이트라이프를 즐기기에 좋은 위치이며, 바에서 다양한 칵테일과 타파스를 즐기는 시간은 특별하다.

찾아가기 M2호선 S.Agostino 역에서 도보 12분
주소 Piazza XXIV Maggio 8 **문의** 02 8941 5901
요금 €251.60~ **홈페이지** www.aethoshotels.com

글램 호텔 Glam Hotel

MAP p.295-D

감각적인 디자인의 호텔

밀라노 중앙역 맞은편에 위치한 4성급 디자인 호텔. 2015년 밀라노 엑스포가 열리던 시기에 처음 문을 열었으며 쾌적한 시설을 자랑한다. 스위트룸은 화장실과 샤워실이 2개씩 있어 가족 단위 여행자가 묵기에 편리하다.

찾아가기 밀라노 중앙역에서 도보 2분
주소 Piazza Duca'Aosta, 4/6
문의 028 398 4000
요금 싱글 €94.96~, 더블 €110.80~
홈페이지 www.glamhotelmilano.it

HOTEL

호텔 스트라프 Hotel Straf

MAP p.297-G

밀라노 중심가에 있는 럭셔리 호텔

라 리나센테 백화점 앞에 있는 4성급 디자인 호텔. 고풍스러운 외관과 달리 내부에는 현대 미술품이 전시돼 있으며 객실도 유명 디자이너 빈센초 드 코티스가 디자인해 독특한 분위기이다. 1층에는 분위기 좋은 바와 레스토랑이 있다.

찾아가기 메트로 M1·M3호선 Duomo역에서 도보 5분
주소 Via San Raffaele, 3 **문의** 02 805 081
요금 싱글 €233~, 더블 €259~ **홈페이지** www.straf.it

아르마니 호텔 Armani Hotel

MAP p.297-C

아르마니의 세련된 감각이 느껴지는 호텔

몬테 나폴레오네 거리가 불과 50m 거리에 있어 쇼핑하기 편리하다. 1930년대에 엔리코 그리피니가 설계한 건물을 레노베이션했다. 방마다 에스프레소 머신, 위성방송 시청이 가능한 TV, 아이팟 등이 있으며 아침 식사는 뷔페식으로 제공한다. 부대시설로 카페, 레스토랑, 스파 등이 있다.

찾아가기 메트로 M3호선 Montenapoleone역에서 도보 1분
주소 Via Manzoni, 31 **문의** 02 8883 8888
요금 싱글·더블 €1,000~
홈페이지 www.armanihotels.com

타운하우스 33 Townhouse 33

MAP p.295-H

부티크 호텔의 진수

19세기의 건물을 레노베이션해서 10개의 디럭스 룸과 5개의 스위트룸을 갖춘 멋진 호텔로 탄생했다. 1층에는 야외 라운지가 있어 칵테일을 즐기기 좋다. 시내에서 다소 떨어져 있지만 분위기를 중요시한다면 추천한다.

찾아가기 메트로 M1호선 Porta Venezia역에서 도보 15분
주소 Via Carlo Goldoni, 33 **문의** 02 9143 7635
요금 싱글 €148~, 더블 €151~
홈페이지 www.33.townhousehotels.com

스타호텔 로사 그랜드 Starhotels Rosa Grand

MAP p.297-G

신혼여행객에게 추천하는 디자인 호텔

330여 개의 객실을 갖춘 4성급 호텔. 객실은 다섯 가지 타입 중에서 고를 수 있으며 호텔 내 라운지 바와 레스토랑은 이탈리(Eataly)의 음식을 제공해 만족도가 높다.

찾아가기 메트로 M1·M3호선 Duomo역에서 도보 5분
주소 Piazza Fontana, 3 **문의** 02 88311
요금 싱글·더블 €261~
홈페이지 www.starhotels.com

HOTEL

NH 컬렉션 밀라노 프레지던트
NH Collection Milano President
MAP p.297-K

유럽에 다양한 체인망을 갖춘 럭셔리 호텔

두오모에서 약 500m 거리에 있는 4성급 호텔. 객실은 일곱 가지 타입 중에서 고를 수 있으며 싱글 룸도 있다. 호텔 내 레스토랑에서는 밀라노 스타일의 요리를 즐길 수 있다. 시설이 깨끗하고 직원들이 친절해 만족도가 높다.

찾아가기 메트로 M1·M3호선 Duomo역에서 도보 10분
주소 Largo Augusto, 10
문의 02 77461
요금 싱글 €164.05~, 더블 €174~
홈페이지 www.nh-collection.com

이비스 밀라노 센트로 호텔
IBIS Milano Centro Hotel
MAP p.295-D

무난한 가격의 비즈니스 호텔

실속파 여행자를 위한 비즈니스 호텔로 프랑스의 유명 호텔 체인 그룹 아코르에서 운영한다. 437개의 객실이 마련돼 있어 예약이 쉬운 것이 장점이고 24시간 이용할 수 있는 바가 있다. 밀라노 중앙역에서 가깝다.

찾아가기 밀라노 중앙역에서 도보 12분
주소 Via Finocchiaro Aprile, 2 문의 02 63151
요금 싱글·더블 €89~
홈페이지 www.accorhotels.com/gb/hotel-0933-ibis-milano-centro/index.shtml

오스텔로 벨로 Ostello Bello
MAP p.296-I

감각이 돋보이는 디자인 호스텔

공간마다 톡톡 튀는 컬러가 매력적인 호스텔로 두오모를 비롯해 주요 관광지에서 가깝다. 방마다 샤워실이 있고 바와 레스토랑도 운영한다. 쿠킹 클래스, 이탈리아 영화 상영 등 다양한 문화 프로그램을 진행하기도 한다.

찾아가기 메트로 M1·M3호선 Duomo역에서 도보 10분
주소 Via Medici, 4
문의 02 3658 2720
요금 도미토리 €33.39~, 싱글 €88.26~, 더블 €106.86~
홈페이지 www.ostellobello.com

밀라노 중앙역 타임 민박
MAP p.295-C

조식으로 맛있는 한식 제공

호텔에 버금갈 정도로 깔끔하게 정돈된 객실에서 편안하게 머물 수 있는 민박집. 밀라노에서 오랫동안 한국 레스토랑을 운영한 부부가 선보이는 정갈하고 맛깔스러운 한식을 아침 식사로 먹을 수 있다. 컴퓨터 2대와 무선 인터넷 등을 갖추고 있으며 주인장에게 다양한 여행 정보를 얻을 수 있다.

찾아가기 밀라노 중앙역에서 도보 4분
주소 Via Campanini, 3 문의 335 1429 290
요금 도미토리 €30, 1인실 €80, 2인실 €100, 4인실 €160
홈페이지 www.milanotime.co.kr
※이 책에 있는 쿠폰을 제시하면 첫 1박 €2 할인

02
몸과 마음이 쉬어 갈 수 있는 호반 도시
코모 Como

밀라노에서 북쪽으로 약 50km 떨어진 코모는 호숫가에 예쁜 집들이 옹기종기 모여 있는 작은 마을로 스위스와 국경을 마주하고 있다. 로마 시대부터 황제와 귀족들의 휴양지로 사랑받았으며 바이런, 베르디, 리스트, 로시니 등의 예술가들이 이곳에 와서 영감을 얻었다고 전해진다. 지금은 조지 클루니, 마돈나, 데이비드 베컴 등 할리우드 스타와 스포츠 스타들이 별장을 지으면서 잡지에 자주 등장하며, 유럽인들의 피서지로 사랑받고 있다. 이탈리아에서 세 번째로 큰 호수로 ㅅ자 모양으로 흐르는 코모호를 비롯해 독특한 지형과 풍광을 간직해 알프스 남쪽에서 가장 아름다운 마을이라는 평가를 받고 있다. 유람선에 몸을 싣고 동화 속 풍경 같은 마을을 둘러보거나 유유히 떠다니는 오리 떼를 바라보며 도심에서는 느끼기 어려운 평온한 분위기를 즐겨보자.

Check

여행 포인트
관광 ★★★★★
휴양 ★★★★
미식 ★★
쇼핑 ★

교통
도보 ★★★★
푸니콜라레·페리 ★★★

구역 정보
기차역에서 내리면 먼저 푸니콜라레를 타고 마을 전체가 내려다보이는 브루나테산에 올라간다. 시내 관광은 두오모를 보는 정도로 하고, 오후에는 유람선을 타고 벨라조와 주변 마을을 돌아본다.

가는 법

열차

• 밀라노 중앙역이나 가리발디역에서 갈 때

밀라노 중앙역(Milano Centrale)이나 밀라노 포르타 가리발디(Milano Porta Garibaldi) 역에서 갈 때는 코모 산 조반니(Como S. Giovanni)역에 도착한다. 역에서 시내 중심인 카보우르 광장까지는 도보 10분 소요.

홈페이지 www.trenitalia.com

밀라노-코모 간 열차 운행 정보

출발지	열차 종류	소요 시간	요금
코모	Regionale	37분	€5~
	Eurocity	40분	€10.90~
밀라노 포르타 가리발디역	교외 철도 (S11)	1시간 5분	€10.90~

• 밀라노 카도르나역에서 갈 때

밀라노 카도르나(Milano N. Cadorna)역에서 갈 때는 사철(Trenord)로 가며 코모 노르드 라고(Como Nord Lago)역에 도착한다. 약 1시간 소요, 요금 €4.80~. 역에서 카보우르 광장까지는 도보 5분이면 갈 수 있다.

INFO

◆ 관광안내소
위치 카보우르 광장(Piazza Cavour, 17)
주소 Piazza Duomo 17
문의 031 269 712
운영 10:00~18:00 휴무 일요일

◆ 코모 여행 정보 www.lakecomo.com
◆ 유람선 운행 정보 www.navigazionelaghi.it
◆ ASF Autolinee 버스 운행 정보
www.sptlinea.it

거리 가이드

길이가 약 45km에 이르는 코모호는 이탈리아에서 세 번째로 큰 호수로 ㅅ자 모양으로 흐른다. 호수 남쪽의 양 끝자락에는 코모와 레코(Lecco)가, 물줄기가 갈라지는 호수 중간에는 벨라조(Bellagio)가 위치해 있다. 코모만 돌아보는 데는 2~3시간이면 충분하므로 유람선을 타고 벨라조까지 다녀오기를 권한다. 유람선 선착장은 카보우르 광장 옆에 있으며 코모에서 벨라조까지 40분~2시간 정도 소요된다. 시간 여유가 되면 코모호 주변에 숙소를 잡고 1박 2일 일정으로 다니는 것이 좋다. 또는 기차역에서 도보 5분 거리에 있는 버스 터미널에서 ASF Autolinee사에서 운행하는 버스를 타고 호숫가를 돌아볼 수도 있다.

추천 코스

1 코모 노르드 라고역
▼ 도보 5분+
푸니콜라레 7분

2 브루나테산
▼ 푸니콜라레 7분+
도보 7분

3 카보우르 광장
▼ 도보 3분

4 두오모
▼ 도보 5분+
페리 40분~2시간

5 벨라조

추천 볼거리
SIGHTSEEING

브루나테산 ★★
Brunate

MAP p.335-B

코모의 전경을 한눈에

코모 노르드 라고역에서 나오면 호수가 보인다. 호수를 왼쪽에 끼고 5분 정도 걸어가면 푸니콜라레 승강장이 나오는데 이곳에서 푸니콜라레를 타면 브루나테산까지 약 7분 만에 올라갈 수 있다. 창밖으로 코모호의 아름다운 전경이 펼쳐지며 마을 모습도 한눈에 들어온다. 체력이 된다면 산 정상에 있는 등대(Faro Voltiano)까지 올라가 보자(30~40분 소요). 탁 트인 시야로 내려다보는 풍경이 무척 아름답다.

찾아가기 코모 노르드 라고역에서 도보 5분+푸니콜라레 7분

푸니콜라레 Funicolare
운행 06:00~22:30
(여름 ~24:00), 15분 간격
요금 왕복 €5.70
홈페이지
www.funicolarecomo.it

두오모
Duomo ★★

MAP p.335-B

코모 주민들의 정신적 지주와도 같은 대성당

정식 명칭은 '카테드랄 디 산타 마리아 아순타 (Cattedrale di Santa Maria Assunta)'. 길이 87m, 너비 36~56m, 높이 75m에 이르는 웅대한 규모의 성당으로 코모의 주교가 시무한다. 1396년 로마네스크 양식으로 처음 짓기 시작했으며 현재는 바로크, 로마네스크, 롬바르디아 고딕 양식이 혼재해 있다. 파사드에는 과거 코모를 다스리던 플리니 형제의 부조가 있으며, 내부에는 금으로 화려하게 장식된 돔과 고딕 양식의 스테인드글라스가 찬란하게 빛난다. 16세기에 그린 베르나르디노 루이니와 고덴지오 페라리의 작품이 유명하다.

찾아가기 코모 노르드 라고역에서 도보 5분
주소 Via Maestri Comacini, 6 **문의** 031 331 2275
운영 월~금요일 07:30~12:30, 17:00~19:00, 토요일 07:30~12:30, 16:00~18:00, 일·공휴일 09:30~13:30, 16:30~20:00

카보우르 광장
Piazza Cavour ★

MAP p.335-B

코모 관광의 출발점

코모의 중심에 위치한 네모반듯한 광장이다. 광장 주변에 카페, 상점, 아이스크림 가게, 호텔 등이 모여 있어 언제나 활기찬 분위기이다. 광장 옆에 유람선 선착장이 있어 주변 마을을 돌아보려는 여행자들의 모습을 볼 수 있다. 카페에 앉아 에스프레소 한잔을 즐기며 호수와 알프스가 어우러진 풍경을 감상해보자.

찾아가기 코모 노르드 라고역에서 도보 5분

벨라조
Bellagio ★★★

MAP p.334

아름다운 호수가 마음을 편안하게 해주는 곳

수세기에 걸쳐 왕족과 귀족들이 이 마을에 별장을 지었으며 18세기 이후 세계적인 홀리데이 리조트로 이름이 알려지기 시작했다. 영화 <오션스 11>의 제작진이 영감을 받은 곳이며 라스베이거스의 최고급 호텔 '벨라조'의 모델이 되기도 했다. 벨라조 근처에 있는 렌노(Lenno) 마을을 함께 돌아보는 것도 좋다. 벨라조에서 렌노로 가려면 카데나비아(Cadenabbia)까지 가서 차로 이동하면 된다. 렌노의 대표적인 볼거리는 영화 <스타워즈 에피소드 2-클론의 습격>과 <007 카지노 로열>의 배경이 된 아름다운 별장 빌라 발비아넬로(Villa Balbianello)이다. 이 빌라는 1787년 안젤로 두리니 주교가 처음 지었으며 제2차 세계대전 때는 연합군 사령부로 사용했다.

찾아가기 **코모에서 페리로 갈 경우** : 일반선 2시간, 쾌속선 40분 소요
밀라노에서 열차로 갈 경우 : 밀라노 중앙역(1시간)→바렌나 에시노역(페리로 20분)→벨라조
요금 페리 일반선 €10.40, 쾌속선 €18.90, 열차 밀라노→바렌나 에시노 €19.30, 바렌나 에시노→벨라조 €9.20
홈페이지 www.bellagiolakecomo.com

추천 레스토랑

틸리 인 테오리아
I Tigli in Theoria

MAP p.335-B

수준 높은 이탈리아 요리

미슐랭 1스타 레스토랑으로 품격 있는 분위기에서 수준 높은 요리의 향연을 즐길 수 있다. 제철 재료를 사용해 감각적인 요리를 선보이는데, 피에몬테산 호두와 트러플을 곁들인 쇠고기 타르타르(육회), 새우와 생강, 쇠고기를 넣은 리소토, 체리토마토와 허브로 만든 소스로 맛을 낸 양고기 갈빗살 등을 추천한다. 오후 3시부터 밤까지 라운지 바도 함께 운영해 로맨틱한 밤을 보낼 수 있다.

찾아가기 코모 노르드 라고역에서 도보 5분
주소 Via Bianchi Giovini, 41 문의 031 305 272
운영 월요일 19:00~22:00, 화~토요일 12:00~14:00, 19:00~22:00 휴무 일요일
예산 €40~90 홈페이지 www.theoriagallery.it

 ## 추천 숙소

팰리스 호텔 Palace Hotel

MAP p.337-B

파노라마 뷰가 환상적인 4성급 호텔

1898년에 지은 건물을 1992년에 개축해 사용하는 호텔로 코모 호수의 아름다운 전망을 즐길 수 있다. 7개 타입의 객실을 갖추고 있고 객실에서 호수를 내려다보며 로맨틱한 시간을 보낼 수 있다. 부대시설로 이탈리아 요리와 글로벌한 요리를 모두 즐길 수 있는 레스토랑이 있다.

찾아가기 코모 노르드 라고역에서 도보 3분 주소 Lungo Lario Trieste, 16 문의 031 23391 요금 싱글 €122~, 더블 €171~ 홈페이지 www.palacehotel.it

힐튼 레이크 코모 Hilton Lake Como

MAP p.337-A

세계적인 호텔 체인이 주는 믿음

스위스 국경과 코모 중심 사이의 조용한 주택가에 자리한 호텔. 환상적인 코모 호수의 전망을 감상할 수 있는 테라스 레스토랑과 루프톱 수영장이 있다. 로비에 있는 컨템퍼러리 스타일의 바를 비롯해 편안함이 보장되는 객실은 커플 여행자에게 안성맞춤이다.

찾아가기 코모 노르드 라고역에서 도보 23분
주소 Via Borgo Vico, 241 문의 031 338 2611
요금 싱글 €139~, 더블 €159~
홈페이지 www.hiltonhotels.com

03
로미오와 줄리엣의 도시
베로나 Verona

아디제(Adige)강이 S자 모양으로 흐르는 베네토주의 아름다운 도시로 밀라노와 베네치아의 중간쯤에 위치해 있다. 기원전 1세기경 도시가 처음 형성되어 12~13세기에 스칼라 영주인 스칼리제의 집권하에 번성했으며, 이후 16세기에는 피사넬로 대표되는 베로나 화파가 탄생했다. 1세기에 지은 원형극장에서는 해마다 아름다운 오페라의 선율이 여름밤을 수놓아 전 세계 클래식 애호가들의 가슴을 뛰게 한다. 또한 〈로미오와 줄리엣〉의 배경이 된 도시로 알려지면서 '줄리엣의 집'과 '줄리엣의 무덤' 등 애틋한 러브 스토리를 간직한 곳에 여행자들의 발걸음이 이어지고 있다. 유유히 흐르는 강과 숲으로 둘러싸인 시내에는 중세 시대의 유적과 성, 거리 모습이 그대로 간직되어 있어 도시 전체가 유네스코 세계문화유산에 등재되었다.

Check

여행 포인트
관광 ★★★★★
미식 ★★
쇼핑 ★

교통
도보 ★★★★
버스 ★★★
시티 투어 버스 ★★

구역 정보
브라 광장을 기점으로 대부분의 볼거리가 북동쪽에 모여 있으며 베로나의 중심인 에르베 광장 주변은 여유를 갖고 천천히 보면 된다. 고풍스러운 골목길과 아디제 강변의 낭만을 즐기는 데 하루면 충분하다.

가는 법

✈ 비행기
로마에서 약 1시간 걸리며 하루 3~4편 운항한다. 공항에서 시내까지는 약 12km 떨어져 있어 버스나 택시로 이동해야 한다. 공항버스(Aerobus)를 타면 시내의 관문인 베로나 포르타 누오바(Verona Porta Nuova)역까지 약 20분 소요되며 요금은 €6(승차권은 75분간 유효하며 시내버스로 환승 가능).

홈페이지 www.aeroportoverona.it

🚆 열차
밀라노, 베네치아, 볼로냐 등에서 열차를 수시로 운행한다. 대부분 직행이지만 파도바(Padova)를 경유하는 노선도 있다. 경유 노선은 환승해야 하고 요금과 시간이 2배 이상 소요되므로 이용하지 않는 편이 좋다. 베로나의 중심 역은 베로나 포르타 누오바역이며 역에서 시내 중심인 브라 광장까지는 약 1.5km 떨어져 있어 버스를 이용하는 것이 낫다. 버스 정류장은 역에서 나오면 정면에 있고 택시 승차장은 오른쪽에 있다.

홈페이지 www.trenitalia.com

- **짐 보관소 Deposito Bagagli**
운영 07:00~20:00
요금 5시간 €6, 6~12시간 €1, 12시간 이후부터는 시간당 €0.50 추가

베로나-주요 도시 간 열차 운행 정보

출발지	열차 종류	소요 시간	요금
밀라노	Regionale	1시간 50분	€12,75~
	Frecciargento	1시간 13분	€12,75~
베네치아	Regionale	2시간 16분	€9,25~
	RV	1시간 28분	€9,70~
	Frecciarossa	1시간 10분	€16,90~
볼로냐	Regionale	1시간 22분	€10,30~
	Frecciargento	52분	€9,90~

시내 교통

🚌 버스
버스가 운행하지만 시내 관광은 걸어서 충분히 다닐 수 있기 때문에 버스는 기차역에서 시내를 오갈 때 정도만 이용해도 된다. ATV 시내버스 11·12·13번(일요일·공휴일은 91·92번)이 기차역과 시내를 연결한다. 승차권은 신문 가판대나 담배 가게에서 살 수 있으며 버스 안에 있는 자동발매기에서 구입 시 거스름돈이 나오지 않으므로 미리 잔돈을 준비한다.

요금 1시간권 €1.30(차내에서 구입 시 €2), 10회권 €11.70, 1일권 €4

🚍 시티 투어 버스
베로나의 주요 관광지를 도는 버스로 시티 사이트싱 베로나(City Sightseeing Verona)가 있다. 성수기(4~10월)에만 운행하며 브라 광장에서 60분 간격으로 출발한다. 승차권은 홈페이지에서 예약하거나 버스 운전사에게 직접 구입할 수도 있다(24시간 유효).

운행 A코스 10:00~18:00, B코스 10:30~18:30 (5~9월에는 연장 운행)
요금 성인 €25(인터넷 구매 시 €21.25), 만 5~15세 €12(인터넷 구매 시 €10.20), 가족권(성인 2+어린이 2) €50(인터넷 구매 시 €42.50) 홈페이지 https://www.city-sightseeing.it/city-sightseeing-verona/

> **INFO**
>
> ◆ 관광안내소
>
> **I.A.T Tourist Office**
> 주소 Piazza Bra(원형극장 근처)
> 운영 월~토요일 09:00~19:00, 일요일 09:00~17:30
> 전화 045 806 8680
>
> **브라 광장**
> 주소 Via degli Alpini, 9 문의 045 806 8680
> 운영 월~토요일 10:00~18:00,
> 일요일·공휴일 10:00~16:00
>
> **베로나 포르타 누오바역**
> 문의 045 800 0861
> 운영 월~토요일 08:00~19:00,
> 일요일 09:00~17:00
>
> ◆ 베로나 여행 정보
> https://www.visitverona.it/en

거리 가이드

기차역에서 시내로 갈 때 버스를 타지 않고 걸어서 간다면 브라 광장까지 방향을 잘 잡고 가야 한다. 기차역 건너편의 공원 쪽으로 가다 보면 포르타 누오바 문이 나오고, 이곳에서 포르타 누오바 대로(Corso Porta Nuova)를 따라 15분 정도 걸어가면 브라 광장에 도착한다. 브라 광장 앞의 원형극장부터 주요 볼거리를 시계 반대 방향으로 돌아보면 된다.

도보 추천 코스

1. 원형극장 ▼ 도보 5분
2. 줄리엣의 집 ▼ 도보 2분
3. 에르베 광장 ▼ 도보 1분
4. 람베르티 탑 ▼ 도보 1분
5. 시뇨리 광장 ▼ 도보 3분
6. 산타 아나스타시아 성당 ▼ 도보 4분
7. 두오모 ▼ 도보 15분
8. 카스텔베키오

베로나
Verona

 추천 볼거리
SIGHTSEEING

원형극장 ★★★
Arena di Verona

MAP p.340-B

한여름 밤에 울려 퍼지는 오페라의 향연

1세기에 로마인들이 건설했으며 12세기에 지진으로 인해 외벽 일부가 소실되었다. 3만 명의 관객을 수용할 수 있어 규모 면에서 로마의 콜로세움, 카우파의 원형극장에 이어 이탈리아에서 세 번째로 크다. '아레나'는 모래를 뜻하는데 검투사가 경기를 하는 동안 흘리는 피를 모래로 덮는 경기장이라고 해서 붙은 이름이라고 하니 검투 경기가 얼마나 처참했는지 상상해볼 수 있다. 지금은 매년 여름 베로나를 멋진 오페라 선율로 물들이는 공연장으로 이용하고 있다.

찾아가기 브라 광장에서 도보 2분
주소 Piazza Brà, 1 **문의** 045 800 5151
운영 10~5월 화~일요일 09:00~19:00 **휴무** 월, 1/1, 12/25 / 6~9월 월요일 09:00~19:00 / 화~일요일 09:00~17:00
*마지막 입장은 문 닫기 30분 전까지, 아레나 오페라 축제 기간에는 운영 시간이 달라질 수 있으므로 확인 필요
요금 일반 €10, 만 14~30세 학생 €7.50, 만 8~13세 €1
※1~5월과 10~12월 첫째 일요일 무료(베로나 카드 소지자에 한함) **홈페이지** www.arena.it

Plus Info

아레나 오페라 축제
Arena Opera Festival

1913년 베르디 탄생 100주년을 기념해 처음 개최되었다. 공연은 〈카르멘〉, 〈리골레토〉, 〈토스카〉, 〈투란도트〉 등 베르디, 푸치니, 로시니의 오페라로 이어지며 〈아이다〉로 막을 내린다. 매년 6월 셋째 주 금요일부터 8월 마지막 주 일요일까지 원형극장에서 열린다. 입장권은 홈페이지를 통해 예약하면 이메일로 예약 확인서가 발송되는데, 이 확인서와 결제 시 사용한 신용카드를 브라 광장의 티켓 오피스에 제출하면 입장권으로 바꿔준다. 만 25세 이하라면 평일 €20 안팎으로 할인 티켓을 살 수 있으며 주말에는 요금이 더 비싸다. 자세한 공연 일정은 홈페이지 참고.
홈페이지 www.arena.it

베로나 341

줄리엣의 집
Casa di Giulietta

★★

MAP p.340-B

애절한 러브 스토리가 전해지는 곳

찾아가기 브라 광장에서 도보 7분
주소 Via Cappello, 23
문의 045 803 4303
운영 10~5월 화~일요일 09:00~19:00(마지막 입장 18:30), 6~9월 매일 09:00~19:00(마지막 입장 18:30)
휴무 월요일
요금 일반 €6, 만 60세 이상 €4.50(줄리엣의 집+무덤 일반 €7, 만 60세 이상 €5)
※1~5월과 10~12월 첫째 일요일 전체 €1(베로나 카드 소지자에 한함)

셰익스피어의 희곡 〈로미오와 줄리엣〉에서 줄리엣이 살던 집으로 알려져 있다. 실제로 이곳은 카펠로라는 가문이 소유한 적이 있으며 작품에 등장하는 카풀레티 가문의 이름과 연관성이 있다고 해서 줄리엣의 집으로 여기게 되었다. 하지만 정말 카풀레티 가문이 살았다는 증거는 없으며, 1905년 베로나시가 관광객 유치 차원에서 지정한 것이라고 한다.

사랑의 낙서가 가득한 벽을 지나 안쪽으로 들어가면 줄리엣의 동상이 있다. 동상의 가슴을 만지면 사랑이 이루어진다는 전설 때문에 사람들이 계속 만져대서 반질반질해졌다. 우측에 있는 계단을 따라 올라가면 로미오가 사랑을 고백할 때 줄리엣이 서 있었다는 발코니에서 기념 촬영을 하는 관광객들의 모습을 볼 수 있다.

Plus Info

줄리엣의 무덤 Tomba di Giulietta

'줄리엣의 집'만큼은 아니지만 베로나의 인기 명소 중 하나다. 고고학자들에 의하면 그동안 이곳에 로미오와 줄리엣이 합장되었다는 설과는 달리 관 속에는 시신이 없다고 한다. 본래 이곳은 프란체스코 수도사들의 은신처였으며 두 사람이 결혼식을 올린 곳이라고 추측되어 지금도 연인들이 사랑을 확인하러 오는 성지처럼 되어버렸다.

찾아가기 브라 광장에서 도보 10분
주소 Via del Pontiere, 35 문의 045 800 0361
운영 화~일요일 10:00~18:00
요금 일반 €4.50, 만 60세 이상 €3, 만 8~13세 €1

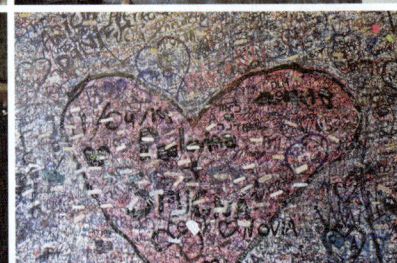

에르베 광장
Piazza delle Erbe ★★★

MAP p.340-B

베로나에서 가장 활기찬 광장

'에르베'는 약초라는 뜻으로 과거 이곳에 약초 시장이 있었다고 한다. 고대 로마 시대에는 포럼(공공 광장)이었던 곳이기도 하다. 14세기에 제작한 베로나 마돈나상의 분수와 베네치아의 산 마르코 광장에 있는 사자상과 같은 모양의 〈성 마가의 사자상〉이 한쪽에 우뚝 서 있다. 광장 주변에는 오랜 역사를 자랑하는 보석 가게와 카페 등이 즐비해 언제나 활기찬 모습이다. 현재는 기념품 가게와 과일 가게가 가득 들어서 있어 여행자들이 시원한 음료수나 과일로 갈증을 해소하기도 한다.

찾아가기 브라 광장에서 도보 7분

람베르티 탑
Torre dei Lamberti ★

MAP p.340-B

베로나 시내 전경을 한눈에

높이 84m에 이르는 탑으로 1172년 베로나를 100년 넘게 지배한 람베르티 가문에서 세웠다. 탑에 설치된 2개의 종 중에서 하나는 하루 일과 시간을 알려주고 다른 하나는 공적인 모임이 있다는 것을 알려주는 데 이용했다고 한다. 지금도 베로나에서 가장 높은 건축물로, 엘리베이터를 타고 탑 위로 올라가면 베로나 시내의 아름다운 전경을 한눈에 볼 수 있다.

찾아가기 브라 광장에서 도보 9분
주소 Via della Costa, 1
문의 045 927 3027
운영 월~금요일 10:00~18:00, 토~일요일 11:00~19:00 (마지막 입장 문 닫기 45분 전)
요금 일반 €6, 학생 €4.5, 베로나 카드 소지자 €1
홈페이지 torredeilamberti.it

시뇨리 광장
Piazza dei Signori ★★

MAP p.340-B

중세의 향기가 느껴지는 곳

베로나에서 살았던 단테의 조각상이 있어 '단테 광장'이라고도 불린다. 오른쪽에는 12세기에 지은 시청사 건물이 있고, 북쪽에는 르네상스 때 지은 의회의 회랑이, 남쪽에는 람베르티 탑이 있어 언제나 관광객과 시민들이 모여들어 활기찬 모습이다. '라조네궁(Palazzo de la Ragione)'이라고도 불리는 시청사 건물은 과거 통치자가 거주했던 공간으로 법원으로 사용하는 곳과 다리로 연결돼 있다. 이 광장의 또 다른 볼거리로 베로나의 영주 스칼라 가문의 궁전이 있는데, 지금은 지방 정부 청사로 사용한다.

찾아가기 브라 광장에서 도보 8분

산타 아나스타시아 성당
Chiesa di Santa Anastasia ★

MAP p.340-B

볼거리가 풍부한 아름다운 성당

피에트라 다리(Ponte Pietra) 근처에 있는 성당으로 1280년에 건축을 시작해 1400년에 지금의 모습으로 완공했다. 고딕 양식의 걸작으로 손꼽히는 이 성당은

도미니크 수도회 소유이다. 베네치아의 산 자니콜로 성당(Basilique Saint Gianicolo)을 본떠 지었으며 1808년에 제작한 높이 72m의 종루에는 4개의 종이 있다.

성당 내부에는 아름다운 프레스코화와 조각이 가득한데 피사넬로의 벽화 〈성 조르주와 공주: 제2예배당〉, 미켈레 다 피렌체의 테라코타 등이 유명하다. 가브리엘 칼리아리가 제작한 분수 아래에는 고뇌하는 듯한 거지 모습의 조각이 있는데 표정이 매우 사실적이다.

찾아가기 브라 광장에서 도보 12분
주소 Via Don Bassi, 2 **문의** 045 800 4325
운영 월~금요일 10:00~18:00, 토요일 09:30~18:00, 일요일 13:00~18:00 **요금** €4

베로나 대성당
Complesso della Cattedrale

MAP p.340-B

다양한 양식이 혼재된 웅장한 성당

1139년에 짓기 시작한 로마네스크 양식의 아름다운 성당이다. 그러나 엄밀히 말하면 성가대석은 로마네스크 양식, 중앙 홀은 고딕 양식, 종루는 고전주의 양식으로 다양한 건축 양식이 혼재돼 있다. 서쪽 현관에는 샤를마뉴 대제의 기사였던 롤란드와 올리버 조각상이 있으며, 안으로 들어가면 티치아노의 〈성모 마리아의 승천 제단화〉가 눈길을 끈다. 성당이 있는 광장을 중심으로 세례당, 주교관, 수도원, 박물관 등의 부속 건물이 있으며, 종탑은 16세기에 건축을 시작해 지금까지 미완성 상태로 남아 있다.

찾아가기 브라 광장에서 도보 13분
주소 Piazza Duomo, 21 **문의** 045 592 813
운영 월~금요일 11:00~17:00, 토요일 11:00~15:30, 일요일·공휴일 13:30~17:30(운영시간이 자주 변경되므로 방문 전 사이트 통해 확인 필요)
요금 €4
홈페이지 www.chieseverona.it

Plus Info
베로나 성당 콤비네이션 티켓
Ingresso 4 Chiesa

베로나에 있는 4개의 성당에 입장할 수 있는 공통권. 산 체노 마조네 성당, 두오모, 산타 아나스타시아 성당, 산 페르모 성당 각각의 입장료는 €3인데 이 티켓을 일반 €8, 만 65세 이상 €7에 구입하면 모두 입장할 수 있다. 티켓은 각 성당의 매표소에서 판매한다.

카스텔베키오
Castelvecchio

MAP p.340-A

지금은 박물관이 된 요새 같은 성

아디제 강변에 있는 성으로 베로나의 실세였던 칸그란데 2세의 명으로 1355년에 지었다. 스칼라 가문이 몰락하면서 오랫동안 방어를 위한 군사 시설로 이용했으며 한때 나폴레옹이 머물기도 했다. 현재는 박물관으로 사용하며 로마 시대의 유물과 티에폴로, 조르조네, 틴토레토 등의 작품이 전시되어 있고, 옛 성주들의 유물과 보석 등도 볼 수 있다.

찾아가기 브라 광장에서 도보 5분
주소 Corso Castelvecchio, 2
문의 045 806 2611
운영 화~일요일 10:00~18:00(마지막 입장 17:15)
휴무 월요일 **요금** 일반 €6, 학생 €4.50
※1~5월과 10~12월 첫째 일요일 전체 €1(베로나 카드 소지자에 한함)

추천 레스토랑

피체리아 올리보 Pizzeria Olivo

MAP p.340-B

피자와 스파게티를 가볍게 즐길 수 있는 곳

1939년에 문을 열어 역사가 오래된 레스토랑이지만 모던한 인테리어로 쾌적한 공간에서 식사를 즐길 수 있다. 원형극장 바로 옆에 있어 베로나 시민은 물론 관광객도 많이 이용한다. 셀러리와 감자를 넣어 조리한 애피타이저, 홍합과 조개를 넣고 방울토마토소스로 졸여낸 스파게티 등을 추천한다. 화덕 피자는 아니지만 다양한 종류의 피자도 맛이 무난하다.

찾아가기 브라 광장에서 도보 1분(원형극장에서 도보 2분)
주소 Piazza Brà, 18 문의 045 803 0598
영업 월~금요일 12:00~15:00, 18:30~23:00, 토~일요일 12:00~23:00 예산 €15~30
홈페이지 www.olivo1939.it

오스테리아 델 부자르도
Osteria del Bugiardo

MAP p.340-B

양질의 와인과 훌륭한 고기 맛이 일품

와이너리를 운영하는 주인이 직접 생산한 질 좋은 와인을 저렴하게 즐길 수 있다. 클래식한 인테리어에 전통 레시피로 만든 요리를 제공해 동네 사람들에게 인기가 높다. 식사를 하지 않더라도 치즈, 생햄 등을 안주 삼아 가볍게 와인 한잔 즐겨보자. 식사를 하려면 미리 예약을 하고 가는 것이 좋다.

찾아가기 브라 광장에서 도보 8분(에르베 광장에서 도보 2분)
주소 Corso Porta Borsari, 17a 문의 045 591 869
영업 매일 11:00~24:00
예산 €20~40
홈페이지 www.buglioni.it

오스테리아 라 폰타니나
Osteria la Fontanina

강추

MAP p.340-B

베네토 전통 요리를 맛볼 수 있는 유니크한 장소

피에트라 다리(Ponte Pietra) 건너편에 있는 레스토랑으로 마치 벼룩시장에 온 것처럼 옛 분위기가 물씬 나는 거울, 골동품, 은 촛대 등이 눈길을 끈다. 호박 크림과 버섯이 함께 나오는 그릴에 구운 오징어, 올리브와 마늘, 고추로 맛을 낸 오징어 먹물 스파게티, 어린 돼지 등의 메뉴를 추천한다. 점심에는 예약이 불가능하다.

찾아가기 브라 광장에서 도보 20분(두오모에서 도보 8분)
주소 Portichetti Fontanelle, 3 문의 045 913 305
영업 12:45~14:00, 19:30~22:00 휴무 일요일
예산 테이스팅 메뉴 €80, 메인요리 €24~
홈페이지 www.ristorantelafontanina.com

추천 카페 & 바

카페 보르사리 Caffè Borsari

MAP p.340-B

트립어드바이저에서 최고 평점을 받은 카페

코지한 스타일의 작은 카페로 특히 카푸치노 맛이 좋기로 유명해 트립어드바이저에서 최고 평점을 받기도 했다. 테이블 수가 많지 않아 사람들이 붐비는 시간에 가면 서서 마실 때가 많다. 인형과 커피 잔이 진열된 외관만 보고는 그냥 가게려니 생각하고 지나치기 쉽다. 화장실이 없다는 것이 단점이지만, 아침에 가면 느긋하게 아침 식사도 즐길 수 있다.

찾아가기 브라 광장에서 도보 8분(에르베 광장에서 도보 2분)
주소 Corso Porta Borsari, 15d
문의 045 803 1313
영업 월~금요일 07:30~19:00, 토요일 07:30~20:00, 일요일 08:00~20:00 **예산** €2~6

카페 콜로니알레 Caffè Coloniale

MAP p.340-B

가볍게 즐기는 차 한잔의 여유

민박집에서 운영하는 카페로 이곳의 초콜릿 맛은 현지인은 물론 여행자들 사이에서도 칭찬이 자자하다. 1991년에 문을 열었으며 2001년에 식도락가를 위한 가이드북인 〈감베로 로소(Gambero Rosso)〉에 소개되면서 이름이 알려지기 시작했다. 자메이카산 원두를 로스팅해서 만드는 커피 맛이 훌륭하고 와인과 위스키 종류도 다양해 저녁에 가면 분위기 있는 시간을 즐길 수 있다.

찾아가기 브라 광장에서 도보 8분(줄리엣의 집에서 도보 1분)
주소 Piazza Viviani Francesco, 14c
문의 045 801 2647
영업 월요일 07:45~20:00, 화~목요일 07:45~24:00, 금~토요일 07:45~01:00, 일요일 09:15~24:00
예산 음료 €2~6, 식사 €20~40
홈페이지 www.casa-coloniale.com

 ## 추천 쇼핑

스틸아트 아레다멘티 디자인
Stilart Arredamenti Design

MAP p.340-B

이탈리아 디자인의 역사를 보여주는 명소

1962년부터 디자인 가구와 소품을 컬렉션해 전시·판매해왔으며 지금은 소규모 프라이빗 박물관과 숙소를 함께 운영한다. 카르텔을 비롯한 디자인 명가의 작품과 가구 역사에 기록될 만한 유명 아이템을 한데 모아놓아 시간 가는 줄 모르고 구경하게 된다. 가구나 인테리어에 관심 있는 사람이라면 놓치지 말고 들러보자.

찾아가기 브라 광장에서 도보 15분(두오모에서 도보 1분)
주소 Via Duomo, 19
문의 045 803 4006
영업 09:30~19:00 휴무 일요일
홈페이지 www.arredamentidesign.verona.it

 ## 추천 숙소

볼로냐 호텔 Hotel Bologna

MAP p.340-B

클래식과 모던의 조화

원형극장에서 도보 1분 거리에 있는 3성급 호텔로 교통과 관광이 모두 편리한 위치에 있다. 2012년 레노베이션하며 더욱 세련된 분위기로 단장했다. 아침 식사는 뷔페식으로 푸짐하게 제공하며 베네치아 스타일의 요리를 즐길 수 있는 레스토랑도 함께 운영한다.

찾아가기 베로나 포르타 누오바역에서 11·12·13·90·92·93·96·97·98번 버스를 타고 Piazza Bra 정류장에서 내려 도보 3분
주소 Piazza Scalette Rubiani, 3
문의 045 800 6830
요금 싱글·더블 €105.80~
홈페이지 www.hotelbologna.vr.it

갤러리 룸 Gallery Room

MAP p.340-C

럭셔리한 분위기의 부티크 호텔

호텔 이름처럼 갤러리를 연상케 하는 멋진 객실과 스파, 사우나 등의 부대시설을 갖춘 부티크 호텔. 객실은 알뜰 여행자를 위한 이코노미 룸, 넓고 쾌적한 스탠더드 룸, 신혼부부에게 추천하고 싶은 슈페리어 룸까지 여러 타입 중에서 선택이 가능하다. 원형극장이 있는 브라 광장까지 도보 4분이면 갈 수 있다.

찾아가기 베로나 포르타 누오바역에서 도보 15분
주소 Via di Sant'Antonio, 6 문의 045 595 542
요금 싱글·더블 €100.32~
홈페이지 www.galleryroom.it

04
자동차와 초콜릿으로 유명한 도시
토리노 Torino

밀라노에서 서쪽으로 약 145km 떨어진 토리노는 피에몬테주의 주도로 이탈리아에서 가장 긴 강인 포강이 흐른다. 고대 로마의 식민지를 거치면서 도시 형태를 갖췄고 11세기 이후 사보이 왕가에 편입되었다. 중세에는 이탈리아 통일 운동의 중심이 되어 한때 이탈리아 왕국의 수도이기도 했다. 20세기 이후부터는 피아트, 페라리 등 자동차 산업과 중공업의 핵심 도시로 발전하여 이탈리아 자동차의 약 80%가 이 도시에서 생산된다. 또한 2006년에 개최된 동계 올림픽을 성공적으로 치러내면서 겨울 스포츠의 왕국으로 이름을 높였다. 초콜릿, 치즈, 라바차 커피 등이 세계인의 입맛을 사로잡을 만큼 식도락의 도시로도 유명하며 슬로푸드의 열풍을 주도한 곳이기도 하다. 중세 건축물들이 웅장하게 늘어선 거리를 거닐면서 토리노의 다양한 색깔을 찾아내보자.

Check

여행 포인트
관광 ★★★
미식 ★★★
쇼핑 ★

교통
도보 ★★★★
메트로 ★★★
버스 ★★

구역 정보
도시가 바둑판처럼 잘 정비되어 있고 기차역에서 도보 20분 이내에 주요 볼거리가 모여 있어 하루면 충분히 돌아볼 수 있다.

가는 법

✈️ 비행기

로마에서 약 1시간 15분 걸리며 하루 8~9편 운항한다. 공항에서 시내까지는 약 16km 떨어져 있어 버스나 열차, 택시로 이동해야 한다. 공항버스(SADEM Shuttle Bus)를 타면 시내의 관문인 토리노 포르타 누오바역까지 약 45분 소요되며 요금은 €6.50(버스 안에서 구입 시 €7.50). 열차를 탈 경우 토리노 도라 GTT(Torino Dora GTT)역에 도착하는데(19분 소요), 열차를 탈 경우 주요 볼거리가 모여 있는 카스텔로 광장(Piazza Castello)까지 가려면 토리노 도라 GTT(Torino Dora GTT)역까지 가서(19분 소요, 요금 €3) 11번 버스로 갈아타야 한다(12분 소요). 공항에서 시내 중심까지 택시 요금은 €30~50 정도이다.

홈페이지 www.aeroportoditorino.it(공항)
www.gtt.to.it(도라 GTT)

🚆 열차

밀라노, 피렌체, 로마 등 이탈리아 국내 도시는 물론 주변 국가인 프랑스, 스위스를 연결하는 국제선 열차가 수시로 운행한다. 토리노의 중심 역은 토리노 포르타 누오바(Torino Porta Nuova)역이며, 역에서 주요 볼거리가 모여 있는 카스텔로 광장까지 도보 15분이면 갈 수 있다. 그 밖에 토리노 포르타 수사(Torino Porta Susa)역도 시내에서 가깝다.

홈페이지 www.trenitalia.com

토리노-주요 도시 간 열차 운행 정보

출발지	열차 종류	소요 시간	요금
밀라노	Regionale	1시간 40분	€12.45~
	Frecciarossa	1시간	€10.80~
볼로냐	Frecciarossa	2시간 17분	€17.90~
피렌체	Frecciarossa	3시간 10분	€20.90~
로마	Frecciarossa	4시간 25분	€29.90~
베네치아	Frecciarossa	3시간 32분	€28.90~

시내 교통

토리노는 메트로, 버스, 트램 등이 시내 구석구석을 연결한다. 승차권은 공통으로 사용하며 1회권 €1.70, 6회권 €10, 1일권 €4, 7일권 €17.50 등으로 다양하다. 그러나 주요 볼거리는 기차역에서 도보 20분 이내에 모여 있기 때문에 대중교통을 이용할 일은 거의 없다.

토리노 시내를 달리는 버스

INFO

◆ 관광안내소

토리노 관광 정보 및 무료 시내 지도 등을 얻을 수 있고 토리노 피에몬테 카드도 판매한다.
위치 기차역 정면(카를로 펠리체 광장 맞은편)
주소 Piazza Castello/Via Garibaldi
문의 011 535 181 **운영** 09:00~18:00

◆ 토리노 피에몬테 카드 Torino+Piemonte Card
토리노의 주요 명소 200여 곳을 무료로 입장할 수 있으며 몰레 안토넬리아나, 포강 유람선, 시티 투어 버스 등을 이용할 때 할인 혜택을 받을 수 있다.
요금 1일권 €25, 2일권 €35, 3일권 €42, 5일권 €51
홈페이지 www.turismotorino.org/card

◆ 토리노 여행 정보
https://www.turismotorino.org/

거리 가이드

토리노 포르타 누오바역에서 내리면 바로 앞에 시민들의 쉼터인 카를로 펠리체 광장(Piazza Carlo Felice)이 있고, 광장에서 곧게 뻗어 있는 로마 거리(Via Roma)를 따라가면 산 카를로 광장(Piazza San Carlo)이 나온다. 토리노의 중심 거리인 로마 거리는 아치형 회랑이 이어져 있으며 세련된 숍이 즐비해 구경하는 재미가 있다. 산 카를로 광장에서 3~4분 정도 더 걸어가면 주요 볼거리가 모여 있는 카스텔로 광장이 나온다. 광장 주변에는 이집트 박물관, 왕궁, 마다마 궁전, 두오모 등 이 도시의 역사를 말해주는 건축물이 모여 있다. 광장에서 동남쪽으로 뻗어 있는 주세페 베르디 거리(Via Giuseppe Verdi)를 따라가면 하늘을 찌를 듯 높이 솟은 몰레 안토넬리아나를 만나게 된다. 몰레 안토넬리아나는 해 지기 전 오후에 가야 제대로 구경할 수 있고 사람도 적은 편이다.

도보 추천 코스

1. 이집트 박물관
   ▼ 도보 9분
2. 두오모
   ▼ 도보 3분
3. 마다마 궁전
   ▼ 도보 2분
4. 왕궁
   ▼ 도보 12분
5. 몰레 안토넬리아나

추천 볼거리
SIGHTSEEING

이집트 박물관
Museo Egizio ★★

MAP p.351-B

이집트의 소중한 유물을 만날 수 있는 곳

2014년 레노베이션을 마치고 새롭게 태어난 이집트 박물관은 이집트에 있는 카이로 박물관 다음으로 이집트 유물을 많이 소장하고 있다. 주요 전시물은 람세스 2세의 석상을 비롯해 미라, 석관, 스핑크스, 파피루스 등으로 2만 7000여 점에 이르는 유물을 교대로 전시한다. 전시실은 2개 층으로 이루어져 있으며 1층에는 고대 왕실과 선사 시대의 유물이, 2층에는 앗수르와 중세 황제 시기의 유물이 전시되어 있다. 상형문자를 해독한 프랑스의 이집트학자 장 프랑수아 샹폴리옹이 "멤피스와 테베스로 향하는 길이 토리노에 있다"는 말을 남겼을 정도로 중요한 유물이 많으며 대강 둘러봐도 2시간 이상 걸릴 만큼 방대한 규모를 자랑한다.

찾아가기 토리노 포르타 누오바역에서 도보 10분
주소 Via Accademia delle Scienze, 6
문의 011 561 7776
운영 월요일 09:00~14:00, 화~일요일 09:00~18:30
요금 일반 €15, 만 70세 이상 €12, 만 15~18세·대학생 €3
홈페이지 www.museoegizio.it

두오모
Duomo ★

MAP p.351-A

예수의 수의를 보관한 토리노의 대성당

정식 명칭은 산 조반니 대성당(Cattedrale di San Giovanni Battista)으로 15세기 말 르네상스 양식으로 지었다. 이 성당은 예수의 수의가 보관된 곳으로 유명하다. 십자가에 못 박혀 죽은 예수를 감쌌던 길이 4m의 아마포로 당시 예수가 썼던 가시 면류관의 흔적, 손목과 발목에 박혔던 못 자국 등이 남아 있다. 일각에서 이슬람 교인들이 만든 가짜 수의라는 주장이 있어 방사성탄소연대측정법으로 측정한 결과 1390년경에 만든 것이라는 의견도 있다. 그러나 진위 여부에 상

관없이 25년마다 공개하는 이 수의에 대한 관심은 대단해서 2000년에는 200만 명 이상의 신도들이 모여들었다고 한다.

찾아가기 토리노 포르타 누오바역에서 도보 16분
주소 Piazza San Giovanni **문의** 011 436 1540
운영 월~금요일 10:00~12:30, 16:00~19:00, 토요일 09:00~13:00, 15:00~19:30, 일요일 08:00~13:00, 15:00~19:30

마다마 궁전 ★
Palazzo Madama

MAP p.351-B

지금은 박물관이 된 옛 궁전

13세기의 궁전으로 왕궁 쪽에서 보면 바로크 스타일의 화려한 궁전으로 보이지만, 뒤쪽으로 돌아가면 견고한 성채의 모습을 볼 수 있다. 19세기에는 상원 의사당으로 사용되기도 했으나 현재는 고대 예술 박물관이 되어 회화와 조각 등 다양한 예술품을 전시하고 있다.

찾아가기 토리노 포르타 누오바역에서 도보 13분
주소 Piazza Castello **문의** 011 443 3501
운영 매일 09:30~17:30
휴무 화요일
요금 일반 €10, 대학생 €8, 만 18세 이하 무료
홈페이지 www.palazzomadamatorino.it

왕궁 ★★
Palazzo Reale

MAP p.351-B

토리노의 찬란했던 지난날을 엿보다

17세기에 지은 사보이 왕가의 궁전으로 19세기까지 궁전으로 쓰였다. 내부는 화려한 볼거리로 가득한데 프랑스에서 생산한 태피스트리와 금빛 장식이 벽면을 채우고 있다. 중국과 일본 등에서 가져온 꽃병과 군사들이 사용하던 병기 컬렉션 등에서 왕실의 위엄이 느껴진다.

찾아가기 토리노 포르타 누오바역에서 도보 15분
주소 Piazzetta Reale, 1 **문의** 011 436 1455
운영 화~일요일 10:00~19:30 *목요일 22:30까지(문 닫기 30분 전까지 입장) **휴무** 월요일
요금 일반 €15, 만 18~25세 €13(만 18세 이하 무료)
홈페이지 www.ilpalazzorealeditorino.it

몰레 안토넬리아나
Mole Antonelliana

★★

MAP p.351-B

토리노의 랜드마크

토리노에서 가장 눈에 띄는 건물로, 이 건물 이미지가 2006년 토리노 동계 올림픽 공식 엠블럼으로 채택되었으며 이탈리아의 2센트짜리 동전에서도 볼 수 있다. 1863년 건축가 알레산드로 안토넬리가 유대교 회당으로 짓기 시작했는데, 돔 높이를 원래 계획보다 47m 높은 113m로 변경하는 과정에서 건축주와의 불화 및 재정 문제를 겪다가 1869년 공사가 중단되었다. 이후 1873년 토리노시가 중재에 나서 이 건물을 인수했으며 다시 안토넬리가 건축을 맡아 높이 167m에 이르는 지금의 모습으로 완성했다. 1961년 이탈리아 통일 100주년을 기념해 꼭대기까지 올라가는 엘리베이터와 전망대를 설치했다. 2000년 7월부터는 국립 영화 박물관으로 이용하고 있다.

찾아가기 토리노 포르타 누오바역에서 도보 20분
주소 Via Montebello, 20
문의 011 813 8560
운영 전망대 09:00~19:00
휴무 화요일
요금 국립 영화 박물관+임시 전시 일반 €12, 만 26세 이하 €10
홈페이지 www.museocinema.it

Plus Info

자동차 박물관
Museo Nazionale dell'Automobile

피아트 설립자 중 한 사람인 로베르토 비스카레티와 체이라노(Ceirano) 설립자인 체사레 가티가 1932년 처음 계획한 박물관으로 1960년 대중에게 모습을 드러냈다. 시사 주간지 〈타임지〉에서 선정한 세계 50대 박물관 중 35위에 오를 만큼 명성이 높다. 1769년에 생산한 증기 자동차부터 미국에서 최초로 상용화된 1916년 포드자동차의 모델 T, 500리라 이하의 차를 만들라는 무솔리니의 명으로 1936년에 탄생한 피아트 500토플리노, 이탈리아가 생산하는 알파로메오, 페라리까지 85개 브랜드에서 생산한 200여 종의 차를 한자리에서 구경할 수 있다.

찾아가기 메트로 1호선 Lingotto역에서 도보 10분
주소 Corso Unità d'Italia, 40 **문의** 011 677 666
운영 월요일 10:00~14:00, 화요일 14:00~19:00, 수~목·일요일 10:00~19:00, 금~토요일 10:00~21:00
요금 일반 €12, 대학생·만 6~18세·만 65세 이상 €10
홈페이지 www.museoauto.it

추천 레스토랑 & 카페

포르토 디 사보나 리스토란테 토리노
Porto di Savona Ristorante Torino

MAP p.351-B

소박한 시골 밥상이 정겨운 곳

1863년에 문을 연 토리노를 대표하는 전통 레스토랑. 이곳을 찾은 명사들의 사진이 벽면 가득 붙어 있는 실내석과 야외 테라스석으로 나뉘어 있다. 피에몬테 스타일의 튀김과 디저트로 티라미수를 추천한다. 늘 사람이 많아 미리 예약을 하거나 식사 시간보다 조금 이른 시간에 가는 게 좋다.

찾아가기 토리노 포르타 누오바역에서 도보 22분(몰레 안토넬리아나에서 도보 5분)
주소 Piazza Vittorio Veneto, 2
문의 011 817 3500
영업 매일 12:15~14:30, 19:15~22:30 **예산** €20~30

일 치르콜로 데이 레토리
Il Circolo dei Lettori

MAP p.351-B

사랑방 같은 정겨운 분위기의 레스토랑

2006년 피에몬테 지역 문화 담당 관청의 지원을 받아 조성한 문화 공간 그라네리 델라 로차 궁전(Palazzo Graneri della Roccia) 내에 있다. 아티스트의 초상화로 가득 채워진 벽면이 인상적인 실내에서 스테파노 판티 셰프가 선보이는 다양한 테마의 음식을 즐길 수 있다. 송아지 요리와 5코스로 나오는 셰프 추천 메뉴를 추천한다.

찾아가기 토리노 포르타 누오바역에서 도보 14분(이집트 박물관에서 도보 4분) **주소** Via Giambattista Bogino, 9
문의 011 432 6827 **영업** 화~토요일 12:00~14:00, 19:00~21:30 **휴무** 일 · 월요일
예산 €40~ **홈페이지** www.circololteeori.it

카페 토리노 Caffe Torino

MAP p.351-B

토리노를 대표하는 품위 있는 카페

1903년에 문을 열어 정치인과 유명인들의 사교 장소로 애용되었다. 지금도 토리노의 명물 카페로 현지인들의 발길이 끊이지 않는다. 카페와 함께 식사를 즐길 수 있는 레스토랑도 운영한다.

찾아가기 토리노 포르타 누오바역에서 도보 8분(이집트 박물관에서 도보 4분) **주소** Piazza San Carlo, 204
문의 011 545 118 **영업** 08:00~24:00 **예산** €2~

오르소 라보라토리오 카페
Orso Laboratorio Caffè

MAP p.351-B

토리노에서 즐기는 소규모 생산자들의 커피

오너가 전 세계를 여행하며 찾아낸 소규모 생산자들의 커피를 토리노 사람들에게 소개하는 카페. 에티오피아, 인도네시아, 자메이카, 네팔 등에서 생산한 원두로 내린 커피를 맛볼 수 있다. 브라질, 니카라과, 에티오피아산 아라비카 원두를 블렌딩한 커피는 꼭 한번 마셔보자.

찾아가기 토리노 포르타 누오바역에서 도보 7분
주소 Via Claudio Luigi Berthollet 30/g
문의 011 264 3553
영업 매일 07:45~18:30
예산 €3~
홈페이지 www.orsolaboratoriocaffe.it

추천 쇼핑

콘페테리아 아비냐노
Confetteria Avvignano

MAP p.351-B

토리노를 대표하는 초콜릿 가게

1883년 초콜릿과 캔디를 파는 가게로 문을 열어 지금까지 인기를 이어가고 있는 초콜릿 전문점이다. 이곳의 역사를 말해주는 우아하고 기품 있는 분위기의 가게 안에는 알록달록한 포장의 초콜릿이 가득 진열돼 있다. 특히 부활절이나 크리스마스 때면 선물용 초콜릿을 사기 위해 오는 사람들로 발 디딜 틈이 없으며, 초콜릿의 도시 토리노의 기념품으로 제격이어서 여행자들의 발걸음도 끊이지 않는다.

찾아가기 토리노 포르타 누오바역에서 도보 2분
주소 Piazza Carlo Felice, 50 문의 011 541 992
영업 월요일 15:30~19:30, 화~금요일 09:00~19:30, 토요일 09:00~12:30, 15:00~19:30 휴무 일요일
홈페이지 www.confetteria-avvignano.it

플라잉 타이거 코펜하겐
Flying Tiger Copenhagen

강추

MAP p.351-A

감각적인 디자인 제품에 실용성까지

덴마크에서 탄생한 생활용품 전문점으로 참신한 디자인과 합리적인 가격으로 인기를 얻고 있다. 주방용품, 어린이용품, 사무용품, 인테리어 소품 등 일상에서 필요한 모든 분야의 제품을 판매한다. 평일에 가야 한가하게 쇼핑을 즐길 수 있다.

찾아가기 토리노 포르타 누오바역에서 도보 22분(몰레 안토넬리아나에서 도보 5분)
주소 Via Po, 36
문의 011 817 4081
영업 매일 10:00~20:00

다마르코 Damarco

MAP p.351-A

피에몬테 와인을 사랑한다면 이곳으로

피에몬테 지역의 와인을 가장 많이 보유한 와인숍. 4000여 종의 와인과 위스키 중 선택할 수 있다. 바롤로, 바르베레스코를 비롯해 합리적인 가격대의 와인은 물론, 식료품점을 겸하고 있어 올리브 오일이나 발사믹 식초, 커피 등을 함께 구입하기 좋다.

찾아가기 토리노 포르타 누오바역에서 도보 22분(두오모에서 도보 4분) 주소 Piazza della Repubblica, 4
문의 011 436 1086 영업 월·화·목·금요일 09:00~13:00, 15:30~19:30, 수요일 09:00~13:00, 토요일 09:00~19:30 휴무 일요일 홈페이지 www.damarco.it

추천 숙소

토리노 카스텔로 호텔
CHC Hotel Torino Castello

MAP p.351-A

비즈니스 여행자에게 추천하고 싶은 호텔

토리노시의 중심부에 자리 잡은 호텔로 19세기 말에 지어진 고풍스런 건물을 효율적으로 리노베이션했다. 주요 쇼핑가인 가리발디 거리와 포르타 누오바 기차역, 이집트 박물관, 몰레 안토넬리아나와 같은 관광 명소와 인접하여 이동성이 편리하며 48개의 객실은 클래식, 슈페리어, 디럭스와 같은 카테고리로 나뉘어 있다. 나무 바닥으로 마감된 따뜻한 분위기의 객실에는 와이파이, 금고, 커피포트 등이 있고 풍성한 아침 뷔페가 제공된다.

주소 Via XX Settembre 70 문의 011 072 0900
홈페이지 https://www.gruppochc.it/torinocastello.php

프린시피 디 피에몬테
Principi di Piemonte

MAP p.351-B

편리한 교통이 장점인 럭셔리 호텔

기차역에서 가깝고 이집트 박물관을 비롯한 주요 볼거리가 모여 있는 카스텔로 광장까지 도보 10분 이내에 갈 수 있어 편리하다. 5성급 호텔답게 고급스러운 객실과 격조 높은 레스토랑, 스파 등의 부대시설을 갖추고 있다.

총 99개의 객실은 디럭스, 주니어 스위트, 스위트 등 다양한 룸 타입으로 나뉘어 있어 선택의 폭이 넓다.

찾아가기 토리노 포르타 누오바역에서 도보 6분
주소 Via Piero Gobetti, 15 문의 011 55151
요금 싱글·더블 €220~ 홈페이지 www.atahotels.it

AC 호텔 토리노
AC Hotel Torino

MAP p.351-B

컨벤션 센터와 가까워 비즈니스맨들에게 인기

1908년에 지은 파스타 공장을 레노베이션해 80개의 객실을 갖춘 중형 호텔로 문을 열었다. 무선 인터넷, 사무용 책상, TV, 에어컨 등 편의 시설이 잘 갖춰져 있고 부대시설로는 레스토랑, 바, 피트니스 센터 등이 있다. 토리노 시내에서는 멀지만 메트로 역이 가까워 불편하지 않다.

찾아가기 메트로 1호선 Spezia역에서 도보 4분
주소 Via Bisalta, 11 문의 011 639 5091
요금 싱글·더블 €107~
홈페이지 www.hotelactorino.com

호텔 NH 토리노 링고토 테크
Hotel NH Torino Lingotto Tech

MAP p.351-B

옛 피아트 자동차 공장을 개조한 4성급 호텔

파리의 퐁피두 센터를 설계한 렌초 피아노가 디자인했다. 객실은 군더더기 없는 깔끔한 스타일이며 기능성을 살린 가구가 놓여 있다. 아침 식사는 뷔페식으로 제공하며 넓고 쾌적한 레스토랑은 토리노 시민들의 가족 외식 장소로 사랑받는다.

찾아가기 메트로 1호선 Spezia역에서 도보 6분
주소 Via Nizza, 230 문의 011 664 2000
요금 싱글·더블 €98~
홈페이지 www.nh-hotels.it

알프스 골짜기에 자리한 평화로운 도시
베르가모 Bergamo

밀라노에서 동쪽으로 45km 떨어져 있는 베르가모는 풍광이 아름다운 도시로 알프스산맥 남쪽 보강 유역 평야에 위치한다. 약 12만 명이 거주하는 아담한 이 도시는 면직물 공업과 철강, 알루미늄 공업이 발달했다. 고대 갈리아인이 도시를 형성했으며 이후 롬바르디아 공국의 수도였다가 비스콘티의 지배에서 벗어난 1264년부터 교통의 요충지라는 지리적 특성으로 약 5세기에 걸쳐 베네치아의 지배를 받았다. 그 이후로는 프랑스, 오스트리아에 차례로 점령당했으며 1859년에 이탈리아로 통일되었다. 해발 365m의 언덕에 5km 길이의 성곽으로 둘러싸인 구시가는 아름다운 중세 도시의 모습을 고스란히 간직하고 있어 많은 여행자들이 찾는다.

Check

여행 포인트
관광 ★★★
미식 ★★
쇼핑 ★

교통
도보 ★★★
버스 ★
푸니콜라레 ★

구역 정보
베르가모는 구시가와 신시가로 나뉘는데 주요 볼거리는 구시가에 모여 있어 기차역에서 구시가로 바로 이동해 관광하는 것이 효율적이다.

가는 법

 비행기

라이언에어, 위즈에어, 페가수스 등의 저가 항공이 리스본, 이스탄불, 런던, 나폴리, 프라하 등 유럽 주요 도시에서 오리오 알 세리오(Orio al Serio) 국제공항(베르가모 공항 또는 카라바조 공항이라고도 함)까지 운항한다. 공항에서 베르가모 시내까지는 베르가모 교통국 소속의 1번 시내버스로 이동한다.

• **1번 버스**

주요 운행 구간 오리오 알 세리오 공항-베르가모역-푸니콜라레-치타알타(구시가)
소요 시간 공항에서 베르가모역까지 16분
요금 €2.30(90분간 유효)

 열차

밀라노에서 Frecciarossa 열차를 타고 가는 것이 일반적이다. 약 50분 소요되며 요금은 €9.90~.

시내 교통

베르가모 시내에서는 도시 구석구석을 연결해주는 버스를, 구시가에서 신시가로 갈 때는 체력 안배를 위해 푸니콜라레를 추천한다. 버스와 푸니콜라레 승차권은 공통이며(1회권 75분간 유효) 단테 광장이나 모데나역에서 구입 가능하다. 버스에 탈 때 운전기사에게 구입할 수도 있지만 더 비싸다.

운행 06:00~20:30(노선마다 약간씩 다름)
요금 1회권(시내 1존) €1.50(차내에서 구입 시 €2), 10회권 €12.50
홈페이지 www.setaweb.it/mo

> **INFO**
>
> ♦ **관광안내소 IAT Bergamo**
> 찾아가기 베르가모역에서 도보 13분
> 주소 Via Gombito, 13
> 문의 035 242226
> 운영 09:30~17:30
> 홈페이지 www.visitbergamo.net

거리 가이드

해발 365m 언덕에 위치한 구시가 치타알타(Città Alta)와 해발 249m에 위치한 신시가 치타바사(Città Bassa)로 나뉘며 두 지구 사이는 푸니콜라레(등산 열차)로 연결된다. 기차역에서 구시가로 곧장 가려면 시내버스 1번을 타고 푸니콜라레 치타알타역까지 가서 푸니콜라레로 갈아타고 푸니콜라레 치타바사역에 내리면 된다. 역에서 나와 곰비토 거리(Via Gombito)를 따라 가면 구시가의 중심인 베키아 광장(Piazza Vecchia)이 나온다. 광장 중앙에는 콘타리니 분수(Fontana del Contarini)가 있으며 주변에 시민의 탑(Torre Civica), 지금은 도서관으로 사용하는 팔라초 누오보(Palazzo Nuovo), 이탈리아에서 가장 오래된 시청사인 라조네 궁전(Palazzo della Ragione) 등이 있다. 도보 10분 이내의 거리에 주요 명소가 모여 있어 반나절이면 돌아볼 수 있다.

추천 코스

1. 산타 마리아 마조레 성당
   ▼ 도보 1분
2. 콜레오니 예배당
   ▼ 도보 3분
3. 도니체티 박물관

추천 볼거리 SIGHTSEEING

산타 마리아 마조레 성당 ★★
Basilique Santa Maria Maggiore de Bergamo

MAP p.359-A

도니체티의 묘가 안치된 성당

콜레오니 예배당 바로 옆에 있는 성당으로 12세기에 로마네스크 양식으로 지었으며 16세기에 바로크 양식을 추가했다. 1110년에 유럽을 덮친 전염병 페스트로부터 베르가모를 지켜달라는 기도가 이뤄지면 성당을 짓겠다고 한 데서 비롯되었다. 정문 앞에는 붉은색 대리석으로 만든 사자상이 서 있다. 성당 내부의 주요 볼거리로는 로렌초 로토의 데생과 베르가모를 대표하는 오페라 작곡가 도니체티의 무덤이 있다.

찾아가기 푸니콜라레 치타바사역에서 도보 3분
주소 Piazza Duomo 문의 035 223327
운영 월~금요일 09:00~12:30, 14:30~18:00, 토~일·공휴일 09:00~18:00
홈페이지 www.fondazionemia.it

콜레오니 예배당
Cappella Colleoni ★★

MAP p.359-A

콜레오니와 그의 딸 무덤이 있는 곳

이탈리아의 건축가이자 조각가인 조반니 아마데오가 설계한 성당으로 1470년에 완성했다. 아마데오는 롬바르디아 지방에 초기 르네상스 양식을 전파했으며 밀라노 대성당 건축에도 참여했다. 산타 마리아 마조레 성당의 성구실을 허문 자리에 지은 콜레오니 예배당은 기하학적 문양의 붉은색과 검은색, 흰색의 대리석으로 마감한 파사드가 인상적이다. 내부에는 바르톨로메오 콜레오니와 그의 딸 메데아의 무덤이 아름다운 프레스코화에 둘러싸여 있다. 콜레오니는 15세기에 가장 앞선 전략가라는 명성을 얻은 베네치아 공화국의 총사령관이자 베르가모를 지배하던 영주이다.

찾아가기 푸니콜라레 치타바사역에서 도보 3분
주소 Piazza Duomo 문의 035 210061
운영 3~10월 09:30~12:30, 14:00~18:00, 11~2월 09:30~12:30, 14:00~16:30 휴관 월요일

도니체티 박물관
Museo Donizettiano ★★★

MAP p.359-A

베르가모가 낳은 위대한 작곡가를 기리는 공간

베르가모에서 태어난 오페라 작곡가이면서 19세기 이탈리아 오페라의 황금기를 이끈 도니체티의 생가. 도니체티의 삶을 되돌아볼 수 있는 박물관과 도니체티 음악원

이 함께 있다. 전당포 관리인의 세 아들 중 막내였던 도니체티는 산타 마리아 마조레 성당의 오르간 주자인 시몬 마이어에게 음악을 배우고 볼로냐 음악원에서 수학했으며 군 제대 후 이탈리아의 여러 도시에서 작곡가로 이름을 날리기 시작했다. 선배인 로시니와 달리 속필로 유명한 도니체티의 전성기는 1830년대였는데 우리에게 잘 알려진 〈안나볼레나〉, 〈사랑의 묘약〉, 〈연대의 딸〉, 〈돈 파스콸레〉 등의 오페라를 잇따라 작곡하면서 명성을 얻어 나폴리 음악원 원장이 되기도 했다. 빈과 파리 등에서 활약하던 그는 파리에서 조현증으로 고생하다가 베르가모로 돌아와 1848년에 생을 마감했다. 아담한 규모의 박물관 내부에는 도니체티가 사용하던 책상과 의자를 비롯한 일상용품, 육필 악보, 초상화 등이 전시되어 있다. 신시가에는 도니체티 극장과 기념비(카부르 광장 15번지)가 세워져 있다.

찾아가기 푸니콜라레 치타바사역에서 도보 5분
주소 Via Arena, 9 문의 035 247116
운영 화~금요일 10:00~13:00, 토~일요일·공휴일 10:00~13:00, 15:00~18:00 휴무 월요일, 1/1, 12/25
요금 일반 €5, 만 26세 이하 학생 €3, 만 18세 이하 무료
홈페이지 www.museodellestorie.bergamo.it

추천 레스토랑

타베르나 델 콜레오니
Taverna del Colleoni

MAP p.359-A

음식 맛과 격조 있는 분위기로 사랑받는 곳

오랫동안 변함없는 음식 맛으로 현지인들에게 사랑받는 이탈리아 전통 레스토랑. 쾌적하게 식사를 즐길 수 있는 넓은 홀과 친절하게 응대하는 종업원들의 숙련된 서비스도 만족스럽다. 트뤼플을 넣은 달팽이 요리, 고기를 넣어 만든 베르가모식 라비올리, 옥수수 가루를 끓인 죽인 폴렌타를 곁들여 내는 소 볼살 스테이크를 선보인다.

찾아가기 푸니콜라레 치타바사역에서 도보 4분
주소 Piazza Vecchia, 7 **문의** 035 027 6436
영업 화~목요일 12:00~15:00, 18:00~23:00, 금요일 12:00~15:00, 18:00~24:00, 토~일요일 12:00~24:00 **휴무** 월요일
예산 점심 2코스 €25, 3코스 €35, 저녁 5코스 €50
홈페이지 www.colleonidellangelo.com

랄리멘타리 Lalimentari

MAP p.359-A

소박하지만 깊은 맛이 느껴지는 전통 요리

테라스석에서 따스한 햇살을 맞으며 식사를 즐길 수 있는 맛집. 글루텐을 사용하지 않은 이탈리아 요리를 선보여 현지인들이 즐겨 찾는 곳이다. 애피타이저로는 파르마 햄과 멜론을, 메인 메뉴로는 폴렌타를 곁들인 토끼 요리, 디저트로는 마스카르포네 치즈와 신선한 달걀로 만든 티라미수를 추천한다. 셰프가 정성스럽게 차려내는 요리는 소박하지만 깊은 맛이 느껴진다.

찾아가기 푸니콜라레 치타바사역에서 도보 4분
주소 Piazza Vehhia, 12 **문의** 035 233 043
영업 08:00~익일 01:00 **예산** €20~30
홈페이지 www.lalimentari.it

추천 숙소

콰렝기 16 비앤비 Quarenghi 16 B&B

쾌적하고 깨끗한 현지인 민박

대형 저택 2채를 연결해 만든 현지인 민박. 2017년 2월에 문을 열었으며 웬만한 호텔 버금가는 쾌적한 시설을 갖추었다. 객실은 더블 룸, 트윈 룸, 패밀리 룸 등으로 이루어졌으며 객실마다 샤워실, 옷장, 헤어드라이어 등이 구비되어 있어 머무는 데 불편함이 없다. 아침 식사로는 빵, 과일, 치즈, 시리얼, 커피 등을 차려준다.

찾아가기 베르가모역에서 도보 12분
주소 Via Giacomo Quarenghi, 16
문의 0375 500 7783 **요금** 싱글·더블 €90~
홈페이지 www.quarenghi16.com

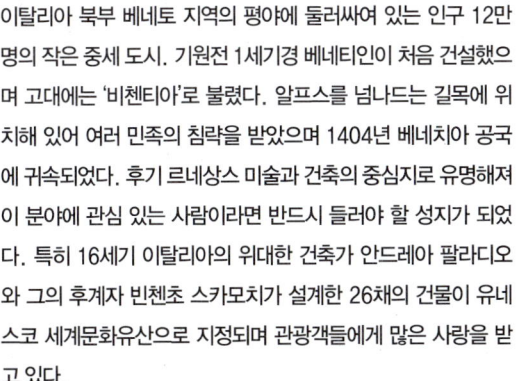

06
유네스코가 사랑한 도시
비첸차 Vicenza

이탈리아 북부 베네토 지역의 평야에 둘러싸여 있는 인구 12만 명의 작은 중세 도시. 기원전 1세기경 베네티인이 처음 건설했으며 고대에는 '비첸티아'로 불렸다. 알프스를 넘나드는 길목에 위치해 있어 여러 민족의 침략을 받았으며 1404년 베네치아 공국에 귀속되었다. 후기 르네상스 미술과 건축의 중심지로 유명해져 이 분야에 관심 있는 사람이라면 반드시 들러야 할 성지가 되었다. 특히 16세기 이탈리아의 위대한 건축가 안드레아 팔라디오와 그의 후계자 빈첸초 스카모치가 설계한 26채의 건물이 유네스코 세계문화유산으로 지정되며 관광객들에게 많은 사랑을 받고 있다.

Check

여행 포인트
관광 ★★
건축 ★★★

교통
도보 ★★★

구역 정보
비첸차는 도시 규모가 작은 편이라 시뇨리 광장을 중심으로 걸어 다니면서 돌아볼 수 있다. 관광하는 데 반나절이면 충분하니 베로나와 묶어서 여행하는 것도 좋다.

가는 법

 열차

밀라노, 베로나, 베네치아, 파도바 등에서 열차가 수시로 운행한다. 비첸차에서 가장 가까운 주요 도시인 베네치아에서 직행열차(레조날레)가 수시로 운행한다. 비첸차역(서쪽)에서 시내 중심의 볼거리 중 가장 멀리 있는 올림피코 극장(동쪽)까지는 도보 20여 분 거리로 산책 삼아 걷기에 좋다. 베네치아로 돌아오는 길에 시간이 남으면 파도바에 잠시 들러보자.

홈페이지 www.trenitalia.com

비첸차-주요 도시 간 열차 운행 정보

출발지	열차 종류	소요 시간	요금
파도바	Regionale Veloce	17분	€4.6~
베네치아	Regionale	1시간 16분	€6.7~
베로나	Regionale	39분	€6.10~
밀라노	Frecciarossa	1시간 39분	€11.90~

INFO

◆ 관광안내소 IAT Vicenza

올림피코 극장, 키에리카티 궁전을 비롯하여 비첸차 내 7개의 주요 박물관에 입장할 수 있는 통합 티켓(Biglietto Unico, 일반 €15)을 사는 것이 경제적이며 이곳에서 구입할 수 있다. 비첸차 카드 €20, 뮤지엄 카드 €15.
주소 Piazza Matteotti 12
문의 0444 320 854 운영 09:00~18:00
홈페이지 www.vicenzae.org/en

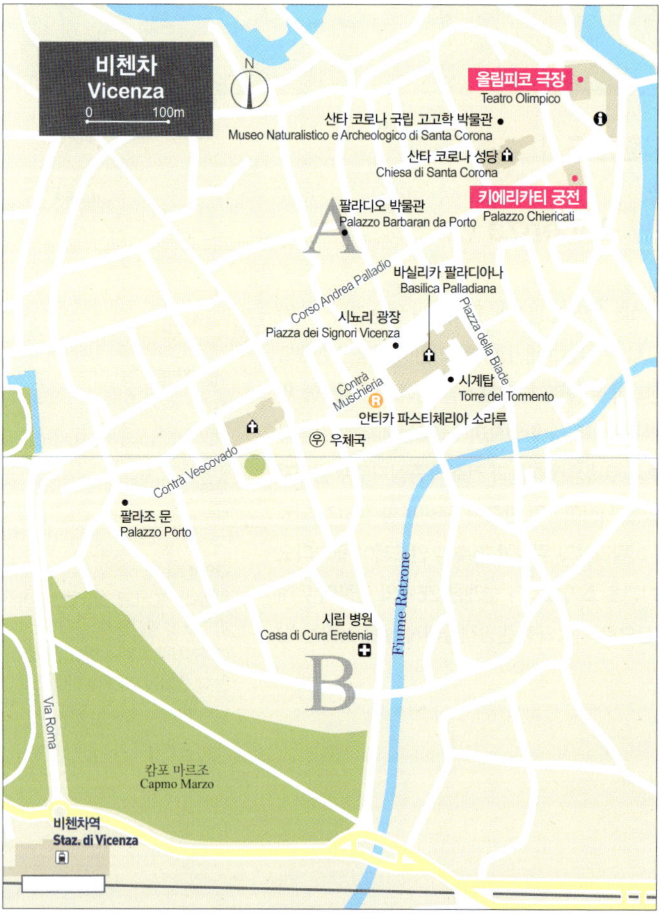

거리 가이드

비첸차의 주요 명소들을 둘러보는 데는 튼튼한 두 다리면 충분하다. 기차역에서 나와 정면으로 뻗어 있는 로마 거리(Viale Roma)를 따라 걷다가 오른편의 고리치아 거리(Via Gorizia)로 접어들어 쭉 걷다 보면 시뇨리 광장에 이른다. 광장을 중심으로 안드레오 팔라디오의 건축물이 줄지어 있으며 비첸차의 관광 명소 대부분은 도보 10분 이내로 갈 수 있다.

도보 추천 코스

1. 시뇨리 광장
 ▼ 도보 1분
2. 바실리카 팔라디아나
 ▼ 도보 6분
3. 올림피코 극장
 ▼ 도보 1분
4. 키에리카티 궁전
 ▼ 도보 3분
5. 산타 코로나 성당

추천 볼거리 SIGHTSEEING

시뇨리 광장 ★★
Piazza dei Signori Vicenza

MAP p.364-A

비첸차의 중심 광장

12세기의 건물이 옹기종기 모여 있는 비첸차의 중심이 되는 광장. 광장에 자리한 바실리카 팔라디아나와 82m에 달하는 시계탑(Torre del Tormento)은 1172년에 짓기 시작해 1444년에 완성했다. 시계탑 꼭대기에는 베네치아 공화국의 상징인 날개 달린 사자 조각이 있으며 그 맞은편에는 이 도시가 낳은 위대한 건축가 안드레오 팔라디오 동상이 서 있다.

찾아가기 비첸차역에서 도보 11분
주소 Piazza dei Signori

바실리카 팔라디아나 ★
Basilica Palladiana

MAP p.364-A

비첸차의 상징인 건물

12세기 이전에 존재했던 '팔라초 델라 라조네'라고 불리던 고딕 양식의 정부 청사 건물 일부가 자체 하중을 이기지 못해 무너지기 시작했다. 이후 50년이나 방치되었다가 1546년 팔라디오 안드레아가 공사에 착수하여 르네상스 건축 양식으로 완성했으며 내부는 크게 손대지 않았다. 그리고 고대 로마에 대한 경의를 표하기 위해 '바실리카'라는 이름을 붙였다고 한다. 고대 그리스·로마의 건축과 미술 양식을 따른 것이 특징으로 도리아식, 이오니아식 원주의 외관이 도드라진다. 현재 비첸차시의 행사와 전시가 열리는 대형 홀만 일반에 공개한다. 맞은편에는 과거 베네치아 총독 관저였으며 현재는 시청사로 이용하는 로자 델 카피타니오(Loggia del Capitanio)가 있다. 이 건물은 1565년 비첸차시에서 안드레오 팔라디오에게 설계를 의뢰했으며 1572년 이후

공사가 중단되었고 1930년 철거될 위기에 놓이기도 했다. 다행히 미완성인 채로 남아 비첸차의 상징이 되었으며 1994년 유네스코 세계문화유산으로 지정되었다.

찾아가기 비첸차역에서 도보 11분
주소 Piazza dei Signori **문의** 0444 222 850
운영 테라스 5/1~9/2 화~목요일 10:00~13:00, 17:00~24:00, 금요일 10:00~13:00, 17:00~01:00, 토요일 10:00~01:00, 일요일 10:00~24:00, 9/4~9/30 화~목요일 10:00~13:00, 17:00~22:00, 금요일 10:00~13:00, 17:00~01:00, 토요일 10:00~13:00, 17:00~01:00, 일요일 10:00~13:00, 17:00~22:00, 10/2~11/4 화~일요일 10:00~13:00, 17:00~20:00
휴무 월요일, 11/5~4/23
요금 일반 €5, 만 25세 이하 학생 €2
홈페이지 www.basilicapalladiana.vi.it

올림피코 극장
Teatro Olimpico
★★★

MAP p.364-A

유럽 최초의 근대 실내 극장

1580년 건축을 시작해 5년에 걸쳐 완공한 세계 최초의 근대식 실내 극장으로 안드레아 팔라디오가 건축했다. 감옥이자 화약 보관소로 사용하던 중세 성채가 있던 자리에 세웠다. 유럽 건축사에 한 획을 그은 안드레오 팔라디오의 마지막 작품으로도 알려져 있다. 하지만 팔라디오는 건축을 시작하고 나서 얼마 안 되어 사망했으며 실제 건축을 마무리한 것은 그의 제자 빈첸초 스카모치였다. 1585년 이곳에서 공연한 최초의 흥행 작품은 〈오이디푸스 왕〉으로 알려져 있다. 2000명을 수용할 수 있는 반원형 극장은 계단 모양의 객석 위를 콜로네이드 난간으로 장식한 구조이다. X자형 구도로 만들어 착시 현상을 일으키는 반원형 무대가 있는데 투시 화법을 도입한 고대 로마 극장을 연상케 한다. 제2차 세계대전 당시 연합군의 포화에도 피해를 입지 않고 기적적으로 살아남았다. 섬세한 목조 건축물이 상하지 않도록 일반 관람 외에 공연은 난방을 하지 않는 여름철에 주로 열리며 매해 9월에는 오페라와 음악회가 열린다.

찾아가기 비첸차역에서 도보 18분
주소 Piazza Matteotti, 11 **문의** 0444 964380
운영 9~6월 화~일요일 09:00~17:00, 7~8월 10:00~18:00(문 닫기 30분 전에 입장 마감)
휴무 월요일, 12/25, 1/1 **요금** 일반 €11
홈페이지 www.teatrolimpicovicenza.it/en

키에리카티 궁전
Palazzo Chiericati
★★★

MAP p.364-A

지롤라모 키에리카티 공작을 위한 웅장한 건물

목재와 소 시장 부지였던 곳에 건축한 궁전으로 1550년에 안드레아 팔라디오가 짓기 시작했으나 팔라디오가 죽고 그의 후임을 맡은 건축가 카를로 보렐라가 1680년에 완성했다. 이 건물은 그리스식 열주랑이 특징으로 키에리카티 가문이 1839년에 비첸차시에 매각했다. 이후 영국 그리니치에 있는 퀸스 하우스의 원형이 되기도 했으며 1855년부터 시립 박물관으로 사용하고 있다. 소장품은 베네치아 화파부터 18세기 말기의 그림이 주를 이루며 틴토레토, 반다이크, 마네, 피카소, 자코메티 등의 작품을 감상할 수 있다. 특히 파올로 베로네세의 〈아기 예수를 안은 성모 마리아〉, 한스 멤링의 〈십자가의 처형 3부작〉 등이 유명하다.

찾아가기 비첸차역에서 도보 17분
주소 Piazza Giacomo Matteotti, 37/39
문의 0444 222 811 **운영** 6~9월 10:00~18:00, 9~6월 09:00~17:00 *마지막 입장 문 닫기 30분 전까지
휴무 월요일, 12/25, 1/1 **요금** 일반 €7

니의 명작으로 알려진 〈그리스도의 세례〉가 유명하다. 1713년에 이 성당에서 비발디의 연주회가 열린 것으로 전해지며, 제2차 세계대전 당시 피해를 입은 후 일부는 현재까지 복구되지 않았다.

찾아가기 비첸차역에서 도보 16분
주소 Contrà Santa Corona, 2 **문의** 044 4320854
운영 9~6월 화~일요일 09:00~17:00, 7~8월 10:00~18:00(문 닫기 30분 전에 입장 마감)
휴무 월요일, 12/25, 1/1 **요금** 일반 €3
홈페이지 www.museicivicivicenza.it/en

산타 코로나 성당
Chiesa di Santa Corona ★★

MAP p.364-A

조반니 벨리니의 명작으로 유명

루이 9세가 비첸차의 주교에게 선물한 성유물을 보관하기 위해 1261년 도미니크 수도원 건물로 지었다. 비첸차에서 가장 중요한 성당 중 하나로 꼽히며 현재 고고학 박물관으로 이용하고 있다. 벽돌로 지은 파사드를 통해 안으로 들어가면 안드레아 팔라디오가 설계한 작은 예배 처소가 토굴 안에 자리하고 있다. 고딕 구조로 이루어진 실내에는 대리석으로 만든 세밀화가 그려진 재단 중앙의 〈최후의 만찬〉이 인상적이며 조반니 벨리

추천 카페 & 바

안티카 파스티체리아 소라루
Antica Pasticceria Sorarù

MAP p.364-A

뿌리칠 수 없는 달콤한 유혹

인테리어 소품과 장식장이 오랜 역사를 말해주는 제과점으로 1800년대 중반에 처음 문을 열었다. 주인장은 모든 제품을 정성을 쏟아 만드는 것이 오랜 전통을 유지하는 비결이라고 말한다. 비스킷, 베이커리, 커피 등 다양한 메뉴를 선보이는데 특히 부드러운 식감의 브리오슈와 상큼한 자두 케이크는 특별한 맛을 선사한다. 달달한 케이크 한 조각에 커피 한 잔을 곁들여 보자.

찾아가기 비첸차역에서 도보 11분
주소 Piazzetta Palladio, 17 **문의** 0444 320915
영업 월·화·목·금요일 07:30~13:00, 15:00~18:00, 토~일요일 07:30~19:00 **휴무** 수요일
예산 커피·페이스트리 €4~

Venezia
베네치아

세계 유일의 수상 도시 베네치아는 118개의 섬이 400여 개의 다리로 이어진 석호 위에 건설되었다. 567년 훈족의 침입에 쫓긴 롬바르디아 난민이 흘러들어와 마을을 형성했고, 697년 초대 총독이 선출되어 독자적인 정치체제를 확립했다. 7세기부터 약 4세기 동안 지중해 무역으로 번영을 누렸으며 아드리아해를 사이에 두고 여러 도시와 각축을 벌여 당시 해상 공화국이던 피사, 아말피, 제노바를 차례로 정복했다. 13세기 후반에는 마르코 폴로가 중국까지 가는 교두보 역할을, 대형 범선의 등장에 힘입어 동서양의 문화를 잇는 교량 역할을 했다. 그러나 18세기 후반 나폴레옹 1세에게 점령당하고 한때 오스트리아의 영토가 되기도 하는 등 격랑의 역사에 휩싸인 끝에 1866년 이탈리아에 병합되었다. 19세기 이후 유리 세공업으로 유명한 무라노섬, 국제 영화제로 유명한 리도섬이 베네치아에 합쳐지면서 지금의 모습을 갖추게 되었다. 해수면이 서서히 높아지는 위협 속에서 언젠가는 물에 잠겨 역사에서 사라질 수도 있는 이 신비의 도시는 로맨틱한 풍광으로 여행자들의 마음을 사로잡는다.

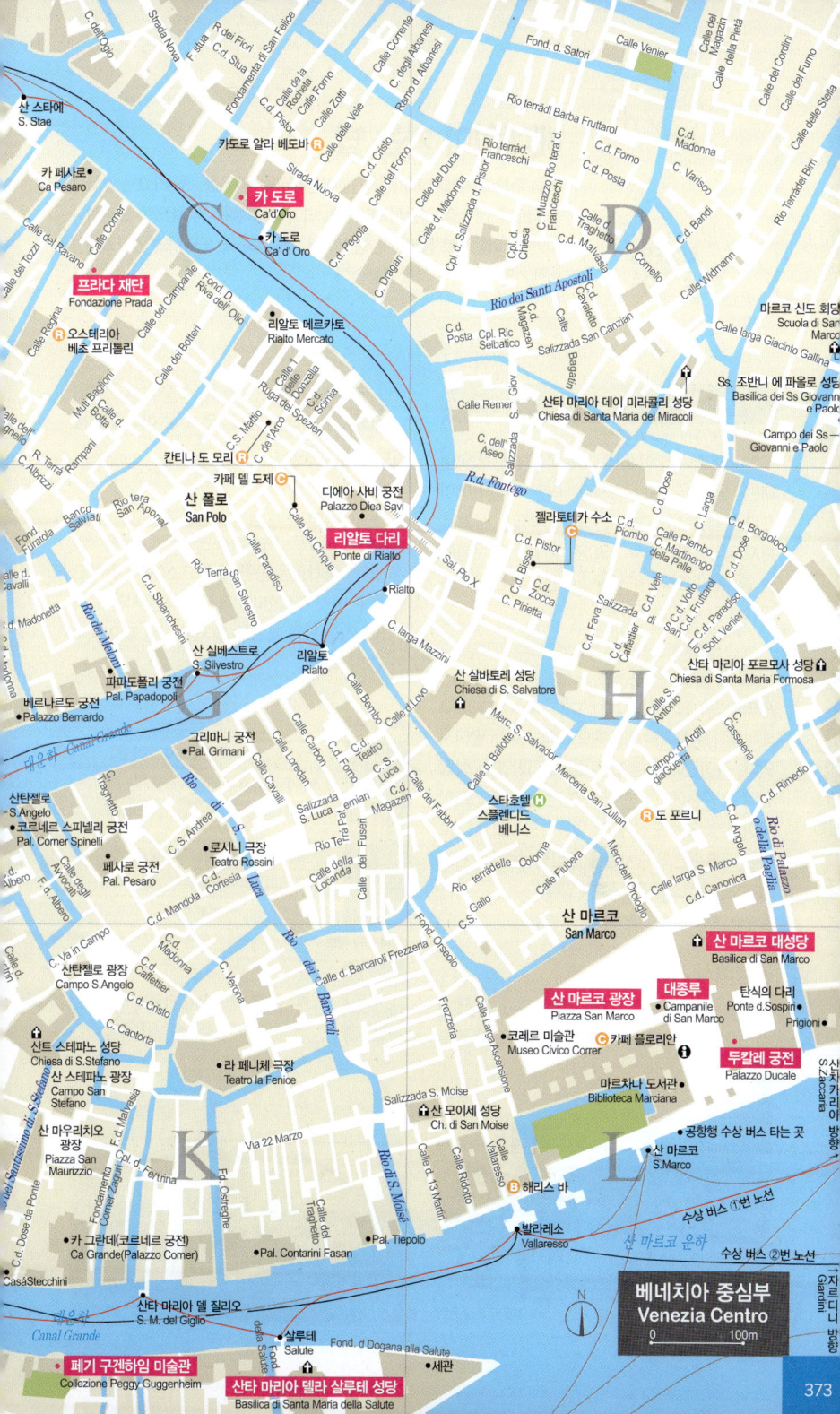

베네치아 가는 법

유럽 주요 도시에서 저가 항공을 이용해 가는 경우를 제외하고는 열차를 타고 가는 것이 일반적이다. 이탈리아 북동쪽에 치우쳐 있는 도시이지만 늘 여행자로 붐비는 관광지여서 이탈리아 국내 도시와 연결되는 비행기와 열차가 수시로 운행한다.

비행기

우리나라에서 베네치아로 가는 직항편은 없으며 대한항공(경유 1회, 16시간 10분, 매일), 에어프랑스(경유 1회, 16시간 35분, 매일), 루프트한자(경유 1회, 15시간 30분, 매일)에서 운행하는 경유편이 있다. 아시아나 유럽의 다른 도시를 경유해 갈 수 있다.

마르코 폴로 공항
Aeroporto Marco Polo di Venezia

베네치아 본섬에서 북동쪽으로 약 13km 떨어져 있다. 라이언에어, 위즈에어를 제외한 모든 항공편이 이 공항에 도착한다. 공항은 3개 층으로 이루어져 있으며 도착 홀이 있는 1층에서 시내로 가는 교통수단의 승차권을 구입할 수 있고 관광안내소, 환전소 등의 시설이 있다.

홈페이지 www.veniceairport.it

공항에서 시내로 가는 법

시내로 가는 이동 수단에는 버스&택시, 수상 버스 등이 있다. 산타 루치아역이나 메스트레역 부근에 숙소를 정했다면 버스를, 산 마르코 광장이나 리도섬에 숙소를 정했다면 수상 버스를 이용하는 것이 편리하다.

● 버스&택시

공항에서 시내로 가는 버스는 ATVO 공항버스가 있다. 승차권은 공항 내 매표소(승차 위치 B번 출구)에서 구입한다. 택시는 늦은 시간 도착하거나 짐이 있을 때 또는 혼자가 아닐 때 이용하면 편리하다.

버스 운행 정보

종류	ATVO(공항버스)
운행	메스트레역 06:00~01:10, 본섬 로마 광장 06:00~23:50
배차 간격	30~40분
소요 시간	메스트레역(18분), 본섬 로마 광장(20분)
요금	편도 €10, 왕복 €18 *티켓은 75분간 유효
홈페이지	www.atvo.it

택시 운행 정보

운행	24시간
소요 시간	메스트레역(13분), 본섬 로마 광장 (16분)
요금	메스트레역 €35, 본섬 로마 광장 €40

메스트레역 근처에 있는 숙소로 가는 버스의 집결지, 로마 광장

● **수상 버스(바포레토)**

공항에서 시내로 가는 수상 버스인 바포레토(vaporetto)는 파랑(Linea Blu), 주황(Linea Arancio), 빨강(Linea Rossa) 3종류가 있다. 승차권은 공항 도착 홀 내 매표소나 자동발매기에서 구입할 수 있으며, 홈페이지에서 구입하면 조금 더 저렴하다.

홈페이지 www.alilaguna.it

주요 노선

파랑	공항-무라노섬-리도섬-산 마르코 광장-수상 버스 터미널
주황	공항-리알토 다리-산 마르코 광장
빨강	공항-리도섬-산 마르코 광장

승차권의 종류와 요금   ※ ( )안은 온라인 구입시 요금

종류	요금
24시간권	€30
72시간권	€65
공항↔리도섬, 베네치아 시내, 수상 버스 터미널	편도 €15(€14) 왕복 €27(€25)
공항↔무라노섬	편도 €8(€7) 왕복 €15(€13)

트레비소 공항
Aeroporto di Treviso A. Canova

베네치아 본섬에서 북서쪽으로 약 30km 떨어져 있다. 라이언에어, 위즈에어를 탈 경우 이 공항에 도착한다. 공항은 2개 층으로 이루어져 있으며 도착 홀이 있는 1층에서 시내로 가는 교통수단의 승차권을 구입할 수 있고 관광안내소, 렌터카 사무소 등의 시설이 있다.

홈페이지 www.trevisoairport.it

공항에서 시내로 가는 법

ATVO 공항버스가 메스트레역을 거쳐 로마 광장까지 간다. 버스 승차장은 도착 홀에서 나오면 오른편에 있는 노알레제 거리(Via Noalese)에 있다. 승차권은 공항 도착 홀 내 매표소나 버스 안에서 운전사에게 구입할 수 있다.

소요 시간 메스트레역까지 55분, 로마 광장까지 70분
요금 편도 €12, 왕복 €22
홈페이지 www.atvo.it

열차

유럽 주요 도시와 이탈리아 국내에서 열차를 이용해 갈 수 있다. 베네치아는 연중 내내 관광객의 발길이 끊이지 않는 도시이므로 열차로 갈 예정이라면 반드시 예약을 하는 것이 좋다.

베네치아로 가는 열차는 2개 역에 정차한다. 바다를 건너기 전 메스트레(Mestre)역에 먼저 정차하고, 본섬에 있는 산타 루치아(Santa Lucia)역이 종착역이다. 메스트레역 주변에는 저렴한 숙소가 모여 있으므로 알뜰 여행자라면 여기에 숙소를 정하고, 베네치아 체류 일정이 짧다면 산타 루치아역 근처에 숙소를 정하는 것이 편리하다. 메스트레역과 산타 루치아역은 10분 거리로 쉽게 오갈 수 있다.

요금 편도 €1.40
홈페이지 www.trenitalia.com

산타 루치아역
Stazione di Venezia Santa Lucia

베네치아의 중심 역으로 국제선 열차와 국내선 열차가 수시로 발착한다. 역에서 나오면 바로 수상 버스 승차장이 보인다. 베네치아 시내는 길이 좁고 계단도 많아 짐을 가지고 다니기 불편하다. 숙소가 역에서 멀리 떨어져 있다면 큰 짐은 짐 보관소에 맡기고 작은 배낭에 필요한 것만 챙겨서 다니는 것이 좋다.

• **짐 보관소 Deposito Bagagli**
위치 18~21번 플랫폼 앞
운영 06:00~24:00
요금 5시간 €6, 6~12시간 시간당 €1, 12시간 이후부터는 시간당 €0.50 추가

베네치아-주요 도시 간 열차 운행 정보

출발지		열차 종류	소요 시간	요금
국제선	파리	Frecciarossa	9시간 47분(Milano 경유)	€103.90~
	빈	Euro Night (야간)	9시간 7분 (Conegliano 경유)	€36~
국내선	로마	Frecciarossa	3시간 59분	€27.90~
	밀라노	Frecciarossa	2시간 27분	€29.90~
	피렌체	Frecciarossa	2시간 4분	€16.90~
	베로나	Frecciarossa	1시간 17분 (1회 환승)	€12.30~
		Regionale	1시간 28분	€9.70~

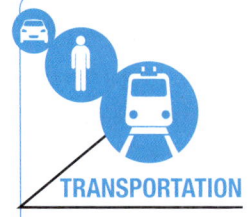

베네치아 시내 교통

베네치아는 수상 도시라는 지리적 특성 때문에 육상 교통수단보다는 수상 교통수단이나 도보로 주로 이동한다. 경찰차나 소방차 같은 응급 차량도 배를 이용한다. 다른 유럽 도시에 비해 교통비가 매우 비싸므로 미리 여행 계획과 동선을 잘 짜두는 것이 좋다.

수상 버스(바포레토)

베네치아에서 없어서는 안 될 수상 버스

승차권의 종류와 요금

종류		요금
1회권 (75분간 유효)	편도	€7.50
	왕복	€13
1일권		€20
2일권		€30
3일권		€40
7일권		€60

수상 버스는 베네치아에서 가장 많이 이용하는 교통수단으로 노선 수가 많지만 여행자들은 주로 1번과 2번을 이용한다. 로마 광장, 산타 루치아역 앞 광장, 리알토 다리, 산 마르코 광장, 리도섬 등 시내 곳곳을 연결한다. 자주 이용하는 교통수단이므로 주요 노선과 이용법을 미리 알아두는 것이 좋다. 승차권은 여러 종류가 있으므로 자신의 여행 일정에 맞는 것을 선택하면 된다. 매표소는 오전 7시부터 오후 8시 30분까지 문을 연다.

운행 07:00~24:00(10~15분 간격)
홈페이지 www.actv.it

수상 버스 이용 순서

❶ **승차권 구입** : 자신의 여행 일정에 맞는 승차권을 구입한다.
❷ **정류장으로 이동** : 안내판에 적힌 정류장(A, B, C, D 등)으로 이동한다.
❸ **노선도 확인** : 정류장의 전광판에 예상 도착 시간과 최종 목적지가 표시된다.
❹ **승차권 개찰** : 개찰기에 카드를 대고 제대로 인식되었는지 꼭 확인한다.
❺ **승차** : 소매치기에 주의하며 승차한다.
❻ **하차** : 직원이 정류장 이름을 큰 소리로 말해주므로 미리 내릴 준비를 한다.

주요 노선

1 여행객이 가장 많이 이용하는 노선. 로마 광장과 리도섬을 연결하는데 정류장마다 다 정차하는 완행이어서 매우 느리다.

2 1번과 노선이 비슷하나 주요 정류장에만 정차해서 이동 시간이 빠르다. 주요 정류장은 로마 광장, 산타 루치아역, 리알토 다리, 아카데미아 미술관, 산 마르코 광장 등이다.

3 로마 광장과 무라노섬을 직행으로 연결하며 무라노섬 내를 한 바퀴 돈다.

Plus Info

개찰은 철저히!

승차권이 있더라도 개찰하지 않으면 부정 승차로 간주되어 상당한 벌금(€52)을 물게 되므로 주의해야 한다. 부정 승차를 단속하는 사복 차림의 검표원이 곳곳에 있다는 것을 잊지 말자.

수상 택시

수상 택시(Taxi Acquei)는 모터보트처럼 생긴 배로 짐이 많거나 급할 때 주로 이용한다. 최대 6명까지 탈 수 있으며 요금이 비싼 편이므로 여럿이 함께 탈 때 이용할 만하다. 정류장은 산타 루치아역, 산 마르코 광장 등에 있다.

기본요금 €10(공휴일·야간 €13.50)
추가 요금 1분당 €1.50, 짐 1개당 €1.50
※기준 인원은 4명, 짐은 4개까지 허용
산타 루치아역→산 마르코 광장 €70(15분 소요)
마르코 폴로 공항→산 마르코 광장 €120(30분 소요)
홈페이지 www.veneziataxi.it

요금이 비싸지만 급한 용무가 있을 때 유용한 수상 택시

곤돌라

곤돌라(gondola)는 길이 11m, 무게 600kg에 달하는 나무로 만든 배로 베네치아의 낭만을 상징한다. 280개의 나무 조각으로 구성되었으며 2세기부터 사용해온 '페로(ferro)'라고 불리는 6개의 톱니바퀴 장식은 베네치아의 여섯 구역을 의미한다. 곤돌리에(곤돌라 운전사)는 운전 능력뿐 아니라 역사, 영어 등의 시험을 통과해야 하며 반드시 줄무늬 티셔츠를 입고 밀짚모자를 써야 한다. 곤돌리에가 노를 저을 때는 한쪽 발은 배 끝에 두고 다른 쪽 다리는 앞으로 구부린 채 뱃머리를 바라보는 자세를 한다. 승선장은 로마 광장을 비롯한 주요 관광 명소에 있다. 요금이 만만치 않지만 베네치아에서 가장 매력적인 교통수단이므로 한 번쯤 타볼 만하다. 최대 6명까지 탑승 가능하다.

베네치아를 상징하는 낭만적인 곤돌라

요금 주간 €80(40분), 추가 20분당 €40,
야간(19시 이후) €100(40분), 추가 20분당 €50
홈페이지 www.veneziagondola.com

트라게토

트라게토(traghetto)는 곤돌라와 비슷하게 생긴 배로 운하를 건널 때만 이용하는 나룻배 같은 교통수단. 요금은 운하를 1회 건너는 데 1인당 €1~2. 수상 버스 승차권이나 베네치아 유니카 시티 패스 소지자는 무료 또는 할인 요금으로 이용할 수 있다.

INFO

◆ **관광안내소**
여행 정보를 비롯해 공연, 레스토랑과 카페, 숙박 정보 등을 얻을 수 있으며 수상 버스 승차권, 베네치아 유니카 시티 패스, 지도(€2.50) 등을 구입할 수 있다.

산타 루치아역
위치 1번 플랫폼 오른쪽에 있는데 선로 공사 중에는 역에서 나와 정면 우측에 임시 부스가 있다.
운영 08:00~18:30(여름 ~20:00)

산 마르코 광장
위치 수상 버스 정류장 맞은편
운영 10:00~15:30 **휴무** 일요일

◆ **베네치아 한인 교회** 338 705 5559
◆ **한식당 만나**
https://en.ristorantemanna.com/
◆ **한식당 바다**
https://ristorantecoreanobada.eatbu.com/
◆ **베네치아 여행 정보** en.turismovenezia.it

베네치아 관광에 편리한 트래블 카드

베네치아 유니카 시티 패스
Venezia Unica City Pass

두칼레 궁전을 비롯해 베네치아 내 10개 박물관과 16개 성당 무료 입장, 공중 화장실 무료 이용 등의 혜택이 있는 카드로 지금은 없어진 베니스 카드(Venice Card)를 대신한다. 패스는 홈페이지에서 구입한 후 바우처를 인쇄하여 홈페이지에 명시된 곳에 가서 찾으면 된다. 패스의 종류는 만 30세 이상이 이용하는 일반 패키지(Adult Pack), 만 6~29세가 이용하는 주니어 패키지(Junior Pack) 등이 있다.

요금 만 30~64세 €33.90, 만 6~29세 주니어 · 만 65세 이상 €21.90 **홈페이지** www.veneziaunica.it

롤링 베니스 카드 Rolling Venice Card

만 6~29세에게 혜택을 주는 카드. 베네치아 본섬과 무라노섬, 부라노섬, 리도섬 내에 위치한 주요 박물관, 레스토랑, 숍 등에서 무료 및 할인 혜택을 받을 수 있다. 롤링 베니스 카드를 구입하면 수상버스 3일권을 약 50% 할인 가격인 €22에 구입할 수 있다. 또한 공항에서 베네치아 시내로 가는 공항버스도 무료로 이용할 수 있다. 공항 내 매표소나 관광안내소, 로마 광장 등에서 구입 가능하다.

요금 €6(구입한 해의 12월 31일까지 사용 가능)
홈페이지 www.venise1.com/rolling-venice-card

와이파이 카드 Wi-Fi Connection Card

공공장소에서 와이파이를 이용할 수 있는 카드로 24시간권, 72시간권, 7일권 등으로 나뉜다. 홈페이지에서 구입 가능하다.

요금 24시간권 €5, 72시간권 €15, 7일권 €20
홈페이지 www.veneziaunica.it

코러스 패스 Chorus Pass

베네치아에 있는 16개 성당의 공통 입장권이다. 산타 마리아 글로리오사 데이 프라리 성당, 산타 마리아 델 로사리오 성당, 산타 마리아 데이 미라콜리 성당 등에서 이용이 가능하다. 참고로 산 마르코 대성당, 산 조르조 마조레 성당 등은 입장료를 받지 않는다. 보통 한 성당마다 입장료가 €3 정도이므로 네 곳 이상 방문할 경우에 사면 유리하다. 사용 가능 기간은 구입일로부터 1년.

요금 일반 €12, 만 29세 이하 학생 €8, 가족권(일반 2인+만 18세 이하 1인) €24
구입처 베네치아에 있는 주요 성당(1/1, 부활절, 8/15, 12/25 휴관)
홈페이지 www.chorusvenezia.org

Plus Info

노벤타 디 피아베 디자이너 아웃렛 Noventa di Piave Designer Outlet

베네치아에서 40km 떨어진 곳에 위치한 아웃렛 매장으로 생활용품은 물론 중저가 브랜드를 더욱 저렴한 가격에 살 수 있다. 코치, 구찌, 지미추, 미소니, 프라다, 세르지오 로씨, 베르사체, 아르마니 등의 매장이 입점해 있다. 셔틀버스 승차권을 고객 센터에 제시하면 10% 할인 쿠폰을 제공하는데 구찌, 프라다 등은 할인 혜택에서 제외된다. 셔틀버스 승차권은 차내에서 구입할 수 있다.

찾아가기 베네치아에서 아웃렛 셔틀버스로 약 40분 소요 (편도 €8, 왕복 €15)
베네치아→아웃렛 : Tronchetto 버스 정류장에서 10:00, 14:00 출발
아웃렛→베네치아 : 아웃렛 셔틀버스 정류장에서 15:00, 19:00 출발
주소 Via Marco Polo, 1
문의 0421 5471
운영 매일 10:00~20:00
홈페이지 outlets.mcarthurglen.com

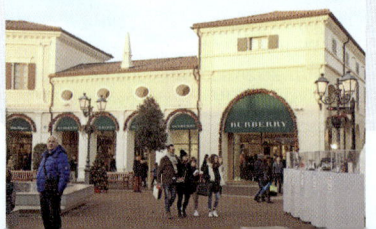

베네치아의 축제

베네치아 비엔날레 Biennale di Venezia

1895년 이탈리아 국왕 부처의 결혼 25주년을 기념해 베네치아시에서 만들었다. 첫해에는 유럽의 주요 7개국을 초청했으며 2년(홀수 해)마다 5~11월 사이에 시내 남동쪽의 카스텔로 공원에서 열린다. '미술계의 올림픽'으로 불리는 국제 현대 미술 전시회로 미술뿐 아니라 영화, 건축, 음악, 연극 등 5개 부문을 전시한다. 아트 페어는 상업적 성격의 행사로 작품을 사고팔기 위해 열리는 반면, 비엔날레는 비상업적 행사로 기획력 있는 전시와 실험성 강한 작품을 선보인다는 점에서 차이가 있다.

홈페이지 www.labiennale.org/en/art/news/04-12.html

베네치아 카니발 Carnevale di Venezia

매년 1월 말에서 2월 사이에 사순절 전날까지 약 10일 동안 열리는 축제로 날짜는 부활절에 따라 달라진다. 12세기 중반 베네치아 공화국 시대에 아퀼레이아에 승리한 것을 기념해 열린 축제가 기원으로 알려져 있다. 18세기 말 오스트리아가 세운 롬바르도 베네토 왕국의 지배를 받는 동안 불법 축제로 간주되어 잠시 중단된 것과 20세기 초 무솔리니 정권의 탄압으로 중단된 것을 제외하면 지금까지 700년 넘게 이어지고 있다.

축제 기간에는 도시 곳곳에서 중세 복장에 화려한 가면을 쓰고 거리를 활보하는 가장행렬과 연극, 불꽃놀이 등이 펼쳐진다. 2015년에는 '세상에서 가장 달콤한 페스티벌'이라는 테마로 열렸다. 해마다 300만 명 이상이 찾아오는 이 축제의 하이라이트는 마지막 주말에 산 마르코 광장에서 열리는 가면 경연 대회이다.

홈페이지 www.carnevale.venezia.it/en

베네치아 카니발에 참여하는 사람들은 화려한 복장에 가면을 쓴다.

베네치아 추천 코스
Best Course

베네치아는 적어도 이틀은 잡아야 주요 관광 명소를 구경하고 로맨틱한 휴식도 즐길 수 있다. 첫날은 본섬에서 박물관, 성당 등 베네치아를 대표하는 관광지를 돌아보자. 둘째 날은 본섬 주변에 있는 리도섬, 부라노섬, 무라노섬 등으로 가서 아름다운 풍광을 감상하며 해수욕이나 산책 등을 즐겨보자.

Day 1

- 카 도로
  - 도보 7분
- 리알토 다리
  - 도보 6분
- 산 마르코 광장 (산 마르코 대성당)
  - 도보 1분
- 대종루
  - 도보 2분
- 두칼레 궁전
  - 바포레토 5분
- 산 조르조 마조레 성당
  - 바포레토 10분 +도보 5분
- 산타 마리아 델라 살루테 성당
  - 도보 3분
- 페기 구겐하임 미술관
  - 도보 5분
- 아카데미아 미술관

화려한 외관이 돋보이는 카 도로

기차역에서 본섬을 향해 걷다 보면 마주치는 리알토 다리

산마르코 광장은 화려한 중세 건물이 병풍처럼 둘러싸고 있다.

대종루에서 내려다본 산타 마리아 델라 살루테 성당

아름다운 건축 양식이 눈길을 끄는 산 조르조 마조레 성당

1일 차 여행 포인트

✔ 걸어서 갈까? 바포레토를 타고 갈까?
바포레토는 요금이 다소 비싼 편이지만 운하를 누비며 베네치아의 낭만을 즐기기에 좋은 교통수단이다. 리알토 다리에서 산 마르코 광장까지는 천천히 걸어서 돌아보고, 바포레토는 산 마르코 광장에서 기차역 주변으로 이동하거나 숙소로 돌아갈 때 한두 번 타보는 것이 좋다.

✔ 성당 출입 시 복장에 주의할 것
아무리 여름이라도 반바지, 민소매, 슬리퍼 차림으로는 성당 안에 들어갈 수 없다. 또 일부 성당의 경우 캐리어나 큰 가방도 가지고 들어가지 못한다.

✔ 곤돌라, 탈까 말까?
곤돌라는 다른 여행지에서 쉽게 타볼 수 없는 교통수단이므로 요금이 비싸지만 한 번 타보는 것이 좋다. 강바람을 맞으며 베네치아 골목골목의 아름다운 경치를 감상하는 재미가 쏠쏠하다. 요금이 부담된다면 여러 사람을 모아 함께 탈 수도 있다.

Day 2

```
┌─────────────────┐
│   산 마르코 광장   │
└─────────────────┘
  바포레토 ①⑤번
  타고 22분
        ↓
┌─────────────────┐
│     리도섬      │
└─────────────────┘
  바포레토 ⑤번
  타고 F.te Nove로
  간 다음
  ⑫번으로 환승
  (총 1시간 25분)
        ↓
┌─────────────────┐
│    부라노섬     │
└─────────────────┘
  바포레토 ⑫번
  타고 49분
        ↓
┌─────────────────┐
│    무라노섬     │
└─────────────────┘
  바포레토 ⑤번
  타고 42분
        ↓
┌─────────────────┐
│   산타 루치아역   │
└─────────────────┘
```

산 마르코 광장 한쪽에 곤돌라가 정박해 있다.

파라솔이 끝없이 펼쳐져 있는 리도섬 해수욕장

파스텔컬러로 페인트칠한 집들이 즐비한 부라노섬

산타 루치아역 앞에 바로 바다가 펼쳐진다.

무라노섬은 유리 공예의 본고장이다.

2일 차 여행 포인트

✔ 수상 버스는 1일권을 구입하자
본섬 주변에 있는 섬에 갈 때는 수상 버스를 이용해야 하는데, 1회권을 여러 번 사는 것보다 1일권을 구입하는 것이 훨씬 저렴하다. 수상 버스에 타기 전에 승강장 입구에 있는 개찰기에 승차권을 개찰하는 것을 잊지 말자. 개찰하지 않았을 경우 검표원에게 적발되면 엄청난 벌금을 물게 된다.

✔ 햇볕에 대비해 만반의 준비를 하자
무라노섬, 부라노섬, 리도섬 등에서 걸어 다니다 보면 뜨거운 직사광선에 노출될 수밖에 없다. 마실 물과 선크림, 선글라스는 반드시 챙겨 가자. 그리고 리도섬에서 해수욕을 할 예정이라면 수영복과 타월도 준비해 갈 것. 현지에서 구입하면 무척 비싸다.

베네치아 거리 가이드

산타 루치아역부터 산 마르코 광장까지 S자 형태로 이어지는 대운하 주변에는 아름다운 옛 건물들이 터줏대감처럼 자리를 지키고 있다. '황금의 집' 카 도로가 있는가 하면 서민들의 삶을 엿볼 수 있는 시장과 소박한 집들이 정겹게 모여 있다. 리알토 다리에서 산 마르코 광장까지는 대성당, 두칼레 궁전 등 주요 볼거리가 모여 있고 유명 브랜드 숍과 기념품 가게가 늘어선 쇼핑 일번지라 언제나 여행객들로 북적거린다. 거기에 약 300년 전통의 카페 플로리안이 있고 전설적인 바도 곳곳에 숨어 있으니 차 한잔의 여유를 즐기거나 칵테일을 마시며 이 도시의 매력에 흠뻑 빠져보자. 베네치아의 길은 미로처럼 얽혀 있어 방향을 잃기 쉽다. 다행히 골목마다 길을 알려주는 이정표가 있어서 지도보다는 이정표에 의지하는 편이 낫다. 주요 이정표로는 리알토 다리(Per Ponte di Rialto), 산 마르코 광장(Per S. Marco), 산타 루치아역(Per Ferrovia S.L), 로마 광장(Per P. Roma)이 있다.

Check

여행 포인트
관광 ★★★★★
미식 ★★★
쇼핑 ★

교통
도보 ★★★
수상 버스 ★★

구역 정보
리알토 다리에서 산 마르코 광장까지는 약 500~600m로 천천히 걸어도 10분이 채 걸리지 않는다. 거리에 브랜드 숍과 기념품 가게가 즐비해 선물이나 기념품을 구입하려면 이곳이 딱이다.

추천 볼거리
SIGHTSEEING

카 도 로
Ca' d'Oro
★

MAP●휴대지도-39, p.373-C

베네치아 고딕 건축의 대명사

카 도 로는 '황금의 집'이라는 뜻으로, 지금은 남아 있지 않지만 건물 정면이 황금으로 도금되어 있어서 이런 이름이 붙었다고 한다. 15세기 초 베네치아 귀족 콘타리니 가문의 저택으로 지었으며 1927년부터 프란케티 미술관(Galleria Giorgio Franchetti alla Ca' d'Oro)으로 사용하고 있다. 건물에서 가장 눈에 띄는 부분은 열주와 아치로 이루어진 발코니로 섬세하고 정교한 조각이 돋보인다. 내부로 들어가면 르네상스 시대의 조각을 볼 수 있는데 특히 툴리오 롬바르도, 잔 크리스토포로 로마노의 작품이 눈길을 끈다. 그 밖에 티치아노, 얀 반 에이크, 반 다이크 등의 회화 작품도 만나볼 수 있다.

찾아가기 바포레토 1번 Ca' d'Oro 정류장에서 도보 1분
주소 Fondamenta Trapolin, 3932
문의 041 522 2349
운영 화~일요일 10:00~19:00(티켓 판매는 18:30까지)
휴무 월요일, 1/1, 5/1, 12/25
요금 상설전시 €7.5, 상설전시+기획전시 €14.50(인터넷 예약 https://www.vivaticket.com)
홈페이지 www.cadoro.org

리알토 다리
Ponte di Rialto
★★★

MAP●휴대지도-43, p.373-G

베네치아를 대표하는 다리

대운하를 연결하려는 상업적 필요에 의해 여러 차례 목조 다리를 축조했으나 불에 타거나 허물어져버렸다. 이에 베네치아시에서 미켈란젤로, 팔라디오 등 당대 유명 예술가들을 대상으로 공모전을 열었고 여기서 당선된 안토니오 다 폰테가 리알토 다리의 설계와 건축을 맡아 1591년에 완공했다. 길이 48m, 넓이 28m에 이르는 석조 다리로 곤돌라와 배가 지나갈 수 있도록 아치형으로 세웠다. 1854년 아카데미아 다리를 건축하기 전까지 대운하를 건너는 유일한 다리였다. 다리 위에는 유리 공예품, 가면, 티셔츠 등을 파는 상점이 즐비해 기념품을 사기에 좋다. 저녁에는 다리 주변에 길게 늘어선 노천카페의 불빛이 강물에 비쳐 로맨틱한 분위기를 연출한다.

찾아가기 바포레토 1·2·A번 Rialto 정류장에서 바로

왼쪽 건물이 카 도 로

산 마르코 광장
Piazza San Marco ★★★

MAP●휴대지도-48, p.373-L

베네치아의 정치·종교·문화의 중심

나폴레옹이 '유럽에서 가장 우아한 응접실'이라고 표현한 광장으로 12세기에 운하를 메워 조성했다. 광장 주변에 종교적 상징인 산 마르코 대성당, 정치와 권력의 상징인 두칼레 궁전, 법의 상징인 검찰청이 모여 있어 정치·종교의 중심이었고 축제, 공연 등이 열렸으며 이곳에서 처형이 이루어지기도 했다. 지금은 베네치아 여행의 구심점이 되어 여행객들의 발걸음이 끊이지 않으며 카페 플로리안에서 흘러나오는 오케스트라 음악이 광장 전체에 울려 퍼져 귀를 호강시킨다. 베네치아의 다른 광장은 모두 '캄포(Campo)'라고 하는데 이곳만 유일하게 '피아차(Piazza)'로 불린다.

찾아가기 바포레토 1·2·10·A·B·R번 S.Marco 정류장에서 도보 2분

대종루
Campanile di San Marco ★★★

MAP●휴대지도-48, p.373-L

베네치아의 전경을 한눈에 볼 수 있는 종탑

높이 98.6m에 이르며 12세기 말 등대로 지었다가 1514년 종탑으로 완성되었다. 당시의 건축기술로는 유일무이한 탑으로 다른 곳에 똑같은 탑을 짓지 못하도록 설계자의 눈을 실명시켰다고 한다. 1902년 자연재해로 붕괴된 후 복원해 오늘에 이르고 있다. 과거에는 적진의 위치를 감시하는 역할을 했으나, 지금은 베네치아 전경을 볼 수 있는 명소로 사랑받고 있다.

찾아가기 바포레토 1·2·10·A·B·R번 S.Marco 정류장에서 도보 2분 **주소** Piazza San Marco
문의 041 270 8311
운영 매일 10:00~17:40
휴무 1/7~1/24
요금 일반 €10, 만 0~6세 무료
홈페이지 www.basilicasanmarco.it

산 마르코 대성당
Basilica di San Marco ★★★

MAP●휴대지도-44, p.373-L

베네치아의 수호성인 마가의 유해를 모신 성당

823년 베네치아의 두 상인이 이집트 알렉산드리아의 성당에서 발견한 〈마가복음〉의 저자 성 마르코의 유해를 몰래 훔쳐와 이를 모시기 위해 지었다. 비잔틴 양식의 대표적인 건축물로 꼽히는 성당의 외관은 동방 스타일의 돔과 〈성서〉에 나오는 일화가 조각된 문이 각각 5개씩 있다. 또 위를 올려다보면 4마리의 청동 말이 있는데 이는 십자군 전쟁 때 전리품으로 가져온 것으로 베네치아 시민들의 자유를 상징한다. 1797년 나폴레옹이 베네치아 공화국을 약탈할 당시 프랑스로 가져가 튈르리 공원에 놓기도 했지만 1815년에 되찾아왔다. 성당 내부에는 창세기, 출애굽기 등 〈성서〉의 내용을 담고 있는 거대한 모자이크 벽화가 있다. 내진에는 콘스탄티노플에서 가져온 3000여 개의 보석과 80여 개의 에메랄드로 만든 황금 성단 팔라 도로(Pala d'Oro), 비잔틴 공예의 걸작인 천개석주가 있다. 13세기에 지은 성화벽에는 성모, 그리스도, 순교자 등의 모습이 새겨져 있고, 성당의 중심인 중앙 제대 아래에는 성 마르코의 유해가 모셔져 있다. 보물실에는 콘스탄티노플에서 가져온 성배와 200여 점의 보석이 있다.

찾아가기 바포레토 1·2·10·A·B·R번 S.Marco 정류장에서 도보 2분 **주소** San Marco, 328
문의 041 270 8311
운영 10월 09:00~19:00, 11월~부활절 09:00~19:00, 부활절~6월 09:00~19:00, 7~9월 09:00~21:00
요금 박물관 €5, 팔라 도로 €2, 보물실 €3
홈페이지 www.basilicasanmarco.it

두칼레 궁전
Palazzo Ducale ★★

MAP●휴대지도-48, p.373-L

지금은 박물관이 된 옛 총독 관저

'도제의 궁전(Doge's Palace)'이라고도 불리는 옛 베네치아 공화국 총독의 관저로 9세기에 짓기 시작해 1442년에 완성했다. 건물 상단에서는 기하학무늬가 있는 베네토 비잔틴 양식의 전형적인 모습을 볼 수 있으며, 중간에는 고딕 양식의 개량이, 하단에는 아치 기둥이 늘어서 전체적으로 잘 조화된 아름다운 외관을 자랑한다. 지금은 박물관이 되어 카르파치오의 〈산 마르코의 사자〉, 벨리니의 〈승천〉, 틴토레토의 〈천국〉, 베로네세의 〈베네치아의 찬미〉 등 베네치아파 화가들의 벽화와 천장화를 볼 수 있다.

동쪽에는 '탄식의 다리(Ponte dei Sospiri)'라 불리는 유명한 다리가 있다. 궁전 내에 있던 감옥과 운하 건너편의 새 감옥을 연결하는 다리로, 형을 받고 감옥으로 이동하던 죄수들이 이 다리를 건너면서 다시는 보지 못할 바깥 세상이라고 탄식한 데서 붙은 이름이다.

찾아가기 바포레토 1·2·10·A·B·R번 S.Marco 정류장에서 도보 2분 **주소** San Marco, 1 **문의** 041 271 5911
운영 09:00~18:00(마지막 입장 17:00) **휴무** 1/1, 12/25
요금 일반 €30(인터넷으로 30일 전 예약 시 €25), 만 65세 이상·ISIC 카드 소지자 €15(인터넷으로 30일 전 예약 시 €13)
홈페이지 palazzoducale.visitmuve.it

산 조르조 마조레 성당
Chiesa di San Giorgio Maggiore ★★★

MAP p.371-L

흰 대리석 기둥이 그리스 신전을 연상케 한다

산 마르코 광장의 남쪽 해상에 떠 있는 산 조르조 섬에 위치한 성당이다. 르네상스 후기의 유명 건축가 안드레아 팔라디오가 완벽한 비율로 설계해 지었으며 100년 후쯤 시몬 소렐라가 개축했다. 982년 베네딕트 수도회의 조반니 모로시니가 주축이 되어 자리 잡은 것을 시작으로 베네딕트 수도회의 중심이 되었고, 1109년 산 스테파노의 유물을 이곳으로 옮겨왔다.

성당 내부에는 틴토레토의 대표작 〈최후의 만찬〉이 있다. 레오나르도 다빈치의 〈최후의 만찬〉 장면인 배신의 순간이 아닌, 제자들의 발을 씻겨주는 예수의 모습과 제자들에게 포도주와 빵을 나눠주는 성찬식의 모습이다. 성가대석 오른쪽에 있는 문은 카르파치오가 장식했으며, 문을 열고 들어가면 보이는 회의실은 교황 비오 7세가 임명될 때 콘클라베로 이용되었다. 오늘날 루브르 박물관에 전시되어 있는 베로네세의 명작 〈가나의 혼인 잔치〉는 1562~1563년에 이곳에서 그린 것이다. 예수가 마리아와 함께 가나의 혼인 잔치에 참가했다가 포도주가 부족하자 물을 포도주로 변하게 한 기적을 내용으로 그린 것으로, 나폴레옹이 베네치아에서 가져간 전리품 중 최고의 것으로 알려져 있다.

찾아가기 바포레토 2번 S.Giorgio 정류장에서 하차
주소 Isola di S.Giorgio Maggiore
문의 041 522 7827
운영 4~10월 09:00~19:00, 11~3월 08:30~18:00(문 닫기 20분 전에 입장 마감, 일요일 미사 시간인 10:40~12:00에는 관광객 입장 제한)
요금 종탑 일반 €6, 만 26세 이하·65세 이상 €4

산타 마리아 델라 살루테 성당
Basilica di Santa Maria della Salute ★★

MAP●휴대지도-47, p.373-K

흑사병 종식을 기념하기 위해 지은 성당

대운하 끝자락에 위치해 있으며 베네치아의 여러 성당 중에서도 가장 눈에 띈다. 성당 이름은 건강과 구원을 기원한다는 뜻으로, 1630년경 베네치아 인구의 3분의 1이 흑사병으로 목숨을 잃었는데 병에서 살아남은 사람들이 신에 대한 감사의 의미로 지은 것이다. 10만 개에 달하는 나무 말뚝 위에 세워진 성당은 설계안 공모전에서 당선된 론게나라는 무명 건축가가 설계했고 그가 세상을 떠나기 1년 전인 1682년에 완성되었다. 2개의 거대한 돔과 팔각형 신랑이 특징이며 바로크 양식의 우아한 자태를 뽐낸다. 로마의 개선문을 모델로 한 아치형 출입문을 통해 안으로 들어가면 티치아노의 〈성령 강림〉, 〈카인과 아벨〉, 〈옥좌 위의 성 마르코와 성인들〉을 포함해 15~17세기의 작품을 만나볼 수 있다.

찾아가기 바포레토 1번 Salute 정류장에서 하차
주소 Fondamenta Salute **문의** 041 241 1018
운영 09:30~12:00, 15:00~17:30
요금 일반 €4, 학생·만 65세 이상 €2

페기 구겐하임 미술관
Collezione Peggy Guggenheim ★★★

MAP●휴대지도-47, p.373-J

근현대 미술의 보고

페기 구겐하임은 미국의 대표적인 미술품 수집가이자 후원자로 베네치아에서 생을 마감했다. 뉴욕 구겐하임 미술관 설립자인 솔로몬 구겐하임

의 질녀로 나치를 피해 이곳으로 도망온 이후 하나둘씩 모으기 시작한 작품들이 밑거름이 되어 현재 200여 명의 초현실주의 화가와 현대 작가들의 작품을 전시하고 있다. 그녀의 유언에 따라 베네치아시에 작품을 기증하면서 일반에 공개되었다. 주요 소장품으로는 르네 마그리트의 〈빛의 제국〉, 브라크의 〈클라리넷〉, 뒤샹의 〈기차 위의 슬픈 젊은이〉, 클레의 〈매직 가든〉 등이 있으며 그녀가 후원한 대표적인 작가 잭슨 폴락의 전시실은 따로 마련돼 있다.

찾아가기 바포레토 1·2번 Salute 또는 Accademia 정류장에서 도보 2분 **주소** Dorsoduro, 701-704
문의 041 240 5411
운영 10:00~18:00 **휴관** 화요일, 12/25
요금 일반 €16.50, 만 26세 이하·만 65세 이상 €14.50
홈페이지 www.guggenheim-venice.it

1817년에 미술관으로 처음 개방했으며 제2차 세계대전 말에 건축가 카를로 스카르파가 복원했다.
미술관 관람은 2층부터 시작되며 연대순으로 전시한 작품 중 눈여겨봐야 할 작품으로는 티치아노의 〈피에타〉, 틴토레토의 〈성모 승천〉, 조르조네의 〈폭풍〉, 베로네세의 〈레비가의 향연〉, 로렌초 베네치아노의 〈예언과 성인들〉이 있다. 또한 벨리니의 〈떨어진 십자가의 기적〉도 손꼽히는 대표작으로 미술 애호가들의 사랑을 받는다.

찾아가기 바포레토 1·2번 Accademia 정류장에서 하차
주소 Campo della Carità, 1050 **문의** 041 520 0345
운영 월요일 08:15~14:00(티켓 판매 13시까지), 화~일요일 08:15~19:15(티켓 판매 18시까지) **휴무** 1/1, 12/25 **요금** 일반 €12, 만 18~25세 이하 €10 (18세 이하·장애인 무료)
홈페이지 www.gallerieaccademia.org

아카데미아 미술관 ★★★
Gallerie dell'Accademia

MAP●휴대지도-46, p.372-J

베네치아 미술 500년사의 정점

베네치아를 중심으로 활동하면서 독자적인 회화 세계를 확립하고 빛과 색채의 기법을 중요시한 베네치아 화파의 작품을 비롯해 중세부터 르네상스, 바로크 시대를 아우르는 약 800점의 작품이 소장되어 있다. 나폴레옹이 베네치아를 점령한

프라다 재단
Fondazione Prada

MAP●휴대지도-39, p.373-C

현대 미술의 새로운 전당

1728년 도메니코 로시가 세운 베네치아 양식의 궁전으로 1800년에는 교황 비오 7세의 소유였다가 베네치아 비엔날레의 역사적인 자료를 보존하는 장소가 되었다. 이후 2011년 프라다의 미우치아 프라다 회장이 사들여 현대 미술관으로 개관했다. 현대 작가들의 사진, 영상, 설치 미술, 건축과 관련한 작품을 전시하는 공간으로 매번 전시가 바뀐다.

찾아가기 바포레토 San Stae 정류장에서 도보 4분
주소 Calle Corner, 2215 **문의** 041 810 9161
운영 10:00~18:00(문 닫기 30분 전에 입장 마감)
휴무 화요일
요금 일반 €12, 만 26세 미만 학생·만 65세 이상 €9
홈페이지 www.fondazioneprada.org

베네치아 주변 섬

석호로 에워싸인 베네치아 여행의 또 하나의 즐거움은 주위에 흩어져 있는 섬들을 돌아보는 것이다. 그중에서도 형형색색의 아름다운 경치가 펼쳐진 부라노섬, 유리 공예로 유명한 무라노섬, 그리고 해수욕을 즐기기에 더없이 좋은 리도섬이 대표적이다. 인파로 북적대는 본섬과 달리 느긋한 휴식과 소소한 풍경을 즐길 수 있다.

무라노섬
Murano

유리 공예의 본고장

베네치아 본섬에서 약 1.5km 떨어져 있는 작은 섬이다. 염전과 어업으로 생계를 유지하다가 13세기 이후 유리와 크리스털 공업의 중심지가 되어 막대한 부를 쌓았다. 그 배경에는 나무로 지은 집과 다리가 많았던 본섬에서 화재가 발생하는 경우를 대비해 용광로와 기술자들을 이곳으로 옮겨왔다는 설과 유리 공예 기술이 외부로 유출되는 것을 막기 위해 기술자들을 가두었다는 설이 있다. 이 섬에서는 유리 공장에서 장인이 입으로 직접 유리를 불어 성형하는 공정을 볼 수 있다. 또한 고대부터 현대까지 유리 공예의 역사와 전성기의 걸작들을 전시한 유리 박물관(Museo del Vetro)에서 이 마을의 역사를 살펴볼 수 있다. 박물관과 상점들을 구경하고 나면 산타 마리아 에 도나토 성당(Chiesa dei Santa Maria e Donato)에 가보자. 베네치아 비잔틴 양식의 대표작으로 꼽히는 황금색 돔과 모자이크 바닥이 볼만하다.

찾아가기 바포레토 3·4.1·4.2번 Murano Faro 정류장에서 하차

부라노섬
Burano

셔터만 누르면 화보가 되는 곳

베네치아 본섬에서 약 9km 떨어져 있는 아름다운 섬이다. 섬에서 가장 먼저 눈길을 사로잡는 것은 빨강, 노랑, 보라, 연두 등 현란하게 칠을 한 집들이다. 과거 어업이 주요 생계 수단이었던 시절, 고기잡이배를 알록달록 칠한 데에서 아이디어를 얻은 베네치아시는 더 많은 관광객을 유치하기 위해 집주인들에게 지정된 색 중에서 골라 칠을 할 수 있도록 지원해주고 지금과 같은 풍경을 만들어냈다. 월트 디즈니에서도 이곳을 모델로 하여 디즈니 월드 패밀리 리조트를 지었다고 한다. 16세기 이후에는 레이스 공예 산업이 발달해 남자들은 고기잡이를, 여자들은 레이스 공예를 주요 생업으로 하고 있다.

찾아가기 바포레토 12번 Burano 정류장에서 하차

리도섬
Lido

아름다운 해변에서 즐기는 달콤한 휴식

베네치아 본섬에서 남쪽으로 길게 누워 있는 섬이다. 에라클레아에서 살던 사람들이 700~800년대 사이에 건국한 곳으로 베네치아의 시조인 말라모코의 옛 중심지였다. 19세기 말부터 유수의 리조트들이 들어서면서 환상의 휴양지로 알려졌으며, 베네치아 국제 영화제와 카지노로도 유명하다. 아드리아해에 면한 해수욕장에는 백사장이 길게 이어져 여름이면 전 세계에서 온 수많은 피서객들로 인산인해를 이룬다. 여행의 피로를 잠시 잊고 따사로운 햇살을 맞으며 해변을 즐기기에 더없이 좋은 곳이다.

찾아가기 바포레토 1·2·5.1·5.2·10·B·R번 Lido S.M.E 정류장에서 하차

추천 레스토랑

카 도 로 알라 베도바
Ca' d'Oro alla Vedova

강추

MAP●휴대지도-39, p.373-C

현지인들이 가장 맛있다고 추천하는 곳

19세기 말부터 이어온 가정식 레스토랑으로 〈미슐랭 가이드북〉을 비롯해 전 세계 유수의 매체에서 호평한 곳이다. 베네치아 스타일의 음식을 내놓는데 특히 해산물 요리가 유명하며, '불레트(Boulette)'라는 미트볼 요리도 맛있다. 오징어 먹물 스파게티와 토마토 스파게티 등의 소스는 심플하지만 연륜이 느껴지는 깊은 맛이다. 일요일은 저녁에만 영업한다.

찾아가기 바포레토 1번 Ca' d'Oro 정류장에서 도보 1분(카 도로에서 도보 1분) **주소** Cannareggio, 3912
문의 041 528 5324(예약 필수)
영업 월~수·금~토요일 11:30~14:30, 18:30~22:30, 일요일 18:30~22:30 **휴무** 목요일 **예산** €25~45

도 포르니 Do Forni

MAP●휴대지도-44, p.373-H

베네치아 레스토랑의 자존심

1797년 빵집에서 선술집으로 영역을 바꿔 새로이 문을 열었으며, 19세기에 지금과 같은 모습으로 레스토랑 영업을 시작했다. 실내는 오리엔트 특급 열차를 연상케 하는 독특한 분위기이며 음식 맛은 여행자들 사이에 호평이 자자하다. 메뉴는 아드리아해에서 갓 잡아 올린 싱싱한 해산물을 이용한 요리가 주를 이루고 샐러드는 계절에 따라 바뀐다.

찾아가기 바포레토 1·2·A번 Rialto 정류장에서 도보 6분(산 마르코 광장에서 도보 2분)
주소 C.Specchieri 468
문의 041 523 2148 **영업** 12:00~24:00
예산 메인 요리 €26~36, 디저트 €9~15
홈페이지 www.doforni.it

RESTAURANT

오스타리아 비테 로사
Hosteria Vite Rossa `강추`

MAP p.370-A

현지인들이 사랑하는 서민적인 맛집

메스트레역 근처에 있어 이 지역에 숙소를 정한 사람들이 편리하게 갈 수 있지만 본섬에 묵더라도 가볼 만한 곳이다. 이탈리아 가정식을 합리적인 가격에 즐길 수 있으며, 바에서 벨리니(bellini) 등 식전주를 마신 뒤 좀 더 흥겨운 분위기로 식사를 즐길 수 있다. 추천 음식은 이탈리아식 타파스와 파스타, 티본스테이크 등이다.

찾아가기 로마 광장에서 4L번 버스를 타고 Incr. via Torino 정류장에서 내려 도보 1분(메스트레역에서 도보 13분)
주소 Via Bembo, 34 **문의** 041 531 4421
영업 월요일 09:00~15:30, 화~토요일 09:00~15:30, 17:00~24:00, 일요일 09:00~15:30
예산 €15~20 **홈페이지** www.hostariaviterossa.it

소토벤토 Sottovento

MAP p.388

무라노섬의 히든 플레이스

옛 시골풍으로 꾸민 실내와 테라스가 있는 아담한 정원, 합리적인 가격으로 호평을 받는 곳이다. 본격적인 식사를 하기 전에 와인이나 칵테일, 맥주 등 가볍게 한잔 즐기기 좋은 곳으로 베네치아 스타일의 타파스가 입맛을 돋운다. 바포레토 정류장과도 가까워 무라노섬에서 나가기 전에 들러 여운을 달래기 좋은 곳이다.

찾아가기 바포레토 3·4번 1 Murano Museo 정류장에서 도보 1분
주소 Riva Longa, 27
문의 329 278 7723
영업 화~일요일 07:30~20:00
예산 와인 1잔 €4, 타파스 €1.50~

추천 카페 & 바

카페 플로리안 Caffè Florian
강추

MAP●휴대지도-48, p.373-L

베네치아 역사의 산증인과도 같은 곳

1720년에 문을 연 이곳에 유럽의 문학가, 예술가, 정치가들이 모여 토론을 즐겨 '근대 지성의 성지'로 불린다. 나폴레옹이 베네치아에 입성해서 가장 먼저 찾은 곳이었고 루소, 괴테, 바이런, 바그너, 니체, 릴케 등이 단골로 드나들었다. 산 마르코 광장을 둘러싼 회랑 한쪽에 자리 잡고 있으며 우아한 클래식 음악이 울려 퍼진다. 커피값은 꽤 비싸지만 눈 딱 감고 한 번쯤 즐겨볼 만하다. 연주비를 1인당 €6씩 별도로 내야 한다.

찾아가기 바포레토 1·2·10·A·B·R번 S.Marco 정류장에서 도보 3분(산 마르코 광장에서 도보 1분)
주소 Piazza San Marco, 57 **문의** 041 520 5641
영업 월~목요일 09:00~21:00, 금~토요일 09:00~23:00, 일요일 09:00~21:00
휴무 11~3월 수요일, 12·1월에 각각 2주
예산 아침 메뉴 €38, 식사류 €10~16, 커피류 €6.50~
홈페이지 www.caffeflorian.com

카페 델 도제 Caffe del Doge

MAP●휴대지도-43, p.373-G

베네치아에서 가장 맛있는 커피

에르메네질도 리자르디니가 1952년에 로스팅 회사로 설립한 이후 1995년 베르나르도 델라 미아가 장인 정신으로 로스팅을 선보이며 전통을 이어갔다. 베네수엘라, 페루, 콜롬비아, 쿠바, 에티오피아를 비롯한 전 세계 여러 국가에서 생산한 원두로 만든 커피를 즐길 수 있다.

찾아가기 바포레토 1·2·A선 Rialto 정류장에서 도보 3분
주소 Calle dei Cinque, San Polo, 609
문의 041 522 7787
영업 월~토요일 07:00~18:30, 일요일 07:30~18:30
예산 €2~ **홈페이지** www.caffedeldoge.com

해리스 바 Harry's Bar

MAP●휴대지도-48, p.373-L

유명인들이 자주 들른 전설적인 바

1931년에 문을 열어 카르파초라는 이탈리아 요리와 칵테일 마티니를 처음 선보인 곳이다. 헤밍웨이를 비롯해 마리아 칼라스, 찰리 채플린 등이 즐겨 찾으면서 유명해졌다. 마티니 외에도 롭 로이, 위스키 사워 등이 인기 메뉴.

찾아가기 바포레토 1·2·10·A·B·R번 S.Marco 정류장에서 도보 2분(산 마르코 광장에서 도보 3분)
주소 Calle Vallaresso, 1323
문의 041 528 5777
영업 매일 10:00~24:00
예산 음료 €15~20, 식사 €30~50

CAFE & BAR

칸티나 도 모리 Cantina do Mori

MAP●휴대지도-39, p.373-C

현지인처럼 즐기는 와인과 샌드위치

1462년에 문을 열어 베네치아에서 가장 오래된 와인 바 중 하나로 베네토 지역 와인 전문가가 선별한 와인 셀렉션이 훌륭하다. 천장에 동 냄비가 걸려 있는 실내 인테리어는 정겨움이 느껴진다. 베네치아식 타파스인 치케티(cicchetti)를 안주 삼아 마시는 글라스 와인은 언제나 훌륭한 맛을 선사한다. 리알토 다리 근처 골목 안쪽에 위치해 현지인들이 즐겨 찾는다. 가볍게 아침 식사를 즐기기에도 좋다.

찾아가기 바포레토 1 · N선 Rialto Mercato 정류장에서 도보 2분
주소 Sestiere San Polo 429
문의 041 522 5401
영업 08:00~19:30
휴무 일요일
예산 타파스와 와인 €10~

젤라토테카 수소 Gelatoteca Suso

MAP●휴대지도-44, p.373-H

리알토 다리 근처 아이스크림 전문점

문을 연 지 얼마 되지 않았지만 베네치아에서 소문난 아이스크림 맛으로 금세 유명해졌다. 제철 과일과 천연 재료로 만든 20여 종의 아이스크림을 맛볼 수 있는데 특히 호두, 마스카포네 크림, 커피 맛 아이스크림이 인기 있다. 앉아서 먹을 자리가 마련돼 있지 않고, 골목 안쪽의 작은 가게라 찾기 어렵다는 점이 아쉽다.

찾아가기 바포레토 1 · 2 · A선 Rialto 정류장에서 도보 2분
주소 Calle della Bissa, 5453
문의 0348 564 6545
영업 월~목, 일요일 10:30~23:00, 금~토요일 10:30~23:30
예산 €1.60~
홈페이지 suso.gelatoteca.it

추천 숙소

스타호텔 스플렌디드 베니스
Starhotels Splendid Venice

MAP ● 휴대지도-44, p.373-H

쾌적하고 편안한 럭셔리 호텔

산 마르코 광장에서 가까운 4성급 호텔. 창밖으로 운하가 보여 전망이 좋고 무선 인터넷을 무료로 이용할 수 있다. 부대시설로 베네치아 요리를 선보이는 레스토랑과 라운지 바가 있고 옥상에는 칵테일을 즐길 수 있는 테라스 바가 있다.

찾아가기 바포레토 1 · 2 · A번 Rialto 정류장에서 도보 4분
주소 San Marco Mercerie, 760 **문의** 041 520 0755
요금 싱글 · 더블 €198~ **홈페이지** www.starhotels.com

그란데 알베르고 아우소니아 & 헝가리아
Grande Albergo Ausonia & Hungaria

MAP p.388

리도섬에서 로맨틱한 밤을 보내고 싶다면

유명 건축가와 가구 디자이너가 디자인한 4성급 호텔로 본섬에 있는 호텔에 비하면 객실이 꽤 넓다. 일반 객실부터 스위트룸까지 룸 타입이 다양하며 신혼여행객이 묵기에도 손색이 없다. 부대시설로 고급 레스토랑과 스파가 있다.

찾아가기 바포레토 1 · 2 · 5.1 · 5.2 · 10 · B · R번 Lido S.M.E 정류장에서 도보 4분 **주소** Gran Viale S. Maria Elisabetta, 28 **문의** 041 242 0060 **운영** 3월~12월 중순만 운영 **요금** €248.80~ **홈페이지** www.hungaria.it

하얏트 센트릭 무라노 베니스
Hyatt Centric Murano Venice

MAP p.371-D

한적하고 고급스러운 분위기를 원한다면

한적한 무라노 섬 중심에 위치한 미국계 호텔 체인으로 2019년 오픈했다. 스파, 레스토랑, 바에서 시간을 즐길 수 있다. 객실은 유리 공예로 유명한 무라노 섬에서 만든 램프와 꽃병으로 장식돼 고급스러운 분위기로 신혼여행객에게 추천한다.

찾아가기 바포레토 3, 4.1, 4.2, 5.1, 5.2, NMU, R번 Museo 정류장에서 도보 2분
주소 Riva Longa 49 **문의** 041 273 1234
요금 싱글 · 더블 €146~
홈페이지 www.hyatt.com

호텔 아이 두에 파날리
Hotel Ai due Fanali

MAP ● 휴대지도-37, p.372-A

산타 루치아역에서 가까운 3성급 호텔

22개의 객실을 보유한 아담한 호텔. 방은 작지만 에어컨이 설치되어 있으며 미니바와 드라이어 등 기본적인 편의 시설이 갖춰져 있다. 가족 단위 여행자도 편하게 머물 수 있도록 아이를 돌봐주는 서비스를 제공하기도 한다.

찾아가기 산타 루치아역에서 도보 6분
주소 Ramo Quinto Gallion O del Pezzetto, 946
문의 041 718 490
요금 싱글 · 더블 €84~
홈페이지 www.aiduefanali.com

HOTEL

AO 호텔 베네치아 메스트레
AO Hotel Venezia Mestre

MAP p.370-A

가성비 좋은 2성급 호텔

2017년 여름에 문을 연 2성급 호텔로 규모가 크고 시설이 쾌적하다. 화장실과 샤워실을 공동으로 사용하는 도미토리부터 개인실에 이르기까지 다양한 룸 타입 중 선택할 수 있다. 무료 와이파이와 아침 식사가 제공되며, 젊은 여행자는 물론 가족 단위 여행자도 많이 묵는다.

찾아가기 베네치아 메스트레역에서 도보 7분
주소 Via Cà Marcello, 19 **문의** 041 884 0990
요금 도미토리 €19.52~
홈페이지 www.aohostels.com

로칸다 안티코 피오레
Locanda Antico Fiore

MAP●휴대지도-42, p.372-F

우아한 분위기의 디자인 호텔

산 마르코 광장에서 도보 10분 거리. 객실이 꽤 넓은 편이며 창밖으로 곤돌라가 지나가는 풍경이 보인다. 샤워실, 헤어드라이어, 냉난방 시설 등이 갖춰져 있어 편리하나 객실이 6개뿐이어서 성수기에는 예약하기가 쉽지 않다.

찾아가기 바포레토 1·2·5.1·5.2·10·B·R번 Lido S.M.E 정류장에서 도보 4분
주소 Gran Viale S. Maria Elisabetta, 28
문의 041 242 0060
요금 싱글·더블 €85~
홈페이지 www.hungaria.it

제네레이터 호스텔 Generator Hostel

MAP p.371-K

베네치아에서 가장 인기 있는 호스텔

파리, 런던, 코펜하겐 등 유럽 주요 도시에 지점을 둔 디자인 호스텔. 1800년대에 지은 곡물 창고를 개조해 숙소로 꾸몄다. 옛 건물의 고풍스러움은 그대로 살리되 실내 가구와 디자인은 컨템퍼러리 스타일로 꾸며 마치 멋스러운 디자인 호텔에 온 것 같은 기분을 느낄 수 있다. 아티스트와의 컬래버레이션, 라이브 뮤직, DJ 쇼 등 이벤트가 자주 열려 젊은 층에게 인기가 높다. 여성 전용 도미토리와 프라이빗 더블 룸도 합리적인 요금이라 인기를 누리고 있다.

찾아가기 바포레토 2·4.1·B번 Zitelle 정류장에서 도보 2분 **주소** Fondamenta Zitelle, 86 **문의** 041 877 8288
요금 도미토리 €29.70~, 더블 €80.10~
홈페이지 www.generatorhostels.com

나폴리와 주변 도시

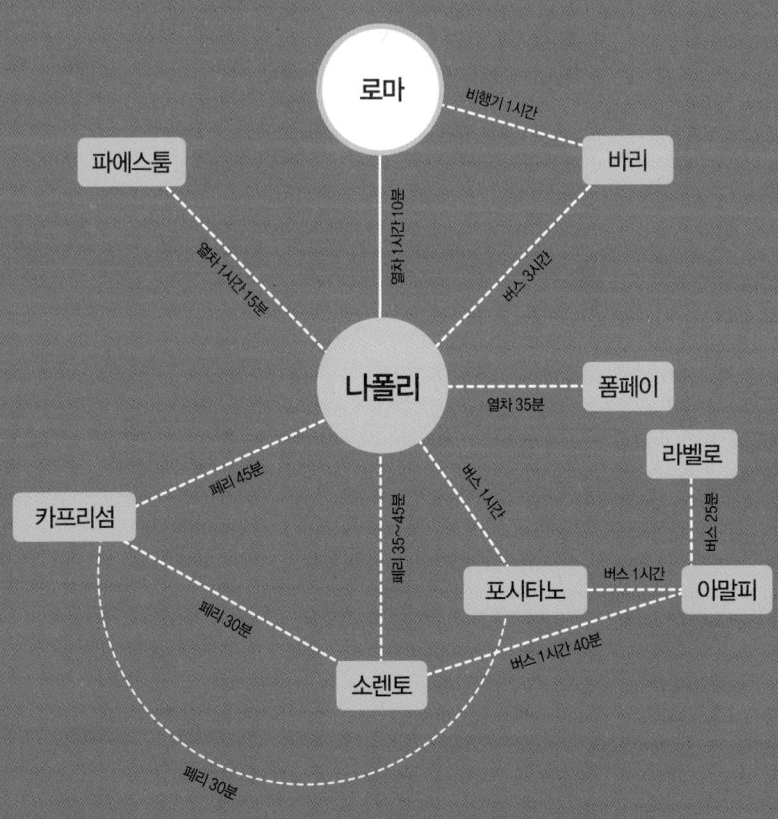

Napoli
나폴리

이탈리아 제3의 도시인 나폴리는 캄파니아주의 주도로 베수비오산 서쪽 기슭에 위치해 있다. 온화한 지중해성 기후 덕에 토마토와 올리브가 많이 생산되며 섬유·피혁 공업과 식료품 공업이 발달했다. "나폴리를 보고 죽어라"라는 말이 있을 정도로 나폴리만의 아름다운 풍광은 예로부터 유명하다. 도시명은 그리스의 식민 도시 네아폴리스가 기원이다. 12세기 이후 나폴리 왕궁의 수도가 되었으며, 18세기 말 부르봉 왕조의 지배하에 있을 때는 이탈리아 최대 도시로 인구 40만 명을 헤아릴 정도로 성장했다. 가리발디에게 정복된 이후 한때 이탈리아의 대표적인 상업 항이 되었으나, 제2차 세계대전 당시 대부분의 항만 시설과 시가지가 파괴되면서 쇠락의 길을 걸었다. 최근에는 아프리카와 동유럽, 중동 지역에서 밀입국하는 난민이 많아지면서 사회적 문제가 야기되고 있는 한편, 인근에 있는 폼페이, 카프리섬, 소렌토, 아말피 해안 등으로 가는 길목에 위치한 덕분에 남부 이탈리아 관광의 중심 역할을 하고 있다.

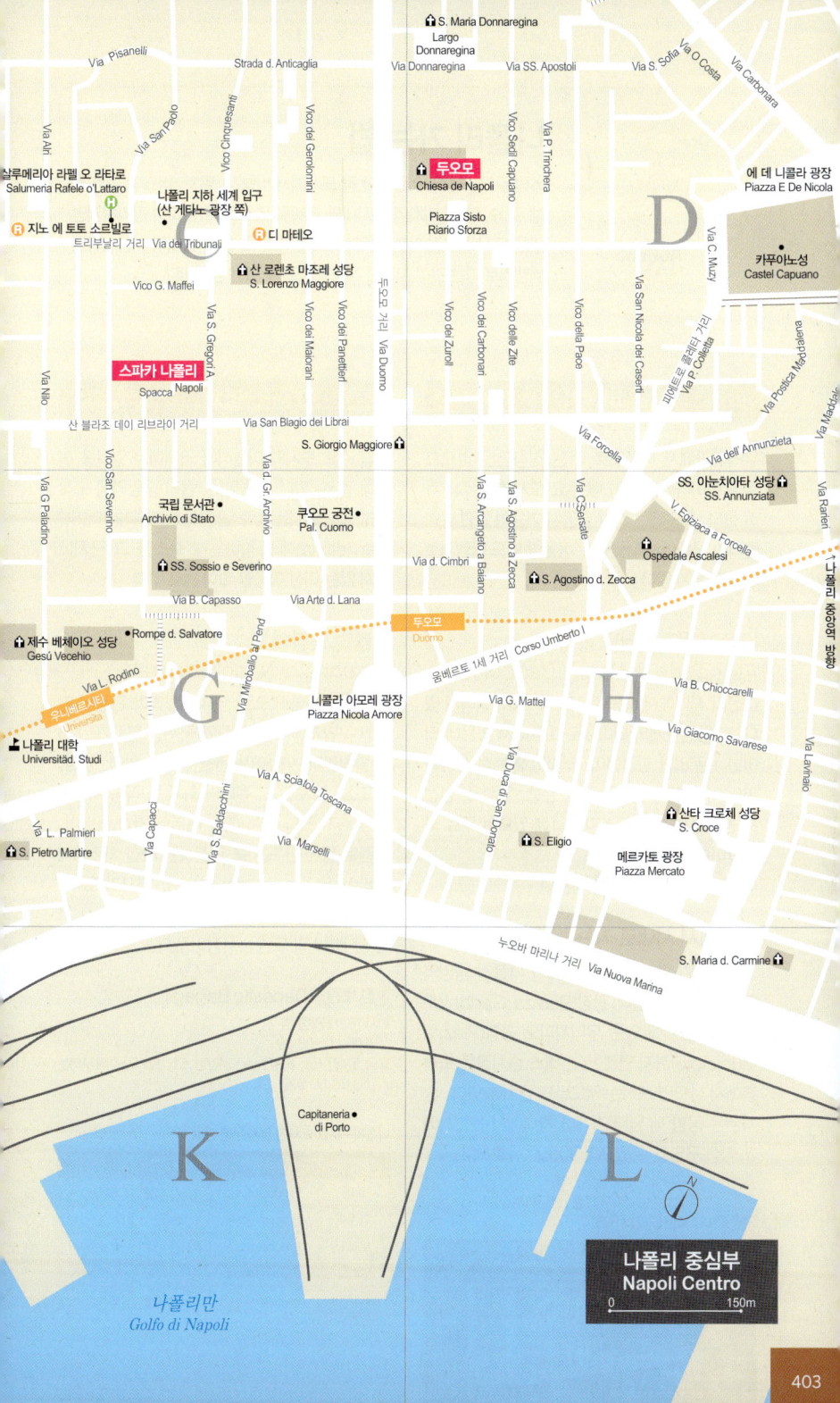

나폴리 가는 법

유럽 주요 도시와 이탈리아 각 도시에서 비행기, 열차, 버스 등을 이용해 갈 수 있다. 기차역이 시내와 가까워 열차로 가는 것이 편리하지만 인근 도시에서 갈 때는 시외버스도 편리하다. 다만 장거리 이동이라면 비행기로 가는 것이 시간과 체력을 아낄 수 있는 방법이다.

비행기

우리나라에서 나폴리로 가는 직항편은 없으므로 유럽이나 이탈리아 내 주요 도시를 경유해 가야 한다. 최근에는 저가 항공사 이용이 늘면서 이탈리아 국내에서 나폴리로 이동할 때도 비행기로 가는 경우가 많다.

나폴리 카포디키노 공항
Aeroporto di Napoli Capodichino

나폴리 시내에서 북동쪽으로 약 5km 떨어져 있다. 공항은 2개의 터미널로 이루어져 있는데 터미널 1은 일반 항공편이, 터미널 2는 전세 항공편이 이용한다. 관광안내소, 은행, 우체국, 환전소 등의 시설은 모두 터미널 1에 있으며 무료 와이파이를 이용할 수 있다.

홈페이지 www.aeroportodinapoli.it

공항에서 시내로 가는 법

공항버스인 알리버스(Alibus)가 나폴리 중앙역 앞에 있는 가리발디 광장(Piazza Garibaldi)과 항구 근처에 있는 무니치피오 광장(Piazza Municipio)까지 연결한다. 버스 승차장은 도착 홀에서 나오면 보이는 맥도날드 근처에 있다. 승차권은 공항 내 담배 가게나 차내에서 운전사에게 직접 구입할 수 있으며 90분간 유효하다.

운행 06:30~23:40(15~30분 간격)
소요 시간 나폴리 중앙역까지 15분, 항구까지 35분
요금 €5(차내에서 구입 시 €6)

열차

유럽 주요 도시와 이탈리아 국내에서 열차를 이용해 갈 수 있다. 대부분 나폴리 중앙역에 도착하며 일부 열차는 항구 근처의 메르젤리나역(St. Mergellina)에 도착하는데 숙소를 그 근처에 잡지 않는 이상 이용할 일이 별로 없다.

나폴리 중앙역
Stazione di Napoli Centrale

나폴리의 중심 역으로 남부 이탈리아 관광의 거점인 곳답게 국내선 열차와 국제선 열차가 수시로 발착한다. 역내에는 관광안내소, 약국, 상점, 매표소, 짐 보관소, 렌터카 회사 등 각종 시설이 잘 갖춰져 있다. 지하에는 메트로 역과 폼페이, 소렌토 등 인근 도시를 연결하는 사철 치르쿰베수비아나(Circumvesuviana) 역사가 있다. 역에서 나와 정면에 있는 가리발디 광장으로 가면 시내버스와 트램 승차장이 있다.

- **짐 보관소 Deposito Bagagli**
위치 16번 플랫폼 옆
운영 06:00~23:00
요금 5시간 €6, 6~12시간 시간당 €1, 12시간 이후부터는 시간당 €0.50 추가

나폴리-주요 도시 간 열차 운행 정보

출발지	열차 종류	소요 시간	요금
로마	Frecciarossa	1시간 10분	€14.90~
피렌체	Frecciarossa	3시간	€22.90~
토리노	Frecciarossa	5시간 48분	€33.90~
밀라노	Frecciarossa	4시간 35분	€39.90~
베네치아	Frecciarossa	5시간 22분	€41.90~

시외버스

이탈리아 각 도시와 주변 국가에서 나폴리로 가는 시외버스로는 CLP, CTP 버스 등이 있으며 시에나, 피렌체, 피사를 연결하는 버스로는 세나(SENA) 버스가 있다. 나폴리 인근의 소렌토, 아말피 해안을 연결하는 버스는 시타(SITA) 버스가 대표적이다. 시타 버스는 나폴리 중앙역 근처의 페라리스 거리(Via Galileo Ferraris)에서 발착하며, 나머지 버스는 가리발디 광장 근처에서 발착한다. 나폴리까지의 소요 시간은 폼페이에서 40분(30분 간격 운행), 소렌토에서 1시간 20분(1일 2대), 포시타노에서 2시간(1일 2대), 아말피에서 2시간(1일 6대) 정도이다.

홈페이지
CLP 버스 www.clpbus.it / CTP 버스 www.ctpn.it
세나 버스 www.sena.it / 시타 버스 www.sitabus.it

Plus Info

나폴리와 인근 도시를 연결하는 교통수단

페리 Ferry
나폴리의 여객항인 몰로 베베렐로(Molo Beverello) 항구에서 페리를 이용해 아말피 해안, 소렌토, 카프리 섬 등에 갈 수 있다. 나폴리 중앙역에서 항구까지 도보로는 15~20분 정도 걸리며, 트램(1·4번)이나 버스(151·154번)를 타고 갈 수도 있지만 관광객을 노리는 소매치기가 많아 택시로 가는 것이 안전하다(요금 약 €10).

홈페이지
GESCAB www.gescab.it
CAREMAR www.caremar.it
SNAV www.snav.it

사철 치르쿰베수비아나 Circumvesuviana
아말피 해안의 거점이 되는 소렌토나 역사 속으로 사라져버린 도시 폼페이에 갈 때 사철을 이용하면 편리하다. 사철 역은 나폴리 중앙역에서 지하로 연결된 가리발디역에서 출발한다.

홈페이지 www.eavsrl.it

나폴리-주변 도시 간 사철 운행 정보

목적지	배차 간격	소요 시간	요금
소렌토	20~30분	50분~1시간 6분	€4.10
폼페이	30분~1시간	40분	€2.80

나폴리 시내 교통

나폴리의 대중교통은 메트로, 버스, 트램, 푸니콜라레 등이 있다. 관광지는 대부분 도보와 메트로를 이용해 다닐 수 있고, 산텔모성 등 고지대로 갈 때는 푸니콜라레를 이용한다. 버스와 트램은 노선이 복잡하고 소매치기가 많아 가급적 타지 않는 것이 좋다.

승차권 구입 및 종류

메트로, 버스, 트램, 푸니콜라레 모두 공통 승차권을 사용한다. 승차권은 신문·잡지 가판대나 담배 가게 등에서 구입할 수 있다. 승차할 때는 반드시 개찰기에 승차권을 통과시켜 펀칭을 해야 검표 시 불이익을 당하지 않는다. 각 교통수단의 노선 및 운행 정보는 홈페이지 참고.

홈페이지 www.anm.it

승차권 종류		요금	유효기간
1회권	Corsa Singola	€1.10	1회만 사용 가능
	Orario 90 minuti	€1.60	개찰 후 90분 (환승 가능)
1일권 Giornaliero		€3.50	구입 당일 자정까지
일주일권 Settimanale		€12	구입 요일과 상관없이 일요일 자정까지

메트로·국철

메트로는 1호선(노란색)과 6호선(하늘색) 2개의 노선이 있다. 1호선은 가리발디(Garibaldi)역에서 구시가의 중심인 단테 광장을 거쳐 북쪽의 피추놀라(Piscinola)역까지 운행하며, 6호선은 항구가 있는 메르젤리나(Mergellina)역에서 모스트라(Mostra)역까지 운행한다.

국철은 동서를 가로지르는 2호선(남색)으로 잔투르코(Gianturco)역에서 가리발디역을 거쳐 포추올리(Pozzuoli)역까지 운행한다.

운행 06:00~22:30(배차간격 14분)

버스·트램

나폴리 중앙역 앞 가리발디 광장과 메르젤리나 항구 앞 무니치피오 광장에 주요 버스와 트램이 집결한다. 그러나 버스와 트램은 되도록 이용하지 않는 것이 좋다. 첫 번째 이유는 도로가 매우 혼잡스러워 오히려 걸어가는 것이 더 빠를 때가 많기 때문이다. 두 번째는 버스와 트램에는 여행객을 노리는 소매치기가 많다. 특히 나폴리 중앙역에서 출발하는 버스와 트램에는 반드시 소매치기가 있다고 보면 된다.

주요 버스 노선

210 나폴리 중앙역 – 고고학 박물관 – 무니치피오 광장 – 단테 광장

E1 제수 광장 – 고고학 박물관 – 두오모 거리 – 움베르토 1세 거리

주요 트램 노선

1 나폴리 중앙역에서 출발해 시내 중심을 지나 해안을 따라 비토리아 광장(Piazza Vittoria)까지 운행한다.

푸니콜라레

나폴리의 푸니콜라레(Funicolare)는 공중에 매달려 가는 케이블카가 아니라 등산 열차처럼 지면에 붙어서 올라간다. 노선은 4종류이며 보메로 지역 등 고지대에 올라갈 때 효율적인 교통수단이다.

주요 푸니콜라레 노선

- **첸트랄레선 Centrale**
노선 Piazza Fuga-Petraio-C.V.Emanuele-Augusteo
운행 06:30~00:30(월~화요일 ~22:00)

- **키아이아선 Chiaia**
노선 Cimarosa-Palazzolo-C.V.Emanuele-P.Margherita
운행 06:30~00:30(수~목요일 ~22:00)

- **몬테산토선 Montesanto**
노선 Morghen-C.V.Emanuele-Montesanto
운행 07:00~22:00

- **메르젤리나선 Mergellina**
노선 Via Manzoni-P.Angelina-S.Gioacchino-S.Antonio-Mergellina
운행 07:00~22:00

시티 투어 버스

나폴리의 주요 관광지를 편하게 돌아볼 수 있는 2층 투어 버스. 국립 고고학 박물관이나 누오보 성 등 걸어서 가기에 조금 먼 곳까지 편하게 갈 수 있어 어린이를 동반한 가족 여행객이 이용하면 편리하다. 노선은 A코스와 B코스 두 가지이며 둘 다 무니치피오 광장(Piazza Municipio)에서 출발한다. 승차권은 홈페이지에서 예약하거나 버스 운전사에게 직접 구입할 수 있다.

A코스 누오보성을 기준으로 주요 관광 명소가 있는 동쪽으로 운행(총 45분 소요)
B코스 누오보성을 기준으로 나폴리만의 수려한 풍광을 감상할 수 있는 서쪽으로 운행(70분 소요)

요금 €24(인터넷 구입 시 €20.40), €12(인터넷 구입 시 €10.20)
홈페이지 www.napoli.city-sightseeing.it

택시

나폴리에는 여행객을 노리는 불법 택시가 많아 바가지요금을 쓰기 십상이다. 가리발디 광장을 비롯한 주요 광장 주변의 택시 승차장에서 타는 것이 안전하며, 반드시 미터기가 부착되어 있고 문에 'Napoli'라고 적힌 택시만 이용한다. 승차하기 전에 목적지까지의 요금을 물어보고 타는 것이 좋다.

기본요금 월~금요일 €4.50, 토~일요일 €6(처음 미터기에는 €3.50로 찍혀 있으나 이는 기본요금일 뿐이며 그 이하로 나오더라도 기본요금을 내야 한다).
추가 요금 일요일·공휴일 €2.10, 심야(22:00~07:00) €2.95, 짐 1개당 €0.60

주요 택시 회사 문의
Radio Taxi Napoli 081 5564444
Consorzio Taxi Napoli 081 8888

INFO

◆ **관광안내소**
산 카를로 극장 근처(Via San Carlo, 9)
문의 081 402 394
운영 월~토요일 09:30~13:30, 14:30~18:30, 일요일 09:30~13:30

일 제수 성당 맞은편(Piazza del Gesù)
문의 081 551 2701
운영 월~토요일 09:30~13:30, 14:30~18:30, 일요일 09:30~13:30

◆ **경찰서**
나폴리 중앙역을 마주하고 섰을 때 오른쪽에 24시간 운영하는 경찰서가 있다.

◆ **나폴리 여행 정보** www.inaples.it

◆ **캄파니아 아르테 카드 L'arte in Campania**
나폴리는 물론 폼페이, 소렌토, 살레르노 등 캄파니아 지방의 모든 교통수단(버스, 사철 포함)을 무제한 이용하고, 주요 관광 명소의 무료 입장 및 10~50%의 할인 혜택을 받을 수 있는 트래블 카드. 2곳 이상의 박물관을 볼 예정이라면 이 카드를 구입하는 것이 경제적이다. 카드는 나폴리 중앙역 내 관광안내소나 주요 호텔 등에서 구입할 수 있다.
요금 3일권 일반 €32, 만 18~25세 €25, 7일권 €34
홈페이지 www.campaniartecard.it/artecard

나폴리 추천 코스
Best Course

나폴리는 하루 만에 돌아보기에는 부족한 도시이다. 첫날은 시내 주요 명소를 둘러보면서 나폴리 피자로 유명한 맛집을 찾아가보고, 둘째 날은 시내에서 조금 멀리 떨어진 명소와 나폴리 해변의 아름다움을 만끽해보자.

Day 1

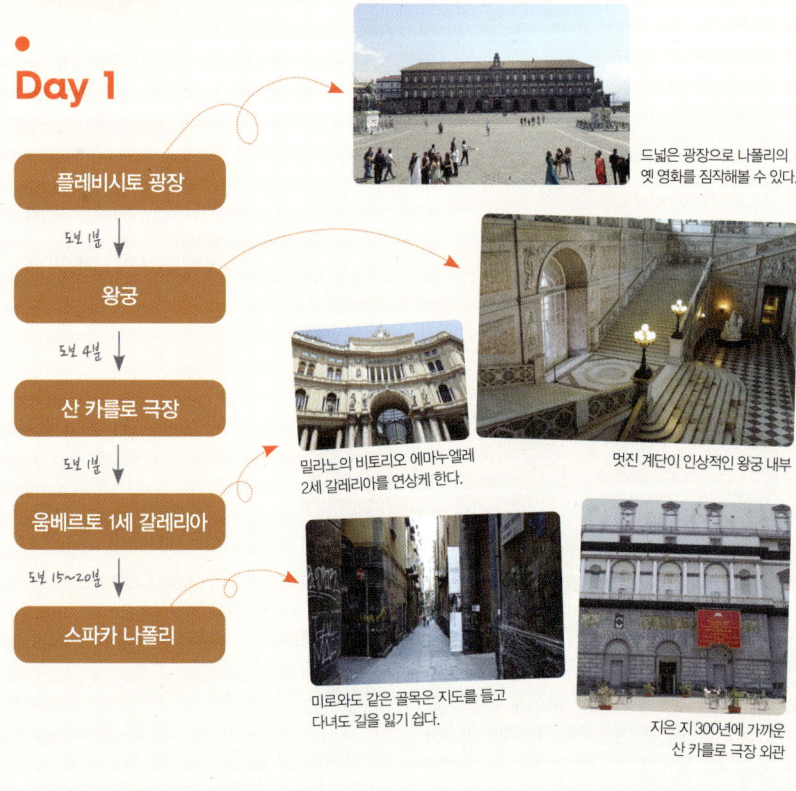

플레비시토 광장
↓ 도보 1분
왕궁
↓ 도보 4분
산 카를로 극장
↓ 도보 1분
움베르토 1세 갤러리아
↓ 도보 15~20분
스파카 나폴리

드넓은 광장으로 나폴리의 옛 영화를 짐작해볼 수 있다.

밀라노의 비토리오 에마누엘레 2세 갈레리아를 연상케 한다.

멋진 계단이 인상적인 왕궁 내부

미로와도 같은 골목은 지도를 들고 다녀도 길을 잃기 쉽다.

지은 지 300년에 가까운 산 카를로 극장 외관

1일 차 여행 포인트

✔ **겉만 보면 알 수 없는 왕궁과 산 카를로 극장**
나폴리는 그리스, 로마를 거쳐 스페인, 프랑스의 지배를 받았다. 무역과 군사의 교두보였던 나폴리의 오랜 역사를 대표하는 건축물 중 하나인 왕궁과 산 카를로 극장은 반드시 가이드 투어를 통해 둘러보자.

✔ **나폴리에서의 쇼핑**
유명 브랜드 숍은 플레비시토 광장 주변에 모여 있다. 움베르토 1세 거리와 톨레도 거리 주변을 걷다 보면 구찌, 막스 마라 등의 숍도 만나게 된다. 다만 로마나 밀라노에 비하면 브랜드 숍의 숫자가 현저히 적다.

✔ **최소 세 군데는 들러야 할 나폴리 피자집**
삼시 세끼를 먹어도 모자란 나폴리 피자. 한번 맛보면 금방 또 먹고 싶은 충동을 참기 힘들다. 나폴리 피자의 진수를 느끼려면 적어도 세 군데 이상 들러보자. 피자 가격도 5€ 내외로 부담 없이 가볍게 즐길 수 있다!

Day 2

```
[델로보성]
   ↓ 도보 10분
[해변]
   ↓ 도보+
     푸니콜라레 30분
[산텔모성]
   ↓ 푸니콜라레 5분+
     버스 20분
[국립 카포디몬테 미술관]
   ↓ 버스 15분
[국립 고고학 박물관]
```

델로보성 외관

한가로운 해변 풍경

산텔모성 외관

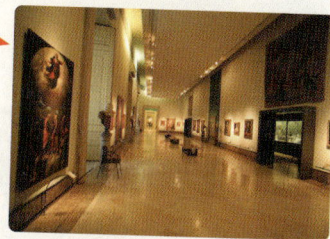
주로 르네상스 시대의 작품을 전시한다.

폼페이에서 발굴된 유물이 가장 인기 있다.

유럽 3대 고고학 박물관으로 꼽히는 유명한 박물관이다.

2일 차 여행 포인트

✓ **여름에 간다면 기본 준비물을 챙겨 가자**
선크림, 수건, 선글라스, 물은 반드시 챙기도록 한다. 여기에 현지인들과 함께 선탠이나 수영을 즐기려면 수영복과 속옷도 필수!

✓ **나폴리에서 미술관을?**
찬란했던 18세기 프랑스 부르봉 왕조의 숨결이 살아 있는 옛 왕궁 안의 국립 카포디몬테 미술관에는 14~18세기의 회화 컬렉션이 가득하다. 또한 국립 고고학 박물관으로 발길을 돌리면 고대 도시의 유물과 부르봉 왕가가 수집한 미술품이 다수 전시되어 있다.

나폴리 거리 가이드

나폴리 중앙역 앞 가리발디 광장에서 15분 정도 걸어가면 구시가가 펼쳐진다. 구시가를 대표하는 거리는 나폴리의 유명 피자집이 모여 있는 트리부날리 거리와 낡고 비좁은 골목이 미로처럼 이어지는 스파카 나폴리 거리이다. 구시가는 세계문화유산에 등재된 역사 지구로 산타 키아라 성당, 제수 누오보 성당 등 역사적인 건축물이 즐비하다. 단테 광장에서 시작되는 톨레도 거리는 신시가를 대표하는 거리로 넓은 거리 양편에 각종 상점과 맛집이 즐비한 번화가가 이어진다. 단테 광장 서쪽에는 보메로 지구라 불리는 언덕 지대로 푸니콜라레를 타고 올라가면 나폴리 해안의 아름다운 풍경을 한눈에 담을 수 있는 산텔모성이 있다. 단테 광장에서 남쪽으로 내려가면 왕궁, 산 카를로 극장, 플레비시토 광장이 나오고 조금 더 가면 항구가 있는 해안가와 달걀성이라 불리는 델로보성을 만나게 된다.

Check

여행 포인트
관광 ★★★
미식 ★★★★★ 쇼핑 ★

교통
도보 ★★★★★
메트로 ★★
버스 · 트램 ★
푸니콜라레 ★★

구역 정보
기차역에서 신시가로 바로 가려면 메트로를 이용한다. 구시가는 골목골목 구경 삼아 걸어서 다니는 것이 좋다.

추천 볼거리
SIGHTSEEING

두오모
Chiesa de Napoli ★★

MAP p.403-D

기적의 순간을 기념하는 성지

'피의 기적'으로 유명한 나폴리의 수호성인 산 젠나로(San Gennaro)를 기리기 위해 지은 성당으로 나폴리 시민들의 신앙적 지주로 자리를 지켜왔다. 13세기 말 넵튠의 신전이 있던 자리에 건축했으나 15세기 중반에 지진으로 파괴되었다가 17세기에 바로크 양식으로 재건했다. 성당 안에는 성인의 피를 담은 유리병이 있는데 1년에 두 번 굳었던 피가 액체로 변한다고 한다. 기적이 일어나는 매년 5월 첫째 일요일과 9월 19일, 그리고 나폴리의 수호성인으로 지정된 12월 16일에는 성인을 기념하기 위한 축제가 성대하게 열린다.

찾아가기 국철 2호선 Cavour역에서 도보 8분
주소 Via Duomo, 149 **문의** 081 449 097
운영 성당 월~토요일 08:30~13:00, 15:30~19:30, 일요일 08:30~13:00, 16:30~19:30 **박물관** 월~토요일 09:30~17:30, 일요일 09:30~13:30
요금 성당 입장 무료, 박물관 €5
홈페이지 www.chiesadinapoli.it

국립 고고학 박물관
Museo Archeologico Nazionale di Napoli ★★

MAP p.401-C

고대 그리스 · 로마의 유물 전시

고고학과 관련해 유럽에서 가장 중요한 박물관 중 하나로 폼페이, 에르콜라노, 스타비아 등 고대 도시에서 출토된 그리스 · 로마의 유물을 전시하고 있다. 19세기 초 개관 당시에는 부르봉 왕가의 카를로 3세가 어머니로부터 물려 받은 미술품을 주로 전시했으나, 이후 폼페이에서 출토된 모자이크 작품 <알렉산더 대왕과 다리우스의 싸움>을 비롯해 <파르네세의 헤라클레스상>, <아프로디테상>, <알렉산더의 이소의 전투>, <춤추는 목신상>, 고대의 미라, 파피루스 등이 보태지면서 볼거리가 풍성해졌다. 특히 눈길을 끄는 것은 1층에 있는 파르네세 컬렉션과 헤르클라네움 전시관(79번 전시실)으로 베수비오산이 폭발하여 묻혀 있다가 발굴된 유물을 한곳에 모아놓았다. 2층에는 무기, 청동 제품과 폼페이와 헤르클라네움에서 가져온 벽화들이 전시되어 있다.

찾아가기 메트로 1호선 Museo역에서 도보 4분
주소 Piazza Museo Nazionale, 19 **문의** 081 442 2149
운영 09:00~19:30 **휴무** 화요일, 1/1, 12/25 **요금** €15
홈페이지 www.museoarcheologiconapoli.it

나폴리

제수 누오보 성당
Chiesa del Gesù Nuovo ★★

MAP p.402-B

옛 왕궁이었던 유서 깊은 성당

1470년 살레르모 왕국의 왕을 위해 지은 궁전이었는데 예수회가 구입해 성당으로 개조했다. 올록볼록한 외벽이 특징이며 파사드는 옛 왕궁의 모습을 그대로 남겨두었다. 성당 앞 광장에는 꼭대기에 성모 마리아가 조각된 바로크 양식의 탑이 서 있는데 역병으로부터 보호해달라는 기원을 담은 기념주이다.

찾아가기 메트로 1호선 Dante역에서 도보 5분
주소 Piazza del Gesù Nuovo, 2 **문의** 081 557 8151
운영 월~토요일 08:00~13:00, 16:00~19:30, 일요일 08:00~13:45, 16:00~20:00
홈페이지 www.gesunuovo.it

산타 키아라 성당
Basilica di Santa Chiara ★

MAP p.402-F

피렌체 조각가들이 참여한 아름다운 성당

1310년 나폴리의 왕 로베르토 1세를 위해 지은 프로방스 고딕 양식의 성당. 18세기 중반에 바로크 양식으로 개축했으나 제2차 세계대전 때 크게 파괴되었고 이후 원래 모습대로 재건했다. 성당 내에는 피렌체의 조각가 조반니와 베르티니 등이 작업한 로베르토 1세의 묘를 비롯해 나폴리와 시칠리아를 지배한 왕들의 묘가 있다.

찾아가기 메트로 1호선 Dante역에서 도보 6분
주소 Via Santa Chiara, 49c **문의** 081 797 1224
운영 월~토요일 08:00~12:45, 16:30~20:00, 일요일 09:00~12:45, 16:30~20:00
요금 일반 €6, 만 30세 이하 학생·65세 이상 €4.50
홈페이지 www.monasterodisantachiara.com

스파카 나폴리
Spacca Napoli ★★★

MAP p.403-C

허름한 뒷골목이 나폴리의 명소로

스파카 나폴리는 '둘로 잘린 나폴리'라는 뜻으로 나폴리 서민들의 소박한 삶을 생생하게 볼 수 있는 구시가의 중심 거리이다. 고대 그리스·로마 시대부터 시민들이 모여 살던 주거 지역으로, 좁은 골목에 허름한 건물들이 촘촘히 붙어 있고 그 사이사이에 걸린 빨래와 노점상들이 나폴리의 또 다른 매력을 보여준다. 행정구역명으로는 비카리아 베키아 거리(Via Vicaria Vecchia)부터 파스콸레 스쿠라 거리(Via Pasquale Scura)까지 약 2km에 이르는 거리이다.

찾아가기 메트로 1호선 Dante역에서 도보 5분

산 마르티노 국립 박물관 ★
Museo Nazionale di San Martino

MAP p.400-F

나폴리의 역사와 문화 전시

14세기 중반 프랑스 앙주 가문의 여왕 잔 1세가 수도원으로 건립한 건물로 1866년부터 국립 박물관으로 이용되고 있다. 70여 개의 전시실에 나폴리의 역사와 문화를 보여주는 다양한 전시물이 있다. 조각가 코시모 판차고의 작품과 과거 나폴리 왕국의 전통 의상, 회화 등을 만나볼 수 있다.

찾아가기 푸니콜라레 Montesanto선을 타고 종점(Morghen)에서 하차해 도보 5분
주소 Via Largo S. Martino, 5 **문의** 081 229 4502
운영 월~화, 목~일요일 08:30~16:00 휴무 수요일
요금 일반 €6, 학생 €3

산텔모성 ★★
Castel Sant'Elmo

MAP p.400-F

나폴리의 전경을 한눈에 볼 수 있는 전망대

나폴리를 지키는 방어 요새로 건축해 16세기에는 감옥으로도 사용되었다. 엘리베이터를 타고 올라가면 나폴리 시내는 물론 아름다운 해안선과 베수비오산까지 파노라마처럼 전경이 펼쳐져 여행자들의 단골 촬영 장소가 되고 있다. 성내에는 미술 전시가 열리는 박물관도 있다.

찾아가기 푸니콜라레 Montesanto선을 타고 종점(Morghen)에서 하차해 도보 5분
주소 Via Tito Angelini, 22
문의 081 229 4459
운영 매일 08:30~18:30
요금 일반 €5, 학생 €2.50

국립 카포디몬테 미술관
Museo Nazionale di Capodimonte ★★★

MAP p.401-C

르네상스 시대의 회화 작품 전시

18세기에 바로크 양식으로 지은 부르봉 왕조의 왕궁 안에 위치해 있다. 나폴리 왕 카를로 디 보르보네 3세가 어머니 엘리자베타 파르네세에게 물려받은 미술품이 주를 이룬다. 이 작품들은 나폴리 국립 미술관 회화관에 있었는데 제2차 세계대전 후에 이곳으로 옮겨왔다. 마사초의 〈그리스도의 책형〉, 마솔리노의 〈눈의 성모〉 등 14~15세기의 르네상스 회화를 비롯해 티치아노의 〈다나에〉, 베르니니의 〈그리스도의 변용〉, 고야의 〈마리아 루이사 디 파르마〉, 미켈란젤로의 〈전사의 한 무리〉 등 유명 작가들의 작품을 만나볼 수 있다. 그 밖에 파르네세 가문의 생활용품, 도기 등과 베르사유 궁전을 모방한 아름다운 정원도 볼 만하다.

찾아가기 메트로 1호선 Museo역 앞 광장에서 버스 168·178번을 타고 Porta Piccola 정류장에서 내려 도보 5분
주소 Via Miano, 2 **문의** 081 749 9111
운영 08:30~19:30(12/24~12/31 ~14:00, 문 닫기 1시간 전에 입장 마감) **휴무** 수요일, 1/1, 12/25
요금 일반 €14, 만 18~25세 €8

움베르토 1세 갈레리아
Galleria Umberto I ★

MAP p.402-I

나폴리 최고의 쇼핑가

이탈리아의 2대 국왕 움베르토 1세의 명으로 지었다. 밀라노에 있는 비토리오 에마누엘레 2세 갈레리아처럼 유리와 철골로 이루어진 아름다운 천장이 인상적이다. 고급 브랜드의 부티크, 카페, 레스토랑 등이 모여 있는 아케이드형 쇼핑가로 나폴리의 패셔니스타들이 즐겨 찾는다.

찾아가기 메트로 1호선 Toledo역에서 도보 9분

톨레도 거리
Via Toledo

MAP p.402-E

나폴리의 신시가를 대표하는 거리

단테 광장에서 왕궁에 이르는 약 1.2km의 거리로 이 거리를 따라가다 보면 해변까지 갈 수 있다. 스탕달은 그의 저서 〈로마, 나폴리 그리고 플로렌스〉에서 "나는 떠난다. 나는 결코 톨레도 거리를 잊지 못할 것이다. 그것은 비교의 대상이 없는 내 눈으로 본 가장 아름다운 지역으로 기억될 것이다"라고 표현했다. 잘 정비된 거리 양편에 맛집과 쇼핑 명소가 줄지어 있고 저녁이나 주말에는 서울의 명동처럼 인파로 북적거린다.

찾아가기 메트로 1호선 Tolede역에서 하차

산 카를로 극장
Teatro di San Carlo ★★★

MAP p.402-K

이탈리아의 3대 오페라 극장

1737년 부르봉 왕가의 카를로 3세 때 지은 유서 깊은 오페라 극장. 내부는 금색과 붉은색으로 호화롭게 장식했으며 약 3500여 명을 수용할 수 있다. 1816년에 발생한 화재와 제2차 세계대전으로 심각한 피해를 입기도 했지만 완벽히 복구되어 여전히 아름다운 모습이다. 개막 공연은 도메니코 사로의 오페라 〈스키로의 아킬레우스〉였으며 로시니, 베르디, 푸치니 등 유명 작곡가의 작품이 여러 차례 공연되었다. 공연 시즌은 12~4월이며 티켓 가격은 좌석에 따라 €20~400로 다양하다.

찾아가기 메트로 1호선 Toledo역에서 도보 8분
주소 Via San Carlo, 98
문의 081 797 2111
운영 월~화, 목~토요일 10:00~13:00, 14:00~17:30
휴무 수요일
홈페이지 www.teatrosancarlo.it

왕궁
Palazzo Reale ★★

MAP p.402-K

나폴리를 지배한 왕들의 거처

1600년 도메니코 폰타나가 설계해 지은 호화로운 궁전. 부르봉 왕가가 거주하기 전에는 스페인과 오스트리아 왕가가 잠시 거주했다. 18세기 이후 루이지 반비텔리가 지금의 모습으로 개축했으며, 내부는 튈르리 궁전을 모방해 지었다. 1837년에 화재로 왕궁의 주요 부분이 불타버려 1858년까지 복원 작업이 이어졌다. 광장 정면에 있는 조각상은 1888년 움베르토 1세 때 제작한 것으로 나폴리의 8명의 왕을 조각한 것이다. 내부에는 왕가의 생활용품과 미술품 등을 전시한

미술관이 있다.

찾아가기 메트로 1호선 Toledo역에서 도보 10분
주소 Piazza del Plebiscito, 1 **문의** 081 580 8111
운영 아파트먼트 09:00~20:00 **휴무** 수, 1/1, 12/25 **시간의 갤러리** 09:00~19:00 **휴무** 수요일, 1/1, 12/25 **로맨틱 가든** 09:00~16:30(11월~1월), 17:30(2월), 18:00(3월, 10월), 19:00(4월, 9월), 20:00(5월, 8월)
요금 일반 €10, 18세 미만 무료
홈페이지 palazzorealenapoli.it

플레비시토 광장
Piazza del Plebiscito ★

MAP p.401-K

과거의 영화를 느낄 수 있는 아름다운 광장

왕궁 맞은편에 있는 반원형 광장으로 19세기 초 부르봉 왕가의 페르난도 1세 때 완성되었다. 광장을 둘러싸고 있는 열주는 산 프란체스코 디 파올라 성당의 회랑이다. 광장 중앙에는 안토니오 카노바가 제작한 페르난도 1세와 카를로 3세의 기마상이 서 있다. 지금은 각종 문화 행사가 열리는 시민들의 쉼터로 애용되고 있다.

찾아가기 메트로 1호선 Toledo역에서 도보 9분

누오보성
Castel Nuovo ★★

MAP p.402-I

프랑스 건축가가 설계한 웅장한 성

'새로운 성'이라는 뜻으로 카를로 1세가 왕국의 수도를 나폴리로 옮긴 후 바다 근처에 새로 지은 성이다. 프랑스에 있는 앙주 가문의 성을 모델로 했으며 프랑스 건축가 피에르 드 샤르네와 피에르 앙강쿠르의 설계로 1282년에 완공했다. 처음에는 고딕 양식으로 지었으나 1309년 로베르트왕이 성을 확장하고 원통형 기둥은 1400년에 세우는 등 여러 차례의 증·개축을 거쳐 지금의 모습으로 완성되었다. 현재는 나폴리시 소유로 성안에 팔라티나 예배당과 나폴리 시립 박물관이 있다. 성으로 들어가는 입구의 정교한 조각들을 눈여겨보자.

찾아가기 메트로 1호선 Toledo역에서 도보 10분
주소 Via Vittorio Emanuele III
문의 081 795 7722
운영 월~토요일 08:30~19:00
요금 €6

델로보성
Castel dell'Ovo ★

MAP p.401-K

나폴리를 방어하는 요새

'달걀성'이라는 뜻으로 호엔스타우펜 가문과 노르만족이 1154년에 지었다. 착공 당시 성의 기초 주변에 달걀이 담긴 항아리를 묻은 후 이 달걀이 깨지면 나폴리가 망할 것이라는 전설이 전해지면서 이 이름으로 불리게 되었다.

나폴리의 해안선을 방어하는 요새였는데 17세기 중반 이후에는 감옥으로 이용되어 로밀뤼스 오귀스틴 황제, 만프레드 스베비아 왕의 아들인 아카자 왕자 등이 투옥되기도 했다. 제2차 세계대전 때 파괴되어 1975년에 복원했고 현재는 전시관으로 운영한다. 성 꼭대기에 올라가면 나폴리 해안의 아름다운 풍경을 감상할 수 있다.

찾아가기 플레비시토 광장에서 도보 12분
주소 Via Eldorado, 3
문의 081 795 6180
운영 매일 09:00~17:00

Plus Info

나폴리 여행의 또 다른 즐거움

나폴리의 매력은 지상에만 있는 것이 아니다. 상암 월드컵 경기장의 2배에 달하는 면적의 지하 동굴과 3대 미항이라는 찬사가 아깝지 않은 해변에서 나폴리 여행의 또 다른 즐거움을 만끽해보자.

■ 나폴리 지하 세계 Napoli Sotterranea ★★

MAP p.401-K

5000여 년 전의 흔적이 보이는 천연 동굴로 약 80km에 이르는 지하 세계를 만날 수 있다. 로마 시대에는 상수도 운반 역할을 했으며, 제2차 세계대전 때는 방공호로도 이용되었다. 여러 코스로 들어갈 수 있는데 일반적으로 산 가에타노 광장(Piazza San Gaetano)과 산트 안나 디 팔라초 거리(Via Sant'Anna di Palazzo)의 입구로 드나든다. 산트 안나 디 팔라초 거리의 입구로 들어갈 경우 가이드 투어가 모이는 장소는 트리에스테 트렌토 광장(Piazza Trieste e Trento)의 감브리누스 카페이다. 가이드 투어로만 입장이 가능하니 시간에 맞춰 가자.

찾아가기 메트로 1호선 Toledo역에서 도보 9분
주소 Via S. Anna di Palazzo, 52 **문의** 081 400 256
운영 가이드 투어 매일 10:00, 12:00, 14:00, 16:30
요금 €10 **홈페이지** www.lanapolisotterranea.it

■ 나폴리 해변 Napoli Beach ★

나폴리에서 해수욕이나 선탠을 즐길 수 있는 대표적인 곳을 소개한다. 해수욕을 즐길 때는 대형 타월과 수영복을 챙겨 가자.

• 나폴리 시내의 해변

MAP p.401-K

누오보성에서 델로보성에 이르는 해안에서 해수욕이나 선탠을 즐길 수 있다.

찾아가기 플레비시토 광장에서 도보 5분

• 제밍 클럽 Jemming Idro Panoramic Exclusive Club

MAP p.400-B

보메로 언덕에서 북쪽으로 좀 더 가면 아름다운 경치와 수영을 동시에 즐길 수 있다. 3개의 수영장을 비롯해 레스토랑, 바, 놀이 기구, 정원 등 부대시설도 잘 갖춰져 있어 인기가 높다.

찾아가기 메트로 1호선 Colli Aminei역에서 도보 10분
주소 Via del Serbatoio allo Scudillo, 10 **문의** 081 770 1281
영업 09:00~18:00 **요금** 월~금요일 €12(13:30~18:00 €8), 토~일요일·공휴일 €15(바캉스 기간 €10) **홈페이지** www.jemming.com

• 엘레나 해변 Bagno Elena

MAP p.400-I

나폴리 시내에서 버스로 20~30분 정도 가면 포실리포(Posillipo)라는 지역에 백사장이 펼쳐진 아름다운 해변이 있다.

찾아가기 메트로 1호선 Universita역 앞에서 140번 버스를 타고 Posillipo 12 정류장에서 하차

나폴리

나폴리 주변 섬

프로치다섬과 이스키아섬은 나폴리에서 한나절이면 다녀올 수 있는 아담하고 예쁜 섬이다. 카프리섬만큼 유명하지는 않지만 옛 황제들이 별장을 지을 정도로 자연경관이 뛰어나며 섬 마을 특유의 아기자기한 매력이 넘쳐난다.

프로치다섬
Isola di Procida

영화 〈일 포스티노〉의 배경이 된 섬

나폴리에서 약 23km 떨어진 곳에 있는 작은 섬으로 지중해의 작열하는 태양과 아름다운 석회암 절벽 위에 세워진 파스텔 톤의 집들이 동화 속 마을처럼 예쁜 풍경을 선사한다. 기원전 29년 이곳을 방문한 로마 아우구스투스 황제가 그 아름다움에 반해 나폴리로부터 섬을 사들였으며, 현재 850여 종의 식물이 자라는 해양식물의 보고가 되었다.

섬에는 알록달록한 마을 풍경과 어우러진 코리첼라 해변(Marina Corricella), 고운 모래사장이 있어 해수욕을 즐기기 좋은 치라초(Ciraccio) 해변, 자연보호 지역인 비바라 섬(Isola di Vivara), 중세부터 내려오는 무라타 역사 지구(Terra Murata), 16세기에 지은 요새화된 왕궁 팔라초 다발로스(Palazzo d'Avalos), 길이 54m, 높이 30m, 넓이 15m의 푸른 동굴 등 아름다운 볼거리가 가득하다.

찾아가기 나폴리의 몰로 베베렐로(Molo Beverello) 항구에서 쾌속 페리를 타는 것이 요금은 비싸지만 빠르고 편리하다. 또는 포르타 디 마사(Porta di Massa) 항구에서 일반 페리를 타고 갈 수 있다.
운행 06:15~21:55(1일 13~15편)
소요 시간 쾌속 페리 40분, 일반 페리 1시간
요금 쾌속 페리 €13.20~15.90, 일반 페리 €10.40~15.30
홈페이지 Caremar www.caremar.it
SNAV www.snav.it
※ 배가 도착하는 마리나 그란데 항구에서 프로치다 마을까지는 오르막길이다. 작은 섬이지만 걸어서 올라가려면 시간이 꽤 걸리므로 미니버스나 이 섬의 명물 택시를 적절히 이용하는 것이 좋다.

이스키아섬
Isola d'Ischia

볼거리와 즐길 거리가 풍부한 아름다운 섬

나폴리에서 약 30km 떨어진 곳에 있는 화산섬으로, 섬 중심에는 해발고도 789m의 에포메오산이 있다. 로마 아우구스투스 황제가 카프리섬과 맞바꿀 정도로 아름다웠다는 이 섬은 나폴리만에서 가장 큰 섬으로 전체 둘레 약 34km, 면적 약 46.3km²에 이른다.

6개의 마을로 이루어진 섬에는 기원전 5세기에 건설한 아라곤성(Castello Aragonese)을 비롯해 다양한 모습의 탑, 성당, 정원, 도자기 공방 등 볼거리가 가득하다. 또한 모래사장이 펼쳐진 아름다운 해변과 20여 개의 크고 작은 온천 수영장이 있는 포세이돈 리조트(Giardini Poseidon Terme) 등 즐길 거리가 풍부해 여행객의 발길이 끊이지 않는다. 특히 이 섬의 해수온천은 그 효험이 세계적으로 유명해 장기 체류하는 유럽인도 많이 볼 수 있다.

찾아가기 나폴리의 몰로 베베렐로(Molo Beverello) 항구에서 쾌속 페리를 타는 것이 요금은 비싸지만 빠르고 편리하다. 또는 포르타 디 마사(Porta di Massa) 항구에서 일반 페리를 타고 갈 수 있다.
운행 06:15~21:55(1일 14편)
소요 시간 쾌속 페리 1시간, 일반 페리 1시간 20분
요금 €12.10~18.90
홈페이지 Caremar www.caremar.it
SNAV www.snav.it
※ 항구에서 마을까지는 도보 10~15분이면 갈 수 있다. 버스를 타고 서쪽으로 15분 정도 가면 온천이 있는 카사미촐라 테르메(Casamicciola Terme)가 나온다. 걸어서 가는 것보다 버스나 삼륜 택시를 이용하는 게 좋다.

추천 레스토랑

강추

아 필리아 도 루차노
A Figlia d'O Luciano

MAP p.401-D

싸고 맛있는 이탈리아 음식

우리나라의 포장마차를 연상케 하는 서민적인 분위기의 레스토랑으로 현지인들에게 높은 인기를 얻고 있다. 대표 메뉴는 파스타, 피자, 홍합 요리. 특히 파스타는 베수비오산에서 생산된 질 좋은 토마토를 사용해 특별한 풍미를 느낄 수 있으며 나폴리 최고의 파스타라 해도 부족함이 없다. 홍합 요리는 매일 아침 들여오는 신선한 홍합을 사용하며 매콤한 맛이어서 우리 입맛에도 잘 맞는다. 피자보다는 파스타나 홍합 요리를 선택하면 후회하지 않을 것이다.

찾아가기 메트로 1호선 Garibaldi역에서 도보 5분(두오모에서 도보 7분) **주소** Piazza Enrico de Nicola, 38
전화 081 293 302
영업 11:30~24:00 휴무 월요일
예산 €10~20

RESTAURANT

라 시알루파 La Scialuppa

MAP p.401-K

신선한 해산물을 부담 없는 가격으로

델로보성 옆에 위치한 레스토랑으로 퓨전이나 컨템퍼러리한 메뉴가 아닌 정통 나폴리 스타일의 요리를 맛볼 수 있는 곳이다. 매일 들어오는 신선한 해산물을 듬뿍 넣은 홈메이드 파스타와 바삭한 튀김옷이 감칠맛을 더하는 새우와 오징어튀김이 대표 메뉴다. 그 밖에 빈 스타일의 송아지 커틀릿인 슈니첼도 먹을 만하다. 부둣가에 위치해 있어 바다에서 불어오는 시원한 바람을 맞으며 식사를 즐길 수 있다.

찾아가기 메트로 1호선 Toledo역에서 도보 22분(델로보성에서 도보 1분)
주소 Piazzetta Marinari, 5 문의 081 764 5333
영업 화~일요일 12:30~15:30, 19:00~24:00
휴무 월요일, 1/5~1/31
예산 €20~35
홈페이지 www.ristorantelascialuppa.net

미미 알라 페로비아 MiMi alla Ferrovia

강추

MAP p.401-D

마라도나의 단골 레스토랑

1943년에 문을 열어 70년 이상 같은 자리를 지켜왔으며 지금은 아버지와 아들이 함께 운영한다. 나폴리를 찾은 셀러브리티들의 단골 레스토랑으로도 유명한데 그중 대표적인 인물이 축구 황제 마라도나이다. 추천 메뉴는 과일 샐러드와 버펄로 모차렐라, 바닷가재로 만든 리소토, 새우와 생선튀김 등이다. 신선한 조개를 듬뿍 넣은 봉골레 스파게티도 인기 메뉴로 산뜻한 화이트 와인과 잘 어울린다.

찾아가기 메트로 1호선 Garibaldi역에서 도보 3분(두오모에서 도보 10분)
주소 Via Alfonso d'Aragona, 19/21
문의 081 553 8525
영업 매일 12:00~15:30, 19:00~23:00
예산 €25~50
홈페이지 www.mimiallaferrovia.it

피자의 본고장 나폴리 3대 피자집

전 세계인들에게 사랑받는 음식인 피자는 나폴리를 중심으로 발달했다. 토마토소스를 토핑으로 처음 사용한 이 지역에는 19세기부터 거리 곳곳에 피자 노점상이 흔했으며 화덕 피자는 1830년에 시작되었다. 나폴리 피자를 대표하는 담백한 맛의 마르게리타 피자를 비롯해 토핑 고유의 맛을 살린 다양한 피자를 저렴한 가격에 실컷 즐길 수 있다. 이왕 나폴리에 왔으니 나폴리 3대 피자집이라 불리는 곳에 모두 들러 그 명성을 직접 확인해보자.

피체리아 브란디
Pizzeria Brandi

▶ MAP p.401-K

마르게리타 피자의 고향

1780년에 문을 열었으며 1889년 나폴리를 방문한 마르게리타 왕비가 이곳의 피자를 먹고 자신의 이름을 붙여준 마르게리타 피자로 유명하다. 백색의 치즈, 녹색의 바질잎, 붉은색의 생토마토소스가 이탈리아 국기의 3색을 상징한다. 4종류의 치즈를 토핑한 콰트로 포르마지, 담백한 모차렐라 치즈를 사용한 마르게리타 피자(€7) 등 어느 것을 선택해도 후회하지 않는다.

찾아가기 메트로 1호선 Toledo역에서 도보 9분(플레비시토 광장에서 도보 2분)
주소 Salita Sant'Anna di Palazzo, 1/2
문의 081 416 928
영업 화~일요일 12:50~15:30, 19:30~23:30
예산 피자 €3.50~10 **홈페이지** www.brandi.it

나폴리 피자 협회에서 진짜 나폴리 피자로 인정하는
베라 피자(Vera Pizza)의 여덟 가지 합격 기준

1. 반죽은 반드시 손으로 할 것
2. 가장자리의 두께는 2cm 이내일 것
3. 가운데의 두께는 0.3mm 이내일 것
4. 둥근 형태일 것
5. 촉감은 쫄깃하고 부드러워 쉽게 접을 수 있을 것
6. 토핑은 토마토소스와 치즈가 기본일 것
7. 반드시 장작 화덕에서 구워낼 것
8. 굽는 온도는 485℃일 것

디 마테오
Di Matteo
▶ MAP p.403-C

G7 정상들의 입맛을 사로잡은 피자집

나폴리 피자의 자존심을 대표하는 곳 중 하나로 1936년에 문을 열었다. 1994년 나폴리에서 개최된 G7 정상들이 이곳에서 피자를 먹은 것으로도 유명하다.

2011년과 2012년 전 세계의 내로라하는 피자 셰프들이 경연하는 피자 월드컵에서 최최상을 거머쥐었다. 최상급 모차렐라 치즈를 사용한 마르게리타 콘 부팔라와 라자냐를 추천한다.

찾아가기 국철 2호선 Cavour역에서 도보 10분(두오모에서 도보 3분)
주소 Via dei Tribunali, 94
문의 081 455 262
영업 월~토요일 10:00~23:30
예산 피자 €2.50~6
홈페이지 www.pizzeriadimatteo.com

강추

지노 에 토토 소르빌로
Gino e Toto Sorbillo
▶ MAP p.403-C

나폴리에서 가장 인기 있는 피자집

1935년에 문을 연 전설적인 피자 가게. 피체리아 브란디, 디 마테오 등 나폴리의 3대 피자집 중에서도 가장 긴 줄을 서야 할 만큼 유명하므로 문 여는 시간보다 조금 일찍 가서 줄을 서야 자리를 잡을 수 있다. 언제나 기본에 충실한 마르게리타 피자, 상큼하면서 쌉쌀한 루콜라와 생햄이 들어간 루콜라 피자, 버섯의 풍미가 살아 있는 버섯 피자 등이 한국인의 입맛에 잘 맞는다.

찾아가기 메트로 1호선 Dante역에서 도보 6분(두오모에서 도보 6분)
주소 Via dei Tribunali, 32 **문의** 081 446 643
영업 월~금요일 12:00~15:30, 19:00~23:30
휴무 토, 일요일 **예산** €4~10
홈페이지 www.sorbillo.it/en

RESTAURANT

파시오네 디 소피 Passione di Sofi

MAP p.402-I

합리적인 가격의 해산물 튀김 전문 레스토랑

톨레도 거리의 인기 맛집. 바삭한 튀김과 맥주 한 잔으로 한 끼 식사를 대신하기 좋은 곳이다. 추천 메뉴는 모둠 해산물 튀김(Mix di Mare)으로 작은 새우와 문어, 정어리, 안초비 등을 바삭하게 튀겨내고 소금과 후추의 간도 강하지 않아서 좋다. 1층은 언제나 사람들로 복잡하지만 2층에는 넓은 공간이 마련돼 있어 여유롭다. 단, 주말에는 2층도 꽉 찰 정도로 붐비므로 자리가 없을 때는 테이크아웃해서 거리를 걸어 다니며 먹어도 좋다.

찾아가기 메트로 1호선 Toledo역에서 도보 5분(움베르토 1세 갈레리아에서 도보 3분)
주소 Via Toledo, 206
문의 081 405 141
영업 월~금요일 10:30~24:00, 토~일요일 10:30~24:00 **예산** €5~10
홈페이지 www.passionedisofi.com

렌초 에 루차 Renzo e Lucia

MAP p.400-F

나폴리의 멋진 풍경을 즐길 수 있는 맛집

보메로 언덕의 산텔모성에서 가까운 레스토랑으로 베수비오산과 나폴리만의 아름다운 풍경이 한눈에 들어온다. 실내는 화이트 톤으로 마감한 깔끔한 분위기이고 야외에는 테라스석이 마련되어 있다. 생선, 육류 등의 요리는 대체로 무난하고 주말에는 피로연과 행사가 자주 열린다. 저녁에는 은은한 조명을 밝힌 라운지 바로 변신해 또 다른 분위기를 즐길 수 있다.

찾아가기 푸니콜라레 Montesanto선을 타고 종점(Morghen)에서 하차해 도보 5분(산텔모성에서 도보 2분)
주소 Via Tito Angelini, 33
문의 081 1917 1022
영업 수~금요일 16:00~01:00, 토~일요일 12:00~익일 01:00 **예산** €30~50

추천 카페 & 바

감브리누스 Gambrinus

MAP p.401-K

나폴리를 대표하는 문학 카페

1860년에 문을 열어 왕실에 빵과 아이스크림을 납품했다. 로마의 카페 그레코, 베네치아의 카페 플로리안과 더불어 이탈리아의 3대 문학 카페로 손꼽힌다. 실내는 빈첸초 밀리아로, 피에트로 스코페타, 빈첸초 이롤리 등 나폴리의 유명 화가들이 꽃을 강조한 아르누보 스타일로 장식했다. 어니스트 헤밍웨이, 사르트르, 오스카 와일드, 베르디 등의 유명인들이 단골로 드나들었고 이탈리아의 대통령과 정치인들도 이곳의 커피를 즐기기 위해 여러 차례 방문했다.

찾아가기 메트로 1호선 Toledo역에서 도보 9분(플레비시토 광장에서 도보 1분)
주소 Via Chiaia, 1/2
문의 081 417 582
영업 일~금요일 07:00~24:00, 토요일 07:00~익일 01:00 **예산** €3~
홈페이지 www.grancaffegambrinus.com

바 멕시코 Bar Mexico

MAP p.401-D

나폴리에서 가장 사랑받는 커피

1948년에 문을 열었으며 세계적인 여행 잡지 〈콘데 네스트 트래블러〉에서 나폴리의 베스트 커피숍으로 선정했다. 하얀 제복을 입은 베테랑 바리스타들이 신선한 원두를 직접 볶아 뽑아내는 에스프레소가 일품이다. 1950년대 나폴리의 분위기를 간직한 카운터에 서서 마시는 것도 매력이 있다. 위스키 거품을 넣은 향긋한 아이스커피(Frappe di Caffé)를 추천한다. 단테 광장에도 지점이 있다.

찾아가기 나폴리 중앙역에서 도보 1분(두오모에서 도보 15분)
주소 Piazza Giuseppe Garibaldi, 72
문의 081 283 121
영업 매일 06:00~19:00
휴무 일요일
예산 €3~

CAFE & BAR

카사 인판테 Casa Infante

MAP p.402-I

디자인이 예쁜 아이스크림 가게

1940년대에 문을 연 빈티지 풍 아이스크림 가게로 이 지역에서 생산된 아몬드와 신선한 과일 등을 사용해 만든다. 재료 고유의 맛을 살린 아이스크림은 언제나 훌륭하다. 티라미수, 초콜릿, 크림과 수박, 멜론, 레몬 등의 과일 맛 아이스크림이 인기 있다.

찾아가기 메트로 1호선 Toledo역에서 도보 5분(움베르토 1세 갈레리아에서 도보 4분)
주소 Via Toledo, 258
문의 081 1930 3598
영업 월 13:00~22:00, 화~일요일 10:00~23:00
예산 €3~
홈페이지 www.casainfante.it

판타시아 젤라티 Fantasia Gelati

MAP p.402-E

톨레도 거리의 인기 아이스크림 가게

1994년에 문을 연 아이스크림 가게로 예쁜 인테리어가 눈길을 끈다. 크림을 베이스로 한 아이스크림과 과일 젤라토 모두 맛있다. 이곳에서 맛볼 수 있는 아이스크림 종류는 60여 종인데 계절마다 제철 과일을 사용해 메뉴가 바뀌는 것이 특징이다. 매년 밀라노에서 열리는 아이스크림 경연대회에서 여러 차례 우승을 거머쥔 곳으로 이곳 외에도 나폴리에만 5개의 지점이 있어 어디에서든 맛을 즐겨보자.

찾아가기 메트로 1호선 Toledo역에서 도보 5분(산타 키아라 성당에서 도보 4분)
주소 Piazza Vanvitelli 22
문의 081 578 8383
영업 월~금요일 07:00~01:00, 토~일요일 07:00~01:00 **예산** €3~
홈페이지 www.fantasiagelati.it

추천 쇼핑

가이 오딘 Gay Odin

MAP p.402-A

초콜릿의 달콤한 유혹

1894년에 문을 연 초콜릿 가게로 전통 레시피로 만든 수제 초콜릿으로 유명하다. 현재 이탈리아 전역에 11개의 매장이 있으며 밤 초콜릿과 커피, 리큐어, 크림, 아몬드 등을 사용한 양질의 초콜릿은 이곳만의 노하우가 녹아 있다. 초콜릿 외에도 누가, 아이스크림을 즐길 수 있으며, 헤이즐넛이 들어간 화이트 초콜릿은 꼭 한번 맛봐야 할 메뉴다.

찾아가기 메트로 1호선 Dante역에서 도보 2분(제수 누오보 성당에서 도보 4분)
주소 Via Toledo, 427 **문의** 081 551 3491
영업 월~금요일 09:30~20:00, 토요일 10:00~20:00
홈페이지 www.gay-odin.it

보테가 21 Bottega 21 〔강추〕

MAP p.402-B

세련된 가죽 제품

단테 광장 근처에 있는 가죽 공방. 지갑부터 가방에 이르기까지 심플하고 모던한 가죽 제품을 작은 아틀리에에서 수작업으로 직접 만들어낸다. 다른 곳에서는 볼 수 없는 유니크한 디자인이 많고 하나같이 젊은 감각의 세련된 제품이다.

찾아가기 메트로 1호선 Dante역에서 도보 5분(제수 누오보 성당에서 도보 5분)
주소 Vico San Domenico Maggiore, 21
문의 081 033 5542 **영업** 매일 10:00~14:00, 16:00~20:00 **휴무** 일요일 **홈페이지** www.facebook.com/pages/Bottega21/412235898868866

살루메리아 라펠 오 라타로
Salumeria Rafele o'Lattaro

MAP p.401-G, 403-C

샤퀴트리와 치즈에 대한 열정으로 살아온 가족

버팔로 물소에서 생산되는 모차렐라를 비롯하여 다양한 종류의 치즈와 샤퀴트리 그리고 나폴리에서 나는 다양한 야채를 파는 아담한 가게. 1958년에 처음 문을 연 이후 오로지 좋은 치즈와 햄을 진심으로 사랑하는 가족들이 운영하며 나폴리 역사 지구 안에 자리하고 있다.

주소 Via dei Tribunali 40
문의 081 449 169
영업 월~토요일 09:00~20:30, 일요일 09:00~14:30

추천 숙소

유로스타 호텔 엑셀시어
Eurostars Hotel Excelsior

MAP p.401-K

나폴리 해변에 위치한 4성급 호텔

페리 선착장과 가깝고 멀리 베수비오산까지 바라보이는 전망이 훌륭하다. 총 109개의 객실 중 14개는 스위트룸으로 럭셔리한 인테리어가 돋보인다. 옥상 테라스에는 바다를 바라보며 식사를 즐길 수 있는 분위기 좋은 레스토랑이 있다.

찾아가기 메트로 1호선 Toledo역에서 도보 20분, 버스 128·140·154·C24·N1번을 타고 Santa Lucia-Regione Campania에서 내려 도보 2분
주소 Via Partenope, 48 문의 081 764 0111
요금 싱글 €149~, 더블 €159~
홈페이지 www.eurostarsexcelsior.com

보비오 스위트 Bovio Suite

MAP p.402-F

메트로역에서 가까운 것이 장점

메트로 1호선 우니베르시타역 앞에 있어 교통이 편리한 3성급 호텔. 다양한 형태의 객실을 갖추고 있어 선택의 폭이 넓으며 간접 조명을 사용해 안락한 분위기이다. 객실에는 미니바, 샤워 시설, 금고 등이 있으며 와이파이도 이용할 수 있다.

찾아가기 메트로 1호선 Universita역에서 도보 1분
주소 Piazza Giovanni Bovio, 22
문의 081 580 0479
요금 싱글 €66~, 더블 €70~
홈페이지 www.boviosuite.it

호텔 피아차 벨리니
Hotel Piazza Bellini

MAP p.402-B

다양한 형태의 객실이 특징

객실은 모던 스타일의 가구와 깔끔한 침구로 편안하게 꾸며져 있다. 커플이 묵기에 좋은 스탠더드 이코노미(Standard-Economy), 가족들이 묵기에 좋은 복층 구조의 빌레벨(Bilevel), 나폴리의 아름다운 경치를 즐길 수 있는 테라스(Terrace)로 나뉘어 있어 선택의 폭이 넓다.

찾아가기 메트로 1호선 Dante역에서 도보 4분
주소 Via Santa Maria di Costantinopoli, 101
문의 081 451 732 요금 싱글·더블 €80~
홈페이지 www.hotelpiazzabellini.com

라 칠리에지나 라이프스타일 호텔
La Ciliegina Lifestyle Hotel

MAP p.402-I

편안한 휴식 공간이 있는 옥상 테라스

산 카를로 극장과 누오보성을 걸어서 갈 수 있는 나폴리 중심부에 위치한 호텔로 2010년에 문을 열었다. 클래식하면서도 모던함이 가미된 세련된 분위기로 트립어드바이저와 트리바고에서 나폴리 베스트 디자인 호텔로 선정됐다. 총 14개의 객실은 지중해 스타일의 밝은 컬러로 꾸몄다. 뷔페식 아침 식사와 웰컴 칵테일을 제공하며, 옥상 테라스에는 여행의 피로를 풀 수 있는 저쿠지와 선베드, 소파가 있어 휴식을 취하기에 좋다.

찾아가기 메트로 1호선 Toledo역에서 도보 6분
주소 Via Paolo Emilio Imbriani, 30 문의 081 1971 8800
요금 싱글 €72~, 더블 €117~
홈페이지 www.cilieginahotel.it

HOTEL

호스텔 만치니 Hostel Mancini

MAP p.401-D

전 세계 유명 가이드북에서 추천한 호스텔

가리발디 광장에서 가까운 쾌적한 호스텔로 '유럽 최고의 호스텔 10'에 연속 오른 곳답게 서비스와 부대시설이 충실하다. 도미토리는 침대마다 로커가 설치되어 있고 무료 와이파이를 제공하며 세탁실 등이 있다.

찾아가기 나폴리 중앙역에서 도보 10분
주소 Via Pasquale Stanislao Mancini, 33
문의 081 553 6731
요금 도미토리 €30~, 싱글 €80~, 더블 €90~
홈페이지 www.hostelmancininaples.com

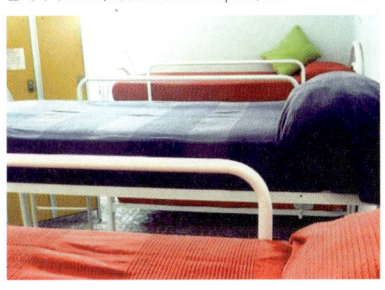

엔에이치 나폴리 파노라마 NH Napoli Panorama

MAP p.401-G, 402-I

베수비오산이 보이는 멋진 전망의 방

나폴리 역사 지구, 베수비오산 등이 한눈에 내려다보이는 전망 좋은 4성급 호텔. 유네스코 문화유산으로 지정된 왕궁, 톨레도 거리 등의 주요 관광지까지 도보로 10분 만에 이동할 수 있으며 카프리와 이스키아 섬으로 가는 페리 항구와도 가깝다. 효율성을 고려한 공간 구성과 밝은 분위기로 꾸며진 방과 편안한 침대로 구성된 방에서 편안한 휴식을 취할 수 있으며 패밀리룸도 갖추고 있다.

주소 Via Medina, 70
문의 081 410 5111
요금 €86~
홈페이지 www.nh-hotels.fr

라 콘트로라 호스텔 La Controra Hostel

MAP p.400-B

자유로운 분위기로 젊은이들에게 인기

수녀원이었던 곳을 개조한 호스텔로 예쁜 정원이 있다. 냉방과 샤워 시설을 갖춘 도미토리와 프라이빗 샤워실을 갖춘 방이 있다. 보메로 지구에 있어 국립 고고학 박물관에 갈 때 묵으면 편리하다.

찾아가기 메트로 1호선 Salvator Rosa역에서 도보 4분
주소 Piazzetta Trinità alla Cesarea, 231
문의 081 549 4014
요금 도미토리 €30~, 싱글·더블 €80~

나폴라르트 Napolart

MAP p.402-I

각기 다른 스타일의 깔끔한 객실

현지인이 운영하는 민박으로 메트로 톨레도역에서 가까워 관광하기 편리하다. 여섯 가지 테마로 꾸민 객실에는 포토그래퍼와 화가가 주인인 곳답게 멋진 그림과 사진이 걸려 있다.

찾아가기 메트로 1호선 Toledo역에서 도보 5분
주소 Via Medina, 17
문의 034 6361 9513
요금 싱글·더블 €73~
홈페이지 www.napolart.com

역사 속으로 사라진 비극의 도시
폼페이 Pompei

나폴리에서 남쪽으로 약 25km 떨어진 폼페이는 기원전 8세기경부터 상업 활동의 요충지로 번영했고 로마 시대에는 귀족들이 별장을 지어 머물던 아름다운 도시였다. 그러나 79년 8월 24일 베수비오산 폭발로 도시가 한순간에 잿더미로 변해버렸다. 1748년 나폴리를 지배하던 프랑스의 부르봉 왕조가 폼페이 발굴에 나섰지만 발굴된 유물은 대부분 프랑스 왕궁으로 가져갔다. 이후 이탈리아가 통일되면서 새로이 발굴된 미술품은 나폴리의 국립 고고학 박물관에 소장되어 있다. 이제 남아 있는 것은 공중 목욕탕과 원형극장, 수도관 시설, 집터 등이며 그 원형만으로 과거의 영화를 상상해볼 수 있다. 폼페이를 둘러보며 이 도시 사람들의 삶의 지혜와 흔적을 찾아보고 과거 가장 화려했던 폼페이의 가슴 아픈 현재를 느껴보자.

Check

여행 포인트
관광 ★★★★★

교통
도보 ★★★

구역 정보
지도에서 볼 때 도시는 타원형으로 펼쳐져 있으며 주요 볼거리는 서쪽에 모여 있다. 60여 곳의 명소를 모두 보려면 적어도 4시간 이상, 주요 볼거리만 돌아본다 해도 2~3시간은 잡아야 한다.

가는 법

🚆 열차

나폴리 중앙역에서 국철로 가는 방법과 나폴리 가리발디역(나폴리 중앙역에서 지하도로 연결됨)에서 사철 치르쿰베수비아나로 가는 방법이 있다. 역에서 내려 입구까지 걸어가는 시간을 생각하면 사철로 가는 것이 더 편리하다.

나폴리-폼페이 간 열차 운행 정보

출발역	나폴리 중앙역	나폴리 가리발디역
도착역	폼페이역 Pompei	폼페이 스카비 빌라 데이 미스테리역 Pompei Scavi Villa dei Misteri
열차 종류	Regionale	Circumvesuviana
소요 시간	40분	35분
요금	€2.60~	€2.80~
입구까지 소요 시간	역에서 원형극장 쪽 입구까지 도보 10분	역에서 마리나 문까지 도보 1분
홈페이지	www.trenitalia.com	www.eavsrl.it

시내 교통

🚌 시외버스

나폴리 중앙역 근처에 있는 페라리스 거리(Via Galileo Ferraris)에서 시타 버스를 타고 폼페이 스카비 빌라 데이 미스테리역까지 약 35분 소요, 요금은 €2.80.

홈페이지 www.sitasudtrasporti.it

INFO

◆ **관광안내소**
위치 마리나 문 앞 문의 081 8575 347
운영 11~3월 08:30~17:00, 4~10월 08:30~19:30

◆ **폼페이 유적 입장료**
일반 €16, 오디오 가이드 €6.50

◆ **폼페이 여행 정보** www.pompeiisites.org

※ **폼페이를 제대로 보려면**
유적 내로 들어가면 거리 모습이 비슷해서 지도가 있어도 찾기가 쉽지 않고 설명 없이 보고 나오면 수박 겉핥기가 되기 쉽다. 다양한 자료로 옛 모습과 비교하며 설명하는 가이드 투어로 돌아볼 것을 추천한다.
맘마미아 남부 일일 투어 www.mammamia.kr

거리 가이드

유적 내로 들어가는 입구는 총 여덟 곳인데 대표적인 입구는 폼페이 스카비 빌라 미스테리역 앞에 있는 마리나 문(Porta Marina)과 이곳에서 큰길을 따라 3분 정도 더 걸어가면 나오는 광장 앞의 입구이다. 두 군데 중 줄이 짧은 곳으로 들어가면 된다. 주요 볼거리는 아폴로 신전부터 시작해서 시계 방향으로 돌아보면 된다. 거리는 바둑판처럼 나뉘어 있으며 가장 긴 거리는 약 1km에 이르는 아본단차 거리(Via dell'Abbondanza)이다. 유적 내에는 햇볕을 피할 곳이 거의 없고 모두 걸어서 다녀야 하므로 지도와 물, 선글라스, 모자, 선크림 등을 챙겨 만반의 준비를 하고 약간의 간식도 챙겨 가면 좋다. 또한 돌아가는 교통편을 미리 확인하여 시간에 맞춰 관광을 마무리할 수 있도록 한다.

도보 추천 코스

1. 마리나 문
   ▼ 도보 7분
2. 아폴로 신전
   ▼ 도보 1분
3. 포럼
   ▼ 도보 2분
4. 목욕탕
   ▼ 도보 1분
5. 비극 시인의 집
   ▼ 도보 2분
6. 파우노의 집
   ▼ 도보 4분
7. 루파나레
   ▼ 도보 5분
8. 풍요의 길
   ▼ 도보 5분
9. 반원형 극장
   ▼ 도보 3분
10. 검투사들의 대기 양성소

추천 볼거리
SIGHTSEEING

마리나 문
Porta Marina

MAP p.432-A

폼페이의 관문

'바다로 향한 문'이라는 뜻으로 2개의 문이 있다. 사람이 통과하는 작은 문에는 계단이 있고, 수레나 마차가 통과하는 큰 문에는 불법으로 들어가는 것을 막기 위해 수레바퀴의 폭과 아래쪽 구조물을 프레임화한 것을 볼 수 있다. 마리나 문을 통과하면 사람들이 길바닥을 열심히 사진 찍거나 쭈그려 앉아서 구경하는 모습을 볼 수 있다. 바닥에 박힌 반사석이라는 하얀 돌 때문인데 폼페이 사람들의 지혜를 엿볼 수 있다.

반사석

밤에 출입하는 수레나 마차 등을 인도하기 위해 달빛에 반사되는 하얀 돌을 깔아서 가로등 역할을 하게 했다.

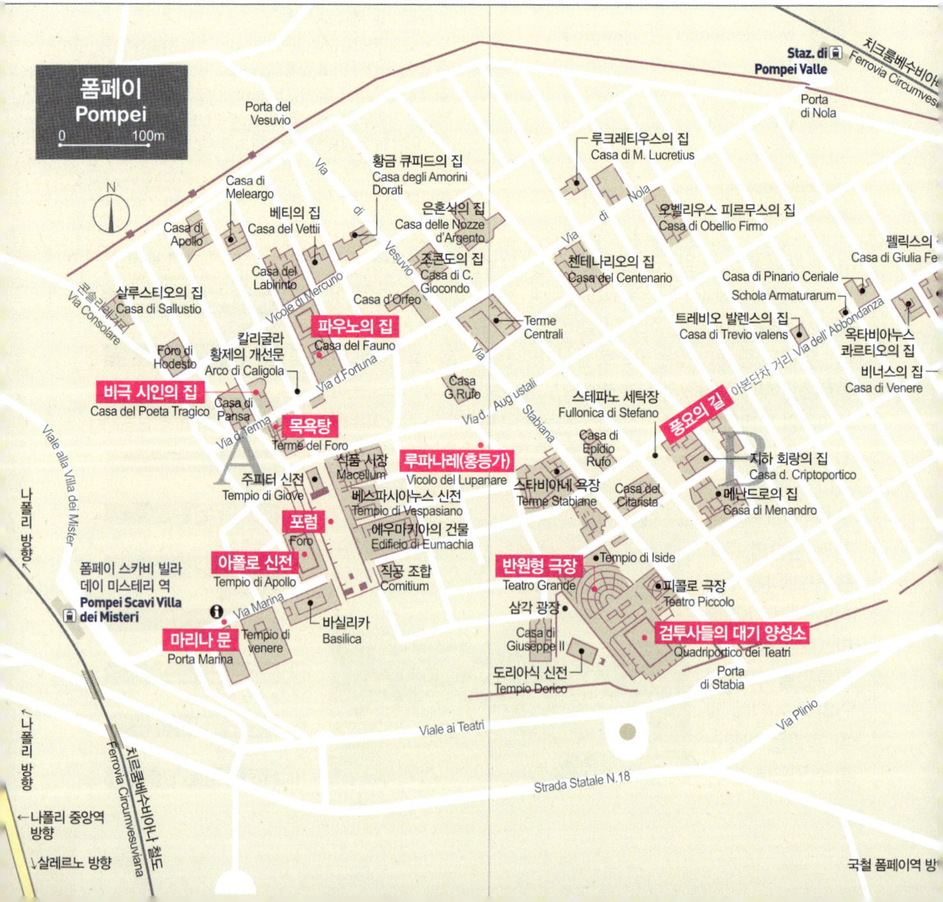

아폴로 신전
Templo di Apollo

MAP p.432-A

원기둥으로 둘러싸인 신전
태양의 신 아폴로가 활을 쏘고 있는 청동상이 있으나, 이곳에 있는 것은 모조품이고 진품은 나폴리 국립 고고학 박물관에 있다.

포럼
Foro

MAP p.432-A

폼페이의 핵심 광장
'공공 광장'(영어로 forum)이라는 뜻으로 직사각형 광장을 열주 회랑이 에워싸고 있다. 사람들이 모여 시장을 열었던 곳으로 광장 주변에 바실리카, 신전, 곡물 창고, 공중 화장실 등의 공공 건물이 있다.

Plus Info
이것만은 꼭 보고 가자!

주피터 신전 Tempio di Giove
신들의 신 주피터(제우스)의 신전으로 코린트식 원기둥과 아치형 문이 있다. 주피터 신전 뒤로 보이는 산이 베수비오산이다.

곡물 창고 Granai del Foro
곡물을 측정했던 계량기와 다양한 형태의 토기 등을 볼 수 있다. 그 외에 유물이 임시 보관되어 있기도 하고 화산 폭발로 죽은 사람과 동물의 석고상도 있다.

공중 화장실
바닷물이 흘러 들어오고 흘러가게 하는 수세식 시스템을 갖추고 있다.

목욕탕
Terme del Foro

MAP p.432-A

폼페이 사람들의 목욕 문화

폼페이의 목욕탕은 냉탕, 온탕, 사우나 시스템을 갖췄을 뿐만 아니라 운동을 하며 근육을 만들 수 있는 체력 단련실도 있다. 오늘날의 찜질방 이상의 기능을 갖춘 곳으로 폼페이에서 가장 온전하게 보존된 건물이다. 목욕탕에서 나오면 예전에 음식점이었던 곳을 볼 수 있는데 오늘날의 바(bar)를 연상시킨다. 차가운 음료를 보관하던 곳이 있어 따뜻한 음료와 구분해서 팔았던 것을 알 수 있다.

비극 시인의 집
Casa del Poeta Tragico

MAP p.432-A

현관문 바닥을 눈여겨보자

비극적인 내용의 시를 지었던 시인의 집으로 알려져 있다. 우리도 시골집에 가면 '개조심'이라고 써놓은 것을 흔히 볼 수 있듯이 현관문 바닥에 모자이크로 만든 개의 모습이 있고 개조심이란 의미의 'Cave Canem'이라는 문구가 쓰여 있다.

파우노의 집
Casa del Fauno

MAP p.432-A

폼페이에서 가장 화려한 저택

목신인 파우노의 청동상이 발견되어 파우노의 집이라 불린다. 집으로 들어가면 안마당에서 춤추는 파우노를 만나볼 수 있다. 폼페이에서 가장 화려하고 큰 집으로 집의 규모뿐 아니라 수준 높은 모자이크 등으로 보아 당시 폼페이에 파견된 집정관 등 고위직 인사나 상류층 귀족의 저택으로 추정된다. 현관 앞에 'HAVE'라고 쓰여 있는 모자이크는 '환영'이라는 의미이며 '아베'라고 읽는다.

루파나레(홍등가)
Vicolo del Lupanare

MAP p.432-A

폼페이의 홍등가

라틴어로 루파(lupa)는 암늑대라는 뜻이지만 매춘부를 의미하는 비속어이기도 하다. 성에 대해 비교적 개방적인 시대였으나 성을 상품화하는

장소를 대놓고 홍보할 수 없어서였을까, 아주 좁은 골목 끝에 있어 찾기가 쉽지 않다. 당시 호객 행위를 하는 여성들이 마치 암늑대가 교태스럽게 우는 듯한 소리를 내는 곳이라고 하여 루파나레라고 부른다. 벽에는 남녀의 성행위 모습을 노골적으로 표현한 프레스코화가 있다.

풍요의 길
Via dell'Abbondanza

MAP p.432-B

약 1km에 이르는 폼페이의 중심 도로

늘 사람들로 붐비고 구경꾼을 유혹하는 화려한 물건이 가득해 풍요의 길이라 불렸다. 주요 신전과 광장 등도 이 길을 따라 자리 잡고 있다. 길에는 무거운 수레가 자주 다녀 움푹 파인 흔적이 남아 있다. 곳곳에 징검다리처럼 툭 튀어나온 돌은 마차와의 사고를 막아주는 역할을 했다. 또 길 가장자리에 뚫린 구멍은 말고삐를 묶어놓던 것으로 주차장 같은 역할을 했다.

반원형 극장
Teatro Grande

MAP p.432-B

약 5000명을 수용할 수 있는 대형 극장

말발굽 모양의 극장 중 가장 큰 규모로 검투사 경기나 연극 공연 등이 열렸다. 바로 옆에 위치한 피콜로 극장(Teatro Piccolo)은 약 1500명을 수용할 수 있는 규모로 오페라 공연이 주로 열렸다. 반원형 극장은 무대에서 말을 할 때 관중석 한 사람 한 사람에게 소리가 전달되도록 설계되었다고 한다. 가끔 극장 중앙에 서서 노래를 부르는 외국인이나 가이드를 만날 수 있는데 관중석에 앉아 그 반향되는 소리를 느껴보자.

검투사들의 대기 양성소
Quadriportico dei Teatri

MAP p.432-B

반원형 극장 옆 대기 공간

무대에 오르기 전에 대기하거나 리허설 등을 하던 장소이다. 무료로 이용할 수 있는 비교적 깨끗한 화장실이 있다.

03
아말피 해안의 관문 도시

소렌토 Sorrento

'돌아오라 소렌토로'라는 노래로 친숙한 캄파니아주의 항구 도시로, 바다를 사이에 두고 나폴리와 마주하고 있다. 연중 온화한 날씨 덕분에 레몬과 오렌지를 재배하는 과수원이 많고 와인과 올리브 산지로도 유명하다. 도시의 첫 주인은 그리스인이었으며 로마 제국 시절에는 '수렌툼'이라는 이름의 휴양지로 이름을 떨쳤고, 1137년 시칠리아 왕국에 귀속된 이후 안정적인 기반을 갖추게 되었다. 도시의 중심은 이곳에서 태어난 시인 타소의 이름을 딴 타소 광장이다. 위대한 서사시로 유럽 문학사에 이름을 남긴 그는 로마 교황으로부터 계관 시인의 칭호를 받기를 기다리던 중에 세상을 떠났고, 그를 기리기 위해 괴테가 〈타소〉라는 희곡을 쓸 만큼 이 지역의 유명인이다. 길게 이어진 해안선과 무성한 녹음을 자랑하는 곳으로 일 년 내내 여행객의 발길이 끊이지 않는 세계적인 휴양 도시이다.

Check

여행 포인트
관광 ★★★★
미식 ★★
쇼핑 ★

교통
도보 ★★★
버스 ★

구역 정보
항구를 중심으로 마리나 그란데와 마리나 피콜라로 나뉘며 기다란 해안선이 이어진다. 소렌토 시내 관광은 타소 광장을 중심으로 산책하듯 돌아보면 된다.

가는 법

열차

일반 기차는 €3.9(소요 시간 1시간 13분), 캄파니아 익스프레스 €15(소요 시간 1시간 가량, 1일 4회-나폴리 가리발디역 기준 08:50, 11:38, 15:38, 18:02)

운행 06:11~21:39(20~30분 간격)
홈페이지 www.eavsrl.it

페리

나폴리의 몰로 베베렐로(Molo Beverello) 또는 카프리의 마리나 그란데(Marina Grande) 항구에서 페리를 타면 소렌토의 마리나 피콜라(Marina Piccola) 항구에 도착한다. 페리와 수중익선 등을 여러 회사에서 운행하는데 노선이나 시간에 큰 차이가 없으므로 여행 일정에 맞춰 타면 된다.

홈페이지
Gescab www.gescab.it
Caremar www.caremar.it
Alilauro www.alilauro.it

소렌토-주요 도시 간 페리 운행 정보

출발지	페리 회사	운행	소요 시간	요금
나폴리	Alilauro	09:00~17:15 (1일 5편)	35~45분	€12.90~
	Gescab	09:00~18:25 (1일 6편)	40분	€12.30~
카프리	Caremar	07:00~18:45 (1일 4편)	30분	€13.20~
	Gescab	07:35~18:30 (1일 12~16편)	20~30분	€20~

 시외버스

아말피, 포시타노 등지에서 시타(SITA) 버스를 타면 소렌토 기차역 앞에 도착한다.

홈페이지 www.sitasudtrasporti.it

소렌토-주요 도시 간 버스 운행 정보

출발지	운행	소요 시간	요금
아말피	06:30~22:00	1시간 40분	€2.70~
포시타노	07:10~22:40	1시간	€1.80~

INFO

◆ **관광안내소**
위치 타소 광장 근처(Via Luigi de Maio, 35)
문의 081 807 4033
운영 08:45~18:15 휴무 일요일

◆ **소렌토 리프트 Sorrento Lift**
마리나 피콜라에서 비토리아 광장 옆에 있는 빌라 코뮤날레를 연결하는 엘리베이터로 오르막길을 쉽게 이동할 수 있다.
운행 1~3·11~12월 07:30~19:30, 4·10월 07:30~20:30, 5·9월 07:30~24:00, 6~8월 07:30~01:00
요금 편도 €1, 왕복 €1.80

◆ **소렌토의 꼬마 기차**
시간 여유가 있다면 마을 구석구석을 돌아볼 수 있는 꼬마기차를 타보는 것도 좋다.

◆ **소렌토 여행 정보**
www.sorrentotourism.com

거리 가이드

시내 중심인 타소 광장까지는 기차역에서 도보 5분, 마리나 피콜라 항구에서 도보 10분 정도 걸린다. 항구에서 갈 때는 오르막길이어서 짐이 있으면 걷기 힘들기 때문에 시내버스를 이용하는 것이 좋다. 소렌토 시내 관광은 타소 광장 근처에 모여 있는 예쁜 숍과 카페를 구경하거나, 바다가 내려다보이는 전망 좋은 호텔에서 티타임이나 식사를 즐기는 정도면 된다. 그리고 해변에서 산책을 즐기다가 항구로 가서 페리를 타고 카프리섬이나 아말피 해안의 다른 도시로 이동한다.

도보 추천 코스

1 타소 광장
▼ 도보 6분
2 비토리아 광장
▼ 도보 10분
3 해변

추천 볼거리
SIGHTSEEING

타소 광장
Piazza Tasso ★★

MAP p.438-A

소렌토의 중심 광장

소렌토가 낳은 유명 시인 토르코토 타소의 이름을 따서 지은 광장. 바로크 스타일의 카르미네 성당(Chiesa del Carmine)을 비롯해 카페와 레스토랑이 광장을 둘러싸고 있다. 거리에 야자수가 늘어서 있어 이국적인 풍경을 선사하며, 쇼핑가인 산 체자레오 거리(Via San Cesareo)와도 연결된다.

찾아가기 소렌토역에서 도보 5분, 마리나 피콜라 항구에서 도보 10분

비토리아 광장
Piazza della Vittoria ★★★

MAP p.438-A

숨 막힐 듯 아름다운 풍광이 펼쳐지는 곳

절벽 위에 자리해 있어 소렌토에서 가장 전망이 좋은 광장으로 아름다운 해안 풍경을 한눈에 내려다볼 수 있다. 광장 주변에는 카페와 호텔이 모여 있으며, 바로 옆에 있는 빌라 코무날레(Villa Comunale)에서 엘리베이터를 타고 해안으로 내려갈 수도 있다.

찾아가기 타소 광장에서 도보 6분

추천 레스토랑

진토니오 Zi'Ntonio
MAP p.438-A

해산물 요리를 즐기기 좋은 레스토랑

이탈리아 전통 음식을 선보이며 해산물 요리가 특히 맛있다. 신선한 문어를 올리브 오일과 레몬, 향료 등으로 조리한 요리, 홍합과 키조개 등을 넣어 조리한 해산물 리소토 등을 추천한다.

찾아가기 타소 광장에서 도보 1분
주소 Via Luigi de Maio, 11
문의 081 878 1623
영업 12:00~15:30, 18:00~24:00
예산 €15~67
홈페이지 www.ristorantezintonio.it

자르디니 디 카탈도 I Giardini di Cataldo
MAP p.438-B

직접 재배한 레몬으로 만든 리몬첼로

레몬, 오렌지를 재배하는 농장에서 운영하는 가게로 이 지역 특산물인 리몬첼로를 구입하기에 좋다. 그 외에도 아이스크림, 마멀레이드 등이 있으며 품질이 좋아 현지인은 물론 여행객들도 많이 구입한다.

찾아가기 타소 광장에서 도보 4분 **주소** Via Correale, 27
문의 081 878 1888 **영업** 매일 09:00~21:00
예산 레몬 또는 오렌지 마멀레이드 €4.50, 리몬첼로 €10~
홈페이지 www.igiardinidicataldo.it

리스토란테 무세오 카루소 Ristorante Museo Caruso
MAP p.438-A

카루소 박물관과 같은 분위기의 레스토랑

1903년 뉴욕 메트로폴리탄 극장에서 30세에 데뷔한 성악가 엔리코 카루소의 이름을 딴 레스토랑. 모든 음역대를 커버할 수 있는 최고의 성악가였지만 48세의 젊은 나이로 나폴리에서 죽음을 맞이했다. 레스토랑 벽면에는 그의 사진이 가득 걸려 있어 마치 그의 박물관에 방문한 듯하다. 레스토랑 내부는 4개의 구역으로 구분돼 있으며 아늑한 분위기에서 식사를 즐길 수 있다. 제철 재료를 사용한 나폴리와 지중해 스타일의 요리를 선보인다.

찾아가기 타소 광장에서 도보 1분 **주소** Via S. Antonio, 12
문의 081 807 3156
영업 매일 12:00~15:00, 18:30~23:30
휴무 12/25 *11/3~12/15 19:00~24:00 휴무 화요일
예산 €45~55
홈페이지 www.ristorantemuseocaruso.com

추천 숙소

그랜드 호텔 엑셀시어 비토리아
Grand Hotel Excelsior Vittoria

MAP p.438-B

베수비오산과 해변이 한눈에 보이는 호텔

180년의 역사를 가진 소렌토를 대표하는 럭셔리 호텔. 전 세계 부호들의 휴양지로 이용될 뿐 아니라 신혼여행객들도 선호하는 멋진 뷰와 안락한 객실로 유명하다. 바다가 보이는 객실은 언제나 인기가 있어 예약을 서둘러야 한다.

찾아가기 타소 광장에서 도보 1분
주소 Piazza Torquato Tasso, 34
문의 081 877 7111 요금 싱글·더블 €441~
홈페이지 www.exvitt.it

율리스 디럭스 호스텔 Ulisse deluxe hostel

가성비 최고의 시설 좋은 호스텔

소렌토 시내 중심까지 걸어서 10분 만에 갈 수 있는 쾌적한 분위기의 호스텔. 24시간 리셉션이 개방되어 있고 수영장을 비롯해서 여행 중 피로를 풀 수 있는 안락한 시설이 갖춰져 있어 편리하다. 깔끔한 방 내부와 친절한 스태프, 가성비면에서 소렌토에서 이보다 좋은 곳을 찾기는 어렵다.

주소 Via del mare 22 요금 €23~ 문의 081 877 4753
홈페이지 www.ulissedeluxe.com

소렌토 플랫 Sorrento Flats

MAP p.438-B

쾌적하고 화사한 객실이 자랑

B&B와 아파트먼트를 함께 운영하며 타소 광장에서 100m 거리에 있다. 방마다 컬러를 달리해 화사하게 꾸몄고 아침 식사는 카푸치노, 페이스트리, 요구르트, 잼 등을 제공한다.

찾아가기 타소 광장에서 도보 1분 주소 Via Accademia, 16
문의 081 877 2322 요금 싱글·더블 €180~
홈페이지 www.sorrentoflats.com

Plus Info

소렌토에서 해변 즐기기

소렌토 항구에 도착하면 가장 먼저 눈에 띄는 것이 해안선을 따라 줄지어 있는 파라솔이다. 타소 광장에서 가려면 'Porto'라고 적힌 표지판을 따라가다가 절벽을 거쳐 내려가면 된다. 해변은 무료로 이용할 수 있는 곳과 물건을 놓아두기 안전하고 편의 시설이 잘 갖춰진 프라이빗 비치(유료)로 나뉜다. 프라이빗 비치에서 파라솔과 선베드를 빌리는 데는 요금은 €8, 알코올 음료는 €4~10 선이다.

04
로마 황제들이 사랑한 천혜의 휴양지

카프리섬 Isola di Capri

나폴리에서 약 32km 떨어져 있는 작은 섬으로 아우구스투스 황제와 티베리우스 황제를 비롯한 로마의 수많은 황제들이 별장을 짓고 여름을 보낸 섬이다. 온화한 지중해성 기후와 수려한 풍광 덕분에 전 세계 여행객들의 피서지와 휴양지로 사랑받고 있으며 특히 유럽인들의 신혼여행지로 인기가 높다. 1910년에 이곳을 찾은 레닌이 '카프리섬에 오면 모든 것을 잊을 수 있다'고 말했을 정도로 신비로운 매력을 지니고 있다. 중세 때 지은 소박한 성당과 옛 귀족들의 저택, 정원 등이 어우러진 그림 같은 풍경이 이어지며 특히 절벽 위에서 내려다보는 전경은 숨 막힐 듯 아름답다. 로마 시대부터 있었다는 푸른 동굴은 이 섬의 신비로움에 정점을 찍는 대표적인 명소이다. 소렌토, 포시타노, 아말피 등 이웃 도시와 연결하는 페리 노선이 늘면서 여행자들의 발걸음도 끊이지 않고 있다.

Check

여행 포인트
관광 ★★★★★ 휴양 ★★★★
미식 ★★★ 쇼핑 ★★

교통
도보 ★★ 버스 ★★★★★

구역 정보
카프리섬은 동쪽의 카프리와 서쪽의 아나카프리로 나뉜다. 1박 2일 일정이라면 첫날은 움베르토 1세 광장을 중심으로 한 카프리에, 둘째 날은 비토리아 광장을 중심으로 한 아나카프리와 푸른 동굴에 가보자. 당일치기 일정이라면 오전에 카프리를, 오후에 아나카프리를 돌아보면 된다.

가는 법

🚢 페리

나폴리의 몰로 베베렐로(Molo Beverello) 또는 포르타 디 마사(Porta di Massa) 항구, 소렌토의 마리나 피콜라(Marina Piccola) 항구, 포시타노, 아말피, 살레르노 등지에서 페리를 타면 카프리의 마리나 그란데(Marina Grande) 항구에 도착한다. 페리와 수중익선 등을 여러 회사에서 운행하므로 일정에 맞춰 타면 된다. 단, 시즌에 따라 운행 시간이 변동되므로 해당 회사의 홈페이지에서 다시 한번 확인하고, 여름에는 사람이 많이 몰리므로 오전에 서둘러 가는 것이 좋다.

홈페이지
Gescab www.gescab.it
Caremar www.caremar.it

시내 교통

카프리섬의 대중교통은 버스와 푸니콜라레가 있고 승차권은 공통으로 사용한다. 시간이 많다면 하이킹 삼아 걸어 다녀도 되지만 하루 일정이라면 대중교통을 적절히 이용하는 것이 좋다. 승차권은 버스정류장 앞 매표소에서 구입할 수 있다.

승차권 종류	요금	비고
1회권	€2	1회만 이용 가능
가방 1개	€2	가방 1개의 기준은 무게 10kg, 크기 25×30×50cm 이내

• 버스

버스 노선은 카프리에서 아나카프리, 마리나 피콜라, 마리나 그란데를 운행하는 노선과 아나카프리에서 카프리, 마리나 피콜라, 마리나 그란데, 등대, 푸른 동굴로 가는 노선이 있다. 여행자가 주로 이용하는 노선은 카프리–마리나 그란데, 카프리–아나카프리, 아나카프리–푸른 동굴로 가는 노선이다.

주요 버스 구간의 소요 시간
마리나 그란데–아나카프리 : 20분
카프리–아나카프리 : 15분
아나카프리–푸른 동굴 : 15분
아나카프리–푼다 카레나 등대 : 15분
카프리–마리나–피콜라 : 10분

카프리섬-주요 도시 간 페리 운항 정보

출발지	페리 회사	운행	소요 시간	요금
나폴리	Gescab(몰로 베베렐로 출발)	07:00~20:00(1일 18편)	45분	€17.60
	Caremar(포르타 디 마사 출발)	05:35~19:10(1일 6편)	급행 50분 완행 1시간 20분	완행 €12.90 급행 €18.70
소렌토	Alilauro	07:15~17:45(1일 12~16편)	20~30분	€17.50
	Caremar	07:45~19:25(1일 4편)	30분	€15.10

• 푸니콜라레
마리나 그란데 항구에서 산 위의 카프리 시내까지 약 3분 만에 올라간다.

• 몬테 솔라로 체어리프트
Monte Solaro Chairlift
아나카프리에서 솔라로산(Monte Solaro)까지 약 12분 만에 올라가는 리프트로 스키장 리프트와 유사하게 생겼는데 한 명씩 타고 올라간다. 솔라로산은 카프리섬에서 가장 높은 산(해발 589m)으로 산 정상에서 내려다보는 경치가 예술이다.
운행 3~10월 09:30~17:00, 11~2월 10:30~15:30
요금 편도 €8, 왕복 €11

• 택시
택시는 요금이 비싼 편이지만 일행이 여럿이라면 이용할 만하다. 최대 6명까지 탈 수 있으며 가방 1개당 €2의 추가 요금이 붙는다. 기본요금은 €5.50이며, 주행거리 70m마다 또는 20초마다 €0.20씩 추가된다. 미터기에 표시되는 금액과 상관없이 €8 미만의 요금이 나와도 최소 요금 €8를 내야 한다.

시에서 정한 평균 택시 요금

운행 구간	승차 기준	요금
마리나 그란데 항구 → 카프리	1~3명과 짐 1개 4~6명과 짐 2개	€15 €20
카프리 → 아나카프리	1~3명과 짐 1개 4~6명과 짐 2개	€16 €20
마리나 그란데 항구 → 아나카프리	1~3명과 짐 1개 4~6명과 짐 2개	€20 €25

INFO

◆ **관광안내소**

마리나 그란데 항구
위치 선착장에 내려 오른쪽으로 도보 1분
문의 081 8370 634
운영 09:00~13:00, 15:30~18:45
(겨울 09:00~15:00) 휴무 일요일·공휴일

움베르토 광장
위치 푸니콜라레에서 내려 시계탑 뒤편
문의 081 837 0686
운영 08:00~15:45 휴무 토~일요일·공휴일

◆ **카프리 여행 정보**
www.capritourism.com

거리 가이드

섬의 관문인 마리나 그란데 항구는 카프리 쪽에 있으므로 항구에 도착하면 버스나 푸니콜라레를 타고 먼저 카프리 시내로 올라간다. 카프리는 움베르토 1세 광장을 중심으로 숍과 레스토랑이 모여 있고 광장에서 오르막길을 따라 계속 올라가면 빼어난 전망을 자랑하는 아우구스토 정원이 나온다. 아나카프리 쪽으로 가려면 움베르토 1세 광장에서 버스를 타고 가다가 비토리아 광장에서 내리면 된다. 광장 주변에 성당이나 미술관 등의 볼거리가 있으므로 가볍게 돌아본 후 카프리섬 최고의 명소인 푸른 동굴로 이동하자.

※ **카프리섬 여행 시 주의 사항**
1. 여름 휴양지라 겨울에는 대부분의 숍과 레스토랑이 문을 닫아 한산하다.
2. 배로 이동하는 곳이므로 반드시 날씨 정보를 확인하고 출발해야 한다. 잘못했다가는 섬에서 나오지 못해 다음 일정이 꼬일 수 있으며 인기 명소인 푸른 동굴은 날씨가 나쁘면 들어갈 수 없다.

추천 코스

1	마리나 그란데	▼ 도보 2분	5	카사 로사
▼ 푸니콜라레 3분			▼ 도보 5분	
2	움베르토 1세 광장		6	산 미켈레 성당
▼ 도보 8분			▼ 비토리오 광장에서 버스 30분	
3	아우구스토 정원			
▼ 버스 15분				
4	비토리아 광장		7	푸른 동굴

추천 볼거리
SIGHTSEEING

마리나 그란데
Marina Grande

★★★

MAP p.444-B

카프리섬 여행의 출발점

소렌토, 나폴리 등 이웃 도시에서 배를 타고 올 때 처음 만나는 카프리섬의 관문이다. 선착장에 내리면 바로 앞에 푸니콜라레 승차장이 보이고, 오른쪽으로 조금만 걸어가면 관광안내소와 매표소가 있다. 매표소에서 푸른 동굴로 가는 배의 승차권을 구입할 수 있다. 선착장 건너편에는 해수욕과 선탠을 즐길 수 있는 멋진 해변이 길게 이어져 있다.

찾아가기 페리 선착장에서 바로

움베르토 1세 광장
Piazza Umberto I

★★

MAP p.444-B

카프리의 중심 광장

마리나 그란데에서 올라오면 커다란 시계탑 뒤로 관광안내소와 시청사가 있고 그 옆에 새하얀 산토 스테파노 성당이 있다. 광장을 중심으로 좁은 골목들이 뻗어 있으며 골목마다 멋진 숍과 레스토랑이 즐비하다. 특히 아우구스토 정원으로 가는 비토리오 에마누엘레 거리(Via Vittorio Emanuele)와 카메렐레 거리(Via Camerelle)는 명품 숍이 줄지어 있는 카프리 최고의 번화가이다.

찾아가기 페리 선착장에서 푸니콜라레로 3분

아우구스토 정원
Giardini di Augusto ★★★

MAP p.444-B

정원 아래로 펼쳐지는 풍광이 압권

꽃과 나무, 조각상으로 아름답게 가꾼 드넓은 정원. 정원 한 모퉁이에 짙푸른 바다와 절벽, 해변을 한눈에 볼 수 있는 전망대가 있어 카프리에서 가장 아름다운 경치를 선사한다. 고대 로마 시대부터 있었다는 이 정원은 19세기 독일의 사업가가 사들였다가 시에 기부해 시에서 운영하고 있다. 움베르토 1세 광장에서 가려면 비토리오 에마누엘레 거리를 따라 가다가 페데리코 세레나 거리(Via Federico Serena)를 지나 마테오티 거리(Via Matteotti)를 따라 오르막길을 오르면 되는데 좁다란 길을 걷는 재미가 쏠쏠하다. 정원에서 30분 정도 걸어 내려가면 마리나 피콜라(Marina Piccola) 해수욕장이 나온다.

찾아가기 움베르토 1세 광장에서 도보 8분
주소 Via Matteotti
운영 3/1~11/15 09:00~19:30 요금 €1

비토리아 광장
Piazza Vittoria ★

MAP p.444-A

아나카프리의 중심 광장

카프리에서 오는 버스가 도착하는 광장. 1872년 카프리와 아나카프리를 연결하는 도로가 생기기 전까지는 900여 개의 계단을 올라야 갈 수 있었지만 지금은 구불구불하고 가파른 길을 힘차게 달리는 버스가 운행한다. 아나카프리는 카프리보다 훨씬 한적한 곳으로 하얀 집들이 이어지는 거리에 성당과 레스토랑이 드문드문 자리해 조용히 산책을 즐기기에 좋다. 광장 근처에는 카프리섬에서 가장 높은 솔라로산으로 올라가는 리프트 승강장이 있다. 리프트를 타고 산에 오르면 소렌토와 나폴리까지 한눈에 들어오는 전망대가 있다.

찾아가기 움베르토 1세 광장에서 버스로 15분

카사 로사
Casa Rossa ★

MAP p.444-A

아나카프리에서 가장 눈에 띄는 건물

1876년부터 20여 년에 걸쳐 미군 장교가 지은 건물로 붉은색과 초록색 등 색색의 페인트가 칠해져 있어 아나카프리에서 가장 눈에 띈다. 현재는 19~20세기에 카프리섬을 배경으로 그린 작품들을 전시하는 미술관으로 이용한다.

찾아가기 비토리아 광장에서 도보 2분
주소 Via Giuseppe Orlandi, 78 문의 081 838 2193
운영 가이드 투어(45분) 10:00, 11:00, 12:00, 13:00, 14:00, 15:00 휴무 월요일
요금 €3.5
홈페이지 www.capritourism.com

산 미켈레 성당
Chiesa di San Michele ★★

MAP p.444-A

지상 낙원을 묘사한 타일 바닥으로 유명

1698년에 건축을 시작해 1719년에 완성한 바로크 양식의 성당이다. 로베르토 파네는 18세기 나폴리에서 지은 건물 중 가장 아름답다고 극찬했다. 성당 1층 바닥은 마조르카 타일로 장식되어 있는데, 아담과 하와, 그리고 여러 동물이 있는 에덴 동산의 풍경을 담고 있다. '지상 낙원'이라는 별명이 붙은 이 그림은 입장료를 내고 2층으로 올라가면 제대로 감상할 수 있다.

찾아가기 비토리아 광장에서 도보 4분
주소 Piazz San Nicola **문의** 081 837 2396
운영 4~9월 09:00~19:00, 10~3월 10:00~15:00
휴무 11/27~12/8 **요금** 일반 €3, 학생 €2
홈페이지 www.chiesa-san-michele.com

푸른 동굴
Grotta Azzurra ★★★

MAP p.444-A

카프리섬 최고의 명소

높이 15m, 너비 30m, 길이 53m에 이르는 해식동굴로 1826년 독일의 시인이자 여행 작가인 아우구스트 코피치가 발견했다. 수천 년에 걸쳐 파도의 침식으로 형성되었으며 간조 때만 열리는 작은 입구를 통해 들어갈 수 있다. 입구의 높이가 낮아서 나룻배에 누운 상태로 들어가는데, 안으로 들어가 몸을 일으키면 동굴 안을 가득 채운 신비로운 푸른빛에 반하게 된다. 동굴을 도는 동안 뱃사공이 노래를 불러주기도 하므로 약간의 팁을 미리 준비하는 것이 좋다. 푸른 동굴을 볼 수 있는 가장 아름다운 시간은 12:00~14:00 이다.

찾아가기 ① 마리나 그란데 항구에서 동굴행 배를 타고 가다가 동굴 입구에서 나룻배로 갈아탄다. ② 아나카프리에서 동굴행 버스를 타고 가다가 동굴 입구에서 나룻배로 갈아탄다.
주소 Via Grotta Azzurra
문의 081 837 5308
운영 09:00~17:00(파도가 심하거나 바람이 많이 불면 입장 불가)
요금 €17, 뱃사공 팁 €5

추천 레스토랑

라 카파니나 La Capannina
MAP p.444-B

오랜 전통을 자랑하는 카프리의 인기 맛집

1931년에 문을 연 레스토랑으로 매일매일 새로운 요리를 선보인다. 200여 종에 이르는 와인을 갖추고 있으며, 해산물 스파게티, 문어, 안초비 등 해산물 요리를 잘하기로 소문나 있다. 아르마니, 호세 카레라스 등 유명인들이 다녀간 곳이기도 하지만 현지인들이 더 사랑하는 카프리의 인기 맛집이다.

찾아가기 움베르토 1세 광장에서 도보 1분
주소 Via le Botteghe, 14 문의 081 837 0732
영업 12:00~15:00, 19:00~23:30 예산 €30~50
홈페이지 www.capannina-capri.com

오로라 Aurora
MAP p.444-B

할리우드 스타들도 반한 레스토랑

3대에 걸쳐 이어오고 있는 레스토랑으로 세련된 요리와 인테리어로 사랑받는 곳이다. 나폴리와 카프리 등에서 실력을 쌓은 셰프가 오리지널리티가 살아 있는 전통 방식에 자신의 상상력을 가미해 창의적인 요리를 선보인다. 식당 내에서는 수많은 할리우드 스타와 유명인들이 다녀간 흔적을 볼 수 있다.

찾아가기 움베르토 1세 광장에서 도보 3분
주소 Via Fuorlovado, 18 문의 081 837 0181
영업 매일 19:00~24:00 예산 €20~40
홈페이지 www.auroracapri.com

 ## 추천 쇼핑

100% 카프리 100% Capri
MAP p.444-B

리넨 소재로 만든 패션 아이템이 가득

가볍고 시원해서 여름철 옷감으로 많이 사용하는 리넨 소재의 의류와 모자, 머플러 등을 판매하는 패션 숍이다. 세련되고 실용적인 아이템이 많아 선물용으로 구입하기에 좋다. 이 숍이 자리한 푸오를로바도 거리(Via Fuorlovado)에는 로컬 브랜드 숍이 즐비하다.

찾아가기 움베르토 1세 광장에서 도보 3분
주소 Via Fuorlovado, 29 문의 081 837 7561
영업 09:00~21:00 홈페이지 www.100x100capri.it

에마누엘라 카루소 Emanuela Caruso

MAP p.444-B

예쁜 샌들을 사고 싶다면

컬러 감각이 돋보이는 인조 보석과 심플한 디자인으로 전 세계 많은 여성들에게 인기를 얻고 있는 가죽 샌들 전문점. 가격은 €250~350 선으로 다소 비싼 편이지만 튼튼하면서도 고급스러운 샌들을 갖고 싶다면 바로 이곳으로 가자.

찾아가기 움베르토 1세 광장에서 도보 3분
주소 Via Camerelle 81 문의 081 555 9485
영업 월~금요일 09:30~17:30
홈페이지 www.emanuelacaruso.com

 ## 추천 숙소

호텔 라 팔마 Hotel La Palma

MAP p.444-B

카프리에서 가장 유서 깊은 호텔

1822년에 지은 고급 호텔로 부담스럽고 경직된 분위기가 아닌 활기차고 친근한 분위기여서 젊은 이들에게도 인기가 높다. 객실은 파스텔 톤의 패브릭으로 화사하게 꾸몄다. 11~3월에는 문을 닫는다.

찾아가기 움베르토 1세 광장에서 도보 1분
주소 Via Vittorio Emanuele, 39 문의 081 837 0133
요금 싱글·더블 €900~
홈페이지 www.lapalma-capri.com

카프리 와인 호텔 Capri Wine Hote

MAP p.444-B

이탈리아 최초의 와인 호텔

대대로 와이너리를 운영해온 가족이 운영하는 호텔로 100m 넘게 이어지는 아름다운 정원과 풍부한 셀렉션을 자랑하는 와인 바가 있다. 객실에서 바다가 보여 전망이 훌륭하며 무선 인터넷, 미니바, 금고, TV 등 편의 시설도 잘 갖춰져 있다.

찾아가기 움베르토 1세 광장에서 도보 8분
주소 Via Provinciale Marina Grande, 69
문의 081 837 9173
요금 싱글·더블 €962~
홈페이지 www.capriwinehotel.com

호텔 콰트로 스타조니 Hotel Quattro Stagioni

MAP p.444-B

합리적인 가격의 전망 좋은 호텔

80여 년간 한 가족이 운영하고 있는 호텔로 일부 객실에서는 바다가 보이고 예쁜 정원도 있다. 팩스나 전화로 예약해야 해서 조금 불편하지만 전 세계 여행 가이드북에 소개된 인기 호텔이다.

찾아가기 움베르토 1세 광장에서 도보 6분
주소 Via Marina Piccola, 1 문의 081 837 0041
요금 싱글 €40~, 더블 €60~
홈페이지 www.hotel4stagionicapri.com

산과 바다로 둘러싸인 인기 휴양지
포시타노 Positano

바다의 신 포세이돈이 만들었다는 전설이 내려오는 마을로 나폴리에서 동남쪽으로 약 31km 떨어져 있다. 9세기에 아말피 공화국에 편입되었고 10세기부터 지중해 교역의 중심으로 떠올랐다. 이후 목재와 향신료, 비단 무역을 통해 축적된 부를 바탕으로 마을이 형성되면서 산 위에 집들이 생겨났다. 산과 절벽, 농장을 연결해주는 아말피 로드가 건설된 무솔리니 시절 이후에 유럽의 부유층이 모여들기 시작했다. 라타리 산지에서 해안에 이르는 경사면에는 파스텔 톤의 예쁜 집들이 옹기종기 모여 있고 마을 아래에는 매혹적인 바다가 펼쳐져 있다. 한 폭의 그림처럼 아름다운 풍경을 담은 이곳에서 피카소를 비롯한 수많은 예술가들이 휴양을 즐기며 예술적 영감을 얻었고, 20세기부터는 전 세계 여행자들이 찾아오는 대중적인 피서지로 사랑받고 있다.

Check

여행 포인트
휴양 ★★★★
관광 ★★★
미식 ★★
쇼핑 ★

교통
도보 ★★★

구역 정보
산과 바다로 둘러싸인 아름다운 마을이지만 가파른 계단이 많아 짐이 많으면 돌아다니기 불편하다. 도보 외에는 별다른 교통수단이 없으므로 당일치기 일정이라면 해수욕에 필요한 최소한의 짐만 챙겨 간다.

가는 법

 시외버스

나폴리에서 갈 경우 가리발디역에서 사철 치르쿰베수비아나(Circumvesuviana)를 타고 소렌토로 간다. 완행 이용 시 소요 시간 1시간 10분. 요금 €3.9(급행 이용 시 요금 €15). 소렌토 역 앞에서 포시타노-아말피행 시타(SITA) 버스를 타면 포시타노까지 약 1시간 소요. 요금 €2(배차 간격 1시간). 포시타노에는 2개의 정류장이 있는데 키에사 누오바(Chiesa Nuova)에서 내리면 고지대에서 아름다운 경치를 감상할 수 있지만 해변까지 20여 분 걸어야 하므로 해변으로 바로 가려면 스폰다(Sponda)에서 내린다.

홈페이지 www.sitabus.it

INFO

◆ **관광안내소**
위치 산타 마리아 아순타 성당 앞
문의 089 875 067
운영 09:00~13:00, 15:30~18:45
(겨울 09:00~15:00) **휴무** 일요일

◆ **포시타노 여행 정보**
www.positano.com

페리

카프리, 아말피, 살레르노 등지에서 페리를 타고 포시타노로 갈 수 있다. 승차권은 각 페리 회사의 홈페이지 또는 출발지의 항구 매표소에서 구입하면 된다. 페리는 시즌에 따라 운행 횟수와 시간이 변동되며 기상 상태가 안 좋으면 운행이 취소되는 경우가 많다. 여행하는 날짜의 날씨 체크는 필수이며, 해당 회사의 홈페이지를 확인할 필요가 있다. 하지만 홈페이지에서 공지하지 않은 채 수시로 일정이 바뀌니 주의하자. 회사에 따라 일부 노선은 4~10월에만 운행하므로 미리 확인 필요.

홈페이지
Lucibello www.lucibello.it
Gescab www.gescab.it
Travelmar www.travelmar.it

포시타노-주요 도시 간 페리 운행 정보

출발지	페리 회사	운행	소요 시간	요금
카프리	Lucibello	11:15, 15:10, 18:00	30분	€18.50
아말피	Travelmar	09:20, 10:30, 11:30, 12:30, 15:00, 16:20, 18:00	25분	€8
살레르노	Travelmar	08:40, 09:40, 10:40, 11:40, 14:10, 15:30	70분	€12

※요금은 편도 기준

거리 가이드

버스가 도착하는 키에사 누오바 정류장은 마을 서쪽의 고지대에 있고, 스폰다 정류장은 마을 동쪽의 해변가 근처에 있다. 페리를 타고 간다면 선착장에서 내리자마자 해수욕장과 연결된다. 해수욕장을 따라 길게 이어지는 마리나 그란데 거리(Via Marina Grande)와 산타 마리아 아순타 성당에서 북쪽으로 뻗은 물리니 거리(Via dei Mulini)는 레스토랑, 상점, 호텔 등이 밀집해 있으며 걸어서 2~3시간 정도면 돌아볼 수 있다. 해수욕장은 스피아자 그란데가 가장 대표적이지만, 조금 한적한 분위기를 원한다면 선착장에서 서쪽으로 오솔길을 따라 조금 걸어가면 나오는 포르닐로 해변(Spiaggia Fornillo)도 괜찮다.

도보 추천 코스
1 스피아자 그란데
▼ 도보 2분
2 산타 마리아 아순타 성당
▼ 도보 3분
3 물리니 거리

추천 볼거리
SIGHTSEEING

스피아자 그란데
Spiaggia Grande ★★★

MAP p.451-B

포시타노의 대표 해수욕장

입장료가 없는 해수욕장으로 모래가 아닌 자갈이 깔려 있어 조금 불편할 수도 있지만 초록빛 바닷물과 대조를 이루어 바닷물이 더욱 청명해 보인다. 해수욕을 즐길 예정이라면 수영복과 선크림, 선글라스, 대형 수건을 필수로 챙겨 가자. 해수욕장 바로 뒤에 이어지는 마리나 그란데 거리에는 레스토랑과 호텔이 즐비하다.

찾아가기 페리 선착장에서 바로

산타 마리아 아순타 성당
Chiesa di Santa Maria Assunta ★

MAP p.451-B

비잔틴 양식의 아름다운 지붕이 인상적

산타 마리아의 베네딕트 수도사들과 연관이 있는 성당으로 모자이크 장식의 둥근 지붕이 인상적이다. 문헌상으로는 11세기에 지은 것으로 추정되며 제단은 13세기에 만들었다. 주말에는 결혼식이 열려 사람들로 북적이며 근처에는 지역 특산물을 파는 상점이 많다.

찾아가기 페리 선착장에서 도보 1분
주소 Via Marina Grande **문의** 089 875 480
운영 매일 09:30~12:00, 16:00~20:00

물리니 거리
Via dei Mulini ★★

MAP p.451-B

포시타노에서 가장 번화한 거리

레스토랑, 상점, 호텔 등이 모여 있으며 늘 인파로 북적거린다. 특히 리조트 웨어를 파는 옷 가게가 즐비하고 핸드메이드 가죽 샌들이나 기념품으로 인기 있는 세라믹 접시를 파는 가게도 많다.

찾아가기 페리 선착장에서 도보 3분

 ## 추천 레스토랑

리스토란테 알 팔라초
Ristorante al Palazo

MAP p.451-B

테라스의 멋진 전망이 선사하는 감동

4성급 호텔인 팔라초 무라트에서 운영하는 레스토랑. 싱그러운 레몬 나무와 열대 야자수로 둘러싸인 테라스에서 남부 이탈리아 요리를 즐길 수 있다. 아말피 지역의 해산물 등 신선한 재료를 사용한 파인다이닝 요리를 선보여 현지인은 물론 여행자들에게도 사랑받는 맛집이다.

찾아가기 페리 선착장에서 도보 6분 **주소** Via dei Mulini, 23 **문의** 089 875 177 **영업** 일~금요일 12:00~15:30, 18:30~22:00 **휴무** 토요일
예산 €51~150 **홈페이지** www.palazzomurat.it

셰 블랙 Chez Black

MAP p.451-B

신선함이 입안 가득 전해지는 해산물 요리

1949년에 문을 연 해산물 전문 레스토랑. 포시타노 소스로 만드는 파스타, 화덕에서 갓 구워낸 피자, 전통 방식으로 만든 디저트, 다양한 종류의 와인이 있다.

찾아가기 페리 선착장에서 도보 1분
주소 Via del Brigantino, 19 **문의** 089 875 036
영업 12:00~24:00 **예산** €30~50
홈페이지 www.chezblack.it

 ## 추천 숙소

호텔 팔라초 무라트
Hotel Palazzo Murat

MAP p.451-B

아름다운 정원이 있는 4성급 호텔

나폴리 왕 조아키노 무라트가 여름 휴양을 위해 지은 작은 성을 호텔로 개조했다. 호텔에는 이 지역에서 보기 힘든 희귀한 식물이 가득한 아름다운 정원이 있다. 정원이 보이는 방과 바다가 보이는 방 등 선택 사항이 다양하니 꼼꼼히 살펴보고 예약한다. 11~3월에는 휴무.

찾아가기 물리니 거리에서 도보 1분
주소 Via dei Mulini, 23 **문의** 089 875 177
요금 더블 €215~ **홈페이지** www.palazzomurat.it

펜션 마리아 루이사
Pensione Maria Luisa

MAP p.451-A

포르닐로 해변에서 가까운 숙소

스피아자 그란데에 비해 좀 더 한적하게 즐길 수 있는 포르닐로 해변이 아주 가까이 있다. 고지대에 위치해 있어 포시타노의 파노라믹 뷰를 즐길 수 있으며 숙박료도 저렴하다. 여행 정보를 얻을 수 있는 안내 데스크를 저녁까지 운영한다. 11~2월에는 휴무.

찾아가기 포르닐로 해변에서 도보 2분
주소 Via Fornillo, 42 **문의** 089 875 023 **요금** 더블 €134~
홈페이지 www.pensionemarialuisa.com

06
전 세계에서 극찬한 죽기 전에 가봐야 할 곳
아말피 Amalfi

나폴리에서 동남쪽으로 약 37km 떨어져 있는 아말피는 〈내셔널 지오그래픽〉을 비롯해 전 세계 매스컴에서 죽기 전에 꼭 가봐야 할 곳으로 선정한 아름다운 해안 마을이다. 중세에는 베네치아, 피사, 제노바와 함께 해상무역의 중심이 되어 4대 공화국으로 손꼽히기도 했다. 14세기에는 산사태로 도시 전체가 어려움을 겪기도 했지만 깎아지른 절벽과 끝없이 펼쳐진 바다는 여전히 아름다운 풍광을 선사한다. 따뜻한 지중해성 기후 덕분에 레몬, 오렌지, 올리브가 많이 생산되며 특히 레몬으로 만든 새콤달콤한 술인 리몬첼로는 꼭 맛봐야 할 명물이다. 소렌토에서 아말피 해안의 작은 마을들을 거쳐 살레르노까지 약 50km에 이르는 도로를 달리는 동안 가슴 속까지 시원해지는 상쾌함과 짜릿함을 동시에 만끽할 수 있다. 누구나 한 번쯤 꿈꾸는 멋진 휴가를 아말피에서 즐겨보자.

Check

여행 포인트
휴양 ★★★★★
관광 ★★★
미식 ★★★
쇼핑 ★

교통
도보 ★★★

구역 정보
마을의 중심가는 두오모 광장 주변으로 레스토랑, 호텔, 숍 등이 반경 200m 이내에 모여 있다. 구석구석 여유롭게 돌아본다 해도 3~4시간이면 충분하다.

가는 법

🚌 시외버스

나폴리에서 살레르노 또는 소렌토를 경유하여 가는 두 가지 방법이 있다. 어느 쪽에서 출발하든 버스는 해수욕장 옆의 플라비오 조이아 광장(Piazza Flavio Gioia)에 도착한다. 승차권은 1회권을 구입할 수도 있지만 코스티에라시타 카드 24시간권을 구입하면 편리하다.

홈페이지 www.sitabus.it

• 살레르노를 경유하는 경우
나폴리 중앙역에서 레조날레(Regionale) 열차를 타면 살레르노까지 39분 소요, 요금 €4.70. 살레르노에서 아말피행 시타(SITA) 버스를 타면 약 1시간 15분 소요, 요금 €2.20. 창밖의 경치를 즐기려면 운전사 쪽인 왼쪽 좌석에 앉도록 한다.

• 소렌토를 경유하는 경우
나폴리 가리발디역에서 소렌토까지는 사철 치르쿰베수비아나(Circumvesuviana)로 1시간 6분 소요, 요금 €4.10. 소렌토에서 포시타노-아말피행 시타 버스를 타면 약 1시간 40분 소요, 요금 €2.70. 창밖의 경치를 즐기려면 운전사 반대쪽인 오른쪽 좌석에 앉도록 한다.

🛳 페리

포시타노, 살레르노 등지에서 페리를 타고 아말피로 갈 수 있다. 승선권은 각 페리 회사의 홈페이지 또는 출발지의 항구 매표소에서 구입하면 된다. 페리는 시즌에 따라 운행 횟수와 시간이 변동되므로 일기예보와 해당 회사의 홈페이지를 다시 한번 확인하도록 한다.

홈페이지 www.travelmar.it

아말피-주요 도시 간 페리 운행 정보

출발지	페리 회사	운행	소요 시간	요금
포시타노	Travelmar	10:00, 12:00, 13:30, 15:30, 17:00, 18:30	25분	€8
살레르노	Travelmar	08:40, 09:40, 10:40, 11:40, 14:10, 15:30	35분	€8

Plus Info

코스티에라시타 Costiera sita
아말피, 소렌토, 라벨로, 살레르노를 비롯해서 아말피 해변의 20개 도시를 연결하는 시타 버스를 자유롭게 이용할 수 있는 1일권 코스티에라시타를 이용하면 하루 동안 편리하게 다닐 수 있다. 카드는 담배 가게나 신문 가판대 등에서 판매한다.

Orario Ticket 1회권
요금 소렌토-포지타노 €2.4, 소렌토-아말피/소렌토-라벨로 €2.9, 소렌토-살레르노 €4.3, 소렌토-아말피 €3.7

Costierasita 24시간권
요금 €10 홈페이지 www.unicocampania.it

INFO

◆ 관광안내소
위치 두오모 광장에서 도보 1분
주소 Corso delle Repubbliche Marinare, 27
문의 089 871 107
운영 09:00~13:00, 16:00~19:00
(겨울 15:00~18:00) 휴무 일요일

◆ 아말피 여행 정보 www.amalfitouristoffice.it

거리 가이드

시외버스가 도착하는 곳은 플라비오 조이아 광장으로 해수욕장 바로 옆에 있다. 페리 선착장도 광장에서 도보 2분 거리로 가깝다. 아말피의 중심가는 광장에서 북쪽으로 이어지는 로렌초 다말피 거리(Via Lorenzo D'Amalfi)로 레스토랑과 카페, 호텔 등이 모여 있다. 특히 두오모 주변에는 숍이 많아 쇼핑을 즐기는 사람들로 북적거린다. 마을 규모가 워낙 작은 데다 볼거리가 많지 않아 대부분 해수욕을 즐기는 데 시간을 보낸다. 아말피 해안을 하루 일정으로 돌아본다면 아말피는 가볍게 돌아보고 상대적으로 볼거리가 많은 포시타노나 소렌토 쪽에 시간을 할애하는 것이 좋다.

도보 추천 코스
1. 마리나 그란데
   ▼ 도보 3분
2. 두오모 & 두오모 광장

추천 볼거리
SIGHTSEEING

마리나 그란데
Marina Grande ★★★

MAP p.455-B

아말피의 대표 해수욕장

고운 모래가 깔려 있어 아말피 해안에서도 가장 인기 있는 해수욕장이다. 파라솔과 샤워 시설을 이용하려면 €15~20를 내야 한다. 포시타노에 비해 멋진 젊은이들이 더 많은 편이며 해수욕장 바로 뒤에 아말피 중심가가 이어진다.

찾아가기 플라비오 조이아 광장에서 도보 1분

두오모(성 안드레아 성당)
Duomo(Cattedrale di Sant'andrea) ★

MAP p.455-B

성 안드레아의 유해가 안치된 성당

9세기에 건립한 이후 아랍, 고딕, 로마네스크, 비잔틴 등 다양한 양식으로 증·개축했다. 대리석으로 줄무늬 장식을 한 파사드와 1065년 콘스탄티노플에서 제작한 청동 문이 눈길을 끈다. 3개의 복도 중 가운데 복도에는 안드레아 다스테의 천장화가 있고 종탑은 13세기에 완성되었다. 성 안드레아는 사도 베드로의 동생이자 예수의 제자 중 한 명으로 그리스의 파트라스에서 순교했다. 그의 유해는 십자군이 콘스탄티노플을 약탈할 때 아말피 출신의 추기경 피에트로 카푸아노가 모셔와 이곳에 성당을 세우고 안치했다.

찾아가기 플라비오 조이아 광장에서 도보 4분
주소 Piazza Duomo **문의** 089 871 324
운영 09:00~19:00

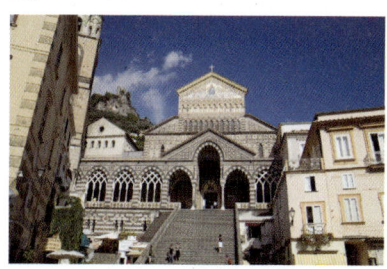

두오모 광장
Piazza Duomo ★★

MAP p.455-B

아말피의 중심가

아말피에서 가장 번화한 곳으로 광장 중앙에는 포폴로 분수가 있고 레스토랑과 숍이 모여 있다. 특히 리몬첼로를 파는 가게가 많은데 리몬첼로는 레몬으로 만든 리큐어로 이 지역의 특산품이므로 꼭 맛보도록 하자.

찾아가기 플라비오 조이아 광장에서 도보 3분

 ## 추천 레스토랑

알베르고 산탄드레아
Albergo Sant'Andrea

MAP p.455-B

신선한 해산물 요리로 유명

동명의 호텔과 함께 운영하는 레스토랑으로 두오모 광장 앞에 있다. 홍합 그라탱, 생선구이 등 신선한 해산물 요리로 유명하며, 토핑을 넣고 반으로 접어 구운 칼초네 피자가 인기 있다.

찾아가기 플라비오 조이아 광장에서 도보 4분
주소 Via Duca Mansonel, 1 문의 089 871 023
영업 10:00~00:30 휴무 목요일 예산 €40~
홈페이지 www.albergosantandrea.it

리스토란테 마리나 그란데
Ristorante Marina Grande

MAP p.455-B

최고의 전망을 자랑하는 레스토랑

1918년에 문을 열어 3대째 이어오는 레스토랑으로 해수욕장 바로 앞에 있다. 유기농 제철 재료로 만든 창의적인 요리를 선보인다. 저녁에는 라운지 바로도 즐길 수 있어 데이트 장소로 인기가 높다.

찾아가기 플라비오 조이아 광장에서 도보 2분
주소 Viale della Regione, 4
문의 089 871 129
영업 12:00~15:15, 18:30~23:00 예산 €20~
홈페이지 www.ristorantemarinagrande.com

 ## 추천 숙소

라 부솔라 La Bussola

MAP p.455-A

멋진 뷰가 자랑인 4성급 호텔

조이아 광장에서 서쪽으로 조금만 가면 나오는 조용한 해안가에 위치해 있다. 1900년 당시 파스타 공장이었던 곳을 호텔과 레스토랑으로 개조하여 문을 열었다. 바다가 보이는 객실이 있으며 시설도 잘 갖춰져 있다. 3월 말~10월 말만 운영

찾아가기 플라비오 조이아 광장에서 도보 3분
주소 Lungomare dei Cavalieri, 16
문의 089 871 533 요금 €358~
홈페이지 www.labussolahotel.it

호텔 루나 콘벤토
Hotel Luna Convento

MAP p.455-B

작은 프라이빗 수영장이 있는 호텔

13세기에 건축한 성 프란체스코 수도원의 일부를 호텔로 이용하고 있다. '달의 수도원'이라는 별명이 있을 정도로 야경이 환상적이며 수영장도 갖추고 있다. 객실은 클래식한 가구로 단장돼 있어 기품이 느껴지고 바다를 조망할 수 있는 발코니도 딸려 있다. 11/12~12/22은 정기 휴무.

찾아가기 플라비오 조이아 광장에서 도보 5분
주소 Via Pantaleome Comite, 33 문의 089 871 002
요금 €197~ 홈페이지 www.lunahotel.it

07

아말피 해안의 숨은 보석 같은 마을
라벨로 Ravello

아말피에서 동북쪽으로 향하는 산 중턱에 위치한 작고 아름다운 마을로 평균 고도 350m에 이른다. 아말피 해안 지역에 있는 다른 마을과 달리 해수욕을 즐길 수 있는 해변은 없지만, 한가로이 산책하며 해안의 절경을 만끽하기에 더없이 좋아 로맨틱한 여행을 꿈꾸는 사람들에게 많은 사랑을 받고 있다. 마을의 가장 큰 볼거리는 매년 음악 축제가 열리는 빌라 루폴로로 바그너가 〈파르지팔〉을 작곡할 때 영감을 얻었던 곳으로 알려져 있다. 그 외에도 무한의 테라스(Terrazza dell'Infinito)로 유명한 빌라 침브로네, 산타 마리아 그라딜로 성당, 세계적으로 가장 아름다운 수영장에 여러 차례 선정된 카루소 호텔의 인피니티 풀 등이 있다. 대도시에서는 경험할 수 없는 조용하고 평화로운 분위기로 거리 곳곳의 울창한 나무와 예쁜 꽃을 벗 삼아 거닐며 마음의 안식을 누려보자.

Check

여행 포인트
관광 ★★★
미식 ★
쇼핑 ★

교통
도보 ★★★

구역 정보
두오모, 빌라 루폴로 등 주요 볼거리만 본다면 1~2시간이면 충분하지만, 아기자기한 골목과 집들을 배경으로 기념 촬영을 하고 산책을 즐기려면 반나절 정도는 잡아야 한다.

가는 법

🚌 시외버스

아말피에서 시타(SITA) 버스로 약 25분 소요. 요금 €1.70. 버스는 오전 6시 30분부터 오후 9시 45분까지 1시간에 1~2대 운행하며 겨울에는 운행 편수가 줄어든다. 아말피의 버스 정류장은 플라비오 조이아 광장 앞에 있으며 살레르노, 포시타노, 소렌토 등 여러 방면으로 가는 버스가 집결하므로 행선지를 잘 확인하고 탄다.

홈페이지 www.sitabus.it

INFO

◆ 관광안내소
위치 두오모에서 도보 2분(Via Roma, 18)
주소 Piazza Fontana Moresca 10
문의 089 857 096 운영 09:00~17:00

◆ 라벨로 여행 정보
www.ravellotime.com

거리 가이드

아말피에서 출발한 버스는 산등성이를 따라 굽이굽이 이어지는 길을 달려 조반니 보카치오 거리(Via Giovanni Boccaccio)에 도착한다. 버스에서 내려 작은 터널을 지나면 마을의 중심인 두오모 광장(Piazza Duomo)이 나타난다. 광장에는 예쁜 노천 카페와 세라믹 접시 등을 파는 기념품 가게가 모여 있다. 광장에서 북쪽으로 가면 아기자기한 상점과 레스토랑, 호텔 등이 모여 있고, 남쪽으로 가면 빌라 루폴로로 갈 수 있다. 마을의 규모가 크지 않아서 1~2시간이면 돌아볼 수 있지만, 절벽 아래로 펼쳐지는 아름다운 경치를 감상하며 조용히 산책을 즐기는 것이 이 마을을 여행하는 매력이므로 마음의 여유를 가지고 천천히 둘러보자.

도보 추천 코스
1 두오모
▼ 도보 3분
2 빌라 루폴로

추천 볼거리
SIGHTSEEING

두오모
Duomo ★

라벨로의 정신적 지주

12세기에 건축한 대성당으로 외관은 수수하지만 안으로 들어가면 대리석으로 화려하게 장식되어 있고 조반니 안젤로의 〈대천사 미카엘〉 등 유수의 작품을 감상할 수 있다. 미카엘은 요한 계시록에 하나님의 군대를 이끌고 하늘에서 사탄의 군사와 싸우는 모습으로 등장한다. 두오모 앞 광장에는 카페와 기념품 가게가 모여 있다.

찾아가기 시타 버스 정류장에서 도보 8분
주소 Piazza Duomo
문의 089 858 311
운영 성당 09:00~12:00, 17:30~19:00,
박물관 09:00~19:00
요금 박물관 일반 €3, 만 7~13세 €2
홈페이지 www.chiesaravello.com

빌라 루폴로 ★★
Villa Rufolo

매년 열리는 라벨로 음악 축제의 무대

과거 이 지역의 유지였던 루폴로 가문의 저택이었으며 시칠리아, 노르만, 아랍 건축양식이 혼재된 아름다운 정원으로 유명하다. 바그너는 오페라 〈파르지팔〉에서 이곳을 마법의 정원이라 표현했을 정도로 그 풍경에 매료되었다. 사이프러스 나무와 레몬 나무가 우거진 숲 사이에 위치한 저택 안으로 들어가면 무어풍의 뜰과 오래된 아치, 아름다운 꽃으로 단장된 정원이 건물과 어우러져 환상적인 조화를 이룬다. 마조레 탑(La Torre Maggiore)에 오르면 라벨로 시가지의 전경을 한눈에 조망할 수 있다.

찾아가기 시타 버스 정류장에서 도보 3분
주소 Piazza Duomo
문의 089 857 621
운영 매일 09:00~17:00(마지막 입장 16:30)
요금 일반 €7, 만 12세 이하·65세 이상 €5
홈페이지 www.villarufolo.it

> **Plus Info**
>
> ### 라벨로 음악 축제 Ravello Festival
>
> 매년 7월 중순부터 10월까지 빌라 루폴로에서 열리는 음악 축제. 이탈리아 10대 음악 축제 중 하나로, 이탈리아 여행 중에 라벨로의 아름다운 자연경관에 감동한 바그너가 이곳에 집을 짓고 여생을 보낸 것에 대한 감사함을 전하기 위해 열기 시작했다. 축제 티켓은 홈페이지 또는 두오모 광장에 있는 매표소(축제 기간에만 운영, 월~금요일 11:00~13:00, 16:00~18:00)에서 구입 가능하다.
> 문의 089 858 422
> 홈페이지 www.ravellofestival.com

그리스 도리아식 신전이 남아 있는 고대 유적지
파에스툼 Paestum

나폴리에서 남쪽으로 약 80km 떨어져 있는 작은 마을로 기원전 7세기경 슈바리스인들이 건설했다. 기원전 600년경 그리스인의 식민지가 되면서 로마의 지배하에 들어갔다. 당시 이 도시의 이름은 바다의 신 포세이돈에서 유래한 '포세이도니아'였으며 이후 파에스툼이라는 이름으로 바뀌었다. 지금은 고대 그리스의 모습을 짐작해볼 수 있는 신전 기둥과 도시의 터가 남아 있는 살아 있는 역사박물관이 되었다. 유적지에는 헤라, 아폴로, 아테나에게 바친 3개의 신전이 잘 보존되어 있으며 1998년 유네스코 세계문화유산에 등재되었다. 우리나라 여행자들의 발걸음은 다소 뜸한 편이지만 푸르른 잔디와 꽃이 한데 어우러져 조용히 산책을 즐기기 좋다. 도보 3분 거리에 있는 파에스툼 국립 고고학 박물관을 함께 둘러보면 역사의 향기가 더욱 진하게 느껴질 것이다.

Check

여행 포인트
관광 ★★★
미식 ★
쇼핑 ★

교통
도보 ★★★

구역 정보
주요 볼거리는 고대 유적지와 국립 고고학 박물관 정도로 반나절은 잡아야 여유롭게 돌아볼 수 있다. 걷는 시간이 적지 않으므로 편한 신발을 신는 것이 좋다.

가는 법

 열차

나폴리 또는 살레르노에서 열차를 타고 간다. 기차역에서 고대 유적지 입구까지는 도보로 약 13분 걸린다.

홈페이지 www.trenitalia.com

파에스툼-주요 도시 간 열차 운행 정보

출발지	열차 종류	소요 시간	요금
나폴리	Regionale	1시간 15분	€7
살레르노	Regionale	33분	€3.10

거리 가이드

기차역에서 내리면 넓은 들판이 펼쳐져 있고 들판 사이로 난 길(SP168 도로)을 따라 걷다가 작은 호텔 겸 레스토랑이 보이면 우회전한다. 조금 걷다 보면 왼편에 원형극장 터가 보이고 오른편에 파에스툼 국립 고고학 박물관이 나온다. 박물관 앞에는 기념품 가게가 줄지어 있고 그 길을 따라 조금 더 걸어가면 고대 유적지 입구가 나온다.

도보 추천 코스
1. 파에스툼 국립 고고학 박물관
▼ 도보 3분
2. 파에스툼 고대 유적지

추천 볼거리 SIGHTSEEING

파에스툼 국립 고고학 박물관 ★
Museo Archeologico Nazionale di Paestum

다양한 유물을 보존

1940~1950년대에 건축한 후 1970년대에 확장을 거쳐 지금의 모습을 갖추게 되었다. 선사 시대부터 고대 그리스, 로마제국 시대를 아우르는 다양한 유물을 보존하고 있는데 특히 장례 의식과 관련한 오브제와 화병, 꿀을 보관하는 통, 고대 그리스의 네크로폴리스에서 출토된 프레스코화 등이 유명하다.

찾아가기 파에스툼역에서 도보 10분
주소 Via Magna Grecia, 918 문의 0828 811 023
운영 08:30~19:30 휴무 첫째 · 셋째 월요일, 1/1, 12/25
요금 고대 유적지 · 박물관 공통권 일반 €9.50, 만 18~25세 €4.75 홈페이지 www.museopaestum.beniculturali.it

파에스툼 고대 유적지 ★★
Area Archeologica di Paestum

그리스보다 더 잘 보존된 그리스 유적지

헤라, 아폴로, 아테나에게 바친 3개의 신전이 남아 있다. 그리스 신전 중에서도 가장 오래된 것은 기원전 550년경에 지은 헤라 신전이다. 길이 4750m, 높이 15m에 달하는 거대한 성벽의 흔적을 볼 수 있으며, 24개의 광장 탑과 감시 탑이 있었으나 지금은 유실되었다.

찾아가기 파에스툼역에서 도보 13분
주소 Via Magna Graecia, 917 문의 0828 811 023
운영 08:30~19:30(문 닫기 40분 전에 입장 마감, 1월의 셋째 월요일~13:40) 휴무 1/1, 12/25

중세의 모습을 간직한 항구 도시

바리 Bari

이탈리아 남부 풀리아주의 주도로 로마 시대에는 바리움(Barium)이라고 불렸다. 아드리아해에 면한 항구 도시로 이탈리아와 발칸반도를 잇는 해상 교통의 요충지로 발전했으며, 십자군 원정 때는 무역항으로 확고히 자리매김했다. 20세기 초부터는 올리브와 아몬드 등 지역 농산물을 가공, 수출하는 산업 도시로 이름을 떨치고 있다. 항구에서는 그리스, 크로아티아 등 주변 국가를 연결하는 페리를 운행해 지중해 여행의 관문으로도 사랑받고 있다. 시내에는 십자군 원정 때 지은 웅장한 규모의 두오모를 비롯해 우리에게는 '산타클로스'라는 이름으로 알려진 바리의 수호성인 산 니콜라를 기리는 성당 등이 있다. 또한 외적의 침입을 막기 위해 세운 성벽과 중세 때 지은 집들이 남아 있는 중세 분위기의 거리를 산책하는 재미가 쏠쏠하다.

Check

여행 포인트
관광 ★
미식 ★★
쇼핑 ★

교통
도보 ★★★
버스 ★

구역 정보
구시가까지는 걸어서 갈 수 있으며 각 명소 간의 거리도 가까워 2~3시간 정도면 충분하다. 시내를 돌아본 후에는 항구 쪽으로 가서 맛있는 해산물 요리를 즐긴 후 버스를 타고 역으로 되돌아온다.

가는 법

✈ 비행기

바리-카롤 보이티와 공항(Aeroporto Internazionale di Bari-Karol Wojtyla)까지 로마에서 1시간, 밀라노에서 1시간 35분 걸리며 하루 7편 정도 운항한다. 공항에서 시내까지는 약 10km 떨어져 있어 버스, 열차, 택시 등으로 이동해야 한다. 버스와 열차 티켓은 공항 내 매표소나 자동발매기에서 구입할 수 있으며 모두 바리 중앙역에 도착한다.

홈페이지 www.aeroportidipuglia.it

공항에서 시내로 가는 교통편

종류	AMTAB 16번 (시내버스)	TEMPESTA (공항버스)	열차
운행	04:45~23:00	05:00~24:00	05:29~23:40
소요 시간	30~45분	25~30분	14분
요금	€1.5	€4	€5

🚆 열차

로마, 나폴리, 밀라노 등 이탈리아 주요 도시에서 열차를 타고 갈 수 있다. 기차역에서 나오면 바로 신시가와 연결되며 주요 볼거리가 있는 구시가까지는 15분 정도 걸어가야 한다.

홈페이지 www.trenitalia.com

• 짐 보관소
위치 1번 플랫폼 앞 운영 06:00~20:00
요금 5시간 €6, 6~12시간 시간당 €1, 12시간 이후부터는 시간당 €0.50 추가

바리-주요 도시 간 열차 운행 정보

출발지	열차 종류	소요 시간	요금
로마	Frecciargento	4시간 6분	€13.90~
나폴리 경유	나폴리→카세르타 Regionale 카세르타→바리 Frecciargento	3시간 51분	€17.60~
브린디시	Regionale	1시간 23분	€9.20~
	Frecciarossa	58분	€9.90~
밀라노	Frecciarossa	7시간 22분	€33.90~

🚌 시외버스

로마나 나폴리에서는 시외버스를 타면 열차보다 더 빨리 갈 수 있다. 버스 운행 시간은 변동될 수 있으므로 해당 버스 회사의 홈페이지 참고.

• 로마에서 가는 경우
로마 티부르티나역 앞에서 이타버스(Itabus), 마리노버스(Marinobus), 플릭스버스(Flixbus)를 타고 이동 가능. 약 5시간 5분 정도가 소요된다.
운행 07:30→12:50, 11:00→16:40, 15:30→21:10, 23:59→05:30(야간)
요금 €6~ 홈페이지 www.busbud.com

• 나폴리에서 가는 경우
나폴리 중앙역 옆에 위치한 버스터미널에서 플릭스버스(Flixbus), 시타 살레르노(Sita salerno), 이타버스(Itabus) 등을 타면 약 3시간 소요된다.
운행 07:45→10:45, 09:10→12:35, 10:45→14:00, 13:15→16:15, 14:00→17:40, 15:30→18:30, 19:00→20:05, 19:00→22:20
요금 €9.99 홈페이지 https://www.flixbus.it/
https://www.itabus.it/
www.sitasudtrasporti.it

⛴ 페리

그리스나 크로아티아에서 페리로 갈 수 있으며 그리스에서 갈 때는 유레일 패스를 사용할 수 있다. 바리 항구에서 내리면 바로 구시가와 연결되며 기차역까지는 시내버스 20번이 운행한다.

바리-주요 도시 간 페리 운행 정보

출발지	페리 회사	홈페이지
그리스, 알바니아	Ventouris	www.ventouris.gr
그리스 (파트라스, 코푸)	Superfast	www.superfast.com
크로아티아 (두브로브니크, 스플리트)	Jadrolinija	www.jadrolinija.hr

> **Plus Info**
>
> **바리 여행 시 주의 사항**
>
> 바리는 알바니아, 그리스 등에서 페리를 타고 밀입국하는 불법 체류자가 많고 바리 내 실업자 중에 어린아이를 시켜 날치기를 하는 사례가 성행한다. 특히 골목길에서 당하는 사례가 많으므로 골목을 거닐 때는 경계를 늦추지 말아야 한다.

시내 교통

기차역 앞에서 주요 볼거리가 모여 있는 구시가까지는 걸어서 갈 수 있어 대중교통을 이용할 일은 거의 없다. 다만 숙소가 멀리 떨어져 있거나 공항, 항구로 갈 때는 버스를 이용하는 것이 편리하다. 승차권은 1회권 €1, 1회권 €1.20(90분간 유효), 1일권 €2.20 등이 있다.

INFO

● **관광안내소**
위치 기차역 앞 알도 모로 광장
주소 Piazza del Ferrarese 29
문의 080 990 9341
운영 월요일 09:00~18:00, 화요일 10:00~18:00, 수·일요일 10:00~17:00, 목~토요일 10:00~19:00

● **바리 여행 정보**
www.pugliaturismo.com

※ **알베로벨로와 묶어서 당일치기로 다녀오기**
고깔 모양의 집으로 유명한 유네스코 세계문화유산의 도시 알베로벨로(p.468)까지 열차로 약 1시간 30분이면 갈 수 있다. 두 도시 모두 반나절 코스로 적당해 일정을 잘 짜면 하루에 두 도시를 돌아볼 수 있다.

거리 가이드

바리 시내는 기차역 주변의 신시가와 바닷가 근처의 구시가로 나뉜다. 기차역에서 내리면 정면에 각종 시내버스와 시외버스가 발착하는 알도 모로 광장(Piazza Aldo Moro)이 있다. 이 광장을 지나면 공원처럼 조성된 움베르토 1세 광장(Piazza Umberto I)이 나오고, 명품 브랜드 숍이 줄지어 있는 번화가 스파라노 다 바리 거리(Via Sparano da Bari)가 이어진다. 이 거리를 따라 10분 정도 걸어가면 구시가의 시작인 비토리오 에마누엘레 2세 거리(Corso Vittorio Emanuele II)와 만나게 된다. 바둑판처럼 잘 정비된 신시가와 달리 구시가는 미로처럼 구불구불한 골목길이 이어지고 중세 건물이 모여 있다. 골목을 따라 5분 정도 걸어가면 주요 볼거리인 산 사비노 성당, 산 니콜라 성당, 스베보성을 마주하게 된다. 스베보성에서 5분 정도 걸어가면 눈앞에 바다가 펼쳐지며 페리가 드나드는 항구가 나온다.

도보 추천 코스

1. 산 사비노 성당
   ▼ 도보 3분
2. 산 니콜라 성당
   ▼ 도보 4분
3. 스베보성
   ▼ 도보 5분
4. 항구

추천 볼거리
SIGHTSEEING

산 사비노 성당
Cattedrale di San Sabino ★★

MAP p.465-A

바리 주민들의 정신적 지주

7~8세기에 처음 건축해 지금의 모습으로 완성된 것은 11세기이다. 로마네스크 비잔틴 양식의 건물로 파사드에는 3개의 문이 있고 내부는 대리석 기둥이 아치형 구조를 받치고 있다. 산 니콜라 성당의 명성에 가려졌지만 실제로는 바리에서 가장 중요한 역할을 하는 대성당이다.

찾아가기 바리 중앙역에서 도보 15분
주소 Piazza dell'Odegitria, 1 **문의** 080 521 0605
운영 07:30~12:00, 16:30~20:00

산 니콜라 성당
Basilica di San Nicola ★★★

MAP p.465-A

니콜라 성인의 유해가 안치

터키의 미라에서 주교로 활동하다가 숨진 니콜라 성인의 유해가 1087년 이 성당에 안치되었다. 우리에게는 산타클로스로 더 알려진 니콜라 성인은 사회적 약자들을 위해 헌신했다. 6세기경 터키에 있던 니콜라 성인의 무덤에서 주검이 도굴당했는데 그를 수호성인으로 믿었던 이탈리아 뱃사람들이 훔쳐와 이 성당에 모셨다고 한다. 1197년 100년이 넘는 공사 끝에 성당이 완공되었으며 18세기 때 바로크 양식으로 개축해 지금의 모습으로 완성되었다. 황금빛으로 꾸민 화려한 천장화를 눈여겨보자.

찾아가기 바리 중앙역에서 도보 20분
주소 Largo Abate Elia, 13
문의 080 573 7111
운영 월~토요일 06:30~20:30, 일요일 06:30~22:00
홈페이지 www.basilicasannicola.it

스베보성
Castello Normanno Svevo ★★

MAP p.465-A

노르만족이 세운 견고한 성
1132년 노르만족의 왕 로저 2세의 명으로 축조했으며 1156년 시칠리아의 윌리엄 1세에 의해 부서졌다가 1233년 로마 황제 프레데릭 2세가 다시 짓게 했다. 이후에는 나폴리 왕의 소유가 되면서 병영과 감옥으로 이용되었다. 지금은 다양한 이벤트가 열리는 공간으로 일반에 공개되고 있다. 성안에 특별한 볼거리는 없으므로 시간이 많지 않다면 성을 배경으로 기념 촬영만 해도 괜찮다.

찾아가기 바리 중앙역에서 도보 15분
주소 Piazza Federico II di Svevia, 4
문의 080 528 6210
운영 수~월요일 08:30~18:30 **휴무** 화요일
요금 일반 €3, 학생 €1.50

 ## 추천 레스토랑

오스테리아 델레 트라비
Osteria delle Travi [강추]

MAP p.465-A

현지인들이 추천하는 100년 전통 맛집
1813년에 문을 열어 100년 넘게 한결같은 맛과 서비스로 사랑받아온 맛집이다. 음식도 와인도 모두 심플하지만 깊은 맛이 있고 가격도 부담 없다. 신선한 해산물을 튀겨낸 모둠 해산물 튀김과 생선구이, 파스타 등이 맛있다.

찾아가기 바리 중앙역에서 도보 12분
주소 Largo Ignazio Chiurlia, 12 **문의** 339 157 8843
운영 화~토요일 12:45~15:00, 20:00~22:30, 일요일 13:30~15:00 **휴무** 월요일 **예산** €15~30

라 칸티나 디 챤나 챤네
La Cantina di Cianna Cianne

MAP p.465-A

정겨운 분위기와 맛있는 음식으로 인기
1930~1960년대의 음악이 잔잔히 흘러나와 향수를 불러일으키는 곳이다. 추천 메뉴는 야생 버섯과 양파가 들어간 토끼 요리, 홍합과 조개, 새우가 들어간 파스타, 신선한 치즈와 버섯, 토마토를 올린 피자, 숯불에 구운 문어 등이다.

찾아가기 바리 중앙역에서 도보 20분
주소 Vico X Corsioli, 3
문의 080 528 9382
영업 11:00~15:30, 19:00~24:00 **예산** €20

추천 카페

비앙코피오레 Biancofiore

MAP p.465-A

신선한 해산물을 가정식으로 즐겨보자

구시가의 관문이자 해안가에 인접한 가정식 트라토리아. 톤 다운된 벽돌과 무채색의 인테리어가 편안한 느낌을 준다. 무엇보다 굴, 문어, 연어, 바닷가재 등 신선한 해산물 요리를 모던 스타일로 내놓는 셰프의 음식을 합리적인 가격에 즐길 수 있다.

주소 Corso Vittorio Emanuele II 13
문의 080 523 5446
영업 매일 12:30~14:30, 19:00~22:30
예산 €40~
홈페이지 www.ristorantebiancofiore.it

바초 디 라테 Bacio di Latte

MAP p.465-A

신선한 아이스크림을 즐길 수 있는 곳

신선한 우유와 시칠리아산 피스타치오, 탄자니아산 카카오, 벨기에산 초콜릿, 브라질산 과일 등 최고의 원재료를 사용한 아이스크림을 맛볼 수 있다. 그 밖에 가벼운 식사 메뉴가 있으며 실내가 젊고 세련된 분위기로 꾸며져 있어 여성들에게 특히 인기 있다.

찾아가기 바리 중앙역에서 도보 10분
주소 Via Sparano da Bari, 25
문의 080 523 4177
영업 07:00~21:00 예산 €5~10
홈페이지 www.baciodilattebari.it

추천 숙소

팰리스 호텔 Palace Hotel

MAP p.465-A

합리적인 가격의 4성급 호텔

신시가와 구시가의 경계인 비토리오 에마누엘레 2세 거리에 있다. 195개의 객실이 있으며 멋진 테라스에서 식사를 즐길 수 있는 레스토랑이 있다. 전체적으로 우아하고 고급스러운 분위기이며, 일부 객실에는 작은 발코니가 딸려 있다.

찾아가기 바리 중앙역에서 도보 15분
주소 Via Francesco Lombardi, 13
문의 080 521 6551 요금 €62~
홈페이지 www.palacehotel-bari.com

하이 호텔 바리 Hi hotel Bari

부대시설이 잘 갖춰진 숙소

안락한 객실과 푸짐한 아침 식사, 스파 및 야외 수영장이 있어 여름철 방문하면 최적의 조건에서 숙박할 수 있다. 다양한 타입의 방을 갖추고 있어 인원이 많은 가족들도 편하게 이용할 수 있다. 자전거 대여도 가능하고 주차장도 갖추고 있어 차량 여행자들도 안전하게 차를 주차할 수 있다.

주소 Via Don Luigi Guanella 15
문의 080 502 6815
요금 €113~

고깔 모양의 집들이 늘어선 예쁜 마을
알베로벨로 Alberobello

이탈리아 남부 풀리아주에서 가장 많은 여행객이 방문하는 도시로 백설공주와 일곱 난쟁이라도 나타날 것만 같은 예쁜 풍경을 간직한 곳이다. 마치 고깔을 씌워놓은 듯한 독특한 지붕의 집들이 나지막한 언덕을 따라 촘촘하게 늘어서 있는데 이런 가옥 형태를 '트룰로(trullo)'라고 한다. 16세기에 목동과 농민들이 이 지역에서 나는 석회암을 얇게 잘라서 원뿔형으로 켜켜이 쌓아 올린 것으로, 그 어떤 접착제나 목재도 사용하지 않고 지었다고 해서 더욱 신기하다. 현재 알베로벨로에는 이런 집이 1000채가량 보존되어 있으며, 1996년 유네스코 세계문화유산에 등재되었다. 독특한 마을 풍경 외에 특별히 볼만한 명소는 없지만 천천히 산책을 즐기며 셔터를 누르다 보면 어느새 잃어버린 동심을 찾게 되는 반가운 마을이다.

Check

여행 포인트
관광 ★★★★
미식 ★
쇼핑 ★

교통
도보 ★★★★

구역 정보
기차역에서 트룰로가 모여 있는 구역까지는 천천히 걸어도 10분 이내에 갈 수 있다. 마을 규모가 작은 데다 트룰로 외에 특별한 볼거리가 없으므로 2~3시간이면 충분히 돌아볼 수 있다.

가는 법

 열차

바리 중앙역에서 사철 FSE(Ferrovie Sud-Est) 사에서 운영하는 Trulli Link 노선으로 1시간 8분 소요. 국철이 아니므로 열차 패스 소지자도 반드시 승차권을 구입해야 한다. 매표소는 바리 중앙역 지하도에서 표지판을 따라가면 나온다. 열차는 1번선(L1, 타란토행)이며 오전 6시 25분부터 오후 7시 35분까지 하루 15편 운행한다. 요금 €4.4~.

홈페이지 www.fseonline.it

INFO

◆ **관광안내소**
위치 알베로벨로역에서 도보 7분
주소 Via Monte Nero, 1
문의 080 432 5171
운영 09:30~13:00, 15:00~18:30 휴무 월요일

◆ **알베로벨로 여행 정보**
www.alberobello.net

거리 가이드

기차역에서 나와 정면에 뻗어 있는 마치니 거리(Via G. Mazzini)를 따라 5분 정도 걸어가면 포폴로 광장(Piazza del Popolo)이 나온다. 광장에서 왼쪽으로 돌아 길을 건너면 트룰로가 집중적으로 모여 있는 구역(Trulli District)이 나온다. 마을에는 주변 건물들과 어우러져 있는 아름다운 성당과 박물관이 몇 곳 있으니 여유로운 마음으로 천천히 둘러보자.

도보 추천 코스

1 성 안토니오 성당
▼ 도보 8분
2 산티 메디치 성당
▼ 도보 2분
3 트룰로 소브라노
▼ 도보 10분
4 와인 박물관

추천 볼거리
SIGHTSEEING

성 안토니오 성당
Parrocchia S. Antonio di Alberobello ★

MAP p.470-A

세계 유일의 트룰로 모양 성당
1927년 알베로벨로의 신부였던 구아넬리아니가 마을 주민들을 위해 세운 성당이다. 트룰로 모양을 본떠 지은 성당 외관이 마을 분위기와 조화를 이룬다.

찾아가기 알베로벨로역에서 도보 10분
주소 Via Monte Pertica, 16
운영 08:30~12:30, 15:30~18:30 휴무 일요일
홈페이지 www.santantonioalberobello.it

산티 메디치 성당
Basilica del S.S.Medici ★

MAP p.470-A

쌍둥이 탑이 있는 네오클래식 양식의 성당
17세기에 건축한 네오클래식 양식의 성당으로 과거 산타 마리아 델레 그라치에 성당이 있던 자리에 있다. 여러 차례 증·개축을 거쳤으며 건축가 안토니오 커리가 지금의 모습으로 완성했다. 크리스마스 특별 공연 등 마을의 크고 작은 음악 축제가 열리기도 한다.

찾아가기 알베로벨로역에서 도보 6분
주소 Piazza Curri,22 문의 080 432 1021
운영 08:30~12:30, 15:30~18:30
홈페이지 www.basilicaalberobello.com

트룰로 소브라노
Trullo Sovrano ★

MAP p.470-A

트룰로에서 살았던 사람들의 생활상

18세기 중반에 건축한 트룰로 중에서 보기 드문 2층 구조이다. 당시 부유층이던 카탈도 페르타 사제의 가족이 살았던 것으로 기록되어 있다. 이후에는 17세기에 잔 지롤라모 아쿠아비바 백작 등이 살았다고 한다. 트룰로에서 어떻게 살았는지 살펴볼 수 있도록 관광객에게 공개하고 있다.

찾아가기 알베로벨로역에서 도보 7분
주소 Piazza Sacramento, 10 **문의** 080 432 6030
운영 11월~3월 10:00~12:45, 15:30~18:00, 4~10월 10:00~12:45, 15:30~18:30
요금 일반 €2, 만 12세 이하 €1.5

알베아 와인 박물관
Museo Negozio Albea ★

MAP p.470-B

풀리아주에서 생산되는 와인의 역사

오크통, 압착 기계 등 옛날부터 와인을 만들 때 사용해온 도구를 전시하고 있다. 와인이 만들어지는 과정과 제조 기술 등에 대한 자료도 볼 수 있어 와인 애호가라면 들러볼 만하다.

찾아가기 알베로벨로역에서 도보 4분
주소 Via Due Macelli, 8 **문의** 080 432 3548
운영 월~금요일 09:00~12:30, 15:30~18:30
요금 무료

🛏 추천 숙소

레 알코베 Le Alcove

MAP p.470-A

트룰로에서 보내는 하룻밤

16세기의 트룰로 가옥을 그대로 사용하는 호텔. 건물 외관은 유지하되 내부는 모던 스타일로 꾸몄다. 트룰로에서 특별한 밤을 보내기에 좋아 특히 신혼부부에게 인기 있다.

찾아가기 알베로벨로역에서 도보 5분
주소 Piazza Ferdinando IV, 4 **문의** 080 432 3754
요금 싱글·더블 €260~
홈페이지 www.lealcove.it

똑똑한
이탈리아 여행
노하우

이탈리아 입국하기
이탈리아 비행기 여행
이탈리아 열차 여행
이탈리아 버스 여행
이탈리아 자동차 여행
이탈리아 시내 교통
이탈리아 숙소 이용
이탈리아 치안
이탈리아어 기초 여행 회화

이탈리아 입국하기

직항편으로 갈 경우 입국 심사를 받아야 하지만, 경유 항공편으로 셴겐 조약 가입국을 거쳐 갈 경우 입국 심사 절차는 생략된다. 이탈리아 입국 심사는 범죄 사실이나 여권의 유효기간(남은 기간 최소 6개월) 등에 문제가 없으면 까다롭지 않으므로 긴장할 필요가 없으며 아래 순서와 같이 진행된다.

step 1 입국 심사

● **직항편 이용 시** 우리나라에서 대한항공이나 아시아나항공 직항편을 타고 로마나 밀라노에 도착해 입국 심사장(Immigration)에서 여권을 보여주고 입국 허가 도장을 받으면 입국 수속이 끝난다. 입국 심사가 까다롭기로 유명한 영국처럼 얼마나 머무는지, 어디에서 묵는지 등의 질문을 받는 경우는 드물지만 갑작스러운 질문에 당황하지 않도록 침착하게 준비한다. 돌아가는 항공편과 예약한 숙소 정도를 알아두면 된다. 입국 심사 후에는 출구 표지판(이탈리아어로 Uscita)을 따라 나가면 된다.

● **경유 항공편 이용 시** 셴겐 조약에 가입된 국가를 경유하는 항공편을 이용한다면 유럽의 첫 입국 국가에서 입국 심사를 받고 이탈리아 입국 시에는 입국 심사가 없이 바로 입국장 밖으로 나갈 수 있다.

> **셴겐 조약 Schengen Agreement**
> 셴겐 조약은 유럽 지역 26개 국가들이 여행과 통행의 편의를 위해 체결한 조약으로, 가입국끼리는 동일한 출입국 관리 정책을 실시하며 비자 없이 각 나라를 자유롭게 이동할 수 있다. 최종 출국일을 기준으로 180일 이내에 90일간 무비자 여행을 허가하고 있다. 즉 최종 출국일 이전 180일 동안 셴겐 조약 가입국에 체류한 날을 모두 더한 게 90일이 넘으면 불법 체류가 된다.

step 2 수하물 찾기

입국 심사대를 거쳐 출구 표지판을 따라가면 수하물을 찾는 배기지 클레임(Baggage Claim)이 나온다. 복도에 있는 모니터를 통해 자신이 타고 온 비행기 편명과 수하물 수취대 번호를 확인한 후 컨베이어 벨트로 이동해 짐을 찾는다.

step 3 세관 검사

신고할 물품이 없으면 녹색 게이트(Nothing to Declare)로 나간다. 신고할 물품이 있으면 붉은색 게이트로 나가서 세관 신고서를 제출하고 해당 절차를 밟으면 된다. 면세 범위를 넘는 현금(€1만 이상)이나 물품을 소지한 경우가 아니면 특별히 신고할 필요가 없다.

이탈리아에서의 면세 범위

휴대품	통관 기준
술	와인 4리터 맥주 16리터 알코올 함량 22% 이상 주류(증류주 포함) 1리터 또는 알코올 함량 22% 이하 주류(스파클링 와인 포함) 2리터 중 ※3개 품목 동시 허용
담배	궐련(cigarette) 200개비 또는 가는 엽궐련(cigarillo) 100개비 또는 엽궐련(cigar) 50개비 또는 가루담배(tabacco) 250g 중 하나 선택 가능
향수	향수, 화장수 커피, 커피 에센스 차, 차 에센스 ※면세 한도 금액 내에서 수량 제한 없이 반입 가능
면세 한도 금액	18세 이상 €430, 15세 미만 €150

step 4 공항에서 시내로

공항에서 시내로 가려면 열차, 메트로, 공항버스, 택시 등을 타고 이동한다. 로마와 밀라노 등 대부분의 주요 도시에서 열차나 메트로가 시내까지 연결되며 저가 항공편을 이용하더라도 비행기 착륙 시간에 맞춰 공항버스를 운행해 편리하다. 택시를 이용할 경우 바가지요금의 피해를 막기 위해 공항에서 시내까지 정액 요금으로 운행하는 경우가 많으므로 정식 택시를 이용하고 택시 외관이나 승차장에 적힌 금액을 확인하도록 한다.

이탈리아 비행기 여행

※ **코로나19 관련 정책** 2022년 6월1일 이후 이탈리아 입국 시 제시해야 하는 해외 여행자들의 코로나19 관련 보건 패스 제출이 폐지되었다. 2022년 9월 30일 이후 실외와 실내에서 마스크 착용을 하지 않아도 된다.

1. 이탈리아로 가는 항공편

우리나라에서 이탈리아로 가는 직항편은 대한항공, 아시아나항공, 알리탈리아항공이 로마, 밀라노행을 운항하고 있다. 그 외에는 유럽이나 아시아의 주요 도시를 1~2회 경유해서 간다. 어떤 도시를 거쳐 갈 것인지, 어떤 항공사를 이용할 것인지 결정하는 데는 여행 시기와 예산 외에 현지에 도착하는 시간이 아침인지 밤인지 체크하는 것도 중요하다.

유럽이나 아시아의 주요 도시를 경유해서 가면 시간은 많이 걸리지만 요금이 비교적 저렴하며, 왕복 일정 중에 타 도시에 체류하거나(스톱오버), 가는 목적지와 돌아올 때 출발지를 다르게 하는(오픈 조) 것 등의 장점이 있다. 예를 들어 밀라노로 입국하여 로마에서 출국하는 식으로 좀 더 알차게 여행 일정을 짤 수 있다. 자세한 내용은 각 항공사 홈페이지를 통해 알아보도록 하자.

우리나라에서 이탈리아로 가는 직항편

취항 도시	항공사	운항 횟수	소요 시간
로마	대한항공	주 7회	인천 14:05-로마 19:35 13시간 5분
			로마 22:00-인천 17:00(+1) 12시간 30분
	아시아나항공	주 4회 (화·목·토·일)	인천 11:30-로마 17:05 12시간 20분
			로마 17:50-인천 14:50(+1) 12시간 30분
밀라노	대한항공	주 4회 (월·수·금·일)	인천 12:20-밀라노 18:05 13시간 45분
			밀라노 20:05-인천 15:25(+1) 11시간 20분

2. 이탈리아 내에서의 항공편

로마, 밀라노, 베네치아 등의 대도시와 그 외의 도시를 연결하는 노선이 잘 갖춰져 있다. 이탈리아 내에서 도시 간의 이동은 열차가 주를 이루지만, 북부에서 남부로 가는 장거리의 경우 열차보다 비행기로 이동하는 것이 빠르고 편리하다.

최근에는 저가 항공을 많이 이용하는데, 도착 공항이 시내 중심부에서 멀리 떨어진 경우도 있으므로 이착륙 공항을 미리 확인하는 것이 좋다. 공항이 멀 경우 열차보다 더 오래 걸릴 수도 있다. 대표적인 저가 항공으로는 이지젯, 라이언에어, 부엘링 등이 있으며 열차로 이동할 때와 요금은 비슷하지만 소요 시간이 훨씬 줄어들 수 있다. 저가 항공은 요금이 저렴한 대신 기내용 가방 1개(10kg 이내) 외에 별도의 수하물 비용(보통 €15~20)을 지불해야 하며, 기내에서의 음식 서비스도 유료이다. 하지만 소요 시간이 짧아 기내식을 이용할 일은 별로 없다. 비행 스케줄은 와이페이모어, 스카이 스캐너 등의 인터넷 사이트나 각 항공사 홈페이지에서 검색할 수 있다.

홈페이지
이지젯 www.easyjet.com
라이언에어 www.ryanair.com
부엘링 www.vueling.com/en
유로윙스 www.eurowings.com
알리탈리아항공(Ita Airways) www.ita-airways.com

이탈리아 열차 여행

국영 철도인 트레니탈리아(Trenitalia)와 민영 철도인 이탈로(Italo)가 이탈리아 전 지역을 구석구석 연결한다. 이탈리아의 열차 요금은 상당히 비싼 편이므로 장거리 이동이 많거나 여러 도시를 여행한다면 철도 패스를 구입하는 것이 경제적이다.

1. 열차의 종류

지역 열차

● 레조날레 Regionale(R)
모든 역에 정차하는 완행 열차로 요금이 가장 저렴하다. 예약할 필요가 없고 승차권 구입 후 2개월 내에만 타면 된다. 승객 중에는 빈곤층과 돈 없는 청년들이 많아서 분위기가 험한 편이므로 짧은 구간이 아니면 권하지 않는다.

● 인터시티 Intercity(IC) / 유로시티 Eurocity(EC)
인터시티는 로마, 밀라노, 베네치아 등 이탈리아 주요 도시를 연결하는 국내 특급 열차이고, 유로시티는 유럽 주요 도시와 이탈리아 주요 도시를 연결하는 국제 특급 열차이다. 레조날레보다 빠르고 정차 횟수가 적은 열차로, 우리나라에서 지금은 사라진 새마을호를 생각하면 된다. 예약을 해야하며 철도 패스 사용 시 예약금 €5(건당).

초고속 열차

● 레 프레체 Le Frecce
과거에 유로스타(Eurostar)로 불리던 국영 초고속 열차로 이탈리아 주요 도시를 빠르게 연결한다. 우리나라의 KTX처럼 시설이 좋으며 반드시 예약이 필요하다. 철도 패스 사용 시 예약금 €10(건당). 레 프레체 열차는 다음과 같이 3종류로 나뉜다.

프레차로사 Frecciarossa : 빨간 열차. 남부와 북부의 주요 도시를 연결한다.

프레차르젠토 Frecciargento : 회색 열차. 로마와 북동부 및 남부의 주요 도시를 연결한다.

프레차비안카 Frecciabianca : 흰색 열차. 토리노와 밀라노를 북동부 도시와 연결한다.

● 이탈로 Italo

2012년부터 운행하기 시작한 민영 초고속 열차로 일명 '페라리 열차'라 불리며 최고급 시설과 서비스를 자랑한다. 이탈리아 남부와 북부의 주요 도시를 연결하는 다양한 노선이 있으며 요금은 레 프레체 열차에 비해 약간 저렴한 편이다. 예약이 반드시 필요하며, 철도 패스 사용 시 예약금 €10(건당). 한 가지 주의할 점은 로마의 경우 테르미니역에는 서지 않고 테르미니 전 역인 티부르티나역에 선다는 것. 그 외 도시에서는 대부분 중앙역에 선다.

야간열차

이탈리아 북부와 남부를 연결하는 국내선 야간열차와 오스트리아, 독일, 스페인, 프랑스의 주요 도시를 연결하는 국제선 야간열차가 있다. 이탈리아의 야간열차는 도둑이 많기로 유명하므로 야간열차를 이용할 때는 안에서 문을 잠글 수 있는 침대 칸(couchettes 또는 sleepers)을 이용하는 것이 안전하다. 배낭여행자의 경우 돈을 아끼기 위해 침대 칸 대신 일반 좌석에 앉아 밤새 불편하게 가는 경우가 있는데, 다음 날 여행에 지장이 많고 도둑에게 노출될 위험도 크다.

구분	열차 종류	노선
국내선	인터시티 노테 Intercity Notte(ICN)	밀라노-제노바-피사-리보르노-살레르노-시칠리아(카타니아)
국제선	유로나이트 알레그로 EuroNight Allegro	볼로냐-피렌체-밀라노-로마-베네치아-빈
	유로나이트 토스카나 마레 EuroNight Toscana Mare	리보르노-클라겐푸르트-베네치아-피렌체-빈
	시티 나이트 라인 City Night Line	로마-피렌체-베네치아-인스브루크-뮌헨
	텔로 Thello	파리-밀라노-베로나-베네치아 파리-피렌체-로마
	테제베 TGV	파리-밀라노

Tip
- 예약을 빨리 할수록 요금이 저렴하다.
- 슈퍼 이코노미, 이코노미는 환불이 안 되므로 예약을 변경하지 않을 때만 선택한다.
- 홈페이지를 통해 예약할 경우 회원 가입을 하는 것이 좋다. 혹시라도 승차권이 이메일로 오지 않을 경우 마이 페이지에서 다운로드가 가능하다.
- 좌석과 시간이 정해지지 않은 레조날레의 경우 반드시 펀칭을 해야 한다.

2. 승차권 예약 및 구입 방법

승차권은 트레니탈리아 또는 이탈로의 홈페이지나 여행사를 통해 예약할 수 있다. 부활절과 크리스마스 전후, 6월 중순부터 9월 초까지의 여름휴가 기간에는 특히 혼잡하므로 미리 예약을 하고 가는 것이 좋다. 예약은 3개월 전부터 가능하며 빨리 할수록 요금이 저렴해진다. 현지에서 구입할 경우에는 역내 창구 또는 자동발매기에서 구입할 수 있다.

홈페이지
트레니탈리아 www.trenitalia.com
이탈로 www.italotreno.it

홈페이지에서 예약하는 방법

1. 홈페이지에 접속하여 화면 우측 상단에서 언어를 'English'로 바꾼다.

2. 검색창에서 'Search' 아래에 있는 'Advanced Search'를 클릭한다.

3. 편도인지 왕복인지 선택하고 출발·도착 도시와 날짜, 인원 등을 지정한다. 'Best price'에 체크 표시를 한 후 'Search'를 클릭한다.

4. 날짜별 최저가 요금이 표시되면 원하는 시간대와 좌석을 지정한 후 신용카드로 결재한다.

이탈리아 주요 도시 간 이동 시간

이동 구간	초고속 열차	지역 열차
로마-피렌체	1시간 31분	2시간 59분
로마-밀라노	2시간 59분	9시간
로마-베네치아	3시간 33분	5시간 51분
로마-나폴리	1시간 10분	2시간 42분
밀라노-볼로냐	1시간 2분	2시간 48분
밀라노-토리노	1시간	1시간 52분
베네치아-밀라노	2시간 35분	-
피렌체-볼로냐	35분	1시간 39분
피렌체-밀라노	1시간 40분	4시간
피렌체-베네치아	2시간 5분	-

자동발매기에서 구입하는 방법

1. 화면 아래에서 언어(영어 ENG)를 선택한다.

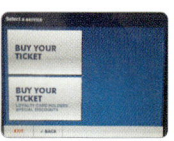
2. 승차권 구입 버튼을 누른다. 철도 패스가 없으면 위, 철도 패스가 있으면 아래 버튼을 누른다.

3. 여행하려는 도시명을 입력한다.

4. 좌석 등급(1등석 또는 2등석)을 선택한다.

5. 원하는 시간대를 선택한다.

6. 원하는 좌석을 선택한다.

7. 지불 수단(현금 또는 카드)을 선택한다.

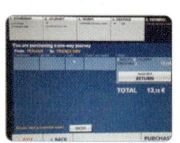
8. 지불해야 할 요금을 확인한다.

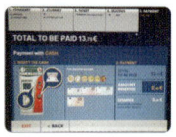
9. 현금으로 지불할 경우 요금을 투입한다.

Tip

이탈리아 철도 미니 요금 제도

이탈리아 철도청에서는 출발일 4개월 전부터 이틀 전까지 예약할 경우 최대 60%까지 할인해주는 미니 요금 제도를 시행한다. 이 제도를 이용하려면 트레니탈리아 홈페이지에서 예약하면 된다.

3. 철도 패스

철도 패스는 유효기간 내에 자유롭게 열차를 타고 내릴 수 있는 패스로, 열차 외에도 호텔이나 박물관 입장료 할인, 페리 무료 탑승 등의 혜택을 받을 수 있어 경제적이다(제휴 업체에 한함). 이탈리아에서만 이용 가능한 이탈리아 패스와 프랑스, 스페인 등 인접 국가에서도 이용할 수 있는 다양한 패스가 있다. 패스 구입은 레일유럽 홈페이지 또는 여행사를 통해 가능하다. 주의할 점은 패스가 있다고 해서 모든 좌석을 아무 때나 이용할 수 있는 것은 아니다. 패스 소지자를 위한 쿼터가 있기 때문에 미리 예약을 하고 이용해야 한다. 특히 로마, 밀라노, 베네치아, 피렌체 같은 인기 도시는 서둘러 예약하는 것이 좋다. 한국에서 예약하지 못하고 갔을 때는 이탈리아에 도착하자마자 자동발매기나 역 창구에서 하면 된다.

홈페이지 www.raileurope.co.kr

이탈리아 패스 요금

구분	1등석		2등석	
	성인	청소년	성인	청소년
3일(1개월 이내)	€169	€135	€127	€105
4일(1개월 이내)	€204	€163	€153	€126
5일(1개월 이내)	€236	€189	€177	€146
8일(1개월 이내)	€320	€256	€240	€198

※성인은 만 26세 이상, 청소년은 만 12~25세에 해당한다. 성인은 2~5명의 일행이 함께 여행할 경우 요금의 15%를 할인받을 수 있다.

이탈리아 버스 여행

단거리 이동일 경우 열차보다 시외버스를 타는 것이 편리하며, 보통 3~4시간 소요되는 구간은 큰 불편 없이 여행할 수 있다. 성수기나 야간 운행 노선은 미리 예약해놓는 것이 안전하다.

국제 장거리 버스

플릭스버스(Flixbus)가 대표적이며 유럽 주요 도시와 이탈리아를 연결한다. 이탈리아 국내에서는 로마, 베네치아, 피렌체가 주요 발착지이며 프랑스, 스페인, 스위스 등으로 운행한다. 승차권은 홈페이지에서 미리 예약해야 한다. 최근에는 저가 항공의 발달로 20시간 이상 걸리는 국제 장거리 버스 탑승객은 거의 없는 편이다.

홈페이지 www.flixbus.it

국내 시외버스

시외버스는 열차에 비해 가격이 저렴하고 나폴리-바리와 같은 일부 노선의 경우 열차보다 시간이 덜 걸리기도 한다. 자세한 노선과 버스 시간표는 해당 지역의 관광안내소나 버스 터미널에서 받아 볼 수 있다. 노선이 같아도 도중에 정차를 많이 하는 완행편과 직행편이 있으므로 승차권을 구입하기 전에 잘 확인해야 한다. 주요 시외버스 회사로는 시타(SITA), 라치(Lazzi), 마로치(Marozzi) 등이 있다.

시타 버스(나폴리-살레르노 인기 노선)
www.sitabus.it
라치 버스(토스카나 지역 중심)
www.lazziworld.com
마로치 버스(로마 출발 노선 중심)
www.marozzibt.it
플릭스버스 www.flixbus.fr
블라블라카 www.blablacar.fr

이탈리아 자동차 여행

렌터카를 이용하면 언제든 원하는 곳에 갈 수 있고 무거운 짐을 들고 돌아다니는 불편함도 없다. 단, 길을 헤맬 수 있다는 단점은 있다. 일행이 3명 이상이고 아말피 해안이나 소도시들을 돌아볼 때는 렌터카를 이용하는 것이 훨씬 편리하다.

렌터카 예약

1. 렌터카 예약은 이탈리아 현지에서 하는 것보다 한국에서 허츠(Hertz)나 에이비스(Avis) 등을 통해 하는 것이 좀 더 편리하다. 18일 이상 장기간 이용할 예정이라면 푸조 리스(Peugeot Lease)를 고려해보자.
2. 대부분의 렌터카 차량은 수동 기어이다. 자동면허만 있는 사람은 렌트할 때 반드시 자동 기어를 선택하도록 한다(비용 추가).
3. 차량 비용에 포함되는 항목은 회사별로 다르다. 보통은 세금, 규정 속도, 보험 등이며, 포함되지 않는 것은 운전자 추가, 어린이 좌석, 내비게이션, 무선 인터넷, 반납 시간 추가 등이다. 예약할 때 어떤 항목이 포함되는지 꼼꼼히 확인하고, 추가로 원하는 항목이 있으면 옵션으로 선택한다.
4. 차량 픽업 시 차량 예약 내용 프린트, 여권, 국내운전면허증, 국제운전면허증, 본인 명의의 신용카드를 반드시 소지해야 한다.

주요 렌터카 회사
허츠 www.hertz.com / 에이비스 www.avis.com
식스트 www.sixt.com / 유럽카 www.europcar.com
마조레 www.maggiore.it

ZTL에 주의

ZTL(Zona Traffico Limitato)은 도심의 차량 진입을 제한하는 것으로 이탈리아에서는 피렌체, 밀라노, 나폴리, 베로나, 토리노 등 주요 도시는 물론 작은 도시에서도 실시하는 곳이 있다. 지역에 따라 다르지만 보통 아침 7시부터 저녁 9시까지이며, 해당 시간대에는 허가된 차량 외에 통행을 금지한다. 해당 지역에는 'ZTL' 또는 'Zona Traffico Limitato'라고 적힌 표지판과 카메라가 설치되어 있으며 위반 차량은 벌금(€70~100)이 청구되므로 단속 시간과 지역을 미리 알아두도록 한다.

Varco Attivo : 진입 금지
Varco Non Attivo : 진입 가능

규정 속도

고속도로에서의 제한 속도는 보통 130km/h이다. 또한 고속도로에서 1차선은 추월 차선이므로 추월한 이후에는 1차선을 벗어나도록 한다.

도난 주의

차 안에 작은 물건만 있어도 유리를 깨고 훔쳐가는 도난 사건이 자주 일어난다. 차에서 내릴 때는 휴대폰, 카메라, 가방, 내비게이션 등이 보이지 않게 숨겨두거나 가지고 내리는 것이 안전하다.

주차

차량 도난 등을 피하기 위해서라도 유료 주차장을 이용하는 것이 안전하다. 숙소를 정할 때도 주차장이 있는 숙소를 선택하도록 한다.

규정 속도 : 주요 도시 제한속도 50km
주차구역 규정 숙지
하얀색 선 : 무료 주차 구역 / 파란색 선 : 유료 주차 구역 / 노란색 선 : 주차 금지

급유하기

주유소는 크게 3종류가 있다. 직원이 급유해주는 주유소, 본인이 직접 급유하고 카운터로 가서 요금을 지불하는 셀프 주유소, 무인 주유소 등이다. 직원이 있는 경우에는 한국에서와 마찬가지로 원하는 주유량을 말하고 급유가 끝나면 차내에서 요금을 지불한다. 셀프 주유소나 무인 주유소에서는 직접 노즐을 주유구에 꽂고 손잡이를 조절해서 넣는다. 탱크에 휘발유가 다 차면 자동으로 정지되므로 그다지 어렵지 않다.

고장 · 사고가 나면

고장이 나면 렌터카 회사에 연락하고 야간에는 116(자동차 견인)으로 전화한다. 사고가 나면 부상자가 있을 경우 곧바로 113으로 전화해서 구급차를 부른다. 그다음에 렌터카 회사, 보험 회사에 연락해 상황을 알리고 도움을 청한다.

이탈리아 시내 교통

이탈리아의 대중교통은 메트로, 버스, 트램 등이 있다. 베네치아 같은 수상 도시는 바포레토라고 불리는 수상 버스가 주요 교통수단이며, 지역에 따라 푸니콜라레, 페리 등이 중요한 역할을 하는 경우도 있다.

주요 대중교통 및 승차권

주요 교통수단은 버스와 트램이며 로마, 밀라노, 나폴리에는 메트로가 운행한다. 승차권은 대부분 공통으로 사용할 수 있고 타바키(Tabacchi)라고 불리는 담배 가게나 신문 가판대에서 구입할 수 있다. 승차권의 종류는 1회권을 비롯해 1일권, 3일권, 일주일권 등 다양하므로 여행 일정을 고려하여 구입하면 된다. 1회권은 개찰 후 100분 이내에 버스, 트램, 메트로 간의 환승이 가능하지만, 메트로의 경우 개찰구 밖으로 나가면 더 이상 다른 교통수단으로 환승할 수 없다는 점에 주의하자. 1일권, 2일권, 3일권, 일주일권 등은 사용 개시일로부터 해당 날짜의 자정까지 사용할 수 있다.

대중교통 이용 시 주의할 점

1. 승차하기 전에 반드시 개찰기에 승차권을 통과시켜야 한다. 승차권이 있어도 개찰하지 않으면 부정 승차로 간주되어 상당한 벌금을 물게 된다.

2. 혼잡한 출퇴근 시간이나 환승역, 관광객이 붐비는 곳에서는 소매치기가 기승을 부리므로 소지품 관리에 특히 주의해야 한다.

자동발매기로 승차권 구입하는 방법

1. 언어 선택

화면에서 원하는 언어를 선택한다.

2. 승차권 선택

1회권, 1일권, 2일권, 3일권, 일주일권 중에서 원하는 승차권을 선택한다.

3. 추가 또는 취소

승차권 매수를 추가하려면 + 버튼을, 취소하려면 'Annullamento' 버튼을 누른다.

4. 요금 투입

요금은 지폐 또는 동전을 투입하는데, 지폐는 투입 방향이 정해져 있으므로 잘 확인한 후에 투입한다.

5. 승차권 수취

선택이 완료되면 수취구로 승차권과 거스름돈이 나온다.

이탈리아 숙소 이용

이탈리아의 숙소는 호텔, 게스트하우스, B&B, 한인 민박 등 다양한 종류가 있다. 자신의 여행 일정이나 예산, 기호 등에 따라 꼼꼼히 비교하고 선택하자. 여름 성수기나 축제, 박람회가 열리는 시기에 간다면 서둘러 예약하는 것이 좋다.

숙소의 종류

여행자들이 주로 이용하는 숙소는 호텔, 게스트하우스, 한인 민박이다. 그 밖에도 현지인이 운영하는 B&B, 농가를 개조한 시골 민박(Agriturismo), 수녀원에서 운영하는 숙소, 현지인의 아파트를 대여하는 경우 등 다양하다.

●호텔

호텔은 별 1개에서 5개까지 5등급으로 나뉘며 숙박료는 5성급 €300~, 4성급 €150~, 3성급 €120~, 2성급 €70~, 1성급 €50~ 정도이다(트윈·더블 기준). 로마의 경우 오래된 건물이 많은데 이는 건물 자체를 유적으로 보호하려는 정부 정책에 따라 마음대로 개조할 수 없기 때문이다. 외관은 허술해도 안으로 들어가면 괜찮은 곳도 많다. 또한 4성급 이상 호텔은 1박당 €3, 3성급 이하 호텔이나 종교 기관에서 운영하는 숙소, B&B는 1박당 €2, 호스텔은 €1~2의 관광세를 추가로 지불해야 한다.

●게스트하우스

화장실과 샤워 시설을 공동으로 사용하고 정해진 시간에 식당에서 아침 식사를 해야 하는 등 그다지 자유롭지는 않다. 그러나 숙박료가 저렴하고 세계 여러 나라에서 온 사람들과 쉽게 친해질 수 있는 분위기여서 젊은 층이 선호한다. 다른 사람과 함께 방을 쓰는 것이 싫다면 도미토리가 아닌 일반 객실을 쓰면 된다.

●한인 민박

언어가 통하고 한식이 제공되는 등의 장점이 있는 반면, 불법으로 운영하는 곳이 많아 화재·도난 등의 사고 발생 시 보호받을 수 없다는 단점이 있다.

●현지 아파트 대여

한 도시에 오래 머물 경우 아파트를 대여하면 내 집처럼 편하게 지낼 수 있다. 주인이 함께 사는 경우와 그렇지 않은 경우가 있다.

숙소 예약

숙소 예약은 여행사, 각 숙소의 홈페이지, 호텔 예약 사이트 등을 통해 할 수 있다. 최근에는 호텔 예약 사이트를 통해 예약하는 경우가 많은데 가격만 비교하지 말고 이용자들의 후기를 꼼꼼히 읽어보고 선택하도록 한다. 만일 한국에서 미리 예약하지 못하고 갔다면 관광안내소의 도움을 받아 그날 묵을 호텔을 찾을 수 있다. 각 도시의 관광안내소에서는 요금이나 객실 타입 등 원하는 조건을 말하면 그에 맞는 호텔을 찾아 예약해준다(수수료 필요).

호텔 예약 사이트
아고다 www.agoda.com
부킹닷컴 www.booking.com
호텔스닷컴 www.hotels.com
호텔스컴바인 www.hotelscombined.co.kr

수녀원에서 운영하는 숙소 예약 사이트
www.monasterystays.com

한인 민박 예약 사이트
마이리얼트립 www.myrealtrip.com
민박다나와 www.minbakdanawa.com

현지인 민박 www.bbitalia.it
현지 아파트 대여 ko.airbnb.com
현지 시골 민박 www.agriturismo.com

이탈리아 치안

이탈리아의 치안은 결코 좋다고 할 수는 없지만 대부분 소매치기나 날치기이고 생명을 위협하는 강력 범죄는 거의 없다. 여행자에게 일어나는 대표적인 피해 사례를 알아두고 조심하면 크게 걱정하지 않아도 된다.

이탈리아는 위험하다?

기차역이나 관광 명소 등 사람이 많은 곳에는 여전히 집시와 소매치기가 기승을 부리지만 과거에 비해 치안 문제는 많이 개선되었다. 대부분의 관광지에는 경찰이 상주하고 있어 안전한 편이므로 이탈리아는 위험하다는 소문에 너무 걱정할 필요는 없다. 흑인이 많이 다니고 스쿠터가 활보하는 이탈리아 남부도 사람을 해치는 경우는 흔치 않다. 다만 한국인들은 현금을 많이 가지고 다닌다고 여겨 소매치기의 표적이 되기 쉬우므로 혼자 다니는 일은 피해야 한다.

관광지 또는 노천카페에서

● 기념 촬영을 하는 사이에 주머니나 가방에 있는 물건을 슬쩍 빼간다.
▶ 중요한 소지품은 몸에서 떨어지지 않게 하고 가방은 항상 앞쪽으로 오게 멘다.
● 흑인이 다가와 반강제적으로 손목에 색실을 묶어준다.
▶ 해를 끼치지는 않지만 공짜라고 하면서 집요하게 따라오므로 거절 의사를 분명히 밝힌다.
● 옷에 이상한 액체를 뿌린 후 닦아주겠다면서 정신을 빼고 주위에 있던 일당들이 다가와 소매치기를 한다.
▶ 당황하지 말고 자신이 직접 닦겠다고 하고 도움을 뿌리친 후 얼른 그 자리에서 벗어난다.
● 노천카페에서 테이블 위에 놓아둔 물건을 순식간에 훔쳐간다.
▶ 잠깐이라도 테이블 위에 휴대폰이나 귀중품을 놓아두어서는 안 된다.

기차 또는 메트로 역에서

● 자동발매기 근처에서 거스름돈으로 나오는 동전을 달라고 구걸한다. 집시들의 전형적인 수법 중 하나로 동전을 달라는 시늉을 하면서 주머니나 가방을 훔치는 사례가 많다.
▶ 승차권을 사기 전에 주변에 집시가 있는지 잘 살펴보고 있으면 피하는 것이 좋다. 대부분 카드 전용이 아닌 현금으로 구입하는 자동발매기 옆에 있으므로 카드로 결제하면 피할 수 있다.

거리에서

● 2인 1조로 탄 오토바이가 지나가다가 핸드백을 날치기한다.
▶ 길가 쪽으로 걷는 것을 피하고 가방은 앞쪽으로 오게 크로스로 멘다.
● 경찰 행세를 하며 여권과 지갑을 보여달라고 한다. 심지어 지갑 속 카드 비밀번호를 알려달라고도 한다.
▶ 경찰이 길에서 여권이나 지갑을 보여달라고 하는 경우는 거의 없다. 경찰복을 입었더라도 가짜인 경우가 많으므로 그럴 경우 경찰서로 함께 가자고 하거나 주변 사람에게 경찰을 불러달라고 요청한다.

특히 주의해야 하는 곳

● 로마 테르미니역 주변
여행객을 타깃으로 한 범죄자와 부랑자가 많으므로 밤에는 돌아다니지 말고 낮에도 항상 경계심을 늦추지 말아야 한다.
● 나폴리 시내와 해변
기차역은 물론 시내에서도 소매치기, 절도 등의 사건이 자주 일어나므로 관광 명소 외의 지역은 가급적 가지 않는 것이 좋다. 해변에서 선탠 또는 수영을 할 때 개인 소지품 관리에 특히 주의해야 한다.

이탈리아어 기초 여행 회화

여행을 하다 보면 자신의 의사를 전달해야 하는 경우가 많이 생긴다. 그럴 때 쑥스러워하지 말고 당당하게 말해보자. 특히 간단한 인사말 정도는 외워두었다가 먼저 인사를 건네면 더 친절하게 대해줄 것이다.

숫자

0 제로 Zero
1 우노 Uno
2 두에 Due
3 뜨레 Tre
4 꽈뜨로 Quattro
5 친퀘 Cinque
6 세이 Sei
7 세테 Sette
8 오토 Otto
9 노베 Nove
10 디에치 Dieci
100 첸토 Cento

요일

월요일 루네디 Lunedi
화요일 마르떼디 Martedi
수요일 메르꼴레디 Mercoledi
목요일 조베디 Giovedi
금요일 베네르디 Venerdi
토요일 사바토 Sabato
일요일 도메니까 Domenica

시간

어제 이에리 Ieri
오늘 오지 Oggi
내일 도마니 Domani
아침 마띠나 Mattina
정오 메쪼조르노 Mezzogiorno
저녁 세라 Sera
밤 노떼 Notte

인사

안녕하세요?(오전) 부온 조르노 Buon giorno
안녕하세요?(저녁) 부오나 세라 Buona sera
안녕히 계세요/가세요 아리베데흐치 Arrivederci
미안합니다 스쿠지 Scusi
실례합니다 뻬르 파보레 Per favore
감사합니다 그라찌에 Grazie
천만에요 쁘레고 Prego

의사 표시

네
씨
Si

조금 천천히 말씀해주세요
빠를라 렌따멘떼
Parla lentamente

아파요
미 센또 말레
Mi sento male

아니오
노
No

영어로 말할 줄 아세요?
빠를라 잉글레제
Parla Inglese

좋다
부오노
Buono

잘 모르겠습니다
논 까삐스꼬
Non Capisco

도와주세요
아유또
Aiuto

나쁘다
까띠보
Cattivo

방문·출입

출구
우시타 Uscita

개점
아뻬르또 Aperto

플래시 사용 금지
비에따또 포토그라파레 콜 스트로보스코피오
Vietato fotografare col stroboscopio

입구
엔트라타 Entrata

폐점
키우조 Chiuso

밀다
스삔제레 Spinger

사용 중
오쿠빠또 Occupato

당기다
티라레 Tirare

비어 있음
리베로 Libero

교통편

이 주소로 가주세요
미 아꼼빠니 아 꿰스토 인디릿조
Mi accompagni a questo indirizzo

왼쪽으로
아 시니스트라 A sinistra

오른쪽으로
아 데스트라 A destra

택시 승강장이 어디 있나요?
도베 라 페르마따 데이 딱시?
Dov'e la fermata dei taxi?

직진
아 디리토 A diritto

이탈리어어 기초 여행 회화

주요 단어

은행
라 방카 La banca

시장
일 메르까또 Il mercato

한국 대사관
암바샤타 디 꼬레아
Ambasciata di Corea

경찰서
뽈리찌아 Polizia

기차역
스타찌오네 Stazione

병원
오스페달레 Ospedale

관광안내소
우피초 뚜리스띠꼬
Ufficio turistico

ATM 현금 인출기
반코마뜨 Bancomat

아이스크림 가게
젤라떼리아 Gelateria

교회
키에사 Chiesa

미술관
피나코테카 Pinacoteca

공항
아에로포르토 Aeroporto

버스 정류장
아우토부스 페르마타
Autobus fermata

티켓
빌리에토 Biglieto

매표소
빌리에테리아
Biglietteria

기차
트레노 Treno

플랫폼
비나리오 Binario

도착
아리보 Arrivo

출발
파르텐차 partenza

연착
리타르도 ritardo

화장실
남자 : 우미니
Uomini(Signore)
여자 : 돈나
Donna(Signora)

화장실이 어디예요?
도오베 일 바안뇨
Dov'è il bagno?

요금
따리파 Tariffa

레스토랑 · 카페

물
아쿠아 Aqua

와인
비노 Vino

맥주
비라 Birra

생선
페셰 Pesce

고기
까르네 Carne

가금류
뽈라메 Pollame

쇠고기
만조 Manzo

치킨
뽈로 Pollo

새우
스캄피 Scampi

에스프레소
카페 Un Caffè

더블 에스프레소
카페 도피오
Un Caffè Doppio

우유가 들어간 에스프레소 라테
라테 Latte

진한 커피 위에 우유 거품을 얹은 카푸치노
카푸치노 Cappuccino

아이스크림이 들어간 카페
아포가토 알 카페 Affogato al Caffè

에스프레소에 크림을 얹은 커피
에스프레소 콘 판나
Espresso Con Panna

계산서
일 꼰또 Il Conto

맛있어요
에 부오니씨모 E'Buonissimo

메뉴판 주세요
뻬르 파보레 미 뽀르띠 일 메누
Per favore mi porti il menu

쇼핑

얼마예요?
꽌또 꼬스따
Quanto costa

깎아주세요
뽀떼떼 다르미 꽐께 스꼰또
Potete darmi qualche sconto

환불해주세요
미 림보르소, 뻬르 파보레
Mi rimborso, per favore

영수증 부탁해요
미 디아 라 리체부따
Mi dia la ricevuta

크다
그란데
Grande

작다
삐꼴로
Piccolo

길다
룽고
Lungo

짧다
꼬르또
Corto

재킷
자케뜨
Jacket

블라우스
까미제따
Camicetta

스커트
곤나
Gonna

바지
빤딸룬
Pantaloon

찾아보기

갈라 플라치디아 영묘 · · · · · · · · · · · · · · · · · · 279
갈릴레오 박물관 · 201
검투사들의 대기 양성소 · · · · · · · · · · · · · 435
고대 전차 경기장 · 92
곡물 창고 · 433
구이니지 탑 · 234
구찌 박물관 · 201
국립 고고학 박물관 · · · · · · · · · · · · · · · · · · 411
국립 로마 현대 미술관 · · · · · · · · · · · · · · · · 85
국립 카포디몬테 미술관 · · · · · · · · · · · · · 414
국립 회화관(바르베리니 궁전) · · · · · · · · · · 82
나보나 광장 · 99
나빌리오 그란데 · 310
나폴리 지하 세계 · · · · · · · · · · · · · · · · · · · 417
납골당(캄포산토) · · · · · · · · · · · · · · · · · · · 228
네오니아노 세례당 · · · · · · · · · · · · · · · · · · 280
누오보성 · 416
단테 박물관 · 279
단테의 집 · 202
대종루 · 384
델로보성 · 416
도니체티 박물관 · 361
도리아 팜필리 미술관 · · · · · · · · · · · · · · · · · 94
도미네 쿠오 바디스 성당 · · · · · · · · · · · · · 115
두 개의 탑 · 269
두오모 광장(산지미냐노) · · · · · · · · · · · · · 255
두오모 광장(아말피) · · · · · · · · · · · · · · · · · 456
두오모(나폴리) · 411
두오모(두오모) · 458
두오모(모데나) · 285
두오모(밀라노) · 308
두오모(베로나) · 345
두오모(산지미냐노) · · · · · · · · · · · · · · · · · 255
두오모(시에나) · 261
두오모(아말피) · 455
두오모(오르비에토) · · · · · · · · · · · · · · · · · 155
두오모(코모) · 336
두오모(토리노) · 352
두오모(피렌체) · 187
두오모(피사) · 227
두칼레 궁전 · 385
람베르티 탑 · 343
레오나르도 다빈치 국립 과학기술 박물관 · · 307
로스트라 · 90
로카 마조레 · 160
루파나레(홍등가) · 434
리도섬 · 389
리알토 다리 · 383
리오마조레 · 241
마나롤라 · 241
마다마 궁전 · 353
마리나 그란데(아말피) · · · · · · · · · · · · · · · 455
마리나 그란데(카프리섬) · · · · · · · · · · · · · 444
마리나 문 · 432
마메르티노 감옥 · 89
마조레 광장 · 268
막센티우스의 바실리카 · · · · · · · · · · · · · · · 90
맘보-볼로냐 현대 미술관 · · · · · · · · · · · · 270
목욕탕 · 434
몬테로소 · 240
몰레 안토넬리아나 · · · · · · · · · · · · · · · · · · 354
무라노섬 · 388
물리니 거리 · 452
미켈란젤로 광장 · 202
밀라노 뮤지엄 · 311
바르젤로 미술관 · 202
바실리카 줄리아 · 89
바실리카 팔라디아나 · · · · · · · · · · · · · · · · 365
바티칸 박물관 · 104
반원형 극장 · 435
베네치아 광장 · 94
베르나차 · 240
베스타 신전 · 89
베키오 궁전 · 200
베키오 다리 · 191
벨라조 · 336
보르게세 미술관 · 85
볼로냐 국립 회화관 · · · · · · · · · · · · · · · · · 270
볼로냐 대학교 · 270
부라노섬 · 389

브레라 미술관	312	산 피에트로 인 빈콜리 성당	83
브루나테산	335	산타 마리아 노벨라 성당	187
비극 시인의 집	434	산타 마리아 델 카르미네 성당	190
비토리아 광장(소렌토)	438	산타 마리아 델 포폴로 성당	85
비토리아 광장(카프리섬)	445	산타 마리아 델라 살루테 성당	386
비토리오 에마누엘레 2세 갈레리아	309	산타 마리아 델레 그라치에 성당	306
비토리오 에마누엘레 2세 기념관	94	산타 마리아 델리 안젤리 성당(로마)	82
빌라 그레고리아나	148	산타 마리아 델리 안젤리 성당(아시시)	164
빌라 데스테	149	산타 마리아 마조레 대성당(로마)	81
빌라 루폴로	459	산타 마리아 마조레 성당(베르가모)	360
빌라 아드리아나	150	산타 마리아 소프라 미네르바 성당	97
사투르누스 신전	89	산타 마리아 아순타 성당	451
산 니콜라 성당	465	산타 마리아 인 코스메딘 성당	92
산 다미아노 수도원	164	산타 마리아 인 트라스테베레 성당	102
산 도메니코 성당	261	산타 아나스타시아 성당	344
산 로렌초 대성당(제노바)	248	산타 체칠리아 인 트라스테베레 성당	101
산 로렌초 대성당(페루자)	169	산타 코로나 성당	367
산 로렌초 성당(피렌체)	189	산타 크로체 성당	190
산 루이지 데이 프란체시 성당	98	산타 키아라 성당(나폴리)	412
산 루피노 성당	162	산타 키아라 성당(아시시)	161
산 마르코 광장	384	산타녜세 인 아고네 성당	99
산 마르코 대성당	385	산탄젤로 다리	114
산 마르티노 국립 박물관	413	산탄젤로성	114
산 마르티노 성당	234	산텔모성	413
산 미켈레 성당(루카)	232	산토 스피리토 성당	190
산 미켈레 성당(카프리섬)	446	산티 메디치 성당	470
산 비탈레 성당	278	살바토레 페라가모 박물관	201
산 사비노 성당	465	성 아폴리나레 누오보 성당	280
산 시로 경기장(주세페 메아차 경기장)	310	성 안토니오 성당	470
산 조르조 마조레 성당	386	셉티미우스 세베루스의 개선문	89
산 조반니 세례당(피렌체)	188	스베보성	466
산 조반니 세례당(피사)	227	스칼라 극장	309
산 조반니 인 라테라노 대성당	84	스칼라 산타	84
산 카를로 극장	415	스파카 나폴리	412
산 카를로 알레 콰트로 폰타네 성당	82	스페인 광장	83
산 칼리스토 카타콤베	115	스포르체스코성	307
산 파트리치오의 우물	154	스피아자 그란데	451
산 페트로니오 성당	268	시계탑	234
산 프란체스코 성당	163	시뇨리 광장(베로나)	344
산 프레디아노 성당	233	시뇨리 광장(비첸차)	365
산 피에트로 광장	113	시뇨리아 광장	200
산 피에트로 대성당	112	아우구스토 정원	445
산 피에트로 인 몬토리오 성당	102	아카데미아 미술관	189

아카데미아 미술관	387	콘스탄티누스 개선문	88
아폴로 신전	433	콜럼버스의 집	249
안토니누스와 파우스티나 신전	90	콜레오니 예배당	361
암브로시아나 미술관	311	콜로세움	87
에르베 광장	343	콰트로 노벰브레 광장	169
에스텐세 미술관	287	쿠리아 율리아	89
엔초 페라리 박물관	286	키에리카티 궁전	366
엘레나 해변	417	타소 광장	438
올림피코 극장	366	톨레도 거리	414
와인 박물관	471	트레비 분수	95
왕궁(나폴리)	415	트룰로 소브라노	471
왕궁(제노바)	247	티투스의 개선문	90
왕궁(토리노)	353	파에스툼 고대 유적지	461
우피치 미술관	192	파에스툼 국립 고고학 박물관	461
움베르토 1세 갈레리아	414	파우노의 집	434
움베르토 1세 광장	444	판테온	98
원형극장	341	팔라초 로소	249
원형극장 광장	233	팔라초 비안코	248
이스키아섬	419	팔라초 판네르	233
이집트 박물관	352	팔라티노 언덕	90
자니콜로 언덕	102	페기 구겐하임 미술관	386
자동차 박물관	354	페라리 광장	249
제노바 수족관	247	페라리 박물관	286
제수 누오보 성당	412	포럼	433
제수 성당	97	포로 로마노	88
조토의 종탑	188	포르타 포르테제 벼룩시장	101
주피터 신전	433	포폴로 광장	84
줄리엣의 집	342	포폴로 궁전	254
지하 도시	154	폴디 페촐리 미술관	311
진실의 입	92	푸른 동굴	446
카 도로	383	푸블리코 궁전	260
카보우르 광장	336	푸치니 박물관 & 생가	232
카사 로사	445	풍요의 길	435
카스텔베키오	345	프라다 재단(밀라노)	310
카이사르 신전	89	프라다 재단(베네치아)	387
카피톨리니 박물관	91	프로치다섬	418
캄포 광장	260	프리오리 궁전	169
캄피돌리오 광장	91	플레비시토 광장	415
코르닐리아	241	피사의 사탑	226
코르소 거리	132	피티 궁전	191
코무날레 궁전	269		
코무네 광장	162		
콘도티 거리	132		

사진에 도움주신 분들

핏제리아 오 p.38 피자
맘마미아 투어 p.29~30, p.430·432~435
우노 나폴리 민박 p.446 푸른 동굴, p.460~461 파에스툼
숙소
p.143 Hotel Manfredi Suite, Portrait Roma

p.144 Albergo Santa Chiara, Hotel Teatro Pace

p.144 Pantheon View

p.217 Hotel Il Salviatino

p.218 Firenze Number Nine

p.219 Hotel della Signoria, Antica Torre di Via Tornabuoni 1, Borghesse Palace Art Hotel

p.220 Starhotels Tuscany

p.222 B&B Marbo Florence

p.236 B&B Anfiteatro

p.275 Starhotels Excelsior

p.331 Hotel Straf, Townhouse 33, Starhotels Rosa Grand

p.332 NH Collection Milano President, Ostello Bello

p.348 Gallery Room, Hotel Bologna

p.357 Townhouse 70, AC Hotel Torino

p.394 Starhotels Splendid Venice

p.394 Hyatt Centric Murano Venice

p.395 Generator Hostel

p.428 Eurostars Hotel Excelsior, Bovio Suite, Hotel Piazza Bellini

p.429 Hostel Mancini, La Controra Hostel, Napolart

p.448 Capri Wine Hotel

※본문 내 출처 표시된 이미지는 저작권 협의 동의를 구하고 있습니다.

저스트고 이탈리아

개정 6판 1쇄 발행일 2023년 3월 24일
개정 6판 2쇄 발행일 2023년 7월 11일

지은이 정기범

발행인 윤호권
사업총괄 정유한

편집 이정원 **디자인** 김효정(표지) 양재연(본문) **마케팅** 정재영
발행처 ㈜시공사 **주소** 서울시 성동구 상원1길 22, 6-8층(우편번호 04779)
대표전화 02-3486-6877 **팩스(주문)** 02-585-1755
홈페이지 www.sigongsa.com / www.sigongjunior.com

글 ⓒ정기범, 2023

이 책의 출판권은 (주)시공사에 있습니다. 저작권법에 의해
한국 내에서 보호받는 저작물이므로 무단 전재와 무단 복제를 금합니다.

ISBN 979-11-6925-630-8 14980
ISBN 978-89-527-4331-2(세트)

*시공사는 시공간을 넘는 무한한 콘텐츠 세상을 만듭니다.
*시공사는 더 나은 내일을 함께 만들 여러분의 소중한 의견을 기다립니다.
*잘못 만들어진 책은 구입하신 곳에서 바꾸어 드립니다.

WEPUB 원스톱 출판 투고 플랫폼 '위펍' _wepub.kr
위펍은 다양한 콘텐츠 발굴과 확장의 기회를 높여주는
시공사의 출판IP 투고·매칭 플랫폼입니다.